Normas básicas de derecho internacional público y relaciones internacionales

Procedimiento de selección de originales, ver página web:
www.tirant.net/index.php/editorial/procedimiento-de-seleccion-de-originales

ACCESO GRATIS *a la Lectura en la Nube + Actualizaciones*

Para visualizar el libro electrónico en la nube de lectura envíe junto a su nombre y apellidos una fotografía del código de barras situado en la contraportada del libro y otra del ticket de compra a la dirección:

ebooktirant@tirant.com

En un máximo de 72 horas laborables le enviaremos el código de acceso con sus instrucciones.

Normas básicas de derecho internacional público y relaciones internacionales

4ª edición

Edición y prólogo:

MIGUEL CARBONELL

tirant lo blanch

Ciudad de México, 2024

© EDITA: TIRANT LO BLANCH
DISTRIBUYE: TIRANT LO BLANCH MÉXICO
Av. Tamaulipas 150, Oficina 502
Hipódromo, Cuauhtémoc, 06100, Ciudad de México
Telf: +52 1 55 65502317
infomex@tirant.com
www.tirant.com/mex/
www.tirant.es
ISBN: 978-84-1197-320-5

Si tiene alguna queja o sugerencia, envíenos un mail a: *atencioncliente@tirant.com*. En caso de no ser atendida su sugerencia, por favor, lea en *www.tirant.net/index.php/empresa/politicas-de-empresa* nuestro Procedimiento de quejas.

Responsabilidad Social Corporativa: http://www.tirant.net/Docs/RSCTirant.pdf

Para mi hija Mercedes
y para todos los estudiantes de la
política internacional que quieren hacer
de la defensa de los derechos humanos
una causa de vida

Índice

4. DERECHOS HUMANOS

Prólogo
El nuevo orden jurídico internacional

MIGUEL CARBONELL

1. Introducción

Hay muchas personas que piensan que la globalización es un fenómeno que tiene únicamente una dimensión económica o financiera. Olvidan, sin embargo, que la globalización puede y debe ser también un proceso que suministre estándares jurídicos compartidos para toda la humanidad en una diversidad muy amplia de temas. El objetivo final es que no importe el lugar en el que nazca una persona o la nacionalidad que tenga para que pueda disfrutar de los mismos derechos y llevar una vida digna. Todas las instituciones internacionales, de carácter mundial o regional, deberían trabajar para satisfacer día con día ese objetivo, del que todavía estamos tan lejanos en tantos países.

La importantísima reforma constitucional en materia de derechos humanos a la Constitución mexicana (publicada en el *Diario Oficial de la Federación* el 10 de junio de 2011) nos suministra un marco de reflexión ideal para defender una vez más la idea de que una globalización sin respeto compartido del derecho y sobre todo de los derechos humanos tiene escaso valor.

La reforma constitucional es ciertamente original, pues parece nadar en contra de la intuición y de la práctica histórica según la cual México había estado totalmente cerrado a cualquier tipo de influencia exterior en materia de derechos humanos. Como a todo régimen autoritario, durante décadas a los gobiernos mexicanos les molestaba profundamente que vinieran observadores o funcionarios internacionales a señalar los enormes problemas que teníamos (y en alguna medida seguimos teniendo) en materia de derechos humanos. Era lamentable ver las excusas que se ponían, siempre vinculadas con una muy pobre comprensión de lo que es la soberanía nacional.

Afortunadamente, el avance de la transición democrática y la apertura de las fronteras de México han traído vientos renovados también en materia derechos humanos, tal como acertadamente lo ha plasmado la reforma constitucional de junio de 2011. Veamos algunas de sus principales aportaciones.

2. El nuevo lugar de los tratados internacionales

La reforma constitucional de junio de 2011 incorpora un mandato al artículo 1 constitucional para señalar que se reconocen a toda persona que se encuentre en el territorio nacional todos los derechos establecidos en la propia Constitución y en los tratados internacionales de los que México forma parte. De esa manera se le otorga rango constitucional a los tratados de derechos humanos, tal como lo han hecho anteriormente otras Constituciones de Europa y América Latina.

Lo anterior supone que la Constitución y los tratados internacionales de derechos humanos se encuentran en un mismo rango jerárquico, de modo que al momento de ser aplicados se deberá preferir la norma que proteja con más amplitud un cierto derecho fundamental.

Como se sabe, los tratados internacionales han sido un motor esencial en el desarrollo reciente de los derechos fundamentales en todo el mundo (aunque con diferente intensidad según sea el país de que se trate, como es obvio). En los tratados internacionales y en la interpretación que de ellos han hecho los organismos de la ONU, de la OIT o de la OEA, entre otros, pueden encontrarse tanto derechos que no están previstos en la Constitución mexicana, como perspectivas complementarias a las que ofrece nuestra Carta Magna (por ejemplo cuando un tratado internacional establece dimensiones de un cierto derecho que no están contempladas en nuestro ordenamiento).

Se calcula que actualmente existen poco menos de 150 tratados internacionales y protocolos referidos a los derechos humanos, de forma que podemos hablar de un proceso de intensa codificación internacional de los derechos[1].

Los tratados de derechos humanos pueden ser de carácter general o sectorial. Los primeros regulan muchos tipos de derechos o derechos adscribibles, en términos generales, a todas las personas. Los segundos contienen derechos para determinados tipos de personas o referidos a ciertas materias. Entre los primeros podemos mencionar el Pacto Internacional de Derechos Civiles y Políticos o el Pacto de Derechos Económicos, Sociales y Culturales, ambos de 1966; en el ámbito de América Latina el más importante tratado general es

---

1 Villán Durán, Carlos, *Curso de derecho internacional de los derechos humanos*, Madrid, Trotta, 2002, pp. 209 y ss.

la Convención Americana de Derechos Humanos, conocida como Pacto de San José, suscrita el 22 de noviembre de 1969.

Entre los tratados internacionales de carácter sectorial que se suelen utilizar con mayor frecuencia o que son más citados entre la literatura especializada se encuentran la Convención de los Derechos del Niño y la Convención sobre la Eliminación de todas las formas de Discriminación contra la Mujer, así como los Convenios de la OIT sobre distintos aspectos de los derechos fundamentales de los trabajadores[2]. En el ámbito de América Latina podemos destacar la Convención Interamericana para Prevenir, Sancionar y Erradicar la Violencia contra la Mujer (conocida como «Convención de Belém do Pará») y la Convención Interamericana para la Eliminación de todas las formas de Discriminación de las Personas con Discapacidad.

3. ¿Qué debe hacer México para proteger mejor los derechos humanos?

El Estado mexicano, señala el artículo 1 constitucional a partir de la reforma, debe prevenir, investigar, sancionar y reparar las violaciones de derechos humanos. Es interesante destacar la necesidad de prevenir las violaciones, lo que siempre resultará más «barato» que actuar cuando ya han acontecido.

La prevención de las violaciones a los derechos se puede dar en varios ámbitos y niveles. Desde luego, se deben difundir los derechos y su contenido, de forma que tanto autoridades como particulares conozcan lo que señalan la Constitución y los tratados internacionales. El conocimiento y difusión de los derechos es una valiosa herramienta para prevenir su posible violación.

Por otra parte, hay que capacitar a los agentes de la autoridad de forma que puedan llevar a cabo las tareas que les encomienda la ley de forma respetuosa con los derechos. Esto es especialmente importante respecto de los funcionarios vinculados con temas de seguridad pública. Aunque a veces se dice que la eficacia del Estado en la persecución de los delincuentes requiere de cierta «laxitud» en la observancia de los derechos, lo cierto es que no hay ningún tipo de incompatibilidad entre derechos humanos y seguridad pública.

---

2 Son especialmente importantes los Convenios número 87 (libertad sindical), 89 (derecho de sindicalización), 111 (discriminación en el empleo), 118 (igualdad de trato), 138 (edad mínima para trabajar), 143 (trabajadores migrantes), 169 (pueblos indígenas) y 182 (prohibición del trabajo infantil).

Por el contrario: no habrá seguridad para nadie si no se respetan los derechos humanos. Además, debemos tener claro que también la seguridad pública de todas las personas es un derecho humano. Capacitando a los funcionarios que velan por la seguridad también se pueden prevenir muchas violaciones a los derechos.

Una tercera forma de prevención reside en la creación o (en su caso) mejoramiento de los mecanismos internos de supervisión y seguimiento en los órganos públicos. Cuando un funcionario sabe que está siendo vigilado de cerca y que todos sus actos deben pasar por un escrutinio y supervisión, se cuida mucho más en lo que hace.

La falta de una adecuada investigación de las violaciones de derechos humanos ya le ha generado al Estado mexicano algunas condenas en el ámbito internacional, por lo que el mejoramiento de las estructuras institucionales encargadas de realizar ese trabajo deberá ser sustancialmente mejorado para evitar futuras condenas y, sobre todo, para poder cumplir con el nuevo mandato constitucional.

4. Asilo y refugio

La reforma constitucional de 10 de junio de 2011 adiciona un nuevo párrafo segundo al artículo 11 constitucional. Dicha adición se da en el contexto de una importante reforma en materia de derechos humanos, la cual modifica distintos artículos de nuestra Carta Magna y que ha sido calificada como la más profunda y modernizadora en décadas. Uno de los signos de esa reforma es precisamente la vocación de insertar a México en los parámetros internacionales de protección de los derechos fundamentales. Tal vocación se refleja, por citar solamente unos ejemplos, en el ya mencionado rango constitucional que se les reconoce a los tratados internacionales en materia de derechos humanos (artículo 1) y del reconocimiento de que la protección de los derechos humanos debe ser un principio guía de la acción exterior del Estado mexicano (artículo 89 fracción X). Es en ese contexto en el que debe comprender el nuevo párrafo segundo del artículo 11 constitucional.

El nuevo párrafo del artículo 11 permite distinguir entre dos figuras jurídicas: el asilo y el refugio, pero además nos indica también que los motivos por los que puede solicitarse cada una son igualmente diferentes.

El asilo se puede solicitar por persecuciones basadas en cuestiones políticas, mientras que en el caso del refugio se deben argumentar causas de carácter humanitario. Podríamos decir entonces que el asilo se solicita en casos de persecución ideológica entendida en sentido amplio, sin reducir el término «política» a cuestiones meramente electorales.

Por su parte, el refugio debe proceder cuando se acrediten violaciones a los derechos sociales, como sería el caso en que tales derechos fueran evidente y masivamente violados por un país; o incluso si fueran violados en perjuicio solamente del solicitante de refugio o de sus familiares.

La reforma al artículo 11 constitucional nos pone ante la reflexión de fondo acerca del papel que hoy en día tiene en nuestro mundo globalizado el derecho de asilo y refugio, es decir, el derecho de toda persona a ser recibida en un determinado Estado cuando concurran ciertas circunstancias que no le permitan seguir viviendo en el suyo propio. Se trata de un tema que nos pone frente a obvios dilemas, jurídicos y políticos. Parece difícil de sostener la universalidad de los derechos y su carácter de protecciones esenciales para todos los seres humanos, si dichas protecciones son negadas a las personas que se encuentran en la peor situación de todas: aquellas que no solo no cuentan con la protección de su Estado, sino que son perseguidas y violentadas por éste. La desprotección en que se encuentran en todo el mundo los refugiados, los apátridas, los inmigrantes ilegales, los «sin papeles», es algo frente a lo que no podemos cerrar los ojos.

5. Los derechos humanos y la política exterior de México

La reforma que estamos comentando adiciona la fracción X del artículo 89 constitucional para efecto de incorporar como principios de la política exterior del Estado mexicano, la cual corresponde desarrollar al Presidente de la República, «el respeto, la protección y promoción de los derechos humanos».

Esto implica que los derechos humanos se convierten en un eje rector de la diplomacia mexicana y que no se puede seguir siendo neutral frente a sus violaciones. Si se acreditan violaciones de derechos humanos, México debe sumarse a las condenas internacionales y aplicar las sanciones diplomáticas que correspondan según el ordenamiento jurídico aplicable.

No se puede decir que se tiene un compromiso con los derechos si solamente se les defiende y protege en territorio nacional. La actuación del Estado mexicano debe ser congruente dentro y fuera de sus fronteras. Lo mismo que se defiende hacia adentro debe ser defendido afuera.

En este contexto, la actuación de México ante los organismos mundiales y regionales de derechos humanos debe ser más activa y clara en defensa de los derechos humanos. Desde hace años México cuenta con una diplomacia de alto nivel, alimentada por un servicio de carrera que se encuentra entre los mejores del país, de modo que cuenta con los elementos humanos preparados y necesarios para poder realizar a plenitud el nuevo mandato del artículo 89 fracción X de nuestra Carta Magna.

La diplomacia mexicana debe enfrentar retos de enormes proporciones, respecto de los cuales no cabe una acción simplemente omisiva. Hay que enfrentarlos con decisión y a cabalidad, porque el país en buena medida está sujeto a las fuerzas positivas y negativas de un mundo fuertemente globalizado.

Del mismo modo en que hoy en día se puede viajar entre Nueva York y París en bastante menos tiempo de lo que dura una jornada laboral, también las amenazas a los derechos fundamentales y a la dignidad humana han tomado velocidades inéditas. Por desgracia, el fenómeno de la guerra sigue siendo una realidad en varios puntos del planeta[3].

La guerra es, por definición, la negación misma del derecho en general y de los derechos humanos en particular. Suena por ello a mala broma cuando se nos habla de «guerra humanitaria»[4].

La guerra de los tiempos de la globalización no se ha producido, sin embargo, en forma de «choque de civilizaciones» como predijo hace unos años Samuel Huntington, sino que ha tenido lugar sobre todo al interior de los Estados. Los Estados que siguen siendo escenario de limpiezas étnicas, persecuciones masivas, guerras fraticidas, disputas por territorios «sagrados», etcétera.

De la misma forma que hay guerras abiertas, declaradas, hay también guerras de baja intensidad. Guerras soterradas que cada día se van cobrando una

---

3 Un estudio breve, aunque muy completo, sobre el tema de la guerra es el de Bonanate, Luigi, *La guerra*, Roma-Bari, Laterza, 1998.

4 El término se comienza a difundir a propósito de la intervención internacional en Kosovo; sobre el tema vale la pena revisar el debate compilado en el libro *L'ultima crociata? Ragioni e torto di una guerra giusta*, Roma, Reset, 1999, con intervenciones de Beck, Bobbio, Cassese, Ferrajoli, Habermas, Hobsbawn, Morin, Walzer y Zolo, entre otros.

víctima aquí y otra acullá, pero que terminan devastando la convivencia civil al interior de una comunidad. Enfrentamientos que a veces se quieren justificar como venganzas entre grupos rivales, como resultado de la persecución de delincuentes comunes, y que sin embargo suponen grados de terror y violencia análogos a los se viven en las grandes conflagraciones. Son reflejo, también, de la falta de capacidad regulativa del Estado y de la mella que en su interior ha hecho la corrupción.

En este contexto, las sociedades actuales, que han potenciado hasta niveles desconocidos la exclusión de buena parte de sus miembros, cuentan en su interior con verdaderas «zonas salvajes», de las que los «no-excluidos» buscan protegerse a través de urbanizaciones privadas, calles cerradas, circuitos de videovigilancia, alarmas, escoltas y policías personales, etc. Estamos en presencia de un verdadero *apartheid social*, que en muchos casos tiene la gravedad e intensidad de una verdadera guerra.

Uno de los resultados más obvios de la globalización se ha producido en el campo de la criminalidad; las industrias del delito también se han beneficiado de las tecnologías que han hecho posible el acortamiento de los tiempos y las distancias entre los diferentes puntos del planeta[5].

Las mafias internacionales de narcotraficantes, ladrones de coches, traficantes de armas, de niños, de mujeres, de órganos, de animales en peligro de extinción, etcétera, son una realidad a la que se deben enfrentar las depauperadas policías de los Estados-nación; nuestros ministerios públicos y nuestros jueces deben perseguir delitos que ni siquiera acaban de entender en toda su complejidad (por ejemplo, una trama internacional de lavado de dinero) y para lo cual no existen reglas claras ni en el ordenamiento nacional ni en el internacional. Son pequeños Davids de la legalidad frente a potentes Goliats que los desafían con mayores recursos, con mejor armamento, con una velocidad de movimiento que no tienen aquellos[6].

---

5 Ver, entre otros, los datos ofrecidos por Castells, Manuel, *La era de la información. Economía, sociedad y cultura*, vol. III, (Fin de milenio), México, Siglo XXI, 1999, capítulo 3.

6 Ferrajoli, Luigi, *Razones jurídicas del pacifismo*, edición de Gerardo Pisarello, Madrid, Trotta, 2004.

6. Mejores derechos, mejores garantías

Si la proclamación de los derechos humanos no viene acompañada de un adecuado régimen de garantías que sirvan para prevenir y en su caso sancionar las violaciones a tales derechos, servirá de muy poco. Por eso es que la reforma del 10 de junio de 2011 contempla también un fortalecimiento importante de la Comisión Nacional de los Derechos Humanos y de las comisiones locales encargadas del mismo tema.

De acuerdo con el nuevo texto del artículo 102 apartado B, se obliga a los servidores públicos que no acepten las recomendaciones de la Comisión Nacional de los Derechos Humanos o de las respectivas comisiones estatales a fundar y motivar su negativa, así como a hacerla pública. Toda recomendación debe ser contestada, tanto si es aceptada como si es rechazada.

En caso de que alguna autoridad rechace una recomendación, puede ser citada por el Senado o por la Comisión Permanente (si la recomendación proviene de la CNDH) o bien por la legislatura local (si la recomendación fue expedida por una comisión estatal).

Además, se establece por mandato constitucional un mecanismo de consulta pública y transparente para la elección del titular de la Comisión Nacional de los Derechos Humanos y para los miembros del Consejo Consultivo de la propia Comisión.

7. Conclusión

Como puede verse, la reforma a la Constitución mexicana aporta elementos interesantes para caminar hacia una globalización con rostro humano, en la que los derechos humanos sean el principal referente de la actuación pública y de la convivencia civil pacífica.

Los derechos humanos son el parámetro de valoración para poder saber si estamos avanzando, estamos estancados o estamos retrocediendo en el respeto a los valores más importantes del ser humano, los cuales son compartidos por todas las personas con independencia de su lugar de nacimiento, raza, religión, preferencias sexuales, ideología, etcétera.

Como siempre sucede en el constitucionalismo de América Latina, una vez que la reforma constitucional de junio de 2011 ha sido aprobada y publicada falta la parte más difícil: convertirla en realidad a través de la tarea dedicada y comprometida de funcionarios públicos, jueces, organizaciones sociales y académicos. Ese será nuestro gran reto en los años por venir.

8. El contenido de la presente obra

Todo lo que llevamos dicho cobra sentido solamente en la medida en que las normas internacionales sean conocidas. Las deben conocer no solamente los diplomáticos de carrera (lo cual es tan evidente que no merecería ser ni siquiera mencionado), sino también los abogados y estudiantes de derecho, los politólogos y los especialistas en relaciones internacionales.

Solamente cuando las normas internacionales sean el estándar cotidiano de actuación hacia el interior (y por eso es que inicié este breve prólogo con un enfoque de derecho constitucional) y hacia el exterior de la actuación del estado, podremos avanzar hacia la creación de una esfera internacional regida por la razón jurídica y no por la fuerza bruta. Una esfera internacional en la que primen los derechos y no solamente los intereses.

Para lograrlo, estimo que es indispensable que se conozcan y se difundan no solamente lo que podríamos llamar «normas sustantivas», entendiendo por tales las que nos confieren derechos y configuran un estatuto jurídico internacional para cualquier persona. Junto a esas normas, resultan también de gran interés las normas referidas al funcionamiento de las instituciones internacionales.

Esto es lo que justifica que en las páginas que siguen se hayan incluido los más relevantes tratados internacionales de derechos humanos, pero también la normatividad que rige el funcionamiento de la ONU, de los tribunales internacionales y de algunos otros organismos regionales.

No se trata de una recopilación exhaustiva, ya que no va dirigida primordialmente a expertos en las relaciones internacionales. Se trata de una selección de normas cuyo principal propósito es ofrecer en un único volumen la normatividad más relevante en el plano internacional, es decir, aquella que debe ser conocida por cualquiera, dado el enorme impacto que tiene sobre nuestras vidas.

1. RELACIONES DIPLOMÁTICAS Y NORMATIVIDAD INTERNACIONAL

CONVENCIÓN DE VIENA SOBRE EL DERECHO DE LOS TRATADOS

Hecha en Viena el 23 de mayo de 1969

TEXTO ORIGINAL

Convención publicada en el Diario Oficial de la Federación, el viernes 14 de febrero de 1975.

Al margen un sello con el Escudo Nacional, que dice: Estados Unidos Mexicanos.- Presidencia de la República.

LUIS ECHEVERRÍA ÁLVAREZ, Presidente de los Estados Unidos Mexicanos, a sus habitantes, sabed:

Que el día veintitrés del mes de mayo del año mil novecientos sesenta y nueve, el Plenipotenciario del Gobierno de los Estados Unidos Mexicanos, debidamente autorizado al efecto firmó, ad referéndum, la Convención de Viena sobre el Derecho de los Tratados, hecha en Viena en la misma fecha, cuyo texto y forma en español constan en la copia certificada anexa.

Que la anterior Convención fue aprobada por la H. Cámara de Senadores del Congreso de la Unión, el día veintinueve del mes de diciembre del año mil novecientos setenta y dos, según Decreto publicado en el «Diario Oficial» de la Federación del día veintiocho del mes de marzo del año mil novecientos setenta y tres.

Que fue ratificada por mí el día cinco del mes de julio del año mil novecientos setenta y cuatro, habiéndose efectuado el depósito del Instrumento de Ratificación respectivo en poder del Secretario General de la Organización de las Naciones Unidas, el día veinticinco del mes de septiembre del año mil novecientos setenta y cuatro.

En cumplimiento de lo dispuesto por la Fracción Primera del Artículo Ochenta y Nueve de la Constitución Política de los Estados Unidos Mexicanos y, para su debida observancia, promulgo el presente Decreto, en la residencia del Poder Ejecutivo Federal, a los veintinueve días del mes de octubre del año mil novecientos setenta y cuatro.- El Secretario de Relaciones Exteriores, Emilio O. Rabasa.- Rúbrica.

La licenciada María Emilia Téllez, Oficial Mayor de la Secretaría de Relaciones Exteriores, certifica:

Que en los Archivos de esta Secretaría, obra copia certificada de la Convención de Viena, sobre el Derecho de los Tratados, hecha en Viena, el día veintitrés del mes de mayo del año mil novecientos sesenta y nueve, cuyo texto y forma en español son los siguientes:

CONVENCIÓN DE VIENA SOBRE EL DERECHO DE LOS TRATADOS

Los Estados Partes en la presente Convención,

Considerando la función fundamental de los tratados en la historia de las relaciones internacionales,

Reconociendo la importancia cada vez mayor de los tratados como fuentes del derecho internacional y como medio de desarrollar la cooperación pacífica entre las naciones, sean cuales fueren sus regímenes constitucionales y sociales,

Advirtiendo que los principios del libre consentimiento y de la buena fe y la norma *pacta sunt servanda* están universalmente reconocidos,

Afirmando que las controversias relativas a los tratados, al igual que las demás controversias internacionales, deben resolverse por medio pacíficos y de conformidad con los principios de la justicia y del derecho internacional,

Recordando la resolución de los pueblos de las Naciones Unidas de crear condiciones bajo las cuales puedan mantener la justicia y el respeto a las obligaciones emanadas de los tratados,

Teniendo presentes los principios de derecho internacional incorporados en la Carta de las Naciones Unidas, tales como los principios de la igualdad de derecho y de la libre determinación de los pueblos, de la igualdad soberana y la independencia de todos los Estados, de la no injerencia en los asuntos internos de los Estados, de la prohibición de la amenaza o el uso de la fuerza y del respeto universal a los derechos humanos y a las libertades fundamentales de todos y la efectividad de tales derechos y libertades,

Convencidos de que la codificación y el desarrollo progresivo del derecho de los tratados logrados en la presente Convención contribuirán a la consecución de los propósitos de las Naciones Unidas enunciados en la carta, que consisten en mantener la paz y la seguridad internacionales, fomentar entre las naciones las relaciones de amistad y realizar la cooperación internacional,

Afirmando que las normas de derecho internacional consuetudinario continuarán rigiendo las cuestiones no reguladas en las disposiciones de la presente Convención,

Han convenido lo siguiente:

PARTE I
INTRODUCCIÓN

Artículo 1. Alcance de la presente Convención. La presente Convención se aplica a los tratados entre Estados.

Artículo 2. Términos Empleados. 1. Para los efectos de la presente Convención:

a) se entiende por «tratado» un acuerdo internacional celebrado por escrito entre Estados y regido por el derecho internacional, ya conste en un instrumento único o en dos o más instrumentos conexos y cualquiera que sea su denominación particular;

b) se entiende por «ratificación», «aceptación», «aprobación» y «adhesión», según el caso, el acto internacional así denominado por el cual un Estado hace constar en el ámbito internacional su consentimiento en obligarse por un tratado;

c) se entiende por «plenos poderes» un documento que emana de la autoridad competente de un Estado y por el que se designa a una o varias personas para representar al Estado en la negociación, la adopción o la autenticación del texto de un tratado, para expresar el consentimiento del Estado en obligarse por un tratado, o para ejecutar cualquier otro acto con respecto a un tratado;

d) se entiende por «reserva» una declaración unilateral, cualquiera que sea su enunciado o denominación, hecha por un Estado al firmar, ratificar, aceptar o aprobar un tratado o al adherirse a él, con objeto de excluir o modificar los efectos jurídicos de ciertas disposiciones del tratado en su aplicación a ese Estado;

e) se entiende por «Estado negociador» un Estado que ha participado en la elaboración y adopción del texto del tratado;

f) se entiende por «Estado contratante» un Estado que ha consentido en obligarse por el tratado, haya o no entrado en vigor el tratado;

g) se entiende por «parte» un Estado que ha consentido en obligarse por el tratado y con respecto al cual el tratado está en vigor;

h) se entiende por «tercer Estado» un Estado que no es parte en el tratado;

i) se entiende por «organización internacional» una organización intergubernamental.

2. Las disposiciones del párrafo 1 sobre los términos empleados en la presente Convención se entenderán sin perjuicio del empleo de esos términos o del sentido que se les pueda dar en el derecho interno de cualquier Estado.

Artículo 3. Acuerdos Internacionales no comprendidos en el ámbito de la presente Convención. El hecho de que la presente convención no se aplique ni a los acuerdos internacionales celebrados entre Estados y otros sujetos de derecho internacional o entre esos sujetos de derecho internacional, ni a los acuerdos internacionales no celebrados por escrito, no afectará:

a) al valor jurídico de tales acuerdos;

b) a la aplicación a los mismos de cualquiera de las normas enunciadas en la presente Convención a que estuvieren sometidos en virtud del derecho internacional independientemente de esta Convención;

c) a la aplicación de la Convención a las relaciones a los Estados entre sí en virtud de acuerdos internacionales en los que fueren asimismo partes otros sujetos de derecho internacional.

Artículo 4. Irretroactividad de la presente Convención. Sin perjuicio de la aplicación de cualesquiera normas enunciadas en la presente Convención a las que los tratados estén sometidos en virtud del derecho internacional independientemente de la Convención, ésta sólo se aplicará a los tratados que sean celebrados por Estados después de la entrada en vigor de la presente Convención con respecto a tales Estados.

Artículo 5. Tratados constitutivos de organizaciones internacionales y tratados adoptados en el ámbito de una organización internacional. La presente Convención se aplicará a todo tratado que sea un instrumento constitutivo de una organización internacional y a todo tratado adoptado en el ámbito de una organización internacional, sin perjuicio de cualquier norma pertinente de la organización.

PARTE II
CELEBRACIÓN Y ENTRADA EN VIGOR DE LOS TRATADOS

Sección 1. Celebración de los tratados

Artículo 6. Capacidad de los Estados para celebrar tratados. Todo Estado tiene capacidad para celebrar tratados.

Artículo 7. Plenos Poderes. 1. Para la adopción o la autenticación del texto de un tratado, o para manifestar el consentimiento del Estado en obligarse por un tratado, se considerará que una persona representa a un Estado:

a) si presenta los adecuados plenos poderes; o

b) si se deduce de la práctica seguida por los Estados interesados, o de otras circunstancias, que la intención de esos Estados ha sido considerar a esa persona representante del Estado para esos efectos y prescindir de la presentación de plenos poderes.

2. En virtud de sus funciones, y sin tener que presentar plenos poderes, se considerará que representan a su Estado:

a) los jefes de Estado, jefes de gobierno y ministros de relaciones exteriores, para la ejecución de todos los actos relativos a la celebración de un tratado;

b) los jefes de misión diplomática, para la adopción del texto de un tratado entre el Estado acreditante y el Estado ante el cual se encuentran acreditados;

c) los representantes acreditados por los Estados ante una conferencia internacional o ante una organización internacional o uno de sus órganos, para la adopción del texto de un tratado en tal conferencia, organización u órgano.

Artículo 8. Confirmación ulterior de un acto ejecutado sin autorización. Un acto relativo a la celebración de un tratado ejecutado por una persona que, conforme al artículo 7, no puede considerarse autorizada para representar con tal fin a un Estado, no surtirá efectos jurídicos a menos que sea ulteriormente confirmado por ese Estado.

Artículo 9. Adopción del texto. 1. La adopción del texto de un tratado se efectuará por consentimiento de todos los Estados participantes en su elaboración, salvo lo dispuesto en el párrafo 2.

2. La adopción del texto de un tratado en una conferencia internacional se efectuará por mayoría de dos tercios de los Estados presentes y votantes a menos que esos Estados decidan por igual mayoría aplicar una regla diferente.

Artículo 10. Autenticación del texto. El texto de un tratado quedará establecido como auténtico y definitivo:

a) mediante el procedimiento que se prescriba en él o que convengan los Estados que hayan participado en su elaboración; o

b) a falta de tal procedimiento, mediante la firma, la firma ad referéndum o la rúbrica puesta por los representantes de esos Estados en el texto del tratado o en el acta final de la conferencia en la que figure el texto.

Artículo 11. Formas de manifestación del consentimiento en obligarse por un tratado. El consentimiento de un Estado en obligarse por un tratado podrá manifestarse mediante la firma, el canje de instrumentos que constituyan un tratado, la ratificación, la aceptación, la aprobación o la adhesión, o en cualquier otra forma que se hubiere convenido.

Artículo 12. Consentimiento en obligarse por un tratado manifestado mediante la firma. 1. El consentimiento de un Estado en obligarse por un tratado se manifestará mediante la firma de su representante:

a) cuando el tratado disponga que la firma tendrá ese efecto;

b) cuando conste de otro modo que los Estados negociadores han convenido que la firma tenga ese efecto; o

c) cuando la intención del Estado de dar ese efecto a la firma se desprenda de los plenos poderes de su representante o se haya manifestado durante la negociación.

2. Para los efectos del párrafo 1:

a) la rúbrica de un texto equivaldrá a la firma del tratado cuando conste que los Estados negociadores así lo han convenido;

b) la firma ad referéndum de un tratado por un representante equivaldrá a la firma definitiva del tratado si su Estado la confirma.

Artículo 13. Consentimiento en obligarse por un tratado manifestado mediante el canje de instrumentos que constituyen un tratado. El consentimiento de los Estados en obligarse por un tratado constituido por instrumentos canjeados entre ellos se manifestará mediante este canje:

a) cuando los instrumentos dispongan que su canje tendrá ese efecto; o

b) cuando conste de otro modo que esos Estados han convenido que el canje de los instrumentos tenga ese efecto.

Artículo 14. Consentimiento en obligarse por un tratado manifestando mediante la ratificación, la aceptación o la aprobación. 1. El consentimiento de un Estado en obligarse por un tratado se manifestará mediante la ratificación:

a) cuando el tratado disponga que tal consentimiento debe manifestarse mediante la ratificación;

b) cuando conste de otro modo que los Estados negociadores han convenido que se exija la ratificación; o

c) cuando el representante del Estado haya firmado el tratado a reserva de ratificación; o

d) cuando la intención del Estado de firmar el tratado a reserva de ratificación se desprenda de los plenos poderes de su representante o se haya manifestado durante la negociación.

2. El consentimiento de un Estado en obligarse por un tratado se manifestará mediante la aceptación o la aprobación en condiciones semejantes a las que rigen para la ratificación.

Artículo 15. Consentimiento en obligarse por un tratado manifestado mediante la adhesión. El consentimiento de un Estado en Obligarse por un tratado se manifestará mediante la adhesión:

a) cuando el tratado disponga que ese Estado puede manifestar tal consentimiento mediante la adhesión;

b) cuando conste de otro modo que los Estados Negociadores han convenido que ese Estado pude manifestar tal consentimiento mediante la adhesión; o

c) cuando todas las partes hayan convenido ulteriormente que ese Estado puede manifestar tal consentimiento mediante la adhesión.

Artículo 16. Canje o depósito de los instrumentos de ratificación, aceptación, aprobación o adhesión. Salvo que el tratado disponga otra cosa, los instrumentos de ratificación, aceptación, aprobación o adhesión harán constar el consentimiento de un Estado en obligarse por un tratado al efectuarse:

a) su canje entre los Estados contratantes;

b) su depósito en poder del depositario; o

c) su notificación a los Estados contratantes o al depositario, si así se ha convenido.

Artículo 17. Consentimiento en obligarse respecto de parte de un tratado y opción entre disposiciones diferentes. 1. Sin perjuicio de lo dispuesto en los artículos 19 a 23, el consentimiento de un Estado en obligarse respecto de parte de un tratado solo surtirá efecto si el tratado lo permite o los demás Estados contratantes convienen en ello.

2. El consentimiento de un Estado en obligarse por un tratado que permita una opción entre disposiciones diferentes sólo surtirá efecto si se indica claramente a qué disposiciones se refiere el consentimiento.

Artículo 18. Obligación de no frustrar el objeto y el fin de un tratado antes de su entrada en vigor. Un estado deberá abstenerse de actos en virtud de los cuales se frustren el objeto y el fin de un tratado:

a) si ha firmado el tratado o ha canjeado instrumentos que constituyen el tratado a reserva de ratificación, aceptación o aprobación, mientras no haya manifestado su intención de no llegar a ser parte en el tratado; o

b) si ha manifestado su consentimiento en obligarse por el tratado, durante el período que preceda a la entrada en vigor del mismo y siempre que ésta no se retarde indebidamente.

Sección 2. Reservas

Artículo 19. Formulación de reservas. Un Estado podrá formular una reserva en el momento de firmar, ratificar, aceptar o aprobar un tratado o de adherirse al mismo, a menos:

a) que la reserva esté prohibida por el tratado;

b) que el tratado disponga que únicamente pueden hacerse determinadas reservas, entre las cuales no figure la reserva de que se trate; o

c) que, en los casos no previstos en los apartados a) y b), la reserva sea incompatible con el objeto y el fin del tratado.

Artículo 20. Aceptación de las reservas y objeción a las reservas. 1. Una reserva expresamente autorizada por el tratado no exigirá la aceptación ulterior de los demás Estados contratantes, a menos que el tratado así lo disponga.

2. Cuando del número reducido de Estados negociadores y del objeto y del fin del tratado se desprenda que la aplicación del tratado en su integridad entre todas las partes es condición esencial del consentimiento de cada una de ellas en obligarse por el tratado, una reserva exigirá la aceptación de todas las partes.

3. Cuando el tratado sea un instrumento constitutivo de una organización internacional y a menos que en él se disponga otra cosa, una reserva exigirá la aceptación del órgano competente de esa organización.

4. En los casos no previstos en los párrafos precedentes y a menos que el tratado disponga otra cosa:

a) la aceptación de una reserva por otro Estado contratante constituirá al Estado autor de la reserva en parte en el tratado en relación con ese Estado si el tratado ya está en vigor o cuando entre en vigor, para esos Estados;

b) la objeción hecha por otro Estado contratante a una reserva no impedirá la entrada en vigor del tratado entre el Estado que haya hecho la objeción y el Estado autor de la reserva, a menos que el Estado autor de la objeción manifieste inequívocamente la intención contraria;

c) un acto por el que un Estado manifieste su consentimiento en obligarse por un tratado y que contenga una reserva surtirá efecto en cuanto acepte la reserva al menos otro Estado contratante.

5. Para los efectos de los párrafos 2 y 4, y a menos que el tratado disponga otra cosa, se considerará que una reserva ha sido aceptada por un Estado cuando éste no ha formulado ninguna objeción a la reserva dentro de los doce meses siguientes a la fecha en que haya recibido la notificación de la reserva o en la fecha en que haya manifestado su consentimiento en obligarse por el tratado, si esta última es posterior.

Artículo 21. Efectos jurídicos de las reservas y de las objeciones a las reservas. 1. Una reserva que sea efectiva con respecto a otra parte en el tratado de conformidad con los artículos 19, 20 y 23:

a) modificará con respecto al Estado autor de la reserva en sus relaciones con esa otra parte las disposiciones del tratado a que se refiera la reserva en la medida determinada por la misma; y

b) modificará, en la misma medida, esas disposiciones en lo que respecta a esa otra parte en el tratado en sus relaciones con el Estado autor de la reserva.

2. La reserva no modificará las disposiciones del tratado en lo que respecta a las otras partes en el tratado con sus relaciones inter se.

3. Cuando un Estado que haya hecho una objeción a una reserva no se oponga a la entrada en vigor del tratado entre él y el Estado autor de la reserva, las disposiciones a que se refiera ésta no se aplicarán entre los dos Estados en la medida determinada por la reserva.

Artículo 22. Retiro de las reservas y de las objeciones a las reservas. 1. Salvo que el tratado disponga otra cosa, una reserva podrá ser retirada en cualquier momento y no se exigirá para su retiro el consentimiento del Estado que la haya aceptado.

2. Salvo que el tratado disponga otra cosa, una objeción a una reserva podrá ser retirada en cualquier momento.

3. Salvo que el tratado disponga o se haya convenido otra cosa:

a) el retiro de una reserva sólo surtirá efecto respecto de otro Estado contratante cuando ese Estado haya recibido la notificación;

b) el retiro de una objeción a una reserva sólo surtirá efecto cuando su notificación haya sido recibida por el Estado autor de la reserva.

Artículo 23. Procedimiento relativo a las reservas. 1. La reserva, la aceptación expresa de una reserva y la objeción a una reserva habrán de formularse por escrito y comunicarse a los Estados contratantes y a los demás Estados facultados para llegar a ser partes en el tratado.

2. La reserva que se formule en el momento de la firma de un tratado que haya de ser objeto de ratificación, aceptación o aprobación, habrá de ser confirmada formalmente por el Estado autor de la reserva al manifestar su conocimiento en obligarse por el tratado. En tal caso se considerará que la reserva ha sido hecha en la fecha de su confirmación.

3. La aceptación expresa de una reserva o la objeción hecha a una reserva, anteriores a la confirmación de la misma, no tendrán que ser a su vez confirmadas.

4. El retiro de una reserva o de una objeción a una reserva habrá de formularse por escrito.

Sección 3. Entrada en vigor y aplicación provisional de los tratados

Artículo 24. Entrada en vigor. 1. Un tratado entrará en vigor de la manera y en la fecha que en él se disponga o que acuerden los Estados negociadores.

2. A falta de tal disposición o acuerdo, el tratado entrará en vigor tan pronto como haya constancia del consentimiento de todos los Estados negociadores en obligarse por el tratado.

3. Cuando el consentimiento de un Estado en obligarse por un tratado se haga constar en una fecha posterior a la de la entrada en vigor de dicho tratado, este entrará en vigor con relación a ese Estado en dicha fecha, a menos que el tratado disponga otra cosa.

4. Las disposiciones de un tratado que regulen la autenticación de su texto, la constancia del consentimiento de los Estados en obligarse por el tratado,

la manera o la fecha de su entrada en vigor, las reservas, las funciones del depositario y otras cuestiones que se susciten necesariamente antes de la entrada en vigor del tratado se aplicarán desde el momento de la adopción de su texto.

Artículo 25. Aplicación provisional. 1. Un tratado o una parte de él se aplicará provisionalmente antes de su entrada en vigor:

a) si el propio tratado así lo dispone; o

b) si los Estados negociadores han convenido en ello de otro modo.

2. La aplicación provisional de un tratado o de una parte de él respecto de un Estado terminará si éste notifica a los Estados entre los cuales el tratado se aplica provisionalmente su intención de no llegar a ser parte en el mismo, a menos que el tratado disponga o los Estados negociadores hayan convenido otra cosa al respecto.

PARTE III
OBSERVANCIA, APLICACIÓN E INTERPRETACIÓN DE LOS TRATADOS

Sección 1. Observancia de los tratados

Artículo 26. Pacta sunt servanda. Todo tratado en vigor obliga a las partes y debe ser cumplido por ellas de buena fe.

Artículo 27. El derecho interno y la observancia de los tratados. Una parte no podrá invocar las disposiciones de su derecho interno como justificación del incumplimiento de un tratado. Esta norma se entenderá sin perjuicio de lo dispuesto en el artículo 46.

Sección 2. Aplicación de los tratados

Artículo 28. Irretroactividad de los tratados. Las disposiciones de un tratado no obligarán a una parte respecto de ningún acto o hecho que haya tenido lugar con anterioridad a la fecha de entrada en vigor del tratado para esa parte ni de ninguna situación que en esa fecha haya dejado de existir, salvo que una intención diferente se desprenda del tratado o conste de otro modo.

Artículo 29. Ámbito Territorial de los tratados. Un tratado será obligatorio para cada una de las partes por lo que respecta a la totalidad de su territorio, salvo que una intención diferente se desprenda de él o conste de otro modo.

Artículo 30. Aplicación de tratados sucesivos concernientes a la misma materia. 1. Sin perjuicio de lo dispuesto en el Artículo 103 de la Carta de las Naciones Unidas, los derechos y las obligaciones de los Estados partes en tratados sucesivos concernientes a la misma materia se determinarán conforme a los párrafos siguientes.

2. Cuando un tratado especifique que está subordinado a un tratado anterior o posterior o que no debe ser considerado incompatible con ese otro tratado, prevalecerán las disposiciones de este último.

3. Cuando todas las partes en el tratado anterior sean también partes en el tratado posterior pero el tratado anterior no quede terminado ni su aplicación suspendida conforme al artículo 59, el tratado anterior se aplicará únicamente en la medida en que sus disposiciones sean compatibles con las del tratado posterior.

4. Cuando las partes en el tratado anterior no sean todas ellas partes en el tratado posterior:

a) en las relaciones entre los Estados partes en ambos tratados, se aplicará la norma enunciada en el párrafo 3;

b) en las relaciones entre un Estado que sea parte en ambos tratados y un Estado que sólo lo sea en uno de ellos, los derechos y obligaciones recíprocos se regirán por el tratado en el que los dos Estados sean partes.

5. El párrafo 4 se aplicará sin perjuicio de lo dispuesto en el artículo 41 y no prejuzgará ninguna cuestión de terminación o suspensión de la aplicación de un tratado conforme al artículo 60 ni ninguna cuestión de responsabilidad en que pueda incurrir un Estado por la celebración o aplicación de un tratado cuyas disposiciones sean incompatibles con las obligaciones contraídas con respecto a otro Estado en virtud de otro tratado.

Sección 3. Interpretación de los tratados

Artículo 31. Regla General de interpretación. 1. Un tratado deberá interpretarse de buena fe conforme al sentido corriente que haya de atribuirse a los términos del tratado en el contexto de éstos y teniendo en cuenta su objeto y fin.

2. Para los efectos de la interpretación de un tratado, el contexto comprenderá, además del texto, incluidos su preámbulo y anexos:

a) todo acuerdo que se refiera al tratado y haya sido concertado entre todas las partes con motivo de la celebración del tratado;

b) todo instrumento formulado por una o más partes con motivo de la celebración del tratado y aceptado por las demás como instrumento referente al tratado.

3. Juntamente con el contexto, habrá de tenerse en cuenta:

a) todo acuerdo ulterior entre las partes acerca de la interpretación del tratado o de la aplicación de sus disposiciones;

b) toda práctica ulteriormente seguida en la aplicación del tratado por la cual conste el acuerdo de las partes acerca de la interpretación del tratado;

c) toda norma pertinente de derecho internacional aplicable en las relaciones entre las partes.

4. Se dará a un término un sentido especial si consta que tal fue la intención de las partes.

Artículo 32. Medios de Interpretación complementarios. Se podrá acudir a medios de interpretación complementarios, en particular a los trabajos preparatorios del tratado y a las circunstancias de su celebración, para confirmar el sentido resultante de la aplicación del artículo 31, o para determinar el sentido cuando la interpretación dada de conformidad con el artículo 31:

a) deje ambiguo u oscuro el sentido; o

b) conduzca a un resultado manifiestamente absurdo o irrazonable.

Artículo 33. Interpretación de tratados autenticados en dos o más idiomas. 1. Cuando un tratado haya sido autenticado en dos o más idiomas, el texto hará igualmente fe en cada idioma, a menos que el tratado disponga o las partes convengan que en caso de discrepancia prevalecerá uno de los textos.

2. Una versión del tratado en idioma distinto de aquel en que haya sido autenticado el texto será considerada como texto auténtico únicamente si el tratado así lo dispone o las partes así lo convienen.

3. Se presumirá que los términos del tratado tienen en cada texto auténtico igual sentido.

4. Salvo en el caso en que prevalezca un texto determinado conforme a lo previsto en el párrafo 1, cuando la comparación de los textos auténticos revele una diferencia de sentido que no pueda resolverse con la aplicación de los artículos 31 y 32, se adoptará el sentido que mejor concilie esos textos, habida cuenta del objeto y del fin del tratado.

Sección 4. Los tratados y los terceros estados

Artículo 34. Norma general concerniente a terceros Estados. Un tratado no crea obligaciones ni derechos para un tercer Estado sin su consentimiento.

Artículo 35. Tratados en que se prevén obligaciones para terceros Estados. Una disposición de un tratado dará origen a una obligación para un tercer Estado si las partes en el tratado tienen la intención de que tal disposición sea el medio de crear la obligación y si el tercer Estado acepta expresamente por escrito esa obligación.

Artículo 36. Tratados en que se prevén derechos para terceros Estados. 1. Una disposición de un tratado dará origen a un derecho para un tercer Estado si con ella las partes en el tratado tienen la intención de conferir ese derecho al tercer Estado o a un grupo de Estados al cual pertenezca, o bien a todos los Estados, y si el tercer Estado asiente a ello. Su asentimiento se presumirá mientras no haya indicación en contrario, salvo que el tratado disponga otra cosa.

2. Un Estado que ejerza un derecho con arreglo al párrafo 1 deberá cumplir las condiciones que para su ejercicio estén prescritas en el tratado o se establezcan conforme a éste.

Artículo 37. Revocación o modificación de obligaciones o de derechos de terceros Estados. 1. Cuando de conformidad con el artículo 35 se haya originado una obligación para un tercer Estado, tal obligación no podrá ser revocada ni modificada sino con el consentimiento de las partes en el tratado y del tercer Estado, a menos que conste que habían convenido otra cosa al respecto.

2. Cuando de conformidad con el artículo 36 se haya originado un derecho para un tercer Estado, tal derecho no podrá ser revocado ni modificado por las partes si consta que se tuvo la intención de que el derecho no fuera revocable ni modificable sin el consentimiento del tercer Estado.

Artículo 38. Normas de un tratado que lleguen a ser obligatorias para terceros Estados en virtud de una costumbre internacional. Lo dispuesto en los artículos 34 al 37 no impedirá que una norma enunciada en un tratado llegue a ser obligatoria para un tercer Estado como norma consuetudinaria de derecho internacional reconocida como tal.

PARTE IV
ENMIENDA Y MODIFICACIÓN DE LOS TRATADOS

Artículo 39. Norma general concerniente a la enmienda de los tratados. Un tratado podrá ser enmendado por acuerdo entre las partes. Se aplicarán a tal acuerdo las normas enunciadas en la Parte II, salvo en la medida en que el tratado disponga otra cosa.

Artículo 40. Enmienda de los tratados multilaterales. 1. Salvo que el tratado disponga otra cosa, la enmienda de los tratados multilaterales se regirá por los párrafos siguientes.

2. Toda propuesta de enmienda de un tratado multilateral en las relaciones entre todas las partes habrá de ser notificada a todos los Estados contratantes, cada uno de los cuales tendrá derecho a participar.

a) en la decisión sobre las medidas que haya que adoptar con relación a tal propuesta;

b) en la negociación y la celebración de cualquier acuerdo que tenga por objeto enmendar el tratado.

3. Todo Estado facultado para llegar a ser parte en el tratado estará también facultado para llegar a ser parte en el tratado en su forma enmendada.

4. El acuerdo en virtud del cual se enmiende el tratado no obligará a ningún Estado que sea ya parte en el tratado pero no llegue a serlo en este acuerdo; con respecto a tal Estado se aplicará el apartado b) del párrafo 4 del artículo 30.

5. Todo Estado que llegue a ser parte en el tratado después de la entrada en vigor del acuerdo en virtud del cual se enmiende el tratado será considerado, de no haber manifestado ese Estado una intención diferente:

a) parte en el tratado en su forma enmendada; y

b) parte en el tratado no enmendado con respecto a toda parte en el tratado que no esté obligada por el acuerdo en virtud del cual se enmiende el tratado.

Artículo 41. Acuerdos para modificar tratados multilaterales entre algunas de las partes únicamente. 1. Dos o más partes en un tratado multilateral podrán celebrar un acuerdo que tenga por objeto modificar el tratado únicamente en sus relaciones mutuas:

a) si la posibilidad de tal modificación está prevista por el tratado; o

b) si tal modificación no está prohibida por el tratado, a condición de que:

i) no afecte al disfrute de los derechos que a las demás partes correspondan en virtud del tratado ni al cumplimiento de sus obligaciones; y

ii) no se refiera a ninguna disposición cuya modificación sea incompatible con la consecución efectiva del objeto y del fin del tratado en su conjunto.

2. Salvo que en el caso previsto en el apartado a) del párrafo 1 el tratado disponga otra cosa, las partes interesadas deberán notificar a las demás partes su intención de celebrar el acuerdo y la modificación del tratado que en ese acuerdo se disponga.

PARTE V
NULIDAD, TERMINACIÓN Y SUSPENSIÓN DE LA APLICACIÓN DE LOS TRATADOS

Sección 1. Disposiciones generales

Artículo 42. Validez y continuación en vigor de los tratados. 1. La Validez de un tratado o del consentimiento de un Estado en obligarse por un tratado no podrá ser impugnada sino mediante la aplicación de la presente Convención.

2. La terminación de un tratado, su denuncia o el retiro de una parte no podrán tener lugar sino como resultado de la aplicación de las disposiciones del tratado o de la presente Convención. La misma norma se aplicará a la suspensión de la aplicación de un tratado.

Artículo 43. Obligaciones impuestas por el derecho internacional independientemente de un tratado. La nulidad, terminación o denuncia de un tratado, el retiro de una de las partes o la suspensión de la aplicación del tratado, cuando resulten de la aplicación de la presente Convención o de las disposiciones del tratado, no menoscabarán en nada el deber de un Estado de cumplir toda obligación enunciada en el tratado a la que esté sometido en virtud del derecho internacional independientemente de ese tratado.

Artículo 44. Divisibilidad de las disposiciones de un tratado. 1. El derecho de una parte, previsto en un tratado o emanado del artículo 56, a denunciar ese tratado, retirarse de él o suspender su aplicación no podrá ejercerse sino con respecto a la totalidad del tratado, a menos que el tratado disponga o las partes convengan otra cosa al respecto.

2. Una causa de nulidad o terminación de un tratado, de retiro de una de las partes o de suspensión de la aplicación de un tratado reconocida en la presente Convención no podrá alegarse sino con respecto a la totalidad del tratado, salvo en los casos previstos en los párrafos siguientes o en el artículo 60.

3. Si la causa se refiere sólo a determinadas cláusulas, no podrá alegarse sino con respecto a esas cláusulas cuando:

a) dichas cláusulas sean separables del resto del tratado en lo que respecta a su aplicación;

b) se desprenda del tratado o conste de otro modo que la aceptación de esas cláusulas no ha constituido para la otra parte o las otras partes en el tratado una base esencial de su consentimiento en obligarse por el tratado en su conjunto; y

c) la continuación del cumplimiento del resto del tratado no sea injusta.

4. En los casos previstos en los artículos 49 y 50, el Estado facultado para alegar el dolo o la corrupción podrá hacerlo en lo que respecta a la totalidad del tratado o, en el caso previsto en el párrafo 3, en lo que respecta a determinadas cláusulas únicamente.

5. En los casos previstos en los artículos 51, 52 y 53 no se admitirá la división de las disposiciones del tratado.

Artículo 45. Pérdida del derecho a alegar una causa de nulidad, terminación, retiro o suspensión de la aplicación de un tratado. Un Estado no podrá ya alegar una causa para anular un tratado, darlo por terminado, retirarse de él o suspender su aplicación con arreglo a lo dispuesto en los artículos 46 a 50 o en los artículos 60 y 62, sí, después de haber tenido conocimiento de los hechos, ese Estado:

a) ha convenido expresamente en que el tratado es válido, permanece en vigor o continúa en aplicación, según el caso; o

b) se ha comportado de tal manera que debe considerarse que ha dado su aquiescencia a la validez del tratado o a su continuación en vigor o en aplicación, según el caso.

Sección 2. Nulidad de los tratados

Artículo 46. Disposiciones de derecho interno concernientes a la competencia para celebrar tratados. 1. El hecho de que el consentimiento de un Estado en obligarse por un tratado haya sido manifestado en violación de una disposición de su derecho interno concerniente a la competencia para celebrar tratados no podrá ser alegado por dicho Estado como vicio de su consentimiento, a menos que esa violación sea manifiesta y afecte a una norma de importancia fundamental de su derecho interno.

2. Una violación es manifiesta si resulta objetivamente evidente para cualquier Estado que proceda en la materia conforme a la práctica usual y de buena fe.

Artículo 47. Restricción específica de los poderes para manifestar el consentimiento de un Estado. Si los poderes de un representante para manifestar el consentimiento de un Estado en obligarse por un tratado determinado han sido objeto de una restricción específica, la inobservancia de esa restricción por tal representante no podrá alegarse como vicio del consentimiento manifestado por él, a menos que la restricción haya sido notificada, con anterioridad a la manifestación de ese consentimiento, a los demás Estados negociadores.

Artículo 48. Error. 1. Un Estado podrá alegar un error en un tratado como vicio de su consentimiento en obligarse por el tratado si el error se refiere a un hecho o a una situación cuya existencia diera por supuesta ese Estado en el momento de la celebración del tratado y constituyera una base esencial de su conocimiento en obligarse por el tratado.

2. El párrafo 1 no se aplicará si el Estado de que se trate contribuyó con su conducta al error o si las circunstancias fueron tales que hubiera quedado advertido de la posibilidad de error.

3. Un error que concierna sólo a la redacción del texto de un tratado no afectará a la validez de éste; en tal caso se aplicará el artículo 79.

Artículo 49. Dolo. Si un Estado ha sido inducido a celebrar un tratado por la conducta fraudulenta de otro Estado negociador, podrá alegar el dolo como vicio de su consentimiento en obligarse por el tratado.

Artículo 50. Corrupción del representante de un Estado. Si la manifestación del consentimiento de un Estado en obligarse por un tratado ha sido obtenida mediante la corrupción de su representante, efectuada directa o indirectamente por otro Estado negociador, aquel Estado podrá alegar esa corrupción como vicio de su consentimiento en obligarse por el tratado.

Artículo 51. Coacción sobre el representante de un Estado. La manifestación del consentimiento de un Estado en obligarse por un tratado que haya sido obtenida por coacción sobre su representante mediante actos o amenazas dirigidos contra él carecerá de todo efecto jurídico.

Artículo 52. Coacción sobre un Estado por la amenaza o el uso de la fuerza. Es nulo todo tratado cuya celebración se haya obtenido por la amenaza o el uso de la fuerza en violación de los principios de derecho internacional incorporados en la Carta de las Naciones Unidas.

Artículo 53. Tratados que estén en oposición con una norma imperativa de derecho internacional general (*jus cogens*). Es nulo todo tratado que, en el momento de su celebración, esté en oposición con una norma imperativa de derecho internacional general. Para los efectos de la presente Convención, una norma imperativa de derecho internacional general es una norma aceptada y reconocida por la comunidad internacional de Estados en su conjunto como norma que no admite acuerdo en contrario y que sólo puede ser modificada por una norma ulterior de derecho internacional general que tenga el mismo carácter.

Sección 3. Terminación de los tratados y suspensión de su aplicación

Artículo 54. Terminación de un tratado o retiro de él en virtud de sus disposiciones o por consentimiento de las partes. La terminación de un tratado o el retiro de una parte podrán tener lugar:

a) conforme a las disposiciones del tratado; o

b) en cualquier momento, por consentimiento de todas las partes después de consultar a los demás Estados contratantes.

Artículo 55. Reducción del número de partes en un tratado multilateral a un número inferior al necesario para su entrada en vigor. Un tratado multilateral no terminará por el solo hecho de que el número de partes llegue a ser inferior al necesario para su entrada en vigor, salvo que el tratado disponga otra cosa.

Artículo 56. Denuncia o retiro en el caso de que el tratado no contenga disposiciones sobre la terminación, la denuncia o el retiro. 1. Un tratado que no contenga disposiciones sobre su terminación ni prevea la denuncia o el retiro del mismo no podrá ser objeto de denuncia o de retiro a menos:

a) que conste que fue intención de las partes admitir la posibilidad de denuncia o de retiro; o

b) que el derecho de denuncia o de retiro pueda inferirse de la naturaleza del tratado.

2. Una parte deberá notificar con doce meses por lo menos de antelación su intención de denunciar un tratado o de retirarse de él conforme al párrafo 1.

Artículo 57. Suspensión de la aplicación de un tratado en virtud de sus disposiciones o por consentimiento de las partes. La aplicación de un tratado podrá suspenderse con respecto a todas las partes o a una parte determinada:

a) conforme a las disposiciones del tratado; o

b) en cualquier momento, por consentimiento de todas las partes previa consulta con los demás Estados contratantes.

Artículo 58. Suspensión de la aplicación de un tratado multilateral por acuerdo entre algunas de las partes únicamente. 1. Dos o más partes en un tratado multilateral podrán celebrar un acuerdo que tenga por objeto suspender la aplicación de disposiciones del tratado, temporalmente y sólo en sus relaciones mutuas:

a) si la posibilidad de tal suspensión está prevista por el tratado; o

b) si tal suspensión no está prohibida por el tratado, a condición de que:

i) no afecte al disfrute de los derechos que a las demás partes correspondan en virtud del tratado ni al cumplimiento de sus obligaciones; y

ii) no sea incompatible con el objeto y el fin del tratado.

2. Salvo que en el caso previsto en el apartado a) del párrafo I el tratado disponga otra cosa, las partes interesadas deberán notificar a las demás partes su intención de celebrar el acuerdo y las disposiciones del tratado cuya aplicación se proponen suspender.

Artículo 59. Terminación de un tratado o suspensión de su aplicación implícitas como consecuencia de la celebración de un tratado posterior. 1. Se considerará que un tratado ha terminado si todas las partes en el celebran ulteriormente un tratado sobre la misma materia y:

a) se desprende del tratado posterior o consta de otro modo que ha sido intención de las partes que la materia se rija por ese tratado; o

b) las disposiciones del tratado posterior son hasta tal punto incompatibles con las del tratado anterior que los dos tratados no pueden aplicarse simultáneamente.

2. Se considerará que la aplicación del tratado anterior ha quedado únicamente suspendida si se desprende del tratado posterior o consta de otro modo que tal ha sido la intención de las partes.

Artículo 60. Terminación de un tratado o suspensión de su aplicación como consecuencia de su violación. 1. Una violación grave de un tratado bilateral por una de las partes facultará a la otra parte para alegar la violación como causa para dar por terminado el tratado o para suspender su aplicación total o parcialmente.

2. Una violación grave de un tratado multilateral por una de las partes facultará:

a) a las otras partes, procediendo por acuerdo unánime, para suspender la aplicación del tratado total o parcialmente o darlo por terminado, sea:

i) en las relaciones entre ellas y el Estado autor de la violación; o

ii) entre todas las partes;

b) a una parte especialmente perjudicada por la violación, para alegar ésta como causa para suspender la aplicación del tratado total o parcialmente en las relaciones entre ella y el Estado autor de la violación;

c) a cualquier parte, que no sea el Estado autor de la violación, para alegar la violación como causa para suspender la aplicación del tratado total o parcialmente con respecto a sí misma, si el tratado es de tal índole que una violación grave de sus disposiciones por una parte modifica radicalmente la situación de cada parte con respecto a la ejecución ulterior de sus obligaciones en virtud del tratado.

3. Para los efectos del presente artículo, constituirán violación grave de un tratado:

a) un rechazo del tratado no admitido por la presente Convención; o

b) la violación de una disposición esencial para la consecución del objeto o del fin del tratado.

4. Los precedentes párrafos se entenderán sin perjuicio de las disposiciones del tratado aplicables en caso de violación.

5. Lo previsto en los párrafos 1 a 3 no se aplicará a las disposiciones relativas a la protección de la persona humana contenidas en tratados de carácter

humanitario, en particular a las disposiciones que prohíben toda forma de represalias con respecto a las personas protegidas por tales tratados.

Artículo 61. Imposibilidad subsiguiente de cumplimiento. 1. Una parte podrá alegar la imposibilidad de cumplir un tratado como causa para darlo por terminado o retirarse de él si esa imposibilidad resulta de la desaparición o destrucción definitivas de un objeto indispensable para el cumplimiento del tratado. Si la imposibilidad es temporal, podrá alegarse únicamente como causa para suspender la aplicación del tratado.

2. La imposibilidad de cumplimiento no podrá alegarse por una de las partes como causa para dar por terminado un tratado, retirarse de él o suspender su aplicación si resulta de una violación, por la parte que la alegue, de una obligación nacida del tratado o de toda otra obligación internacional con respecto a cualquier otra parte en el tratado.

Artículo 62. Cambio fundamental en las circunstancias. 1. Un cambio fundamental en las circunstancias ocurrido con respecto a las existentes en el momento de la celebración de un tratado y que no fue previsto por las partes no podrá alegarse como causa para dar por terminado el tratado o retirarse de él, a menos que:

a) la existencia de esas circunstancias constituyera una base esencial del consentimiento de las partes en obligarse por el tratado; y

b) ese cambio tenga por efecto modificar radicalmente el alcance de las obligaciones que todavía deban cumplirse en virtud del tratado.

2. Un cambio fundamental en las circunstancias no podrá alegarse como causa para dar por terminado un tratado o retirarse de él:

a) si el tratado establece una frontera; o

b) si el cambio fundamental resulta de una violación, por la parte que lo alega, de una obligación nacida del tratado o de toda otra obligación internacional con respecto a cualquier otra parte en el tratado.

3. Cuando, con arreglo a lo dispuesto en los párrafos precedentes, una de las partes pueda alegar un cambio fundamental en las circunstancias como causa para dar por terminado un tratado o para retirarse de él, podrá también alegar ese cambio como causa para suspender la aplicación del tratado.

Artículo 63. Ruptura de relaciones diplomáticas o consulares. La ruptura de relaciones diplomáticas o consulares entre partes en un tratado no afectará a las relaciones jurídicas establecidas entre ellas por el tratado, salvo en la medida en que la existencia de relaciones diplomáticas o consulares sea indispensable para la aplicación del tratado.

Artículo 64. Aparición de una nueva norma imperativa de derecho internacional general (jus cogens). Si surge una nueva norma imperativa de derecho internacional general, todo tratado existente que esté en oposición con esa norma se convertirá en nulo y terminará.

Sección 4. Procedimientos

Artículo 65. Procedimiento que deberá seguirse con respecto a la nulidad o terminación de un tratado, el retiro de una parte o la suspensión de la aplicación de un tratado. 1. La parte que, basándose en las disposiciones de la presente Convención, alegue un vicio de su consentimiento en obligarse por un tratado o una causa para impugnar la validez de un tratado, darlo por terminado, retirarse de él o suspender su aplicación, deberá notificar a las demás partes su pretensión. En la notificación habrá de indicarse la medida que se proponga adoptar con respecto al tratado y las razones en que ésta se funde.

2. Si, después de un plazo que, salvo en casos de especial urgencia, no habrá de ser inferior a tres meses contados desde la recepción de la notificación, ninguna parte ha formulado objeciones, la parte que haya hecho la notificación podrá adoptar en la forma prescrita en el artículo 67 la medida que haya propuesto.

3. Si, por el contrario, cualquiera de las demás partes ha formulado una objeción, las partes deberán buscar una solución por los medios indicados en el Artículo 33 de la Carta de las Naciones Unidas.

4. Nada de lo dispuesto en los párrafos precedentes afectará a los derechos o a las obligaciones de las partes que se deriven de cualesquiera disposiciones en vigor entre ellas respecto de la solución de controversias.

5. Sin perjuicio de lo dispuesto en el artículo 45, el hecho de que un Estado no haya efectuado la notificación prescrita en el párrafo 1 no le impedirá hacerla en respuesta a otra parte que pida el cumplimiento del tratado o alegue su violación.

Artículo 66. Procedimientos de arreglo judicial, de arbitraje y de conciliación. Si, dentro de los doce meses siguientes a la fecha en que se haya formulado la objeción, no se ha llegado a ninguna solución conforme al párrafo 3 del artículo 65, se seguirán los procedimientos siguientes:

a) cualquiera de las partes en una controversia relativa a la aplicación o la interpretación del artículo 53 o el artículo 64 podrá, mediante solicitud escrita, someterla a la decisión de la Corte Internacional de Justicia a menos que las partes convengan de común acuerdo someter la controversia al arbitraje;

b) cualquiera de las partes en una controversia relativa a la aplicación o la interpretación de cualquiera de los restantes artículos de la parte V de la presente Convención podrá iniciar el procedimiento indicado en el Anexo de la Convención presentando al Secretario General de las Naciones Unidas una solicitud a tal efecto.

Artículo 67. Instrumentos para declarar la nulidad de un tratado, darlo por terminado, retirarse de él o suspender su aplicación. 1. La notificación prevista en el párrafo 1 del artículo 65 habrá de hacerse por escrito.

2. Todo acto encaminado a declarar la nulidad de un tratado, darlo por terminado, retirarse de él o suspender su aplicación de conformidad con las disposiciones del tratado o de los párrafos 2 o 3 del artículo 65 se hará constar en un instrumento que será comunicado a las demás partes. Si el instrumento no está firmado por el jefe del Estado, el jefe del gobierno o el ministro de relaciones exteriores, el representante del Estado que lo comunique podrá ser invitado a presentar sus plenos poderes.

Artículo 68. Revocación de las notificaciones y de los instrumentos previstos en los artículos 65 y 67. Las notificaciones o los instrumentos previstos en los artículos 65 y 67 podrán ser revocados en cualquier momento antes de que surtan efecto.

Sección 5. Consecuencias de la nulidad, la terminación o la suspensión de la aplicación de un tratado

Artículo 69. Consecuencias de la nulidad de un tratado. 1. Es nulo un tratado cuya nulidad quede determinada en virtud de la presente Convención. Las disposiciones de un tratado nulo carecen de fuerza jurídica.

2. Si no obstante se han ejecutado actos basándose en tal tratado:

a) toda parte podrá exigir de cualquier otra parte que en la medida de lo posible establezca en sus relaciones mutuas la situación que habría existido si no se hubieran ejecutado esos actos;

b) los actos ejecutados de buena fe antes de que se haya alegado la nulidad no resultarán ilícitos por el sólo hecho de la nulidad del tratado.

3. En los casos comprendidos en los artículos 49, 50, 51 o 52, no se aplicará el párrafo 2 con respecto a la parte a la que sean imputables el dolo, el acto de corrupción o la coacción.

4. En caso de que el consentimiento de un Estado determinado en obligarse por un tratado multilateral esté viciado, las normas precedentes se aplicarán a las relaciones entre ese Estado y las partes en el tratado.

Artículo 70. Consecuencias de la terminación de un tratado. 1. Salvo que el tratado disponga o las partes convengan otra cosa al respecto, la terminación de un tratado en virtud de sus disposiciones o conforme a la presente Convención:

a) eximirá a las partes de la obligación de seguir cumpliendo el tratado;

b) no afectará a ningún derecho, obligación o situación jurídica de las partes creados por la ejecución del tratado antes de su terminación.

2. Si un Estado denuncia un tratado multilateral o se retira de él, se aplicará el párrafo 1 a las relaciones entre ese Estado y cada una de las demás partes en el tratado desde la fecha en que surta efectos tal denuncia o retiro.

Artículo 71. Consecuencias de la nulidad de un tratado que esté en oposición con una norma imperativa de derecho internacional general. 1. Cuando un tratado sea nulo en virtud del artículo 53, las partes deberán:

a) eliminar en lo posible las consecuencias de todo acto que se haya ejecutado basándose en una disposición que esté en oposición con la norma imperativa de derecho internacional general; y

b) ajustar sus relaciones mutuas a la norma imperativa de derecho internacional general.

2. Cuando un tratado se convierta en nulo y termine en virtud del artículo 64 la terminación del tratado:

a) eximirá a las partes de toda obligación de seguir cumpliendo el tratado;

b) no afectará a ningún derecho, obligación o situación jurídica de las partes creados por la ejecución del tratado antes de su terminación; sin embargo, esos derechos, obligaciones o situaciones podrán en adelante mantenerse únicamente en la medida en que su mantenimiento no esté por sí mismo en oposición con la nueva norma imperativa de derecho internacional general.

Artículo 72. Consecuencias de la suspensión de la aplicación de un tratado. 1. Salvo que el tratado disponga o las partes convengan otra cosa al respecto, la suspensión de la aplicación de un tratado basada en sus disposiciones o conforme a la presente Convención:

a) eximirá a las partes entre las que se suspenda la aplicación del tratado de la obligación de cumplirlo en sus relaciones mutuas durante el período de suspensión;

b) no afectará de otro modo a las relaciones jurídicas que el tratado haya establecido entre las partes.

2. Durante el período de suspensión, las partes deberán abstenerse de todo acto encaminado a obstaculizar la reanudación de la aplicación del tratado.

PARTE VI
DISPOSICIONES DIVERSAS

Artículo 73. Casos de sucesión de Estados, de responsabilidad de un Estado o de ruptura de hostilidades. Las disposiciones de la presente Convención no prejuzgarán ninguna cuestión que con relación a un tratado pueda surgir como consecuencia de una sucesión de Estados, de la responsabilidad internacional de un Estado o de la ruptura de hostilidades entre Estados.

Artículo 74. Relaciones diplomáticas o consulares y celebración de tratados. La ruptura o la ausencia de relaciones diplomáticas o consulares entre dos o más Estados no impedirá la celebración de tratados entre dichos Estados. Tal celebración por sí misma no prejuzgará acerca de la situación de las relaciones diplomáticas o consulares.

Artículo 75. Caso de un Estado agresor. Las disposiciones de la presente Convención se entenderán sin perjuicio de cualquier obligación que pueda originarse con relación a un tratado para un Estado agresor como consecuencia de medidas adoptadas conforme a la Carta de las Naciones Unidas con respecto a la agresión de tal Estado.

PARTE VII
DEPOSITARIOS, NOTIFICACIONES, CORRECCIONES Y REGISTRO

Artículo 76. Depositarios de los tratados. 1. La designación del depositario de un tratado podrá efectuarse por los Estados negociadores en el tratado mismo o de otro modo. El depositario podrá ser uno o más Estados, una organización internacional o el principal funcionario administrativo de tal organización.

2. Las funciones del depositario de un tratado son de carácter internacional y el depositario está obligado a actuar imparcialmente en el desempeño de ellas. En particular, el hecho de que un tratado no haya entrado en vigor entre algunas de las partes o de que haya surgido una discrepancia entre un Estado y un depositario acerca del desempeño de las funciones de éste no afectará a esa obligación del depositario.

Artículo 77. Funciones de los depositarios. 1. Salvo que el tratado disponga o los Estados contratantes convengan otra cosa al respecto, las funciones del depositario comprenden en particular las siguientes:

a) custodiar el texto original del tratado y los plenos poderes que se le hayan remitido;

b) extender copias certificadas conformes del texto original y preparar todos los demás textos del tratado en otros idiomas que puedan requerirse en virtud del tratado y transmitirlos a las partes en el tratado y a los Estados facultados para llegar a serlo;

c) recibir las firmas del tratado y recibir y custodiar los instrumentos, notificaciones y comunicaciones relativos a éste;

d) examinar si una firma, un instrumento o una notificación o comunicación relativos al tratado están en debida forma y, de ser necesario, señalar el caso a la atención del Estado de que se trate;

e) informar a las partes en el tratado y a los Estados facultados para llegar a serlo de los actos, notificaciones y comunicaciones relativos al tratado;

f) informar a los Estados facultados para llegar a ser partes en el tratado de la fecha en que se ha recibido o depositado el número de firmas o de instrumentos de ratificación, aceptación, aprobación o adhesión necesario para la entrada en vigor del tratado;

g) registrar el tratado en la Secretaría de las Naciones Unidas;

h) desempeñar las funciones especificadas en otras disposiciones de la presente Convención.

2. De surgir alguna discrepancia entre un Estado y el depositario acerca del desempeño de las funciones de éste, el depositario señalará la cuestión a la atención de los Estados signatarios y de los Estados contratantes o, si corresponde, del órgano competente de la organización internacional interesada.

Artículo 78. Notificaciones y comunicaciones. Salvo cuando el tratado o la presente Convención dispongan otra cosa al respecto, una notificación o comunicación que deba hacer cualquier Estado en virtud de la presente Convención:

a) deberá ser transmitida, si no hay depositario, directamente a los Estados a que esté destinada, o, si hay depositario, a éste;

b) sólo se entenderá que ha quedado hecha por el Estado de que se trate cuando haya sido recibida por el Estado al que fue transmitida, o, en su caso, por el depositario;

c) si ha sido transmitida a un depositario, sólo se entenderá que ha sido recibida por el Estado al que estaba destinada cuando éste haya recibido del depositario la información prevista en el apartado e), del párrafo 1 del artículo 77.

Artículo 79. Corrección de errores en textos o en copias certificadas conformes de los tratados. 1. Cuando, después de la autenticación del texto de un tratado, los Estados signatarios y los Estados contratantes adviertan de común acuerdo que contiene un error, éste, a menos que tales Estados decidan proceder a su corrección de otro modo, será corregido:

a) introduciendo la corrección pertinente en el texto y haciendo que sea rubricada por representantes autorizados en debida forma;

b) formalizando un instrumento o canjeando instrumentos en los que se haga constar la corrección que se haya acordado hacer; o

c) formalizando, por el mismo procedimiento empleado para el texto original, un texto corregido de todo el tratado.

2. En el caso de un tratado para el que haya depositario, éste notificará a los Estados signatarios y a los Estados contratantes el error y la propuesta de corregirlo y fijará un plazo adecuado para hacer objeciones a la corrección propuesta. A la expiración del plazo fijado:

a) si no se ha hecho objeción alguna, el depositario efectuará y rubricará la corrección en el texto, extenderá un acta de rectificación del texto y comunicará copia de ella a las partes en el tratado y a los Estados facultados para llegar a serlo;

b) si se ha hecho una objeción, el depositario comunicará la objeción a los Estados signatarios y a los Estados contratantes.

3. Las disposiciones de los párrafos 1 y 2 se aplicarán también cuando el texto de un tratado haya sido autenticado en dos o más idiomas y se advierta

una falta de concordancia que los Estados signatarios y los Estados contratantes convengan en que debe corregirse.

4. El texto corregido sustituirá ab initio al texto defectuoso, a menos que los Estados signatarios y los Estados contratantes decidan otra cosa al respecto.

5. La corrección del texto de un tratado que haya sido registrado será notificada a la Secretaría de las Naciones Unidas.

6. Cuando se descubra un error en una copia certificada conforme de un tratado, el depositario extenderá un acta en la que hará constar la rectificación y comunicará copia de ella a los Estados signatarios y a los Estados contratantes.

Artículo 80. Registro y publicación de los tratados. 1. Los tratados, después de su entrada en vigor, se transmitirán a la Secretaría de las Naciones Unidas para su registro o archivo e inscripción, según el caso, y para su publicación.

2. La designación de un depositario constituirá la autorización para que este realice los actos previstos en el párrafo precedente.

PARTE VIII
DISPOSICIONES FINALES

Artículo 81. Firma. La presente Convención estará abierta a la firma de todos los Estados miembros de las Naciones Unidas o miembros de algún organismo especializado o del Organismo Internacional de Energía Atómica, así como de todo Estado parte en el Estatuto de la Corte Internacional de Justicia y de cualquier otro Estado invitado por la Asamblea General de las Naciones Unidas a ser parte en la Convención, de la manera siguiente: hasta el 30 de noviembre de 1969, en el Ministerio Federal de Relaciones Exteriores de la República de Austria, y, después, hasta el 30 de abril de 1970, en la Sede de las Naciones Unidas en Nueva York.

Artículo 82. Ratificación. La presente Convención está sujeta a ratificación. Los instrumentos de ratificación se depositarán en poder del Secretario General de las Naciones Unidas.

Artículo 83. Adhesión. La presente Convención, quedará, abierta a la adhesión de todo Estado perteneciente a una de las categorías mencionadas en el artículo 81. Los instrumentos de adhesión se depositarán en poder del Secretario General de las Naciones Unidas.

Artículo 84. Entrada en vigor. 1. La presente Convención entrará en vigor el trigésimo día a partir de la fecha que haya sido depositado el trigésimo quinto instrumento de ratificación o de adhesión.

2. Para cada Estado que ratifique la Convención o se adhiera a ella después de haber sido depositado el trigésimo quinto instrumento de ratificación o de adhesión, la Convención entrará en vigor el trigésimo día a partir de la fecha en que tal Estado haya depositado su instrumento de ratificación o de adhesión.

Artículo 85. Textos auténticos. El original de la presente Convención, cuyos textos en chino, español, francés, inglés y ruso son igualmente auténticos, será depositado en poder del Secretario General de las Naciones Unidas.

EN TESTIMONIO DE LO CUAL, los plenipotenciarios infrascritos, debidamente autorizados por sus respectivos Gobiernos, han firmado la presente Convención.

HECHA EN VIENA, el día veintitrés de mayo de mil novecientos sesenta y nueve.

ANEXO

1. El Secretario General de las Naciones Unidas establecerá y mantendrá una lista de amigables componedores integrada por juristas calificados. A tal efecto, se invitará a todo Estado que sea miembro de las Naciones Unidas o parte en la presente Convención a que designe dos amigables componedores; los nombres de las personas así designadas constituirán la lista. La designación de los amigables componedores, entre ellos los designados para cubrir una vacante accidental, se hará para un período de cinco años renovable. Al expirar el período para el cual hayan sido designados, los amigables componedores continuarán desempeñando las funciones para las cuales hayan sido elegidos con arreglo al párrafo siguiente.

2. Cuando se haya presentado una solicitud, conforme al artículo 66, al Secretario General, éste someterá la controversia a una comisión de conciliación compuesta en la forma siguiente:

El Estado o los Estados que constituyan una de las partes en la controversia nombrarán:

a) un amigable componedor, de la nacionalidad de ese Estado o de uno de esos Estados, elegido o no de la lista mencionada en el párrafo 1; y

b) un amigable componedor que no tenga la nacionalidad de ese Estado ni de ninguno de esos Estados, elegido de la lista.

El Estado o los Estados que constituyan la otra parte en la controversia nombrarán dos amigables componedores de la misma manera. Los cuatro amigables componedores elegidos por las partes deberán ser nombrados dentro de los sesenta días siguientes a la fecha en que el Secretario General haya recibido la solicitud.

Los cuatro amigables componedores, dentro de los sesenta días siguientes a la fecha en que se haya efectuado el último de sus nombramientos, nombrarán un quinto amigable componedor, elegido de la lista, que será presidente.

Si el nombramiento del presidente o de cualquiera de los demás amigables componedores no se hubiere realizado en el plazo antes prescrito para ello, lo efectuará el Secretario General dentro de los sesenta días siguientes a la expiración de ese plazo. El Secretario General dentro de los sesenta días siguientes a la expiración de ese plazo. El Secretario General podrá nombrar presidente a una de las personas de la lista o a uno de los miembros de la Comisión de Derecho Internacional. Cualquiera de los plazos en los cuales deban efectuarse los nombramientos podrá prorrogarse por acuerdo de las partes en la controversia.

Toda vacante deberá cubrirse en la forma prescrita para el nombramiento inicial.

3. La Comisión de Conciliación fijará su propio procedimiento. La Comisión, previo consentimiento de las partes en la controversia, podrá invitar a cualquiera de las partes en el tratado a exponerle sus opiniones verbalmente o por escrito. Las decisiones y recomendaciones de la Comisión se adoptarán por mayoría de votos de sus cinco miembros.

4. La Comisión podrá señalar a la atención de las partes en la controversia todas las medidas que puedan facilitar una solución amistosa.

5. La Comisión oirá a las partes, examinará las pretensiones y objeciones, y hará propuestas a las partes con miras a que lleguen a una solución amistosa de la controversia.

6. La Comisión presentará su informe dentro de los doce meses siguientes a la fecha de su constitución. El informe se depositará en poder del Secretario General y se transmitirá a las partes en la controversia. El informe de la Comisión, incluidas cualesquiera conclusiones que en él se indiquen en cuanto a los hechos y a las cuestiones de derecho, no obligará a las partes ni tendrá otro

carácter que el de enunciado de recomendaciones presentadas a las partes para su consideración a fin de facilitar una solución amistosa de la controversia.

7. El Secretario General proporcionará a la Comisión la asistencia y facilidades que necesite. Los gastos de la Comisión serán sufragados por la Organización de las Naciones Unidas.

La presente es copia fiel y completa en español de la Convención de Viena sobre el Derecho de los Tratados, hecha en Viena, el día veintitrés del mes de mayo del año mil novecientos sesenta y nueve.

Extiendo la presente en cuarenta y cuatro páginas útiles, en Tlatelolco, Distrito Federal, a los veintinueve días del mes de octubre del año mil novecientos setenta y cuatro, a fin de incorporarlas al Decreto de Promulgación respectivo.– Téllez María Emilia.– Rúbrica.

CONVENCIÓN DE VIENA SOBRE RELACIONES CONSULARES

Convención publicada en el Diario Oficial de la Federación, el miércoles 11 de septiembre de 1968

Al margen un sello con el Escudo Nacional, que dice Estados Unidos Mexicanos.- Presidencia de la República.

GUSTAVO DÍAZ ORDAZ, Presidente de los Estados Unidos Mexicanos, a sus habitantes, sabed:

Que en la ciudad de Viena, Austria, el día siete del mes de octubre del año mil novecientos sesenta y tres, el Plenipotenciario de México, debidamente autorizado al efecto, firmó ad-referéndum, con la reserva que a continuación se transcribe, la Convención de Viena sobre Relaciones Consulares, hecha en esa ciudad, el día veinticuatro del mes de abril del mismo año, cuyo texto y forma en español constan en la copia certificada adjunta al presente Decreto:

«México no acepta la parte del artículo 31, párrafo 4 de la misma, que se refiere al derecho de expropiación de los locales consulares, fundamentalmente porque este párrafo, al contemplar la posibilidad de que sean expropiados los locales consulares por el Estado receptor, presupone que el Estado, que envía es propietario de ellos, lo que en la República Mexicana no puede ocurrir conforme a las disposiciones del Artículo 27 de la Constitución Política de los Estados Unidos Mexicanos, según las cuales los Estados extranjeros sólo pueden adquirir, en el lugar permanente de la residencia de los Poderes Federales, la propiedad privada de bienes inmuebles necesarios para el servicio directo de sus embajadas o legaciones».

Que la mencionada Convención fue aprobada, con la reserva antes transcrita, por la Cámara de Senadores del Honorable Congreso de la Unión, el día veinticuatro del mes de diciembre del año mil novecientos sesenta y cuatro, según Decreto publicado en el «Diario Oficial» de la Federación del día veinte del mes de febrero del año mil novecientos sesenta y cinco.

Que la citada Convención fue ratificada por mí, con la antes mencionada reserva, el día dieciocho del mes de mayo del año mil novecientos sesenta y cinco, habiéndose efectuado el depósito del Instrumento de Ratificación respectivo, ante el Secretario General de la Organización de las Naciones Unidas, el día dieciséis del mes de junio del mismo año.

En cumplimiento de lo dispuesto por la Fracción Primera del Artículo Octogésimo Noveno de la Constitución Política de los Estados Unidos Mexicanos y, para su debida observancia, promulgo el presente Decreto, en la residencia del Poder Ejecutivo Federal, en la ciudad de México, Distrito Federal, a los seis días del mes de noviembre del año mil novecientos sesenta y siete.– Gustavo Díaz Ordaz.– Rúbrica.– El Secretario de Relaciones Exteriores, Antonio Carrillo Flores.– Rúbrica.

José S. Gallástegui, Oficial Mayor de la Secretaría de Relaciones Exteriores, Certifica:

Que en los Archivos de esta Secretaría obra copia certificada de la Convención de Viena sobre Relaciones Consulares, hecha en Viena, Austria, el día veinticuatro del mes de abril del año mil novecientos sesenta y tres, y firmada por el Plenipotenciario de México el día siete del mes de octubre del mismo año, cuyo texto y forma en español son los siguientes:

CONVENCIÓN DE VIENA SOBRE RELACIONES CONSULARES

Los Estados Parte en la presente Convención,

Teniendo presente que han existido relaciones consulares entre los pueblos desde hace siglos,

Teniendo en cuenta los Propósitos y Principios de la Carta de las Naciones Unidas relativos a la igualdad soberana de los Estados, al mantenimiento de la paz y de la seguridad internacionales y al fomento de las relaciones de amistad entre las naciones,

Considerando que la Conferencia de las Naciones Unidas sobre Relaciones e Inmunidades Diplomáticas aprobó la Convención de Viena sobre Relaciones Diplomáticas, abierta a la firma de los Estados el 18 de abril de 1961,

Estimando que una convención internacional sobre relaciones, privilegios e inmunidades consulares contribuirá también al desarrollo de las relaciones amistosas entre las naciones, prescindiendo de sus diferencias de régimen constitucional y social,

Conscientes de que la finalidad de dichos privilegios e inmunidades no es beneficiar a particulares, sino garantizar a las oficinas consulares el eficaz desempeño de sus funciones en nombre de sus Estados respectivos,

Afirmando que las normas de derecho internacional consuetudinario continuarán rigiendo las materias que no hayan sido expresamente reguladas por las disposiciones de la presente Convención,

Han convenido lo siguiente:

Artículo 1. Definiciones. 1. A los efectos de la presente Convención, las siguientes expresiones se entenderán como se precisa a continuación:

a) por «oficina consular», todo consulado general, consulado, viceconsulado o agencia consular;

b) por «circunscripción consular», el territorio atribuido a una oficina consular para el ejercicio de las funciones consulares:

c) por «jefe de oficina consular», la persona encargada de desempeñar tal función;

d) por «funcionario consular», toda persona, incluido el jefe de oficina consular, encargada con ese carácter del ejercicio de funciones consulares;

e) por «empleado consular», toda persona empleada en el servicio administrativo o técnico de una oficina consular;

f) por «miembro del personal de servicio», toda persona empleada en el servicio doméstico de una oficina consular;

g) por «miembros de la oficina consular», los funcionarios y empleados consulares y los miembros del personal de servicio;

h) por «miembros del personal consular», los funcionarios consulares salvo el jefe de oficina consular, los empleados consulares y los miembros del personal de servicio;

i) por «miembro del personal privado», la persona empleada exclusivamente en el servicio particular de un miembro de la oficina consular;

j) por «locales consulares», los edificios o las partes de los edificios y el terreno contiguo que, cualquiera que sea su propietario, se utilicen exclusivamente para las finalidades de la oficina consular;

k) por «archivos consulares», todos los papeles, documentos, correspondencia, libros, películas, cintas magnetofónicas y registros de la oficina consular, así como las cifras y claves, los ficheros y los muebles destinados a protegerlos y conservarlos.

2. Los funcionarios consulares son de dos clases: funcionarios consulares de carrera y funcionarios consulares honorarios. Las disposiciones del capítulo II de la presente Convención se aplican a las oficinas consulares dirigidas por funcionarios consulares de carrera; las disposiciones del capítulo III se aplican a las oficinas consulares dirigidas por funcionarios consulares honorarios.

3. La situación particular de los miembros de las oficinas consulares que son nacionales o residentes permanentes del Estado receptor se rige por el artículo 71 de la presente Convención.

CAPÍTULO I
DE LAS RELACIONES CONSULARES EN GENERAL

Sección I. Establecimiento y ejercicio de las relaciones consulares

Artículo 2. Establecimiento de relaciones consulares. 1. El establecimiento de relaciones consulares entre Estados se efectuará por consentimiento mutuo.

2. El consentimiento otorgado para el establecimiento de relaciones diplomáticas entre dos Estados implicará, salvo indicación en contrario, el consentimiento para el establecimiento de relaciones consulares.

3. La ruptura de relaciones diplomáticas no entrañará, ipso facto, la ruptura de relaciones consulares.

Artículo 3. Ejercicio de las funciones consulares. Las funciones consulares serán ejercidas por las oficinas consulares. También las ejercerán las misiones diplomáticas según las disposiciones de la presente Convención.

Artículo 4. Establecimiento de una oficina consular. 1. No se podrá establecer una oficina consular en el territorio del Estado receptor sin su consentimiento.

2. La sede de la oficina consular, su clase y la circunscripción consular, las fijará el Estado que envía y serán aprobadas por el Estado receptor.

3. El Estado que envía no podrá modificar posteriormente la sede de la oficina consular, su clase, ni la circunscripción consular sin el consentimiento del Estado receptor.

4. También se necesitará el consentimiento del Estado receptor si un consulado general o un consulado desea abrir un viceconsulado o una agencia consular en una localidad diferente de aquella en la que radica la misma oficina consular.

5. No se podrá abrir fuera de la sede de la oficina consular una dependencia que forme parte de aquella, sin haber obtenido previamente el consentimiento expreso del Estado receptor.

Artículo 5. Funciones consulares. Las funciones consulares consistirán en:

a) proteger en el Estado receptor los intereses del Estado que envía y de sus nacionales, sean personas naturales o jurídicas, dentro de los límites permitidos por el derecho internacional;

b) fomentar el desarrollo de las relaciones comerciales, económicas, culturales y científicas entre el Estado que envía y el Estado receptor, y promover además las relaciones amistosas entre los mismos, de conformidad con las disposiciones de la presente Convención;

c) informarse por todos los medios lícitos de las condiciones y de la evolución de la vida comercial, económica, cultural y científica del Estado receptor, informar al respecto al gobierno del Estado que envía y proporcionar datos a las personas interesadas;

d) extender pasaportes y documentos de viaje a los nacionales del Estado que envía, y visados o documentos adecuados a las personas que deseen viajar a dicho Estado;

e) prestar ayuda y asistencia a los nacionales del Estado que envía, sean personas naturales o jurídicas;

f) actuar en calidad de notario, en la de funcionario de registro civil, y en funciones similares y ejercitar otras de carácter administrativo, siempre que no se opongan las leyes y reglamentos del Estado receptor;

g) velar, de acuerdo con las leyes y reglamentos del Estado receptor, por los intereses de los nacionales del Estado que envía, sean personas naturales o jurídicas, en los casos de sucesión por causa de muerte que se produzcan en el territorio del Estado receptor;

h) velar, dentro de los límites que impongan las leyes y reglamentos del Estado receptor, por los intereses de los menores y de otras personas que carezcan de capacidad plena y que sean nacionales del Estado que envía, en particular cuando se requiera instituir para ellos una tutela o una curatela;

i) representar a los nacionales del Estado que envía o tomar las medidas convenientes para su representación ante los tribunales y otras autoridades del Estado receptor, de conformidad con la práctica y los procedimientos en vigor en este último, a fin de lograr que, de acuerdo con las leyes y reglamentos del mismo, se adopten las medidas provisionales de preservación de los derechos e intereses de esos nacionales, cuando, por estar ausentes o por cualquier otra causa, no puedan defenderlos oportunamente;

j) comunicar decisiones judiciales y extrajudiciales y diligenciar comisiones rogatorias de conformidad con los acuerdos internacionales en vigor y, a falta de los mismos, de manera que sea compatible con las leyes y reglamentos del Estado receptor;

k) ejercer, de conformidad con las leyes y reglamentos del Estado que envía, los derechos de control o inspección de los buques que tengan la nacionalidad de dicho Estado, y de las aeronaves matriculadas en el mismo y, también, de sus tripulaciones;

l) prestar ayuda a los buques y aeronaves a que se refiere el apartado k) de este artículo y, también, a sus tripulaciones; recibir declaración sobre el viaje de esos buques, examinar y refrendar los documentos de a bordo y, sin perjuicio de las facultades de las autoridades del Estado receptor, efectuar encuestas sobre los incidentes ocurridos en la travesía y resolver los litigios de todo orden que se planteen entre el capitán, los oficiales y los marineros, siempre que lo autoricen las leyes y reglamentos del Estado que envía;

m) ejercer las demás funciones confiadas por el Estado que envía a la oficina consular que no estén prohibidas por las leyes y reglamentos del Estado receptor o a las que éste no se oponga, o las que le sean atribuidas por los acuerdos internacionales en vigor entre el Estado que envía y el receptor.

Artículo 6. Ejercicio de funciones consulares fuera de la circunscripción consular. En circunstancias especiales, el funcionario consular podrá, con el consentimiento del Estado receptor, ejercer sus funciones fuera de su circunscripción consular.

Artículo 7. Ejercicio de funciones consulares en tercero Estados. El Estado que envía podrá, después de notificarlo a los Estados interesados y salvo que uno de éstos se oponga expresamente a ello, encargar a una oficina consular establecida en un Estado, que asuma el ejercicio de funciones consulares en otros Estados.

Artículo 8. Ejercicio de funciones consulares por cuenta de un tercer Estado. Una oficina consular del Estado que envía podrá, previa la adecuada notificación al Estado receptor y siempre que éste no se oponga, ejercer funciones consulares por cuenta de un tercer Estado, en el Estado receptor.

Artículo 9. Categorías de jefe de oficina consular. 1. Los jefes de oficina consular serán de cuatro categorías:

a) cónsules generales;

b) cónsules;

c) vicecónsules;

d) agentes consulares.

2. El párrafo 1 de este artículo no limitará en modo alguno el derecho de cualquiera de las Partes Contratantes a determinar la denominación de funcionarios consulares que no sean jefe de oficina consular.

Artículo 10. Nombramiento y admisión de los jefes de oficina consular. 1. Los jefes de oficina consular serán nombrados por el Estado que envía y serán admitidos al ejercicio de sus funciones por el Estado receptor.

2. Sin perjuicio de las disposiciones de la presente Convención, los procedimientos de nombramiento y admisión de jefe de oficina consular serán determinados por las leyes, reglamentos y usos del Estado que envía y del Estado receptor, respectivamente.

Artículo 11. Carta patente o notificación de nombramiento. 1. El jefe de la oficina consular será provisto por el Estado que envía de un documento que acredite su calidad, en forma de carta patente u otro instrumento similar, extendido para cada nombramiento y en el que indicará, por lo general, su nombre completo, su clase y categoría, la circunscripción consular y la sede de la oficina consular.

2. El Estado que envía transmitirá la carta patente o instrumento similar, por vía diplomática o por otra vía adecuada, al Gobierno del Estado en cuyo territorio el jefe de oficina consular haya de ejercer sus funciones.

3. Si el Estado receptor lo acepta, el Estado que envía podrá remitir al primero, en vez de la carta patente u otro instrumento similar, una notificación que contenga los datos especificados en el párrafo 1 de este artículo.

Artículo 12. Exequátur. 1. El jefe de oficina consular será admitido al ejercicio de sus funciones por una autoridad del Estado receptor llamada exequátur, cualquiera que sea la forma de esa autorización.

2. El Estado que se niegue a otorga el exequátur no estará obligado a comunicar al Estado que envía los motivos de esa negativa.

3. Sin perjuicio de lo dispuesto en los artículos 13 y 15, el jefe de la oficina consular no podrá iniciar sus funciones antes de haber recibido el exequátur.

Artículo 13. Admisión provisional del jefe de oficina consular. Hasta que se le conceda el exequátur, el jefe de oficina consular podrá ser admitido provisionalmente al ejercicio de sus funciones. En este caso le serán aplicables las disposiciones de la presente Convención.

Artículo 14. Notificación a las autoridades de la circunscripción consular. Una vez que se haya admitido al jefe de oficina consular, aunque sea provisionalmente, al ejercicio de sus funciones, el Estado receptor estará obligado a comunicarlo sin dilación a las autoridades competentes de la circunscripción consular. Asimismo estará obligado a velar por que se tomen las medidas necesarias para que el jefe de oficina consular pueda cumplir los deberes de su cargo y beneficiarse de las disposiciones de la presente Convención.

Artículo 15. Ejercicio temporal de las funciones de jefe de la oficina consular. 1. Si quedase vacante el puesto de jefe de la oficina consular, o si el jefe no pudiese ejercer sus funciones, podrá actuar provisionalmente, en calidad de tal, un jefe interino.

2. El nombre completo del jefe interino será comunicado al Ministerio de Relaciones Exteriores del Estado receptor o a la autoridad designada por éste, por la misión diplomática del Estado que envía o, si éste no tuviera tal misión en el Estado receptor, por el jefe de la oficina consular o, en caso de que éste no pudiese hacerlo, por cualquier autoridad competente del Estado que envía. Como norma general, dicha notificación deberá hacerse con antelación. El Estado receptor podrá subordinar a su aprobación la admisión como jefe interino de una persona que no sea agente diplomático ni funcionario consular del Estado que envía en el Estado receptor.

3. Las autoridades competentes del Estado receptor deberán prestar asistencia y protección al jefe interino. Durante su gestión, le serán aplicables las disposiciones de la presente Convención, en las mismas condiciones que al jefe de oficina consular de que se trate. Sin embargo, el Estado receptor no estará obligado a otorgar a un jefe interino las facilidades, privilegios e inmunidades de que goce el titular, en el caso de que en aquél no concurran las mismas condiciones que reúna el titular.

4. Cuando en los casos previstos en el párrafo 1 de este artículo, el Estado que envía designe a un miembro del personal diplomático de su misión diplomática en el Estado receptor como jefe interino de una oficina consular, continuará gozando de los privilegios e inmunidades diplomáticos, si el Estado receptor no se opone a ello.

Artículo 16. Precedencia de los jefes de oficinas consulares. 1. El orden de precedencia de los jefes de oficina consular estará determinado, en su respectiva categoría, por la fecha de concesión del exequátur.

2. Sin embargo, en el caso de que el jefe de oficina consular sea admitido provisionalmente al ejercicio de sus funciones antes de obtener el exequátur, la fecha de esta admisión determinará el orden de precedencia, que se mantendrá aun después de concedido el mismo.

3. El orden de precedencia de dos o más jefes de oficina consular que obtengan en la misma fecha el exequátur o la admisión provisional, estará determinado por la fecha de prestación de sus cartas patentes o instrumentos similares, o de las notificaciones a que se refiere el párrafo 3 del artículo 11.

4. Los jefes interinos seguirán, en el orden de precedencia, a los jefes de oficina titulares y, entre ello, la precedencia estará determinada por la fecha en que asuman sus funciones como tales y que será la que conste en las notificaciones a las que se refiere el párrafo 2 del artículo 15.

5. Los funcionarios consulares honorarios que sean jefes de oficina seguirán a los jefes de oficina consular de carrera en el orden de precedencia en su respectiva categoría, según el orden y las normas establecidas en los párrafos anteriores.

6. Los jefes de oficina consular tendrán precedencia sobre los funcionarios consulares que no lo sean.

Artículo 17. Cumplimiento de actos diplomáticos por funcionarios consulares. 1. En un Estado en que el Estado que envía no tenga misión diplomática y en el que no esté representado por la de un tercer Estado, se podrá autorizar a un funcionario consular, con el consentimiento del Estado receptor y sin que ello afecte a su status consular, a que realice actos diplomáticos. La ejecución de esos actos por un funcionario consular no le concederá derecho a privilegios e inmunidades diplomáticos.

2. Un funcionario consular podrá, previa notificación al Estado receptor, actuar como representante del Estado que envía cerca de cualquier organización intergubernamental. En el cumplimiento de esas funciones tendrá derecho a gozar de todos los privilegios e inmunidades que el derecho internacional consuetudinario o los acuerdos internacionales concedan a esos representantes. Sin embargo, en el desempeño de cualquier función consular no tendrá derecho a una mayor inmunidad de jurisdicción que la reconocida a un funcionario consular en virtud de la presente Convención.

Artículo 18. Nombramiento de la misma persona como funcionario consular por dos o más Estados. Dos o más Estados podrán, con el consentimiento del Estado receptor, designar a la misma persona como funcionario consular en ese Estado.

Artículo 19. Nombramiento de miembros del personal consular. 1. A reserva de lo dispuesto en los artículos 20, 22 y 23, el Estado que envía podrá nombrar libremente a los miembros del personal consular.

2. El Estado que envía comunicará al Estado receptor el nombre completo, la clase y la categoría de todos los funcionarios consulares que no sean jefes de oficina consular, con la antelación suficiente para que el Estado receptor pueda, si lo considera oportuno, ejercer el derecho que le confiere el párrafo 3 del artículo 23.

3. El Estado que envía podrá, si sus leyes y reglamentos lo exigen, conceder el exequátur a un funcionario consular que no sea jefe de oficina consular.

4. El Estado receptor podrá, si sus leyes y reglamentos lo exigen, conceder el exequátur a un funcionario consular que no sea jefe de oficina consular.

Artículo 20. Número de miembros de la oficina consular. El Estado receptor podrá, cuando no exista un acuerdo expreso sobre el número de miembros de la oficina consular, exigir que ese número se mantenga dentro de los límites que considere razonables y normales, según las circunstancias y condiciones de la circunscripción consular y las necesidades de la oficina consular de que se trate.

Artículo 21. Precedencia de los funcionarios consulares de una oficina consular. La misión diplomática del Estado que envía o, a falta de tal misión en el Estado receptor, el jefe de la oficina consular, comunicará al Ministerio de Relaciones Exteriores del Estado receptor, o a la autoridad que éste designe, el orden de precedencia de los funcionarios de una oficina consular y cualquier modificación del mismo.

Artículo 22. Nacionalidad de los funcionarios consulares. 1. Los funcionarios consulares habrán de tener, en principio, la nacionalidad del Estado que envía.

2. No podrán nombrarse funcionarios consulares a personas que tengan la nacionalidad del Estado receptor, excepto con el consentimiento expreso de ese Estado, que podrá retirarlo en cualquier momento.

3. El Estado receptor podrá reservarse el mismo derecho respecto de los nacionales de un tercer Estado que no sean al mismo tiempo nacionales del Estado que envía.

Artículo 23. Persona declarada «non grata». 1. El Estado receptor podrá comunicar en todo momento al Estado que envía que un funcionario consular es persona non grata, o que cualquier otro miembro del personal ya no es aceptable. En ese caso, el Estado que envía retirará a esa persona, o pondrá término a sus funciones en la oficina consular, según proceda.

2. Si el Estado que envía se negase a ejecutar o no ejecutase en un plazo razonable las obligaciones que le incumben a tenor de lo dispuesto en el párrafo 1 de este artículo, el Estado receptor podrá retirar el exequátur a dicha persona, o dejar de considerarla como miembro del personal consular.

3. Una persona designada miembro de la oficina consular podrá ser declarada no aceptable antes de su llegada al territorio del Estado receptor, o antes de que inicie sus funciones en aquélla si está ya en dicho Estado. En cualquiera de esos casos el Estado que envía deberá retirar el nombramiento.

4. En los casos a los que se refieren los párrafos 1 y 3 de este artículo, el Estado receptor no estará obligado a exponer al Estado que envía los motivos de su decisión.

Artículo 24. Notificación al Estado receptor de los nombramientos, llegadas y salidas. 1. Se notificarán al Ministerio de Relaciones Exteriores del Estado receptor, o a la autoridad que éste designe:

a) el nombramiento de los miembros de una oficina consular, su llegada una vez nombrados para la misma, su salida definitiva o la terminación de sus funciones y los demás cambios de su condición jurídica que puedan ocurrir durante su servicio en la oficina consular;

b) la llegada y la salida definitiva de toda persona de la familia de un miembro de la oficina consular que viva en su casa y, cuando proceda, el hecho de que una persona entre a formar parte de esa familia o deje de pertenecer a la misma;

c) la llegada y la salida definitiva de los miembros del personal privado y, cuando proceda, el hecho de que terminen sus servicios como tales;

d) la contratación de personas residentes en el Estado receptor en calidad de miembros de una oficina consular o de miembros del personal privado que tengan derecho a privilegios e inmunidades, así como el despido de las mismas.

2. La llegada y la salida definitiva se notificarán también con antelación, siempre que sea posible.

Sección II. Terminación de las funciones consulares

Artículo 25. Terminación de las funciones de un miembro de la oficina consular. Las funciones de un miembro de la oficina consular terminarán *inter alia*.

a) por la notificación del Estado que envía el Estado receptor de que se ha puesto término a esas funciones;

b) por la revocación del exequátur;

c) por la notificación del Estado receptor al Estado que envía de que ha cesado de considerar a la persona de que se trate como miembro del personal consular.

Artículo 26. Salida del territorio del Estado receptor. Aun en caso de conflicto armado, el Estado receptor deberá dar a los miembros de la oficina consular y a los miembros del personal privado, que no sean nacionales del Estado receptor, y a los miembros de su familia que vivan en su casa, cualquiera que sea su nacionalidad, el plazo necesario y las facilidades precisas para que puedan preparar su viaje y salir lo antes posible, una vez que tales personas hayan terminado sus funciones. En especial, deberá poner a su disposición, si fuere necesario, los medios de transporte indispensables para dichas personas y sus bienes, con excepción de los adquiridos en el Estado receptor cuya exportación esté prohibida en el momento de la salida.

Artículo 27. Protección de los locales y archivos consulares y de los intereses del Estado que envía en circunstancias excepcionales. 1. En caso de ruptura de las relaciones consulares entre dos Estados:

a) el Estado receptor estará obligado a respetar y a proteger, incluso en caso de conflicto armado, los locales consulares, los bienes de la oficina consular y sus archivos;

b) el Estado que envía podrá confiar la custodia de los locales consulares, de los bienes que en ellos se hallen y de los archivos, a un tercer Estado que sea aceptable para el Estado receptor;

c) el Estado que envía podrá confiar la protección de sus intereses y de los intereses de sus nacionales a un tercer Estado, que sea aceptable para el Estado receptor.

2. En el caso de clausura temporal o definitiva de una oficina consular, se aplicarán las disposiciones del apartado a) del párrafo 1 de este artículo. Además,

a) si el Estado que envía, aunque no estuviese representado en el Estado receptor por una misión diplomática, tuviera otra oficina consular en el territorio de ese Estado, se podrá encargar a la misma de la custodia de los locales consulares que hayan sido clausurados, de los bienes que en ellos se encuentren y de los archivos consulares y, con el consentimiento del Estado receptor, del ejercicio de las funciones consulares en la circunscripción de dicha oficina consular; o

b) si el Estado que envía no tiene misión diplomática ni otra oficina consular en el Estado receptor, se aplicarán las disposiciones de los apartados b) y e) del párrafo 1 de este artículo.

CAPÍTULO II
FACILIDADES, PRIVILEGIOS E INMUNIDADES RELATIVOS A LAS OFICINAS CONSULARES, A LOS FUNCIONARIOS CONSULARES DE CARRERA Y A OTROS MIEMBROS DE LA OFICINA CONSULAR

Sección I. Facilidades, privilegios e inmunidades relativos a la oficina consular

Artículo 28. Facilidades concedidas a la oficina consular para su labor. El Estado receptor concederá todas las facilidades para el ejercicio de las funciones de la oficina consular.

Artículo 29. Uso de la bandera y del escudo nacionales. 1. El Estado que envía tendrá derecho a usar su bandera y su escudo nacionales en el Estado receptor, de conformidad con las disposiciones de este artículo.

2. El Estado que envía podrá izar su bandera y poner su escudo en el edificio ocupado por la oficina consular, en su puerta de entrada, en la residencia del jefe de la oficina consular y en sus medios de transporte, cuando éstos se utilicen para asuntos oficiales.

3. Al ejercer los derechos reconocidos por este artículo, se tendrán en cuenta las leyes, los reglamentos y los usos del Estado receptor.

Artículo 30. Locales. 1. El Estado receptor deberá facilitar, de conformidad con sus leyes y reglamentos la adquisición en su territorio, por el Estado que envía, de los locales necesarios para la oficina consular, o ayudarle a obtenerlos de alguna otra manera.

2. Cuando sea necesario, ayudará también a la oficina consular a conseguir alojamiento adecuado para sus miembros.

Artículo 31. Inviolabilidad de los locales consulares. 1. Los locales consulares gozarán de la inviolabilidad que les concede este artículo.

2. Las autoridades del Estado receptor no podrán penetrar en la parte de los locales consulares que se utilice exclusivamente para el trabajo de la oficina consular, salvo con el consentimiento del jefe de la oficina consular, o de una persona que él designe, o del jefe de la misión diplomática del Estado que envía. Sin embargo, el consentimiento del jefe de oficina consular se presumirá en caso de incendio, o de otra calamidad que requiera la adopción inmediata de medidas de protección.

3. Con sujeción a las disposiciones del párrafo 2 de este artículo, el Estado receptor tendrá la obligación especial de adoptar todas las medidas apropiadas para proteger los locales consulares, con arreglo a las disposiciones de los párrafos anteriores, contra toda intrusión o daño y para evitar que se perturbe la tranquilidad de la oficina consular o se atente contra su dignidad.

4. Los locales consulares, sus muebles, los bienes de la oficina consular y sus medios de transporte, no podrán ser objeto de ninguna requisa, por razones de defensa nacional o de utilidad pública. Si para estos fines fuera necesaria la expropiación, se tomarán las medidas posibles para evitar que se perturbe el ejercicio de las funciones consulares y se pagará al Estado que envía una compensación inmediata, adecuada y efectiva.

Artículo 32. Exención fiscal de los locales consulares. 1. Los locales consulares y la residencia del jefe de la oficina consular de carrera de los que sea propietario o inquilino el Estado que envía, o cualquiera persona que actúe en su representación, estarán exentos de todos los impuestos y gravámenes nacionales, regionales y municipales, excepto de los que constituyan el pago de determinados servicios prestados.

2. La exención fiscal a que se refiere el párrafo 1 de este artículo, no se aplicará a los impuestos y gravámenes que, conforme a la legislación del Estado receptor, deba satisfacer la persona que contrate con el Estado que envía o con la persona que actúe en su representación.

Artículo 33. Inviolabilidad de los archivos y documentos consulares. Los archivos y documentos consulares son siempre inviolables dondequiera que se encuentren.

Artículo 34. Libertad de tránsito. Sin perjuicio de lo dispuesto en sus leyes y reglamentos relativos a las zonas de acceso prohibido o limitado por razones de seguridad nacional, el Estado receptor garantizará la libertad de tránsito y de circulación en su territorio, a todos los miembros de la oficina consular.

Artículo 35. Libertad de comunicación. 1. El Estado receptor permitirá y protegerá la libertad de comunicación de la oficina consular para todos los fines sociales. La oficina consular podrá utilizar todos los medios de comunicación apropiados, entre ellos los correos diplomáticos o consulares, la valija diplomática o consular y los mensajes en clave o cifra, para comunicarse con el gobierno, con las misiones diplomáticas y con los demás consulados del Estado que envía, dondequiera que se encuentren. Sin embargo, solamente con el consentimiento del Estado receptor, podrá la oficina consular instalar y utilizar una emisora de radio.

2. La correspondencia oficial de la oficina consular será inviolable. Por correspondencia oficial se entenderá toda correspondencia relativa a la oficina consular y a sus funciones.

3. La valija consular no podrá ser abierta ni retenida. No obstante, si las autoridades competentes del Estado receptor tuviesen razones fundadas para creer que la valija contiene algo que no sea la correspondencia, los documentos o los objetos a los que se refiere el párrafo 4 de este artículo, podrán pedir que la valija sea abierta, en su presencia, por un representante autorizado del Estado que envía. Si las autoridades del Estado que envía rechazasen la petición, la valija será devuelta a su lugar de origen.

4. Los bultos que constituyen la valija consular deberán ir provistos de signos exteriores visibles, indicadores de su carácter, y sólo podrán contener correspondencia y documentos oficiales, u objetos destinados exclusivamente al uso oficial.

5. El correo consular deberá llevar consigo un documento oficial en el que se acredite su condición de tal y el número de bultos que constituyan la valija consular. Esa persona no podrá ser nacional del Estado receptor ni, a menos que sea nacional del Estado que envía, residente permanente en el Estado

receptor, excepto si lo consiente dicho Estado. En el ejercicio de sus funciones estará protegida por el Estado receptor. Gozará de inviolabilidad personal y no podrá ser objeto de ninguna forma de detención o arresto.

6. El Estado que envía, su misión diplomática y sus oficinas consulares podrán designar correos consulares especiales. En ese caso, serán también aplicables las disposiciones del párrafo 5 de este artículo, con la salvedad de que las inmunidades que en él se especifican dejarán de ser aplicables cuando dicho correo haya entregado la valija consular a su cargo al destinatario.

7. La valija consular podrá ser confiada al comandante de un buque, o de una aeronave comercial, que deberá aterrizar en un aeropuerto autorizado para la entrada. Este comandante llevará consigo un documento oficial en el que conste el número de bultos que constituyan la valija, pero no será considerado como correo consular. La oficina consular podrá enviar a uno de sus miembros a hacerse cargo de la valija, directa y libremente de manos del comandante del buque o de la aeronave, previo acuerdo con las autoridades locales competentes.

Artículo 36. Comunicación con los nacionales del Estado que envía. 1. Con el fin de facilitar el ejercicio de las funciones consulares relacionadas con los nacionales del Estado que envía:

a) los funcionarios consulares podrán comunicarse libremente con los nacionales del Estado que envía y visitarlos. Los nacionales del Estado que envía deberán tener la misma libertad de comunicarse con los funcionarios consulares de ese Estado y de visitarlos;

b) si el interesado lo solicita, las autoridades competentes del Estado receptor deberán informar sin retraso alguno a la oficina consular competente en ese Estado cuando, en su circunscripción, un nacional del Estado que envía sea arrestado de cualquier forma, detenido o puesto en prisión preventiva. Cualquier comunicación dirigida a la oficina consular por la persona arrestada, detenida o puesta en prisión preventiva, le será asimismo transmitida sin demora por dichas autoridades, las cuales habrán de informar sin dilación a la persona interesada acerca de los derechos que se le reconocen en este apartado;

c) los funcionarios consulares tendrán derecho a visitar al nacional del Estado que envía que se halle arrestado, detenido o en prisión preventiva, a conversar con él y a organizar su defensa ante los tribunales. Asimismo, tendrán derecho a visitar a todo nacional del Estado que envía que, en su circunscripción, se halle arrestado, detenido o preso en cumplimiento de una sentencia. Sin embargo, los funcionarios consulares se abstendrán de intervenir a favor del nacional detenido, cuando éste se oponga expresamente a ello.

2. Las prerrogativas a las que se refiere el párrafo 1 de este artículo se ejercerán con arreglo a las leyes y reglamentos del Estado receptor, debiendo entenderse, sin embargo, que dichas leyes y reglamentos no impedirán que tengan pleno efecto los derechos reconocidos por este artículo.

Artículo 37. Información en casos de defunción, tutela, curatela, naufragio y accidentes aéreos. Cuando las autoridades competentes del Estado receptor posean la información correspondiente, dichas autoridades estarán obligadas:

a) a informar sin retraso, en caso de defunción de un nacional del Estado que envía, a la oficina consular de cuya circunscripción ocurra el fallecimiento;

b) a comunicar sin retraso, a la oficina consular competente, todos los casos en que el nombramiento de tutor o de curador sea de interés para un menor o un incapacitado nacional del Estado que envía. El hecho de que se facilite esa información, no será obstáculo para la debida aplicación de las leyes y reglamentos relativos a esos nombramientos;

c) a informar sin retraso a la oficina consular más próxima al lugar del accidente, cuando un buque, que tenga nacionalidad del Estado que envía, naufrague o encalle en el mar territorial o en las aguas interiores del Estado receptor, o cuando un avión matriculado en el Estado que envía sufra un accidente en territorio del Estado receptor.

Artículo 38. Comunicación con las autoridades del Estado receptor. Los funcionarios consulares podrán dirigirse en el ejercicio de sus funciones:

a) a las autoridades locales competentes de su circunscripción consular;

b) a las autoridades centrales competentes del Estado receptor, siempre que sea posible y en la medida que lo permitan sus leyes, reglamentos y usos y los acuerdos internacionales correspondientes.

Artículo 39. Derechos y aranceles consulares. 1. La oficina consular podrá percibir en el territorio del Estado receptor los derechos y aranceles que establezcan las leyes y reglamentos del Estado que envía para las actuaciones consulares.

2. Las cantidades percibidas en concepto de los derechos y aranceles previstos en el párrafo 1 de este artículo y los recibos correspondientes, estarán exentos de todo impuesto y gravamen en el Estado receptor.

Sección II. Facilidades, privilegios e inmunidades relativos a los funcionarios consulares de carrera y a los demás miembros de la oficina consular

Artículo 40. Protección de los funcionarios consulares. El Estado receptor deberá tratar a los funcionarios consulares con la debida deferencia y adoptará todas las medidas adecuadas para evitar cualquier atentado contra su persona, su libertad o su dignidad.

Artículo 41. Inviolabilidad personal de los funcionarios consulares. 1. Los funcionarios consulares no podrán ser detenidos o puestos en prisión preventiva sino cuando se trate de un delito grave y por decisión de la autoridad judicial competente.

2. Excepto en el caso previsto en el párrafo 1 de este artículo, los funcionarios consulares no podrán ser detenidos ni sometidos a ninguna otra forma de limitación de su libertad personal, sino en virtud de sentencia firme.

3. Cuando se instruya un procedimiento penal contra un funcionario consular, éste estará obligado a comparecer ante las autoridades competentes. Sin embargo, las diligencias se practicarán con la deferencia debida al funcionario consular en razón de su posición oficial y, excepto en el caso previsto en el párrafo 1 de este artículo, de manera que perturbe lo menos posible el ejercicio de las funciones consulares. Cuando en las circunstancias previstas en el párrafo 1 de este artículo sea necesario detener a un funcionario consular, el correspondiente procedimiento, contra él deberá iniciarse sin la menor dilación.

Artículo 42. Comunicación en caso de arresto, detención preventiva o instrucción de un procedimiento penal. Cuando se arreste o detenga preventivamente a un miembro del personal consular, o se le instruya un procedimiento penal, el Estado receptor estará obligado a comunicarlo sin demora al jefe de oficina consular. Si esas medidas se aplicasen a este último, el Estado receptor deberá poner el hecho en conocimiento del Estado que envía, por vía diplomática.

Artículo 43. Inmunidad de jurisdicción. 1. Los funcionarios consulares y los empleados consulares no estarán sometidos a la jurisdicción de las autoridades judiciales y administrativas del Estado receptor por los actos ejecutados en el ejercicio de las funciones consulares.

2. Las disposiciones del párrafo 1 de este artículo no se aplicarán en el caso de un procedimiento civil:

a) que resulte de un contrato que el funcionario consular, o el empleado consular, no haya concertado, explícita o implícitamente, como agente del Estado que envía, o

b) que sea entablado por un tercero como consecuencia de daños causados por un accidente de vehículo, buque o avión, ocurrido en el Estado receptor.

Artículo 44. Obligación de comparecer como testigo. 1. Los miembros del consulado podrán ser llamados a comparecer como testigos en procedimientos judiciales o administrativos. Un empleado consular o un miembro del personal de servicio no podrá negarse, excepto en el caso al que se refiere el párrafo 3 de este artículo, a deponer como testigo. Si un funcionario consular se negase a hacerlo, no se le podrá aplicar ninguna medida coactiva o sanción.

2. La autoridad que requiera el testimonio deberá evitar que se perturbe al funcionario consular en el ejercicio de sus funciones. Podrá recibir el testimonio del funcionario consular en su domicilio o en la oficina consular, o aceptar su declaración por escrito, siempre que sea posible.

3. Los miembros de una oficina consular no estarán obligados a deponer sobre hechos relacionados con el ejercicio de sus funciones, ni a exhibir la correspondencia y los documentos oficiales referentes a aquéllos. Asimismo, podrán negarse a deponer como expertos respecto de las leyes del Estado que envía.

Artículo 45. Renuncia a los privilegios e inmunidades. 1. El Estado que envía podrá renunciar, respecto de un miembro de la oficina consular, a cualquiera de los privilegios e inmunidades establecidos en los artículos 41, 43 y 44.

2. La renuncia habrá de ser siempre expresa, excepto en el caso previsto en el párrafo 3 de este artículo, y habrá de comunicarse por escrito al Estado receptor.

3. Si un funcionario consular o un empleado consular entablase una acción judicial en una materia en que goce de inmunidad de jurisdicción conforme al artículo 43, no podrá alegar esa inmunidad en relación con cualquier demanda reconvencional que esté directamente ligada a la demanda principal.

4. La renuncia a la inmunidad de jurisdicción respecto de acciones civiles o administrativas no implicará, en principio, la renuncia a la inmunidad en

cuanto a las medidas de ejecución de la resolución que se dicte, que requerirán una renuncia especial.

Artículo 46. Exención de la inscripción de extranjeros y del permiso de residencia. 1. Los funcionarios y empleados consulares y los miembros de su familia que vivan en su casa, estarán exentos de todas las obligaciones prescritas por las leyes y reglamentos del Estado receptor relativos a la inscripción de extranjeros y al permiso de residencia.

2. Sin embargo, las disposiciones del párrafo 1 de este artículo no se aplicarán a los empleados consulares que no sean empleados permanentes del Estado que envía o que ejerzan en el Estado receptor una actividad privada de carácter lucrativo, ni a los miembros de la familia de esos empleados.

Artículo 47. Exención del permiso de trabajo. 1. Los miembros de la oficina consular estarán exentos, respecto de los servicios que presten al Estado que envía, de cualquiera de las obligaciones relativas a permisos de trabajo que impongan las leyes y reglamentos del Estado receptor referentes al empleo de trabajadores extranjeros.

2. Los miembros del personal privado de los funcionarios y empleados consulares estarán exentos de las obligaciones a las que se refiere el párrafo 1 de este artículo, siempre que no ejerzan en el Estado receptor ninguna otra ocupación lucrativa.

Artículo 48. Exención del régimen de seguridad social. 1. Sin perjuicio de lo dispuesto en el párrafo 3 de este artículo, los miembros de la oficina consular y los miembros de su familia que vivan en su casa estarán exentos, en cuanto a los servicios que presten al Estado que envía, de las disposiciones sobre seguridad social que estén en vigor en el Estado receptor.

2. La exención prevista en el párrafo 1 de este artículo se aplicará también a los miembros del personal privado que estén al servicio exclusivo de los miembros de la oficina consular, siempre que:

a) no sean nacionales o residentes permanentes del Estado receptor, y

b) estén protegidos por las normas sobre seguridad social, en vigor en el Estado que envía o en un tercer Estado.

3. Los miembros de la oficina consular que empleen a personas a quienes no se aplique la exención prevista en el párrafo 2 de este artículo habrán de cumplir las obligaciones que las disposiciones de seguridad social del Estado receptor impongan a los empleadores.

4. La exención prevista en los párrafos 1 y 2 de este artículo no impedirán la participación voluntaria en el régimen de seguridad social del Estado receptor, siempre que sea permitida por ese Estado.

Artículo 49. Exención fiscal. 1. Los funcionarios y empleados consulares, y los miembros de su familia que vivan en su casa, estarán exentos de todos los impuestos y gravámenes personales o reales, nacionales, regionales y municipales, con excepción:

a) de aquellos impuestos indirectos que están normalmente incluidos en el precio de las mercancías y de los servicios;

b) de los impuestos y gravámenes sobre los bienes inmuebles privados que radiquen en el territorio del Estado receptor, salvo lo dispuesto en el artículo 32;

c) de los impuestos sobre las sucesiones y las transmisiones exigibles por el Estado receptor, a reserva de lo dispuesto en el apartado b) del artículo 51;

d) de los impuestos y gravámenes sobre los ingresos privados, incluidas las ganancias de capital, que tengan su origen en el Estado receptor y de los impuestos sobre el capital correspondientes a las inversiones realizadas en empresas comerciales o financieras en ese mismo Estado;

e) de los impuestos y gravámenes exigibles por determinados servicios prestados;

f) de los derechos de registro, aranceles judiciales, hipoteca y timbre, a reserva de lo dispuesto en el artículo 32.

2. Los miembros del personal de servicio estarán exentos de los impuestos y gravámenes sobre los salarios que perciban por sus servicios.

3. Los miembros de la oficina consular, a cuyo servicio se hallen personas cuyos sueldos o salarios no estén exentos en el Estado receptor de los impuestos sobre los ingresos, cumplirán las obligaciones que las leyes y reglamentos de ese Estado impongan a los empleadores en cuanto a la exacción de dichos impuestos.

Artículo 50. Franquicia aduanera y exención de inspección aduanera. 1. El Estado receptor permitirá, con arreglo a las leyes y reglamentos que promulgue, la entrada, con excepción de todos los derechos de aduana, impuestos y gravámenes conexos, salvo los gastos de almacenaje, acarreo y servicios análogos, de los objetos destinados.

a) al uso oficial de la oficina consular;

b) al uso personal del funcionario consular y de los miembros de su familia que viven en su casa, incluidos los efectos destinados a su instalación. Los artículos de consumo no deberán exceder de las cantidades que esas personas necesiten para su consumo directo.

2. Los empleados consulares gozarán de los privilegios y exenciones previstos en el párrafo 1 de este artículo, en relación con los objetos importados al efectuar su primera instalación.

3. El equipaje personal que lleven consigo los funcionarios consulares y los miembros de su familia que viven en su casa estará exento de inspección aduanera. Sólo se lo podrá inspeccionar cuando haya motivos fundados para suponer que contiene objetos diferentes de los indicados en el apartado b) del párrafo 1 de este artículo, o cuya importación o exportación esté prohibida por las leyes y reglamentos del Estado receptor, o que estén sujetos a medidas de cuarentena por parte del mismo Estado. Esta inspección sólo podrá efectuarse en presencia del funcionario consular o del miembro de su familia interesado.

Artículo 51. Sucesión de un miembro del consulado o de un miembro de su familia. En caso de defunción de un miembro de la oficina consular o de un miembro de su familia que viva en su casa, el Estado receptor estará obligado:

a) a permitir la exportación de los bienes muebles propiedad del fallecido, excepto de los que haya adquirido en el Estado receptor y cuya exportación estuviera prohibida en el momento de la defunción.

b) a no exigir impuestos nacionales, municipales o regionales sobre la sucesión ni sobre la transmisión de los bienes muebles, cuando estos se encuentren en el Estado receptor como consecuencia directa de haber vivido allí el causante de la sucesión, en calidad de miembro de la oficina consular o de la familia de un miembro de dicha oficina consular.

Artículo 52. Exención de prestaciones personales. El Estado receptor deberá eximir a los miembros de la oficina consular y a los miembros de su familia que vivan en su casa de toda prestación personal, de todo servicio de carácter público, cualquiera que sea su naturaleza, y de cargas militares, tales como requisas, contribuciones y alojamientos militares.

Artículo 53. Principio y fin de los privilegios e inmunidades consulares. 1. Los miembros de la oficina consular gozarán de los privilegios e inmunidades regulados por la presente Convención, desde el momento en que entren en el territorio del Estado receptor para tomar posesión de su cargo o, si se encuentran ya en ese territorio, desde el momento en que asuman sus funciones en la oficina consular.

2. Los miembros de la familia de un miembro de la oficina consular que vivan en su casa, y los miembros de su personal privado, gozarán de los privilegios e inmunidades previstos en la presente Convención, desde la fecha en que el miembro del consulado goce de privilegios o inmunidades con arreglo al párrafo 1 de este artículo, o desde su entrada en el territorio del Estado receptor o desde el día en que lleguen a formar parte de la familia o del personal privado del miembro de la oficina consular. De esas fechas regirá la que sea más posterior.

3. Cuando terminen las funciones de un miembro de la oficina consular, cesarán sus privilegios e inmunidades así como los de cualquier miembro de su familia que viva en su casa y los de su personal privado; normalmente ello ocurrirá en el momento mismo en que la persona interesada abandone el territorio del Estado receptor o en cuanto expire el plazo razonable que le concede para ello, determinándose el cese por la fecha más anterior, aunque subsistirán hasta este momento incluso en caso de conflicto armado. Los privilegios e inmunidades de las personas a las que se refiere el párrafo 2 de este artículo terminarán en el momento en que esas personas dejen de pertenecer a la familia o de estar al servicio de un miembro de la oficina consular. Sin embargo cuando esas personas se dispongan a salir del Estado receptor dentro de un plazo de tiempo razonable, sus privilegios e inmunidades subsistirán hasta el momento de su salida.

4. No obstante, por lo que se refiere a los actos ejecutados por un funcionario consular o un empleado consular en el ejercicio de sus funciones, la inmunidad de jurisdicción subsistirá indefinidamente.

5. En caso de fallecimiento de un miembro de la oficina consular, los miembros de su familia que vivan en su casa seguirán gozando de los privilegios e inmunidades que les correspondan hasta que salgan del Estado receptor, o hasta la expiración de un plazo prudencial que les permita abandonarlo. De esas fechas regirá la que sea más anterior.

Artículo 54. Obligaciones de los terceros Estados. 1. Si un funcionario consular atraviesa el territorio o se encuentra en el territorio de un tercer Estado que, de ser necesario, le haya concedido un visado, para ir a asumir sus funciones o reintegrarse a su oficina consular o regresar al Estado que envía, dicho tercer Estado le concederá todas las inmunidades reguladas por los demás artículos de la presente Convención que sean necesarias para facilitarle el paso o el regreso de su familia que vivan en su casa y gocen de esos privilegios e inmunidades, tanto si acompañan al funcionario consular, como si viajan separadamente para reunirse con él o regresar al Estado que envía.

2. En condiciones análogas a las previstas en el párrafo 1 de este artículo, los terceros Estados no deberán dificultar el paso por su territorio de los demás miembros de la oficina consular y de los miembros de la familia que vivan en su casa.

3. Los terceros Estados concederán a la correspondencia oficial y a las demás comunicaciones oficiales en tránsito, incluso a los despachos en clave o en cifra, la misma libertad y protección que el Estado receptor está obligado a concederles con arreglo a la presente Convención. Concederán a los correos consulares, a los cuales, de ser necesario, se les extenderá un visado, y a las valijas consulares en tránsito, la misma inviolabilidad y protección que el Estado receptor está obligado a concederles de conformidad con la presente Convención.

4. Las obligaciones que prescriben los párrafos 1, 2 y 3 de este artículo para los terceros Estados, se aplicarán asimismo a las personas mencionadas respectivamente en dichos párrafos, y también a las comunicaciones oficiales y valijas consulares, cuya presencia en el territorio del tercer Estado se deba a un caso de fuerza mayor.

Artículo 55. Respecto de las leyes y reglamentos del Estado receptor. 1. Sin perjuicio de sus privilegios e inmunidades, todas las personas que gocen de esos privilegios e inmunidades deberán respetar las leyes y reglamentos del Estado receptor. También estarán obligadas a no inmiscuirse en los asuntos internos de dicho Estado.

2. Los locales consulares no serán utilizados de manera incompatible con el ejercicio de las funciones consulares.

3. Lo dispuesto en el párrafo 2 de este artículo no excluirá la posibilidad de instalar en parte del edificio en que se hallen los locales consulares las oficinas de otros organismos o dependencias, siempre que los locales destinados a las mismas estén separados de los que utilice la oficina consular. En este caso, dichas oficinas no se considerarán, a los efectos de la presente Convención, como parte integrante de los locales consulares.

Artículo 56. Seguro contra daños causados a terceros. Los miembros de la oficina consular deberán cumplir todas las obligaciones que impongan las leyes y reglamentos del Estado receptor relativas al seguro de responsabilidad civil por daños causados a terceros por la utilización de vehículos, buques o aviones.

Artículo 57. Disposiciones especiales sobre las actividades privadas de carácter lucrativo. 1. Los funcionarios consulares de carrera no ejercerán en provecho propio ninguna actividad profesional o comercial en el Estado receptor.

2. Los privilegios e inmunidades previstos en este capítulo no se concederán:

a) a los empleados consulares o a los miembros del personal de servicio que ejerzan una actividad privada de carácter lucrativo en el Estado receptor;

b) a los miembros de la familia de las personas a que se refiere el apartado a) de este párrafo, o a su personal privado:

c) a los miembros de la familia del miembro la oficina consular que ejerza una actividad privada de carácter lucrativo en el Estado receptor.

CAPÍTULO III
RÉGIMEN APLICABLE A LOS FUNCIONARIOS CONSULARES HONORARIOS Y A LAS OFICINAS CONSULARES DIRIGIDAS POR LOS MISMOS

Artículo 58. Disposiciones generales relativas a facilidades, privilegios e inmunidades. 1. Los artículos 28, 29, 30, 34, 35, 36, 37, 38 y 39, el párrafo 3 del artículo 54 y los párrafos 2 y 3 del artículo 55 se aplicarán a las oficinas consulares dirigidas por un funcionario consular honorario. Además, las facilidades, los privilegios y las inmunidades de esas oficinas consulares se regirán por los artículos 59, 60, 61 y 62.

2. Los artículos 42 y 43, el párrafo 3 del artículo 44, los artículos 45 y 53 y el párrafo 1 del artículo 55 se aplicarán a los funcionarios consulares honorarios. Además, las facilidades, privilegios o inmunidades de esos funcionarios consulares se regirán por los artículos 63, 64, 65, 66 y 67.

3. Los privilegios e inmunidades establecidos en la presente Convención no se concederán a los miembros de la familia de un funcionario consular honorario, ni a los de la familia de un empleado consular de una oficina consular dirigida por un funcionario consular honorario.

4. El intercambio de valijas consulares entre dos oficinas consulares situadas en diferentes Estados y dirigidas por funcionarios consulares honorarios no se admitirá sino con el consentimiento de los dos Estados receptores.

Artículo 59. Protección de los locales consulares. El Estado receptor adoptará las medidas que sean necesarias para proteger los locales consulares de una oficina consular, cuyo jefe sea un funcionario consular, honorario, contra toda intrusión o daño y para evitar que se perturbe la tranquilidad de dicha oficina consular o se atente contra su dignidad.

Artículo 60. Exención fiscal de los locales consulares. 1. Los locales consulares de una oficina consular, cuyo jefe sea un funcionario consular honorario y de los cuales sea propietario o inquilino el Estado que envía, estarán exentos de todos los impuestos y contribuciones nacionales, regionales y municipales, salvo de los exigibles en pago de determinados servicios prestados.

2. La exención fiscal a que se refiere el párrafo 1 de este artículo no será aplicable a aquellos impuestos y contribuciones que, según las leyes y reglamentos del Estado receptor, habrán de ser pagados por la persona que contrate con el Estado que envía.

Artículo 61. Inviolabilidad de los archivos y documentos consulares. Los archivos y documentos consulares de una oficina consular, cuyo jefe sea un funcionario consular honorario, serán siempre inviolables dondequiera que se encuentren, a condición de que estén separados de otros papeles y documentos y, en especial, de la correspondencia particular del jefe de la oficina consular y de la de toda persona que trabaje con él, y de los objetos, libros y documentos referentes a su profesión o a sus negocios.

Artículo 62. Franquicia aduanera. El Estado receptor, con arreglo a las leyes y reglamentos que promulgue, permitirá la entrada con exención de todos los derechos de aduana, impuestos y gravámenes conexos, salvo los gastos de almacenaje, acarreo y servicios análogos, de los siguientes artículos, cuando se destinen al uso oficial de una oficina consular dirigida por un funcionario consular honorario: escudos, banderas, letreros, timbres y sellos, libros, impresos oficiales, muebles y útiles de oficina y otros objetos análogos, que sean suministrados a la oficina consular por el Estado que envía, o a instancia del mismo.

Artículo 63. Procedimiento penal. Cuando se instruya un procedimiento penal contra un funcionario consular honorario, éste estará obligado a comparecer ante las autoridades competentes. Sin embargo, las diligencias se practicarán con la deferencia debida a ese funcionario por razón de su carácter oficial y, excepto en el caso de que esté detenido o puesto en prisión preventiva, de manera que se perturbe lo menos posible el ejercicio de las funciones consulares. Cuando sea necesario detener a un funcionario consular honorario, se iniciará el procedimiento contra él con el menor retraso posible.

Artículo 64. Protección de los funcionarios consulares honorarios. El Estado receptor tendrá la obligación de conceder al funcionario consular honorario la protección que pueda necesitar por razón de su carácter oficial.

Artículo 65. Exención de la inscripción de extranjeros y del permiso de residencia. Los funcionarios consulares honorarios, salvo aquellos que ejerzan en el Estado receptor cualquier profesión o actividad comercial en provecho propio, estarán exentos de las obligaciones prescritas por las leyes y reglamentos de ese Estado, referentes a la inscripción de extranjeros y a permisos de residencia.

Artículo 66. Exención fiscal. Los funcionarios consulares honorarios estarán exentos de todos los impuestos y gravámenes sobre las retribuciones y los emolumentos que perciban del Estado que envía como consecuencia del ejercicio de funciones consulares.

Artículo 67. Exención de prestaciones personales. El Estado receptor eximirá a los funcionarios consulares honorarios de toda prestación personal y de todo servicio público, cualquiera que sea su naturaleza, y de las obligaciones de carácter militar, especialmente de las relativas a requisas, contribuciones y alojamientos militares.

Artículo 68. Carácter facultativo de la institución de los funcionarios consulares honorarios. Todo Estado podrá decidir libremente si ha de nombrar o recibir funcionarios consulares honorarios.

CAPÍTULO IV
DISPOSICIONES GENERALES

Artículo 69. Agentes consulares que no sean jefes de oficina consular. 1. Los Estados podrán decidir libremente si establecen o aceptan agencias consulares dirigidas por agentes consulares que no hayan sido designados como jefes de oficina consular por el Estado que envía.

2. Las condiciones en las cuales podrán ejercer su actividad las agencias consulares a las que se refiere el párrafo 1 de este artículo, y los privilegios e inmunidades que podrán disfrutar los agentes consulares que las dirijan, se determinarán de común acuerdo entre el Estado que envía y el Estado receptor.

Artículo 70. Ejercicio de funciones consulares por las misiones diplomáticas. 1. Las disposiciones de la presente Convención se aplicarán también, en la medida que sea procedente, al ejercicio de funciones consulares por una misión diplomática.

2. Se comunicarán al Ministerio de Relaciones Exteriores del Estado receptor o a la autoridad designada por dicho Ministerio los nombres de los miembros de la Misión diplomática que estén agregados a la sección consular o estén encargados del ejercicio de las funciones consulares en dicha misión.

3. En el ejercicio de las funciones consulares, la misión diplomática podrá dirigirse:

a) a las autoridades locales de la circunscripción consular;

b) a las autoridades centrales del Estado receptor, siempre que lo permitan las leyes, los reglamentos y los usos de ese Estado o los acuerdos internacionales aplicables.

4. Los privilegios e inmunidades de los miembros de la misión diplomática a los que se refiere el párrafo 2 de este artículo, seguirán rigiéndose por las normas de derecho internacional relativas a las relaciones diplomáticas.

Artículo 71. Nacionales o residentes permanentes del Estado receptor. 1. Excepto en el caso de que el Estado receptor conceda otras facilidades, privilegios e inmunidades, los funcionarios consulares que sean nacionales o residentes permanentes del Estado receptor, sólo gozarán de inmunidad de jurisdicción y de inviolabilidad personal por los actos oficiales realizados en el ejercicio de sus funciones, y del privilegio establecido en el párrafo 3 del artículo 44. Por lo que se refiere a estos funcionarios consulares, el Estado receptor deberá también cumplir la obligación prescrita en el artículo 42. Cuando se instruya un procedimiento penal contra esos funcionarios consulares, las diligencias se practicarán, salvo en el caso en que el funcionario esté arrestado o detenido, de manera que se perturbe lo menos posible el ejercicio de las funciones consulares.

2. Los demás miembros de la oficina consular que sean nacionales o residentes permanentes del Estado receptor y los miembros de su familia, así como los miembros de la familia de los funcionarios consulares a los que se refiere el párrafo 1 de este artículo, gozarán de facilidades, privilegios e inmunidades sólo en la medida en que el Estado receptor se lo conceda. Las personas de la familia de los miembros de la oficina consular y los miembros del personal privado que sean nacionales o residentes permanentes del Estado receptor, gozarán asimismo de facilidades, privilegios e inmunidades, pero sólo en la medida en que este Estado se los otorgue. Sin embargo, el Estado receptor deberá ejercer su jurisdicción sobre esas personas de manera que no se perturbe indebidamente el ejercicio de las funciones de la oficina consular.

Artículo 72. No discriminación entre los Estados. 1. El Estado receptor no hará discriminación alguna entre los Estados al aplicar las disposiciones de la presente Convención.

2. Sin embargo, no se considerará discriminado:

a) que el Estado receptor aplique restrictivamente cualquiera de las disposiciones de la presente Convención, porque a sus oficinas consulares en el Estado que envía les sean aquéllas aplicadas de manera restrictiva;

b) que por costumbre o acuerdo, los Estados se concedan recíprocamente un trato más favorable que el establecimiento en las disposiciones de la presente Convención.

Artículo 73. Relación entre la presente Convención y otros acuerdos internacionales. 1. Las disposiciones de la presente Convención no afectarán a otros acuerdos internacionales en vigor entre los Estados que sean parte en los mismos.

2. Ninguna de las disposiciones de la presente Convención impedirá que los Estados concierten acuerdos internacionales que confirmen, completen, extiendan o amplíen las disposiciones de aquélla.

CAPÍTULO V
DISPOSICIONES FINALES

Artículo 74. Firma. La presente Convención estará abierta a la firma de todos los Estados Miembros de las Naciones Unidas o de algún organismo especializado, así como de todo Estado Parte en el Estatuto de la Corte Internacional de Justicia y de cualquier otro Estado invitado por la Asamblea General de las Naciones Unidas a ser Parte en la Convención, de la manera siguiente: hasta el 31 de octubre de 1963, en el Ministerio Federal de Relaciones Exteriores de la República de Austria; y después, hasta el 31 de marzo de 1964, en la Sede de las Naciones Unidas en Nueva York.

Artículo 75. Ratificación. La presente Convención está sujeta a ratificación. Los instrumentos de ratificación se depositarán en poder del Secretario General de las Naciones Unidas.

Artículo 76. Adhesión. La presente Convención quedará abierta a la adhesión de los Estados pertenecientes a alguna de las cuatro categorías mencionadas en el artículo 74. Los instrumentos de adhesión se depositarán en poder del Secretario General de las Naciones Unidas.

Artículo 77. Entrada en vigor. 1. La presente Convención entrará en vigor el trigésimo día a partir de la fecha en que haya sido depositado en poder del Secretario General de las Naciones Unidas el vigesimosegundo instrumento en ratificación o de adhesión.

2. Para cada Estado que ratifique la Convención o se adhiera a ella después de haber sido depositado el vigesimosegundo instrumento de ratificación o de adhesión, la Convención entrará en vigor el trigésimo día a partir de la fecha en que tal Estado haya depositado su instrumento de ratificación o de adhesión.

Artículo 78. Comunicaciones por el Secretario General. El Secretario General de las Naciones Unidas comunicará a todos los Estados pertenecientes a cualquiera de las cuatro categorías mencionadas en el artículo 74:

a) las firmas de la presente Convención y el depósito de instrumentos de ratificación o adhesión, de conformidad con lo dispuesto en los artículos 74, 75 y 76;

b) la fecha en que entre en vigor la presente Convención de conformidad con lo dispuesto en el artículo 77.

Artículo 79. Textos auténticos. El original de la presente Convención, cuyos textos en chino, español, francés, inglés y ruso son igualmente auténticos, será depositado en poder del Secretario General de las Naciones Unidas, quien enviará copia certificada a todos los Estados pertenecientes a cualquiera de las cuatro categorías mencionadas en el artículo 74.

En el testimonio de lo cual los infrascritos plenipotenciarios, debidamente autorizados por sus respectivos Gobiernos, firman la presente Convención.

Hecha en Viena, el día veinticuatro de abril de mil novecientos sesenta y tres.

La presente es copia fiel, en idioma español, de la Convención de Viena sobre Relaciones consulares, hecha en la ciudad de Viena, Austria, el día veinticuatro del mes de abril del año de mil novecientos sesenta y tres, y se extiende en sesenta y cuatro páginas útiles, a fin de incorporarla al Decreto de Promulgación de dicha Convención.

Hecha en la ciudad de México, Distrito Federal, a los catorce días del mes de octubre del año mil novecientos sesenta y siete.- José S. Gallástegui.- Rúbrica.

CONVENCIÓN DE VIENA SOBRE RELACIONES DIPLOMÁTICAS

TEXTO ORIGINAL

Convención publicada en el Diario Oficial de la Federación, el martes 3 de agosto de 1965.

Al margen un sello con el Escudo Nacional, que dice: Estados Unidos Mexicanos.– Presidencia de la República.

GUSTAVO DÍAZ ORDAZ, Presidente de los Estados Unidos Mexicanos, a sus habitantes, sabed:

Que en la ciudad de Viena, el día dieciocho del mes de abril del año mil novecientos sesenta y uno, el Plenipotenciario de México, debidamente autorizado al efecto, firmó ad-referéndum la Convención de Viena sobre Relaciones Diplomáticas, hecha en esa ciudad en la misma fecha cuyo texto y forma constan en la copia certificada adjunta.

Que la anterior Convención fue aprobada por la H. Cámara de Senadores del Congreso de la Unión el día veinticuatro del mes de diciembre del año mil novecientos sesenta y cuatro, según Decreto publicado en el «Diario Oficial» de la Federación del día veinte del mes de febrero del año mil novecientos sesenta y cinco.

Que fue ratificada el día trece del mes de mayo del año mil novecientos sesenta y cinco, habiéndose efectuado el depósito del Instrumento de Ratificación respectivo, ante el Secretario General de la Organización de las Naciones Unidas, el día diecisiete del mes de junio del año en curso.

José S. Gallástegui, Oficial Mayor de la Secretaría de Relaciones Exteriores, certifica:

Que en los archivos de esta Secretaría obra copia certificada de la Convención de Viena sobre Relaciones Diplomáticas, hecha en esa ciudad el dieciocho de abril de mil novecientos sesenta y uno cuyo texto y forma en español son los siguientes:

CONVENCIÓN DE VIENA SOBRE RELACIONES DIPLOMÁTICAS

Los Estados Partes en la presente Convención,

Teniendo presente que desde antiguos tiempos los pueblos de todas las naciones han reconocido el estatuto de los funcionarios diplomáticos,

Teniendo en cuenta los propósitos y principios de la Carta de las Naciones Unidas relativos a la igualdad soberana de los Estados, al mantenimiento de la paz y de la seguridad internacionales y al fomento de las relaciones de amistad entre las naciones,

Estimando que una convención internacional sobre relaciones, privilegios e inmunidades diplomáticas contribuirá al desarrollo de las relaciones amistosas entre las naciones, prescindiendo de sus diferencias de régimen constitucional y social,

Reconociendo que tales inmunidades y privilegios se conceden, no en beneficio de las personas, sino con el fin de garantizar el desempeño eficaz de las funciones de las misiones diplomáticas en calidad de representantes de los Estados,

Afirmando que las normas del derecho internacional consuetudinario han de continuar rigiendo las cuestiones que no hayan sido expresamente reguladas en las disposiciones de la presente Convención,

Han convenido en lo siguiente:

Artículo 1. A los efectos de la presente Convención:

a) por «jefe de misión», se entiende la persona encargada por el Estado acreditante de actuar con carácter de tal;

b) por «miembros de la misión», se entiende el jefe de la misión y el personal de la misión;

c) por «miembros del personal de la misión», se entiende los miembros del personal diplomático, del personal administrativo y técnico y del personal de servicio de la misión;

d) por «miembros del personal diplomático», se entiende los miembros del personal de la misión que posean la calidad de diplomático;

e) por «agente diplomático», se entiende el jefe de la misión o un miembro del personal diplomático de la misión;

f) por «miembros del personal administrativo y técnico», se entiende los miembros del personal de la misión empleados en el servicio administrativo y técnico de la misión;

g) por «miembros del personal de servicio», se entiende los miembros del personal de la misión empleados en el servicio doméstico de la misión;

h) por «criada particular», se entiende toda persona al servicio doméstico de un miembro de la misión, que no sea empleado del Estado acreditante;

i) por «locales de la misión», se entiende los edificios o las partes de los edificios, sea cual fuere su propietario utilizados para las finalidades de la misión, incluyendo la residencia del jefe de la misión, así como el terreno destinado al servicio de esos edificios o de parte de ellos.

Artículo 2. El establecimiento de relaciones diplomáticas entre Estados y el envío de misiones diplomáticas permanentes se efectúa por consentimiento mutuo.

Artículo 3. 1. Las funciones de una misión diplomática consisten principalmente en:

a) representar al Estado acreditante ante el Estado receptor;

b) proteger en el Estado receptor los intereses del Estado acreditante y los de sus nacionales, dentro de los límites permitidos por el derecho internacional;

c) negociar con el gobierno del Estado receptor;

d) enterarse por todos los medios lícitos de las condiciones y de la evolución de los acontecimientos en el Estado receptor e informar sobre ello al gobierno del Estado acreditante;

e) fomentar las relaciones amistosas y desarrollar las relaciones económicas, culturales y científicas entre el Estado acreditante y el Estado receptor.

2. Ninguna disposición de la presente Convención se interpretará de modo que impida el ejercicio de funciones consulares por la misión diplomática.

Artículo 4. 1. El Estado acreditante deberá asegurarse de que la persona que se proponga acreditar como jefe de la misión ante el Estado receptor ha obtenido el asentamiento de este Estado.

2. El Estado receptor no está obligado a expresar al Estado acreditante los motivos de su negativa a otorgar el asentimiento.

Artículo 5. 1. El Estado acreditante podrá, después de haberlo notificado en debida forma a los Estados receptores interesados, acreditar a un jefe de misión ante dos o más Estados, o bien destinar a ellos a cualquier miembro del personal diplomático, salvo que alguno de los Estados receptores se oponga expresamente.

2. Si un Estado acredita a un jefe de misión ante dos o más Estados, podrá establecer una misión diplomática dirigida por un encargado de negocios *ad*

interim en cada uno de los Estados en que el jefe de la misión no tenga su sede permanente.

3. El jefe de misión o cualquier miembro del personal diplomático de la misión podrá representar al Estado acreditante ante cualquier organización internacional.

Artículo 6. Dos o más Estados podrán acreditar a la misma persona como jefe de misión ante un tercer Estado, salvo que el Estado receptor se oponga a ello.

Artículo 7. Sin perjuicio de lo dispuesto en los artículos 5, 8, 9 y 11, el Estado acreditante nombrará libremente al personal de la misión. En el caso de los agregados militares, navales o aéreos, el Estado receptor podrá exigir que se sometan de antemano sus nombres, para su aprobación.

Artículo 8. 1. Los miembros del personal diplomático de la misión habrán de tener, en principio, la nacionalidad del Estado acreditante.

2. Los miembros del personal diplomático de la misión no podrán ser elegidos entre personas que tengan la nacionalidad del Estado receptor, excepto con el consentimiento de ese Estado, que podrá retirarlo en cualquier momento.

3. El Estado receptor podrá reservarse el mismo derecho respecto de los nacionales de un tercer Estado que no sean al mismo tiempo nacionalidades del Estado acreditante.

Artículo 9. 1. El Estado receptor podrá, en cualquier momento y sin tener que exponer los motivos de su decisión, comunicar al Estado acreditante que el jefe u otro miembro del personal diplomático de la misión es persona non grata, o que cualquier otro miembro del personal de la misión no es aceptable. El Estado acreditante retirará entonces a esa persona o pondrá término a sus funciones en la misión, según proceda. Toda persona podrá ser declarada non grata o no aceptable antes de su llegada al territorio del Estado receptor.

2. Si el Estado acreditante se niega a ejecutar o no ejecutar en un plazo razonable las obligaciones que le incumben a tenor de lo dispuesto en el párrafo 1, el Estado receptor podrá negarse a reconocer como miembro de la misión a la persona de que se trate.

Artículo 10. 1. Se notificará al Ministerio de Relaciones Exteriores, o al Ministerio que se haya convenido, del Estado receptor:

a) el nombramiento de los miembros de la misión, su llegada y su salida definitiva o la terminación de sus funciones en la misión,

b) la llegada y la salida definitiva de toda persona perteneciente a la familia de un miembro de la misión y, en su caso, el hecho de que determinada persona entre a formar parte o cese de ser miembro de la familia de un miembro de la misión;

c) la llegada y la salida definitiva de los criados particulares al servicio de las personas a que se refiere el inciso a) de este párrafo y, en su caso, el hecho de que cesen en el servicio de tales personas;

d) la contratación y el despido de personas residentes en el Estado receptor como miembros de la misión o criados particulares que tengan derecho a privilegios e inmunidades.

2. Cuando sea posible, la llegada y la salida definitiva se notificarán también con antelación.

Artículo 11. 1. A falta de acuerdo explícito sobre el número de miembros de la misión, el Estado receptor podrá exigir que su número esté dentro de los límites de lo que considere que es razonable y normal, según las circunstancias y condiciones de ese Estado y las necesidades de la misión de que se trate.

2. El Estado receptor podrá también, dentro de esos límites y sin discriminación alguna, negarse a aceptar funcionarios de una determinada categoría.

Artículo 12. El Estado acreditante no podrá, sin el consentimiento previo y expreso del Estado receptor, establecer oficinas que formen parte de la misión en localidades distintas de aquellas en que radique la propia misión.

Artículo 13. 1. Se considera que el jefe de la misión ha asumido sus funciones en el Estado receptor desde el momento en que haya presentado sus cartas credenciales o en que haya comunicado su llegada y presentado copia de estilo de sus cartas credenciales al Ministerio de Relaciones Exteriores, o al Ministerio que se haya convenido, según la práctica en vigor en el Estado receptor, que deberá aplicarse de manera uniforme.

2. El orden de presentación de las cartas credenciales o de su copia de estilo se determinará por la fecha y hora de llegada del jefe de misión.

Artículo 14. 1. Los jefes de misión se dividen en tres clases:

a) embajadores o nuncios acreditados ante los Jefes de Estado, y otros jefes de misión de rango equivalente;

b) enviados, ministros o internuncios acreditados ante los Jefes de Estado;

c) encargados de negocios acreditados ante los Ministros de Relaciones Exteriores.

2. Salvo por lo que respecta a la precedencia y a la etiqueta, no se hará ninguna distinción entre los jefes de misión por razón de su clase.

Artículo 15. Los Estados se pondrán de acuerdo acerca de la clase a que habrán de pertenecer los jefes de sus misiones.

Artículo 16. 1. La precedencia de los jefes de misión dentro de cada clase, se establecerá siguiendo el orden de la fecha y hora en que hayan asumido sus funciones, de conformidad con el artículo 13.

2. Las modificaciones en las cartas credenciales de un jefe de misión que no entrañen cambio de clase no alterarán su orden de precedencia.

3. Las disposiciones de este artículo se entenderán sin perjuicio de los usos que acepte el Estado receptor respecto de la precedencia del representante de la Santa Sede.

Artículo 17. El jefe de misión notificará al Ministerio de Relaciones Exteriores, o al Ministerio que se haya convenido, el orden de precedencia de los miembros del personal diplomático de la misión.

Artículo 18. El procedimiento que se siga en cada Estado para la recepción de los jefes de misión será uniforme respecto de cada clase.

Artículo 19. 1. Si queda vacante el puesto de jefe de misión o si el jefe de misión no puede desempeñar sus funciones, un encargado de negocios ad interim actuará provisionalmente como jefe de la misión. El nombre del encargado de negocios ad interim será comunicado al Ministerio de Relaciones Exteriores del Estado receptor, o al Ministerio que se haya convenido, por el jefe de misión o, en el caso en que éste no pueda hacerlo, por el Ministerio de Relaciones Exteriores del Estado acreditante.

2. Caso de no estar presente ningún miembro del personal diplomático de la misión en el Estado receptor, un miembro del personal administrativo y técnico podrá, con el consentimiento del Estado receptor, ser designado por el Estado acreditante para hacerse cargo de los asuntos administrativos corrientes de la misión.

Artículo 20. La misión y su jefe tendrán derecho a colocar la bandera y el escudo del Estado acreditante en los locales de la misión, incluso en la residencia del jefe de la misión y en los medios de transporte de éste.

Artículo 21. 1. El Estado receptor deberá, sea facilitar la adquisición en su territorio de conformidad con sus propias leyes, por el Estado acreditante, de los locales, necesarios para la misión, o ayudar a éste a obtener alojamiento de otra manera.

2. Cuando sea necesario, ayudará también a las misiones a obtener alojamiento adecuado para sus miembros.

Artículo 22. 1. Los locales de la misión son inviolables. Los agentes del Estado receptor no podrán penetrar en ellos sin consentimiento del jefe de la misión.

2. El Estado receptor tiene la obligación especial de adoptar todas las medidas adecuadas para proteger los locales de la misión contra toda intrusión o daño y evitar que se turbe la tranquilidad de la misión o se atente contra su dignidad.

3. Los locales de la misión, su mobiliario y demás bienes situados en ellos, así como los medios de transporte de la misión, no podrán ser objeto de ningún registro, requisa, embargo o medida de ejecución.

Artículo 23. 1. El Estado acreditante y el jefe de la misión están exentos de todos los impuestos y gravámenes nacionales, regionales o municipales, sobre los locales de la misión de que sean propietarios o inquilinos, salvo de aquellos impuestos o gravámenes que constituyen el pago de servicios particulares prestados.

2. La exención fiscal a que se refiere este artículo no se aplica a los impuestos y gravámenes que, conforme a las disposiciones legales del Estado receptor; estén a cargo del particular que contrate con el Estado acreditante o con el jefe de la misión.

Artículo 24. Los archivos y documentos de la misión son siempre inviolables, dondequiera que se hallen.

Artículo 25. El Estado receptor dará toda clase de facilidades para el desempeño de las funciones de la misión.

Artículo 26. Sin perjuicio de sus leyes y reglamentos referentes a zonas de acceso prohibido o reglamentado por razones de seguridad nacional, el Estado receptor garantizará a todos los miembros de la misión la libertad de circulación y de tránsito por su territorio.

Artículo 27. 1. El Estado receptor permitirá y protegerá la libre comunicación de la misión para todos los fines oficiales. Para comunicarse con el gobierno y con las demás misiones y consulados del Estado acreditante, dondequiera que radiquen, la misión podrá emplear todos los medios de comunicación adecuados entre ellos, los correos diplomáticos y los mensajes en clave o en cifra. Sin embargo, únicamente con el consentimiento del Estado receptor podrá la misión instalar y utilizar una emisora de radio.

2. La correspondencia oficial de la misión es inviolable. Por correspondencia oficial se entiende toda correspondencia concerniente a la misión y a sus funciones.

3. La valija diplomática no podrá ser abierta ni retenida.

4. Los bultos que constituyen la valija diplomática deberán ir provistos de signos exteriores visibles indicadores de su carácter y sólo podrán contener documentos diplomáticos u objetos de uso oficial.

5. El correo diplomático, que debe llevar consigo un documento oficial en el que conste su condición de tal y receptor. Gozará de inviolabilidad personal y no podrá ser el número de bultos que constituyan la valija, estará protegida, en el desempeño de sus funciones, por el Estado objeto de ninguna forma de detención o arresto.

6. El Estado acreditante o la misión podrán designar correos diplomáticos ad hoc. En tales casos se aplicarán también las disposiciones del párrafo 5 de este artículo, pero las inmunidades en él mencionadas dejarán de ser aplicables cuando dicho correo haya entregado al destinatario la valija diplomática que se le haya encomendado.

7. La valija diplomática podrá ser confiada al comandante de una aeronave comercial que haya de aterrizar en un aeropuerto de entrada autorizado. El comandante deberá llevar consigo un documento oficial en el que conste el número de bultos que constituyan la valija, pero no podrá ser considerado como correo diplomático. La misión podrá enviar a uno de sus miembros, a tomar posesión directa y libremente de la valija diplomática de manos del comandante de la aeronave.

Artículo 28. Los derechos y aranceles que perciba la misión por actos oficiales están exentos de todo impuesto y gravamen.

Artículo 29. La persona del agente diplomático es inviolable. No puede ser objeto de ninguna forma de detención o arresto. El Estado receptor le tratará con el debido respeto y adoptará todas las medidas adecuadas para impedir cualquier atentado contra su persona, su libertad o su dignidad.

Artículo 30. 1. La residencia particular del agente diplomático goza de la misma inviolabilidad y protección que los locales de la misión.

2. Sus documentos, su correspondencia y, salvo lo previsto en el párrafo 3 del artículo 31, sus bienes, gozarán igualmente de inviolabilidad.

Artículo 31. 1. El agente diplomático gozará de inmunidad de la jurisdicción penal del Estado receptor. Gozará también de inmunidad de su jurisdicción civil y administrativa, excepto si se trata:

a) de una acción real sobre bienes inmuebles particulares radicados en el territorio del Estado receptor, a menos que el agente diplomático los posea por cuenta del Estado acreditante para los fines de la misión;

b) de una acción sucesoria en la que el agente diplomático figure, a título privado y no en nombre del Estado acreditante como ejecutor testamentario, administrador, heredero o legatario;

c) de una acción referente a cualquier profesión liberal o actividad comercial ejercida por el agente diplomático en el Estado receptor, fuera de sus funciones oficiales.

2. El agente diplomático no está obligado a testificar.

3. El agente diplomático no podrá ser objeto de ninguna medida de ejecución, salvo en los casos previstos en los incisos a), b) y c) del párrafo 1 de este artículo y con tal de que no sufra menoscabo la inviolabilidad de su persona o de su residencia.

4. La inmunidad de jurisdicción de un agente diplomático en el Estado receptor no le exime de la jurisdicción del Estado acreditante.

Artículo 32. 1. El Estado acreditante puede renunciar a la inmunidad de jurisdicción de sus agentes diplomáticos y de las personas que gocen de inmunidad conforme al artículo 37.

2. La renuncia ha de ser siempre expresa.

3. Si un agente diplomático o una persona que goce de inmunidad de jurisdicción conforme al artículo 37 entabla una acción judicial, no le será permitido invocar la inmunidad de jurisdicción respecto de cualquier reconvención directamente ligada a la demanda principal.

4. La renuncia a la inmunidad de jurisdicción respecto de las acciones civiles o administrativas no ha de entenderse que entraña renuncia a la inmunidad en cuanto a la ejecución del fallo, para lo cual será necesario una nueva renuncia.

Artículo 33. 1. Sin perjuicio de las disposiciones del párrafo 3 de este artículo, el agente diplomático estará, en cuanto a los servicios prestados al Estado acreditante, exento de las disposiciones sobre seguridad social que estén vigentes en el Estado receptor.

2. La exención prevista en el párrafo 1 de este artículo se aplicará también a los criados particulares que se hallen al servicio exclusivo del agente diplomático, a condición de que:

a) no sean nacionales del Estado receptor o no tengan en él residencia permanente; y

b) estén protegidos por las disposiciones sobre seguridad social que estén vigentes en el Estado acreditante o en un tercer Estado.

3. El agente diplomático que emplee a personas a quienes no se aplique la exención prevista en el párrafo 2 de este artículo, habrá de cumplir las obligaciones que las disposiciones sobre seguridad social del Estado receptor impongan a los empleadores.

4. La exención prevista en los párrafos 1 y 2 de este artículo no impedirá la participación voluntaria en el régimen de seguridad social del Estado receptor, a condición de que tal participación esté permitida por ese Estado.

5. Las disposiciones de este artículo se entenderán sin perjuicio de los acuerdos bilaterales o multilaterales sobre seguridad social ya concertados y no impedirán que se concierten en lo sucesivo acuerdos de esa índole.

Artículo 34. El agente diplomático estará exento de todos los impuestos y gravámenes personales o reales, nacionales, regionales o municipales con excepción:

a) de los impuestos indirectos de la índole de los normalmente incluidos en el precio de las mercaderías o servicios;

b) de los impuestos y gravámenes sobre los bienes inmuebles privados que radiquen en el territorio del Estado receptor, a menos que el agente diplomático los posea por cuenta del Estado acreditante y para los fines de la misión;

c) de los impuestos sobre las sucesiones que corresponda percibir al Estado receptor, salvo lo dispuesto en el párrafo 4 del artículo 39;

d) de los impuestos y gravámenes sobre los ingresos privados que tengan su origen en el Estado receptor y de los impuestos sobre el capital que graven las inversiones efectuadas en empresas comerciales en el Estado receptor;

e) de los impuestos y gravámenes correspondientes a servicios particulares prestados;

f) salvo lo dispuesto en el artículo 23, de los derechos de registro, aranceles judiciales, hipotecas y timbre, cuando se trate de bienes inmuebles.

Artículo 35. El Estado receptor deberá eximir a los agentes diplomáticos de toda prestación personal, de todo servicio público cualquiera que sea su naturaleza y de cargas militares tales como las requisiciones, las contribuciones y los alojamientos militares.

Artículo 36. 1. El Estado receptor, con arreglo a las leyes y reglamentos que promulgue, permitirá la entrada, con exención de toda clase de derechos de aduana, impuestos y gravámenes conexos, salvo los gastos de almacenaje, acarreo y servicios análogos:

a) de los objetos destinados al uso oficial de la misión;

b) de los objetos destinados al uso personal del agente diplomático o de los miembros de su familia que formen parte de su casa, incluidos los efectos destinados a su instalación.

2. El agente diplomático estará exento de la inspección de su equipaje personal, a menos que haya motivos fundados para suponer que contiene objetos no comprendidos en las exenciones mencionadas en el párrafo 1 de este artículo, u objetos cuya importación o exportación esté prohibida por la legislación del Estado receptor o sometida a sus reglamentos de cuarentena. En este caso, la inspección sólo se podrá efectuar en presencia del agente diplomático o de su representante autorizado.

Artículo 37. 1. Los miembros de la familia de un agente diplomático que formen parte de su casa gozarán de los privilegios e inmunidades especificados en los artículos 29 a 36, siempre que no sean nacionales del Estado receptor.

2. Los miembros del personal administrativo y técnico de la misión, con los miembros de sus familias que formen parte de sus respectivas casas, siempre que no sean nacionales del Estado receptor ni tengan en él residencia permanente, gozarán de los privilegios e inmunidades mencionados en los artículos 29 a 35, salvo que la inmunidad de la jurisdicción civil y administrativa del Estado receptor especificada en el párrafo 1 del artículo 31, no se extenderá a los actos realizados fuera del desempeño de sus funciones. Gozarán también de los privilegios especificados en el párrafo 1 del artículo 36, respecto de los objetos importados al efectuar su primera instalación.

3. Los miembros del personal de servicio de la misión que no sean nacionales del Estado receptor ni tengan en él residencia permanente, gozarán de inmunidad por los actos realizados en el desempeño de sus funciones, de exención de impuestos y gravámenes sobre los salarios que perciban por sus servicios y de la exención que figura en el artículo 33.

4. Los criados particulares de los miembros de la misión, que no sean nacionales del Estado receptor ni tengan en él residencia permanente, estarán exentos de impuestos y gravámenes sobre los salarios que perciban por sus servicios. A otros respectos, sólo gozarán de privilegios e inmunidades en la medida reconocida por dicho Estado. No obstante, el Estado receptor habrá de ejercer su jurisdicción sobre esas personas de modo que no estorbe indebidamente el desempeño de las funciones de la misión.

Artículo 38. 1. Excepto en la medida en que el Estado receptor conceda otros privilegios e inmunidades, el agente diplomático que sea nacional de ese Estado o tenga en él residencia permanente sólo gozará de inmunidad de jurisdicción e inviolabilidad por los actos oficiales realizados en el desempeño de sus funciones.

2. Los otros miembros de la misión y los criados particulares que sean nacionales del Estado receptor o tengan en él su residencia permanente, gozarán de los privilegios e inmunidades únicamente en la medida en que lo admita dicho Estado. No obstante, el Estado receptor habrá de ejercer su jurisdicción sobre esas personas de modo que no estorbe indebidamente el desempeño de las funciones de la misión.

Artículo 39. 1. Toda persona que tenga derecho a privilegios e inmunidades gozará de ellos desde que penetre en el territorio del Estado receptor para tomar posesión de su cargo o, si se encuentra ya en ese territorio, desde su nombramiento haya sido comunicado al Ministerio de Relaciones Exteriores o al Ministerio que se haya convenido.

2. Cuando terminan las funciones de una persona que goce de privilegios e inmunidades, tales privilegios e inmunidades cesarán normalmente en el momento en que esa persona salga del país o en el que expire el plazo razonable que le haya sido concedido para permitirle salir de él, pero subsistirán hasta entonces, aun en caso de conflicto armado. Sin embargo, no cesará la inmunidad respecto de los actos realizados por tal persona en el ejercicio de sus funciones como miembro de la misión.

3. En caso de fallecimiento de un miembro de la misión, los miembros de su familia continuarán en el goce de los privilegios e inmunidades que les correspondan hasta la expiración de un plazo razonable en el que puedan abandonar el país.

4. En caso de fallecimiento de un miembro de la misión que no sea nacional del Estado receptor ni tenga en él residencia permanente, o de un miembro de su familia que forme parte de su casa, dicho Estado permitirá que se saquen del país los bienes muebles del fallecido, salvo los que hayan sido adquiridos en él y cuya exportación se halle prohibida en el momento del fallecimiento. No serán objeto de impuestos de sucesión los bienes muebles que se hallaren en el Estado receptor por el solo hecho de haber vivido allí el causante de la sucesión como miembro de la misión o como persona de la familia de un miembro de la misión.

Artículo 40. 1. Si un agente diplomático atraviesa el territorio de un tercer Estado que le hubiere otorgado el visado del pasaporte si tal visado fuere necesario, o se encuentre en él para ir a tomar posesión de sus funciones, para reintegrarse a su cargo o para volver a su país, el tercer Estado le concederá la inviolabilidad y todas las demás inmunidades necesarias para facilitarle el tránsito o el regreso. Esta regla será igualmente aplicable a los miembros de su familia que gocen de privilegios e inmunidades y acompañen al agente diplomático o viajen separadamente para reunirse con él o regresar a su país.

2. En circunstancias análogas a las previstas en el párrafo 1 de este artículo, los terceros Estados no habrán de dificultar el paso por su territorio de los miembros del personal administrativo y técnico, del personal de servicio de una misión o de los miembros de sus familias.

3. Los terceros Estados concederán a la correspondencia oficial y a otras comunicaciones oficiales en tránsito, incluso a los despachos en clave o en

cifra, la misma libertad y protección concedida por el Estado receptor. Concederán a los correos diplomáticos a quienes hubieren otorgado el visado del pasaporte si tal visado fuere necesario, así como a las valijas diplomáticas en tránsito, la misma inviolabilidad y protección que se haya obligado a prestar el Estado receptor.

4. Las obligaciones de los terceros Estados en virtud de los párrafos 1, 2 y 3 de este artículo serán también aplicables a las personas mencionadas respectivamente en esos párrafos, así como a las comunicaciones oficiales y a las valijas diplomáticas, que se hallen en el territorio del tercer Estado a causa de fuerza mayor.

Artículo 41. 1. Sin perjuicio de sus privilegios e inmunidades, todas las personas que gocen de esos privilegios e inmunidades deberán respetar las leyes y reglamentos del Estado receptor. También están obligados a no inmiscuirse en los asuntos internos de ese Estado.

2. Todos los asuntos oficiales de que la misión esté encargada por el Estado acreditante han de ser tratados con el Ministerio de Relaciones Exteriores de ese Estado o por conducto de él, o con el Ministerio que se haya convenido.

3. Los locales de la misión no deben ser utilizados de manera incompatible con las funciones de la misión tal como están enunciadas en la presente Convención, en otras normas del derecho internacional general o en los acuerdos particulares que estén en vigor entre el Estado acreditante y el Estado receptor.

Artículo 42. El agente diplomático no ejercerá en el Estado receptor ninguna actividad profesional o comercial en provecho propio.

Artículo 43. Las funciones del agente diplomático terminarán, principalmente:

a) cuando el Estado acreditante comunique al Estado receptor que las funciones del agente diplomático han terminado;

b) cuando el Estado receptor comunique al Estado acreditante que, de conformidad con el párrafo 2 del artículo 9, se niega a reconocer al agente diplomático como miembro de la misión.

Artículo 44. El Estado receptor deberá, aun en caso de conflicto armado, dar facilidades para que las personas que gozan de privilegios e inmunidades y no sean nacionales del Estado receptor, así como los miembros de sus familias, sea cual fuere su nacionalidad, puedan salir de su territorio lo más pronto posible. En especial, deberá poner a su disposición, si fuere necesario, los medios de transporte indispensables para tales personas y sus bienes.

Artículo 45. En caso de ruptura de las relaciones diplomáticas entre dos Estados, o si se pone término a una misión de modo definitivo o temporal:

a) el Estado receptor estará obligado a respetar y a proteger, aun en caso de conflicto armado, los locales de la misión, así como sus bienes y archivos;

b) el Estado acreditante podrá confiar la custodia de los locales de la misión, así como de sus bienes y archivos, a un tercer Estado aceptable para el Estado receptor;

c) el Estado acreditante podrá confiar la protección de sus intereses y de los intereses de sus nacionales a un tercer Estado aceptable para el Estado receptor.

Artículo 46. Con el consentimiento previo del Estado receptor y a petición de un tercer Estado no representado en él, el Estado acreditante podrá asumir la protección temporal de los intereses del tercer Estado y de sus nacionales.

Artículo 47. 1. En la aplicación de las disposiciones de la presente Convención, el Estado receptor no hará ninguna discriminación entre los Estados.

2. Sin embargo, no se considerará como discriminatorio:

a) que el Estado receptor aplique con criterio restrictivo cualquier disposición de la presente Convención, porque con tal criterio haya sido aplicada a su misión en el Estado acreditante;

b) que por costumbre o acuerdo, los Estados se concedan recíprocamente un trato más favorable que el requerido en las disposiciones de la presente Convención.

Artículo 48. La presente Convención estará abierta a la firma de todos los Estados Miembros de las Naciones Unidas o de algún organismo especializado, así como de todo Estado Parte en el Estatuto de la Corte Internacional de Justicia y de cualquier otro Estado invitado por la Asamblea General de las Naciones Unidas a ser parte en la Convención, de la manera siguiente: hasta el 31 de octubre de 1961, en el Ministerio Federal de Relaciones Exteriores de Austria; y después, hasta el 31 de marzo de 1962, en la Sede de las Naciones Unidas en Nueva York.

Artículo 49. La presente Convención está sujeta a ratificación. Los instrumentos de ratificación se depositarán en poder del Secretario General de las Naciones Unidas.

Artículo 50. La presente Convención quedará abierta a la adhesión de los Estados pertenecientes a alguna de las cuatro categorías mencionadas en el artículo 48. Los instrumentos de adhesión se depositarán en poder del Secretario General de las Naciones Unidas.

Artículo 51. 1. La presente Convención entrará en vigor el trigésimo día a partir de la fecha en que haya sido depositado en poder del Secretario General de las Naciones Unidas el vigesimosegundo instrumento de ratificación o de adhesión.

2. Para cada Estado que ratifique la Convención o se adhiera a ella después de haber sido depositado el vigesimosegundo instrumento de ratificación o adhesión la Convención entrará en vigor el trigésimo día a partir de la fecha en que tal Estado haya depositado su instrumento de ratificación o de adhesión.

Artículo 52. El Secretario General de las Naciones Unidas comunicará a todos los Estados pertenecientes a cualquiera de las cuatro categorías mencionadas en el artículo 48:

a) qué países han firmado la presente Convención y cuáles han depositado los instrumentos de ratificación o adhesión de conformidad con lo dispuesto en los artículos 48, 49 y 50;

b) en qué fecha entrará en vigor la presente Convención, de conformidad con lo dispuesto en el artículo 51.

Artículo 53. El original de la presente Convención, cuyos textos chino, español, francés, inglés y ruso son igualmente auténticos, será depositado en poder del Secretario General de las Naciones Unidas, quien remitirá copia certificada a todos los Estados pertenecientes a cualquiera de las cuatro categorías mencionadas en el artículo 48.

EN TESTIMONIO DE LO CUAL, los plenipotenciarios infrascritos, debidamente autorizados por sus respectivos Gobiernos, han firmado la presente Convención.

HECHA en Viena, el día dieciocho de abril de mil novecientos sesenta y uno.

En cumplimiento de lo dispuesto por la fracción primera del artículo octagésimo noveno de la Constitución Política de los Estados Unidos Mexicanos, y para su debida observancia, promulgo el presente Decreto en la residencia del Poder Ejecutivo Federal, a los dieciséis días del mes de julio del año mil novecientos sesenta y cinco.- Gustavo Díaz Ordaz.- Rúbrica.- El Secretario de Relaciones Exteriores, Antonio Carrillo Flores.- Rúbrica.

2. ORGANISMOS INTERNACIONALES

CARTA DE LAS NACIONES UNIDAS

TEXTO ORIGINAL

Carta, Estatuto y Acuerdo publicados en el Diario Oficial de la Federación, el miércoles 17 de octubre de 1945.

Al margen un sello con el Escudo Nacional, que dice: Estados Unidos Mexicanos.– Presidencia de la República.

MANUEL ÁVILA CAMACHO, Presidente Constitucional de los Estados Unidos Mexicanos, a sus habitantes, sabed:

Que la H. Cámara de Senadores del Congreso de la Unión, se ha servido dirigirme el siguiente

DECRETO:

«La Cámara de Senadores del Congreso de los Estados Unidos Mexicanos, en ejercicio de la facultad que le concede la fracción I del artículo 76 de la Constitución Federal, decreta:

Artículo Único.– Se aprueban: La Carta de las Naciones Unidas; el Estatuto de la Corte Internacional de Justicia y los Acuerdos Provisionales concertados por los Gobiernos participantes en la Conferencia de las Naciones Unidas sobre Organización Internacional, firmados en San Francisco, California, Estados Unidos de América, el 26 de junio de 1945.

Vidal Díaz Muñoz, S. P.– Lic. Arturo Martínez Adame, S. S.– Dr. Benjamín Almeida, Jr., S. S.– Rúbricas».

En cumplimiento de lo dispuesto por la fracción I del artículo 89 de la Constitución Política de los Estados Unidos Mexicanos y para su debida publicación y observancia, expido el presente Decreto en la residencia del Poder Ejecutivo Federal, en la ciudad de México, Distrito Federal, a los cinco días del mes de octubre de mil novecientos cuarenta y cinco.– Manuel Ávila Camacho.– Rúbrica.– El Secretario de Estado y del Despacho de Relaciones Exteriores, Francisco Castillo Nájera.– Rúbrica.– Al C. Lic. Primo Villa Michel, Secretario de Gobernación.– Presente.

CARTA DE LAS NACIONES UNIDAS

Nosotros los pueblos de las Naciones Unidas resueltos

A preservar a las generaciones venideras del flagelo de la guerra, que dos veces durante nuestra vida ha infligido a la humanidad sufrimientos indecibles,

A reafirmar la fe en los derechos fundamentales del hombre, en la dignidad y el valor de la persona humana, en la igualdad de derechos de hombres y mujeres y de las naciones grandes y pequeñas,

A crear condiciones bajo las cuales puedan mantenerse la justicia y el respeto a las obligaciones emanadas de los tratados y de otras fuentes del derecho internacional,

A promover el progreso social y a elevar el nivel de vida dentro de un concepto más amplio de la libertad,

Y con tales finalidades

A practicar la tolerancia y a convivir en paz como buenos vecinos, a unir nuestras fuerzas para el mantenimiento de la paz y la seguridad internacionales,

A asegurar, mediante la aceptación de principios y la adopción de métodos, que no se usará la fuerza armada sino en servicio del interés común, y

A emplear un mecanismo internacional para promover el progreso económico y social de todos los pueblos,

Hemos decidido aunar nuestros esfuerzos para realizar estos designios.

Por lo tanto, nuestros respectivos Gobiernos, por medio de representantes reunidos en la ciudad de San Francisco que han exhibido sus plenos poderes, encontrados en buena y debida forma, han convenido en la presente Carta de las Naciones Unidas, y por este acto establecen una organización internacional que se denominará las Naciones Unidas.

CAPÍTULO I
PROPÓSITOS Y PRINCIPIOS

Artículo 1. Los Propósitos de las Naciones Unidas, son:

1. Mantener la paz y la seguridad internacionales, y con tal fin: tomar medidas colectivas eficaces para prevenir y eliminar amenazas a la paz, y para suprimir actos de agresión u otros quebrantamientos de la paz; y lograr por medios pacíficos, y de conformidad con los principios de la justicia y del derecho internacional, el ajuste o arreglo de controversias o situaciones internacionales susceptibles de conducir a quebrantamientos de la paz;

2. Fomentar entre las naciones relaciones de amistad basadas en el respeto al principio de la igualdad de derechos y al de la libre determinación de los pueblos, y tomar otras medidas adecuadas para fortalecer la paz universal;

3. Realizar la cooperación internacional en la solución de problemas internacionales de carácter económico, social, cultural o humanitario, y en el desarrollo y estímulo del respeto a los derechos humanos y a las libertades fundamentales de todos, sin hacer distinción por motivos de raza, sexo, idioma o religión; y

4. Servir de centro que armonice los esfuerzos de las naciones por alcanzar estos propósitos comunes.

Artículo 2. Para la realización de los Propósitos consignados en el Artículo 1, la Organización y sus Miembros procederán de acuerdo con los siguientes Principios:

1. La Organización está basada en el principio de la igualdad soberana de todos sus Miembros.

2. Los Miembros de la Organización, a fin de asegurarse los derechos y beneficios inherentes a su condición de tales, cumplirán de buena fe las obligaciones contraídas por ellos de conformidad con esta Carta.

3. Los Miembros de la Organización arreglarán sus controversias internacionales por medios pacíficos, de tal manera que no se pongan en peligro ni la paz ni la seguridad internacionales, ni la justicia.

4. Los Miembros de la Organización, en sus relaciones internacionales, se abstendrán de recurrir a la amenaza o al uso de la fuerza contra la integridad territorial o la independencia política de cualquier Estado, o en cualquier otra forma incompatible con los Propósitos de las Naciones Unidas.

5. Los Miembros de la Organización prestarán a ésta toda clase de ayuda en cualquier acción que ejerza de conformidad con esta Carta, y se abstendrán de dar ayuda a Estado alguno contra el cual la Organización estuviere ejerciendo acción preventiva o coercitiva.

6. La Organización hará que los Estados que no son Miembros de las Naciones Unidas se conduzcan de acuerdo con estos Principios, en la medida que sea necesaria para mantener la paz y la seguridad internacionales.

7. Ninguna disposición de esta Carta autorizará a las Naciones Unidas a intervenir en los asuntos que son esencialmente de la jurisdicción interna de los Estados, ni obligará a los Miembros a someter dichos asuntos a procedimientos de arreglo conforme a la presente Carta; pero este principio no se opone a la aplicación de las medidas coercitivas prescritas en el Capítulo VII.

CAPÍTULO II
MIEMBROS

Artículo 3. Son Miembros originarios de las Naciones Unidas los Estados que habiendo participado en la Conferencia de las Naciones Unidas sobre Organización Internacional celebrada en San Francisco, o que habiendo firmado previamente la Declaración de las Naciones Unidas de 1° de enero de 1942, suscriben esta Carta y la ratifiquen de conformidad con el Artículo 110.

Artículo 4. 1. Podrán ser Miembros de las Naciones Unidas todos los demás Estados amantes de la paz que acepten las obligaciones consignadas en esta Carta, y que, a juicio de la Organización, estén capacitados para cumplir dichas obligaciones y se hallen dispuestos a hacerlo.

2. La admisión de tales Estados como Miembros de las Naciones Unidas se efectuará por decisión de la Asamblea General a recomendación del Consejo de Seguridad.

Artículo 5. Todo Miembro de las Naciones Unidas que haya sido objeto de acción preventiva o coercitiva por parte del Consejo de Seguridad podrá ser suspendido por la Asamblea General, a recomendación del Consejo de Seguridad, del ejercicio de los derechos y privilegios inherentes a su calidad de Miembro. El ejercicio de tales derechos y privilegios podrá ser restituido por el Consejo de Seguridad.

Artículo 6. Todo Miembro de las Naciones Unidas que haya violado repetidamente los Principios contenidos en esta Carta, podrá ser expulsado de la Organización por la Asamblea General a recomendación del Consejo de Seguridad.

CAPÍTULO III
ÓRGANOS

Artículo 7. 1. Se establecen como órganos principales de las Naciones Unidas: una Asamblea General, un Consejo de Seguridad, un Consejo Económico y Social, un Consejo de Administración Fiduciaria, una Corte Internacional de Justicia y una Secretaría.

2. Se podrán establecer, de acuerdo con las disposiciones de la presente Carta, los órganos subsidiarios que se estimen necesarios.

Artículo 8. La organización no establecerá restricciones en cuanto a la elegibilidad de hombres y mujeres para participar en condiciones de igualdad y en cualquier carácter en las funciones de sus órganos principales y subsidiarios.

CAPÍTULO IV
LA ASAMBLEA GENERAL

Composición

Artículo 9. 1. La Asamblea General estará integrada por todos los Miembros de las Naciones Unidas.

2. Ningún Miembro podrá tener más de cinco representantes en la Asamblea General.

Funciones y Poderes

Artículo 10. La Asamblea General podrá discutir cualesquier asuntos o cuestiones dentro de los límites de esta Carta o que se refieran a los poderes y funciones de cualquiera de los órganos creados por esta Carta, y salvo lo dispuesto en el Artículo 12 podrá hacer recomendaciones sobre tales asuntos o cuestiones a los Miembros de las Naciones Unidas o al Consejo de Seguridad o a éste y a aquéllos.

Artículo 11. 1. La Asamblea General podrá considerar los principios generales de la cooperación en el mantenimiento de la paz y la seguridad internacionales incluso los principios que rigen el desarme y la regulación de los armamentos, y podrá también hacer recomendaciones respecto de tales principios a los Miembros o al Consejo de Seguridad o a éste y a aquéllos.

2. La Asamblea General podrá discutir toda cuestión relativa al mantenimiento de la paz y la seguridad internacionales que presente a su consideración cualquier Miembro de las Naciones Unidas o el Consejo de Seguridad, o que un Estado que no es Miembro de las Naciones Unidas presente de conformidad con el Artículo 35, párrafo 2, y salvo lo dispuesto en el Artículo 12, podrá hacer recomendaciones acerca de tales cuestiones al Estado o Estados interesados o al Consejo de Seguridad o a éste y a aquéllos. Toda cuestión de esta naturaleza con respecto a la cual se requiera acción, será referida al Consejo de Seguridad por la Asamblea General antes o después de discutirla.

3. La Asamblea General podrá llamar la atención del Consejo de Seguridad hacia situaciones susceptibles de poner en peligro la paz y la seguridad internacionales.

4. Los poderes de la Asamblea General enumerados en este Artículo no limitarán el alcance general del Artículo 10.

Artículo 12. 1. Mientras el Consejo de Seguridad esté desempeñando las funciones que le asigna esta Carta con respecto a una controversia o situación, la Asamblea General no hará recomendación alguna sobre tal controversia o situación, a no ser que lo solicite el Consejo de Seguridad.

2. El Secretario General, con el consentimiento del Consejo de Seguridad, informará a la Asamblea General, en cada período de sesiones, sobre todo asunto relativo al mantenimiento de la paz y la seguridad internacionales que estuviere tratando el Consejo de Seguridad, e informará asimismo a la Asamblea General, o a los Miembros de las Naciones Unidas si la Asamblea no estuviere reunida, tan pronto como el Consejo de Seguridad cese de tratar dichos asuntos.

Artículo 13. 1. La Asamblea General promoverá estudios y hará recomendaciones para los fines siguientes:

a) Fomentar la cooperación internacional en el campo político e impulsar el desarrollo progresivo del derecho internacional y su codificación;

b) Fomentar la cooperación internacional en materias de carácter económico, social, cultural, educativo y sanitario y ayudar a hacer efectivos los derechos humanos y las libertades fundamentales de todos, sin hacer distinción por motivos de raza, sexo, idioma o religión.

2. Los demás poderes, responsabilidades y funciones de la Asamblea General con relación a los asuntos que se mencionan en el inciso b) del párrafo 1 precedente, quedan enumerados en los Capítulos IX y X.

Artículo 14. Salvo lo dispuesto en el Artículo 12, la Asamblea General podrá recomendar medidas para el arreglo pacífico de cualesquiera situaciones, sea cual fuere su origen, que a juicio de la Asamblea puedan perjudicar el bienestar general o las relaciones amistosas entre naciones, incluso las situaciones resultantes de una violación de las disposiciones de esta Carta que enuncian los Propósitos y Principios de las Naciones Unidas.

Artículo 15. 1. La Asamblea General recibirá y considerará informes anuales y especiales del Consejo de Seguridad. Estos informes comprenderán una relación de las medidas que el Consejo de Seguridad haya decidido aplicar o haya aplicado para mantener la paz y la seguridad internacionales.

2. La Asamblea General recibirá y considerará informes de los demás órganos de las Naciones Unidas.

Artículo 16. La Asamblea General desempeñará, con respecto al régimen internacional de administración fiduciaria, las funciones que se le atribuyen conforme a los Capítulos XII y XIII, incluso la aprobación de los acuerdos de administración fiduciaria de zonas no designadas como estratégicas.

Artículo 17. 1. La Asamblea General examinará y aprobará el presupuesto de la Organización.

2. Los Miembros sufragarán los gastos de la Organización en la proporción que determine la Asamblea General.

3. La Asamblea General considerará y aprobará los arreglos financieros y presupuestarios que se celebren con los organismos especializados de que trata el Artículo 57 y examinará los presupuestos administrativos de tales organismos especializados, con el fin de hacer recomendaciones a los organismos correspondientes.

Votación

Artículo 18. 1. Cada Miembro de la Asamblea General tendrá un voto.

2. Las decisiones de la Asamblea General en cuestiones importantes se tomarán por el voto de una mayoría de dos tercios de los miembros presentes y votantes. Estas cuestiones comprenderán las recomendaciones relativas al mantenimiento de la paz y la seguridad internacionales, la elección de los miembros no permanentes del Consejo de Seguridad, la elección de los miembros del Consejo Económico y Social, la elección de los miembros del Consejo de Administración Fiduciaria de conformidad con el inciso c), párrafo 1, del Artículo 86, la admisión de nuevos Miembros a las Naciones Unidas, la suspensión de los derechos y privilegios de los Miembros, la expulsión de Miembros, las cuestiones relativas al funcionamiento del régimen de administración fiduciaria y las cuestiones presupuestarias.

3. Las decisiones sobre otras cuestiones, incluso la determinación de categorías adicionales de cuestiones que deban resolverse por mayoría de dos tercios, se tomarán por la mayoría de los miembros presentes y votantes.

Artículo 19. El Miembro de las Naciones Unidas que esté en mora en el pago de sus cuotas financieras para los gastos de la Organización, no tendrá voto en la Asamblea General cuando la suma adeudada sea igual o superior al total de las cuotas adeudadas por los dos años anteriores completos. La Asamblea General podrá, sin embargo, permitir que dicho Miembro vote si llegare a la conclusión de que la mora se debe a circunstancias ajenas a la voluntad de dicho Miembro.

Procedimiento

Artículo 20. La Asamblea General se reunirá anualmente en sesiones ordinarias y, cada vez que las circunstancias lo exijan, en sesiones extraordinarias. El Secretario General convocará a sesiones extraordinarias a solicitud del Consejo de Seguridad o de la mayoría de los Miembros de las Naciones Unidas.

Artículo 21. La Asamblea General dictará su propio reglamento y elegirá su Presidente para cada período de sesiones.

Artículo 22. La Asamblea General podrá establecer los organismos subsidiarios que estime necesarios para el desempeño de sus funciones.

CAPÍTULO V
EL CONSEJO DE SEGURIDAD

Composición

Artículo 23. 1. El Consejo de Seguridad se compondrá de once miembros de las Naciones Unidas. La República de China, Francia, la Unión de las Repúblicas Socialistas Soviéticas, el Reino Unido de la Gran Bretaña e Irlanda del Norte y los Estados Unidos de América, serán miembros permanentes del Consejo de Seguridad. La Asamblea General elegirá otros seis Miembros de las Naciones Unidas que serán miembros no permanentes del Consejo de Seguridad, prestando especial atención, en primer término, a la contribución de los Miembros de las Naciones Unidas al mantenimiento de la paz y la seguridad internacionales y a los demás propósitos de la Organización, como también a una distribución geográfica equitativa.

2. Los miembros no permanentes del Consejo de Seguridad serán elegidos por un período de dos años. Sin embargo, en la primera elección de los miembros no permanentes, tres serán elegidos por un período de un año. Los miembros salientes no serán reelegibles para el período subsiguiente.

3. Cada miembro del Consejo de Seguridad tendrá un representante.

Funciones y Poderes

Artículo 24. 1. A fin de asegurar acción rápida y eficaz por parte de las Naciones Unidas, sus Miembros confieren al Consejo de Seguridad la responsabilidad primordial de mantener la paz y la seguridad internacionales, y reconocen que el Consejo de Seguridad actúa a nombre de ellos al desempeñar las funciones que le impone aquella responsabilidad.

2. En el desempeño de estas funciones, el Consejo de Seguridad procederá de acuerdo con los Propósitos y Principios de las Naciones Unidas. Los poderes otorgados al Consejo de Seguridad para el desempeño de dichas funciones quedan definidos en los Capítulos VI, VII, VIII y XII.

3. El Consejo de Seguridad presentará a la Asamblea General para su consideración informes anuales y cuando fuere necesario, informes especiales.

Artículo 25. Los Miembros de las Naciones Unidas convienen en aceptar y cumplir las decisiones del Consejo de Seguridad de acuerdo con esta Carta.

Artículo 26. A fin de promover el establecimiento y mantenimiento de la paz y la seguridad internacionales con la menor desviación posible de los recursos humanos y económicos del mundo hacia los armamentos, el Consejo de Seguridad tendrá a su cargo, con la ayuda del Comité de Estado Mayor a que se refiere el Artículo 47, la elaboración de planes que se someterán a los Miembros de las Naciones Unidas para el establecimiento de un sistema de regulación de los armamentos.

Votación

Artículo 27. 1. Cada miembro del Consejo de Seguridad tendrá un voto.

2. Las decisiones del Consejo de Seguridad sobre cuestiones de procedimiento serán tomadas por el voto afirmativo de siete miembros.

3. Las decisiones del Consejo de Seguridad sobre todas las demás cuestiones serán tomadas por el voto afirmativo de siete miembros, incluso los votos afirmativos de todos los miembros permanentes; pero en las decisiones tomadas en virtud del Capítulo VI y del párrafo 3 del Artículo 52, la parte en una controversia se abstendrá de votar.

Procedimiento

Artículo 28. 1. El Consejo de Seguridad será organizado de modo que pueda funcionar continuamente. Con tal fin, cada miembro del Consejo de Seguridad tendrá en todo momento su representante en la sede de la Organización.

2. El Consejo de Seguridad celebrará reuniones periódicas en las cuales cada uno de sus miembros podrá, si lo desea, hacerse representar por un miembro de su Gobierno o por otro representante especialmente designado.

3. El Consejo de Seguridad podrá celebrar reuniones en cualesquiera lugares, fuera de la sede de la Organización, que juzgue más apropiados para facilitar sus labores.

Artículo 29. El Consejo de Seguridad podrá establecer los organismos subsidiarios que estime necesarios para el desempeño de sus funciones.

Artículo 30. El Consejo de Seguridad dictará su propio reglamento, el cual establecerá el método de elegir su Presidente.

Artículo 31. Cualquier Miembro de las Naciones Unidas que no sea miembro del Consejo de Seguridad, podrá participar sin derecho a voto en la discusión de toda cuestión llevada ante el Consejo de Seguridad, cuando éste considere que los intereses de ese Miembro están afectados de manera especial.

Artículo 32. El Miembro de las Naciones Unidas que no tenga asiento en el Consejo de Seguridad o el Estado que no sea Miembro de las Naciones Unidas, si fuere parte de una controversia que esté considerando el Consejo de Seguridad, será invitado a participar sin derecho a voto en las discusiones relativas a dicha controversia. El Consejo de Seguridad establecerá las condiciones que estime justas para la participación de los Estados que no sean Miembros de las Naciones Unidas.

CAPÍTULO VI
ARREGLO PACÍFICO DE CONTROVERSIAS

Artículo 33. 1. Las partes en una controversia cuya continuación sea susceptible de poner en peligro el mantenimiento de la paz y la seguridad internacionales tratarán de buscarle solución, ante todo, mediante la negociación, la investigación, la mediación, la conciliación, el arbitraje, el arreglo judicial, el recurso a organismos o acuerdos regionales u otros medios pacíficos de su elección.

2. El Consejo de Seguridad, si lo estimare necesario, instará a las partes a que arreglen sus controversias por dichos medios.

Artículo 34. El Consejo de Seguridad podrá investigar toda controversia, o toda situación susceptible de conducir a fricción internacional o dar origen a una controversia, a fin de determinar si la prolongación de tal controversia o situación puede poner en peligro el mantenimiento de la paz y la seguridad internacionales.

Artículo 35. 1. Todo Miembro de las Naciones Unidas podrá llevar cualquiera controversia, o cualquiera situación de la naturaleza expresada en el Artículo 34, a la atención del Consejo de Seguridad o de la Asamblea General.

2. Un Estado que no es Miembro de las Naciones Unidas podrá llevar a la atención del Consejo de Seguridad o de la Asamblea General toda controversia en que sea parte, si acepta de antemano, en lo relativo a la controversia, las obligaciones de arreglo pacífico establecidas en esta Carta.

3. El procedimiento que siga la Asamblea General con respecto a asuntos que le sean presentados de acuerdo con este Artículo, quedará sujeto a las disposiciones de los Artículos 11 y 12.

Artículo 36. 1. El Consejo de Seguridad podrá, en cualquier estado en que se encuentre una controversia de la naturaleza de que trata el Artículo 33 o una situación de índole semejante, recomendar los procedimientos o métodos de ajuste que sean apropiados.

2. El Consejo de Seguridad deberá tomar en consideración todo procedimiento que las partes hayan adoptado para el arreglo de la controversia.

3. Al hacer recomendaciones de acuerdo con este Artículo, el Consejo de Seguridad deberá tomar también en consideración que las controversias de orden jurídico por regla general, deben ser sometidas por las partes a la Corte

Internacional de Justicia, de conformidad con las disposiciones del Estatuto de la Corte.

Artículo 37. 1. Si las partes en una controversia de la naturaleza definida en el Artículo 33 no lograren arreglarla por los medios indicados en dicho Artículo, la someterán al Consejo de Seguridad.

2. Si el Consejo de Seguridad estimare que la continuación de la controversia es realmente susceptible de poner en peligro el mantenimiento de la paz y la seguridad internacionales, el Consejo decidirá si ha de proceder de conformidad con el Artículo 36 o si ha de recomendar los términos de arreglo que considere apropiados.

Artículo 38. Sin perjuicio de lo dispuesto en los Artículos 33 a 37, el Consejo de Seguridad podrá, si así lo solicitan todas las partes en una controversia, hacerles recomendaciones a efecto de que se llegue a un arreglo pacífico.

CAPÍTULO VII
ACCIÓN EN CASO DE AMENAZAS A LA PAZ, QUEBRANTAMIENTOS DE LA PAZ O ACTOS DE AGRESIÓN

Artículo 39. El Consejo de Seguridad determinará la existencia de toda amenaza a la paz, quebrantamiento de la paz o acto de agresión y hará recomendaciones o decidirá qué medidas serán tomadas de conformidad con los Artículos 41 y 42 para mantener o restablecer la paz y la seguridad internacionales.

Artículo 40. A fin de evitar que la situación se agrave, el Consejo de Seguridad antes de hacer las recomendaciones o decidir las medidas de que trata el Artículo 39, podrá instar a las partes interesadas a que cumplan con las medidas provisionales que juzgue necesarias o aconsejables. Dichas medidas provisionales no perjudicarán los derechos, las reclamaciones o la posición de las partes interesadas. El Consejo de Seguridad tomará debida nota del incumplimiento de dichas medidas provisionales.

Artículo 41. El Consejo de Seguridad podrá decidir qué medidas que no impliquen el uso de la fuerza armada han de emplearse para hacer efectivas sus decisiones, y podrá instar a los Miembros de las Naciones Unidas a que apliquen dichas medidas, que podrán comprender la interrupción total o parcial de las relaciones económicas y de las comunicaciones ferroviarias, marítimas, aéreas, postales, telegráficas, radioeléctricas, y otros medios de comunicación, así como la ruptura de relaciones diplomáticas.

Artículo 42. Si el consejo de Seguridad estimare que las medidas de que trata el Artículo 41 pueden ser inadecuadas o han demostrado serlo, podrá ejercer, por medio de fuerzas aéreas, navales o terrestres, la acción que sea necesaria para mantener o restablecer la paz y la seguridad internacionales. Tal acción podrá comprender demostraciones, bloqueos y otras operaciones ejecutadas por fuerzas aéreas, navales o terrestres de Miembros de las Naciones Unidas.

Artículo 43. 1. Todos los Miembros de las Naciones Unidas, con el fin de contribuir al mantenimiento de la paz y la seguridad internacionales, se comprometen a poner a disposición del Consejo de Seguridad, cuando éste lo solicite, y de conformidad con un convenio especial o con convenios especiales, las fuerzas armadas, la ayuda y las facilidades, incluso el derecho de paso, que sean necesarias para el propósito de mantener la paz y la seguridad internacionales.

2. Dicho convenio o convenios fijarán el número y clase de las fuerzas, su grado de preparación y su ubicación general, como también la naturaleza de las facilidades y de la ayuda que habrán de darse.

3. El convenio o convenios serán negociados a iniciativa del Consejo de Seguridad tan pronto como sea posible; serán concertados entre el Consejo de Seguridad y Miembros individuales o entre el Consejo de Seguridad y grupos de Miembros, y estarán sujetos a ratificación por los Estados signatarios de acuerdo con sus respectivos procedimientos constitucionales.

Artículo 44. Cuando el Consejo de Seguridad haya decidido hacer uso de la fuerza, antes de requerir a un Miembro que no esté representado en él a que provea fuerzas armadas en cumplimiento de las obligaciones contraídas en virtud del Artículo 43, invitará a dicho Miembro, si éste así lo deseare, a participar en las decisiones del Consejo de Seguridad relativas al empleo de contingentes de fuerzas armadas de dicho Miembro.

Artículo 45. A fin de que la Organización pueda tomar medidas militares urgentes, sus Miembros mantendrán contingentes de fuerzas aéreas nacionales inmediatamente disponibles para la ejecución combinada de una acción coercitiva internacional. La potencia y el grado de preparación de estos contingentes y los planes para su acción combinada serán determinados, dentro de los límites establecidos en el convenio o convenios especiales de que trata el Artículo 43, por el Consejo de Seguridad con la ayuda del Comité de Estado Mayor.

Artículo 46. Los planes para el empleo de la fuerza armada serán hechos por el Consejo de Seguridad con la ayuda del Comité de Estado Mayor.

Artículo 47. 1. Se establecerá un Comité de Estado Mayor para asesorar y asistir al Consejo de Seguridad en todas las cuestiones relativas a las necesidades militares del Consejo para el mantenimiento de la paz y la seguridad internacionales, al empleo y comando de las fuerzas puestas a su disposición, a la regulación de los armamentos y al posible desarme.

2. El Comité de Estado Mayor estará integrado por los Jefes de Estado Mayor de los miembros permanentes del Consejo de Seguridad o sus representantes. Todo Miembro de las Naciones Unidas que no esté permanentemente representado en el Comité, será invitado por éste a asociarse a sus labores cuando el desempeño eficiente de las funciones del Comité requiera la participación de dicho Miembro.

3. El Comité de Estado Mayor tendrá a su cargo, bajo la autoridad del Consejo de Seguridad, la dirección estratégica de todas las fuerzas armadas puestas a disposición del Consejo. Las cuestiones relativas al comando de dichas fuerzas serán resueltas posteriormente.

4. El Comité de Estado Mayor, con autorización del Consejo de Seguridad y después de consultar con los organismos regionales apropiados, podrá establecer sub-comités regionales.

Artículo 48. 1. La acción requerida para llevar a cabo las decisiones del Consejo de Seguridad para el mantenimiento de la paz y la seguridad internacionales será ejercida por todos los Miembros de las Naciones Unidas o por algunos de ellos, según lo determine el Consejo de Seguridad.

2. Dichas decisiones serán llevadas a cabo por los Miembros de las Naciones Unidas directamente y mediante su acción en los organismos internacionales apropiados de que formen parte.

Artículo 49. Los Miembros de las Naciones Unidas deberán prestarse ayuda mutua para llevar a cabo las medidas dispuestas por el Consejo de Seguridad.

Artículo 50. Si el Consejo de Seguridad tomare medidas preventivas o coercitivas contra un Estado, cualquier otro Estado, sea o no Miembro de las Naciones Unidas, que confrontare problemas económicos especiales originados por la ejecución de dichas medidas, tendrá el derecho de consultar al Consejo de Seguridad acerca de la solución de esos problemas.

Artículo 51. Ninguna disposición de esta Carta menoscabará el derecho inmanente de legítima defensa, individual o colectiva, en caso de ataque armado contra un Miembro de las Naciones Unidas, hasta tanto que el Consejo de Seguridad haya tomado las medidas necesarias para mantener la paz y la seguridad internacionales. Las medidas tomadas por los Miembros en ejercicio del derecho de legítima defensa serán comunicadas inmediatamente al Consejo de Seguridad, y no afectarán en manera alguna la autoridad y responsabilidad del Consejo conforme a la presente Carta, para ejercer en cualquier momento la acción que estime necesaria con el fin de mantener o restablecer la paz y la seguridad internacionales.

CAPÍTULO VIII
ACUERDOS REGIONALES

Artículo 52. 1. Ninguna disposición de esta Carta se opone a la existencia de acuerdos u organismos regionales cuyo fin sea entender en los asuntos relativos al mantenimiento de la paz y la seguridad internacionales y susceptibles de acción regional, siempre que dichos acuerdos u organismos y sus actividades, sean compatibles con los Propósitos y Principios de las Naciones Unidas.

2. Los Miembros de las Naciones Unidas que sean partes en dichos acuerdos o que constituyan dichos organismos, harán todos los esfuerzos posibles para lograr el arreglo pacífico de las controversias de carácter local por medio de tales acuerdos u organismos regionales antes de someterlas al Consejo de Seguridad.

3. El Consejo de Seguridad promoverá el desarrollo del arreglo pacífico de las controversias de carácter local por medio de dichos acuerdos u organismos regionales, procediendo; bien a iniciativa de los Estados interesados, bien a instancia del Consejo de Seguridad.

4. Este artículo no afecta en manera alguna la aplicación de los artículos 34 y 35.

Artículo 53. 1. El Consejo de Seguridad utilizará dichos acuerdos u organismos regionales, si a ello hubiere lugar, para aplicar medidas coercitivas bajo su autoridad. Sin embargo, no se aplicarán medidas coercitivas en virtud de acuerdos regionales o por organismos regionales sin autorización del Consejo de Seguridad, salvo que contra Estados enemigos, según se les define en el párrafo 2 de este Artículo, se tomen las medidas dispuestas en virtud del Artículo 107 o en acuerdos regionales dirigidos contra la renovación de una política de agresión de parte de dichos Estados, hasta tanto que a solicitud de los gobiernos interesados quede a cargo de la Organización la responsabilidad de prevenir nuevas agresiones de parte de aquellos Estados.

2. El término «Estados enemigos» empleado en el párrafo 1 de este Artículo, se aplica a todo Estado que durante la segunda guerra mundial haya sido enemigo de cualquiera de los signatarios de esta Carta.

Artículo 54. Se deberá mantener en todo tiempo al Consejo de Seguridad plenamente informado de las actividades emprendidas o proyectadas, de conformidad con acuerdos regionales o por organismos regionales con el propósito de mantener la paz y la seguridad internacionales.

CAPÍTULO IX
COOPERACIÓN INTERNACIONAL, ECONÓMICA Y SOCIAL

Artículo 55. Con el propósito de crear las condiciones de estabilidad y bienestar necesarias para las relaciones pacíficas y amistosas entre las naciones, basadas en el respeto al principio de la igualdad de derechos y al de la libre determinación de los pueblos, la Organización promoverá:

a) Niveles de vida más elevados, trabajo permanente para todos, y condiciones de progreso y desarrollo económico y social;

b) La solución de problemas internacionales de carácter económico, social y sanitario, y de otros problemas conexos; y la cooperación internacional en el orden cultural y educativo; y

c) El respeto universal a los derechos humanos y a las libertades fundamentales de todos, sin hacer distinción por motivos de raza, sexo, idioma o religión, y la efectividad de tales derechos y libertades.

Artículo 56. Todos los Miembros se comprometen a tomar medidas conjunta o separadamente, en cooperación con la Organización, para la realización de los propósitos consignados en el Artículo 55.

Artículo 57. 1. Los distintos organismos especializados establecidos por acuerdos intergubernamentales, que tengan amplias atribuciones internacionales definidas en sus estatutos, y relativas a materias de carácter económico, social, cultural educativo, sanitario, y otras conexas, serán vinculados con la Organización de acuerdo con las disposiciones del Artículo 63.

2. Tales organismos especializados así vinculados con la Organización se denominarán en adelante «los organismos especializados».

Artículo 58. La Organización hará recomendaciones con el objeto de coordinar las normas de acción y las actividades de los organismos especializados.

Artículo 59. La Organización iniciará, cuando hubiere lugar, negociaciones entre los Estados interesados para crear los nuevos organismos especializados que fueren necesarios para la realización de los propósitos enunciados en el Artículo 55.

Artículo 60. La responsabilidad por el desempeño de las funciones de la Organización señaladas en este Capítulo corresponderá a la Asamblea General y, bajo la autoridad de ésta, al Consejo Económico y Social, que dispondrá a este efecto de las facultades expresadas en el Capítulo X.

CAPÍTULO X
EL CONSEJO ECONÓMICO Y SOCIAL

Composición

Artículo 61. 1. El Consejo Económico y Social estará integrado por dieciocho Miembros de las Naciones Unidas elegidos por la Asamblea General.

2. Salvo lo prescrito en el párrafo 3, seis miembros del Consejo Económico y Social serán elegidos cada año por un período de tres años. Los miembros salientes serán reelegibles para el período subsiguiente.

3. En la primera elección serán designados dieciocho miembros del Consejo Económico y Social. El mandato de seis de los miembros así designados expirará al terminar el primer año, y el de otros seis miembros, una vez transcurridos dos años, conforme a las disposiciones que dicte la Asamblea General.

4. Cada Miembro del Consejo Económico y Social tendrá un representante.

Funciones y Poderes

Artículo 62. 1. El Consejo Económico y Social podrá hacer o iniciar estudios e informes con respecto a asuntos internacionales de carácter económico, social, cultural, educativo y sanitario, y otros asuntos conexos, y hacer recomendaciones sobre tales asuntos a la Asamblea General, a los Miembros de las Naciones Unidas y a los organismos especializados interesados.

2. El Consejo Económico y Social podrá hacer recomendaciones con el objeto de promover el respeto a los derechos humanos y a las libertades fundamentales de todos, y la efectividad de tales derechos y libertades.

3. El Consejo Económico y Social podrá formular proyectos de convención con respecto a cuestiones de su competencia para someterlos a la Asamblea General.

4. El Consejo Económico y Social podrá convocar conforme a las reglas que prescriba la Organización, conferencias internacionales sobre asuntos de su competencia.

Artículo 63. 1. El Consejo Económico y Social podrá concertar con cualquiera de los organismos especializados de que trata el Artículo 57, acuerdos por medio de los cuales se establezcan las condiciones en que dichos organismos habrán de vincularse con la Organización. Tales acuerdos estarán sujetos a la aprobación de la Asamblea General.

2. El Consejo Económico y Social podrá coordinar las actividades de los organismos especializados mediante consultas con ellos y haciéndoles recomendaciones, como también mediante recomendaciones a la Asamblea General y a los Miembros de las Naciones Unidas.

Artículo 64. 1. El Consejo Económico y Social podrá tomar las medidas apropiadas para obtener informes periódicos de los organismos especializados. También podrá hacer arreglos con los Miembros de las Naciones Unidas y con los organismos especializados para obtener informes con respecto a las medidas tomadas para hacer efectivas sus propias recomendaciones y las que haga la Asamblea General acerca de materias de la competencia del Consejo.

2. El Consejo Económico y Social podrá comunicar a la Asamblea General sus observaciones sobre dichos informes.

Artículo 65. El Consejo Económico y Social podrá suministrar información al Consejo de Seguridad y deberá darle la ayuda que éste le solicite.

Artículo 66. 1. El Consejo Económico y Social desempeñará las funciones que caigan dentro de su competencia en relación con el cumplimiento de las recomendaciones de la Asamblea General.

2. El Consejo Económico y Social podrá prestar, con aprobación de la Asamblea General, los servicios que le soliciten los Miembros de las Naciones Unidas y los organismos especializados.

3. El Consejo Económico y Social desempeñará las demás funciones prescritas en otras partes de esta Carta o que le asignare la Asamblea General.

Votación

Artículo 67. 1. Cada miembro del Consejo Económico y Social tendrá un voto.

2. Las decisiones del Consejo Económico y Social se tomarán por la mayoría de los miembros presentes y votantes.

Procedimiento

Artículo 68. El Consejo Económico y Social establecerá comisiones de orden económico y social y para la promoción de los derechos humanos, así como las demás comisiones necesarias para el desempeño de sus funciones.

Artículo 69. El Consejo Económico y Social invitará a cualquier Miembro de las Naciones Unidas a participar, sin derecho a voto, en sus deliberaciones sobre cualquier asunto de particular interés para dicho Miembro.

Artículo 70. El Consejo Económico y Social podrá hacer arreglos para que representantes de los organismos especializados participen, sin derecho a voto, en sus deliberaciones y en las de las comisiones que establezca, y para que sus propios representantes participen en las deliberaciones de aquellos organismos.

Artículo 71. El Consejo Económico y Social podrá hacer arreglos adecuados para celebrar consultas con organizaciones no gubernamentales que se ocupen en asuntos de la competencia del Consejo. Podrán hacerse dichos arreglos con organizaciones internacionales y, si a ello hubiere lugar, con organizaciones nacionales, previa consulta con el respectivo Miembro de las Naciones Unidas.

Artículo 72. 1. El Consejo Económico y Social dictará su propio reglamento, el cual establecerá el método de elegir su Presidente.

2. El Consejo Económico y Social se reunirá cuando sea necesario de acuerdo con su reglamento, el cual incluirá disposiciones para la convocación a sesiones cuando lo solicite una mayoría de sus miembros.

CAPÍTULO XI
DECLARACIÓN RELATIVA A TERRITORIOS NO AUTÓNOMOS

Artículo 73. Los Miembros de las Naciones Unidas que tengan o asuman la responsabilidad de administrar territorios cuyos pueblos no hayan alcanzado todavía la plenitud del gobierno propio, reconocen el principio de que los intereses de los habitantes de esos territorios están por encima de todo, aceptan como un encargo sagrado la obligación de promover en todo lo posible, dentro del sistema de paz y de seguridad internacionales establecido por esta Carta, el bienestar de los habitantes de esos territorios, y asimismo se obligan:

a) A asegurar, con el debido respeto a la cultura de los pueblos respectivos, su adelanto político, económico, social y educativo, el justo tratamiento de dichos, pueblos y su protección contra todo abuso;

b) A desarrollar el gobierno propio, a tener debidamente en cuenta las aspiraciones políticas de los pueblos, y a ayudarlos en el desenvolvimiento progresivo de sus libres instituciones políticas, de acuerdo con las circunstancias especiales de cada territorio, de sus pueblos y de sus distintos grados de adelanto;

c) A promover la paz y la seguridad internacionales;

d) A promover medidas constructivas de desarrollo, estimular la investigación y cooperar unos con otros y, cuando y donde fuere del caso, con organismos internacionales especializados, para conseguir la realización práctica de los propósitos de carácter social, económico y científico expresados en este Artículo; y

e) A transmitir regularmente al Secretario General, a título informativo y dentro de los límites que la seguridad y consideraciones de orden constitucional requieran, la información estadística y de cualquier otra naturaleza técnica que verse sobre las condiciones económicas, sociales y educativas de los territorios por los cuales son respectivamente responsables, que no sean de los territorios a que se refieren los Capítulos XII y XIII de esta Carta.

Artículo 74. Los Miembros de las Naciones Unidas convienen igualmente en que su política con respecto a los territorios a que se refiere este Capítulo, no menos que con respecto a sus territorios metropolitanos, deberá fundarse en el principio general de la buena vecindad, teniendo debidamente en cuenta los intereses y el bienestar del resto del mundo en cuestiones de carácter social, económico y comercial.

CAPÍTULO XII
RÉGIMEN INTERNACIONAL DE ADMINISTRACIÓN FIDUCIARIA

Artículo 75. La Organización establecerá bajo su autoridad un régimen internacional de administración fiduciaria para la administración y vigilancia de los territorios que puedan colocarse bajo dicho régimen en virtud de acuerdos especiales posteriores. A dichos territorios se les denominará «territorios fideicometidos».

Artículo 76. Los objetivos básicos del régimen de administración fiduciaria, de acuerdo con los Propósitos de las Naciones enunciados en el Artículo 1 de esta Carta, serán:

a) Fomentar la paz y la seguridad internacionales;

b) Promover el adelanto político, económico, social y educativo de los habitantes de los territorios fideicometidos, y su desarrollo progresivo hacia el gobierno propio o la independencia, teniéndose en cuenta las circunstancias particulares de cada territorio y de sus pueblos y los deseos libremente expresados de los pueblos interesados, y según se dispusiere en cada acuerdo sobre administración fiduciaria;

c) Promover el respeto a los derechos humanos y a las libertades fundamentales de todos, sin hacer distinción por motivos de raza, sexo, idioma o religión, así como el reconocimiento de la interdependencia de los pueblos del mundo; y

d) Asegurar tratamiento igual para todos los Miembros de las Naciones Unidas y sus nacionales en materias de carácter social, económico y comercial, así como tratamiento igual para dichos nacionales en la administración de la justicia, sin perjuicio de la relación de los objetivos arriba expuestos y con sujeción a las disposiciones del Artículo 80.

Artículo 77. 1. El régimen de administración fiduciaria se aplicará a los territorios de las siguientes categorías que se colocaren bajo dicho régimen por medio de los correspondientes acuerdos:

a) Territorios actualmente bajo mandato;

b) Territorios que, como resultado de la segunda guerra mundial, fueron segregados de Estados enemigos; y

c) Territorios voluntariamente colocados bajo este régimen por los Estados responsables de su administración.

2. Será objeto de acuerdo posterior el determinar cuáles territorios de las categorías anteriormente mencionadas serán colocados bajo el régimen de administración fiduciaria y en qué condiciones.

Artículo 78. El régimen de administración fiduciaria no se aplicará a territorios que hayan adquirido la calidad de Miembros de las Naciones Unidas, cuyas relaciones entre sí se basarán en el respeto al principio de la igualdad soberana.

Artículo 79. Los términos de la administración fiduciaria para cada territorio que haya de colocarse bajo el régimen expresado, y cualquier modificación o reforma, deberán ser acordados por los Estados directamente interesados, incluso la potencia mandataria en el caso de territorios bajo mandato de un Miembro de las Naciones Unidas, y serán aprobadas según se dispone en los Artículos 83 y 85.

Artículo 80. 1. Salvo lo que se conviniere en los acuerdos especiales sobre administración fiduciaria concertados de conformidad con los Artículos 77, 79 y 81 y mediante los cuales se coloque cada territorio bajo el régimen de administración fiduciaria, y hasta tanto se concierten tales acuerdos, ninguna disposición de este Capítulo será interpretada en el sentido de que modifica en manera alguna los derechos de cualesquiera Estados o pueblos, o los términos de los instrumentos internacionales vigentes en que sean partes Miembros de las Naciones Unidas.

2. El párrafo 1 de este Artículo no será interpretado en el sentido de que da motivo para demorar o diferir la negociación y celebración de acuerdos para aplicar el régimen de administración fiduciaria a territorios bajo mandato y otros territorios, conforme el Artículo 77.

Artículo 81. El acuerdo sobre administración fiduciaria contendrá en cada caso las condiciones en que se administrará el territorio fideicometido, y designará la autoridad que ha de ejercer la administración. Dicha autoridad, que en lo sucesivo se denominará la «autoridad administradora», podrá ser uno o más Estados o la misma Organización.

Artículo 82. Podrán designarse en cualquier acuerdo sobre administración fiduciaria, una o varias zonas estratégicas que comprendan parte o la totalidad del territorio fideicometido a que se refiere el acuerdo, sin perjuicio de los acuerdos especiales celebrados con arreglo al Artículo 43.

Artículo 83. 1. Todas las funciones de las Naciones Unidas relativa a zonas estratégicas, incluso la de aprobar los términos de los acuerdos sobre administración fiduciaria y de las modificaciones o reformas de los mismos, serán ejercidas por el Consejo de Seguridad.

2. Los objetivos básicos enunciados en el Artículo 76 serán aplicables a la población de cada zona estratégica.

3. Salvo las disposiciones de los acuerdos sobre administración fiduciaria y sin perjuicio de las exigencias de la seguridad, el Consejo de Seguridad aprovechará la ayuda del Consejo de Administración Fiduciaria para desempeñar, en las zonas estratégicas, aquellas funciones de la Organización relativas a materias políticas, económicas, sociales y educativas que correspondan al régimen de administración fiduciaria.

Artículo 84. La autoridad administradora tendrá el deber de velar porque el territorio fideicometido contribuya al mantenimiento de la paz y la seguridad internacionales. Con tal fin, la autoridad administradora podrá hacer uso de las fuerzas voluntarias, de las facilidades y de la ayuda del citado territorio, a efecto de cumplir con las obligaciones por ella contraídas a este respecto ante el Consejo de Seguridad, como también para la defensa local y el mantenimiento de la ley y del orden dentro del territorio fideicometido.

Artículo 85. 1. Las funciones de la Organización en lo que respecta a los cuerdos sobre administración fiduciaria relativos a todas las zonas no designadas como estratégicas, incluso la de aprobar los términos de los acuerdos y las modificaciones o reformas de los mismos, serán ejercidas por la Asamblea General.

2. El Consejo de Administración Fiduciaria, bajo la autoridad de la Asamblea General, ayudará a ésta en el desempeño de las funciones aquí enumeradas.

CAPÍTULO XIII
EL CONSEJO DE ADMINISTRACIÓN FIDUCIARIA

Composición

Artículo 86. 1. El Consejo de Administración Fiduciaria estará integrado por los siguientes Miembros de las Naciones Unidas:

a) Los Miembros que administren territorios fideicometidos;

b) Los Miembros mencionados por su nombre en el Artículo 23 que no estén administrando territorios fideicometidos; y

c) Tanto otros Miembros elegidos por períodos de tres años por la Asamblea General cuantos sean necesarios para asegurar que el número total de miembros del Consejo de Administración Fiduciaria se divida por igual entre los Miembros de las Naciones Unidas administradores de tales territorios y los no administradores.

2. Cada miembro del Consejo de Administración Fiduciaria designará a una persona especialmente calificada para que lo represente en el Consejo.

Funciones y Poderes

Artículo 87. En el desempeño de sus funciones, la Asamblea General y, bajo su autoridad, el Consejo de Administración Fiduciaria, podrán:

a) Considerar informes que les haya rendido la autoridad administradora;

b) Aceptar peticiones y examinarlas en consulta con la autoridad administradora;

c) Disponer visitas periódicas a los territorios fideicometidos en fechas convenidas con la autoridad administradora; y

d) Tomar estas y otras medidas de conformidad con los términos de los acuerdos sobre administración fiduciaria.

Artículo 88. El Consejo de Administración Fiduciaria formulará un cuestionario sobre el adelanto político, económico, social y educativo de los habitantes de cada territorio fideicometido; y la autoridad administradora de cada territorio fideicometido dentro de la competencia de la Asamblea General, rendirá a ésta un informe anual sobre la base de dicho cuestionario.

Votación

Artículo 89. 1. Cada miembro del Consejo de Administración Fiduciaria tendrá un voto.

2. Las decisiones del Consejo de Administración Fiduciaria serán tomadas por el voto de la mayoría de los miembros presentes y votantes.

Procedimiento

Artículo 90. 1. El Consejo de Administración Fiduciaria dictará su propio reglamento, el cual establecerá el método de elegir su Presidente.

2. El Consejo de Administración Fiduciaria se reunirá cuando sea necesario, según su reglamento. Este contendrá disposiciones sobre convocación del Consejo a solicitud de la mayoría de sus miembros.

Artículo 91. El Consejo de Administración Fiduciaria, cuando lo estime conveniente, se valdrá de la ayuda del Consejo Económico y Social y de la de los organismos especializados con respecto a los asuntos de la respectiva competencia de los mismos.

CAPÍTULO XIV
LA CORTE INTERNACIONAL DE JUSTICIA

Artículo 92. La Corte Internacional de Justicia será el órgano judicial principal de las Naciones Unidas; funcionará de conformidad con el Estatuto anexo, que está basado en el de la Corte Permanente de Justicia Internacional, y que forma parte integrante de esta Carta.

Artículo 93. 1. Todos los miembros de las Naciones Unidas son ipso facto partes en el Estatuto de la Corte Internacional de Justicia.

2. Un Estado que no sea miembro de las Naciones Unidas podrá llegar a ser parte en el Estatuto de la Corte Internacional de Justicia de acuerdo con las condiciones que determine en cada caso la Asamblea General a recomendación del Consejo de Seguridad.

Artículo 94. 1. Cada miembro de las Naciones Unidas se compromete a cumplir la decisión de la Corte Internacional de Justicia en todo litigio en que sea parte.

2. Si una de las partes en un litigio dejare de cumplir las obligaciones que le imponga un fallo de la Corte, la otra parte podrá recurrir al Consejo de Seguridad, el cual podrá, si lo cree necesario, hacer recomendaciones o dictar medidas con el objeto de que se lleve a efecto la ejecución del fallo.

Artículo 95. Ninguna de las disposiciones de esta Carta impedirá a los miembros de las Naciones Unidas encomendar la solución de sus diferencias a otros tribunales en virtud de acuerdos ya existentes o que puedan concertarse en el futuro.

Artículo 96. 1. La Asamblea General o el Consejo de Seguridad podrán solicitar de la Corte Internacional de Justicia que emita una opinión consultiva sobre cualquier cuestión jurídica.

2. Los otros órganos de las Naciones Unidas y los organismos especializados que en cualquier momento sean autorizados para ello por la Asamblea General, podrán igualmente solicitar de la Corte opiniones consultivas sobre cuestiones jurídicas que surjan dentro de la esfera de sus actividades.

CAPÍTULO XV
LA SECRETARÍA

Artículo 97. La Secretaría se compondrá de un Secretario General y del personal que requiera la Organización. El Secretario General será nombrado por la Asamblea General a recomendación del Consejo de Seguridad. El Secretario General será el más alto funcionario administrativo de la Organización.

Artículo 98. El Secretario General actuará como tal en todas las sesiones de la Asamblea General, del Consejo de Seguridad, del Consejo Económico y Social y del Consejo de Administración Fiduciaria, y desempeñará las demás funciones que le encomienden dichos órganos. El Secretario General rendirá a la Asamblea General un informe anual sobre las actividades de la Organización.

Artículo 99. El Secretario General podrá llamar la atención del Consejo de Seguridad hacia cualquier asunto que en su opinión pueda poner en peligro el mantenimiento de la paz y la seguridad internacionales.

Artículo 100. 1. En el cumplimiento de sus deberes, el Secretario General y el personal de la Secretaría no solicitarán ni recibirán instrucciones de ningún gobierno ni de ninguna autoridad ajena a la Organización, y se abstendrán de actuar en forma alguna que sea incompatible con su condición de funcionarios internacionales responsables únicamente ante la Organización.

2. Cada uno de los miembros de las Naciones unidas se compromete a respetar el carácter exclusivamente internacional de las funciones del Secretario General y del personal de la Secretaría, y a no tratar de influir sobre ellos en el desempeño de sus funciones.

Artículo 101. 1. El personal de la Secretaría será nombrado por el Secretario General de acuerdo con las reglas establecidas por la Asamblea General.

2. Se asignará permanentemente personal adecuado al Consejo Económico y Social, al Consejo de Administración Fiduciaria y, según se requiera a otros órganos de las Naciones Unidas. Este personal formará parte de la Secretaría.

3. La consideración primordial que se tendrá en cuenta al nombrar el personal de la Secretaría y al determinar las condiciones del servicio, es la necesidad de asegurar el más alto grado de eficiencia, competencia e integridad. Se dará debida consideración también a la importancia de contratar el personal en forma de que haya la más amplia representación geográfica posible.

CAPÍTULO XVI
DISPOSICIONES VARIAS

Artículo 102. 1. Todo tratado y todo acuerdo internacional concertados por cualesquiera miembros de las Naciones Unidas después de entrar en vigor esta Carta, serán registrados en la Secretaría y publicados por ésta a la mayor brevedad posible.

2. Ninguna de las partes en un tratado o acuerdo internacional que no haya sido registrado conforme a las disposiciones del párrafo 1 de este Artículo podrá invocar dicho tratado o acuerdo ante órgano alguno de las Naciones Unidas.

Artículo 103. En caso de conflicto entre las obligaciones contraídas por los miembros de las Naciones Unidas en virtud de la presente Carta y sus obligaciones contraídas en virtud de cualquier otro convenio internacional, prevalecerán las obligaciones impuestas por la presente Carta.

Artículo 104. La Organización gozará, en el territorio de cada uno de sus miembros, de la capacidad jurídica que sea necesaria para el ejercicio de sus funciones y la realización de sus propósitos.

Artículo 105. 1. La Organización gozará, en el territorio de cada uno de sus miembros, de los privilegios e inmunidades necesarios para la realización de sus propósitos.

2. Los representantes de los Miembros de la Organización y los funcionarios de ésta, gozarán asimismo de los privilegios e inmunidades necesarias para desempeñar con independencia sus funciones en relación con la Organización.

3. La Asamblea General podrá hacer recomendaciones con el objeto de determinar los pormenores de la aplicación de los párrafos 1 y 2 de este Artículo, o proponer convenciones a los Miembros de las Naciones Unidas con el mismo objeto.

CAPÍTULO XVII
ACUERDOS TRANSITORIOS SOBRE SEGURIDAD

Artículo 106. Mientras entran en vigor los convenios especiales previstos en el Artículo 43 que a juicio del Consejo de Seguridad lo capaciten para ejercer las atribuciones a que se refiere el Artículo 42, las partes en la Declaración de las Cuatro Potencias firmada en Moscú el 30 de octubre de 1943, y Francia, deberán, conforme a las disposiciones del párrafo 5 de esa Declaración, celebrar consultas entre sí, y cuando a ello hubiere lugar, con otros Miembros de la Organización, a fin de acordar en nombre de ésta la acción conjunta que fuere necesaria para mantener la paz y la seguridad internacionales.

Artículo 107. Ninguna de las disposiciones de esta Carta invalidará o impedirá cualquier acción ejercida o autorizada como resultado de la segunda guerra mundial con respecto a un Estado enemigo de cualquiera de los signatarios de esta Carta durante la citada guerra, por los gobiernos responsables de dicha acción.

CAPÍTULO XVIII
REFORMAS

Artículo 108. Las reformas a la presente Carta entrarán en vigor para todos los Miembros de las Naciones Unidas cuando hayan sido adoptadas por el voto de las dos terceras partes de los miembros de la Asamblea General y ratificadas, de conformidad con sus respectivos procedimientos constitucionales, por las dos terceras partes de los Miembros de las Naciones Unidas, incluyendo a todos los miembros permanentes del Consejo de Seguridad.

Artículo 109. 1. Se podrá celebrar una Conferencia General de los Miembros de las Naciones Unidas con el propósito de revisar esta Carta, en la fecha y lugar que se determinen por el voto de las dos terceras partes de los miembros de la Asamblea General y por el voto de cualesquiera siete miembros del Consejo de Seguridad cada Miembro de las Naciones Unidas tendrá un voto en la Conferencia.

2. Toda modificación de esta Carta recomendada por el voto de las dos terceras partes de la Conferencia entrará en vigor al ser ratificada de acuerdo con sus respectivos procedimientos constitucionales por las dos terceras partes de los Miembros de las Naciones Unidas, incluyendo a todos los miembros permanentes del Consejo de Seguridad.

3. Si no se hubiere celebrado tal Conferencia antes de la décima reunión anual de la Asamblea General después de entrar en vigor esta Carta, la proposición de convocar tal Conferencia será puesta en la agenda de dicha reunión de la Asamblea General, y la Conferencia será celebrada si así lo decidieren la mayoría de los miembros de la Asamblea General y siete miembros cualesquiera del Consejo de Seguridad.

CAPÍTULO XIX
RATIFICACIÓN Y FIRMA

Artículo 110. 1. La presente Carta será ratificada por los Estados signatarios de acuerdo con sus respectivos procedimientos constitucionales.

2. Las ratificaciones serán entregadas para su depósito al Gobierno de los Estados Unidos de América, el cual notificará cada depósito a todos los Estados signatarios así como al Secretario General de la Organización cuando haya sido designado.

3. La presente Carta entrará en vigor tan pronto como hayan sido depositadas las ratificaciones de la República de China, Francia, la Unión de las Repúblicas Socialistas Soviéticas, el Reino Unido de la Gran Bretaña e Irlanda del Norte y los Estados Unidos de América, y por la mayoría de los demás Estados signatarios. Acto seguido se dejará constancia de las ratificaciones depositadas en un protocolo que extenderá el Gobierno de los Estados Unidos de América, y del cual transmitirá copias a todos los Estados signatarios.

4. Los Estados signatarios de esta Carta que la ratifiquen después que haya entrado en vigor adquirirán la calidad de Miembros originarios de las Naciones Unidas en la fecha del depósito de sus respectivas ratificaciones.

Artículo 111. La presente Carta, cuyos textos en chino, francés, ruso, inglés y español son igualmente auténticos, será depositada en los archivos del Gobierno de los Estados Unidos de América. Dicho Gobierno enviará copias debidamente certificadas de las mismas a los Gobiernos de los demás Estados signatarios.

EN FE DE LO CUAL los Representantes de los Gobiernos de las Naciones Unidas han suscrito esta Carta.

FIRMADA en la ciudad de San Francisco, a los veintiséis días del mes de junio de mil novecientos cuarenta y cinco.

ESTATUTO DE LA CORTE INTERNACIONAL DE JUSTICIA

TEXTO ORIGINAL

Carta, Estatuto y Acuerdo publicados en el Diario Oficial de la Federación, el miércoles 17 de octubre de 1945.

Al margen un sello con el Escudo Nacional, que dice: Estados Unidos Mexicanos.- Presidencia de la República.

MANUEL ÁVILA CAMACHO, Presidente Constitucional de los Estados Unidos Mexicanos, a sus habitantes, sabed:

Que la H. Cámara de Senadores del Congreso de la Unión, se ha servido dirigirme el siguiente

DECRETO:

«La Cámara de Senadores del Congreso de los Estados Unidos Mexicanos, en ejercicio de la facultad que le concede la fracción I del artículo 76 de la Constitución Federal, decreta:

Artículo Único.- Se aprueban: La Carta de las Naciones Unidas; el Estatuto de la Corte Internacional de Justicia y los Acuerdos Provisionales concertados por los Gobiernos participantes en la Conferencia de las Naciones Unidas sobre Organización Internacional, firmados en San Francisco, California, Estados Unidos de América, el 26 de junio de 1945.

Vidal Díaz Muñoz, S. P.- Lic. Arturo Martínez Adame, S. S.- Dr. Benjamín Almeida, Jr., S. S.- Rúbricas».

En cumplimiento de lo dispuesto por la fracción I del artículo 89 de la Constitución Política de los Estados Unidos Mexicanos y para su debida publicación y observancia, expido el presente Decreto en la residencia del Poder Ejecutivo Federal, en la ciudad de México, Distrito Federal, a los cinco días del mes de octubre de mil novecientos cuarenta y cinco.- Manuel Ávila Camacho.- Rúbrica.- El Secretario de Estado y del Despacho de Relaciones Exteriores, Francisco Castillo Nájera.- Rúbrica.- Al C. Lic. Primo Villa Michel, Secretario de Gobernación.- Presente.

ESTATUTO DE LA CORTE INTERNACIONAL DE JUSTICIA

Artículo 1. La Corte Internacional de Justicia establecida por la Carta de las Naciones Unidas como órgano judicial principal de las Naciones Unidas, quedará constituida y funcionará conforme a las disposiciones del presente Estatuto.

CAPÍTULO I
ORGANIZACIÓN DE LA CORTE

Artículo 2. La Corte será un cuerpo de magistrados independientes elegidos, sin tener en cuenta su nacionalidad, de entre personas que gocen de alta consideración moral y que reúnan las condiciones requeridas para el ejercicio de las más altas funciones judiciales en sus respectivos países, o que sean jurisconsultos de reconocida competencia en materia de derecho internacional.

Artículo 3. 1. La Corte se compondrá de quince miembros, de los cuales no podrá haber dos que sean nacionales del mismo Estado.

2. Toda persona que para ser elegida miembro de la Corte pudiera ser tenida por nacional de más de un Estado, será considerada nacional del Estado donde ejerza ordinariamente sus derechos civiles y políticos.

Artículo 4. 1. Los miembros de la Corte serán elegidos por la Asamblea General y el Consejo de Seguridad de una nómina de candidatos propuestos por los grupos nacionales de la Corte Permanente de Arbitraje, de conformidad con las disposiciones siguientes.

2. En el caso de los Miembros de las Naciones Unidas que no estén representados en la Corte Permanente de Arbitraje, los candidatos serán propuestos por grupos nacionales que designen a este efecto sus respectivos gobiernos, en condiciones iguales a las estipuladas para los miembros de la Corte Permanente de Arbitraje por el Artículo 44 de la Convención de La Haya de 1907 sobre arreglo pacífico de las controversias internacionales.

3. A falta de acuerdo especial, la Asamblea General fijará, previa recomendación del Consejo de Seguridad, las condiciones en que pueda participar en la elección de los miembros de la Corte un Estado que sea parte en el presente Estatuto sin ser Miembro de las Naciones Unidas.

Artículo 5. 1. Por lo menos tres meses antes de la fecha de la elección, el Secretario General de las Naciones Unidas invitará por escrito a los miembros de la Corte Permanente de Arbitraje pertenecientes a los Estados partes en este Estatuto y a los miembros de los grupos nacionales designados según el párrafo 2 del Artículo 4° a que, dentro de un plazo determinado y por grupos nacionales propongan como candidatos a personas que estén en condiciones de desempeñar las funciones de miembro de la Corte.

2. Ningún grupo podrá proponer más de cuatro candidatos, de los cuales no más de dos serán de su misma nacionalidad. El número de candidatos propuestos por un grupo no será, en ningún caso, mayor que el doble del número de plazas por llenar.

Artículo 6. Antes de proponer estos candidatos, se recomienda a cada grupo nacional que consulte con su más alto tribunal de justicia, sus facultades y escuelas de derecho, sus academias nacionales y las secciones nacionales de academias internacionales dedicadas al estudio del derecho.

Artículo 7. 1. El Secretario General de las Naciones Unidas preparará una lista por orden alfabético de todas las personas así designadas. Salvo lo que se dispone en el párrafo 2 del Artículo 12, únicamente esas personas serán elegibles.

2. El Secretario General presentará esta lista a la Asamblea General y al Consejo de Seguridad.

Artículo 8. La Asamblea General y el Consejo de Seguridad procederán independientemente a la elección de los miembros de la Corte.

Artículo 9. En toda elección, los electores tendrán en cuenta no sólo que las personas que hayan de elegirse reúnan individualmente las condiciones requeridas, sino también que en el conjunto estén representadas las grandes civilizaciones y los principales sistemas jurídicos del mundo.

Artículo 10. 1. Se considerarán electos los candidatos que obtengan una mayoría absoluta de votos en la Asamblea General y en el Consejo de Seguridad.

2. En las votaciones del Consejo de Seguridad, sean para elegir magistrados o para designar los miembros de la comisión prevista en el Artículo 12, no habrá distinción alguna entre miembros permanentes y miembros no permanentes del Consejo de Seguridad.

3. En el caso de que más de un nacional del mismo Estado obtenga una mayoría absoluta de votos tanto en la Asamblea General como en el Consejo de Seguridad, se considerará electo el de mayor edad.

Artículo 11. Si después de la primera sesión celebrada para las elecciones quedan todavía una o más plazas por llenar, se celebrará una segunda sesión y, si necesario fuere, una tercera.

Artículo 12. 1. Si después de la tercera sesión para elecciones quedan todavía una o más plazas por llenar, se podrá constituir en cualquier momento, a petición de la Asamblea General o del Consejo de Seguridad, una comisión conjunta compuesta de seis miembros, tres nombrados por la Asamblea General y tres por el Consejo de Seguridad, con el objeto de escoger, por mayoría absoluta de votos, un nombre para cada plaza aún vacante, a fin de someterlo a la aprobación respectiva de la Asamblea General y del Consejo de Seguridad.

2. Si la Comisión conjunta acordare unánimemente proponer a una persona que satisfaga las condiciones requeridas, podrá incluirla en su lista aunque esa persona no figure en la lista de candidatos a que se refiere el Artículo 7°.

3. Si la Comisión conjunta llegase a la conclusión de que no logrará asegurar la elección, los miembros de la Corte ya electos llenarán las plazas vacantes dentro del término que fija el Consejo de Seguridad, escogiendo a candidatos que hayan recibido votos en la Asamblea General o en el Consejo de Seguridad.

4. En caso de empate en la votación, el magistrado de mayor edad decidirá con su voto.

Artículo 13. 1. Los miembros de la Corte desempeñarán sus cargos por nueve años, y podrán ser reelectos. Sin embargo, el período de cinco de los magistrados electos en la primera elección expirará a los tres años, y el período de otros cinco magistrados expirará a los seis años.

2. Los magistrados cuyos períodos hayan de expirar al cumplirse los mencionados períodos iniciales de tres y de seis años, serán designados mediante sorteo que efectuará el Secretario General de las Naciones Unidas inmediatamente después de terminada la primera elección.

3. Los miembros de la Corte continuarán desempeñando las funciones de sus cargos hasta que tomen posesión sus sucesores. Después de reemplazados, continuarán conociendo de los casos que hubieren iniciado, hasta su terminación.

4. Si renunciare un miembro de la Corte, dirigirá la renuncia al Presidente de la Corte, quien la transmitirá al Secretario General de las Naciones Unidas. Esta última notificación determinará la vacante del cargo.

Artículo 14. Las vacantes se llenarán por el mismo procedimiento seguido en la primera elección, con arreglo a la disposición siguiente: dentro de un mes de ocurrida la vacante, el Secretario General de las Naciones Unidas extenderá las invitaciones que dispone el Artículo 5º, y el Consejo de Seguridad fijará la fecha de la elección.

Artículo 15. Todo miembro de la Corte electo para reemplazar a otro que no hubiere terminado su período desempeñará el cargo por el resto del período de su predecesor.

Artículo 16. 1. Ningún miembro de la Corte podrá ejercer función política o administrativa alguna, ni dedicarse a ninguna otra ocupación de carácter profesional.

2. En caso de duda, la Corte decidirá.

Artículo 17. 1. Los miembros de la Corte no podrán ejercer funciones de agente, consejero o abogado en ningún asunto.

2. No podrán tampoco participar en la decisión de ningún asunto en que hayan intervenido anteriormente como agentes, consejeros o abogados de cualquiera de las partes, o como miembros de un tribunal nacional o internacional o de una comisión investigadora, o en cualquier otra calidad.

3. En caso de duda, la Corte decidirá.

Artículo 18. 1. No será separado del cargo ningún miembro de la Corte a menos que, a juicio unánime de los demás miembros, haya dejado de satisfacer las condiciones requeridas.

2. El Secretario de la Corte comunicará oficialmente lo anterior al Secretario General de las Naciones Unidas.

3. Esta comunicación determinará la vacante del cargo.

Artículo 19. En el ejercicio de las funciones del cargo, los miembros de la Corte gozarán de privilegios e inmunidades diplomáticos.

Artículo 20. Antes de asumir las obligaciones del cargo, cada miembro de la Corte declarará solemnemente, en sesión pública, que ejercerá sus atribuciones con toda imparcialidad y conciencia.

Artículo 21. 1. La Corte elegirá por tres años a su Presidente y Vicepresidente; éstos podrán ser reelectos.

2. La Corte nombrará su Secretario y podrá disponer el nombramiento de los demás funcionarios que fueren menester.

Artículo 22. 1. La sede de la Corte será La Haya. La Corte podrá, sin embargo, reunirse y funcionar en cualquier otro lugar cuando lo considere conveniente.

2. El Presidente y el Secretario residirán en la sede de la Corte.

Artículo 23. 1. La Corte funcionará permanentemente, excepto durante las vacaciones judiciales, cuyas fechas y duración fijará la misma Corte.

2. Los miembros de la Corte tienen derecho a usar de licencias periódicas, cuyas fechas y duración fijará la misma Corte, teniendo en cuenta la distancia de La Haya al domicilio de cada magistrado.

3. Los miembros de la Corte tienen la obligación de estar en todo momento a disposición de la misma, salvo que estén en uso de licencia o impedidos de asistir por enfermedad o por razones graves debidamente explicadas al Presidente.

Artículo 24. 1. Si por alguna razón especial uno de los miembros de la Corte considerare que no debe participar en la decisión de determinado asunto, lo hará saber así al Presidente.

2. Si el Presidente considerare que uno de los miembros de la Corte no debe conocer de determinado asunto por alguna razón especial, así se lo hará saber.

3. Si en uno de estos casos el miembro de la Corte y el Presidente estuvieren en desacuerdo, la cuestión será resuelta por la Corte.

Artículo 25. 1. Salvo lo que expresamente disponga en contrario este Estatuto, la Corte ejercerá sus funciones en sesión plenaria.

2. El Reglamento de la Corte podrá disponer que, según las circunstancias y por turno, se permita a uno o más magistrados no asistir a las sesiones, a

condición de que no se reduzca a menos de once el número de magistrados disponibles para constituir la Corte.

3. Bastará un quórum de nueve magistrados para constituir la Corte.

Artículo 26. 1. Cada vez que sea necesario, la Corte podrá constituir una o más Salas compuestas de tres o más magistrados, según lo disponga la propia Corte, para conocer de determinadas categorías de negocios, como los litigios de trabajo y los relativos al tránsito y las comunicaciones.

2. La Corte podrá constituir en cualquier tiempo una Sala para conocer de un negocio determinado. La Corte fijará, con la aprobación de las partes, el número de magistrados de que se compondrá dicha Sala.

3. Si las partes lo solicitaren, las Salas de que trata este Artículo oirán y fallarán los casos.

Artículo 27. Se considerará dictada por la Corte la sentencia que dicte cualquiera de las Salas de que tratan los Artículos 26 y 29.

Artículo 28. Las Salas de que tratan los Artículos 26 y 29 podrán reunirse y funcionar, con el consentimiento de las partes, en cualquier lugar que no sea La Haya.

Artículo 29. Con el fin de facilitar el pronto despacho de los asuntos, la Corte constituirá anualmente una Sala de cinco magistrados que, a petición de las partes, podrá oír y fallar casos sumariamente. Se designarán además dos magistrados para reemplazar a los que no pudieren actuar.

Artículo 30. 1. La Corte formulará un reglamento mediante el cual determinará la manera de ejercer sus funciones. Establecerá, en particular, sus reglas de procedimiento.

2. El Reglamento de la Corte podrá disponer que haya asesores con asiento en la Corte o en cualquiera de sus Salas, pero sin derecho a voto.

Artículo 31. 1. Los magistrados de la misma nacionalidad de cada una de las partes litigantes conservarán su derecho a participar en la vista del negocio de que conoce la Corte.

2. Si la Corte incluyere entre los magistrados del conocimiento uno de la nacionalidad de una de las partes, cualquier otra parte podrá designar a una persona de su elección para que tome asiento en calidad de magistrado. Esa

persona deberá escogerse preferiblemente de entre las que hayan sido propuestas como candidatos de acuerdo con los Artículos 4º y 5º.

3. Si la Corte no incluyere entre los magistrados del conocimiento ningún magistrado de la nacionalidad de las partes, cada una de éstas podrá designar uno de acuerdo con el párrafo 2 de este Artículo.

4. Las disposiciones de este Artículo se aplicarán a los casos de que tratan los Artículos 26 y 29. En tales casos, el Presidente pedirá a uno de los miembros de la Corte que constituyen la Sala, o a dos de ellos, si fuere necesario, que cedan sus puestos a los miembros de la Corte que sean de la nacionalidad de las partes interesadas, y si no los hubiere, o si estuvieren impedidos, a los magistrados especialmente designados por las partes.

5. Si varias partes tuvieren un mismo interés, se contarán como una sola parte para los fines de las disposiciones precedentes. En caso de duda, la Corte decidirá.

6. Los magistrados designados según se dispone en los párrafos 2, 3 y 4 del presente Artículo, deberán tener las condiciones requeridas por los Artículos 2, 17 (párrafo 2), 20 y 24 del presente Estatuto, y participarán en las decisiones de la Corte en términos de absoluta igualdad con sus colegas.

Artículo 32. 1. Cada miembro de la Corte percibirá un sueldo anual.

2. El Presidente percibirá un estipendio anual especial.

3. El Vicepresidente percibirá un estipendio especial por cada día que desempeñe las funciones de Presidente.

4. Los magistrados designados de acuerdo con el Artículo 31, que no sean miembros de la Corte, percibirán remuneración por cada día que desempeñen las funciones del cargo.

5. Los sueldos, estipendios y remuneraciones serán fijados por la Asamblea General, y no podrán ser disminuidos durante el período del cargo.

6. El sueldo del Secretario será fijado por la Asamblea General a propuesta de la Corte.

7. La Asamblea General fijará por reglamento las condiciones para conceder pensiones de retiro a los miembros de la Corte y al Secretario, como también las que rijan el reembolso de gastos de viaje a los miembros de la Corte y al Secretario.

8. Los sueldos, estipendios y remuneraciones arriba mencionados estarán exentos de toda clase de impuestos.

Artículo 33. Los gastos de la Corte serán sufragados por las Naciones Unidas de la manera que determine la Asamblea General.

CAPÍTULO II
COMPETENCIA DE LA CORTE

Artículo 34. 1. Sólo los Estados podrán ser partes en casos ante la Corte.

2. Sujeta a su propio Reglamento y de conformidad con el mismo, la Corte podrá solicitar de organizaciones internacionales públicas información relativa a casos que se litiguen ante la Corte, y recibirá la información que dichas organizaciones envíen a iniciativa propia.

3. Cuando en un caso que se litigue ante la Corte se discuta la interpretación del instrumento constitutivo de una organización internacional pública, o de una convención internacional concertada en virtud del mismo, el Secretario lo comunicará a la respectiva organización internacional pública y le enviará copias de todo el expediente.

Artículo 35. 1. La Corte estará abierta a los Estados partes en este Estatuto.

2. Las condiciones bajo las cuales la Corte estará abierta a otros Estados serán fijadas por el Consejo de Seguridad con sujeción a las disposiciones especiales de los tratados vigentes, pero tales condiciones no podrán en manera alguna colocar a las partes en situación de desigualdad ante la Corte.

3. Cuando un Estado que no es Miembro de las Naciones Unidas sea parte en un negocio, la Corte fijará la cantidad con que dicha parte debe contribuir a los gastos de la Corte. Esta disposición no es aplicable cuando dicho Estado contribuye a los gastos de la Corte.

Artículo 36. 1. La competencia de la Corte se extiende a todos los litigios que las partes le sometan y a todos los asuntos especialmente previstos en la Carta de las Naciones Unidas o en los tratados y convenciones vigentes.

2. Los Estados partes en el presente Estatuto podrán declarar en cualquier momento que reconocen como obligatoria ipso facto y sin convenio especial, respecto a cualquier otro Estado que acepte la misma obligación, la jurisdicción de la Corte en todas las controversias de orden jurídico que versen sobre:

a) La interpretación de un tratado;

b) Cualquier cuestión de derecho internacional;

c) La existencia de todo hecho que, si fuere establecido, constituiría violación de una obligación internacional;

d) La naturaleza o extensión de la reparación que ha de hacerse por el quebrantamiento de una obligación internacional.

3. La declaración a que se refiere este Artículo podrá hacerse incondicionalmente o bajo condición de reciprocidad por parte de varios o determinados Estados, o por determinado tiempo.

4. Estas declaraciones serán remitidas para su depósito al Secretario General de las Naciones Unidas, quien transmitirá copias de ellas a las partes en este Estatuto y al Secretario de la Corte.

5. Las declaraciones hechas de acuerdo con el Artículo 36 del Estatuto de la Corte Permanente de Justicia Internacional que estén aún vigentes, serán consideradas, respecto de las partes en el presente Estatuto, como aceptación de la jurisdicción obligatoria de la Corte Internacional de Justicia por el período que aún les quede de vigencia y conforme a los términos de dichas declaraciones.

6. En caso de disputa en cuanto a si la Corte tiene o no jurisdicción, la Corte decidirá.

Artículo 37. Cuando un tratado o convención vigente disponga que un asunto sea sometido a una jurisdicción que debía instituir la Sociedad de las Naciones, o a la Corte Permanente de Justicia Internacional, dicho asunto, por lo que respecta a las partes en este Estatuto, será sometido a la Corte Internacional de Justicia.

Artículo 38. 1. La Corte, cuya función es decidir conforme al derecho internacional las controversias que le sean sometidas, deberá aplicar:

a) Las convenciones internacionales, sean generales o particulares, que establecen reglas expresamente reconocidas por los Estados litigantes;

b) La costumbre internacional como prueba de una práctica generalmente aceptada como derecho;

c) Los principios generales de derecho reconocidos por las naciones civilizadas;

d) Las decisiones judiciales y las doctrinas de los publicistas de mayor competencia de las distintas naciones, como medio auxiliar para la determinación de las reglas de derecho, sin perjuicio de lo dispuesto en el Artículo 59.

2. La presente disposición no restringe la facultad de la Corte para decidir un litigio ex aequo et bono, si las partes así lo convinieren.

CAPÍTULO III
PROCEDIMIENTO

Artículo 39. 1. Los idiomas oficiales de la Corte serán el francés y el inglés. Si las partes acordaren que el procedimiento se siga en francés, la sentencia se pronunciará en este idioma. Si acordaren que el procedimiento se siga en inglés, en este idioma se pronunciará la sentencia.

2. A falta de acuerdo respecto del idioma que ha de usarse, cada parte podrá presentar sus alegatos en el que prefiera, y la Corte dictará la sentencia en francés y en inglés. En tal caso, la Corte determinará al mismo tiempo cuál de los dos textos hará fe.

3. Si lo solicitare una de las partes, la Corte la autorizará para usar cualquier idioma que no sea ni el francés ni el inglés.

Artículo 40. 1. Los negocios serán incoados ante la Corte, según el caso, mediante notificación del compromiso o mediante solicitud escrita dirigida al Secretario. En ambos casos se indicarán el objeto de la controversia y las partes.

2. El Secretario comunicará inmediatamente la solicitud a todos los interesados.

3. El Secretario notificará también a los Miembros de las Naciones Unidas por conducto del Secretario General, así como a los otros Estados con derecho a comparecer ante la corte.

Artículo 41. 1. La Corte tendrá facultad para indicar, si considera que las circunstancias así lo exigen, las medidas provisionales que deban tomarse para resguardar los derechos de cada una de las partes.

2. Mientras se pronuncia el fallo, se notificarán inmediatamente a las partes y al Consejo de Seguridad las medidas indicadas.

Artículo 42. 1. Las partes estarán representadas por agentes.

2. Podrán tener ante la Corte consejeros o abogados.

3. Los agentes, los consejeros y los abogados de las partes ante la Corte gozarán de los privilegios e inmunidades necesarios para el libre desempeño de sus funciones.

Artículo 43. 1. El procedimiento tendrá dos fases: una escrita y otra oral.

2. El procedimiento escrito comprenderá la comunicación, a la Corte y a las partes, de memorias, contramemorias y, si necesario fuere, de réplicas, así como de toda pieza o documento en apoyo de las mismas.

3. La comunicación se hará por conducto del Secretario, en el orden y dentro de los términos fijados por la Corte.

4. Todo documento presentado por una de las partes será comunicado a la otra mediante copia certificada.

5. El procedimiento oral consistirá en la audiencia que la Corte otorgue a testigos, peritos, agentes, consejeros y abogados.

Artículo 44. 1. Para toda notificación que deba hacerse a personas que no sean los agentes, consejeros o abogados, la Corte se dirigirá directamente al gobierno del Estado en cuyo territorio deba diligenciarse.

2. Se seguirá el mismo procedimiento cuando se trate de obtener pruebas en el lugar de los hechos.

Artículo 45. El Presidente dirigirá las vistas de la Corte y, en su ausencia, el Vicepresidente; y si ninguno de ellos pudiere hacerlo, presidirá el más antiguo de los magistrados presentes.

Artículo 46. Las vistas de la Corte serán públicas, salvo lo que disponga la propia Corte en contrario, o que las partes pidan que no se admita al público.

Artículo 47. 1. De cada vista se levantará un acta, que firmarán el Secretario y el Presidente.

2. Esta acta será la única auténtica.

Artículo 48. La Corte dictará las providencias necesarias para el curso del proceso, decidirá la forma y términos a que cada parte debe ajustar sus alegatos, y adoptará las medidas necesarias para la práctica de pruebas.

Artículo 49. Aun antes de empezar una vista la Corte puede pedir a los agentes que produzcan cualquier documento o den cualesquiera explicaciones. Si se negaren a hacerlo, se dejará constancia formal del hecho.

Artículo 50. La Corte podrá, en cualquier momento, comisionar a cualquier individuo, entidad, negociado, comisión u otro organismo que ella escoja, para que haga una investigación o emita un dictamen pericial.

Artículo 51. Las preguntas pertinentes que se hagan a testigos y peritos en el curso de una vista estarán sujetas a las condiciones que fije la Corte en las reglas de procedimientos de que trata el Artículo 30.

Artículo 52. Una vez recibidas las pruebas dentro del término fijado, la Corte podrá negarse a aceptar toda prueba adicional, oral o escrita, que una de las partes deseare presentar, salvo que la otra dé su consentimiento.

Artículo 53. 1. Cuando una de las partes no comparezca ante la Corte, o se abstenga de defender su caso, la otra parte podrá pedir a la Corte que decida a su favor.

2. Antes de dictar su decisión, la Corte deberá asegurarse no sólo de que tiene competencia conforme a las disposiciones de los Artículos 36 y 37, sino también de que la demanda está bien fundada en cuanto a los hechos y al derecho.

Artículo 54. 1. Cuando los agentes, consejeros y abogados, conforme a lo proveído por la Corte, hayan completado la presentación de su caso, el Presidente, declarará terminada la vista.

2. La Corte se retirará a deliberar.

3. Las deliberaciones de la Corte se celebrarán en privado y permanecerán secretas.

Artículo 55. 1. Todas las decisiones de la Corte se tomarán por mayoría de votos de los magistrados presentes.

2. En caso de empate, decidirá el voto del Presidente o del magistrado que lo reemplace.

Artículo 56. 1. El fallo será motivado.

2. El fallo mencionará los nombres de los magistrados que hayan tomado parte en él.

Artículo 57. Si el fallo no expresare en todo o en parte la opinión unánime de los magistrados, cualquiera de éstos tendrá derecho a que se agregue al fallo su opinión disidente.

Artículo 58. El fallo será firmado por el Presidente y el Secretario, y será leído en sesión pública después de notificarse debidamente a los agentes.

Artículo 59. La decisión de la Corte no es obligatoria sino para las partes en litigio y respecto del caso que ha sido decidido.

Artículo 60. El fallo será definitivo e inapelable. En caso de desacuerdo sobre el sentido o el alcance del fallo, la Corte lo interpretará a solicitud de cualquiera de las partes.

Artículo 61. 1. Sólo podrá pedirse la revisión de un fallo cuando la solicitud se funde en el descubrimiento de un hecho de tal naturaleza que pueda ser factor decisivo y que, al pronunciarse el fallo, fuera desconocido de la Corte y de la parte que pida la revisión, siempre que su desconocimiento no se deba a negligencia.

2. La Corte abrirá el proceso de revisión mediante una resolución en que se haga constar expresamente la existencia del hecho nuevo, en que se reconozca que éste por su naturaleza justifica la revisión, y en que se declare que hay lugar a la solicitud.

3. Antes de iniciar el proceso de revisión la Corte podrá exigir que se cumpla lo dispuesto por el fallo.

4. La solicitud de revisión deberá formularse dentro del término de seis meses después de descubierto el hecho nuevo.

5. No podrá pedirse la revisión una vez transcurrido el término de diez años desde la fecha del fallo.

Artículo 62. 1. Si un Estado considerare que tiene un interés de orden jurídico que pude ser afectado por la decisión del litigio, podrá pedir a la Corte que le permita intervenir.

2. La Corte decidirá con respecto a dicha petición.

Artículo 63. 1. Cuando se trate de interpretación de una convención en la cual sean partes otros Estados además de las partes en litigio, el Secretario notificará inmediatamente a todos los Estados interesados.

2. Todo Estado así notificado tendrá derecho a intervenir en el proceso; pero si ejerce ese derecho, la interpretación contenida en el fallo será igualmente obligatoria para él.

Artículo 64. Salvo que la Corte determine otra cosa, cada parte sufragara sus propias costas.

CAPÍTULO IV
OPINIONES CONSULTIVAS

Artículo 65. 1. La Corte podrá emitir opiniones consultivas respecto de cualquier cuestión jurídica, a solicitud de cualquier organismo autorizado para ello por la Carta de las Naciones Unidas, o de acuerdo con las disposiciones de la misma.

2. Las cuestiones sobre las cuales se solicite opinión consultiva serán expuestas a la Corte mediante solicitud escrita, en que se formule en términos precisos la cuestión respecto de la cual se haga la consulta. Con dicha solicitud se acompañarán todos los documentos que puedan arrojar luz sobre la cuestión.

Artículo 66. 1. Tan pronto como se reciba una solicitud de opinión consultiva, el Secretario la notificará a todos los Estados que tengan derecho a comparecer ante la Corte.

2. El Secretario notificará también, mediante comunicación especial y directa a todo Estado con derecho a comparecer ante la Corte, y a toda organización internacional que a juicio de la Corte, o de su Presidente si la Corte no estuviere reunida, puedan suministrar alguna información sobre la cuestión, que la Corte estará lista para recibir exposiciones escritas dentro del término que fijará el Presidente, o para oír en audiencia pública que se celebrará al efecto, exposiciones orales relativas a dicha cuestión.

3. Cualquier Estado con derecho a comparecer ante la Corte que no haya recibido la comunicación especial mencionada en el párrafo 2 de este Artículo, podrá expresar su deseo de presentar una exposición escrita o de ser oído, y la Corte decidirá.

4. Se permitirá a los Estados y a las organizaciones que hayan presentado exposiciones escritas u orales, o de ambas clases, discutir las exposiciones presentadas por otros Estados u organizaciones, en la forma, en la extensión y dentro del término que en cada caso fije la Corte, o su Presidente si la Corte no estuviere reunida. Con tal fin, el Secretario comunicará oportunamente tales exposiciones escritas a los Estados y organizaciones que hayan presentado las suyas.

Artículo 67. La Corte pronunciará sus opiniones consultivas en audiencia pública, previa notificación al Secretario General de las Naciones Unidas y a los representantes de los Miembros de las Naciones Unidas, de los otros Estados y de las organizaciones internacionales directamente interesados.

Artículo 68. En el ejercicio de sus funciones consultivas, la Corte se guiará además por las disposiciones de este Estatuto que rijan en materia contenciosa, en la medida en que la propia Corte las considere aplicables.

CAPÍTULO V
REFORMAS

Artículo 69. Las reformas al presente Estatuto se efectuarán mediante el mismo procedimiento que establece la Carta de las Naciones Unidas para la reforma de dicha Carta, con sujeción a las disposiciones que la Asamblea General adopte, previa recomendación del Consejo de Seguridad, con respecto a la participación de Estados que sean partes en el Estatuto pero no Miembros de las Naciones Unidas.

Artículo 70. La Corte estará facultada para proponer las reformas que juzgue necesarias al presente Estatuto, comunicándolas por escrito al Secretario General de las Naciones Unidas a fin de que sean consideradas de conformidad con las disposiciones del Artículo 69.

ESTATUTO DE ROMA DE LA CORTE PENAL INTERNACIONAL

TEXTO ORIGINAL

Estatuto publicado en el Diario Oficial de la Federación, el sábado 31 de diciembre de 2005.

Al margen un sello con el Escudo Nacional, que dice: Estados Unidos Mexicanos.- Presidencia de la República.

VICENTE FOX QUESADA, PRESIDENTE DE LOS ESTADOS UNIDOS MEXICANOS, a sus habitantes, sabed:

El siete de septiembre de dos mil, el Plenipotenciario de los Estados Unidos Mexicanos, debidamente autorizado para tal efecto, firmó ad referéndum el Estatuto de Roma de la Corte Penal Internacional, adoptado en Roma, Italia, el diecisiete de julio de mil novecientos noventa y ocho.

El Estatuto mencionado fue aprobado por la Cámara de Senadores del Honorable Congreso de la Unión, el veintiuno de junio de dos mil cinco, según decreto publicado en el Diario Oficial de la Federación del siete de septiembre del propio año.

El instrumento de ratificación, firmado por el Ejecutivo Federal a mi cargo el diez de octubre de dos mil cinco, fue depositado en poder del Secretario General de las Naciones Unidas el veintiocho del propio mes y año, de conformidad con lo dispuesto en el artículo 125 (2) del Estatuto de Roma de la Corte Penal Internacional.

Por lo tanto, para su debida observancia, en cumplimiento de lo dispuesto en la fracción I del artículo 89 de la Constitución Política de los Estados Unidos Mexicanos, promulgo el presente Decreto, en la residencia del Poder Ejecutivo Federal, en la Ciudad de México, Distrito Federal, el cinco de diciembre de dos mil cinco.

TRANSITORIO

ÚNICO.- El presente Decreto entrará en vigor el primero de enero de dos mil seis.

Vicente Fox Quesada.- Rúbrica.- El Secretario del Despacho de Relaciones Exteriores, Luis Ernesto Derbez Bautista.- Rúbrica.

JOEL ANTONIO HERNÁNDEZ GARCÍA, CONSULTOR JURÍDICO DE LA SECRETARIA DE RELACIONES EXTERIORES,

CERTIFICA:

Que en los archivos de esta Secretaría obra copia certificada del Estatuto de Roma de la Corte Penal Internacional, adoptado en la ciudad de Roma, el diecisiete de julio de mil novecientos noventa y ocho, cuyo texto en español es el siguiente:

ESTATUTO DE ROMA DE LA CORTE PENAL INTERNACIONAL

PREÁMBULO

Los Estados Partes en el presente Estatuto

Conscientes de que todos los pueblos están unidos por estrechos lazos y sus culturas configuran un patrimonio común y observando con preocupación que este delicado mosaico puede romperse en cualquier momento.

Teniendo presente que, en este siglo, millones de niños, mujeres y hombres han sido víctimas de atrocidades que desafían la imaginación y conmueven profundamente la conciencia de la humanidad.

Reconociendo que esos graves crímenes constituyen una amenaza para la paz, la seguridad y el bienestar de la humanidad.

Afirmando que los crímenes más graves de trascendencia para la comunidad internacional en su conjunto no deben quedar sin castigo y que, a tal fin, hay que adoptar medidas en el plano nacional e intensificar la cooperación internacional para asegurar que sean efectivamente sometidos a la acción de la justicia.

Decididos a poner fin a la impunidad de los autores de esos crímenes y a contribuir así a la prevención de nuevos crímenes.

Recordando que es deber de todo Estado ejercer su jurisdicción penal contra los responsables de crímenes internacionales.

Reafirmando los Propósitos y Principios de la Carta de las Naciones Unidas y, en particular, que los Estados se abstendrán de recurrir a la amenaza o al uso de la fuerza contra la integridad territorial o la independencia política de cualquier Estado o en cualquier otra forma incompatible con los propósitos de las Naciones Unidas.

Destacando, en este contexto, que nada de lo dispuesto en el presente Estatuto deberá entenderse en el sentido de que autorice a un Estado Parte a intervenir en una situación de conflicto armado o en los asuntos internos de otro Estado.

Decididos, a los efectos de la consecución de esos fines y en interés de las generaciones presentes y futuras, a establecer una Corte Penal Internacional de carácter permanente, independiente y vinculada con el sistema de las Naciones Unidas que tenga competencia sobre los crímenes más graves de trascendencia para la comunidad internacional en su conjunto.

Destacando que la Corte Penal Internacional establecida en virtud del presente Estatuto será complementaria de las jurisdicciones penales nacionales.

Decididos a garantizar que la justicia internacional sea respetada y puesta en práctica en forma duradera.

Han convenido en lo siguiente:

PARTE I
DEL ESTABLECIMIENTO DE LA CORTE

Artículo 1. La Corte. Se instituye por el presente una Corte Penal Internacional («la Corte»). La Corte será una institución permanente, estará facultada para ejercer su jurisdicción sobre personas respecto de los crímenes más graves de trascendencia internacional de conformidad con el presente Estatuto y tendrá carácter complementario de las jurisdicciones penales nacionales. La competencia y el funcionamiento de la Corte se regirán por las disposiciones del presente Estatuto.

Artículo 2. Relación de la Corte con las Naciones Unidas. La Corte estará vinculada con las Naciones Unidas por un acuerdo que deberá aprobar la Asamblea de los Estados Partes en el presente Estatuto y concluir luego el Presidente de la Corte en nombre de ésta.

Artículo 3. Sede de la Corte. 1. La sede de la Corte estará en La Haya, Países Bajos («el Estado anfitrión»).

2. La Corte concertará con el Estado anfitrión un acuerdo relativo a la sede que deberá aprobar la Asamblea de los Estados Partes y concluir luego el Presidente de la Corte en nombre de ésta.

3. La Corte podrá celebrar sesiones en otro lugar cuando lo considere conveniente, de conformidad con lo dispuesto en el presente Estatuto.

Artículo 4. Condición jurídica y atribuciones de la Corte. 1. La Corte tendrá personalidad jurídica internacional. Tendrá también la capacidad jurídica que sea necesaria para el desempeño de sus funciones y la realización de sus propósitos.

2. La Corte podrá ejercer sus funciones y atribuciones de conformidad con lo dispuesto en el presente Estatuto en el territorio de cualquier Estado Parte y, por acuerdo especial, en el territorio de cualquier otro Estado.

PARTE II
DE LA COMPETENCIA, LA ADMISIBILIDAD Y EL DERECHO APLICABLE

Artículo 5. Crímenes de la competencia de la Corte. 1. La competencia de la Corte se limitará a los crímenes más graves de trascendencia para la comunidad internacional en su conjunto. La Corte tendrá competencia, de conformidad con el presente Estatuto, respecto de los siguientes crímenes:

a) El crimen de genocidio;

b) Los crímenes de lesa humanidad;

c) Los crímenes de guerra;

d) El crimen de agresión.

2. La Corte ejercerá competencia respecto del crimen de agresión una vez que se apruebe una disposición de conformidad con los artículos 121 y 123 en que se defina el crimen y se enuncien las condiciones en las cuales lo hará. Esa disposición será compatible con las disposiciones pertinentes de la Carta de las Naciones Unidas.

Artículo 6. Genocidio. A los efectos del presente Estatuto, se entenderá por «genocidio» cualquiera de los actos mencionados a continuación, perpetrados con la intención de destruir total o parcialmente a un grupo nacional, étnico, racial o religioso como tal:

a) Matanza de miembros del grupo;

b) Lesión grave a la integridad física o mental de los miembros del grupo;

c) Sometimiento intencional del grupo a condiciones de existencia que hayan de acarrear su destrucción física, total o parcial;

d) Medidas destinadas a impedir nacimientos en el seno del grupo;

e) Traslado por la fuerza de niños del grupo a otro grupo.

Artículo 7. Crímenes de lesa humanidad. 1. A los efectos del presente Estatuto, se entenderá por «crimen de lesa humanidad» cualquiera de los actos siguientes cuando se cometa como parte de un ataque generalizado o sistemático contra una población civil y con conocimiento de dicho ataque:

a) Asesinato;

b) Exterminio;

c) Esclavitud;

d) Deportación o traslado forzoso de población;

e) Encarcelación u otra privación grave de la libertad física en violación de normas fundamentales de derecho internacional;

f) Tortura;

g) Violación, esclavitud sexual, prostitución forzada, embarazo forzado, esterilización forzada o cualquier otra forma de violencia sexual de gravedad comparable;

h) Persecución de un grupo o colectividad con identidad propia fundada en motivos políticos, raciales, nacionales, étnicos, culturales, religiosos, de género definido en el párrafo 3, u otros motivos universalmente reconocidos como inaceptables con arreglo al derecho internacional, en conexión con cualquier acto mencionado en el presente párrafo o con cualquier crimen de la competencia de la Corte;

i) Desaparición forzada de personas;

j) El crimen de apartheid;

k) Otros actos inhumanos de carácter similar que causen intencionalmente grandes sufrimientos o atenten gravemente contra la integridad física o la salud mental o física.

2. A los efectos del párrafo 1:

a) Por «ataque contra una población civil» se entenderá una línea de conducta que implique la comisión múltiple de actos mencionados en el párrafo 1 contra una población civil, de conformidad con la política de un Estado o de una organización de cometer ese ataque o para promover esa política;

b) El «exterminio» comprenderá la imposición intencional de condiciones de vida, entre otras, la privación del acceso a alimentos o medicinas, encaminadas a causar la destrucción de parte de una población;

c) Por «esclavitud» se entenderá el ejercicio de los atributos del derecho de propiedad sobre una persona, o de algunos de ellos, incluido el ejercicio de esos atributos en el tráfico de personas, en particular mujeres y niños;

d) Por «deportación o traslado forzoso de población» se entenderá el desplazamiento forzoso de las personas afectadas, por expulsión u otros actos coactivos, de la zona en que estén legítimamente presentes, sin motivos autorizados por el derecho internacional;

e) Por «tortura» se entenderá causar intencionalmente dolor o sufrimientos graves, ya sean físicos o mentales, a una persona que el acusado tenga bajo su custodia o control; sin embargo, no se entenderá por tortura el dolor o los sufrimientos que se deriven únicamente de sanciones lícitas o que sean consecuencia normal o fortuita de ellas;

f) Por «embarazo forzado» se entenderá el confinamiento ilícito de una mujer a la que se ha dejado embarazada por la fuerza, con la intención de modificar la composición étnica de una población o de cometer otras violaciones graves del derecho internacional. En modo alguno se entenderá que esta definición afecta a las normas de derecho interno relativas al embarazo;

g) Por «persecución» se entenderá la privación intencional y grave de derechos fundamentales en contravención del derecho internacional en razón de la identidad del grupo o de la colectividad;

h) Por «el crimen de apartheid» se entenderán los actos inhumanos de carácter similar a los mencionados en el párrafo 1 cometidos en el contexto de un régimen institucionalizado de opresión y dominación sistemáticas de un grupo racial sobre uno o más grupos raciales y con la intención de mantener ese régimen;

i) Por «desaparición forzada de personas» se entenderá la aprehensión, la detención o el secuestro de personas por un Estado o una organización política, o con su autorización, apoyo o aquiescencia, seguido de la negativa a admitir tal privación de libertad o dar información sobre la suerte o el paradero de esas personas, con la intención de dejarlas fuera del amparo de la ley por un período prolongado.

3. A los efectos del presente Estatuto se entenderá que el término «género» se refiere a los dos sexos, masculino y femenino, en el contexto de la sociedad. El término «género» no tendrá más acepción que la que antecede.

Artículo 8. Crímenes de guerra. 1. La Corte tendrá competencia respecto de los crímenes de guerra en particular cuando se cometan como parte de un plan o política o como parte de la comisión en gran escala de tales crímenes.

2. A los efectos del presente Estatuto, se entiende por «crímenes de guerra»:

a) Infracciones graves de los Convenios de Ginebra de 12 de agosto de 1949, a saber, cualquiera de los siguientes actos contra personas o bienes protegidos por las disposiciones del Convenio de Ginebra pertinente:

i) El homicidio intencional;

ii) La tortura o los tratos inhumanos, incluidos los experimentos biológicos;

iii) El hecho de causar deliberadamente grandes sufrimientos o de atentar gravemente contra la integridad física o la salud;

iv) La destrucción y la apropiación de bienes, no justificadas por necesidades militares, y efectuadas a gran escala, ilícita y arbitrariamente;

v) El hecho de forzar a un prisionero de guerra o a otra persona protegida a servir en las fuerzas de una Potencia enemiga;

vi) El hecho de privar deliberadamente a un prisionero de guerra o a otra persona protegida de su derecho a ser juzgado legítima e imparcialmente;

vii) La deportación o el traslado ilegal, o el confinamiento ilegal;

viii) La toma de rehenes;

b) Otras violaciones graves de las leyes y usos aplicables en los conflictos armados internacionales dentro del marco establecido de derecho internacional, a saber, cualquiera de los actos siguientes:

i) Dirigir intencionalmente ataques contra la población civil en cuanto tal o contra personas civiles que no participen directamente en las hostilidades;

ii) Dirigir intencionalmente ataques contra bienes civiles, es decir bienes que no son objetivos militares;

iii) Dirigir intencionalmente ataques contra personal, instalaciones, material, unidades o vehículos participantes en una misión de mantenimiento de la paz o de asistencia humanitaria de conformidad con la Carta de las Naciones Unidas, siempre que tengan derecho a la protección otorgada a civiles o bienes civiles con arreglo al derecho internacional de los conflictos armados;

iv) Lanzar un ataque intencionalmente, a sabiendas de que causará pérdidas incidentales de vidas, lesiones a civiles o daños a bienes de carácter civil o daños extensos, duraderos y graves al medio ambiente natural que serían manifiestamente excesivos en relación con la ventaja militar concreta y directa de conjunto que se prevea;

v) Atacar o bombardear, por cualquier medio, ciudades, aldeas, viviendas o edificios que no estén defendidos y que no sean objetivos militares;

vi) Causar la muerte o lesiones a un combatiente que haya depuesto las armas o que, al no tener medios para defenderse, se haya rendido a discreción;

vii) Utilizar de modo indebido la bandera blanca, la bandera nacional o las insignias militares o el uniforme del enemigo o de las Naciones Unidas, así como los emblemas distintivos de los Convenios de Ginebra, y causar así la muerte o lesiones graves;

viii) El traslado, directa o indirectamente, por la Potencia ocupante de parte de su población civil al territorio que ocupa o la deportación o el traslado de la totalidad o parte de la población del territorio ocupado, dentro o fuera de ese territorio;

ix) Dirigir intencionalmente ataques contra edificios dedicados a la religión, la educación, las artes, las ciencias o la beneficencia, los monumentos históricos, los hospitales y los lugares en que se agrupa a enfermos y heridos, siempre que no sean objetivos militares;

x) Someter a personas que estén en poder de una parte adversa a mutilaciones físicas o a experimentos médicos o científicos de cualquier tipo que no estén justificados en razón de un tratamiento médico, dental u hospitalario, ni se lleven a cabo en su interés, y que causen la muerte o pongan gravemente en peligro su salud;

xi) Matar o herir a traición a personas pertenecientes a la nación o al ejército enemigo;

xii) Declarar que no se dará cuartel;

xiii) Destruir o apoderarse de bienes del enemigo, a menos que las necesidades de la guerra lo hagan imperativo;

xiv) Declarar abolidos, suspendidos o inadmisibles ante un tribunal los derechos y acciones de los nacionales de la parte enemiga;

xv) Obligar a los nacionales de la parte enemiga a participar en operaciones bélicas dirigidas contra su propio país, aunque hubieran estado al servicio del beligerante antes del inicio de la guerra;

xvi) Saquear una ciudad o una plaza, incluso cuando es tomada por asalto;

xvii) Emplear veneno o armas envenenadas;

xviii) Emplear gases asfixiantes, tóxicos o similares o cualquier líquido, material o dispositivo análogos;

xix) Emplear balas que se ensanchan o aplastan fácilmente en el cuerpo humano, como balas de camisa dura que no recubra totalmente la parte interior o que tenga incisiones;

xx) Emplear armas, proyectiles, materiales y métodos de guerra que, por su propia naturaleza, causen daños superfluos o sufrimientos innecesarios o surtan efectos indiscriminados en violación del derecho internacional de los conflictos armados, a condición de que esas armas o esos proyectiles, materiales o métodos de guerra, sean objeto de una prohibición completa y estén incluidos en un anexo del presente Estatuto en virtud de una enmienda aprobada de conformidad con las disposiciones que, sobre el particular, figuran en los artículos 121 y 123;

xxi) Cometer atentados contra la dignidad personal, especialmente los tratos humillantes y degradantes;

xxii) Cometer actos de violación, esclavitud sexual, prostitución forzada, embarazo forzado, definido en el apartado f) del párrafo 2 del artículo 7, esterilización forzada y cualquier otra forma de violencia sexual que también constituya una infracción grave de los Convenios de Ginebra;

xxiii) Utilizar la presencia de una persona civil u otra persona protegida para poner ciertos puntos, zonas o fuerzas militares a cubierto de operaciones militares;

xxiv) Dirigir intencionalmente ataques contra edificios, material, unidades y medios de transporte sanitarios, y contra personal que utilice los emblemas distintivos de los Convenios de Ginebra de conformidad con el derecho internacional;

xxv) Hacer padecer intencionalmente hambre a la población civil como método de hacer la guerra, privándola de los objetos indispensables para su supervivencia, incluido el hecho de obstaculizar intencionalmente los suministros de socorro de conformidad con los Convenios de Ginebra;

xxvi) Reclutar o alistar a niños menores de 15 años en las fuerzas armadas nacionales o utilizarlos para participar activamente en las hostilidades;

c) En caso de conflicto armado que no sea de índole internacional, las violaciones graves del artículo 3 común a los cuatro Convenios de Ginebra de 12 de agosto de 1949, a saber, cualquiera de los siguientes actos cometidos contra personas que no participen directamente en las hostilidades, incluidos los miembros de las fuerzas armadas que hayan depuesto las armas y las personas puestas fuera de combate por enfermedad, herida, detención o por cualquier otra causa:

i) Los atentados contra la vida y la integridad corporal, especialmente el homicidio en todas sus formas, las mutilaciones, los tratos crueles y la tortura;

ii) Los ultrajes contra la dignidad personal, especialmente los tratos humillantes y degradantes;

iii) La toma de rehenes;

iv) Las condenas dictadas y las ejecuciones sin previo juicio ante un tribunal regularmente constituido, con todas las garantías judiciales generalmente reconocidas como indispensables.

d) El párrafo 2 c) del presente artículo se aplica a los conflictos armados que no son de índole internacional, y por consiguiente, no se aplica a las situaciones de tensiones internas y de disturbios interiores, tales como los motines, los actos esporádicos y aislados de violencia u otros actos análogos.

e) Otras violaciones graves de las leyes y los usos aplicables en los conflictos armados que no sean de índole internacional, dentro del marco establecido de derecho internacional, a saber, cualquiera de los actos siguientes:

i) Dirigir intencionalmente ataques contra la población civil como tal o contra civiles que no participen directamente en las hostilidades;

ii) Dirigir intencionalmente ataques contra edificios, material, unidades y medios de transporte sanitarios y contra el personal que utilicen los emblemas distintivos de los Convenios de Ginebra de conformidad con el derecho internacional;

iii) Dirigir intencionalmente ataques contra personal, instalaciones, material, unidades o vehículos participantes en una misión de mantenimiento de la paz o de asistencia humanitaria de conformidad con la Carta de las Naciones Unidas, siempre que tengan derecho a la protección otorgada a civiles o bienes civiles con arreglo al derecho internacional de los conflictos armados;

iv) Dirigir intencionalmente ataques contra edificios dedicados a la religión, la educación, las artes, las ciencias o la beneficencia, los monumentos históricos, los hospitales y otros lugares en que se agrupa a enfermos y heridos, a condición de que no sean objetivos militares;

v) Saquear una ciudad o plaza, incluso cuando es tomada por asalto;

vi) Cometer actos de violación, esclavitud sexual, prostitución forzada, embarazo forzado, definido en el apartado f) del párrafo 2 del artículo 7, esterilización forzada o cualquier otra forma de violencia sexual que constituya también una violación grave del artículo 3 común a los cuatro Convenios de Ginebra;

vii) Reclutar o alistar niños menores de 15 años en las fuerzas armadas o grupos o utilizarlos para participar activamente en hostilidades;

viii) Ordenar el desplazamiento de la población civil por razones relacionadas con el conflicto, a menos que así lo exija la seguridad de los civiles de que se trate o por razones militares imperativas;

ix) Matar o herir a traición a un combatiente adversario;

x) Declarar que no se dará cuartel;

xi) Someter a las personas que estén en poder de otra parte en el conflicto a mutilaciones físicas o a experimentos médicos o científicos de cualquier tipo que no estén justificados en razón del tratamiento médico, dental u hospitalario de la persona de que se trate ni se lleven a cabo en su interés, y que provoquen la muerte o pongan gravemente en peligro su salud;

xii) Destruir o apoderarse de bienes de un adversario, a menos que las necesidades del conflicto lo hagan imperativo;

f) El párrafo 2 e) del presente artículo se aplica a los conflictos armados que no son de índole internacional y, por consiguiente, no se aplica a las situaciones de tensiones internas y de disturbios interiores, tales como los motines, los actos esporádicos y aislados de violencia u otros actos análogos. Se aplica a los conflictos armados que tienen lugar en el territorio de un Estado cuando existe un conflicto armado prolongado entre las autoridades gubernamentales y grupos armados organizados o entre tales grupos.

3. Nada de lo dispuesto en los párrafos 2 c) y e) afectará a la responsabilidad que incumbe a todo gobierno de mantener o restablecer el orden público en el Estado o de defender la unidad e integridad territorial del Estado por cualquier medio legítimo.

Artículo 9. Elementos de los crímenes. 1. Los Elementos de los crímenes, que ayudarán a la Corte a interpretar y aplicar los artículos 6, 7 y 8 del presente Estatuto, serán aprobados por una mayoría de dos tercios de los miembros de la Asamblea de los Estados Partes.

2. Podrán proponer enmiendas a los Elementos de los crímenes:

a) Cualquier Estado Parte;

b) Los magistrados, por mayoría absoluta;

c) El Fiscal.

Las enmiendas serán aprobadas por una mayoría de dos tercios de los miembros de la Asamblea de los Estados Partes.

3. Los Elementos de los crímenes y sus enmiendas serán compatibles con lo dispuesto en el presente Estatuto.

Artículo 10. Nada de lo dispuesto en la presente parte se interpretará en el sentido de que limite o menoscabe de alguna manera las normas existentes o en desarrollo del derecho internacional para fines distintos del presente Estatuto.

Artículo 11. Competencia temporal. 1. La Corte tendrá competencia únicamente respecto de crímenes cometidos después de la entrada en vigor del presente Estatuto.

2. Si un Estado se hace Parte en el presente Estatuto después de su entrada en vigor, la Corte podrá ejercer su competencia únicamente con respecto a los crímenes cometidos después de la entrada en vigor del presente Estatuto respecto de ese Estado, a menos que éste haya hecho una declaración de conformidad con el párrafo 3 del artículo 12.

Artículo 12. Condiciones previas para el ejercicio de la competencia. 1. El Estado que pase a ser Parte en el presente Estatuto acepta por ello la competencia de la Corte respecto de los crímenes a que se refiere el artículo 5.

2. En el caso de los apartados a) o c) del artículo 13, la Corte podrá ejercer su competencia si uno o varios de los Estados siguientes son Partes en el presente Estatuto o han aceptado la competencia de la Corte de conformidad con el párrafo 3:

a) El Estado en cuyo territorio haya tenido lugar la conducta de que se trate, o si el crimen se hubiere cometido a bordo de un buque o de una aeronave, el Estado de matrícula del buque o la aeronave;

b) El Estado del que sea nacional el acusado del crimen.

3. Si la aceptación de un Estado que no sea Parte en el presente Estatuto fuere necesaria de conformidad con el párrafo 2, dicho Estado podrá, mediante declaración depositada en poder del Secretario, consentir en que la Corte ejerza su competencia respecto del crimen de que se trate. El Estado aceptante cooperará con la Corte sin demora ni excepción de conformidad con la Parte IX.

Artículo 13. Ejercicio de la competencia. La Corte podrá ejercer su competencia respecto de cualquiera de los crímenes a que se refiere el artículo 5 de conformidad con las disposiciones del presente Estatuto si:

a) Un Estado Parte remite al Fiscal, de conformidad con el artículo 14, una situación en que parezca haberse cometido uno o varios de esos crímenes;

b) El Consejo de Seguridad, actuando con arreglo a lo dispuesto en el Capítulo VII de la Carta de las Naciones Unidas, remite al Fiscal una situación en que parezca haberse cometido uno o varios de esos crímenes; o

c) El Fiscal ha iniciado una investigación respecto de un crimen de ese tipo de conformidad con lo dispuesto en el artículo 15.

Artículo 14. Remisión de una situación por un Estado Parte. 1. Todo Estado Parte podrá remitir al Fiscal una situación en que parezca haberse cometido uno o varios crímenes de la competencia de la Corte y pedir al Fiscal que investigue la situación a los fines de determinar si se ha de acusar de la comisión de tales crímenes a una o varias personas determinadas.

2. En la medida de lo posible, en la remisión se especificarán las circunstancias pertinentes y se adjuntará la documentación justificativa de que disponga el Estado denunciante.

Artículo 15. El Fiscal. 1. El Fiscal podrá iniciar de oficio una investigación sobre la base de información acerca de un crimen de la competencia de la Corte.

2. El Fiscal analizará la veracidad de la información recibida. Con tal fin, podrá recabar más información de los Estados, los órganos de las Naciones Unidas, las organizaciones intergubernamentales o no gubernamentales u otras fuentes fidedignas que considere apropiadas y podrá recibir testimonios escritos u orales en la sede de la Corte.

3. El Fiscal, si llegare a la conclusión de que existe fundamento suficiente para abrir una investigación, presentará a la Sala de Cuestiones Preliminares una petición de autorización para ello, junto con la documentación justificativa que haya reunido. Las víctimas podrán presentar observaciones a la Sala de Cuestiones Preliminares, de conformidad con las Reglas de Procedimiento y Prueba.

4. Si, tras haber examinado la petición y la documentación que la justifique, la Sala de Cuestiones Preliminares considerare que hay fundamento suficiente para abrir una investigación y que el asunto parece corresponder a la competencia de la Corte, autorizará el inicio de la investigación, sin perjuicio de las resoluciones que pueda adoptar posteriormente la Corte con respecto a su competencia y la admisibilidad de la causa.

5. La negativa de la Sala de Cuestiones Preliminares a autorizar la investigación no impedirá que el Fiscal presente ulteriormente otra petición basada en nuevos hechos o pruebas relacionados con la misma situación.

6. Si, después del examen preliminar a que se refieren los párrafos 1 y 2, el Fiscal llega a la conclusión de que la información presentada no constituye fundamento suficiente para una investigación, informará de ello a quienes la hubieren presentado. Ello no impedirá que el Fiscal examine a la luz de hechos o pruebas nuevos, otra información que reciba en relación con la misma situación.

Artículo 16. Suspensión de la investigación o el enjuiciamiento. En caso de que el Consejo de Seguridad, de conformidad con una resolución aprobada con arreglo a lo dispuesto en el Capítulo VII de la Carta de las Naciones Unidas, pida a la Corte que no inicie o que suspenda por un plazo de doce meses la investigación o el enjuiciamiento que haya iniciado, la Corte procederá a esa suspensión; la petición podrá ser renovada por el Consejo de Seguridad en las mismas condiciones.

Artículo 17. Cuestiones de admisibilidad. 1. La Corte teniendo en cuenta el décimo párrafo del preámbulo y el artículo 1, resolverá la inadmisibilidad de un asunto cuando:

a) El asunto sea objeto de una investigación o enjuiciamiento por un Estado que tenga jurisdicción sobre él salvo que éste no esté dispuesto a llevar a cabo la investigación o el enjuiciamiento o no pueda realmente hacerlo;

b) El asunto haya sido objeto de investigación por un Estado que tenga jurisdicción sobre él y éste haya decidido no incoar acción penal contra la persona de que se trate, salvo que la decisión haya obedecido a que no esté dispuesto a llevar a cabo el enjuiciamiento o no pueda realmente hacerlo;

c) La persona de que se trate haya sido ya enjuiciada por la conducta a que se refiere la denuncia, y la Corte no pueda adelantar el juicio con arreglo a lo dispuesto en el párrafo 3 del artículo 20;

d) El asunto no sea de gravedad suficiente para justificar la adopción de otras medidas por la Corte.

2. A fin de determinar si hay o no disposición a actuar en un asunto determinado, la Corte examinará, teniendo en cuenta los principios de un proceso con las debidas garantías reconocidos por el derecho internacional, si se da una o varias de las siguientes circunstancias, según el caso:

a) Que el juicio ya haya estado o esté en marcha o que la decisión nacional haya sido adoptada con el propósito de sustraer a la persona de que se trate de su responsabilidad penal por crímenes de la competencia de la Corte, según lo dispuesto en el artículo 5;

b) Que haya habido una demora injustificada en el juicio que, dadas las circunstancias, sea incompatible con la intención de hacer comparecer a la persona de que se trate ante la justicia;

c) Que el proceso no haya sido o no esté siendo sustanciado de manera independiente o imparcial y haya sido o esté siendo sustanciado de forma en que, dadas las circunstancias, sea incompatible con la intención de hacer comparecer a la persona de que se trate ante la justicia.

3. A fin de determinar la incapacidad para investigar o enjuiciar en un asunto determinado, la Corte examinará si el Estado, debido al colapso total o sustancial de su administración nacional de justicia o al hecho de que carece de ella, no puede hacer comparecer al acusado, no dispone de las pruebas y los testimonios necesarios o no está por otras razones en condiciones de llevar a cabo el juicio.

Artículo 18. Decisiones preliminares relativas a la admisibilidad. 1. Cuando se haya remitido a la Corte una situación en virtud del artículo 13 a) y el Fiscal haya determinado que existen fundamentos razonables para comenzar una investigación, o el Fiscal inicie una investigación en virtud de los artículos 13 c) y 15, éste lo notificará a todos los Estados Partes y a aquellos Estados que, teniendo en cuenta la información disponible, ejercerían normalmente la jurisdicción sobre los crímenes de que se trate. El Fiscal podrá hacer la notificación a esos Estados con carácter confidencial y, cuando lo considere necesario a fin de proteger personas, impedir la destrucción de pruebas o impedir la fuga de personas, podrá limitar el alcance de la información proporcionada a los Estados.

2. Dentro del mes siguiente a la recepción de dicha notificación, el Estado podrá informar a la Corte que está llevando o ha llevado a cabo una investigación en relación con sus nacionales u otras personas bajo su jurisdicción respecto de actos criminales que puedan constituir crímenes contemplados en el artículo 5 y a los que se refiera la información proporcionada en la notificación a los Estados. A petición de dicho Estado, el Fiscal se inhibirá de su competencia en favor del Estado en relación con la investigación sobre las personas antes mencionadas, a menos que la Sala de Cuestiones Preliminares decida, a petición del Fiscal autorizar la investigación.

3. El Fiscal podrá volver a examinar la cuestión de la inhibición de su competencia al cabo de seis meses a partir de la fecha de la inhibición o cuando se haya producido un cambio significativo de circunstancias en vista de que el Estado no está dispuesto a llevar a cabo la investigación o no puede realmente hacerlo.

4. El Estado de que se trate o el Fiscal podrán apelar ante la Sala de Apelaciones de la decisión de la Sala de Cuestiones Preliminares, de conformidad con el artículo 82. La apelación podrá sustanciarse en forma sumaria.

5. Cuando el Fiscal se haya inhibido de su competencia en relación con la investigación con arreglo a lo dispuesto en el párrafo 2, podrá pedir al Estado

de que se trate que le informe periódicamente de la marcha de sus investigaciones y del juicio ulterior. Los Estados Partes responderán a esas peticiones sin dilaciones indebidas.

6. El Fiscal podrá, hasta que la Sala de Cuestiones Preliminares haya emitido su decisión, o en cualquier momento si se hubiere inhibido de su competencia en virtud de este artículo, pedir a la Sala de Cuestiones Preliminares, con carácter excepcional, que le autorice a llevar adelante las indagaciones que estime necesarias cuando exista una oportunidad única de obtener pruebas importantes o exista un riesgo significativo de que esas pruebas no estén disponibles ulteriormente.

7. El Estado que haya apelado una decisión de la Sala de Cuestiones Preliminares en virtud del presente artículo podrá impugnar la admisibilidad de un asunto en virtud del artículo 19, haciendo valer hechos nuevos importantes o un cambio significativo de las circunstancias.

Artículo 19. Impugnación de la competencia de la Corte o de la admisibilidad de la causa. 1. La Corte se cerciorará de ser competente en todas las causas que le sean sometidas. La Corte podrá determinar de oficio la admisibilidad de una causa de conformidad con el artículo 17.

2. Podrán impugnar la admisibilidad de la causa, por uno de los motivos mencionados en el artículo 17, o impugnar la competencia de la Corte:

a) El acusado o la persona contra la cual se haya dictado una orden de detención o una orden de comparecencia con arreglo al artículo 58;

b) Un Estado que tenga jurisdicción en la causa porque está investigándola o enjuiciándola o lo ha hecho antes; o

c) Un Estado cuya aceptación se requiera de conformidad con el artículo 12.

3. El Fiscal podrá pedir a la Corte que se pronuncie sobre una cuestión de competencia o de admisibilidad. En las actuaciones relativas a la competencia o la admisibilidad, podrán presentar asimismo observaciones a la Corte quienes hayan remitido la situación de conformidad con el artículo 13 y las víctimas.

4. La admisibilidad de una causa o la competencia de la Corte sólo podrán ser impugnadas una sola vez por cualquiera de las personas o los Estados a que se hace referencia en el párrafo 2. La impugnación se hará antes del juicio o a su inicio. En circunstancias excepcionales, la Corte podrá autorizar que la impugnación se haga más de una vez o en una fase ulterior del juicio. Las impugnaciones a la admisibilidad de una causa hechas al inicio del juicio, o

posteriormente con la autorización de la Corte, sólo podrán fundarse en el párrafo 1 c) del artículo 17.

5. El Estado a que se hace referencia en los apartados b) y c) del párrafo 2 del presente artículo hará la impugnación lo antes posible.

6. Antes de la confirmación de los cargos, la impugnación de la admisibilidad de una causa o de la competencia de la Corte será asignada a la Sala de Cuestiones Preliminares. Después de confirmados los cargos, será asignada a la Sala de Primera Instancia. Las decisiones relativas a la competencia o la admisibilidad podrán ser recurridas ante la Sala de Apelaciones de conformidad con el artículo 82.

7. Si la impugnación es hecha por el Estado a que se hace referencia en los apartados b) o c) del párrafo 2, el Fiscal suspenderá la investigación hasta que la Corte resuelva de conformidad con el artículo 17.

8. Hasta antes de que la Corte se pronuncie, el Fiscal podrá pedirle autorización para:

a) Practicar las indagaciones necesarias de la índole mencionada en el párrafo 6 del artículo 18;

b) Tomar declaración a un testigo o recibir su testimonio, o completar la recolección y el examen de las pruebas que hubiere iniciado antes de la impugnación; y

c) Impedir, en cooperación con los Estados que corresponda, que eludan la acción de la justicia personas respecto de las cuales el Fiscal haya pedido ya una orden de detención en virtud del artículo 58.

9. La impugnación no afectará a la validez de ningún acto realizado por el Fiscal, ni de ninguna orden o mandamiento dictado por la Corte, antes de ella.

10. Si la Corte hubiere declarado inadmisible una causa de conformidad con el artículo 17, el Fiscal podrá pedir que se revise esa decisión cuando se haya cerciorado cabalmente de que han aparecido nuevos hechos que invalidan los motivos por los cuales la causa había sido considerada inadmisible de conformidad con dicho artículo.

11. El Fiscal, si habida cuenta de las cuestiones a que se refiere el artículo 17 suspende una investigación, podrá pedir que el Estado de que se trate ponga a su disposición información sobre las actuaciones. A petición de ese Estado, dicha información será confidencial. El Fiscal, si decide posteriormente abrir una investigación, notificará su decisión al Estado cuyas actuaciones hayan dado origen a la suspensión.

Artículo 20. Cosa juzgada. 1. Salvo que en el presente Estatuto se disponga otra cosa, nadie será procesado por la Corte en razón de conductas constitutivas de crímenes por los cuales ya hubiere sido condenado o absuelto por la Corte.

2. Nadie será procesado por otro tribunal en razón de uno de los crímenes mencionados en el artículo 5 por el cual la Corte ya le hubiere condenado o absuelto.

3. La Corte no procesará a nadie que haya sido procesado por otro tribunal en razón de hechos también prohibidos en virtud de los artículos 6, 7 u 8 a menos que el proceso en el otro tribunal:

a) Obedeciera al propósito de sustraer al acusado de su responsabilidad penal por crímenes de la competencia de la Corte; o

b) No hubiere sido instruido en forma independiente o imparcial de conformidad con las debidas garantías procesales reconocidas por el derecho internacional o lo hubiere sido de alguna manera que, en las circunstancias del caso, fuere incompatible con la intención de someter a la persona a la acción de la justicia.

Artículo 21. Derecho Aplicable. 1. La Corte aplicará:

a) En primer lugar, el presente Estatuto, los Elementos de los crímenes y sus Reglas de Procedimiento y Prueba;

b) En segundo lugar, cuando proceda, los tratados aplicables, los principios y normas del derecho internacional, incluidos los principios establecidos del derecho internacional de los conflictos armados;

c) En su defecto, los principios generales del derecho que derive la Corte del derecho interno de los sistemas jurídicos del mundo, incluido, cuando proceda, el derecho interno de los Estados que normalmente ejercerían jurisdicción sobre el crimen, siempre que esos principios no sean incompatibles con el presente Estatuto ni con el derecho internacional ni las normas y estándares internacionalmente reconocidos.

2. La Corte podrá aplicar principios y normas de derecho respecto de los cuales hubiere hecho una interpretación en decisiones anteriores.

3. La aplicación e interpretación del derecho de conformidad con el presente artículo deberá ser compatible con los derechos humanos internacionalmente reconocidos, sin distinción alguna basada en motivos como el género, definido en el párrafo 3 del artículo 7, la edad, la raza, el color, el idioma, la

religión o el credo, la opinión política o de otra índole, el origen nacional, étnico o social, la posición económica, el nacimiento u otra condición.

PARTE III
DE LOS PRINCIPIOS GENERALES DEL DERECHO PENAL

Artículo 22. Nullum crimen sine lege. 1. Nadie será penalmente responsable de conformidad con el presente Estatuto a menos que la conducta de que se trate constituya, en el momento en que tiene lugar, un crimen de la competencia de la Corte.

2. La definición de crimen será interpretada estrictamente y no se hará extensiva por analogía. En caso de ambigüedad, será interpretada en favor de la persona objeto de investigación, enjuiciamiento o condena.

3. Nada de lo dispuesto en el presente artículo afectará a la tipificación de una conducta como crimen de derecho internacional independientemente del presente Estatuto.

Artículo 23. Nulla poena sine lege. Quien sea declarado culpable por la Corte únicamente podrá ser penado de conformidad con el presente Estatuto.

Artículo 24. Irretroactividad ratione personae. 1. Nadie será penalmente responsable de conformidad con el presente Estatuto por una conducta anterior a su entrada en vigor.

2. De modificarse el derecho aplicable a una causa antes de que se dicte la sentencia definitiva, se aplicarán las disposiciones más favorables a la persona objeto de la investigación, el enjuiciamiento o la condena.

Artículo 25. Responsabilidad penal individual. 1. De conformidad con el presente Estatuto, la Corte tendrá competencia respecto de las personas naturales.

2. Quien cometa un crimen de la competencia de la Corte será responsable individualmente y podrá ser penado de conformidad con el presente Estatuto.

3. De conformidad con el presente Estatuto, será penalmente responsable y podrá ser penado por la comisión de un crimen de la competencia de la Corte quien:

a) Cometa ese crimen por sí solo, con otro o por conducto de otro, sea éste o no penalmente responsable;

b) Ordene, proponga o induzca la comisión de ese crimen, ya sea consumado o en grado de tentativa;

c) Con el propósito de facilitar la comisión de ese crimen, sea cómplice o encubridor o colabore de algún modo en la comisión o la tentativa de comisión del crimen, incluso suministrando los medios para su comisión;

d) Contribuya de algún otro modo en la comisión o tentativa de comisión del crimen por un grupo de personas que tengan una finalidad común.

La contribución deberá ser intencional y se hará:

i) Con el propósito de llevar a cabo la actividad o propósito delictivo del grupo, cuando una u otro entrañe la comisión de un crimen de la competencia de la Corte; o

ii) A sabiendas de que el grupo tiene la intención de cometer el crimen;

e) Respecto del crimen de genocidio, haga una instigación directa y pública a que se cometa;

f) Intente cometer ese crimen mediante actos que supongan un paso importante para su ejecución, aunque el crimen no se consume debido a circunstancias ajenas a su voluntad. Sin embargo, quien desista de la comisión del crimen o impida de otra forma que se consume no podrá ser penado de conformidad con el presente Estatuto por la tentativa si renunciare íntegra y voluntariamente al propósito delictivo.

4. Nada de lo dispuesto en el presente Estatuto respecto de la responsabilidad penal de las personas naturales afectará a la responsabilidad del Estado conforme al derecho internacional.

Artículo 26. Exclusión de los menores de 18 años de la competencia de la Corte. La Corte no será competente respecto de los que fueren menores de 18 años en el momento de la presunta comisión del crimen.

Artículo 27. Improcedencia del cargo oficial. 1. El presente Estatuto será aplicable por igual a todos sin distinción alguna basada en el cargo oficial. En particular, el cargo oficial de una persona, sea Jefe de Estado o de Gobierno, miembro de un gobierno o parlamento representante elegido o funcionario de gobierno, en ningún caso la eximirá de responsabilidad penal ni constituirá per se (sic) motivo para reducir la pena.

2. Las inmunidades y las normas de procedimiento especiales que conlleve el cargo oficial de una persona, con arreglo al derecho interno o al derecho internacional, no obstarán para que la Corte ejerza su competencia sobre ella.

Artículo 28. Responsabilidad de los jefes y otros superiores. Además de otras causales de responsabilidad penal de conformidad con el presente Estatuto por crímenes de la competencia de la Corte:

a) El jefe militar o el que actúe efectivamente como jefe militar será penalmente responsable por los crímenes de la competencia de la Corte que hubieren sido cometidos por fuerzas bajo su mando y control efectivo, o su autoridad y control efectivo, según sea el caso, en razón de no haber ejercido un control apropiado sobre esas fuerzas cuando:

i) Hubiere sabido o, en razón de las circunstancias del momento, hubiere debido saber que las fuerzas estaban cometiendo esos crímenes o se proponían cometerlos; y

ii) No hubiere adoptado todas las medidas necesarias y razonables a su alcance para prevenir o reprimir su comisión o para poner el asunto en conocimiento de las autoridades competentes a los efectos de su investigación y enjuiciamiento.

b) En lo que respecta a las relaciones entre superior y subordinado distintas de las señaladas en el apartado a), el superior será penalmente responsable por los crímenes de la competencia de la Corte que hubieren sido cometidos por subordinados bajo su autoridad y control efectivo, en razón de no haber ejercido un control apropiado sobre esos subordinados, cuando:

i) Hubiere tenido conocimiento o deliberadamente hubiere hecho caso omiso de información que indicase claramente que los subordinados estaban cometiendo esos crímenes o se proponían cometerlos;

ii) Los crímenes guardaren relación con actividades bajo su responsabilidad y control efectivo; y

iii) No hubiere adoptado todas las medidas necesarias y razonables a su alcance para prevenir o reprimir su comisión o para poner el asunto en conocimiento de las autoridades competentes a los efectos de su investigación y enjuiciamiento.

Artículo 29. Imprescriptibilidad. Los crímenes de la competencia de la Corte no prescribirán.

Artículo 30. Elemento de intencionalidad. 1. Salvo disposición en contrario, una persona será penalmente responsable y podrá ser penada por un crimen de la competencia de la Corte únicamente si los elementos materiales del crimen se realizan con intención y conocimiento.

2. A los efectos del presente artículo, se entiende que actúa intencionalmente quien:

a) En relación con una conducta, se propone incurrir en ella;

b) En relación con una consecuencia, se propone causarla o es consciente de que se producirá en el curso normal de los acontecimientos.

3. A los efectos del presente artículo, por «conocimiento» se entiende la conciencia de que existe una circunstancia o se va a producir una consecuencia en el curso normal de los acontecimientos. Las palabras «a sabiendas» y «con conocimiento» se entenderán en el mismo sentido.

Artículo 31. Circunstancias eximentes de responsabilidad penal. 1. Sin perjuicio de las demás circunstancias eximentes de responsabilidad penal establecidas en el presente Estatuto, no será penalmente responsable quien, en el momento de incurrir en una conducta:

a) Padeciere de una enfermedad o deficiencia mental que le prive de su capacidad para apreciar la ilicitud o naturaleza de su conducta, o de su capacidad para controlar esa conducta a fin de no transgredir la ley;

b) Estuviere en un estado de intoxicación que le prive de su capacidad para apreciar la ilicitud o naturaleza de su conducta, o de su capacidad para controlar esa conducta a fin de no transgredir la ley, salvo que se haya intoxicado voluntariamente a sabiendas de que, como resultado de la intoxicación, probablemente incurriría en una conducta tipificada como crimen de la competencia de la Corte, o haya hecho caso omiso del riesgo de que ello ocurriere;

c) Actuare razonablemente en defensa propia o de un tercero o, en el caso de los crímenes de guerra, de un bien que fuese esencial para su supervivencia o la de un tercero o de un bien que fuese esencial para realizar una misión militar, contra un uso inminente e ilícito de la fuerza, en forma proporcional al grado de peligro para él, un tercero o los bienes protegidos. El hecho de participar en una fuerza que realizare una operación de defensa no bastará para constituir una circunstancia eximente de la responsabilidad penal de conformidad con el presente apartado;

d) Hubiere incurrido en una conducta que presuntamente constituya un crimen de la competencia de la Corte como consecuencia de coacción dimanante de una amenaza de muerte inminente o de lesiones corporales graves continuadas o inminentes para él u otra persona, y en que se vea compelido a actuar necesaria y razonablemente para evitar esa amenaza, siempre que no tuviera la intención de causar un daño mayor que el que se proponía evitar. Esa amenaza podrá:

i) Haber sido hecha por otras personas; o

ii) Estar constituida por otras circunstancias ajenas a su control.

2. La Corte determinará si las circunstancias eximentes de responsabilidad penal admitidas por el presente Estatuto son aplicables en la causa de que esté conociendo.

3. En el juicio, la Corte podrá tener en cuenta una circunstancia eximente de responsabilidad penal distinta de las indicadas en el párrafo 1 siempre que dicha circunstancia se desprenda del derecho aplicable de conformidad con el artículo 21. El procedimiento para el examen de una eximente de este tipo se establecerá en las Reglas de Procedimiento y Prueba.

Artículo 32. Error de hecho o error de derecho. 1. El error de hecho eximirá de responsabilidad penal únicamente si hace desaparecer el elemento de intencionalidad requerido por el crimen.

2. El error de derecho acerca de si un determinado tipo de conducta constituye un crimen de la competencia de la Corte no se considerará eximente. Con todo, el error de derecho podrá considerarse eximente si hace desaparecer el elemento de intencionalidad requerido por ese crimen o si queda comprendido en lo dispuesto en el artículo 33 del presente Estatuto.

Artículo 33. Órdenes superiores y disposiciones legales. 1. Quien hubiere cometido un crimen de la competencia de la Corte en cumplimiento de una orden emitida por un gobierno o un superior, sea militar o civil, no será eximido de responsabilidad penal a menos que:

a) Estuviere obligado por ley a obedecer órdenes emitidas por el gobierno o el superior de que se trate;

b) No supiera que la orden era ilícita; y

c) La orden no fuera manifiestamente ilícita.

2. A los efectos del presente artículo, se entenderá que las órdenes de cometer genocidio o crímenes de lesa humanidad son manifiestamente ilícitas.

PARTE IV
DE LA COMPOSICIÓN Y ADMINISTRACIÓN DE LA CORTE

Artículo 34. Órganos de la Corte. La Corte estará compuesta de los órganos siguientes:

a) La Presidencia;

b) Una Sección de Apelaciones, una Sección de Primera Instancia y una Sección de Cuestiones Preliminares;

c) La Fiscalía;

d) La Secretaría.

Artículo 35. Desempeño del cargo de magistrado. 1. Todos los magistrados serán elegidos miembros de la Corte en régimen de dedicación exclusiva y estarán disponibles para desempeñar su cargo en ese régimen desde que comience su mandato.

2. Los magistrados que constituyan la Presidencia desempeñarán sus cargos en régimen de dedicación exclusiva tan pronto como sean elegidos.

3. La Presidencia podrá, en función del volumen de trabajo de la Corte, y en consulta con los miembros de ésta, decidir por cuánto tiempo será necesario que los demás magistrados desempeñen sus cargos en régimen de dedicación exclusiva.

Las decisiones que se adopten en ese sentido se entenderán sin perjuicio de lo dispuesto en el artículo 40.

4. Las disposiciones financieras relativas a los magistrados que no deban desempeñar sus cargos en régimen de dedicación exclusiva serán adoptadas de conformidad con el artículo 49.

Artículo 36. Condiciones que han de reunir los magistrados, candidaturas y elección de los magistrados. 1. Con sujeción a lo dispuesto en el párrafo 2, la Corte estará compuesta de 18 magistrados.

2. a) La Presidencia, actuando en nombre de la Corte, podrá proponer que aumente el número de magistrados indicado en el párrafo 1 y señalará las razones por las cuales considera necesario y apropiado ese aumento. El Secretario distribuirá prontamente la propuesta a todos los Estados Partes;

b) La propuesta será examinada en una sesión de la Asamblea de los Estados Partes que habrá de convocarse de conformidad con el artículo 112. La propuesta, que deberá ser aprobada en la sesión por una mayoría de dos tercios de los Estados Partes, entrará en vigor en la fecha en que decida la Asamblea;

c) i) Una vez que se haya aprobado una propuesta para aumentar el número de magistrados con arreglo al apartado b), la elección de los nuevos magistrados se llevará a cabo en el siguiente período de sesiones de la Asamblea de los Estados Partes, de conformidad con los párrafos 3 a 8 del presente artículo y con el párrafo 2 del artículo 37;

ii) Una vez que se haya aprobado y haya entrado en vigor una propuesta para aumentar el número de magistrados con arreglo a los apartados b) y c) i), la Presidencia podrá en cualquier momento, si el volumen de trabajo de la Corte lo justifica, proponer que se reduzca el número de magistrados, siempre que ese número no sea inferior al indicado en el párrafo 1. La propuesta será examinada de conformidad con el procedimiento establecido en los apartados a) y b). De ser aprobada, el número de magistrados se reducirá progresivamente a medida que expiren los mandatos y hasta que se llegue al número debido.

3. a) Los magistrados serán elegidos entre personas de alta consideración moral, imparcialidad e integridad que reúnan las condiciones requeridas para el ejercicio de las más altas funciones judiciales en sus respectivos países;

b) Los candidatos a magistrados deberán tener:

i) Reconocida competencia en derecho y procedimiento penales y la necesaria experiencia en causas penales en calidad de magistrado, fiscal, abogado u otra función similar; o

ii) Reconocida competencia en materias pertinentes de derecho internacional, tales como el derecho internacional humanitario y las normas de derechos humanos, así como gran experiencia en funciones jurídicas profesionales que tengan relación con la labor judicial de la Corte;

c) Los candidatos a magistrado deberán tener un excelente conocimiento y dominio de por lo menos uno de los idiomas de trabajo de la Corte.

4. a) Cualquier Estado Parte en el presente Estatuto podrá proponer candidatos en las elecciones para magistrado de la Corte mediante:

i) El procedimiento previsto para proponer candidatos a los más altos cargos judiciales del país; o

ii) El procedimiento previsto en el Estatuto de la Corte Internacional de Justicia para proponer candidatos a esa Corte.

Las propuestas deberán ir acompañadas de una exposición detallada acerca del grado en que el candidato cumple los requisitos enunciados en el párrafo 3;

b) Un Estado Parte podrá proponer un candidato que no tenga necesariamente su nacionalidad, pero que en todo caso sea nacional de un Estado Parte;

c) La Asamblea de los Estados Partes podrá decidir que se establezca un comité asesor para las candidaturas. En ese caso, la Asamblea de los Estados Partes determinará la composición y el mandato del comité.

5. A los efectos de la elección se harán dos listas de candidatos:

La lista A, con los nombres de los candidatos que reúnan los requisitos enunciados en el apartado b) i) del párrafo 3; y

La lista B, con los nombres de los candidatos que reúnan los requisitos enunciados en el apartado b) ii) del párrafo 3.

El candidato que reúna los requisitos requeridos para ambas listas podrá elegir en cuál desea figurar. En la primera elección de miembros de la Corte, por lo menos nueve magistrados serán elegidos entre los candidatos de la lista A y por lo menos cinco serán elegidos entre los de la lista B. Las elecciones subsiguientes se organizarán de manera que se mantenga en la Corte una proporción equivalente de magistrados de ambas listas.

6. a) Los magistrados serán elegidos por votación secreta en una sesión de la Asamblea de los Estados Partes convocada con ese fin con arreglo al artículo 112. Con sujeción a lo dispuesto en el párrafo 7, serán elegidos los 18 candidatos que obtengan el mayor número de votos y una mayoría de dos tercios de los Estados Partes presentes y votantes;

b) En el caso de que en la primera votación no resulte elegido un número suficiente de magistrados, se procederá a nuevas votaciones de conformidad con los procedimientos establecidos en el apartado a) hasta cubrir los puestos restantes.

7. No podrá haber dos magistrados que sean nacionales del mismo Estado. Toda persona que, para ser elegida magistrado, pudiera ser considerada nacional de más de un Estado, será considerada nacional del Estado donde ejerza habitualmente sus derechos civiles y políticos.

8.a) Al seleccionar a los magistrados, los Estados Partes tendrán en cuenta la necesidad de que en la composición de la Corte haya:

i) Representación de los principales sistemas jurídicos del mundo;

ii) Distribución geográfica equitativa; y

iii) Representación equilibrada de magistrados mujeres y hombres;

b) Los Estados Partes tendrán también en cuenta la necesidad de que haya en la Corte magistrados que sean juristas especializados en temas concretos que incluyan, entre otros, la violencia contra las mujeres o los niños.

9.a) Con sujeción a lo dispuesto en el apartado b), los magistrados serán elegidos por un mandato de nueve años y, con sujeción al apartado c) y al párrafo 2 del artículo 37, no podrán ser reelegidos;

b) En la primera elección, un tercio de los magistrados elegidos será seleccionado por sorteo para desempeñar un mandato de tres años, un tercio de los magistrados será seleccionado por sorteo para desempeñar un mandato de seis años y el resto desempeñará un mandato de nueve años;

c) Un magistrado seleccionado para desempeñar un mandato de tres años de conformidad con el apartado b) podrá ser reelegido por un mandato completo.

10. No obstante lo dispuesto en el párrafo 9, un magistrado asignado a una Sala de Primera Instancia o una Sala de Apelaciones de conformidad con el artículo 39 seguirá en funciones a fin de llevar a término el juicio o la apelación de los que haya comenzado a conocer en esa Sala.

Artículo 37. Vacantes. 1. En caso de producirse una vacante se celebrará una elección de conformidad con el artículo 36 para cubrirla.

2. El magistrado elegido para cubrir una vacante desempeñará el cargo por el resto del mandato de su predecesor y, si éste fuera de tres años o menos, podrá ser reelegido por un mandato completo con arreglo al artículo 36.

Artículo 38. Presidencia. 1. El Presidente, el Vicepresidente primero y el Vicepresidente segundo serán elegidos por mayoría absoluta de los magistrados. Cada uno desempeñará su cargo por un período de tres años o hasta el término de su mandato como magistrado, si éste se produjere antes. Podrán ser reelegidos una vez.

2. El Vicepresidente primero sustituirá al Presidente cuando éste se halle en la imposibilidad de ejercer sus funciones o haya sido recusado.

El Vicepresidente segundo sustituirá al Presidente cuando éste y el Vicepresidente primero se hallen en la imposibilidad de ejercer sus funciones o hayan sido recusados.

3. El Presidente, el Vicepresidente primero y el Vicepresidente segundo constituirán la Presidencia, que estará encargada de:

a) La correcta administración de la Corte, con excepción de la Fiscalía; y

b) Las demás funciones que se le confieren de conformidad con el presente Estatuto.

4. En el desempeño de sus funciones enunciadas en el párrafo 3 a), la Presidencia actuará en coordinación con el Fiscal y recabará su aprobación en todos los asuntos de interés mutuo.

Artículo 39. Las Salas. 1. Tan pronto como sea posible después de la elección de los magistrados, la Corte se organizará en las secciones indicadas en el artículo 34 b). La Sección de Apelaciones se compondrá del Presidente y otros cuatro magistrados, la Sección de Primera Instancia de no menos de seis magistrados y la Sección de Cuestiones Preliminares de no menos de seis magistrados. Los magistrados serán asignados a las secciones según la naturaleza de las funciones que corresponderán a cada una y sus respectivas calificaciones y experiencia, de manera que en cada sección haya una combinación apropiada de especialistas en derecho y procedimiento penales y en derecho internacional. La Sección de Primera Instancia y la Sección de Cuestiones Preliminares estarán integradas predominantemente por magistrados que tengan experiencia en procedimiento penal.

2.a) Las funciones judiciales de la Corte serán realizadas en cada sección por las Salas;

b) i) La Sala de Apelaciones se compondrá de todos los magistrados de la Sección de Apelaciones;

ii) Las funciones de la Sala de Primera Instancia serán realizadas por tres magistrados de la Sección de Primera Instancia;

iii) Las funciones de la Sala de Cuestiones Preliminares serán realizadas por tres magistrados de la Sección de Cuestiones Preliminares o por un solo magistrado de dicha Sección, de conformidad con el presente Estatuto y las Reglas de Procedimiento y Prueba;

c) Nada de lo dispuesto en el presente párrafo obstará a que se constituyan simultáneamente más de una Sala de Primera Instancia o Sala de Cuestiones Preliminares cuando la gestión eficiente del trabajo de la Corte así lo requiera.

3.a) Los magistrados asignados a las Secciones de Primera Instancia y de Cuestiones Preliminares desempeñarán el cargo en esas Secciones por un período de tres años, y posteriormente hasta llevar a término cualquier causa de la que hayan empezado a conocer en la sección de que se trate;

b) Los magistrados asignados a la Sección de Apelaciones desempeñarán el cargo en esa Sección durante todo su mandato.

4. Los magistrados asignados a la Sección de Apelaciones desempeñarán el cargo únicamente en esa Sección. Nada de lo dispuesto en el presente artículo obstará, sin embargo, a que se asignen temporalmente magistrados de la Sección de Primera Instancia a la Sección de Cuestiones Preliminares, o a la inversa, si la Presidencia considera que la gestión eficiente del trabajo de la Corte así lo requiere, pero en ningún caso podrá formar parte de la Sala de Primera Instancia que conozca de una causa un magistrado que haya participado en la etapa preliminar.

Artículo 40. Independencia de los magistrados. 1. Los magistrados serán independientes en el desempeño de sus funciones.

2. Los magistrados no realizarán actividad alguna que pueda ser incompatible con el ejercicio de sus funciones judiciales o menoscabar la confianza en su independencia.

3. Los magistrados que tengan que desempeñar sus cargos en régimen de dedicación exclusiva en la sede de la Corte no podrán desempeñar ninguna otra ocupación de carácter profesional.

4. Las cuestiones relativas a la aplicación de los párrafos 2 y 3 serán dirimidas por mayoría absoluta de los magistrados. El magistrado al que se refiera una de estas cuestiones no participará en la adopción de la decisión.

Artículo 41. Dispensa y recusación de los magistrados. 1. La Presidencia podrá, a petición de un magistrado, dispensarlo del ejercicio de alguna de las funciones que le confiere el presente Estatuto, de conformidad con las Reglas de Procedimiento y Prueba.

2.a) Un magistrado no participará en ninguna causa en que, por cualquier motivo, pueda razonablemente ponerse en duda su imparcialidad. Un magistrado será recusado de conformidad con lo dispuesto en el presente párrafo, entre otras razones, si hubiese intervenido anteriormente, en cualquier calidad, en una causa de la que la Corte estuviere conociendo o en una causa penal conexa sustanciada a nivel nacional y que guardare relación con la persona objeto de investigación o enjuiciamiento. Un magistrado será también recusado por los demás motivos que se establezcan en las Reglas de Procedimiento y Prueba;

b) El Fiscal o la persona objeto de investigación o enjuiciamiento podrá pedir la recusación de un magistrado con arreglo a lo dispuesto en el presente párrafo;

c) Las cuestiones relativas a la recusación de un magistrado serán dirimidas por mayoría absoluta de los magistrados. El magistrado cuya recusación se pida tendrá derecho a hacer observaciones sobre la cuestión, pero no tomará parte en la decisión.

Artículo 42. La Fiscalía. 1. La Fiscalía actuará en forma independiente como órgano separado de la Corte. Estará encargada de recibir remisiones e información corroborada sobre crímenes de la competencia de la Corte para examinarlas y realizar investigaciones o ejercitar la acción penal ante la Corte.

Los miembros de la Fiscalía no solicitarán ni cumplirán instrucciones de fuentes ajenas a la Corte.

2. La Fiscalía estará dirigida por el Fiscal. El Fiscal tendrá plena autoridad para dirigir y administrar la Fiscalía, con inclusión del personal, las instalaciones y otros recursos. El Fiscal contará con la ayuda de uno o más fiscales adjuntos, que podrán desempeñar cualquiera de las funciones que le correspondan de conformidad con el presente Estatuto. El Fiscal y los fiscales adjuntos tendrán que ser de diferentes nacionalidades y desempeñarán su cargo en régimen de dedicación exclusiva.

3. El Fiscal y los fiscales adjuntos serán personas que gocen de alta consideración moral, que posean un alto nivel de competencia y tengan extensa experiencia práctica en el ejercicio de la acción penal o la sustanciación de causas penales. Deberán tener un excelente conocimiento y dominio de al menos uno de los idiomas de trabajo de la Corte.

4. El Fiscal será elegido en votación secreta y por mayoría absoluta de los miembros de la Asamblea de los Estados Partes. Los fiscales adjuntos serán elegidos en la misma forma de una lista de candidatos presentada por el Fiscal.

El Fiscal propondrá tres candidatos para cada puesto de fiscal adjunto que deba cubrirse. Salvo que en el momento de la elección se fije un período más breve, el Fiscal y los fiscales adjuntos desempeñarán su cargo por un período de nueve años y no podrán ser reelegidos.

5. El Fiscal y los fiscales adjuntos no realizarán actividad alguna que pueda interferir en el ejercicio de sus funciones o menoscabar la confianza en su independencia. No podrán desempeñar ninguna otra ocupación de carácter profesional.

6. La Presidencia podrá, a petición del Fiscal o de un fiscal adjunto, dispensarlos de intervenir en una causa determinada.

7. El Fiscal y los fiscales adjuntos no participarán en ningún asunto en que, por cualquier motivo, pueda razonablemente ponerse en duda su imparcialidad. Serán recusados de conformidad con lo dispuesto en el presente párrafo, entre otras razones, si hubiesen intervenido anteriormente, en cualquier calidad, en una causa de que la Corte estuviere conociendo o en una causa penal conexa sustanciada a nivel nacional y que guardare relación con la persona objeto de investigación o enjuiciamiento.

8. Las cuestiones relativas a la recusación del Fiscal o de un fiscal adjunto serán dirimidas por la Sala de Apelaciones:

a) La persona objeto de investigación o enjuiciamiento podrá en cualquier momento pedir la recusación del Fiscal o de un fiscal adjunto por los motivos establecidos en el presente artículo;

b) El Fiscal o el fiscal adjunto, según proceda, tendrán derecho a hacer observaciones sobre la cuestión.

9. El Fiscal nombrará asesores jurídicos especialistas en determinados temas como, por ejemplo, violencia sexual, violencia por razones de género y violencia contra los niños.

Artículo 43. La Secretaría. 1. La Secretaría, sin perjuicio de las funciones y atribuciones del Fiscal de conformidad con lo dispuesto en el artículo 42, estará encargada de los aspectos no judiciales de la administración de la Corte y de prestarle servicios.

2. La Secretaría será dirigida por el Secretario, que será el principal funcionario administrativo de la Corte. El Secretario ejercerá sus funciones bajo la autoridad del Presidente de la Corte.

3. El Secretario y el Secretario Adjunto deberán ser personas que gocen de consideración moral y tener un alto nivel de competencia y un excelente conocimiento y dominio de al menos uno de los idiomas de trabajo de la Corte.

4. Los magistrados elegirán al Secretario en votación secreta por mayoría absoluta y teniendo en cuenta las recomendaciones de la Asamblea de los Estados Partes. De ser necesario elegirán, por recomendación del Secretario y con arreglo al mismo procedimiento, un Secretario Adjunto.

5. El Secretario será elegido por un período de cinco años en régimen de dedicación exclusiva y podrá ser reelegido una sola vez. El Secretario Adjunto será elegido por un período de cinco años, o por uno más breve, si así lo deciden los magistrados por mayoría absoluta, en el entendimiento de que prestará sus servicios según sea necesario.

6. El Secretario establecerá una Dependencia de Víctimas y Testigos dentro de la Secretaría. Esta Dependencia, en consulta con la Fiscalía, adoptará medidas de protección y dispositivos de seguridad y prestará asesoramiento y otro tipo de asistencia a testigos y víctimas que comparezcan ante la Corte, y a otras personas que estén en peligro en razón del testimonio prestado. La Dependencia contará con personal especializado para atender a las víctimas de traumas, incluidos los relacionados con delitos de violencia sexual.

Artículo 44. El personal. 1. El Fiscal y el Secretario nombrarán los funcionarios calificados que sean necesarios en sus respectivas oficinas. En el caso del Fiscal, ello incluirá el nombramiento de investigadores.

2. En el nombramiento de los funcionarios, el Fiscal y el Secretario velarán por el más alto grado de eficiencia, competencia e integridad y tendrán en cuenta, mutatis mutandis, los criterios establecidos en el párrafo 8 del artículo 36.

3. El Secretario, con la anuencia de la Presidencia y del Fiscal, propondrá un reglamento del personal que establecerá las condiciones en que el personal de la Corte será designado, remunerado o separado del servicio. El Reglamento del Personal estará sujeto a la aprobación de la Asamblea de los Estados Partes.

4. La Corte podrá, en circunstancias excepcionales, recurrir a la pericia de personal proporcionado gratuitamente por Estados Partes, organizaciones intergubernamentales u organizaciones no gubernamentales para que colabore en la labor de cualquiera de los órganos de la Corte. El Fiscal podrá aceptar ofertas de esa índole en nombre de la Fiscalía. El personal proporcionado gratuitamente será empleado de conformidad con directrices que ha de establecer la Asamblea de los Estados Partes.

Artículo 45. Promesa solemne. Antes de asumir las obligaciones del cargo de conformidad con el presente Estatuto, los magistrados, el fiscal, los fiscales adjuntos, el secretario y el secretario adjunto declararán solemnemente y en sesión pública que ejercerán sus atribuciones con toda imparcialidad y conciencia.

Artículo 46. Separación del cargo. 1. Un magistrado, el fiscal, un fiscal adjunto, el secretario o el secretario adjunto será separado del cargo si se adopta una decisión a tal efecto de conformidad con lo dispuesto en el párrafo 2 cuando se determine que:

a) Ha incurrido en falta grave o en incumplimiento grave de las funciones que le confiere el presente Estatuto y según lo establecido en las Reglas de procedimiento y prueba; o

b) Está imposibilitado de desempeñar las funciones descritas en el presente Estatuto.

2. La decisión de separar del cargo a un magistrado, el fiscal o un fiscal adjunto de conformidad con el párrafo 1 será adoptada por la Asamblea de los Estados Partes en votación secreta:

a) En el caso de un magistrado, por mayoría de dos tercios de los Estados Partes y previa recomendación aprobada por mayoría de dos tercios de los demás magistrados;

b) En el caso del fiscal, por mayoría absoluta de los Estados Partes;

c) En el caso de un fiscal adjunto, por mayoría absoluta de los Estados Partes y previa recomendación del fiscal.

3. La decisión de separar del cargo al secretario o a un secretario adjunto será adoptada por mayoría absoluta de los magistrados.

4. El magistrado, fiscal, fiscal adjunto, secretario o secretario adjunto cuya conducta o cuya idoneidad para el ejercicio de las funciones del cargo de conformidad con el presente Estatuto haya sido impugnada en virtud del presente artículo podrá presentar y obtener pruebas y presentar escritos de conformidad con las Reglas de Procedimiento y Prueba; sin embargo, no podrá participar por ningún otro concepto en el examen de la cuestión.

Artículo 47. Medidas disciplinarias. El magistrado, fiscal, fiscal adjunto, secretario o secretario adjunto que haya incurrido en una falta menos grave que la establecida en el párrafo 1 del artículo 46 será objeto de medidas disciplinarias de conformidad con las Reglas de Procedimiento y Prueba.

Artículo 48. Privilegios e inmunidades. 1. La Corte gozará en el territorio de cada Estado Parte de los privilegios e inmunidades que sean necesarios para el cumplimiento de sus funciones.

2. Los magistrados, el fiscal, los fiscales adjuntos y el Secretario gozarán, cuando actúen en el desempeño de sus funciones o en relación con ellas, de los mismos privilegios e inmunidades reconocidos a los jefes de las misiones diplomáticas y, una vez expirado su mandato, seguirán gozando de absoluta inmunidad judicial por las declaraciones hechas oralmente o por escrito y los actos realizados en el desempeño de sus funciones oficiales.

3. El Secretario Adjunto, el personal de la Fiscalía y el personal de la Secretaría gozarán de los privilegios e inmunidades y de las facilidades necesarias para el cumplimiento de sus funciones, de conformidad con el acuerdo sobre los privilegios e inmunidades de la Corte.

4. Los abogados, peritos, testigos u otras personas cuya presencia se requiera en la sede de la Corte serán objeto del tratamiento que sea necesario para el funcionamiento adecuado de la Corte, de conformidad con el acuerdo sobre los privilegios e inmunidades de la Corte.

5. Se podrá renunciar a los privilegios e inmunidades:

a) En el caso de un magistrado o el Fiscal, por decisión de la mayoría absoluta de los magistrados;

b) En el caso del Secretario, por la Presidencia;

c) En el caso de los Fiscales Adjuntos y el personal de la Fiscalía, por el Fiscal;

d) En el caso del Secretario Adjunto y el personal de la Secretaría, por el Secretario.

Artículo 49. Sueldos, estipendios y dietas. Los magistrados, el fiscal, los fiscales adjuntos, el secretario y el secretario adjunto percibirán los sueldos, estipendios y dietas que decida la Asamblea de los Estados Partes. Esos sueldos y estipendios no serán reducidos en el curso de su mandato.

Artículo 50. Idiomas oficiales y de trabajo. 1. Los idiomas oficiales de la Corte serán el árabe, el chino, el español, el francés, el inglés y el ruso. Las sentencias de la Corte, así como las otras decisiones que resuelvan cuestiones fundamentales de que conozca la Corte, serán publicadas en los idiomas oficiales. La Presidencia, de conformidad con los criterios establecidos en las Reglas de Procedimiento y Prueba, determinará cuáles son las decisiones que resuelven cuestiones fundamentales a los efectos del presente párrafo.

2. Los idiomas de trabajo de la Corte serán el francés y el inglés. En las Reglas de Procedimiento y Prueba se determinará en qué casos podrá utilizarse como idioma de trabajo otros idiomas oficiales.

3. La Corte autorizará a cualquiera de las partes o cualquiera de los Estados a que se haya permitido intervenir en un procedimiento, previa solicitud de ellos, a utilizar un idioma distinto del francés o el inglés, siempre que considere que esta autorización está adecuadamente justificada.

Artículo 51. Reglas de Procedimiento y Prueba. 1. Las Reglas de Procedimiento y Prueba entrarán en vigor tras su aprobación por mayoría de dos tercios de los miembros de la Asamblea de los Estados Partes.

2. Podrán proponer enmiendas a las Reglas de Procedimiento y Prueba:

a) Cualquier Estado Parte;

b) Los magistrados, por mayoría absoluta; o

c) El Fiscal.

Las enmiendas entrarán en vigor tras su aprobación en la Asamblea de los Estados Partes por mayoría de dos tercios.

3. Una vez aprobadas las Reglas de Procedimiento y Prueba, en casos urgentes y cuando éstas no resuelvan una situación concreta suscitada en la Corte, los magistrados podrán, por una mayoría de dos tercios, establecer reglas provisionales que se aplicarán hasta que la Asamblea de los Estados Partes las apruebe, enmiende o rechace en su siguiente período ordinario o extraordinario de sesiones.

4. Las Reglas de Procedimiento y Prueba, las enmiendas a ellas y las reglas provisionales deberán estar en consonancia con el presente Estatuto. Las enmiendas a las Reglas de Procedimiento y Prueba, así como las reglas provisionales, no se aplicarán retroactivamente en detrimento de la persona que sea objeto de la investigación o el enjuiciamiento o que haya sido condenada.

5. En caso de conflicto entre las disposiciones del Estatuto y las de las Reglas de Procedimiento y Prueba, prevalecerá el Estatuto.

Artículo 52. Reglamento de la Corte. 1. Los magistrados, de conformidad con el presente Estatuto y las Reglas de Procedimiento y Prueba, aprobarán por mayoría absoluta el Reglamento de la Corte que sea necesario para su funcionamiento ordinario.

2. Se consultará al Fiscal y al Secretario en la preparación del Reglamento y de cualquier enmienda a él.

3. El Reglamento y sus enmiendas entrarán en vigor al momento de su aprobación, a menos que los magistrados decidan otra cosa. Inmediatamente después de su aprobación, serán distribuidos a los Estados Partes para recabar sus observaciones. Se mantendrán en vigor si en un plazo de seis meses no se han recibido objeciones de una mayoría de los Estados Partes.

PARTE V
DE LA INVESTIGACIÓN Y EL ENJUICIAMIENTO

Artículo 53. Inicio de una investigación. 1. El Fiscal, después de evaluar la información de que disponga, iniciará una investigación a menos que determine que no existe fundamento razonable para proceder a ella con arreglo al presente Estatuto. Al decidir si ha de iniciar una investigación, el Fiscal tendrá en cuenta si:

a) La información de que dispone constituye fundamento razonable para creer que se ha cometido o se está cometiendo un crimen de la competencia de la Corte;

b) La causa es o sería admisible de conformidad con el artículo 17;

c) Existen razones sustanciales para creer que, aun teniendo en cuenta la gravedad del crimen y los intereses de las víctimas, una investigación no redundaría en interés de la justicia.

El Fiscal, si determinare que no hay fundamento razonable para proceder a la investigación y la determinación se basare únicamente en el apartado c), lo comunicará a la Sala de Cuestiones Preliminares.

2. Si, tras la investigación, el Fiscal llega a la conclusión de que no hay fundamento suficiente para el enjuiciamiento, ya que:

a) No existe una base suficiente de hecho o de derecho para pedir una orden de detención o de comparecencia de conformidad con el artículo 58;

b) La causa es inadmisible de conformidad con el artículo 17; o

c) El enjuiciamiento no redundaría en interés de la justicia, teniendo en cuenta todas las circunstancias, entre ellas la gravedad del crimen, los intereses de las víctimas y la edad o enfermedad del presunto autor y su participación en el presunto crimen; notificará su conclusión motivada a la Sala de Cuestiones Preliminares y al Estado que haya remitido el asunto de conformidad con el artículo 14 o al Consejo de Seguridad si se trata de un caso previsto en el párrafo b) del artículo 13.

3.a) A petición del Estado que haya remitido el asunto con arreglo al artículo 14 o del Consejo de Seguridad de conformidad con el párrafo b) del artículo 13, la Sala de Cuestiones Preliminares podrá examinar la decisión del Fiscal de no proceder a la investigación de conformidad con el párrafo 1 o el párrafo 2 y pedir al Fiscal que reconsidere esa decisión;

b) Además, la Sala de Cuestiones Preliminares podrá, de oficio, revisar una decisión del Fiscal de no proceder a la investigación si dicha decisión se basare únicamente en el párrafo 1 c) o el párrafo 2 c). En ese caso, la decisión del Fiscal únicamente surtirá efecto si es confirmada por la Sala de Cuestiones Preliminares.

4. El Fiscal podrá reconsiderar en cualquier momento su decisión de iniciar una investigación o enjuiciamiento sobre la base de nuevos hechos o nuevas informaciones.

Artículo 54. Funciones y atribuciones del Fiscal con respecto a las investigaciones. 1. El Fiscal:

a) A fin de establecer la veracidad de los hechos, ampliará la investigación a todos los hechos y las pruebas que sean pertinentes para determinar si hay responsabilidad penal de conformidad con el presente Estatuto y, a esos efectos, investigará tanto las circunstancias incriminantes como las eximentes;

b) Adoptará medidas adecuadas para asegurar la eficacia de la investigación y el enjuiciamiento de los crímenes de la competencia de la Corte. A esos efectos, respetará los intereses y las circunstancias personales de víctimas y testigos, entre otros la edad, el género, definido en el párrafo 3 del artículo 7, y la salud, y tendrá en cuenta la naturaleza de los crímenes, en particular los de violencia sexual, violencia por razones de género y violencia contra los niños; y

c) Respetará plenamente los derechos que confiere a las personas el presente Estatuto.

2. El Fiscal podrá realizar investigaciones en el territorio de un Estado:

a) De conformidad con las disposiciones de la Parte IX; o

b) Según lo autorice la Sala de Cuestiones Preliminares de conformidad con el párrafo 3 d) del artículo 57.

3. El Fiscal podrá:

a) Reunir y examinar pruebas;

b) Hacer comparecer e interrogar a las personas objeto de investigación, las víctimas y los testigos;

c) Solicitar la cooperación de un Estado u organización o acuerdo intergubernamental de conformidad con su respectiva competencia o mandato;

d) Concertar las disposiciones o los acuerdos compatibles con el presente Estatuto que sean necesarios para facilitar la cooperación de un Estado, una organización intergubernamental o una persona;

e) Convenir en que no divulgará en ninguna etapa del procedimiento los documentos o la información que obtenga a condición de preservar su carácter confidencial y únicamente a los efectos de obtener nuevas pruebas, salvo con el acuerdo de quien haya facilitado la información; y

f) Adoptar o pedir que se adopten las medidas necesarias para asegurar el carácter confidencial de la información, la protección de una persona o la preservación de las pruebas.

Artículo 55. Derechos de las personas durante la investigación. 1. En las investigaciones realizadas de conformidad con el presente Estatuto:

a) Nadie será obligado a declarar contra sí mismo ni a declararse culpable;

b) Nadie será sometido a forma alguna de coacción, intimidación o amenaza, a torturas ni a otros tratos o castigos crueles, inhumanos o degradantes;

c) Quien haya de ser interrogado en un idioma que no sea el que comprende y habla perfectamente contará, sin cargo alguno, con los servicios de un intérprete competente y las traducciones que sean necesarias a los efectos de cumplir el requisito de equidad; y

d) Nadie será sometido a arresto o detención arbitrarios ni será privado de su libertad salvo por los motivos previstos en el presente Estatuto y de conformidad con los procedimientos establecidos en él.

2. Cuando haya motivos para creer que una persona ha cometido un crimen de la competencia de la Corte y esa persona haya de ser interrogada por el Fiscal o por las autoridades nacionales, en cumplimiento de una solicitud hecha de conformidad con lo dispuesto en la Parte IX, tendrá además los derechos siguientes, de los que será informada antes del interrogatorio:

a) A ser informada de que existen motivos para creer que ha cometido un crimen de la competencia de la Corte;

b) A guardar silencio, sin que ello pueda tenerse en cuenta a los efectos de determinar su culpabilidad o inocencia;

c) A ser asistida por un abogado defensor de su elección o, si no lo tuviere, a que se le asigne un defensor de oficio, siempre que fuere necesario en interés de la justicia y, en cualquier caso, sin cargo si careciere de medios suficientes; y

d) A ser interrogada en presencia de su abogado, a menos que haya renunciado voluntariamente a su derecho a asistencia letrada.

Artículo 56. Disposiciones que podrá adoptar la Sala de Cuestiones Preliminares cuando se presente una oportunidad única de proceder a una investigación. 1. a) El Fiscal, cuando considere que se presenta una oportunidad única de proceder a una investigación, que tal vez no se repita a los fines de un juicio, de recibir el testimonio o la declaración de un testigo o de examinar, reunir o verificar pruebas, lo comunicará a la Sala de Cuestiones Preliminares;

b) La Sala, a petición del Fiscal, podrá adoptar las medidas que sean necesarias para velar por la eficiencia e integridad de las actuaciones y, en particular, para proteger los derechos de la defensa;

c) A menos que la Sala de Cuestiones Preliminares ordene otra cosa, el Fiscal proporcionará la información correspondiente a la persona que ha sido detenida o que ha comparecido en virtud de una citación en relación con la investigación a que se refiere el apartado a), a fin de que pueda ser oída.

2. Las medidas a que se hace referencia en el apartado b) del párrafo 1 podrán consistir en:

a) Formular recomendaciones o dictar ordenanzas respecto del procedimiento que habrá de seguirse;

b) Ordenar que quede constancia de las actuaciones;

c) Nombrar a un experto para que preste asistencia;

d) Autorizar al abogado defensor del detenido o de quien haya comparecido ante la Corte en virtud de una citación a que participe o, en caso de que aún no se hayan producido esa detención o comparecencia o no se haya designado abogado, a nombrar otro para que comparezca y represente los intereses de la defensa;

e) Encomendar a uno de sus miembros o, de ser necesario, a otro magistrado de la Sección de Cuestiones Preliminares o la Sección de Primera Instancia que formule recomendaciones o dicte ordenanzas respecto de la reunión y preservación de las pruebas o del interrogatorio de personas;

f) Adoptar todas las medidas que sean necesarias para reunir o preservar las pruebas.

3. a) La Sala de Cuestiones Preliminares, cuando considere que el Fiscal no ha solicitado medidas previstas en el presente artículo que, a su juicio, sean esenciales para la defensa en juicio, le consultará si se justificaba no haberlas solicitado. La Sala podrá adoptar de oficio esas medidas si, tras la consulta, llegare a la conclusión de que no había justificación para no solicitarlas.

b) El Fiscal podrá apelar de la decisión de la Sala de Cuestiones Preliminares de actuar de oficio con arreglo al presente párrafo. La apelación se sustanciará en un procedimiento sumario.

4. La admisibilidad o la forma en que quedará constancia de las pruebas reunidas o preservadas para el juicio de conformidad con el presente artículo se regirá en el juicio por lo dispuesto en el artículo 69 y la Sala de Primera Instancia decidirá cómo ha de ponderar esas pruebas.

Artículo 57. Funciones y atribuciones de la Sala de Cuestiones Preliminares. 1. A menos que el presente Estatuto disponga otra cosa, la Sala de Cuestiones Preliminares ejercerá sus funciones de conformidad con las disposiciones del presente artículo.

2. a) Las providencias u órdenes que la Sala de Cuestiones Preliminares dicte en virtud de los artículos 15, 18 o 19, el párrafo 2 del artículo 54, el

párrafo 7 del artículo 61 o el artículo 72 deberán ser aprobadas por la mayoría de los magistrados que la componen;

b) En todos los demás casos, un magistrado de la Sala de Cuestiones Preliminares podrá ejercer las funciones establecidas en el presente Estatuto, a menos que las Reglas de Procedimiento y Prueba dispongan otra cosa o así lo acuerde, por mayoría, la Sala de Cuestiones Preliminares.

3. Además de otras funciones que le confiere el presente Estatuto, la Sala de Cuestiones Preliminares podrá:

a) A petición del Fiscal, dictar las providencias y órdenes que sean necesarias a los fines de una investigación;

b) A petición de quien haya sido detenido o haya comparecido en virtud de una orden de comparecencia expedida con arreglo al artículo 58, dictar esas órdenes, incluidas medidas tales como las indicadas en el artículo 56 o solicitar con arreglo a la Parte IX la cooperación que sea necesaria para ayudarle a preparar su defensa;

c) Cuando sea necesario, asegurar la protección y el respeto de la intimidad de víctimas y testigos, la preservación de pruebas, la protección de personas detenidas o que hayan comparecido en virtud de una orden de comparecencia, así como la protección de información que afecte a la seguridad nacional;

d) Autorizar al Fiscal a adoptar determinadas medidas de investigación en el territorio de un Estado Parte sin haber obtenido la cooperación de éste con arreglo a la Parte IX en el caso de que la Sala haya determinado, de ser posible teniendo en cuenta las opiniones del Estado de que se trate, que dicho Estado manifiestamente no está en condiciones de cumplir una solicitud de cooperación debido a que no existe autoridad u órgano alguno de su sistema judicial competente para cumplir una solicitud de cooperación con arreglo a la Parte IX.

e) Cuando se haya dictado una orden de detención o de comparecencia con arreglo al artículo 58, y habida cuenta del valor de las pruebas y de los derechos de las partes de que se trate, de conformidad con lo dispuesto en el presente Estatuto y las Reglas de Procedimiento y Prueba, recabar la cooperación de los Estados con arreglo al párrafo 1 k) del artículo 93 para adoptar medidas cautelares a los efectos de un decomiso que, en particular, beneficie en última instancia a las víctimas.

Artículo 58. Orden de detención u orden de comparecencia dictada por la Sala de Cuestiones Preliminares. 1. En cualquier momento después de iniciada la investigación, la Sala de Cuestiones Preliminares dictará, a solicitud del Fiscal, una orden de detención contra una persona si, tras examinar la solicitud y las pruebas y otra información presentadas por el Fiscal, estuviere convencida de que:

a) Hay motivo razonable para creer que ha cometido un crimen de la competencia de la Corte; y

b) La detención parece necesaria para:

i) Asegurar que la persona comparezca en juicio;

ii) Asegurar que la persona no obstruya ni ponga en peligro la investigación ni las actuaciones de la Corte; o

iii) En su caso, impedir que la persona siga cometiendo ese crimen o un crimen conexo que sea de la competencia de la Corte y tenga su origen en las mismas circunstancias.

2. La solicitud del Fiscal consignará:

a) El nombre de la persona y cualquier otro dato que sirva para su identificación;

b) Una referencia expresa al crimen de la competencia de la Corte que presuntamente haya cometido;

c) Una descripción concisa de los hechos que presuntamente constituyan esos crímenes;

d) Un resumen de las pruebas y cualquier otra información que constituya motivo razonable para creer que la persona cometió esos crímenes; y

e) La razón por la cual el Fiscal crea necesaria la detención.

3. La orden de detención consignará:

a) El nombre de la persona y cualquier otro dato que sirva para su identificación;

b) Una referencia expresa al crimen de la competencia de la Corte por el que se pide su detención; y

c) Una descripción concisa de los hechos que presuntamente constituyan esos crímenes.

4. La orden de detención seguirá en vigor mientras la Corte no disponga lo contrario.

5. La Corte, sobre la base de la orden de detención, podrá solicitar la detención provisional o la detención y entrega de la persona de conformidad con la Parte IX del presente Estatuto.

6. El Fiscal podrá pedir a la Sala de Cuestiones Preliminares que enmiende la orden de detención para modificar la referencia al crimen indicado en ésta

o agregar otros. La Sala de Cuestiones Preliminares enmendará la orden si estuviere convencida de que hay motivo razonable para creer que la persona cometió los crímenes en la forma que se indica en esa modificación o adición.

7. El Fiscal podrá pedir a la Sala de Cuestiones Preliminares que, en lugar de una orden de detención, dicte una orden de comparecencia. La Sala, de estar convencida de que hay motivo razonable para creer que la persona ha cometido el crimen que se le imputa y que bastará con una orden de comparecencia para asegurar que comparezca efectivamente, dictará, con o sin las condiciones limitativas de la libertad (distintas de la detención) que prevea el derecho interno, una orden para que la persona comparezca. La orden de comparecencia consignará:

a) El nombre de la persona y cualquier otro dato que sirva para su identificación;

b) La fecha de la comparecencia;

c) Una referencia expresa al crimen de la competencia de la Corte que presuntamente haya cometido; y

d) Una descripción concisa de los hechos que presuntamente constituyan esos crímenes.

La notificación de la orden será personal.

Artículo 59. Procedimiento de detención en el Estado de detención. 1. El Estado Parte que haya recibido una solicitud de detención provisional o de detención y entrega tomará inmediatamente las medidas necesarias para la detención de conformidad con su derecho interno y con lo dispuesto en la Parte IX del presente Estatuto.

2. El detenido será llevado sin demora ante la autoridad judicial competente del Estado de detención, que determinará si, de conformidad con el derecho de ese Estado:

a) La orden le es aplicable;

b) La detención se llevó a cabo conforme a derecho; y

c) Se han respetado los derechos del detenido.

3. El detenido tendrá derecho a solicitar de la autoridad competente del Estado de detención la libertad provisional antes de su entrega.

4. Al decidir la solicitud, la autoridad competente del Estado de detención examinará si, dada la gravedad de los presuntos crímenes, hay circunstancias urgentes y excepcionales que justifiquen la libertad provisional y si existen las salvaguardias necesarias para que el Estado de detención pueda cumplir su

obligación de entregar la persona a la Corte. Esa autoridad no podrá examinar si la orden de detención fue dictada conforme a derecho con arreglo a los apartados a) y b) del párrafo 1 del artículo 58.

5. La solicitud de libertad provisional será notificada a la Sala de Cuestiones Preliminares, que hará recomendaciones a la autoridad competente del Estado de detención. Antes de adoptar su decisión, la autoridad competente del Estado de detención tendrá plenamente en cuenta esas recomendaciones, incluidas las relativas a medidas para impedir la evasión de la persona.

6. De concederse la libertad provisional, la Sala de Cuestiones Preliminares podrá solicitar informes periódicos al respecto.

7. Una vez que el Estado de detención haya ordenado la entrega, el detenido será puesto a disposición de la Corte tan pronto como sea posible.

Artículo 60. Primeras diligencias en la Corte. 1. Una vez que el imputado haya sido entregado a la Corte o haya comparecido voluntariamente o en cumplimiento de una orden de comparecencia, la Sala de Cuestiones Preliminares se asegurará de que ha sido informado de los crímenes que le son imputados y de los derechos que le reconoce el presente Estatuto incluido el de pedir la libertad provisional.

2. Quien sea objeto de una orden de detención podrá pedir la libertad provisional. Si la Sala de Cuestiones Preliminares está convencida de que se dan las condiciones enunciadas en el párrafo 1 del artículo 58, se mantendrá la detención. En caso contrario, la Sala de Cuestiones Preliminares pondrá en libertad al detenido, con o sin condiciones.

3. La Sala de Cuestiones Preliminares revisará periódicamente su decisión en cuanto a la puesta en libertad o la detención, y podrá hacerlo en cualquier momento en que lo solicite el Fiscal o el detenido. Sobre la base de la revisión, la Sala podrá modificar su decisión en cuanto a la detención, la puesta en libertad o las condiciones de ésta, si está convencida de que es necesario en razón de un cambio en las circunstancias.

4. La Sala de Cuestiones Preliminares se asegurará de que la detención en espera de juicio no se prolongue excesivamente a causa de una demora inexcusable del Fiscal. Si se produjere dicha demora, la Corte considerará la posibilidad de poner en libertad al detenido, con o sin condiciones.

5. De ser necesario, la Sala de Cuestiones Preliminares podrá dictar una orden de detención para hacer comparecer a una persona que haya sido puesta en libertad.

Artículo 61. Confirmación de los cargos antes del juicio. 1. Con sujeción a lo dispuesto en el párrafo 2 y dentro de un plazo razonable tras la entrega de la persona a la Corte o su comparecencia voluntaria ante ésta, la Sala de Cuestiones Preliminares celebrará una audiencia para confirmar los cargos sobre la base de los cuales el Fiscal tiene la intención de pedir el procesamiento. La audiencia se celebrará en presencia del Fiscal y del imputado, así como de su defensor.

2. La Sala de Cuestiones Preliminares, a solicitud del Fiscal o de oficio, podrá celebrar una audiencia en ausencia del acusado para confirmar los cargos en los cuales el Fiscal se basa para pedir el enjuiciamiento cuando el imputado:

a) Haya renunciado a su derecho a estar presente; o

b) Haya huido o no sea posible encontrarlo y se hayan tomado todas las medidas razonables para asegurar su comparecencia ante la Corte e informarle de los cargos y de que se celebrará una audiencia para confirmarlos.

En este caso, el imputado estará representado por un defensor cuando la Sala de Cuestiones Preliminares resuelva que ello redunda en interés de la justicia.

3. Dentro de un plazo razonable antes de la audiencia:

a) Se proporcionará al imputado un ejemplar del documento en que se formulen los cargos por los cuales el Fiscal se proponga enjuiciarlo; y

b) Se le informará de las pruebas que el Fiscal se proponga presentar en la audiencia.

La Sala de Cuestiones Preliminares podrá dictar providencias respecto de la revelación de información a los efectos de la audiencia.

4. Antes de la audiencia, el Fiscal podrá proseguir la investigación y modificar o retirar los cargos. Se dará al imputado aviso con antelación razonable a la audiencia de cualquier modificación de los cargos o de su retiro. En caso de retirarse cargos, el Fiscal comunicará las razones a la Sala de Cuestiones Preliminares.

5. En la audiencia, el Fiscal presentará respecto de cada cargo pruebas suficientes de que hay motivos fundados para creer que el imputado cometió el crimen que se le imputa. El Fiscal podrá presentar pruebas documentales o un resumen de las pruebas y no será necesario que llame a los testigos que han de declarar en el juicio.

6. En la audiencia, el imputado podrá:

a) Impugnar los cargos;

b) Impugnar las pruebas presentadas por el Fiscal; y

c) Presentar pruebas.

7. La Sala de Cuestiones Preliminares determinará, sobre la base de la audiencia, si existen pruebas suficientes de que hay motivos fundados para creer que el imputado cometió cada crimen que se le imputa. Según cuál sea esa determinación, la Sala de Cuestiones Preliminares:

a) Confirmará los cargos respecto de los cuales haya determinado que existen pruebas suficientes y asignará al acusado a una Sala de Primera Instancia para su enjuiciamiento por los cargos confirmados;

b) No confirmará los cargos respecto de los cuales haya determinado que las pruebas son insuficientes;

c) Levantará la audiencia y pedirá al Fiscal que considere la posibilidad de:

i) Presentar nuevas pruebas o llevar a cabo nuevas investigaciones en relación con un determinado cargo; o

ii) Modificar un cargo en razón de que las pruebas presentadas parecen indicar la comisión de un crimen distinto que sea de la competencia de la Corte.

8. La no confirmación de un cargo por parte de la Sala de Cuestiones Preliminares no obstará para que el Fiscal la pida nuevamente a condición de que presente pruebas adicionales.

9. Una vez confirmados los cargos y antes de comenzar el juicio, el Fiscal, con autorización de la Sala de Cuestiones Preliminares y previa notificación al acusado, podrá modificar los cargos. El Fiscal, si se propusiera presentar nuevos cargos o sustituirlos por otros más graves, deberá pedir una audiencia de conformidad con el presente artículo para confirmarlos. Una vez comenzado el juicio, el Fiscal, con autorización de la Sala de Primera Instancia, podrá retirar los cargos.

10. Toda orden ya dictada dejará de tener efecto con respecto a los cargos que no hayan sido confirmados por la Sala de Cuestiones Preliminares o hayan sido retirados por el Fiscal.

11. Una vez confirmados los cargos de conformidad con el presente artículo, la Presidencia constituirá una Sala de Primera Instancia que, con sujeción a lo dispuesto en el párrafo 9 del presente artículo y en el párrafo 4 del artículo 64, se encargará de la siguiente fase del procedimiento y podrá ejercer las funciones de la Sala de Cuestiones Preliminares que sean pertinentes y apropiadas en ese procedimiento.

PARTE VI
DEL JUICIO

Artículo 62. Lugar del juicio. A menos que se decida otra cosa, el juicio se celebrará en la sede de la Corte.

Artículo 63. Presencia del acusado en el juicio. 1. El acusado estará presente durante el juicio.

2. Si el acusado, estando presente en la Corte, perturbare continuamente el juicio, la Sala de Primera Instancia podrá disponer que salga de ella y observe el proceso y dé instrucciones a su defensor desde fuera, utilizando, en caso necesario, tecnologías de comunicación. Esas medidas se adoptarán únicamente en circunstancias excepcionales, después de que se haya demostrado que no hay otras posibilidades razonables y adecuadas, y únicamente durante el tiempo que sea estrictamente necesario.

Artículo 64. Funciones y atribuciones de la Sala de Primera Instancia. 1. Las funciones y atribuciones de la Sala de Primera Instancia enunciadas en el presente artículo deberán ejercerse de conformidad con el presente Estatuto y las Reglas de Procedimiento y Prueba.

2. La Sala de Primera Instancia velará por que el juicio sea justo y expedito y se sustancie con pleno respeto de los derechos del acusado y teniendo debidamente en cuenta la protección de las víctimas y de los testigos.

3. La Sala de Primera Instancia a la que se asigne una causa de conformidad con el presente Estatuto:

a) Celebrará consultas con las partes y adoptará los procedimientos que sean necesarios para que el juicio se sustancie de manera justa y expedita;

b) Determinará el idioma o los idiomas que habrán de utilizarse en el juicio; y

c) Con sujeción a cualesquiera otras disposiciones pertinentes del presente Estatuto, dispondrá la divulgación de los documentos o de la información que no se hayan divulgado anteriormente, con suficiente antelación al comienzo del juicio como para permitir su preparación adecuada.

4. La Sala de Primera Instancia podrá, en caso de ser necesario para su funcionamiento eficaz e imparcial, remitir cuestiones preliminares a la Sala de Cuestiones Preliminares o, de ser necesario, a otro magistrado de la Sección de Cuestiones Preliminares que esté disponible.

5. Al notificar a las partes, la Sala de Primera Instancia podrá, según proceda, indicar que se deberán acumular o separar los cargos cuando haya más de un acusado.

6. Al desempeñar sus funciones antes del juicio o en el curso de éste, la Sala de Primera Instancia podrá, de ser necesario:

a) Ejercer cualquiera de las funciones de la Sala de Cuestiones Preliminares indicadas en el párrafo 11 del artículo 61;

b) Ordenar la comparecencia y la declaración de testigos y la presentación de documentos y otras pruebas recabando, de ser necesario, la asistencia de los Estados con arreglo a lo dispuesto en el presente Estatuto;

c) Adoptar medidas para la protección de la información confidencial;

d) Ordenar la presentación de pruebas adicionales a las ya reunidas con antelación al juicio o a las presentadas durante el juicio por las partes;

e) Adoptar medidas para la protección del acusado, de los testigos y de las víctimas; y

f) Dirimir cualesquiera otras cuestiones pertinentes.

7. El juicio será público. Sin embargo, la Sala de Primera Instancia podrá decidir que determinadas diligencias se efectúen a puerta cerrada, de conformidad con el artículo 68, debido a circunstancias especiales o para proteger la información de carácter confidencial o restringida que haya de presentarse en la práctica de la prueba.

8. a) Al comenzar el juicio, la Sala de Primera Instancia dará lectura ante el acusado de los cargos confirmados anteriormente por la Sala de Cuestiones Preliminares. La Sala de Primera Instancia se cerciorará de que el acusado comprende la naturaleza de los cargos. Dará al acusado la oportunidad de declararse culpable de conformidad con el artículo 65 o de declararse inocente;

b) Durante el juicio, el magistrado presidente podrá impartir directivas para la sustanciación del juicio, en particular para que éste sea justo e imparcial. Con sujeción a las directivas que imparta el magistrado presidente las partes podrán presentar pruebas de conformidad con las disposiciones del presente Estatuto.

9. La Sala de Primera Instancia podrá, a petición de una de las partes o de oficio, entre otras cosas:

a) Decidir sobre la admisibilidad o pertinencia de las pruebas;

b) Tomar todas las medidas necesarias para mantener el orden en las audiencias.

10. La Sala de Primera Instancia hará que el Secretario lleve y conserve un expediente completo del juicio, en el que se consignen fielmente las diligencias practicadas.

Artículo 65. Procedimiento en caso de declaración de culpabilidad. 1. Si el acusado se declara culpable en las condiciones indicadas en el párrafo 8 a) del artículo 64, la Sala de Primera Instancia determinará:

a) Si el acusado comprende la naturaleza y las consecuencias de la declaración de culpabilidad;

b) Si esa declaración ha sido formulada voluntariamente tras suficiente consulta con el abogado defensor; y

c) Si la declaración de culpabilidad está corroborada por los hechos de la causa conforme a:

i) Los cargos presentados por el Fiscal y aceptados por el acusado;

ii) Las piezas complementarias de los cargos presentados por el Fiscal y aceptados por el acusado; y

iii) Otras pruebas, como declaraciones de testigos, presentadas por el Fiscal o el acusado.

2. La Sala de Primera Instancia, de constatar que se cumplen las condiciones a que se hace referencia en el párrafo 1, considerará que la declaración de culpabilidad, junto con las pruebas adicionales presentadas, constituye un reconocimiento de todos los hechos esenciales que configuran el crimen del cual se ha declarado culpable el acusado y podrá condenarlo por ese crimen.

3. La Sala de Primera Instancia, de constatar que no se cumplen las condiciones a que se hace referencia en el párrafo 1, tendrá la declaración de culpabilidad por no formulada y, en ese caso, ordenará que prosiga el juicio con arreglo al procedimiento ordinario estipulado en el presente Estatuto y podrá remitir la causa a otra Sala de Primera Instancia.

4. La Sala de Primera Instancia, cuando considere necesaria en interés de la justicia y en particular en interés de las víctimas, una presentación más completa de los hechos de la causa, podrá:

a) Pedir al Fiscal que presente pruebas adicionales, inclusive declaraciones de testigos; u

b) Ordenar que prosiga el juicio con arreglo al procedimiento ordinario estipulado en el presente Estatuto, en cuyo caso tendrá la declaración de culpabilidad por no formulada y podrá remitir la causa a otra Sala de Primera Instancia.

5. Las consultas que celebren el Fiscal y la defensa respecto de la modificación de los cargos, la declaración de culpabilidad o la pena que habrá de imponerse no serán obligatorias para la Corte.

Artículo 66. Presunción de inocencia. 1. Se presumirá que toda persona es inocente mientras no se pruebe su culpabilidad ante la Corte de conformidad con el derecho aplicable.

2. Incumbirá al Fiscal probar la culpabilidad del acusado.

3. Para dictar sentencia condenatoria, la Corte deberá estar convencida de la culpabilidad del acusado más allá de toda duda razonable.

Artículo 67. Derechos del acusado. 1. En la determinación de cualquier cargo, el acusado tendrá derecho a ser oído públicamente, habida cuenta de las disposiciones del presente Estatuto, y a una audiencia justa e imparcial, así como a las siguientes garantías mínimas en pie de plena igualdad:

a) A ser informado sin demora y en forma detallada, en un idioma que comprenda y hable perfectamente, de la naturaleza, la causa y el contenido de los cargos que se le imputan;

b) A disponer del tiempo y de los medios adecuados para la preparación de su defensa y a comunicarse libre y confidencialmente con un defensor de su elección;

c) A ser juzgado sin dilaciones indebidas;

d) Con sujeción a lo dispuesto en el párrafo 2 del artículo 63, el acusado tendrá derecho a hallarse presente en el proceso y a defenderse personalmente o ser asistido por un defensor de su elección; a ser informado, si no tuviera defensor, del derecho que le asiste a tenerlo y, siempre que el interés de la justicia lo exija, a que se le nombre defensor de oficio, gratuitamente si careciere de medios suficientes para pagarlo;

e) A interrogar o hacer interrogar a los testigos de cargo y a obtener la comparecencia de los testigos de descargo y que éstos sean interrogados en las mismas condiciones que los testigos de cargo. El acusado tendrá derecho también a oponer excepciones y a presentar cualquier otra prueba admisible de conformidad con el presente Estatuto;

f) A ser asistido gratuitamente por un intérprete competente y a obtener las traducciones necesarias para satisfacer los requisitos de equidad, si en las actuaciones ante la Corte o en los documentos presentados a la Corte se emplea un idioma que no comprende y no habla;

g) A no ser obligado a declarar contra sí mismo ni a declararse culpable y a guardar silencio, sin que ello pueda tenerse en cuenta a los efectos de determinar su culpabilidad o inocencia;

h) A declarar de palabra o por escrito en su defensa sin prestar juramento; y

i) A que no se invierta la carga de la prueba ni le sea impuesta la carga de presentar contrapruebas.

2. Además de cualquier otra divulgación de información estipulada en el presente Estatuto, el Fiscal divulgará a la defensa, tan pronto como sea posible, las pruebas que obren en su poder o estén bajo su control y que, a su juicio, indiquen o tiendan a indicar la inocencia del acusado, o a atenuar su culpabilidad, o que puedan afectar a la credibilidad de las pruebas de cargo.

En caso de duda acerca de la aplicación de este párrafo, la Corte decidirá.

Artículo 68. Protección de las víctimas y los testigos y su participación en las actuaciones. 1. La Corte adoptará las medidas adecuadas para proteger la seguridad, el bienestar físico y psicológico, la dignidad y la vida privada de las víctimas y los testigos. Con este fin, la Corte tendrá en cuenta todos los factores pertinentes, incluidos la edad, el género, definido en el párrafo 3 del artículo 7, y la salud, así como la índole del crimen, en particular cuando éste entrañe violencia sexual o por razones de género, o violencia contra niños. En especial, el Fiscal adoptará estas medidas en el curso de la investigación y el enjuiciamiento de tales crímenes. Estas medidas no podrán redundar en perjuicio de los derechos del acusado o de un juicio justo e imparcial ni serán incompatibles con éstos.

2. Como excepción al principio del carácter público de las audiencias establecido en el artículo 67, las Salas de la Corte podrán, a fin de proteger a las víctimas y los testigos o a un acusado, decretar que una parte del juicio se celebre a puerta cerrada o permitir la presentación de pruebas por medios electrónicos u otros medios especiales. En particular, se aplicarán estas medidas en el caso de una víctima de violencia sexual o de un menor de edad que sea víctima o testigo, salvo decisión en contrario adoptada por la Corte atendiendo a todas las circunstancias, especialmente la opinión de la víctima o el testigo.

3. La Corte permitirá, en las fases del juicio que considere conveniente, que se presenten y tengan en cuenta las opiniones y observaciones de las víctimas si se vieren afectados sus intereses personales y de una manera que no redunde en detrimento de los derechos del acusado o de un juicio justo

e imparcial ni sea incompatible con éstos. Los representantes legales de las víctimas podrán presentar dichas opiniones y observaciones cuando la Corte lo considere conveniente y de conformidad con las Reglas de Procedimiento y Prueba.

4. La Dependencia de Víctimas y Testigos podrá asesorar al Fiscal y a la Corte acerca de las medidas adecuadas de protección, los dispositivos de seguridad, el asesoramiento y la asistencia a que se hace referencia en el párrafo 6 del artículo 43.

5. Cuando la divulgación de pruebas o información de conformidad con el presente Estatuto entrañare un peligro grave para la seguridad de un testigo o de su familia, el Fiscal podrá, a los efectos de cualquier diligencia anterior al juicio, no presentan dichas pruebas o información y presentar en cambio un resumen de éstas. Las medidas de esta índole no podrán redundar en perjuicio de los derechos del acusado o de un juicio justo e imparcial ni serán incompatibles con éstos.

6. Todo Estado podrá solicitar que se adopten las medidas necesarias respecto de la protección de sus funcionarios o agentes, así como de la protección de información de carácter confidencial o restringido.

Artículo 69. Práctica de las pruebas. 1. Antes de declarar, cada testigo se comprometerá, de conformidad con las Reglas de Procedimiento y Prueba, a decir verdad en su testimonio.

2. La prueba testimonial deberá rendirse en persona en el juicio, salvo cuando se apliquen las medidas establecidas en el artículo 68 o en las Reglas de Procedimiento y Prueba. Asimismo, la Corte podrá permitir al testigo que preste testimonio oralmente o por medio de una grabación de vídeo o audio, así como que se presenten documentos o transcripciones escritas, con sujeción al presente Estatuto y de conformidad con las Reglas de Procedimiento y Prueba. Estas medidas no podrán redundar en perjuicio de los derechos del acusado ni serán incompatibles con éstos.

3. Las partes podrán presentar pruebas pertinentes a la causa, de conformidad con el artículo 64. La Corte estará facultada para pedir todas las pruebas que considere necesarias para determinar la veracidad de los hechos.

4. La Corte podrá decidir sobre la pertinencia o admisibilidad de cualquier prueba, teniendo en cuenta, entre otras cosas, su valor probatorio y cualquier perjuicio que pueda suponer para un juicio justo o para la justa evaluación del

testimonio de un testigo, de conformidad con las Reglas de Procedimiento y Prueba.

5. La Corte respetará los privilegios de confidencialidad establecidos en las Reglas de Procedimiento y Prueba.

6. La Corte no exigirá prueba de los hechos de dominio público, pero podrá incorporarlos en autos.

7. No serán admisibles las pruebas obtenidas como resultado de una violación del presente Estatuto o de las normas de derechos humanos internacionalmente reconocidas cuando:

a) Esa violación suscite serias dudas sobre la fiabilidad de las pruebas; o

b) Su admisión atente contra la integridad del juicio o redunde en grave desmedro de él.

8. La Corte, al decidir sobre la pertinencia o la admisibilidad de las pruebas presentadas por un Estado, no podrá pronunciarse sobre la aplicación del derecho interno de ese Estado.

Artículo 70. Delitos contra la administración de justicia. 1. La Corte tendrá competencia para conocer de los siguientes delitos contra la administración de justicia, siempre y cuando se cometan intencionalmente:

a) Dar falso testimonio cuando se esté obligado a decir verdad de conformidad con el párrafo 1 del artículo 69;

b) Presentar pruebas a sabiendas de que son falsas o han sido falsificadas;

c) Corromper a un testigo, obstruir su comparecencia o testimonio o interferir en ellos, tomar represalias contra un testigo por su declaración, destruir o alterar pruebas o interferir en las diligencias de prueba;

d) Poner trabas, intimidar o corromper a un funcionario de la Corte para obligarlo o inducirlo a que no cumpla sus funciones o a que lo haga de manera indebida;

e) Tomar represalias contra un funcionario de la Corte en razón de funciones que haya desempeñado él u otro funcionario; y

f) Solicitar o aceptar un soborno en calidad de funcionario de la Corte y en relación con sus funciones oficiales.

2. Las Reglas de Procedimiento y Prueba establecerán los principios y procedimientos que regulen el ejercicio por la Corte de su competencia sobre los delitos a que se hace referencia en el presente artículo. Las condiciones de la cooperación internacional con la Corte respecto de las actuaciones que realice

de conformidad con el presente artículo se regirán por el derecho interno del Estado requerido.

3. En caso de decisión condenatoria, la Corte podrá imponer una pena de reclusión no superior a cinco años o una multa, o ambas penas, de conformidad con las Reglas de Procedimiento y Prueba.

4. a) Todo Estado Parte hará extensivas sus leyes penales que castiguen los delitos contra la integridad de su propio procedimiento de investigación o enjuiciamiento a los delitos contra la administración de justicia a que se hace referencia en el presente artículo y sean cometidos en su territorio o por uno de sus nacionales;

b) A solicitud de la Corte, el Estado Parte, siempre que lo considere apropiado, someterá el asunto a sus autoridades competentes a los efectos del enjuiciamiento. Esas autoridades conocerán de tales asuntos con diligencia y asignarán medios suficientes para que las causas se sustancien en forma eficaz.

Artículo 71. Sanciones por faltas de conducta en la Corte. 1. En caso de faltas de conducta de personas presentes en la Corte, tales como perturbar las audiencias o negarse deliberadamente a cumplir sus órdenes, la Corte podrá imponer sanciones administrativas, que no entrañen privación de la libertad, como expulsión temporal o permanente de la sala, multa u otras medidas similares establecidas en las Reglas de Procedimiento y Prueba.

2. El procedimiento para imponer las medidas a que se refiere el párrafo 1 se regirá por las Reglas de Procedimiento y Prueba.

Artículo 72. Protección de información que afecte a la seguridad nacional. 1. El presente artículo será aplicable en todos los casos en que la divulgación de información o documentos de un Estado pueda, a juicio de éste, afectar a los intereses de su seguridad nacional. Esos casos son los comprendidos en el ámbito de los párrafos 2 y 3 del artículo 56, el párrafo 3 del artículo 61, el párrafo 3 del artículo 64, el párrafo 2 del artículo 67, el párrafo 6 del artículo 68, el párrafo 6 del artículo 87 y el artículo 93, así como los que se presenten en cualquier otra fase del procedimiento en el contexto de esa divulgación.

2. El presente artículo se aplicará también cuando una persona a quien se haya solicitado información o pruebas se niegue a presentarlas o haya pedido un pronunciamiento del Estado porque su divulgación afectaría a los intereses

de la seguridad nacional del Estado, y el Estado de que se trate confirme que, a su juicio, esa divulgación afectaría a los intereses de su seguridad nacional.

3. Nada de lo dispuesto en el presente artículo afectará a los privilegios de confidencialidad a que se refieren los apartados e) y f) del párrafo 3 del artículo 54 ni la aplicación del artículo 73.

4. Si un Estado tiene conocimiento de que información o documentos suyos están siendo divulgados o pueden serlo en cualquier fase del procedimiento y estima que esa divulgación afectaría a sus intereses de seguridad nacional, tendrá derecho a pedir que la cuestión se resuelva de conformidad con el presente artículo.

5. El Estado a cuyo juicio la divulgación de información afectaría a sus intereses de seguridad nacional adoptará, actuando en conjunto con el Fiscal, la defensa, la Sala de Cuestiones Preliminares o la Sala de Primera Instancia según sea el caso, todas las medidas razonables para resolver la cuestión por medio de la cooperación. Esas medidas podrán ser, entre otras, las siguientes:

a) La modificación o aclaración de la solicitud;

b) Una decisión de la Corte respecto de la pertinencia de la información o de las pruebas solicitadas, o una decisión sobre si las pruebas, aunque pertinentes, pudieran obtenerse o se hubieran obtenido de una fuente distinta del Estado;

c) La obtención de la información o las pruebas de una fuente distinta o en una forma diferente; o

d) Un acuerdo sobre las condiciones en que se preste la asistencia, que incluya, entre otras cosas, la presentación de resúmenes o exposiciones, restricciones a la divulgación, la utilización de procedimientos a puerta cerrada o ex parte, u otras medidas de protección permitidas con arreglo al Estatuto o las Reglas de Procedimiento y Prueba.

6. Una vez que se hayan adoptado todas las medidas razonables para resolver la cuestión por medio de la cooperación, el Estado, si considera que la información o los documentos no pueden proporcionarse ni divulgarse por medio alguno ni bajo ninguna condición sin perjuicio de sus intereses de seguridad nacional, notificará al Fiscal o a la Corte las razones concretas de su decisión, a menos que la indicación concreta de esas razones perjudique necesariamente los intereses de seguridad nacional del Estado.

7. Posteriormente, si la Corte decide que la prueba es pertinente y necesaria para determinar la culpabilidad o la inocencia del acusado, podrá adoptar las disposiciones siguientes:

a) Cuando se solicite la divulgación de la información o del documento de conformidad con una solicitud de cooperación con arreglo a la Parte IX del presente Estatuto o en las circunstancias a que se refiere el párrafo 2 del presente artículo, y el Estado hiciere valer para denegarla el motivo indicado en el párrafo 4 del artículo 93:

i) La Corte podrá, antes de adoptar una de las conclusiones a que se refiere el inciso ii) del apartado a) del párrafo 7, solicitar nuevas consultas con el fin de oír las razones del Estado. La Corte, si el Estado lo solicita, celebrará las consultas a puerta cerrada y ex parte;

ii) Si la Corte llega a la conclusión de que, al hacer valer el motivo de denegación indicado en el párrafo 4 del artículo 93, dadas las circunstancias del caso, el Estado requerido no está actuando de conformidad con las obligaciones que le impone el presente Estatuto, podrá remitir la cuestión de conformidad con el párrafo 7 del artículo 87, especificando las razones de su conclusión; y

iii) La Corte, en el juicio del acusado, podrá extraer las inferencias respecto de la existencia o inexistencia de un hecho que sean apropiadas en razón de las circunstancias; o

b) En todas las demás circunstancias:

i) Ordenar la divulgación; o

ii) Si no ordena la divulgación, en el juicio del acusado, extraer las inferencias respecto de la existencia o inexistencia de un hecho que sean apropiadas en razón de las circunstancias.

Artículo 73. Información o documentos de terceros. La Corte, si pide a un Estado Parte que le proporcione información o un documento que esté bajo su custodia, posesión o control y que le haya sido divulgado por un Estado, una organización intergubernamental o una organización internacional a título confidencial, éste recabará el consentimiento de su autor para divulgar la información o el documento. Si el autor es un Estado Parte, deberá consentir en divulgar dicha información o documento o comprometerse a resolver la cuestión con la Corte, con sujeción a lo dispuesto en el artículo 72. Si el autor no es un Estado Parte y no consiente en divulgar la información o el documento, el Estado requerido comunicará a la Corte que no puede proporcionar la información o el documento de que se trate en razón de la obligación contraída con su autor de preservar su carácter confidencial.

Artículo 74. Requisitos para el fallo. 1. Todos los magistrados de la Sala de Primera Instancia estarán presentes en cada fase del juicio y en todas sus deliberaciones. La Presidencia podrá designar para cada causa y según estén disponibles uno o varios magistrados suplentes para que asistan a todas las fases del juicio y sustituyan a cualquier miembro de la Sala de Primera Instancia que se vea imposibilitado para seguir participando en el juicio.

2. La Sala de Primera Instancia fundamentará su fallo en su evaluación de las pruebas y de la totalidad del juicio. El fallo se referirá únicamente a los hechos y las circunstancias descritos en los cargos o las modificaciones a los cargos, en su caso. La Corte podrá fundamentar su fallo únicamente en las pruebas presentadas y examinadas ante ella en el juicio.

3. Los magistrados procurarán adoptar su fallo por unanimidad, pero, de no ser posible, éste será adoptado por mayoría.

4. Las deliberaciones de la Sala de Primera Instancia serán secretas.

5. El fallo constará por escrito e incluirá una exposición fundada y completa de la evaluación de las pruebas y las conclusiones. La Sala de Primera Instancia dictará un fallo. Cuando no haya unanimidad, el fallo de la Sala de Primera Instancia incluirá las opiniones de la mayoría y de la minoría. La lectura del fallo o de un resumen de éste se hará en sesión pública.

Artículo 75. Reparación a las víctimas. 1. La Corte establecerá principios aplicables a la reparación, incluidas la restitución, la indemnización y la rehabilitación, que ha de otorgarse a las víctimas o a sus causahabientes. Sobre esta base, la Corte, previa solicitud o de oficio en circunstancias excepcionales, podrá determinar en su decisión el alcance y la magnitud de los daños, pérdidas o perjuicios causados a las víctimas o a sus causahabientes, indicando los principios en que se funda.

2. La Corte podrá dictar directamente una decisión contra el condenado en la que indique la reparación adecuada que ha de otorgarse a las víctimas, incluidas la restitución, la indemnización y la rehabilitación. Cuando proceda, la Corte podrá ordenar que la indemnización otorgada a título de reparación se pague por conducto del Fondo Fiduciario previsto en el artículo 79.

3. La Corte, antes de tomar una decisión con arreglo a este artículo, podrá solicitar y tendrá en cuenta las observaciones formuladas por el condenado, las víctimas, otras personas o Estados que tengan un interés, o las que se formulen en su nombre.

4. Al ejercer sus atribuciones de conformidad con el presente artículo, la Corte, una vez que una persona sea declarada culpable de un crimen de su competencia, podrá determinar si, a fin de dar efecto a una decisión que dicte de conformidad con este artículo, es necesario solicitar medidas de conformidad con el párrafo 1 del artículo 93.

5. Los Estados Partes darán efecto a la decisión dictada con arreglo a este artículo como si las disposiciones del artículo 109 se aplicaran al presente artículo.

6. Nada de lo dispuesto en el presente artículo podrá interpretarse en perjuicio de los derechos de las víctimas con arreglo al derecho interno o el derecho internacional.

Artículo 76. Fallo condenatorio. 1. En caso de que se dicte un fallo condenatorio, la Sala de Primera Instancia fijará la pena que proceda imponer, para lo cual tendrá en cuenta las pruebas practicadas y las conclusiones relativas a la pena que se hayan hecho en el proceso.

2. Salvo en el caso en que sea aplicable el artículo 65, la Sala de Primera Instancia podrá convocar de oficio una nueva audiencia, y tendrá que hacerlo si lo solicitan el Fiscal o el acusado antes de que concluya la instancia, a fin de practicar diligencias de prueba o escuchar conclusiones adicionales relativas a la pena, de conformidad con las Reglas de Procedimiento y Prueba.

3. En el caso en que sea aplicable el párrafo 2, en la audiencia a que se hace referencia en ese párrafo o, de ser necesario, en una audiencia adicional se escucharán las observaciones que se hagan en virtud del artículo 75.

4. La pena será impuesta en audiencia pública y, de ser posible, en presencia del acusado.

PARTE VII
DE LAS PENAS

Artículo 77. Penas aplicables. 1. La Corte podrá, con sujeción a lo dispuesto en el artículo 110, imponer a la persona declarada culpable de uno de los crímenes a que se hace referencia en el artículo 5 del presente Estatuto una de las penas siguientes:

a) La reclusión por un número determinado de años que no exceda de 30 años; o

b) La reclusión a perpetuidad cuando lo justifiquen la extrema gravedad del crimen y las circunstancias personales del condenado.

2. Además de la reclusión, la Corte podrá imponer:

a) Una multa con arreglo a los criterios enunciados en las Reglas de Procedimiento y Prueba;

b) El decomiso del producto, los bienes y los haberes procedentes directa o indirectamente de dicho crimen, sin perjuicio de los derechos de terceros de buena fe.

Artículo 78. Imposición de la pena. 1. Al imponer una pena, la Corte tendrá en cuenta, de conformidad con las Reglas de Procedimiento y Prueba, factores tales como la gravedad del crimen y las circunstancias personales del condenado.

2. La Corte, al imponer una pena de reclusión, abonará el tiempo que, por orden suya, haya estado detenido el condenado. La Corte podrá abonar cualquier otro período de detención cumplido en relación con la conducta constitutiva del delito.

3. Cuando una persona haya sido declarada culpable de más de un crimen, la Corte impondrá una pena para cada uno de ellos y una pena común en la que se especifique la duración total de la reclusión. La pena no será inferior a la más alta de cada una de las penas impuestas y no excederá de 30 años de reclusión o de una pena de reclusión a perpetuidad de conformidad con el párrafo 1 b) del artículo 77.

Artículo 79. Fondo fiduciario. 1. Por decisión de la Asamblea de los Estados Partes se establecerá un fondo fiduciario en beneficio de las víctimas de crímenes de la competencia de la Corte y de sus familias.

2. La Corte podrá ordenar que las sumas y los bienes que reciba a título de multa o decomiso sean transferidos al Fondo Fiduciario.

3. El Fondo Fiduciario será administrado según los criterios que fije la Asamblea de los Estados Partes.

Artículo 80. El Estatuto, la aplicación de penas por los países y la legislación nacional. Nada de lo dispuesto en la presente parte se entenderá en perjuicio de la aplicación por los Estados de las penas prescritas por su legislación nacional ni de la legislación de los Estados en que no existan las penas prescritas en la presente parte.

PARTE VIII
DE LA APELACIÓN Y LA REVISIÓN

Artículo 81. Apelación del fallo condenatorio o absolutorio o de la pena. 1. Los fallos dictados de conformidad con el artículo 74 serán apelables de conformidad con las Reglas de Procedimiento y Prueba, según se dispone a continuación:

a) El Fiscal podrá apelar por alguno de los motivos siguientes:

i) Vicio de procedimiento;

ii) Error de hecho; o

iii) Error de derecho;

b) El condenado, o el Fiscal en su nombre, podrá apelar por alguno de los motivos siguientes:

i) Vicio de procedimiento;

ii) Error de hecho;

iii) Error de derecho;

iv) Cualquier otro motivo que afecte a la justicia o a la regularidad del proceso o del fallo.

2. a) El Fiscal o el condenado podrán apelar de una pena impuesta, de conformidad con las Reglas de Procedimiento y Prueba, en razón de una desproporción entre el crimen y la pena;

b) La Corte, si al conocer de la apelación de una pena impuesta, considerase que hay fundamentos para revocar la condena en todo o parte, podrá invitar al Fiscal y al condenado a que presenten sus argumentos de conformidad con los apartados a) o b) del párrafo 1 del artículo 81 y podrá dictar una decisión respecto de la condena de conformidad con el artículo 83;

c) Este procedimiento también será aplicable cuando la Corte, al conocer de una apelación contra el fallo condenatorio únicamente, considere que hay fundamentos para reducir la pena en virtud del párrafo 2 a).

3. a) Salvo que la Sala de Primera Instancia ordene otra cosa, el condenado permanecerá privado de libertad mientras se falla la apelación;

b) Cuando la duración de la detención fuese mayor que la de la pena de prisión impuesta, el condenado será puesto en libertad; sin embargo, si el Fiscal también apelase, esa libertad podrá quedar sujeta a las condiciones enunciadas en el apartado siguiente;

c) Si la sentencia fuere absolutoria, el acusado será puesto en libertad de inmediato, con sujeción a las normas siguientes:

i) En circunstancias excepcionales y teniendo en cuenta entre otras cosas, el riesgo concreto de fuga, la gravedad del delito y las probabilidades de que se dé lugar a la apelación, la Sala de Primera Instancia, a solicitud del Fiscal, podrá decretar que siga privado de la libertad mientras dure la apelación;

ii) Las decisiones dictadas por la Sala de Primera Instancia en virtud del inciso precedente serán apelables de conformidad con las Reglas de Procedimiento y Prueba.

4. Con sujeción a lo dispuesto en los apartados a) y b) del párrafo 3, la ejecución del fallo o de la pena será suspendida durante el plazo fijado para la apelación y mientras dure el procedimiento de apelación.

Artículo 82. Apelación de otras decisiones. 1. Cualquiera de las partes podrá apelar, de conformidad con las Reglas de Procedimiento y Prueba, de las siguientes decisiones:

a) Una decisión relativa a la competencia o la admisibilidad;

b) Una decisión por la que se autorice o deniegue la libertad de la persona objeto de investigación o enjuiciamiento;

c) Una decisión de la Sala de Cuestiones Preliminares de actuar de oficio de conformidad con el párrafo 3 del artículo 56;

d) Una decisión relativa a una cuestión que afecte de forma significativa a la justicia y a la prontitud con que se sustancia el proceso o a su resultado y respecto de la cual, en opinión de la Sala de Cuestiones Preliminares o la Sala de Primera Instancia, una resolución inmediata de la Sala de Apelaciones pueda acelerar materialmente el proceso.

2. El Estado de que se trate o el Fiscal, con la autorización de la Sala de Cuestiones Preliminares, podrá apelar de una decisión adoptada por esta Sala de conformidad con el párrafo 3 d) del artículo 57. La apelación será sustanciada en procedimiento sumario.

3. La apelación no suspenderá por sí misma el procedimiento a menos que la Sala de Apelaciones así lo resuelva, previa solicitud y de conformidad con las Reglas de Procedimiento y Prueba.

4. El representante legal de las víctimas, el condenado o el propietario de buena fe de bienes afectados por una providencia dictada en virtud del artículo 75 podrán apelar, de conformidad con las Reglas de Procedimiento y Prueba, de la decisión por la cual se conceda reparación.

Artículo 83. Procedimiento de apelación. 1. A los efectos del procedimiento establecido en el artículo 81 y en el presente artículo, la Sala de Apelaciones tendrá todas las atribuciones de la Sala de Primera Instancia.

2. La Sala de Apelaciones, si decide que las actuaciones apeladas fueron injustas y que ello afecta a la regularidad del fallo o la pena o que el fallo o la pena apelados adolecen efectivamente de errores de hecho o de derecho o de vicios de procedimiento, podrá:

a) Revocar o enmendar el fallo o la pena; o

b) Decretar la celebración de un nuevo juicio en otra Sala de Primera Instancia.

A estos efectos, la Sala de Apelaciones podrá devolver una cuestión de hecho a la Sala de Primera Instancia original para que la examine y le informe según corresponda, o podrá ella misma pedir pruebas para dirimirla. El fallo o la pena apelados únicamente por el condenado, o por el Fiscal en nombre de éste, no podrán ser modificados en perjuicio suyo.

3. La Sala de Apelaciones, si al conocer de una apelación contra la pena, considera que hay una desproporción entre el crimen y la pena, podrá modificar ésta de conformidad con lo dispuesto en la Parte VII.

4. La sentencia de la Sala de Apelaciones será aprobada por mayoría de los magistrados que la componen y anunciada en audiencia pública. La sentencia enunciará las razones en que se funda. De no haber unanimidad, consignará las opiniones de la mayoría y de la minoría, si bien un magistrado podrá emitir una opinión separada o disidente sobre una cuestión de derecho.

5. La Sala de Apelaciones podrá dictar sentencia en ausencia de la persona absuelta o condenada.

Artículo 84. Revisión del fallo condenatorio o de la pena. 1. El condenado o, después de su fallecimiento, el cónyuge, los hijos, los padres o quien estuviera vivo al momento de la muerte del acusado y tuviera instrucciones escritas del acusado de hacerlo, o el Fiscal en su nombre, podrá pedir a la Sala de Apelaciones que revise el fallo definitivo condenatorio o la pena por las siguientes causas:

a) Se hubieren descubierto nuevas pruebas que:

i) No se hallaban disponibles a la época del juicio por motivos que no cabría imputar total o parcialmente a la parte que formula la solicitud; y

ii) Son suficientemente importantes como para que, de haberse valorado en el juicio, probablemente hubieran dado lugar a otro veredicto;

b) Se acabare de descubrir que un elemento de prueba decisivo, apreciado en el juicio y del cual depende la condena, era falso o habría sido objeto de adulteración o falsificación;

c) Uno o más de los magistrados que intervinieron en el fallo condenatorio o en la confirmación de los cargos han incurrido, en esa causa, en una falta grave o un incumplimiento grave de magnitud suficiente para justificar su separación del cargo de conformidad con el artículo 46.

2. La Sala de Apelaciones rechazará la solicitud si la considera infundada. Si determina que la solicitud es atendible, podrá, según corresponda:

a) Convocar nuevamente a la Sala de Primera Instancia original;

b) Constituir una nueva Sala de Primera Instancia; o

c) Mantener su competencia respecto del asunto, para, tras oír a las partes en la manera establecida en las Reglas de Procedimiento y Prueba, determinar si ha de revisarse la sentencia.

Artículo 85. Indemnización del detenido o condenado. 1. El que haya sido ilegalmente detenido o recluido tendrá el derecho efectivo a ser indemnizado.

2. El que por decisión final hubiera sido condenado por un crimen y hubiere cumplido pena por tal motivo será indemnizado conforme a la ley de ser anulada posteriormente su condena en razón de hechos nuevos que demuestren concluyentemente que hubo un error judicial, salvo que la falta de conocimiento oportuno de esos hechos le fuera total o parcialmente imputable.

3. En circunstancias excepcionales, la Corte, si determina la existencia de hechos concluyentes que muestran que hubo un error judicial grave y manifiesto tendrá la facultad discrecional de otorgar una indemnización, de conformidad con los criterios establecidos en las Reglas de Procedimiento y Prueba, a quien hubiere sido puesto en libertad en virtud de una sentencia definitiva absolutoria o de un sobreseimiento de la causa por esa razón.

PARTE IX
DE LA COOPERACIÓN INTERNACIONAL Y LA ASISTENCIA JUDICIAL

Artículo 86. Obligación general de cooperar. Los Estados Partes, de conformidad con lo dispuesto en el presente Estatuto, cooperarán plenamente con la Corte en relación con la investigación y el enjuiciamiento de crímenes de su competencia.

Artículo 87. Solicitudes de cooperación: disposiciones generales. 1. a) La Corte estará facultada para formular solicitudes de cooperación a los Estados Partes. Éstas se transmitirán por vía diplomática o por cualquier otro conducto adecuado que haya designado cada Estado Parte a la fecha de la ratificación, aceptación, aprobación o adhesión.

Cada Estado Parte podrá cambiar posteriormente esa designación de conformidad con las Reglas de Procedimiento y Prueba.

b) Cuando proceda, y sin perjuicio de lo dispuesto en el apartado a), las solicitudes podrán transmitirse también por conducto de la Organización Internacional de Policía Criminal o de cualquier organización regional competente.

2. Las solicitudes de cooperación y los documentos que las justifiquen estarán redactados en un idioma oficial del Estado requerido, o acompañados de una traducción a ese idioma, o a uno de los idiomas de trabajo de la Corte, según la elección que haya hecho el Estado a la fecha de la ratificación, aceptación, aprobación o adhesión.

El Estado Parte podrá cambiar posteriormente esa elección de conformidad con las Reglas de Procedimiento y Prueba.

3. El Estado requerido preservará el carácter confidencial de toda solicitud de cooperación y de los documentos que las justifiquen, salvo en la medida en que su divulgación sea necesaria para tramitarla.

4. Con respecto a las solicitudes de asistencia presentadas de conformidad con la presente Parte, la Corte podrá adoptar todas las medidas, incluidas las relativas a la protección de la información, que sean necesarias para proteger la seguridad y el bienestar físico o psicológico de las víctimas, los posibles testigos y sus familiares. La Corte podrá solicitar que toda información comunicada en virtud de la presente Parte sea transmitida y procesada de manera que se proteja la seguridad y el bienestar físico o psicológico de las víctimas, los posibles testigos y sus familiares.

5. a) La Corte podrá invitar a cualquier Estado que no sea parte en el presente Estatuto a prestar la asistencia prevista en la presente Parte sobre la base de un arreglo especial, un acuerdo con ese Estado o de cualquier otra manera adecuada.

b) Cuando un Estado que no sea parte en el presente Estatuto y que haya celebrado un arreglo especial o un acuerdo con la Corte se niegue a cooperar en la ejecución de las solicitudes a que se refieran tal arreglo o acuerdo, la Corte podrá informar de ello a la Asamblea de los Estados Partes o al Consejo de Seguridad, si éste le hubiese remitido el asunto.

6. La Corte podrá solicitar de cualquier organización intergubernamental que le proporcione información o documentos. Asimismo, la Corte podrá solicitar otras formas de cooperación y asistencia que se hayan acordado con cualquiera de esas organizaciones, de conformidad con su competencia o mandato.

7. Cuando, en contravención de lo dispuesto en el presente Estatuto, un Estado Parte se niegue a dar curso a una solicitud de cooperación formulada por la Corte, impidiéndole ejercer sus funciones y atribuciones de conformidad con el presente Estatuto, ésta podrá hacer una constatación en ese sentido y remitir la cuestión a la Asamblea de los Estados Partes o al Consejo de Seguridad, si éste le hubiese remitido el asunto.

Artículo 88. Procedimientos aplicables en el derecho interno. Los Estados Partes se asegurarán de que en el derecho interno existan procedimientos aplicables a todas las formas de cooperación especificadas en la presente parte.

Artículo 89. Entrega de personas a la Corte. 1. La Corte podrá transmitir, junto con los antecedentes que la justifiquen de conformidad con el artículo 91, una solicitud de detención y entrega de una persona a todo Estado en cuyo territorio pueda hallarse y solicitará la cooperación de ese Estado. Los Estados Partes cumplirán las solicitudes de detención y entrega de conformidad con las disposiciones de la presente parte y el procedimiento establecido en su derecho interno.

2. Cuando la persona cuya entrega se pida la impugne ante un tribunal nacional oponiendo la excepción de cosa juzgada de conformidad con el artículo 20, el Estado requerido celebrará de inmediato consultas con la Corte para determinar si ha habido una decisión sobre la admisibilidad de la causa. Si la causa es admisible, el Estado requerido cumplirá la solicitud. Si está pendiente la decisión sobre la admisibilidad, el Estado requerido podrá aplazar la ejecución de la solicitud de entrega hasta que la Corte adopte esa decisión.

3. a) El Estado Parte autorizará de conformidad con su derecho procesal el tránsito por su territorio de una persona que otro Estado entregue a la Corte, salvo cuando el tránsito por ese Estado obstaculice o demore la entrega;

b) La solicitud de la Corte de que se autorice ese tránsito será transmitida de conformidad con el artículo 87 y contendrá:

i) Una descripción de la persona que será transportada;

ii) Una breve exposición de los hechos de la causa y su tipificación; y

iii) La orden de detención y entrega;

c) La persona transportada permanecerá detenida durante el tránsito;

d) No se requerirá autorización alguna cuando la persona sea transportada por vía aérea y no se prevea aterrizar en el territorio del Estado de tránsito;

e) En caso de aterrizaje imprevisto en el territorio del Estado de tránsito, éste podrá pedir a la Corte que presente una solicitud de tránsito con arreglo a lo dispuesto en el apartado b). El Estado de tránsito detendrá a la persona transportada mientras se recibe la solicitud de la Corte y se efectúa el tránsito; sin embargo, la detención no podrá prolongarse más de 96 horas contadas desde el aterrizaje imprevisto si la solicitud no es recibida dentro de ese plazo.

4. Si la persona buscada está siendo enjuiciada o cumple condena en el Estado requerido por un crimen distinto de aquél por el cual se pide su entrega a la Corte, el Estado requerido, después de haber decidido conceder la entrega, celebrará consultas con la Corte.

Artículo 90. Solicitudes concurrentes. 1. El Estado Parte que haya recibido una solicitud de la Corte relativa a la entrega de una persona de conformidad con el artículo 89, y reciba además una solicitud de cualquier otro Estado relativa a la extradición de la misma persona por la misma conducta que constituya la base del crimen en razón del cual la Corte ha pedido la entrega, notificará a la Corte y al Estado requirente ese hecho.

2. Si el Estado requirente es un Estado Parte, el Estado requerido dará prioridad a la solicitud de la Corte cuando ésta:

a) Haya determinado, de conformidad con lo dispuesto en los artículos 18 o 19, que la causa respecto de la cual se solicita la entrega es admisible y en su decisión haya tenido en cuenta la investigación o el enjuiciamiento que lleva a cabo el Estado requirente con respecto a la solicitud de extradición que éste ha presentado; o

b) Adopte la decisión a que se refiere el apartado a) como consecuencia de la notificación efectuada por el Estado requerido de conformidad con el párrafo 1.

3. Cuando no se haya adoptado la decisión a que se hace referencia en el párrafo 2 a), el Estado requerido tendrá la facultad discrecional, hasta que se dicte la decisión de la Corte prevista en el párrafo 2 b), de dar curso a la solicitud de extradición presentada por el Estado requirente, pero no la hará efectiva hasta que la Corte haya resuelto que la causa es inadmisible. La Corte adoptará su decisión en procedimiento sumario.

4. Si el Estado requirente no es parte en el presente Estatuto, el Estado requerido, en caso de que no esté obligado por alguna norma internacional a conceder la extradición al Estado requirente, dará prioridad a la solicitud de entrega que le haya hecho la Corte si ésta ha determinado que la causa era admisible.

5. Cuando la Corte no haya determinado la admisibilidad de una causa de conformidad con el párrafo 4, el Estado requerido tendrá la facultad discrecional de dar curso a la solicitud de extradición que le haya hecho el Estado requirente.

6. En los casos en que sea aplicable el párrafo 4, y salvo que el Estado requerido esté obligado por alguna norma internacional a extraditar la persona al Estado requirente que no sea parte en el presente Estatuto, el Estado requerido decidirá si hace la entrega a la Corte o concede la extradición al Estado requirente. Para tomar esta decisión, el Estado requerido tendrá en cuenta todos los factores pertinentes, entre otros:

a) Las fechas respectivas de las solicitudes;

b) Los intereses del Estado requirente y, cuando proceda, si el crimen se cometió en su territorio y cuál es la nacionalidad de las víctimas y de la persona cuya entrega o extradición se ha solicitado; y

c) La posibilidad de que la Corte y el Estado requirente lleguen posteriormente a un acuerdo respecto de la entrega.

7. Cuando el Estado Parte que reciba una solicitud de la Corte de entrega de una persona reciba también una solicitud de otro Estado relativa a la extradición de la misma persona por una conducta distinta de la que constituye el crimen en razón del cual la Corte solicita la entrega:

a) El Estado requerido, si no está obligado por ninguna norma internacional a conceder la extradición al Estado requirente, dará preferencia a la solicitud de la Corte;

b) El Estado requerido, si está obligado por una norma internacional a conceder la extradición al Estado requirente, decidirá si entrega la persona a la Corte o la extradita al Estado requirente. En esta decisión, el Estado requerido tendrá en cuenta todos los factores pertinentes y, entre otros, los enumerados en el párrafo 6, pero tendrá especialmente en cuenta la naturaleza y la gravedad relativas de la conducta de que se trate.

8. Cuando, como consecuencia de una notificación efectuada con arreglo al presente artículo, la Corte haya determinado la inadmisibilidad de una causa

y posteriormente se deniegue la extradición al Estado requirente, el Estado requerido notificará su decisión a la Corte.

Artículo 91. Contenido de la solicitud de detención y entrega. 1. La solicitud de detención y entrega deberá formularse por escrito. En caso de urgencia, se podrá hacer por cualquier otro medio que permita dejar constancia escrita, a condición de que la solicitud sea confirmada en la forma indicada en el párrafo 1 a) del artículo 87.

2. La solicitud de detención y entrega de una persona respecto de la cual la Sala de Cuestiones Preliminares haya dictado una orden de detención de conformidad con el artículo 58 deberá contener los elementos siguientes o ir acompañada de:

a) Información suficiente para la identificación de la persona buscada y datos sobre su probable paradero;

b) Una copia de la orden de detención; y

c) Los documentos, las declaraciones o la información que sean necesarios para cumplir los requisitos de procedimiento del Estado requerido relativos a la entrega; sin embargo, esos requisitos no podrán ser más onerosos que los aplicables a las solicitudes de extradición conforme a tratados o acuerdos celebrados por el Estado requerido y otros Estados y, de ser posible, serán menos onerosos, habida cuenta del carácter específico de la Corte.

3. La solicitud de detención y entrega del condenado deberá contener los siguientes elementos o ir acompañada de:

a) Copia de la orden de detención dictada en su contra;

b) Copia de la sentencia condenatoria;

c) Datos que demuestren que la persona buscada es aquélla a la que se refiere la sentencia condenatoria; y

d) Si la persona que se busca ha sido condenada a una pena, copia de la sentencia y, en el caso de una pena de reclusión, una indicación de la parte de la pena que se ha cumplido y de la que queda por cumplir.

4. A solicitud de la Corte, un Estado Parte consultará con ésta, en general o con respecto a un asunto concreto, sobre las disposiciones de su derecho interno que puedan ser aplicables de conformidad con el apartado c) del párrafo 2 del presente artículo. En esas consultas, el Estado Parte comunicará a la Corte los requisitos específicos de su derecho interno.

Artículo 92. Detención provisional. 1. En caso de urgencia, la Corte podrá solicitar la detención provisional de la persona buscada hasta que se presente la solicitud de entrega y los documentos que la justifiquen de conformidad con el artículo 91.

2. La solicitud de detención provisional deberá hacerse por cualquier medio que permita dejar constancia escrita y contendrá:

a) Información suficiente para identificar a la persona buscada y datos sobre su probable paradero;

b) Una exposición concisa de los crímenes por los que se pida la detención y de los hechos que presuntamente serían constitutivos de esos crímenes, inclusive, de ser posible, la indicación de la fecha y el lugar en que se cometieron;

c) Una declaración de que existe una orden de detención o una decisión final condenatoria respecto de la persona buscada; y

d) Una declaración de que se presentará una solicitud de entrega de la persona buscada.

3. La persona sometida a detención provisional podrá ser puesta en libertad si el Estado requerido no hubiere recibido la solicitud de entrega y los documentos que la justifiquen, de conformidad con el artículo 91, dentro del plazo fijado en las Reglas de Procedimiento y Prueba. Sin embargo, el detenido podrá consentir en la entrega antes de que se cumpla dicho plazo siempre que lo permita el derecho interno del Estado requerido. En ese caso, el Estado requerido procederá a entregar al detenido a la Corte tan pronto como sea posible.

4. El hecho de que la persona buscada haya sido puesta en libertad de conformidad con el párrafo 3 no obstará para que sea nuevamente detenida y entregada una vez que el Estado requerido reciba la solicitud de entrega y los documentos que la justifiquen.

Artículo 93. Otras formas de cooperación. 1. Los Estados Partes, de conformidad con lo dispuesto en la presente Parte y con los procedimientos de su derecho interno, deberán cumplir las solicitudes de asistencia formuladas por la Corte en relación con investigaciones o enjuiciamientos penales a fin de:

a) Identificar y buscar personas u objetos;

b) Practicar pruebas, incluidos los testimonios bajo juramento, y producir pruebas, incluidos los dictámenes e informes periciales que requiera la Corte;

c) Interrogar a una persona objeto de investigación o enjuiciamiento;

d) Notificar documentos, inclusive los documentos judiciales;

e) Facilitar la comparecencia voluntaria ante la Corte de testigos o expertos;

f) Proceder al traslado provisional de personas, de conformidad con lo dispuesto en el párrafo 7;

g) Realizar inspecciones oculares, inclusive la exhumación y el examen de cadáveres y fosas comunes;

h) Practicar allanamientos y decomisos;

i) Transmitir registros y documentos, inclusive registros y documentos oficiales;

j) Proteger a víctimas y testigos y preservar pruebas;

k) Identificar, determinar el paradero o inmovilizar el producto y los bienes y haberes obtenidos del crimen y de los instrumentos del crimen, o incautarse de ellos, con miras a su decomiso ulterior y sin perjuicio de los derechos de terceros de buena fe; y

1) Cualquier otro tipo de asistencia no prohibida por la legislación del Estado requerido y destinada a facilitar la investigación y el enjuiciamiento de crímenes de la competencia de la Corte.

2. La Corte podrá dar seguridades a los testigos o expertos que comparezcan ante ella de que no serán enjuiciados o detenidos ni se restringirá su libertad personal por un acto u omisión anterior a su salida del Estado requerido.

3. Cuando la ejecución de una determinada medida de asistencia detallada en una solicitud presentada de conformidad con el párrafo 1 estuviera prohibida en el Estado requerido por un principio fundamental de derecho ya existente y de aplicación general, el Estado requerido celebrará sin demora consultas con la Corte para tratar de resolver la cuestión. En las consultas se debería considerar si se puede prestar la asistencia de otra manera o con sujeción a condiciones. Si, después de celebrar consultas, no se pudiera resolver la cuestión, la Corte modificará la solicitud según sea necesario.

4. El Estado Parte podrá no dar lugar a una solicitud de asistencia, en su totalidad o en parte, de conformidad con el artículo 72 y únicamente si la solicitud se refiere a la presentación de documentos o la divulgación de pruebas que afecten a su seguridad nacional.

5. Antes de denegar una solicitud de asistencia de conformidad con el párrafo 1 l), el Estado requerido considerará si se puede prestar la asistencia con sujeción a ciertas condiciones, o si es posible hacerlo en una fecha pos-

terior o de otra manera. La Corte o el Fiscal, si aceptan la asistencia sujeta a condiciones, tendrán que cumplirlas.

6. Si no se da lugar a una solicitud de asistencia, el Estado Parte requerido deberá comunicar sin demora los motivos a la Corte o al Fiscal.

7. a) La Corte podrá solicitar el traslado provisional de un detenido a los fines de su identificación o de que preste testimonio o asistencia de otra índole. El traslado podrá realizarse siempre que:

i) El detenido dé, libremente y con conocimiento de causa, su consentimiento; y

ii) El Estado requerido lo acepte, con sujeción a las condiciones que hubiere acordado con la Corte.

b) La persona trasladada permanecerá detenida. Una vez cumplidos los fines del traslado, la Corte la devolverá sin dilación al Estado requerido.

8. a) La Corte velará por la protección del carácter confidencial de los documentos y de la información, salvo en la medida en que éstos sean necesarios para la investigación y las diligencias pedidas en la solicitud.

b) El Estado requerido podrá, cuando sea necesario, transmitir al Fiscal documentos o información con carácter confidencial. El Fiscal únicamente podrá utilizarlos para reunir nuevas pruebas.

c) El Estado requerido podrá, de oficio o a solicitud del Fiscal, autorizar la divulgación ulterior de estos documentos o información, los cuales podrán utilizarse como medios de prueba de conformidad con lo dispuesto en las partes V y VI y de conformidad con las Reglas de Procedimiento y Prueba.

9.a) i) El Estado Parte que reciba solicitudes concurrentes de la Corte y de otro Estado de conformidad con una obligación internacional y que no se refieran a la entrega o la extradición, procurará, en consulta con la Corte y el otro Estado, atender ambas solicitudes, de ser necesario postergando o condicionando una de ellas.

ii) Si esto no fuera posible, la cuestión de las solicitudes concurrentes se resolverá de conformidad con los principios enunciados en el artículo 90.

b) Sin embargo, cuando la solicitud de la Corte se refiera a información, bienes o personas que estén sometidos al control de un tercer Estado o de una organización internacional en virtud de un acuerdo internacional, el Estado requerido lo comunicará a la Corte y la Corte dirigirá su solicitud al tercer Estado o a la organización internacional.

10. a) A solicitud de un Estado Parte que lleve a cabo una investigación o sustancie un juicio por una conducta que constituya un crimen de la competen-

cia de la Corte o que constituya un crimen grave con arreglo al derecho interno del Estado requirente, la Corte podrá cooperar con él y prestarle asistencia;

b) i) La asistencia prestada de conformidad con el apartado a) podrá comprender, entre otras cosas:

a. La transmisión de declaraciones, documentos u otros elementos de prueba obtenidos en el curso de una investigación o de un proceso sustanciado por la Corte; y

b. El interrogatorio de una persona detenida por orden de la Corte;

ii) En el caso de la asistencia prevista en el apartado b) i) a.:

a. Si los documentos u otros elementos de prueba se hubieren obtenido con la asistencia de un Estado, su transmisión estará subordinada al consentimiento de dicho Estado;

b. Si las declaraciones, los documentos u otros elementos de prueba hubieren sido proporcionados por un testigo o un perito, su transmisión estará subordinada a lo dispuesto en el artículo 68;

c) La Corte podrá, de conformidad con el presente párrafo y en las condiciones enunciadas en él, acceder a una solicitud de asistencia presentada por un Estado que no sea parte en el presente Estatuto.

Artículo 94. Aplazamiento de la ejecución de una solicitud de asistencia con respecto a una investigación o un enjuiciamiento en curso. 1. Si la ejecución inmediata de una solicitud de asistencia interfiriere una investigación o enjuiciamiento en curso de un asunto distinto de aquél al que se refiera la solicitud, el Estado requerido podrá aplazar la ejecución por el tiempo que acuerde con la Corte. No obstante, el aplazamiento no excederá de lo necesario para concluir la investigación o el enjuiciamiento de que se trate en el Estado requerido. Antes de tomar la decisión de aplazar la ejecución de la solicitud, el Estado requerido debería considerar si se podrá prestar inmediatamente la asistencia con sujeción a ciertas condiciones.

2. Si, de conformidad con el párrafo 1, se decidiere aplazar la ejecución de una solicitud de asistencia, el Fiscal podrá en todo caso pedir que se adopten las medidas necesarias para preservar pruebas de conformidad con el párrafo 1 j) del artículo 93.

Artículo 95. Aplazamiento de la ejecución de una solicitud por haberse impugnado la admisibilidad de la causa. Cuando la Corte proceda a examinar una impugnación de la admisibilidad de una causa de conformidad con los artículos 18 o 19, el Estado requerido podrá aplazar la ejecución de una solicitud hecha de conformidad con esta Parte hasta que la Corte se pronuncie sobre la impugnación, a menos que ésta haya resuelto expresamente que el Fiscal podrá continuar recogiendo pruebas conforme a lo previsto en los artículos 18 o 19.

Artículo 96. Contenido de la solicitud relativa a otras formas de asistencia de conformidad con el artículo 93. 1. La solicitud relativa a otras formas de asistencia a que se hace referencia en el artículo 93 deberá hacerse por escrito. En caso de urgencia, se podrá hacer por cualquier otro medio que permita dejar constancia escrita, a condición de que la solicitud sea confirmada en la forma indicada en el párrafo 1 a) del artículo 87.

2. La solicitud deberá contener los siguientes elementos o estar acompañada de, según proceda:

a) Una exposición concisa de su propósito y de la asistencia solicitada, incluidos los fundamentos jurídicos y los motivos de la solicitud;

b) La información más detallada posible acerca del paradero o la identificación de la persona o el lugar objeto de la búsqueda o la identificación, de forma que se pueda prestar la asistencia solicitada;

c) Una exposición concisa de los hechos esenciales que fundamentan la solicitud;

d) Las razones y la indicación detallada de cualquier procedimiento que deba seguirse o requisito que deba cumplirse;

e) Cualquier información que pueda ser necesaria conforme al derecho interno del Estado requerido para cumplir la solicitud; y

f) Cualquier otra información pertinente para que pueda prestarse la asistencia solicitada.

3. A solicitud de la Corte, todo Estado Parte consultará con la Corte, en general o respecto de un asunto concreto, sobre las disposiciones de su derecho interno que puedan ser aplicables de conformidad con el párrafo 2 e). En esas consultas, los Estados Partes comunicarán a la Corte las disposiciones específicas de su derecho interno.

4. Las disposiciones del presente artículo serán también aplicables, según proceda, con respecto a las solicitudes de asistencia hechas a la Corte.

Artículo 97. Consultas con la Corte. El Estado Parte que reciba una solicitud de conformidad con la presente parte celebrará sin dilación consultas con la Corte si considera que la solicitud le plantea problemas que puedan obstaculizar o impedir su cumplimiento. Esos problemas podrían ser, entre otros:

a) Que la información fuese insuficiente para cumplir la solicitud;

b) Que, en el caso de una solicitud de entrega, la persona no pudiera ser localizada, pese a los intentos realizados, o que en la investigación realizada se hubiere determinado claramente que la persona en el Estado requerido no es la indicada en la solicitud; o

c) Que el cumplimiento de la solicitud en su forma actual obligare al Estado requerido a no cumplir una obligación preexistente en virtud de un tratado con otro Estado.

Artículo 98. Cooperación con respecto a la renuncia a la inmunidad y consentimiento a la entrega. 1. La Corte no dará curso a una solicitud de entrega o de asistencia en virtud de la cual el Estado requerido deba actuar en forma incompatible con las obligaciones que le imponga el derecho internacional con respecto a la inmunidad de un Estado o la inmunidad diplomática de una persona o un bien de un tercer Estado, salvo que la Corte obtenga anteriormente la cooperación de ese tercer Estado para la renuncia a la inmunidad.

2. La Corte no dará curso a una solicitud de entrega en virtud de la cual el Estado requerido deba actuar en forma incompatible con las obligaciones que le imponga un acuerdo internacional conforme al cual se requiera el consentimiento del Estado que envíe para entregar a la Corte a una persona sujeta a la jurisdicción de ese Estado, a menos que ésta obtenga primero la cooperación del Estado que envíe para que dé su consentimiento a la entrega.

Artículo 99. Cumplimiento de las solicitudes a que se hace referencia en los artículos 93 y 96. 1. Las solicitudes de asistencia se cumplirán de conformidad con el procedimiento aplicable en el derecho interno del Estado requerido y, salvo si ese derecho lo prohíbe, en la forma especificada en la solicitud, incluidos los procedimientos indicados en ella y la autorización a las personas especificadas en ella para estar presentes y prestar asistencia en el trámite.

2. En el caso de una solicitud urgente y cuando la Corte lo pida, los documentos o pruebas incluidos en la respuesta serán transmitidos con urgencia.

3. Las respuestas del Estado requerido serán transmitidas en su idioma y forma original.

4. Sin perjuicio de los demás artículos de la presente parte, cuando resulte necesario en el caso de una solicitud que pueda ejecutarse sin necesidad de medidas coercitivas, en particular la entrevista a una persona o la recepción de pruebas de una persona voluntariamente, aun cuando sea sin la presencia de las autoridades del Estado Parte requerido si ello fuere esencial para la ejecución de la solicitud, y el reconocimiento de un lugar u otro recinto que no entrañe un cambio en él, el Fiscal podrá ejecutar directamente la solicitud en el territorio de un Estado según se indica a continuación:

a) Cuando el Estado Parte requerido fuere un Estado en cuyo territorio se hubiera cometido presuntamente el crimen, y hubiere habido una decisión de admisibilidad de conformidad con los artículos 18 o 19, el Fiscal podrá ejecutar directamente la solicitud tras celebrar todas las consultas posibles con el Estado Parte requerido;

b) En los demás casos, el Fiscal podrá ejecutar la solicitud tras celebrar consultas con el Estado Parte requerido y con sujeción a cualquier condición u observación razonable que imponga o haga ese Estado Parte. Cuando el Estado Parte requerido considere que hay problemas para la ejecución de una solicitud de conformidad con el presente apartado, celebrará consultas sin demora con la Corte para resolver la cuestión.

5. Las disposiciones en virtud de las cuales una persona que sea oída o interrogada por la Corte con arreglo al artículo 72 podrá hacer valer las restricciones previstas para impedir la divulgación de información confidencial relacionada con la seguridad nacional serán igualmente aplicables al cumplimiento de las solicitudes de asistencia a que se hace referencia en el presente artículo.

Artículo 100. Gastos. 1. Los gastos ordinarios que se deriven del cumplimiento de las solicitudes en el territorio del Estado requerido correrán a cargo de éste, con excepción de los siguientes, que correrán a cargo de la Corte:

a) Gastos relacionados con el viaje y la seguridad de los testigos y peritos, o el traslado, con arreglo al artículo 93, de personas detenidas;

b) Gastos de traducción, interpretación y transcripción;

c) Gastos de viaje y dietas de los magistrados, el fiscal, los fiscales adjuntos, el secretario, el secretario adjunto y los funcionarios de cualquier órgano de la Corte;

d) Costo de los informes o dictámenes periciales solicitados por la Corte;

e) Gastos relacionados con el transporte de la persona que entregue a la Corte un Estado de detención; y

f) Previa consulta, todos los gastos extraordinarios que puedan ser resultado del cumplimiento de una solicitud.

2. Las disposiciones del párrafo 1 serán aplicables, según proceda, a las solicitudes hechas por los Estados Partes a la Corte. En ese caso, los gastos ordinarios que se deriven de su cumplimiento correrán a cargo de la Corte.

Artículo 101. Principio de la especialidad. 1. Quien haya sido entregado a la Corte en virtud del presente Estatuto no será procesado, castigado o detenido por una conducta anterior a su entrega, a menos que ésta constituya la base del delito por el cual haya sido entregado.

2. La Corte podrá pedir al Estado que hizo la entrega que la dispense del cumplimiento de los requisitos establecidos en el párrafo 1 y, si fuere necesario, proporcionará información adicional de conformidad con el artículo 91. Los Estados Partes estarán facultados para dar esa dispensa a la Corte y procurarán hacerlo.

Artículo 102. Términos empleados. A los efectos del presente Estatuto:

a) Por «entrega» se entenderá la entrega de una persona por un Estado a la Corte de conformidad con lo dispuesto en el presente Estatuto;

b) Por «extradición» se entenderá la entrega de una persona por un Estado a otro Estado de conformidad con lo dispuesto en un tratado o convención o en el derecho interno.

PARTE X
DE LA EJECUCIÓN DE LA PENA

Artículo 103. Función de los Estados en la ejecución de las penas privativas de libertad. 1. a) La pena privativa de libertad se cumplirá en un Estado designado por la Corte sobre la base de una lista de Estados que hayan manifestado a la Corte que están dispuestos a recibir condenados;

b) En el momento de declarar que está dispuesto a recibir condenados, el Estado podrá poner condiciones a reserva de que sean aceptadas por la Corte y estén en conformidad con la presente Parte;

c) El Estado designado en un caso determinado indicará sin demora a la Corte si acepta la designación.

2. a) El Estado de ejecución de la pena notificará a la Corte cualesquiera circunstancias, incluido el cumplimiento de las condiciones aceptadas con arreglo al párrafo 1, que pudieren afectar materialmente a las condiciones o la

duración de la privación de libertad. Las circunstancias conocidas o previsibles deberán ponerse en conocimiento de la Corte con una antelación mínima de 45 días. Durante este período, el Estado de ejecución no adoptará medida alguna que redunde en perjuicio de lo dispuesto en el artículo 110;

b) La Corte, si no puede aceptar las circunstancias a que se hace referencia en el apartado a), lo notificará al Estado de ejecución y procederá de conformidad con el párrafo 1 del artículo 104.

3. La Corte, al ejercer su facultad discrecional de efectuar la designación prevista en el párrafo 1, tendrá en cuenta:

a) El principio de que los Estados Partes deben compartir la responsabilidad por la ejecución de las penas privativas de libertad de conformidad con los principios de distribución equitativa que establezcan las Reglas de Procedimiento y Prueba;

b) La aplicación de normas de tratados internacionales generalmente aceptadas sobre el tratamiento de los reclusos;

c) La opinión del condenado;

d) La nacionalidad del condenado; y

e) Otros factores relativos a las circunstancias del crimen o del condenado, o a la ejecución eficaz de la pena, según procedan en la designación del Estado de ejecución.

4. De no designarse un Estado de conformidad con el párrafo 1, la pena privativa de libertad se cumplirá en el establecimiento penitenciario que designe el Estado anfitrión, de conformidad con las condiciones estipuladas en el acuerdo relativo a la sede a que se hace referencia en el párrafo 2 del artículo 3. En ese caso, los gastos que entrañe la ejecución de la pena privativa de libertad serán sufragados por la Corte.

Artículo 104. Cambio en la designación del Estado de ejecución. 1. La Corte podrá en todo momento decidir el traslado del condenado a una prisión de un Estado distinto del Estado de ejecución.

2. El condenado podrá en todo momento solicitar de la Corte su traslado del Estado de ejecución.

Artículo 105. Ejecución de la pena. 1. Con sujeción a las condiciones que haya establecido un Estado de conformidad con el párrafo 1 b) del artículo 103, la pena privativa de libertad tendrá carácter obligatorio para los Estados Partes, los cuales no podrán modificarla en caso alguno.

2. La decisión relativa a cualquier solicitud de apelación o revisión incumbirá exclusivamente a la Corte. El Estado de ejecución no pondrá obstáculos para que el condenado presente una solicitud de esa índole.

Artículo 106. Supervisión de la ejecución de la pena y condiciones de reclusión. 1. La ejecución de una pena privativa de libertad estará sujeta a la supervisión de la Corte y se ajustará a las normas generalmente aceptadas de las convenciones internacionales sobre el tratamiento de los reclusos.

2. Las condiciones de reclusión se regirán por la legislación del Estado de ejecución y se ajustarán a las normas generalmente aceptadas de las convenciones internacionales sobre el tratamiento de los reclusos; en todo caso, no serán ni más ni menos favorables que las aplicadas a los reclusos condenados por delitos similares en el Estado de ejecución.

3. La comunicación entre el condenado y la Corte será irrestricta y confidencial.

Artículo 107. Traslado una vez cumplida la pena. 1. Una vez cumplida la pena, quien no sea nacional del Estado de ejecución podrá, de conformidad con la legislación de dicho Estado, ser trasladado al Estado que esté obligado a aceptarlo o a otro Estado que esté dispuesto a hacerlo, teniendo en cuenta si quiere ser trasladado a éste, a menos que el Estado de ejecución lo autorice a permanecer en su territorio.

2. Los gastos derivados del traslado de conformidad con lo dispuesto en el párrafo 1, de no ser sufragados por un Estado, correrán por cuenta de la Corte.

3. Con sujeción a lo dispuesto en el artículo 108, el Estado de ejecución también podrá, de conformidad con su derecho interno, extraditar o entregar por cualquier otra vía a la persona a un Estado que haya pedido la extradición o entrega para someterla a juicio o para que cumpla una pena.

Artículo 108. Limitaciones al enjuiciamiento o la sanción por otros delitos. 1. El condenado que se halle bajo la custodia del Estado de ejecución no será sometido a enjuiciamiento, sanción o extradición a un tercer Estado por una conducta anterior a su entrega al Estado de ejecución, a menos que, a petición de éste, la Corte haya aprobado el enjuiciamiento, la sanción o la extradición.

2. La Corte dirimirá la cuestión tras haber oído al condenado.

3. El párrafo 1 del presente artículo no será aplicable si el condenado permanece de manera voluntaria durante más de 30 días en el territorio del Estado

de ejecución después de haber cumplido la totalidad de la pena impuesta por la Corte o si regresa al territorio de ese Estado después de haber salido de él.

Artículo 109. Ejecución de multas y órdenes de decomiso. 1. Los Estados Partes harán efectivas las multas u órdenes de decomiso decretadas por la Corte en virtud de la Parte VII, sin perjuicio de los derechos de terceros de buena fe y de conformidad con el procedimiento establecido en su derecho interno.

2. El Estado Parte que no pueda hacer efectiva la orden de decomiso adoptará medidas para cobrar el valor del producto, los bienes o los haberes cuyo decomiso hubiere decretado la Corte, sin perjuicio de los derechos de terceros de buena fe.

3. Los bienes, o el producto de la venta de bienes inmuebles o, según proceda, la venta de otros bienes que el Estado Parte obtenga al ejecutar una decisión de la Corte serán transferidos a la Corte.

Artículo 110. Examen de una reducción de la pena. 1. El Estado de ejecución no pondrá en libertad al recluso antes de que haya cumplido la pena impuesta por la Corte.

2. Sólo la Corte podrá decidir la reducción de la pena y se pronunciará al respecto después de escuchar al recluso.

3. Cuando el recluso haya cumplido las dos terceras partes de la pena o 25 años de prisión en caso de cadena perpetua, la Corte examinará la pena para determinar si ésta puede reducirse. El examen no se llevará a cabo antes de cumplidos esos plazos.

4. Al proceder al examen con arreglo al párrafo 3, la Corte podrá reducir la pena si considera que concurren uno o más de los siguientes factores:

a) Si el recluso ha manifestado desde el principio y de manera continua su voluntad de cooperar con la Corte en sus investigaciones y enjuiciamientos;

b) Si el recluso ha facilitado de manera espontánea la ejecución de las decisiones y órdenes de la Corte en otros casos, en particular ayudando a ésta en la localización de los bienes sobre los que recaigan las multas, las órdenes de decomiso o de reparación que puedan usarse en beneficio de las víctimas; o

c) Otros factores indicados en las Reglas de Procedimiento y Prueba que permitan determinar un cambio en las circunstancias suficientemente claro e importante como para justificar la reducción de la pena.

5. La Corte, si en su examen inicial con arreglo al párrafo 3, determina que no procede reducir la pena, volverá a examinar la cuestión con la periodicidad y con arreglo a los criterios indicados en las Reglas de Procedimiento y Prueba.

Artículo 111. Evasión. Si un condenado se evade y huye del Estado de ejecución, éste podrá, tras consultar a la Corte, pedir al Estado en que se encuentre que lo entregue de conformidad con los acuerdos bilaterales y multilaterales vigentes, o podrá pedir a la Corte que solicite la entrega de conformidad con la Parte IX. La Corte, si solicita la entrega, podrá resolver que el condenado sea enviado al Estado en que cumplía su pena o a otro Estado que indique.

PARTE XI
DE LA ASAMBLEA DE LOS ESTADOS PARTES

Artículo 112. Asamblea de los Estados Partes. 1. Se instituye una Asamblea de los Estados Partes en el presente Estatuto. Cada Estado Parte tendrá un representante en la Asamblea que podrá hacerse acompañar de suplentes y asesores. Otros Estados signatarios del presente Estatuto o del Acta Final podrán participar en la Asamblea a título de observadores.

2. La Asamblea:

a) Examinará y aprobará, según proceda, las recomendaciones de la Comisión Preparatoria;

b) Ejercerá su supervisión respecto de la Presidencia, el Fiscal y la Secretaría en las cuestiones relativas a la administración de la Corte;

c) Examinará los informes y las actividades de la Mesa establecida en el párrafo 3 y adoptará las medidas que procedan a ese respecto;

d) Examinará y decidirá el presupuesto de la Corte;

e) Decidirá si corresponde, de conformidad con el artículo 36, modificar el número de magistrados;

f) Examinará cuestiones relativas a la falta de cooperación de conformidad con los párrafos 5 y 7 del artículo 87;

g) Desempeñará las demás funciones que procedan en virtud del presente Estatuto y las Reglas de Procedimiento y Prueba.

3. a) La Asamblea tendrá una Mesa, que estará compuesta de un Presidente, dos Vicepresidentes y 18 miembros elegidos por la Asamblea por períodos de tres años;

b) La Mesa tendrá carácter representativo, teniendo en cuenta, en particular, el principio de la distribución geográfica equitativa y la representación adecuada de los principales sistemas jurídicos del mundo;

c) La Mesa se reunirá con la periodicidad que sea necesaria, pero por lo menos una vez al año, y prestará asistencia a la Asamblea en el desempeño de sus funciones.

4. La Asamblea podrá establecer los órganos subsidiarios que considere necesarios, incluido un mecanismo de supervisión independiente que se encargará de la inspección, la evaluación y la investigación de la Corte a fin de mejorar su eficiencia y economía.

5. El Presidente de la Corte, el Fiscal y el Secretario o sus representantes podrán, cuando proceda, participar en las sesiones de la Asamblea y de la Mesa.

6. La Asamblea se reunirá en la sede de la Corte o en la Sede de las Naciones Unidas una vez al año y, cuando las circunstancias lo exijan, celebrará períodos extraordinarios de sesiones. Salvo que se indique otra cosa en el presente Estatuto, los períodos extraordinarios de sesiones serán convocados por la Mesa de oficio o a petición de un tercio de los Estados Partes.

7. Cada Estado Parte tendrá un voto. La Asamblea y la Mesa harán todo lo posible por adoptar sus decisiones por consenso. Si no se pudiere llegar a un consenso y salvo que en el presente Estatuto se disponga otra cosa:

a) Las decisiones sobre cuestiones de fondo serán aprobadas por mayoría de dos tercios de los presentes y votantes, a condición de que una mayoría absoluta de los Estados Partes constituirá el quórum para la votación;

b) Las decisiones sobre cuestiones de procedimiento se tomarán por mayoría simple de los Estados Partes presentes y votantes.

8. El Estado Parte que esté en mora en el pago de sus contribuciones financieras a los gastos de la Corte no tendrá voto en la Asamblea ni en la Mesa cuando la suma adeudada sea igual o superior al total de las contribuciones adeudadas por los dos años anteriores completos. La Asamblea podrá, sin embargo, permitir que dicho Estado vote en ella y en la Mesa si llegare a la conclusión de que la mora se debe a circunstancias ajenas a la voluntad del Estado Parte.

9. La Asamblea aprobará su propio reglamento.

10. Los idiomas oficiales y de trabajo de la Asamblea serán los de la Asamblea General de las Naciones Unidas.

PARTE XII
DE LA FINANCIACIÓN

Artículo 113. Reglamento Financiero. Salvo que se prevea expresamente otra cosa, todas las cuestiones financieras relacionadas con la Corte y con las reuniones de la Asamblea de los Estados Partes, inclusive su Mesa y sus órganos subsidiarios, se regirán por el presente Estatuto y por el Reglamento Financiero y Reglamentación Financiera Detallada que apruebe la Asamblea de los Estados Partes.

Artículo 114. Pago de los gastos. Los gastos de la Corte y de la Asamblea de los Estados Partes, incluidos los de su Mesa y órganos subsidiarios, se sufragarán con fondos de la Corte.

Artículo 115. Fondos de la Corte y de la Asamblea de los Estados Partes. Los gastos de la Corte y de la Asamblea de los Estados Partes, inclusive su Mesa y sus órganos subsidiarios, previstos en el presupuesto aprobado por la Asamblea de los Estados Partes, se sufragarán con cargo a:

a) Cuotas de los Estados Partes;

b) Fondos procedentes de las Naciones Unidas, con sujeción a la aprobación de la Asamblea General, en particular respecto de los gastos efectuados en relación con cuestiones remitidas por el Consejo de Seguridad.

Artículo 116. Contribuciones voluntarias. Sin perjuicio de lo dispuesto en el artículo 115, la Corte podrá recibir y utilizar, en calidad de fondos adicionales, contribuciones voluntarias de gobiernos, organizaciones internacionales, particulares, sociedades y otras entidades, de conformidad con los criterios en la materia que adopte la Asamblea de los Estados Partes.

Artículo 117. Prorrateo de las cuotas. Las cuotas de los Estados Partes se prorratearán de conformidad con una escala de cuotas convenida basada en la escala adoptada por las Naciones Unidas para su presupuesto ordinario y ajustada de conformidad con los principios en que se basa dicha escala.

Artículo 118. Comprobación anual de cuentas. Los registros, los libros y las cuentas de la Corte, incluidos sus estados financieros anuales, serán verificados anualmente por un auditor independiente.

PARTE XIII
CLÁUSULAS FINALES

Artículo 119. Solución de controversias. 1. Las controversias relativas a las funciones judiciales de la Corte serán dirimidas por ella.

2. Cualquier otra controversia que surja entre dos o más Estados Partes respecto de la interpretación o aplicación del presente Estatuto que no se resuelva mediante negociaciones en un plazo de tres meses contado desde el comienzo de la controversia será sometida a la Asamblea de los Estados Partes. La Asamblea podrá tratar de resolver por sí misma la controversia o recomendar otros medios de solución, incluida su remisión a la Corte Internacional de Justicia de conformidad con el Estatuto de ésta.

Artículo 120. Reservas. No se admitirán reservas al presente Estatuto.

Artículo 121. Enmiendas. 1. Transcurridos siete años desde la entrada en vigor del presente Estatuto, cualquier Estado Parte podrá proponer enmiendas a él. El texto de toda enmienda propuesta será presentado al Secretario General de las Naciones Unidas, que lo distribuirá sin dilación a los Estados Partes.

2. Transcurridos no menos de tres meses desde la fecha de la notificación, la Asamblea de los Estados Partes decidirá en su próxima reunión, por mayoría de los presentes y votantes, si ha de examinar la propuesta, lo cual podrá hacer directamente o previa convocación de una Conferencia de Revisión si la cuestión lo justifica.

3. La aprobación de una enmienda en una reunión de la Asamblea de los Estados Partes o en una Conferencia de Revisión en la que no sea posible llegar a un consenso requerirá una mayoría de dos tercios de los Estados Partes.

4. Salvo lo dispuesto en el párrafo 5, toda enmienda entrará en vigor respecto de los Estados Partes un año después de que los siete octavos de éstos hayan depositado en poder del Secretario General de las Naciones Unidas sus instrumentos de ratificación o de adhesión.

5. Las enmiendas a los artículos 5, 6, 7 y 8 del presente Estatuto entrarán en vigor únicamente respecto de los Estados Partes que las hayan aceptado un año después del depósito de sus instrumentos de ratificación o aceptación. La Corte no ejercerá su competencia respecto de un crimen comprendido en la enmienda cuando haya sido cometido por nacionales o en el territorio de un Estado Parte que no haya aceptado la enmienda.

6. Si una enmienda ha sido aceptada por los siete octavos de los Estados Partes de conformidad con el párrafo 4, el Estado Parte que no la haya aceptado podrá denunciar el presente Estatuto con efecto inmediato, no obstante lo dispuesto en el párrafo 1 del artículo 127 pero con sujeción al párrafo 2 de dicho artículo, mediante notificación hecha a más tardar un año después de la entrada en vigor de la enmienda.

7. El Secretario General de las Naciones Unidas distribuirá a los Estados Partes las enmiendas aprobadas en una reunión de la Asamblea de los Estados Partes o en una Conferencia de Revisión.

Artículo 122. Enmiendas a disposiciones de carácter institucional. 1. No obstante lo dispuesto en el párrafo 1 del artículo 121, cualquier Estado Parte podrá proponer en cualquier momento enmiendas a las disposiciones del presente Estatuto de carácter exclusivamente institucional, a saber, el artículo 35, los párrafos 8 y 9 del artículo 36, el artículo 37, el artículo 38, los párrafo 1 (dos primeras oraciones), 2 y 4 del artículo 39, los párrafos 4 a 9 del artículo 42, los párrafos 2 y 3 del artículo 43 y los artículos 44, 46, 47 y 49. El texto de toda enmienda propuesta será presentado al Secretario General de las Naciones Unidas o a la persona designada por la Asamblea de los Estados Partes, que lo distribuirá sin demora a los Estados Partes y a otros participantes en la Asamblea.

2. Las enmiendas presentadas con arreglo al presente artículo respecto de las cuales no sea posible llegar a un consenso serán aprobadas por la Asamblea de los Estados Partes o por una Conferencia de Revisión por una mayoría de dos tercios de los Estados Partes. Esas enmiendas entrarán en vigor respecto de los Estados Partes seis meses después de su aprobación por la Asamblea o, en su caso, por la Conferencia.

Artículo 123. Revisión del Estatuto. 1. Siete años después de que entre en vigor el presente Estatuto, el Secretario General de las Naciones Unidas convocará una Conferencia de Revisión de los Estados Partes para examinar las enmiendas al Estatuto. El examen podrá comprender la lista de los crímenes indicados en el artículo 5 pero no se limitará a ellos. La Conferencia estará abierta a los participantes en la Asamblea de los Estados Partes y en las mismas condiciones que ésta.

2. Posteriormente, en cualquier momento, a petición de un Estado Parte y a los efectos indicados en el párrafo 1, el Secretario General de las Naciones

Unidas, previa la aprobación de una mayoría de los Estados Partes, convocará una Conferencia de Revisión de los Estados Partes.

3. Las disposiciones de los párrafos 3 a 7 del artículo 121 serán aplicables a la aprobación y entrada en vigor de toda enmienda del Estatuto examinada en una Conferencia de Revisión.

Artículo 124. Disposición de transición. No obstante lo dispuesto en los párrafos 1 y 2 del artículo 12, un Estado, al hacerse parte en el presente Estatuto, podrá declarar que, durante un período de siete años contados a partir de la fecha en que el Estatuto entre en vigor a su respecto, no aceptará la competencia de la Corte sobre la categoría de crímenes a que se hace referencia en el artículo 8 cuando se denuncie la comisión de uno de esos crímenes por sus nacionales o en su territorio. La declaración formulada de conformidad con el presente artículo podrá ser retirada en cualquier momento. Lo dispuesto en el presente artículo será reconsiderado en la Conferencia de Revisión que se convoque de conformidad con el párrafo 1 del artículo 123.

Artículo 125. Firma, ratificación, aceptación, aprobación o adhesión. 1. El presente Estatuto estará abierto a la firma de todos los Estados el 17 de julio de 1998 en Roma, en la sede de la Organización de las Naciones Unidas para la Agricultura y la Alimentación. Posteriormente, y hasta el 17 de octubre de 1998, seguirá abierto a la firma en Roma, en el Ministerio de Relaciones Exteriores de Italia. Después de esa fecha, el Estatuto estará abierto a la firma en Nueva York, en la Sede de las Naciones Unidas, hasta el 31 de diciembre del año 2000.

2. El presente Estatuto estará sujeto a la ratificación, aceptación o aprobación de los Estados signatarios. Los instrumentos de ratificación, aceptación o aprobación serán depositados en poder del Secretario General de las Naciones Unidas.

3. El presente Estatuto estará abierto a la adhesión de cualquier Estado. Los instrumentos de adhesión serán depositados en poder del Secretario General de las Naciones Unidas.

Artículo 126. Entrada en vigor. 1. El presente Estatuto entrará en vigor el primer día del mes siguiente al sexagésimo día a partir de la fecha en que se deposite en poder del Secretario General de las Naciones Unidas el sexagésimo instrumento de ratificación, aceptación, aprobación o adhesión.

2. Respecto de cada Estado que ratifique, acepte o apruebe el presente Estatuto o se adhiera a él después de que sea depositado el sexagésimo instrumento de ratificación, aceptación, aprobación o adhesión, el Estatuto entrará en vigor el primer día del mes siguiente al sexagésimo día a partir de la fecha en que haya depositado su instrumento de ratificación, aceptación, aprobación o adhesión.

Artículo 127. Denuncia. 1. Todo Estado Parte podrá denunciar el presente Estatuto mediante notificación por escrito dirigida al Secretario General de las Naciones Unidas. La denuncia surtirá efecto un año después de la fecha en que se reciba la notificación, a menos que en ella se indique una fecha ulterior.

2. La denuncia no exonerará al Estado de las obligaciones que le incumbieran de conformidad con el presente Estatuto mientras era parte en él, en particular las obligaciones financieras que hubiere contraído.

La denuncia no obstará a la cooperación con la Corte en el contexto de las investigaciones y los enjuiciamientos penales en relación con los cuales el Estado denunciante esté obligado a cooperar y que se hayan iniciado antes de la fecha en que la denuncia surta efecto; la denuncia tampoco obstará en modo alguno a que se sigan examinando las cuestiones que la Corte tuviera ante sí antes de la fecha en que la denuncia surta efecto.

Artículo 128. Textos auténticos. El original del presente Estatuto, cuyos textos en árabe, chino, español, francés, inglés y ruso son igualmente auténticos, será depositado en poder del Secretario General de las Naciones Unidas, que enviará copia certificada a todos los Estados.

EN TESTIMONIO DE LO CUAL, los infrascritos, debidamente autorizados por sus respectivos Gobiernos, han firmado el presente Estatuto.

HECHO EN ROMA, el día diecisiete de julio de mil novecientos noventa y ocho.

La presente es copia fiel y completa en español del Estatuto de Roma de la Corte Penal Internacional, adoptado en la ciudad de Roma, el diecisiete de julio de mil novecientos noventa y ocho.

Extiendo la presente, en noventa y siete páginas útiles, en la Ciudad de México, Distrito Federal, el dos de diciembre de dos mil cinco, a fin de incorporarla al Decreto de Promulgación respectivo.– Conste.– Rúbrica.

CARTA DE LA ORGANIZACIÓN DE LOS ESTADOS AMERICANOS

Suscrita en Bogotá, Colombia, en la Quinta de Bolívar, el 30 de abril de 1948

TEXTO ORIGINAL

Carta publicada en el Diario Oficial de la Federación, el jueves 13 de enero de 1949.

Al margen un sello con el Escudo Nacional, que dice: Estados Unidos Mexicanos.– Presidencia de la República.

MIGUEL ALEMÁN, Presidente Constitucional de los Estados Unidos Mexicanos, a sus habitantes, sabed:

Que el día treinta de abril de mil novecientos cuarenta y ocho se concluyó y firmó en la ciudad de Bogotá, Colombia, entre los Estados Unidos Mexicanos y otros países, por Plenipotenciarios debidamente autorizados, un Tratado cuyos texto y forma son los siguientes:

CARTA DE LA ORGANIZACIÓN DE LOS ESTADOS AMERICANOS

En nombre de sus pueblos los Estados representados en la IX Conferencia Internacional Americana,

Convencidos de que la misión histórica de América es ofrecer al hombre una tierra de libertad y un ámbito favorable para el desarrollo de su personalidad y la realización de sus justas aspiraciones;

Conscientes de que esa misión ha inspirado ya numerosos convenios y acuerdos cuya virtud esencial radica en el anhelo de convivir en paz y de proveer, mediante su mutua comprensión y su respeto por la soberanía de cada uno, al mejoramiento de todos en la independencia, en la igualdad y en el derecho;

Seguros de que el sentido genuino de la solidaridad americana y de la buena vecindad no puede ser otro que el de consolidar en este Continente, dentro del marco de las instituciones democráticas, un régimen de libertad individual y de justicia social, fundado en el respeto de los derechos esenciales del hombre;

Persuadidos de que el bienestar de todos ellos, así como su contribución al progreso y la civilización del mundo, habrá de requerir, cada día más, una intensa cooperación continental;

Determinados a perseverar en la noble empresa que la humanidad ha confiado en las Naciones Unidas, cuyos principios y propósitos reafirman solemnemente;

Convencidos de que la organización jurídica es una condición necesaria para la seguridad y la paz, fundadas en el orden moral y la justicia; y

De acuerdo con la resolución IX de la Conferencia sobre Problemas de la Guerra y de la Paz, reunida en la ciudad de México, han convenido en suscribir la siguiente

CARTA DE LA ORGANIZACIÓN DE LOS ESTADOS AMERICANOS

PRIMERA PARTE

CAPÍTULO I
NATURALEZA Y PROPÓSITOS

Artículo 1. Los Estados Americanos consagran en esta Carta la organización internacional que han desarrollado para lograr un orden de paz y de justicia, fomentar su solidaridad, robustecer su colaboración y defender su soberanía, su integridad territorial y su independencia. Dentro de las Naciones Unidas, la Organización de los Estados Americanos constituye un organismo regional.

Artículo 2. Son miembros de la Organización todos los Estados Americanos que ratifiquen la presente Carta.

Artículo 3. En la Organización tendrá su lugar toda nueva entidad política que nazca de la unión de varios de sus Estados Miembros y que como tal ratifique esta Carta. El ingreso de la nueva entidad política en la Organización producirá, para cada uno de los Estados que la constituyan, la pérdida de la calidad de Miembro de la Organización.

Artículo 4. La Organización de los Estados Americanos, para realizar los principios en que se funda y cumplir sus obligaciones regionales de acuerdo con la Carta de las Naciones Unidas, establece los siguientes propósitos esenciales:

a) Afianzar la paz y la seguridad del Continente;

b) Prevenir las posibles causas de dificultades y asegurar la solución pacífica de las controversias que surjan entre los Estados Miembros;

c) Organizar la acción solidaria de éstos en caso de agresión;

d) Procurar la solución de los problemas políticos, jurídicos y económicos, que se susciten entre ellos; y

e) Promover por medio de la acción cooperativa, su desarrollo económico, social y cultural.

CAPÍTULO II
PRINCIPIOS

Artículo 5. Los Estados Americanos reafirman los siguientes principios:

a) El derecho internacional es norma de conducta de los Estados en sus relaciones recíprocas.

b) El orden internacional está esencialmente constituido por el respeto a la personalidad, soberanía e independencia de los Estados y por el fiel cumplimiento de las obligaciones emanadas de los tratados y de otras fuentes del derecho internacional.

c) La buena fe debe regir las relaciones de los Estados entre sí.

d) La solidaridad de los Estados Americanos y los altos fines que con ella se persiguen, requieren la organización política de los mismos sobre la base del ejercicio efectivo de la democracia representativa.

e) Los Estados Americanos condenan la guerra de agresión: la victoria no da derechos.

f) La agresión a un Estado Americano constituye una agresión a todos los demás Estados Americanos.

g) Las controversias de carácter internacional que surjan entre dos o más Estados Americanos deben ser resueltas por medio de procedimientos pacíficos.

h) La justicia y la seguridad sociales son bases de una paz duradera.

i) La cooperación económica es esencial para el bienestar y la prosperidad comunes de los pueblos del Continente.

j) Los Estados Americanos proclaman los derechos fundamentales de la persona humana sin hacer distinción de raza, nacionalidad, credo o sexo.

k) La unidad espiritual del Continente se basa en el respeto de la personalidad cultural de los países americanos y demanda su estrecha cooperación en las altas finalidades de la cultura humana.

l) La educación de los pueblos debe orientarse hacia la justicia, la libertad y la paz.

CAPÍTULO III
DERECHOS Y DEBERES FUNDAMENTALES DE LOS ESTADOS

Artículo 6. Los Estados son jurídicamente iguales, disfrutan de iguales derechos e igual capacidad para ejercerlos, y tiene iguales deberes. Los derechos de cada uno no dependen del poder de que disponga para asegurar su ejercicio, sino del simple hecho de su existencia como persona de derecho internacional.

Artículo 7. Todo Estado Americano tiene el deber de respetar los derechos de que disfrutan los demás Estados de acuerdo con el derecho internacional.

Artículo 8. Los derechos fundamentales de los Estados no son susceptibles de menoscabo en forma alguna.

Artículo 9. La existencia política del Estado es independiente de su reconocimiento por los demás Estados. Aún antes de ser reconocido, el Estado tiene el derecho de defender su integridad e independencia, proveer a su conservación y prosperidad y, por consiguiente, de organizarse como mejor lo entendiere, legislar sobre sus intereses, administrar sus servicios y determinar la jurisdicción y competencia de sus tribunales. El ejercicio de estos derechos no tiene otros límites que el ejercicio de los derechos de otros Estados conforme al derecho internacional.

Artículo 10. El reconocimiento implica que el Estado que lo otorga acepta la personalidad del nuevo Estado con todos los derechos y deberes que, para uno y otro, determina el derecho internacional.

Artículo 11. El derecho que tiene el Estado de proteger y desarrollar su existencia no lo autoriza a ejecutar actos injustos contra otro Estado.

Artículo 12. La jurisdicción de los Estados en los límites del territorio nacional se ejerce igualmente sobre todos los habitantes, sean nacionales o extranjeros.

Artículo 13. Cada Estado tiene el derecho a desenvolver libre y espontáneamente su vida cultural, política y económica. En este libre desenvolvimiento el Estado respetará los derechos de la persona humana y los principios de la moral universal.

Artículo 14. El respeto y la fiel observancia de los tratados constituyen normas para el desarrollo de las relaciones pacíficas entre los Estados. Los tratados y acuerdos internacionales deben ser públicos.

Artículo 15. Ningún Estado o grupo de Estados tiene derecho de intervenir, directa o indirectamente, y sea cual fuere el motivo, en los asuntos internos o externos de cualquier otro. El principio anterior excluye no solamente la fuerza armada, sino también cualquier otra forma de injerencia o de tendencia atentatoria de la personalidad del Estado, de los elementos políticos, económicos y culturales que lo constituyen.

Artículo 16. Ningún Estado podrá aplicar o estimular medidas coercitivas de carácter económico y político para forzar la voluntad soberana del otro Estado y obtener de éste ventajas de cualquier naturaleza.

Artículo 17. El territorio de un Estado es inviolable; no puede ser objeto de ocupación militar ni de otras medidas de fuerza tomadas por otro Estado, directa o indirectamente, cualquiera que fuere el motivo, aun de manera temporal. No se reconocerán las adquisiciones territoriales o las ventajas especiales que se obtengan por la fuerza o por cualquier otro medio de coacción.

Artículo 18. Los Estados Americanos se obligan en sus relaciones internacionales a no recurrir al uso de la fuerza, salvo el caso de legítima defensa, de conformidad con los tratados vigentes o en cumplimiento de dichos tratados.

Artículo 19. Las medidas que, de acuerdo con los tratados vigentes, se adopten para el mantenimiento de la paz y la seguridad, no constituyen violación de los principios enunciados en los artículos 15 y 17.

CAPÍTULO IV
SOLUCIÓN PACÍFICA DE CONTROVERSIA

Artículo 20. Todas las controversias internacionales que surjan entre los Estados Americanos serán sometidas a los procedimientos pacíficos señalados en esta Carta, antes de ser llevadas al Consejo de Seguridad de las Naciones Unidas.

Artículo 21. Son procedimientos pacíficos: la negociación directa, los buenos oficios, la mediación, la investigación y conciliación, el procedimiento judicial, el arbitraje y los que especialmente acuerden, en cualquier momento, las Partes.

Artículo 22. Cuando entre dos o más Estados Americanos se suscite una controversia que, en opinión de uno de ellos, no pueda ser resuelta por los medios diplomáticos usuales, las Partes deberán convenir en cualquier otro procedimiento pacífico que les permita llegar a una solución.

Artículo 23. Un tratado especial establecerá los medios adecuados para resolver las controversias y determinará los procedimientos pertinentes a cada uno de los medios pacíficos, en forma de no dejar que ninguna controversia surja entre los Estados Americanos pueda quedar sin solución dentro de un plazo razonable.

CAPÍTULO V
SEGURIDAD COLECTIVA

Artículo 24. Toda agresión de un Estado contra la integridad o la inviolabilidad del territorio o contra la soberanía o la independencia política de un Estado Americano, será considerada como un acto de agresión contra los demás Estados Americanos.

Artículo 25. Si la inviolabilidad o la integridad del territorio o la soberanía o la independencia política de cualquier Estado Americano fueren afectadas por un ataque armado o por una agresión que no sea ataque armado, o por un conflicto extracontinental o por un conflicto entre dos o más Estados Americanos o por cualquier otro hecho o situación que pueda poner en peligro la paz de América, los Estados Americanos en desarrollo de los principios de la solidaridad continental o de la legítima defensa colectiva, aplicarán las medidas y procedimientos establecidos en los tratados especiales, existentes en la materia.

CAPÍTULO VI
NORMAS ECONÓMICAS

Artículo 26. Los Estados Miembros convienen en cooperar entre sí, en la medida de sus recursos y dentro de los términos de sus leyes, con el más amplio espíritu de buena vecindad, a fin de consolidar su estructura económica, intensificar su agricultura y su minería, fomentar su industria e incrementar su comercio.

Artículo 27. Si la economía de un Estado Americano se viera afectada por situaciones graves que no pudiesen ser satisfactoriamente resueltas por su exclusivo y único esfuerzo dicho Estado podrá plantear sus problemas económicos al Consejo Interamericano Económico y Social, a fin de buscar, mediante consulta, la solución más adecuada de tales problemas.

CAPÍTULO VII
NORMAS SOCIALES

Artículo 28. Los Estados Miembros convienen en cooperar entre sí a fin de lograr condiciones justas y humanas de vida para toda su población.

Artículo 29. Los Estados Miembros están de acuerdo en la conveniencia de desarrollar su legislación social sobre las siguientes bases:

a) Todos los seres humanos, sin distinción de raza, nacionalidad, sexo, credo o condición social, tienen el derecho de alcanzar su bienestar material y su desarrollo espiritual en condiciones de libertad, dignidad, igualdad de oportunidad y seguridad económica.

b) El trabajo es un derecho y deber social; no será considerado como un artículo de comercio; reclama respeto para la libertad de asociación y la dignidad de quien lo presta y ha de efectuarse en condiciones que aseguren la vida, la salud, y un nivel económico decoroso, tanto en los años de trabajo, como en la vejez o cuando cualquier circunstancia prive al hombre de la posibilidad de trabajar.

CAPÍTULO VIII
NORMAS CULTURALES

Artículo 30. Los Estados Miembros convienen en favorecer, de acuerdo con sus preceptos constitucionales y con sus recursos materiales, el ejercicio del derecho a la educación, sobre las siguientes bases:

a) La enseñanza primaria será obligatoria, y, cuando la imparta el Estado, será gratuita.

b) El acceso a los estudios superiores será reconocido a todos, sin distinción de raza, nacionalidad, sexo, idioma, credo o condición social.

Artículo 31. Los Estados Miembros se comprometen a facilitar, dentro del respeto debido a la personalidad de cada uno de ellos, el libre intercambio cultural a través de todos los medios de expresión.

SEGUNDA PARTE

CAPÍTULO IX
DE LOS ÓRGANOS

Artículo 32. La Organización de los Estados Americanos realiza sus fines por medio de:

a) La Conferencia Interamericana;
b) La Reunión de Consulta de Ministros de Relaciones Exteriores;
c) El Consejo;
d) La Unión Panamericana;
e) Las Conferencias Especializadas, y
f) Los Organismos Especializados.

CAPÍTULO X
LA CONFERENCIA INTERAMERICANA

Artículo 33. La Conferencia Interamericana es el órgano supremo de la Organización de los Estados Americanos. Ella decide la acción y la política generales de la Organización, determina la estructura y funciones de sus órganos y tiene facultades para considerar cualquier asunto relativo a la convivencia de los Estados Americanos. Ejercerá estas atribuciones de acuerdo con lo dispuesto en esta Carta y en otros tratados interamericanos.

Artículo 34. Todos los Estados Miembros tienen derecho a hacerse representar en la Conferencia Interamericana. Cada Estado tiene derecho a un voto.

Artículo 35. La Conferencia se reúne cada cinco años en la fecha fijada por el Consejo de la Organización, previa consulta con el Gobierno del país sede de la Conferencia.

Artículo 36. En circunstancias especiales y con la aprobación de los dos tercios de los Gobiernos Americanos, puede reunirse una Conferencia Interamericana extraordinaria o modificarse la fecha de reunión de la ordinaria siguiente.

Artículo 37. La Conferencia Interamericana fijará la sede la siguiente Conferencia. Si por cualquier motivo sobreviniente la Conferencia no pudiere reunirse en dicha sede, corresponderá al Consejo de la Organización hacer la nueva designación.

Artículo 38. El programa y el reglamento de la Conferencia Interamericana serán preparados por el Consejo de la Organización y sometidos a la consideración de los Estados Miembros.

CAPÍTULO XI
LA REUNIÓN DE CONSULTA DE MINISTROS DE RELACIONES EXTERIORES

Artículo 39. La Reunión de Consulta de Ministros de Relaciones Exteriores deberá celebrarse con el fin de considerar problemas de carácter urgente y de interés común para los Estados Americanos, y para servir de Órgano de Consulta.

Artículo 40. Cualquier Estado Miembro puede pedir que se convoque la Reunión de Consulta. La solicitud deber dirigirse al Consejo de la Organización, el cual decidirá por mayoría absoluta de votos si es procedente la Reunión.

Artículo 41. El programa y el reglamento de la Reunión de Consulta serán preparados por el Consejo de la Organización y sometidos a la consideración de los Estados Miembros.

Artículo 42. Si excepcionalmente el Ministro de Relaciones Exteriores de cualquier país no pudiere concurrir a la reunión, se hará representar por un delegado especial.

Artículo 43. En caso de ataque armado, dentro del territorio de un Estado Americano o dentro de la región de seguridad que delimitan los tratados vigentes, la Reunión de consulta se efectuará sin demora por convocatoria que deberá hacerle inmediatamente el Presidente del Consejo de la Organización, quien, al mismo tiempo, hará reunir al propio Consejo.

Artículo 44. Se establece un Comité Consultivo de Defensa para asesora al Órgano de Consulta en los problemas de colaboración militar que puedan suscitarse con motivo de la aplicación de los tratados especiales existentes en materia de seguridad colectiva.

Artículo 45. El Comité Consultivo de Defensa se integrará con las más altas autoridades militares de los Estados Americanos que participen en la Reunión de Consulta. Excepcionalmente los Gobiernos podrán designar sustitutos. Cada Estado tendrá derecho a un voto.

Artículo 46. El Comité Consultivo de Defensa será convocado en los mismos términos que el Órgano de Consulta, cuando éste haya de tratar asuntos relativos a la defensa contra la agresión.

Artículo 47. Cuando la Conferencia o la Reunión de Consulta o los Gobiernos, por mayoría de dos terceras partes de los Estados Miembros, le encomienden estudios técnicos o informes sobre temas específicos, el Comité se reunirá también para ese fin.

CAPÍTULO XII
EL CONSEJO

Artículo 48. El Consejo de la Organización de los Estados Americanos se compone de un Representante por cada Estado Miembro de la Organización, nombrado especialmente por el Gobierno respectivo con el rango de embajador. La designación puede recaer en el Representante Diplomático acreditado ante el Gobierno del país en que el Consejo tiene su sede. Durante la ausencia del titular, el Gobierno podrá acreditar un Representante interino.

Artículo 49. El Consejo elegirá un Presidente y un Vicepresidente que estarán en funciones por un año y no podrán ser elegidos en ninguno de esos cargos para el período inmediato.

Artículo 50. El Consejo conoce, dentro de los límites de la presente Carta y de los tratados y acuerdos interamericanos, de cualquier asunto que le encomienden la Conferencia Interamericana o la Reunión de Consulta de Ministros de Relaciones Exteriores.

Artículo 51. El Consejo será responsable del cumplimiento adecuado de las funciones señaladas a la Unión Panamericana.

Artículo 52. El consejo actuará provisionalmente como Órgano de Consulta o cuando se presenten las circunstancias previstas en el artículo 43 de esta Carta.

Artículo 53. Corresponde también al Consejo:

a) Formular y someter a los Gobiernos y a la Conferencia Interamericana proposiciones tendientes a la creación de nuevos Organismos Especializados o a la fusión, adaptación o eliminación de los existentes, inclusive en cuanto corresponde a la financiación y sostenimiento de ellos;

b) Formular recomendaciones a los Gobiernos, a la Conferencia Interamericana, a las Conferencias Especializadas o a los Organismos Especializados, tendientes a coordinar las actividades y planes de trabajo de estos últimos, previa consulta con ellos;

c) Celebrar acuerdos con los Organismos Especializados Interamericanos para determinar las relaciones que deben existir entre el respectivo organismo y la Organización;

d) Celebrar acuerdos o arreglos especiales de cooperación con otros organismos americanos de reconocida autoridad internacional;

e) Promover y facilitar la colaboración entre la Organización de los Estados Americanos y las Naciones Unidas, así como entre los Organismos Especializados Interamericanos y los similares internacionales;

f) Adoptar las resoluciones que habiliten al Secretario General para ejercer las atribuciones que se contemplen en el artículo 84;

g) Ejercer las demás funciones que le señale la presente carta.

Artículo 54. El Consejo establece las bases para fijar la cuota con que debe contribuir cada uno de los Gobiernos al sostenimiento de la Unión Panamericana, tomando en cuenta la capacidad de pago de los respectivos países y la determinación de estos de contribuir en forma equitativa. El presupuesto, aprobado por el Consejo, se comunicará a los Gobiernos por lo menos seis meses antes del primer día del año fiscal con indicación de la cuota anual de cada país. Para tomar decisiones en asuntos presupuestales se necesita la aprobación de los dos tercios de los miembros del Consejo.

Artículo 55. El Consejo formula su propio reglamento.

Artículo 56. El Consejo funciona en la sede de la Unión Panamericana.

Artículo 57. Son órganos del Consejo de la Organización de los Estados Americanos:

a) El Consejo Interamericano Económico y Social.
b) El Consejo Interamericano de Jurisconsultos y
c) El Consejo Interamericano Cultural.

Artículo 58. Los órganos a que se refiere el artículo anterior tienen autonomía técnica dentro de los límites de esta Carta; pero sus decisiones no pueden invadir la esfera de acción que corresponde al Consejo de la Organización.

Artículo 59. Los órganos del Consejo de la Organización están integrados por representantes de todos los Estados miembros de ella.

Artículo 60. Los órganos del Consejo de la Organización, dentro de sus posibilidades, prestarán a los Gobiernos los servicios técnicos que éstos soliciten; y asesorarán, en la esfera de su competencia, al Consejo de la Organización.

Artículo 61. Los órganos del Consejo de la Organización, de acuerdo con éste, establecerán relaciones de cooperación con los órganos correspondientes de las Naciones Unidas y con los organismos nacionales o internacionales que funcionen dentro de sus respectivas esferas de acción.

Artículo 62. El Consejo de la Organización, asesorándose de las entidades correspondientes y previa consulta con los Gobiernos, formulará los estatutos de sus órganos en desarrollo y dentro de los preceptos de esta Carta. Dichos órganos expedirán sus propios reglamentos.

A) Consejo Interamericano Económico y Social

Artículo 63. El Centro Interamericano Económico y Social tiene como finalidad promover el bienestar económico y social de los países americanos, mediante la cooperación efectiva entre ellos para el mejor aprovechamiento de sus recursos naturales, su desarrollo agrícola e industrial y la elevación del nivel de vida de sus pueblos.

Artículo 64. Para realizar esa finalidad, el Consejo deberá:

a) Proponer los medios conducentes a que los países americanos se presten asistencia técnica para llevar a cabo estudios y para la formación y ejecución de planes encaminados a realizar los fines a que se refiere el artículo 26 y a desarrollar y mejorar sus servicios sociales;

b) Actuar como organismo coordinador de todas las actividades oficiales interamericanas de carácter económico y social;

c) Emprender estudios por iniciativa propia o a petición de cualquier Estado Miembro;

d) Recabar y preparar informes sobre asuntos económicos y sociales para uso de los Estados Miembros;

e) Sugerir al Consejo de la Organización la oportunidad de la celebración de Conferencias Especializadas sobre asuntos económicos y sociales;

f) Desarrollar cualesquiera otras actividades que le encomienden la Conferencia Interamericana, la Reunión de Consulta de Ministros de Relaciones Exteriores o el Consejo de la Organización.

Artículo 65. El Consejo Interamericano Económico y Social, compuesto por delegados técnicos que designe cada uno de los Estados Miembros de la Organización, celebra sus reuniones por propia iniciativa o por iniciativa del Consejo de la Organización.

Artículo 66. El Consejo Interamericano Económico y Social funciona en la sede de la Unión Panamericana, pero puede celebrar reuniones en cualquier ciudad de los países americanos, por decisión de la mayoría de los Estados Miembros.

B) Consejo Interamericano de Jurisconsultos

Artículo 67. El Consejo Interamericano de Jurisconsultos tiene como finalidad servir de cuerpo consultivo en asuntos jurídicos; promover el desarrollo y la codificación del derecho internacional público y del derecho internacional privado; y estudiar la posibilidad de uniformar las legislaciones de los diferentes países americanos en cuanto esto parezca conveniente.

Artículo 68. El Comité Jurídico Interamericano de Río de Janeiro es la Comisión Permanente del Consejo Interamericano de Jurisconsultos.

Artículo 69. El Comité Jurídico está integrado por juristas de los nueve países que determine la Conferencia Interamericana. La selección de los juristas será hecha por el Consejo de Jurisconsultos de una terna presentada por cada país escogido por la Conferencia. Los miembros del Comité Jurídico representan a todos los Estados Miembros de la Organización. El Consejo de la Organización está facultado para llenar las vacantes que ocurran durante los intervalos de las Conferencias Interamericanas y las reuniones del Consejo Interamericano de Jurisconsultos.

Artículo 70. El Comité Jurídico debe emprender los estudios y trabajos preparatorios que le encomienden el Consejo Interamericano de Jurisconsultos, la Conferencia Interamericana, la Reunión de Consulta de Ministros de Relaciones Exteriores o el Consejo de la Organización. Además, puede realizar los que de su propia iniciativa considere convenientes.

Artículo 71. El Consejo Interamericano de Jurisconsultos y el Comité Jurídico deben procurar la cooperación de las comisiones nacionales para la codificación del derecho internacional, la de institutos de derecho internacional, de derecho comparado y otras entidades especializadas.

Artículo 72. El Consejo Interamericano de Jurisconsultos se reunirá cuando lo convoque el Consejo de la Organización, la sede que aquél determine en cada una de sus reuniones.

C) Consejo Interamericano Cultural

Artículo 73. El Consejo Interamericano Cultural tiene como finalidad promover las relaciones amistosas y el entendimiento mutuo entre los pueblos americanos para fortalecer los sentimientos pacíficos que han caracterizado la evolución americana, mediante el estímulo del intercambio educacional, científico y cultural.

Artículo 74. Para realizar la finalidad a que se refiere el artículo anterior, el Consejo deberá principalmente:

a) Propiciar actividades interamericanas de carácter cultural;

b) Reunir y proporcionar información sobre las actividades culturales que se lleven a cabo en los Estados Americanos, y entre ellas, las de las instituciones particulares y oficiales de carácter nacional e internacional;

c) Promover la adopción de programas de educación fundamental adaptados a las necesidades de todos los grupos de población de los países americanos;

d) Promover igualmente la adopción de programas especiales de instrucción, educación y cultura para las masas indígenas de los países americanos;

e) Cooperar a la protección, conservación y aumento del patrimonio cultural del Continente;

f) Estimular la cooperación entre los pueblos americanos en el campo de la educación, la ciencia y la cultura, mediante el intercambio de materiales de investigación y estudio, así como de profesores, estudiantes, técnicos y, en general, de personas y elementos útiles para el logro de este propósito;

g) Fomentar la educación de los pueblos para la convivencia internacional;

h) Desarrollar cualesquiera otras actividades que le encomienden la Conferencia Interamericana, la Reunión de Consulta de Ministros de Relaciones Exteriores o el Consejo de la Organización.

Artículo 75. El Consejo Interamericano Cultural señala la sede de la siguiente reunión y se congrega por convocatoria del Consejo de la Organización en la fecha acordada entre éste y el gobierno del país escogido como sede.

Artículo 76. Habrá un Comité de Acción Cultural del cual serán miembros cinco Estados, escogidos en cada Conferencia Interamericana. Lo respectivos integrantes del Comité de Acción Cultural serán elegidos por el Consejo Interamericano Cultural de una terna presentada por cada país escogido por la Conferencia, y deberán ser especialistas en materias educativas o culturales. Durante los intervalos del Consejo Interamericano Cultural y de las Conferencias Interamericanas, el Consejo de la Organización podrá llenar las vacantes que se produzcan y sustituir a los países que se vean en el caso de interrumpir su colaboración.

Artículo 77. El Comité de Acción Cultural funcionará como comisión permanente del Consejo Interamericano Cultural con el fin de preparar trabajos que éste le encomiende, y sobre los cuales el Consejo decide en definitiva.

CAPÍTULO XIII
LA UNIÓN PANAMERICANA

Artículo 78. La Unión Panamericana es órgano central y permanente de la Organización de los Estados Americanos y Secretaría General de la Organización. Ejercerá las funciones que se le atribuyen en esta Carta y las que le señalen otros tratados y acuerdos interamericanos.

Artículo 79. Habrá un Secretario General de la Organización elegido por el Consejo para un período de diez años, quien no podrá ser reelegido ni sucedido por una persona de la misma nacionalidad. En caso de que ocurra una vacante en el cargo de Secretario General, el Consejo elegirá dentro de los noventa días siguientes un sucesor que lo reemplace hasta el término del período, el cual podrá ser reelegido si la vacante ocurre durante la segunda mitad del período.

Artículo 80. El Secretario General dirige la Unión Panamericana y tiene la representación legal de la misma.

Artículo 81. El Secretario General participa, con voz pero sin voto en las deliberaciones de la Conferencia Interamericana, la Reunión de Consulta de Ministros de Relaciones Exteriores, las Conferencias Especializadas, el Consejo y sus órganos.

Artículo 82. La Unión Panamericana, por intermedio de sus oficinas técnicas y de información, promoverá bajo la dirección del Consejo las relaciones económicas, sociales, jurídicas y culturales entre todos los Estados Miembros de la Organización.

Artículo 83. La Unión Panamericana desempeña además las siguientes funciones:

a) Transmitir ex oficio a los Estados Miembros la convocatoria de la Conferencia Interamericana, la Reunión de Consulta de Ministros de Relaciones Exteriores y las Conferencias Especializadas;

b) Asesorar al Consejo y a sus órganos en la preparación de los programas y reglamentos de la Conferencia Interamericana, de la Reunión de Consulta de Ministros de Relaciones Exteriores y de las Conferencias Especializadas;

c) Poner, dentro de sus posibilidades, a la disposición del gobierno del país en donde se celebre la Conferencia la ayuda técnica y el personal que dicho gobierno solicite;

d) Custodiar los documentos y archivos de las Conferencias Interamericanas y de las Reuniones de Consulta de Ministros de Relaciones Exteriores; y en cuanto fuere posible, los de las Conferencias Especializadas;

e) Servir de depositario de los instrumentos de rectificación de los convenios interamericanos;

f) Cumplir las funciones que le encomienden la Conferencia Interamericana y la Reunión de Consulta de Ministros de Relaciones Exteriores;

g) Presentar al Consejo un informe anual sobre las actividades de la Organización;

h) Presentar a cada Conferencia Interamericana un informe sobre las labores realizadas por los Órganos Interamericanos desde la conferencia anterior.

Artículo 84. Corresponde al Secretario General:

a) Establecer, con la aprobación del Consejo, las oficinas técnicas y administrativas de la Unión Panamericana que sean necesarias para la realización de sus fines;

b) Determinar el número de Jefes de Departamento, funcionarios y empleados de la Unión Panamericana; nombrarlos y reglamentar sus atribuciones y deberes y fijar sus emolumentos, de acuerdo con las normas generales que establece el Consejo.

Artículo 85. Habrá un Secretario General adjunto, elegido por el Consejo para un término de diez años y que puede ser reelegido. En caso de que ocurra una vacante en el cargo de Secretario General Adjunto, el Consejo elegirá al sustituto dentro de los noventa días siguientes, para que ejerza sus funciones durante el resto del respectivo período.

Artículo 86. El Secretario General Adjunto es Secretario del Consejo. Durante la ausencia temporal o impedimento del Secretario General, o durante los noventa días de vacancia previstos en el artículo 79, desempeña las funciones de éste. Además, tiene el carácter de funcionario consultivo del Secretario General con facultad para actuar como delegado suyo en todo aquello que le encomendare.

Artículo 87. El Consejo, con el voto de los dos tercios de sus miembros, puede remover al Secretario General o al Secretario General Adjunto, cuando así lo exija el buen funcionamiento de la Organización.

Artículo 88. Los Jefes de los Departamentos respectivos de la Unión Panamericana, nombrados por el Secretario General, son los Secretarios Ejecutivos del Consejo Interamericano Económico y Social, del de Jurisconsultos y del Cultural.

Artículo 89. En el desempeño de sus deberes, el personal no buscará ni recibirá instrucciones de ningún gobierno ni de ninguna autoridad ajena a la Unión Panamericana. Se abstendrá de hacer nada que pueda reflejarse sobre su posición de funcionarios internacionales responsables sólo ante la Unión.

Artículo 90. Todos los miembros de la Organización de los Estados Americanos se comprometen a respetar la naturaleza exclusivamente internacional de las responsabilidades del Secretario General y del personal y a no tratar de influir sobre ellos en el desempeño de sus funciones.

Artículo 91. Para integrar el personal de la Unión Panamericana se tendrá en cuenta, en primer término, la eficacia, competencia y honestidad; pero se dará importancia, al propio tiempo, a la necesidad de que el personal sea escogido con un criterio geográfico tan amplio como sea posible.

Artículo 92. La sede de la Unión Panamericana es la ciudad de Washington.

CAPÍTULO XIV
LAS CONFERENCIAS ESPECIALIZADAS

Artículo 93. Las Conferencias Especializadas se reúnen para tratar asuntos técnicos especiales o para desarrollar determinados aspectos de la cooperación interamericana, cuando así lo resuelvan la Conferencia Interamericana o la Reunión de Consulta de Ministros de Relaciones Exteriores; cuando así esté dispuesto en acuerdos interamericanos; o cuando el Consejo de la Organización lo estime necesario, por propia iniciativa o a instancia de alguno de sus órganos o de algunos de los Organismos Especializados.

Artículo 94. El programa y el reglamento de las Conferencias Especializadas serán preparados por los órganos del Consejo de la Organización o por los Organismos Especializados interesados, sometidos a la consideración de los Gobiernos Miembros y enviados al Consejo para su conocimiento.

CAPÍTULO XV
LOS ORGANISMOS ESPECIALIZADOS

Artículo 95. Se consideran como Organismos Especializados Interamericanos, para los efectos de esta Carta, los organismos intergubernamentales establecidos por acuerdos multilaterales que tengan determinadas funciones en materias técnicas de interés común para los Estados Americanos.

Artículo 96. El Consejo mantendrá un registro de los organismos que llenen las condiciones del artículo anterior y para los fines estipulados en el artículo 53.

Artículo 97. Los Organismos Especializados disfrutan de la más amplia autonomía técnica y deberán tener en cuenta las recomendaciones del Consejo, de conformidad con las disposiciones de la presente Carta.

Artículo 98. Los Organismos Especializados enviarán al Consejo informes periódicos sobre el desarrollo de sus actividades y acerca de sus presupuestos y cuentas anuales.

Artículo 99. Los acuerdos entre el Consejo y los Organismos Especializados previstos en el ordinal c) del artículo 53 pueden establecer que dichos organismos envíen al Consejo sus presupuestos para su aprobación. También puede preverse que la Unión Panamericana reciba las cuotas de los países contribuyentes y las distribuya conforme a los acuerdos pertinentes.

Artículo 100. Los Organismos Especializados deben establecer relaciones de cooperación con organismos mundiales de la misma índole, a fin de coordinar sus actividades. Al concertar acuerdos con organismos internaciones de carácter mundial, los Organismos Especializados Interamericanos deben mantener su identidad y posición como parte integrante de la Organización de los Estados Americanos, aun cuando desempeñen funciones regionales de los Organismos Internacionales.

Artículo 101. En la ubicación geográfica de los Organismos Especializados se tendrán en cuenta los intereses de todos los Estados Americanos.

TERCERA PARTE

CAPÍTULO XVI
NACIONES UNIDAS

Artículo 102. Ninguna de las estipulaciones de esta Carta se interpretará en el sentido de menoscabar los derechos y obligaciones de los Estados Miembros de acuerdo con la Carta de las Naciones Unidas.

CAPÍTULO XVII
DISPOSICIONES VARIAS

Artículo 103. La Organización de los Estados Americanos gozará en el territorio de cada uno de sus miembros de la capacidad jurídica, privilegios e inmunidades que sean necesarios para el ejercicio de sus funciones y la realización de sus funciones y la realización de sus propósitos.

Artículo 104. Los representantes de los gobiernos en el Consejo de la Organización, los representantes en los órganos del Consejo, el personal que integre las representaciones, así como el Secretario General y el Secretario General Adjunto de la Organización, gozarán de los privilegios e inmunidades necesarios para desempeñar con independencia sus funciones.

Artículo 105. La situación jurídica de los Organismos Especializados Interamericanos y los privilegios e inmunidades que deben otorgarse a ellos y a su personal, así como a los funcionarios de la Unión Panamericana será determinados en cada caso mediante arreglos entre los organismos correspondientes y los gobiernos interesados.

Artículo 106. La correspondencia de la Organización de los Estados Americanos, incluso impresos y paquetes, cuando lleve su sello de franquicia, circulará exenta de porte por los correos de los Estados Miembros.

Artículo 107. La Organización de los Estados Americanos no reconoce restricción alguna en cuanto a la elegibilidad de hombres y mujeres para participar en las actividades y en los cargos de los diferentes órganos.

CAPÍTULO XVIII
RATIFICACIÓN Y VIGENCIA

Artículo 108. La presente Carta queda abierta a la firma de los Estados Americanos, y será ratificada de conformidad con sus respectivos procedimientos constitucionales. El instrumento original, cuyos textos en español, inglés, portugués y francés son igualmente auténticos, será depositado en la Unión Panamericana, la cual enviará copias certificadas a los gobiernos para los fines de su ratificación. Los instrumentos de ratificación serán depositados en la Unión Panamericana y ésta notificará dicho depósito a los gobiernos signatarios.

Artículo 109. La presente Carta entrará en vigor, entre los Estados que la ratifiquen, cuando los dos tercios de los Estados signatarios hayan depositado sus ratificaciones. En cuanto a los Estados restantes, entrará en vigor en el orden en que depositen sus ratificaciones.

Artículo 110. La presente Carta será registrada en la Secretaría de las Naciones Unidas por medio de la Unión Panamericana.

Artículo 111. Las reformas a la presente Carta sólo podrán ser adoptadas en una Conferencia Interamericana convocada para tal objeto. Las reformas entrarán en vigor en los mismos términos y según el procedimiento establecido en el artículo 109.

Artículo 112. Esta Carta regirá indefinidamente, pero podrá ser denunciada por cualquiera de los Estados Miembros, mediante comunicación escrita a la Unión Panamericana, la cual comunicará en cada caso a los demás las notificaciones de denuncia que reciba. Transcurridos dos años a partir de la fecha en que la Unión Panamericana reciba una notificación de denuncia, la presente Carta cesará en sus efectos respecto del Estado denunciante, y éste quedará desligado de la Organización después de haber cumplido con las obligaciones emanadas de la presente Carta.

En fe de lo cual, los Plenipotenciarios infrascritos, presentados sus Plenos Poderes, que han sido hallados en buena y debida forma, firman la presente Carta, en la ciudad de Bogotá, Colombia, en las fechas que aparecen al frente de sus firmas respectivas.

Que el preinserto Tratado fue aprobado por la H. Cámara de Senadores, el día doce de noviembre de mil novecientos cuarenta y ocho, según Decreto publicado en el «Diario Oficial» de fecha veintidós del mismo mes y año. Se depositó el Instrumento de Ratificación el día veintitrés de noviembre de mil novecientos cuarenta y ocho.

En cumplimiento de lo dispuesto por la fracción I del artículo octogésimo noveno de la Constitución Política de los Estados Unidos Mexicanos y para su debida observancia, promulgo el presente Tratado en la residencia del Poder Ejecutivo, en la ciudad de México, a los nueve días del mes de diciembre de mil novecientos cuarenta y ocho.– Miguel Alemán.– Rúbrica.– El Subsecretario de Relaciones Exteriores. Encargado del Despacho, Manuel Tello.– Rúbrica.

ESTATUTO DE LA COMISIÓN INTERAMERICANA DE DERECHOS HUMANOS

Aprobado mediante la Resolución N° 447 adoptada por la Asamblea General de la OEA en su noveno período ordinario de sesiones, celebrado en La Paz, Bolivia, octubre de 1979

I. NATURALEZA Y PROPÓSITOS

Artículo 1. 1. La Comisión Interamericana de Derechos Humanos es un órgano de la Organización de los Estados Americanos creado para promover la observancia y la defensa de los derechos humanos y servir como órgano consultivo de la Organización en esta materia.

2. Para los fines del presente Estatuto, por derechos humanos se entiende:

a. los derechos definidos en la Convención Americana sobre Derechos Humanos en relación con los Estados partes en la misma;

b. los derechos consagrados en la Declaración Americana de Derechos y Deberes del Hombre, en relación con los demás Estados miembros.

II. COMPOSICIÓN Y ESTRUCTURA

Artículo 2. 1. La Comisión se compone de siete miembros, quienes deben ser personas de alta autoridad moral y de reconocida versación en materia de derechos humanos.

2. La Comisión representa a todos los Estados miembros de la Organización.

Artículo 3. 1. Los miembros de la Comisión serán elegidos a título personal por la Asamblea General de la Organización, de una lista de candidatos propuestos por los gobiernos de los Estados miembros.

2. Cada gobierno puede proponer hasta tres candidatos, ya sea nacionales del Estado que los propone o de cualquier otro Estado miembro de la Organización. Cuando se proponga una terna, por lo menos uno de los candidatos deberá ser nacional de un Estado distinto del proponente.

Artículo 4. 1. Seis meses antes de la celebración del período ordinario de sesiones de la Asamblea General de la OEA, previa a la terminación del mandato para el cual fueron elegidos los miembros de la Comisión,[1] el Secretario General de la OEA pedirá por escrito a cada Estado miembro de la Organización que presente sus candidatos dentro de un plazo de noventa días.

2. El Secretario General preparará una lista por orden alfabético de los candidatos presentados y la comunicará a los Estados miembros de la Organización al menos treinta días antes de la próxima Asamblea General.

Artículo 5. La elección de los miembros de la Comisión se hará de entre los candidatos que figuren en la lista a que se refiere el artículo 4 (2), por votación secreta de la Asamblea General, y se declararán elegidos los candidatos que obtengan mayor número de votos y la mayoría absoluta de los votos de los Estados miembros. Si para elegir a todos los miembros de la Comisión resultare necesario efectuar varias votaciones, se eliminarán sucesivamente, en la forma que determine la Asamblea General, a los candidatos que reciban menor número de votos.

Artículo 6. Los miembros de la Comisión serán elegidos por cuatro años y sólo podrán ser reelegidos una vez. Los mandatos se contarán a partir del 1º de enero del año siguiente al de la elección.

Artículo 7. No puede formar parte de la Comisión más de un nacional de un mismo Estado.

Artículo 8. 1. El cargo de miembro de la Comisión Interamericana de Derechos Humanos es incompatible con el ejercicio de actividades que pudieren afectar su independencia, su imparcialidad, o la dignidad o el prestigio de su cargo en la Comisión.

2. La Comisión considerará cualquier caso que se presente sobre incompatibilidad según los términos fijados en el inciso primero de este artículo y de acuerdo con el procedimiento que disponga su Reglamento.

Si la Comisión, con el voto afirmativo de por lo menos cinco de sus miembros, determina que existe un caso de incompatibilidad, lo elevará con sus antecedentes a la Asamblea General, la cual decidirá al respecto.

3. La declaratoria de incompatibilidad, por parte de la Asamblea General, será adoptada con una mayoría de los dos tercios de los Estados miembros de la

Organización y causará la inmediata separación del cargo del miembro de la Comisión, pero no invalidará las actuaciones en la que éste hubiera intervenido.

Artículo 9. Son deberes de los miembros de la Comisión:

1. Asistir, salvo impedimento justificado, a las reuniones ordinarias y extraordinarias que celebre la Comisión en su sede permanente o en aquella a la que haya acordado trasladarse transitoriamente.

2. Formar parte, salvo impedimento justificado, de las Comisiones Especiales que la Comisión acuerde integrar para el desempeño de observaciones in loco, o para realizar cualquier otro de los deberes que le incumban.

3. Guardar absoluta reserva sobre todos los asuntos que la Comisión considere confidenciales.

4. Guardar, en las actividades de su vida pública y privada un comportamiento acorde con la elevada autoridad moral de su cargo y la importancia de la misión encomendada a la Comisión.

Artículo 10. 1. Si algún miembro violare gravemente alguno de los deberes a que se refiere el artículo 9, la Comisión, con el voto afirmativo de cinco de sus miembros, someterá el caso a la Asamblea General de la Organización, la cual decidirá si procede separarlo de su cargo.

2. Antes de tomar su decisión, la Comisión oirá al miembro en cuestión.

Artículo 11. 1. Al producirse una vacante que no se deba al vencimiento normal del mandato, el Presidente de la Comisión lo notificará inmediatamente al Secretario General de la Organización, quien a su vez lo llevará a conocimiento de los Estados miembros de la Organización.

2. Para llenar las vacantes cada gobierno podrá presentar un candidato dentro del plazo de treinta días a contar de la fecha de recibo de la comunicación en que el Secretario General informe que se ha producido una vacante.

3. El Secretario General preparará una lista por orden alfabético de los candidatos y la comunicará al Consejo Permanente de la Organización, el cual llenará la vacante.

4. Cuando el mandato expire dentro de los seis meses siguientes a la fecha en que ocurriera una vacante, ésta no se llenará.

Artículo 12. 1. En los Estados miembros de la Organización que son partes en la Convención Americana sobre Derechos Humanos, los miembros de la Comisión gozan, desde el momento de su elección y mientras dure su mandato, de las inmunidades reconocidas por el derecho internacional a los agentes diplomáticos. Durante el ejercicio de sus cargos gozan, además, de los privilegios diplomáticos necesarios para el desempeño de sus funciones.

2. En los Estados miembros de la Organización que no son partes de la Convención Americana sobre Derechos Humanos, los miembros de la Comisión gozarán de los privilegios e inmunidades correspondientes a sus cargos, necesarios para desempeñar con independencia sus funciones.

3. El régimen de inmunidades y privilegios de los miembros de la Comisión podrá reglamentarse o complementarse mediante convenios multilaterales o bilaterales entre la Organización y los Estados miembros.

Artículo 13. Los miembros de la Comisión percibirán gastos de viaje, viáticos y honorarios, según corresponda, por su participación en las sesiones de la Comisión o en otras funciones que la Comisión, de acuerdo con su Reglamento, les encomiende individual o colectivamente. Tales gastos de viaje, viáticos y honorarios se incluirán en el presupuesto de la Organización y su monto y condiciones serán determinados por la Asamblea General.

Artículo 14. 1. La Comisión tendrá un Presidente, un primer Vicepresidente y un segundo Vicepresidente, que serán elegidos por mayoría absoluta de sus miembros por un período de un año, y podrán ser reelegidos sólo una vez en cada período de cuatro años.

2. El Presidente y los Vicepresidentes constituirán la Directiva de la Comisión, cuyas funciones serán determinadas por el Reglamento.

Artículo 15. El Presidente de la Comisión podrá trasladarse a la sede de ésta y permanecer en ella durante el tiempo necesario para el cumplimiento de sus funciones.

III. SEDE Y REUNIONES

Artículo 16. 1. La Comisión tendrá su sede en Washington, D. C.

2. La Comisión podrá trasladarse y reunirse en el territorio de cualquier Estado americano cuando lo decida por mayoría absoluta de votos y con la anuencia o a invitación del gobierno respectivo.

3. La Comisión se reunirá en sesiones ordinarias y extraordinarias de conformidad con su Reglamento.

Artículo 17. 1. La mayoría absoluta de los miembros de la Comisión constituye quórum.

2. En relación con los Estados que son partes en la Convención, las decisiones se tomarán por mayoría absoluta de votos de los miembros de la Comisión en los casos en que así lo establezcan la Convención Americana sobre Derechos Humanos y el presente Estatuto. En los demás casos se requerirá la mayoría absoluta de los miembros presentes.

3. En relación con los Estados que no son partes en la Convención, las decisiones se tomarán por mayoría absoluta de votos de los miembros de la Comisión, salvo cuando se trate de asuntos de procedimiento, en cuyo caso las decisiones se tomarán por simple mayoría.

IV. FUNCIONES Y ATRIBUCIONES

Artículo 18. Respecto a los Estados miembros de la Organización de los Estados Americanos, la Comisión tiene las siguientes atribuciones:

a. estimular la conciencia de los derechos humanos en los pueblos de América;

b. formular recomendaciones a los gobiernos de los Estados para que adopten medidas progresivas en favor de los derechos humanos, dentro del marco de sus legislaciones, de sus preceptos constitucionales y de sus compromisos internacionales, y también disposiciones apropiadas para fomentar el respeto a esos derechos;

c. preparar los estudios o informes que considere convenientes para el desempeño de sus funciones;

d. solicitar que los gobiernos de los Estados le proporcionen informes sobre la medidas que adopten en materia de derechos humanos;

e. atender las consultas que, por medio de la Secretaría General de la Organización, le formule cualquier Estado miembro sobre cuestiones relacionadas con los derechos humanos en ese Estado y, dentro de sus posibilidades, prestar el asesoramiento que le soliciten;

f. rendir un informe anual a la Asamblea General de la Organización, en el cual se tenga debida cuenta del régimen jurídico aplicable a los Estados partes en la Convención Americana sobre Derechos Humanos y de los Estados que no son partes;

g. practicar observaciones in loco en un Estado, con la anuencia o a invitación del gobierno respectivo, y

h. presentar al Secretario General el programa-presupuesto de la Comisión para que éste lo someta a la Asamblea General.

Artículo 19. En relación con los Estados partes en la Convención Americana sobre Derechos Humanos, la Comisión ejercerá sus funciones de conformidad con las atribuciones previstas en aquella y en el presente Estatuto y, además de las atribuciones señaladas en el artículo 18, tendrá las siguientes:

a. diligenciar las peticiones y otras comunicaciones, de conformidad con lo dispuesto en los artículos 44 al 51 de la Convención;

b. comparecer ante la Corte Interamericana de Derechos Humanos en los casos previstos en la Convención;

c. solicitar a la Corte Interamericana de Derechos Humanos que tome las medidas provisionales que considere pertinentes en asuntos graves y urgentes que aún no estén sometidos a su conocimiento, cuando se haga necesario para evitar daños irreparables a las personas;

d. consultar a la Corte acerca de la interpretación de la Convención Americana sobre Derechos Humanos o de otros tratados sobre la protección de los derechos humanos en los Estados americanos;

e. someter a la consideración de la Asamblea General proyectos de protocolos adicionales a la Convención Americana sobre Derechos Humanos, con el fin de incluir progresivamente en el régimen de protección de la misma otros derechos y libertades, y

f. someter a la Asamblea General, para lo que estime conveniente, por conducto del Secretario General, propuestas de enmienda a la Convención Americana sobre Derechos Humanos.

Artículo 20. En relación con los Estados miembros de la Organización que no son partes de la Convención Americana sobre Derechos Humanos, la Comisión tendrá, además de las atribuciones señaladas en el artículo 18, las siguientes:

a. prestar particular atención a la tarea de la observancia de los derechos humanos mencionados en los artículos I, II, III, IV, XVIII, XXV y XXVI de la Declaración Americana de los Derechos y Deberes del Hombre;

b. examinar las comunicaciones que le sean dirigidas y cualquier información disponible; dirigirse al gobierno de cualquiera de los Estados miembros no partes en la Convención con el fin de obtener las informaciones que considere pertinentes y formularles recomendaciones, cuando lo considere apropiado, para hacer más efectiva la observancia de los derechos humanos fundamentales;

c. verificar, como medida previa al ejercicio de la atribución prescrita en el inciso b. anterior, si los procesos y recursos internos de cada Estado miembro no parte en la Convención fueron debidamente aplicados y agotados.

V. SECRETARÍA

Artículo 21. 1. Los servicios de Secretaría de la Comisión estarán a cargo de una unidad administrativa especializada bajo la dirección de un Secretario Ejecutivo. Esta unidad dispondrá de los recursos y del personal necesarios para cumplir las tareas que le encomiende la Comisión.

2. El Secretario Ejecutivo, quien deberá ser persona de alta autoridad moral y reconocida versación en materia de derechos humanos, será responsable de la actividad de la Secretaría y asistirá a la Comisión en el ejercicio de sus funciones, de conformidad con el Reglamento.

3. El Secretario Ejecutivo será designado por el Secretario General de la Organización en consulta con la Comisión. Asimismo, para que el Secretario General pueda proceder a la separación del Secretario Ejecutivo de la Comisión deberá consultar su decisión con la Comisión e informarle de los motivos en que se fundamenta.

VI. ESTATUTO Y REGLAMENTO

Artículo 22. 1. El presente Estatuto podrá ser modificado por la Asamblea General.

2. La Comisión formulará y adoptará su propio Reglamento de acuerdo con el presente Estatuto.

Artículo 23. 1. El Reglamento de la Comisión determinará, de acuerdo con lo dispuesto en los artículos 44 al 51 de la Convención Americana sobre Derechos Humanos, el procedimiento que se debe seguir en los casos de peticiones o comunicaciones en las que se alegue la violación de cualquiera de los derechos que consagra la mencionada Convención y en las que se impute tal violación a algún Estado parte en la misma.

2. De no llegarse a la solución amistosa referida en los artículos 44 al 51 de la Convención, la Comisión redactará dentro del plazo de 180 días el informe requerido por el artículo 50 de la Convención.

Artículo 24. 1. El Reglamento establecerá el procedimiento que se debe seguir en los casos de comunicaciones que contengan denuncias o quejas de violaciones de derechos humanos imputables a Estados que no sean partes en la Convención Americana sobre Derechos Humanos.

2. A tal efecto, el Reglamento contendrá las normas pertinentes establecidas en el Estatuto de la Comisión aprobado por el Consejo de la Organización en las resoluciones aprobadas el 25 de mayo y el 8 de junio de 1960, con las modificaciones y enmiendas introducidas por la Resolución XXII de la Segunda Conferencia Interamericana Extraordinaria y por el Consejo de la Organización en la sesión celebrada el 24 de abril de 1968 y tomando en consideración la Resolución CP/RES. 253 (343/78) «Transición entre la actual Comisión Interamericana de Derechos Humanos y la Comisión prevista en la Convención Americana sobre Derechos Humanos», adoptada por el Consejo Permanente de la Organización el 20 de septiembre de 1978.

VII. DISPOSICIONES TRANSITORIAS

Artículo 25. Mientras que la Comisión no adopte su nuevo Reglamento, se aplicará en relación a todos los Estados de la Organización, el Reglamento actual (OEA/Ser.L/VII.17 doc. 26, de 2 de mayo de 1976).

Artículo 26. 1. Este Estatuto entrará en vigor 30 días después de su aprobación por la Asamblea General.

2. El Secretario General promoverá la inmediata publicación del Estatuto y le dará la más amplia divulgación posible.

ESTATUTO DE LA CORTE INTERAMERICANA DE DERECHOS HUMANOS

Aprobado mediante Resolución Nº 448 adoptada por la Asamblea General de la OEA en su noveno período de sesiones, celebrado en La Paz, Bolivia, octubre de 1979

CAPÍTULO I
DISPOSICIONES GENERALES

Artículo 1. Naturaleza y Régimen Jurídico. La Corte Interamericana de Derechos Humanos es una institución judicial autónoma cuyo objetivo es la aplicación e interpretación de la Convención Americana sobre Derechos Humanos. La Corte ejerce sus funciones de conformidad con las disposiciones de la citada Convención y del presente Estatuto.

Artículo 2. Competencia y Funciones. La Corte ejerce función jurisdiccional y consultiva:

1. Su función jurisdiccional se rige por las disposiciones de los artículos 61, 62 y 63 de la Convención.
2. Su función consultiva se rige por las disposiciones del artículo 64 de la Convención.

Artículo 3. Sede. 1. La Corte tendrá su sede en San José, Costa Rica; sin embargo, podrá celebrar reuniones en cualquier Estado miembro de la Organización de los Estados Americanos (OEA), en que lo considere conveniente por mayoría de sus miembros y previa aquiescencia del Estado respectivo.

2. La sede de la Corte puede ser cambiada por el voto de los dos tercios de los Estados partes en la Convención, en la Asamblea General de la OEA.

CAPÍTULO II
COMPOSICIÓN DE LA CORTE

Artículo 4. Integración. 1. La Corte se compone de siete jueces, nacionales de los Estados miembros de la OEA, elegidos a título personal de entre juristas de la más alta autoridad moral, de reconocida competencia en materia de derechos humanos, que reúnan las condiciones requeridas para el ejercicio de las más elevadas funciones judiciales, conforme a la ley del Estado del cual sean nacionales o del Estado que los postule como candidatos.

2. No puede haber más de un juez de la misma nacionalidad.

Artículo 5. Mandato de los Jueces. 1. Los jueces de la Corte son electos para un mandato de seis años y sólo pueden ser reelectos una vez. El juez electo para reemplazar a otro cuyo mandato no ha expirado, completará tal mandato.

2. Los mandatos de los jueces se contarán a partir del primero de enero del año siguiente al de su elección y se extenderán hasta el 31 de diciembre del año en que se cumplan los mismos.

3. Los jueces permanecerán en funciones hasta el término de su mandato. Sin embargo, seguirán conociendo de los casos a que ya se hubieran abocado y que se encuentren en estado de sentencia, a cuyos efectos no serán sustituidos por los nuevos jueces elegidos.

Artículo 6. Fecha de Elección de los Jueces. 1. La elección de los jueces se hará, en lo posible, durante el período de sesiones de la Asamblea General de la OEA inmediatamente anterior a la expiración del mandato de los jueces salientes.

2. Las vacantes en la Corte causadas por muerte, incapacidad permanente, renuncia o remoción de los jueces, serán llenadas, en lo posible, en el próximo período de sesiones de la Asamblea General de la OEA. Sin embargo, la elección no será necesaria cuando la vacante se produzca dentro de los últimos seis meses del mandato del juez que le de origen.

3. Si fuere necesario para preservar el quórum de la Corte, los Estados partes en la Convención, en una sesión del Consejo Permanente de la OEA, a solicitud del Presidente de la Corte, nombrarán uno o más jueces interinos, que servirán hasta tanto no sean reemplazados por los elegidos.

Artículo 7. Candidatos. 1. Los jueces son elegidos por los Estados partes en la Convención, en la Asamblea General de la OEA, de una lista de candidatos propuestos por esos mismos Estados.

2. Cada Estado parte puede proponer hasta tres candidatos, nacionales del Estado que los propone o de cualquier otro Estado miembro de la OEA.

3. Cuando se proponga una terna, por lo menos uno de los candidatos debe ser nacional de un Estado distinto del proponente.

Artículo 8. Elección: Procedimiento Previo. 1. Seis meses antes de la celebración del período ordinario de sesiones de la Asamblea General de la OEA, previa a la terminación del mandato para el cual fueron elegidos los jueces de la Corte, el Secretario General de la OEA pedirá por escrito a cada Estado parte en la Convención, presentar sus candidatos dentro de un plazo de noventa días.

2. El Secretario General de la OEA preparará una lista en orden alfabético de los candidatos presentados, y la comunicará a los Estados partes, de ser posible, por lo menos treinta días antes del próximo período de sesiones de la Asamblea General de la OEA.

3. Cuando se trate de vacantes en la Corte, así como en casos de muerte o incapacidad permanente de un candidato, los plazos anteriores se reducirán prudencialmente, a juicio del Secretario General de la OEA.

Artículo 9. Votación. 1. La elección de los jueces se realiza en votación secreta y por mayoría absoluta de los Estados partes en la Convención, de entre los candidatos a que se refiere el artículo 7 del presente Estatuto.

2. Entre los candidatos que obtengan la citada mayoría absoluta, se tendrán por electos los que reciban mayor número de votos. Si fueran necesarias varias votaciones, se eliminarán sucesivamente los candidatos que obtengan menor número de votos, conforme lo determinen los Estados partes.

Artículo 10. Jueces ad hoc. 1. El juez que sea nacional de alguno de los Estados que sean partes en un caso sometido a la Corte, conservará su derecho a conocer del caso.

2. Si uno de los jueces llamados a conocer de un caso fuera de la nacionalidad de uno de los Estados que sean partes en el caso, otro Estado parte en el mismo caso podrá designar a una persona para que integre la Corte en calidad de juez ad hoc.

3. Si entre los jueces llamados a conocer del caso ninguno fuera de la nacionalidad de los Estados partes en el mismo, cada uno de éstos podrá designar un juez ad hoc. Si varios Estados tuvieren un mismo interés en el caso, se considerarán como una sola parte para los fines de las disposiciones precedentes.

En caso de duda, la Corte decidirá.

4. Si el Estado con derecho a designar un juez ad hoc no lo hiciere dentro de los treinta días siguientes a la invitación escrita del Presidente de la Corte, se considerará que tal Estado renuncia al ejercicio de ese derecho.

5. Las disposiciones de los artículos 4, 11, 15, 16, 18, 19 y 20 del presente Estatuto, serán aplicables a los jueces ad hoc.

Artículo 11. Juramento. 1. Al tomar posesión de su cargo, los jueces rendirán el siguiente juramento o declaración solemne: «Juro (o declaro solemnemente) que ejerceré mis funciones de juez con honradez, independencia e imparcialidad y que guardaré secreto de todas las deliberaciones».

2. El juramento será recibido por el Presidente de la Corte, en lo posible en presencia de los otros jueces.

CAPÍTULO III
ESTRUCTURA DE LA CORTE

Artículo 12. Presidencia. 1. La Corte elige de entre sus miembros, a su Presidente y Vicepresidente, por dos años. Estos podrán ser reelectos.

2. El Presidente dirige el trabajo de la Corte, la representa, ordena el trámite de los asuntos que se sometan a la Corte y preside sus sesiones.

3. El Vicepresidente sustituye al Presidente en sus ausencias temporales y ocupa su lugar en caso de vacante. En este último caso, la Corte elegirá un Vicepresidente que reemplazará al anterior por el resto de su mandato.

4. En caso de ausencia del Presidente y del Vicepresidente, sus funciones serán desempeñadas por los otros jueces en el orden de precedencia establecido en el artículo 13 del presente Estatuto.

Artículo 13. Precedencia. 1. Los jueces titulares tendrán precedencia después del Presidente y del Vicepresidente, de acuerdo con su antigüedad en el cargo.

2. Cuando hubiere dos o más jueces de igual antigüedad, la precedencia será determinada por la mayor edad.

3. Los jueces ad hoc e interinos tendrán precedencia después de los titulares, en orden de edad. Sin embargo, si un juez ad hoc o interino hubiere servido previamente como juez titular, tendrá precedencia sobre los otros jueces ad hoc o interinos.

Artículo 14. Secretaría. 1. La Secretaría de la Corte funcionará bajo la inmediata autoridad del Secretario, de acuerdo con las normas administrativas de la Secretaría General de la OEA, en lo que no sea incompatible con la independencia de la Corte.

2. El Secretario será nombrado por la Corte. Será funcionario de confianza de la misma, de dedicación exclusiva, tendrá su oficina en la sede y deberá asistir a las reuniones que la Corte celebre fuera de la misma.

3. Habrá un Secretario Adjunto que auxiliará al Secretario en sus labores y lo sustituirá en sus ausencias temporales.

4. El personal de la Secretaría será nombrado por el Secretario General de la OEA, en consulta con el Secretario de la Corte.

CAPÍTULO IV
DERECHOS, DEBERES Y RESPONSABILIDADES

Artículo 15. Inmunidades y Privilegios. 1. Los jueces gozan, desde el momento de su elección y mientras dure su mandato, de las inmunidades reconocidas por el derecho internacional a los agentes diplomáticos. Durante el ejercicio de sus funciones gozan, además, de los privilegios diplomáticos necesarios para el desempeño de sus cargos.

2. No podrá exigírseles en ningún tiempo responsabilidad por votos y opiniones emitidos o actos realizados en el ejercicio de sus funciones.

3. La Corte en sí y su personal gozan de las inmunidades y privilegios previstos en el Acuerdo sobre Privilegios e Inmunidades de la Organización de los Estados Americanos de 15 de mayo de 1949, con las equivalencias correspondientes, habida cuenta de la importancia e independencia de la Corte.

4. Las disposiciones de los párrafos 1, 2 y 3 de este artículo se aplicarán a los Estados partes en la Convención. Se aplicarán también a aquellos otros Estados miembros de la OEA que las acepten expresamente, en general o para cada caso.

5. El régimen de inmunidades y privilegios de los jueces de la Corte y de su personal, podrá reglamentarse o complementarse mediante convenios multilaterales o bilaterales entre la Corte, la OEA y sus Estados miembros.

Artículo 16. Disponibilidad. 1. Los jueces estarán a disposición de la Corte, y deberán trasladarse a la sede de ésta o al lugar en que realice sus sesiones, cuantas veces y por el tiempo que sean necesarios conforme al Reglamento.

2. El Presidente deberá prestar permanentemente sus servicios.

Artículo 17. Emolumentos. 1. Los emolumentos del Presidente y de los jueces de la Corte se fijarán de acuerdo con las obligaciones e incompatibilidades que les imponen los artículos 16 y 18 y teniendo en cuenta la importancia e independencia de sus funciones.

2. Los jueces ad hoc devengarán los emolumentos que se establezcan reglamentariamente dentro de las disponibilidades presupuestarias de la Corte.

3. Los jueces percibirán, además, viáticos y gastos de viaje, cuando les corresponda.

Artículo 18. Incompatibilidades. 1. Es incompatible el ejercicio del cargo de juez de la Corte Interamericana de Derechos Humanos con el de los cargos y actividades siguientes:

a. los de miembros o altos funcionarios del Poder Ejecutivo; quedan exceptuados los cargos que no impliquen subordinación jerárquica ordinaria, así como los de agentes diplomáticos que no sean Jefes de Misión ante la OEA o ante cualquiera de sus Estados miembros;

b. los de funcionarios de organismos internacionales;

c. cualesquiera otros cargos y actividades que impidan a los jueces cumplir sus obligaciones, o que afecten su independencia, imparcialidad, la dignidad o prestigio de su cargo.

2. La Corte decidirá los casos de duda sobre incompatibilidad. Si ésta no fuere subsanada, serán aplicables las disposiciones del artículo 73 de la Convención y 20.2 del presente Estatuto.

3. Las incompatibilidades únicamente causarán la cesación del cargo y de las responsabilidades correspondientes, pero no invalidarán los actos y resoluciones en que el juez afectado hubiere intervenido.

Artículo 19. Impedimento, Excusas e Inhabilitación. 1. Los jueces estarán impedidos de participar en asuntos en que ellos o sus parientes tuvieren interés directo o hubieren intervenido anteriormente como agentes, consejeros o abogados, o como miembros de un tribunal nacional o internacional, o de una comisión investigadora, o en cualquier otra calidad, a juicio de la Corte.

2. Si alguno de los jueces estuviere impedido de conocer, o por algún motivo calificado considerare que no debe participar en determinado asunto, presentará su excusa ante el Presidente. Si éste no la aceptare, la Corte decidirá.

3. Si el Presidente considera que alguno de los jueces tiene causal de impedimento o por algún otro motivo calificado no deba participar en determinado asunto, así se lo hará saber. Si el juez en cuestión estuviere en desacuerdo, la Corte decidirá.

4. Cuando uno o más jueces fueren inhabilitados conforme a este artículo, el Presidente podrá solicitar a los Estados partes en la Convención que en una sesión del Consejo Permanente de la OEA designen jueces interinos para reemplazarlos.

Artículo 20. Responsabilidades y Régimen Disciplinario. 1. Los jueces y el personal de la Corte deberán observar, dentro y fuera de sus funciones, una conducta acorde con la investidura de quienes participan en la función jurisdiccional internacional de la Corte. Responderán ante ésta de esa conducta, así como de cualquier impedimento, negligencia u omisión en el ejercicio de sus funciones.

2. La potestad disciplinaria respecto de los jueces corresponderá a la Asamblea General de la OEA solamente a solicitud motivada de la Corte, integrada al efecto por los jueces restantes.

3. La potestad disciplinaria respecto del Secretario corresponde a la Corte, y respecto al resto del personal, al Secretario, con la aprobación del Presidente.

4. El régimen disciplinario será reglamentado por la Corte, sin perjuicio de las normas administrativas de la Secretaría General de la OEA, en lo que fueren aplicables conforme al artículo 59 de la Convención.

Artículo 21. Renuncias e Incapacidad. 1. La renuncia de un juez deberá ser presentada por escrito al Presidente de la Corte. La renuncia no será efectiva sino cuando haya sido aceptada por la Corte.

2. La incapacidad de un juez para el ejercicio de sus funciones será determinada por la Corte.

3. El Presidente de la Corte notificará la aceptación de la renuncia o la declaratoria de incapacidad al Secretario General de la OEA, para los efectos consiguientes.

CAPÍTULO V
FUNCIONAMIENTO DE LA CORTE

Artículo 22. Sesiones. 1. La Corte celebrará sesiones ordinarias y extraordinarias.

2. Los períodos ordinarios de sesiones serán determinados reglamentariamente por la Corte.

3. Los períodos extraordinarios de sesiones serán convocados por el Presidente o a solicitud de la mayoría de los jueces.

Artículo 23. Quórum. 1. El quórum para las deliberaciones de la Corte será de cinco jueces.

2. Las decisiones de la Corte se tomarán por mayoría de los jueces presentes.

3. En caso de empate, el voto del Presidente decidirá.

Artículo 24. Audiencias, Deliberaciones y Decisiones. 1. Las audiencias serán públicas, a menos que la Corte, en casos excepcionales, decida lo contrario.

2. La Corte deliberará en privado. Sus deliberaciones permanecerán secretas, a menos que la Corte decida lo contrario.

3. Las decisiones, juicios y opiniones de la Corte se comunicarán en sesiones públicas y se notificarán por escrito a las partes. Además, se publicarán conjuntamente con los votos y opiniones separados de los jueces y con cualesquiera otros datos o antecedentes que la Corte considere conveniente.

Artículo 25. Reglamento y Normas de Procedimiento. 1. La Corte dictará sus normas procesales.

2. Las normas procesales podrán delegar en el Presidente o en comisiones de la propia Corte, determinadas partes de la tramitación procesal, con excepción de las sentencias definitivas y de las opiniones consultivas. Los autos o resoluciones que no sean de mero trámite, dictadas por el Presidente o las comisiones de la Corte, serán siempre recurribles ante la Corte en pleno.

3. La Corte dictará también su Reglamento.

Artículo 26. Presupuesto y Régimen Financiero. 1. La Corte elaborará su propio proyecto de presupuesto y lo someterá a la aprobación de la Asamblea General de la OEA, por conducto de la Secretaría General. Esta última no podrá introducir modificaciones.

2. La Corte administrará su presupuesto.

CAPÍTULO VI
RELACIONES CON ESTADOS Y ORGANISMOS

Artículo 27. Relaciones con el País Sede, con Estados y Organismos. 1. Las relaciones de la Corte con el país sede serán reglamentadas mediante un acuerdo de sede. La sede de la Corte tendrá carácter internacional.

2. Las relaciones de la Corte con los Estados, con la OEA y sus organismos y con otros organismos internacionales gubernamentales relacionados con la promoción y defensa de los derechos humanos, serán reguladas mediante acuerdos especiales.

Artículo 28. Relaciones con la Comisión Interamericana de Derechos Humanos. La Comisión Interamericana de Derechos Humanos comparecerá y será tenida como parte ante la Corte, en todos los casos relativos a la función jurisdiccional de ésta, conforme al artículo 2.1 del presente Estatuto.

Artículo 29. Acuerdos de Cooperación. 1. La Corte podrá celebrar acuerdos de cooperación con instituciones no lucrativas, tales como facultades de derecho, asociaciones o corporaciones de abogados, tribunales, academias e instituciones educativas o de investigación en disciplinas conexas, con el fin de obtener su colaboración y de fortalecer y promover los principios jurídicos e institucionales de la Convención en general y de la Corte en particular.

2. La Corte incluirá en su Informe Anual a la Asamblea General de la OEA una relación de esos acuerdos, así como de sus resultados.

Artículo 30. Informe a la Asamblea General de la OEA. La Corte someterá a la Asamblea General de la OEA, en cada período ordinario de sesiones, un informe de su labor en el año anterior. Señalará los casos en que un Estado no haya dado cumplimiento a sus fallos. Podrá también someter a la Asamblea General de la OEA proposiciones o recomendaciones para el mejoramiento del sistema interamericano de derechos humanos, en lo relacionado con el trabajo de la Corte.

CAPÍTULO VII
DISPOSICIONES FINALES

Artículo 31. Reformas al Estatuto. El presente Estatuto podrá ser modificado por la Asamblea General de la OEA, a iniciativa de cualquier Estado miembro o de la propia Corte.

Artículo 32. Vigencia. El presente Estatuto entrará en vigencia el primero de enero de 1980.

3. TERRITORIO Y MEDIO AMBIENTE

CONVENIO SOBRE AVIACIÓN CIVIL INTERNACIONAL

Firmado en Chicago, el 7 de diciembre de 1944

PREÁMBULO

CONSIDERANDO que el desarrollo futuro de la aviación civil internacional puede contribuir poderosamente a crear y a preservar la amistad y el entendimiento entre las naciones y los pueblos del mundo, mientras que el abuso de la misma puede llegar a constituir una amenaza a la seguridad general;

CONSIDERANDO que es deseable evitar toda disensión entre las naciones y los pueblos y promover entre ellos la cooperación de que depende la paz del mundo;

POR CONSIGUIENTE, los Gobiernos que suscriben, habiendo convenido en ciertos principios y arreglos, a fin de que la aviación civil internacional pueda desarrollarse de manera segura y ordenada y de que los servicios internacionales de transporte aéreo puedan establecerse sobre una base de igualdad de oportunidades y realizarse de modo sano y económico;

Han concluido a estos fines el presente Convenio.

PRIMERA PARTE
NAVEGACIÓN AÉREA

CAPÍTULO I
PRINCIPIOS GENERALES Y APLICACIÓN DEL CONVENIO

Artículo 1. Soberanía. Los Estados contratantes reconocen que todo Estado tiene soberanía plena y exclusiva en el espacio aéreo situado sobre su territorio.

Artículo 2. Territorio. A los fines del presente Convenio se consideran como territorio de un Estado las áreas terrestres y las aguas territoriales adyacentes a ellas que se encuentren bajo la soberanía, dominio, protección o mandato de dicho Estado.

Artículo 3. Aeronaves civiles y de Estado. El presente Convenio se aplica solamente a las aeronaves civiles y no a las aeronaves de Estado. Se consideran aeronaves de Estado las utilizadas en servicios militares, de aduanas o de policía.

Ninguna aeronave de Estado de un Estado contratante podrá volar sobre el territorio de otro Estado o aterrizar en el mismo sin haber obtenido autorización para ello, por acuerdo especial o de otro modo, y de conformidad con las condiciones de la autorización.

Los Estados contratantes se comprometen a tener debidamente en cuenta la seguridad de la navegación de las aeronaves civiles, cuando establezcan reglamentos aplicables a sus aeronaves de Estado.

Artículo 4. Uso indebido de la aviación civil. Cada Estado contratante conviene en no emplear la aviación civil para propósitos incompatibles con los fines del presente Convenio.

CAPÍTULO II
VUELO SOBRE TERRITORIO DE ESTADOS CONTRATANTES

Artículo 5. Derecho de vuelo en servicios no regulares. Cada Estado contratante conviene en que todas las aeronaves de los demás Estados contratantes que no se utilicen en servicios internacionales regulares tendrán derecho, de acuerdo con lo estipulado en el presente Convenio, a penetrar sobre su territorio o sobrevolarlo sin escalas, y a hacer escalas en el con fines no comerciales, sin necesidad de obtener permiso previo, y a reserva del derecho del Estado sobrevolado de exigir aterrizaje. Sin embargo, cada Estado contratante se reserva, por razones de seguridad de vuelo, el derecho de exigir que las aeronaves que deseen volar sobre regiones inaccesibles o que no cuenten con instalaciones y servicios adecuados para la navegación aérea, sigan las rutas prescritas u obtengan permisos especiales para tales vuelos.

Si dichas aeronaves se utilizan en servicios distintos de los aéreos internacionales regulares, en el transporte de pasajeros, correo o carga por remuneración o alquiler, tendrán también el privilegio, con sujeción a las disposiciones del Artículo 7, de embarcar o desembarcar pasajeros, carga o correo, sin perjuicio del derecho del Estado donde tenga lugar el embarque o desembarque a imponer las reglamentaciones, condiciones o restricciones que considere convenientes.

Artículo 6. Servicios aéreos regulares. Ningún servicio aéreo internacional regular podrá explotarse en el territorio o sobre el territorio de un Estado contratante, excepto con el permiso especial u otra autorización de dicho Estado y de conformidad con las condiciones de dicho permiso o autorización.

Artículo 7. Cabotaje. Cada Estado contratante tiene derecho a negar a las aeronaves de los demás Estados contratantes el permiso de embarcar en su territorio pasajeros, correo o carga para transportarlos, mediante remuneración o alquiler, con destino a otro punto situado en su territorio. Cada Estado contratante se compromete a no celebrar acuerdos que específicamente concedan tal privilegio a base de exclusividad a cualquier otro Estado o línea aérea de cualquier otro Estado, y a no obtener tal privilegio exclusivo de otro Estado.

Artículo 8. Aeronaves sin piloto. Ninguna aeronave capaz de volar sin piloto volará sin él sobre el territorio de un Estado contratante, a menos que se cuente con autorización especial de tal Estado y de conformidad con los términos de dicha autorización. Cada Estado contratante se compromete a asegurar que los vuelos de tales aeronaves sin piloto en las regiones abiertas a la navegación de las aeronaves civiles sean controlados de forma que se evite todo peligro a las aeronaves civiles.

Artículo 9. Zonas prohibidas. Cada Estado contratante puede, por razones de necesidad militar o de seguridad pública, restringir o prohibir uniformemente los vuelos de las aeronaves de otros Estados sobre ciertas zonas de su territorio, siempre que no se establezcan distinciones a este respecto entre las aeronaves del Estado de cuyo territorio se trate, que se empleen en servicios aéreos internacionales regulares, y las aeronaves de los otros Estados contratantes que se empleen en servicios similares. Dichas zonas prohibidas deberán ser de extensión y situación razonables, a fin de no estorbar innecesariamente a la navegación aérea. La descripción de tales zonas prohibidas situadas en el territorio de un Estado contratante y todas las modificaciones ulteriores deberán comunicarse lo antes posible a los demás Estados contratantes y a la Organización de Aviación Civil Internacional.

Cada Estado contratante se reserva igualmente el derecho, en circunstancias excepcionales, durante un periodo de emergencia o en interés de la seguridad pública, a restringir o prohibir temporalmente y con efecto inmediato los vuelos sobre todo su territorio o parte del mismo, a condición de que esta restricción o prohibición se aplique, sin distinción de nacionalidad, a las aeronaves de todos los demás Estados.

Cada Estado contratante puede exigir, de acuerdo con las reglamentaciones que establezca, que toda aeronave que penetre en las zonas indicadas en los párrafos a) y b) anteriores, aterrice tan pronto como le sea posible en un aeropuerto designado dentro de su territorio.

Artículo 10. Aterrizaje en aeropuertos aduaneros. Excepto en el caso en que, de acuerdo con lo dispuesto en el presente Convenio o en una autorización especial, se permita a las aeronaves cruzar el territorio de un Estado contratante sin aterrizar, toda aeronave que penetre en el territorio de un Estado contratante deberá, si los reglamentos de tal Estado así lo requieren, aterrizar en un aeropuerto designado por tal Estado para fines de inspección de aduanas y otras formalidades. AI salir del territorio de un Estado contratante, tales aeronaves deberán partir de un aeropuerto aduanero designado de igual manera. Las características de todos los aeropuertos aduaneros deberán ser publicadas por el Estado y transmitidas a la Organización de Aviación Civil Internacional, creada en virtud de lo dispuesto en la Segunda Parte del presente Convenio, a fin de que sean comunicadas a todos los demás Estados contratantes.

Artículo 11. Aplicación de las reglamentaciones aéreas. A reserva de lo dispuesto en el presente Convenio, las leyes y reglamentos de un Estado contratante relativos a la entrada y salida de su territorio de las aeronaves empleadas en la navegación aérea internacional o a la operación y navegación de dichas aeronaves, mientras se encuentren en su territorio, se aplicarán sin distinción de nacionalidad a las aeronaves de todos los Estados contratantes y dichas aeronaves deberán cumplir tales leyes y reglamentos a la entrada, a la salida y mientras se encuentren dentro del territorio de ese Estado.

Artículo 12. Reglas del aire. Cada Estado contratante se compromete a adoptar medidas que aseguren que todas las aeronaves que vuelen sobre su territorio o maniobren en el, así como todas las aeronaves que lleven la marca de su nacionalidad, dondequiera que se encuentren, observen las reglas y reglamentos en vigor relativos a los vuelos y maniobras de las aeronaves en tal lugar. Cada Estado contratante se compromete a mantener sus propios reglamentos sobre este particular conformes en todo lo posible, con los que oportunamente se establezcan en aplicación del presente Convenio. Sobre alta mar, las reglas en vigor serán las que se establezcan de acuerdo con el presente Convenio. Cada Estado contratante se compromete a asegurar que se procederá contra todas las personas que infrinjan los reglamentos aplicables.

Artículo 13. Disposiciones sobre entrada y despacho. Las leyes y reglamentos de un Estado contratante relativos a la admisión o salida de su territorio de pasajeros, tripulación o carga transportados por aeronaves, tales como los relativos a entrada, despacho, inmigración, pasaportes, aduanas y sanidad serán cumplidos por o por cuenta de dichos pasajeros, tripulaciones y carga, ya sea a la entrada, a la salida o mientras se encuentren dentro del territorio de ese Estado.

Artículo 14. Prevención contra la propagación de enfermedades. Cada Estado contratante conviene en tomar medidas efectivas para impedir la propagación por medio de la navegación aérea, del cólera, tifus (epidémico), viruela, fiebre amarilla, peste y cualesquiera otras enfermedades contagiosas que los Estados contratantes decidan designar oportunamente. A este fin, los Estados contratantes mantendrán estrecha consulta con los organismos encargados de los reglamentos internacionales relativos a las medidas sanitarias aplicables a las aeronaves. Tales consultas se harán sin perjuicio de la aplicación de cualquier convenio internacional existente sobre la materia en el que sean partes los Estados contratantes.

Artículo 15. Derechos aeroportuarios y otros similares. Todo aeropuerto de un Estado contratante que este abierto a sus aeronaves nacionales para fines de uso público estará igualmente abierto, en condiciones uniformes y a reserva de lo previsto en el Artículo 68, a las aeronaves de todos los demás Estados contratantes. Tales condiciones uniformes se aplicarán por lo que respecta al uso, por parte de las aeronaves de cada uno de los Estados contratantes, de todas las instalaciones y servicios para la navegación aérea, incluso los servicios de radio y de meteorología, que se provean para uso público para la seguridad y rapidez de la navegación aérea.

Los derechos que un Estado contratante imponga o permita que se impongan por el uso de tales aeropuertos e instalaciones y servicios para la navegación aérea por las aeronaves de cualquier otro Estado contratante, no deberán ser más elevados:

respecto a las aeronaves que no se empleen en servicios aéreos internacionales regulares, que los derechos que pagarían sus aeronaves nacionales de la misma clase dedicadas a servicios similares;

respecto a las aeronaves que se empleen en servicios aéreos internacionales regulares, que los derechos que pagarían sus aeronaves nacionales dedicadas a servicios aéreos internacionales similares.

Todos estos derechos serán publicados y comunicados a la Organización de Aviación Civil Internacional, entendiéndose que, si un Estado contratante interesado hace una reclamación, los derechos impuestos por el uso de aeropuertos y otras instalaciones y servicios serán objeto de examen por el Consejo, que hará un informe y formulará recomendaciones al respecto para consideración del Estado o Estados interesados. Ningún Estado contratante impondrá derechos, impuestos u otros gravámenes por el mero derecho de tránsito, entrada o salida de su territorio de cualquier aeronave de un Estado contratante o de las personas o bienes que se encuentren a bordo.

Artículo 16. Inspección de aeronaves. Las autoridades competentes de cada uno de los Estados contratantes tendrán derecho a inspeccionar sin causar demoras innecesarias, las aeronaves de los demás Estados contratantes, a la llegada o a la salida, y a examinar los certificados y otros documentos prescritos por el presente Convenio.

CAPÍTULO III
NACIONALIDAD DE LAS AERONAVES

Artículo 17. Nacionalidad de las aeronaves. Las aeronaves tienen la nacionalidad del Estado en el que estén matriculadas.

Artículo 18. Matriculación doble. Ninguna aeronave puede estar válidamente matriculada en mas de un Estado, pero su matrícula podrá cambiarse de un Estado a otro.

Artículo 19. Leyes nacionales sobre matriculación. La matriculación o transferencia de matrícula de aeronaves en un Estado contratante se efectuara de acuerdo con sus leyes y reglamentos.

Artículo 20. Ostentación de las marcas. Toda aeronave empleada en la navegación aérea internacional deberá llevar las correspondientes marcas de nacionalidad y matrícula.

Artículo 21. Informes sobre matrículas. Cada Estado contratante se compromete a suministrar, a petición de cualquier otro Estado contratante o de la Organización de Aviación Civil Internacional, información relativa a la matrícula y propiedad de cualquier aeronave matriculada en dicho Estado. Además, todo Estado contratante proporcionará a la Organización de Aviación Civil Internacional, de acuerdo con las disposiciones que esta dicte, informes con los datos pertinentes que puedan facilitarse sobre la propiedad y control de las aeronaves matriculadas en el Estado que se empleen habitualmente en la navegación aérea internacional. Previa solicitud, la Organización de Aviación Civil Internacional pondrá los datos así obtenidos a disposición de los demás Estados contratantes.

CAPÍTULO IV
MEDIDAS PARA FACILITAR LA NAVEGACIÓN AÉREA

Artículo 22. Simplificación de formalidades. Cada Estado contratante conviene en adoptar, mediante la promulgación de reglamentos especiales o de otro modo, todas las medidas posibles para facilitar y acelerar la navegación de las aeronaves entre los territorios de los Estados contratantes y para evitar todo retardo innecesario a las aeronaves, tripulaciones, pasajeros y carga, especialmente en la aplicación de las leyes sobre inmigración, sanidad, aduana y despacho.

Artículo 23. Formalidades de aduana y de inmigración. Cada Estado contratante se compromete, en la medida en que lo juzgue factible, a establecer disposiciones de aduana y de inmigración relativas a la navegación aérea internacional, de acuerdo con los métodos que puedan establecerse o recomendarse oportunamente en aplicación del presente Convenio. Ninguna disposición del presente Convenio se interpretará en el sentido de que impide el establecimiento de aeropuertos francos.

Artículo 24. Derechos de aduana. Las aeronaves en vuelo hacia, desde o a través del territorio de otro Estado contratante, serán admitidas temporalmente libres de derechos, con sujeción a las reglamentaciones de aduana de tal Estado. El combustible, aceites lubricantes, piezas de repuesto, equipo corriente y provisiones de a bordo que se lleven en una aeronave de un Estado contratante cuando llegue al territorio de otro Estado contratante y que se encuentren aún a bordo cuando esta salga de dicho Estado, estarán exentos de derechos de aduana, derechos de inspección u otros derechos o impuestos similares, ya sean nacionales o locales. Esta exención no se aplicará a las cantidades u objetos descargados, salvo disposición en contrario de conformidad con las reglamentaciones de aduana del Estado, que pueden exigir que dichas cantidades u objetos queden bajo vigilancia aduanera.

Las piezas de repuesto y el equipo que se importen al territorio de un Estado contratante para su instalación o uso en una aeronave de otro Estado contratante empleada en la navegación aérea internacional, serán admitidos libres de derechos de aduana, con sujeción al cumplimiento de las reglamentaciones del Estado interesado, que pueden establecer que dichos efectos queden bajo vigilancia y control aduaneros.

Artículo 25. Aeronaves en peligro. Cada Estado contratante se compromete a proporcionar los medios de asistencia que considere factibles a las aeronaves en peligro en su territorio y a permitir, con sujeción al control de sus propias autoridades, que los propietarios de las aeronaves o las autoridades del Estado en que estén matriculadas proporcionen los medios de asistencia que las circunstancias exijan. Cada Estado contratante, al emprender la búsqueda de aeronaves perdidas, colaborará en las medidas coordinadas que oportunamente puedan recomendarse en aplicación del presente Convenio.

Artículo 26. Investigación de accidentes. En el caso de que una aeronave de un Estado contratante sufra en el territorio de otro Estado contratante un accidente que ocasione muerte o lesión grave, a que indique graves defectos técnicos en la aeronave o en las instalaciones y servicios para la navegación aérea, el Estado en donde ocurra el accidente abrirá una encuesta sobre las circunstancias del mismo, ajustándose, en la medida que lo permitan sus leyes, a los procedimientos que pueda recomendar la Organización de Aviación Civil Internacional. Se permitirá al Estado donde esté matriculada la aeronave que designe observadores para estar presentes en la encuesta y el Estado que la realice comunicará al otro Estado el informe y las conclusiones al respecto.

Artículo 27. Exención de embargo por reclamaciones sobre patentes. Mientras una aeronave de un Estado contratante esté empleada en la navegación aérea internacional, la entrada autorizada en el territorio de otro Estado contratante o el tránsito autorizado a través de dicho territorio, con o sin aterrizaje, no darán lugar a embargo o detención de la aeronave ni a reclamación alguna contra su propietario u operador ni a ingerencia alguna por parte o en nombre de este Estado o de cualquier persona que en el se halle, basándose en que la construcción, el mecanismo, las piezas, los accesorios o la operación de la aeronave infringen los derechos de alguna patente, diseño o modelo debidamente concedidos o registrados en el Estado en cuyo territorio haya penetrado la aeronave, entendiéndose que en dicho Estado no se exigirá en ningún caso un depósito de garantía por la exención anteriormente mencionada de embargo o detención de la aeronave.

Las disposiciones del párrafo a) del presente Artículo se aplicarán también al almacenamiento de piezas y equipo de repuesto para aeronaves, así como al derecho de usarlos e instalarlos en la reparación de una aeronave de un Estado contratante en el territorio de cualquier otro Estado contratante, siempre que las piezas o el equipo patentados, así almacenados, no se vendan ni distribuyan internamente ni se exporten con fines comerciales desde el Estado contratante en el que haya penetrado la aeronave.

Los beneficios de este Artículo se aplicarán sólo a los Estados, partes en el presente Convenio, que I) sean partes en la Convención Internacional para la Protección de la Propiedad Industrial y sus enmiendas, o 2) hayan promulgado leyes sobre patentes que reconozcan y protejan debidamente las invenciones de los nacionales de los demás Estados que sean partes en el presente Convenio.

Artículo 28. Instalaciones y servicios y sistemas normalizados para la navegación aérea. Cada Estado contratante se compromete, en la medida en que lo juzgue factible a:

Proveer en su territorio aeropuertos, servicios de radio, servicios meteorológicos y otras instalaciones y servicios para la navegación aérea a fin de facilitar la navegación aérea internacional, de acuerdo con las normas y métodos recomendados o establecidos oportunamente en aplicación del presente Convenio.

Adoptar y aplicar los sistemas normalizados apropiados sobre procedimientos de comunicaciones, códigos, balizamiento, señales, iluminación y demás métodos y reglas de operación que se recomienden o establezcan oportunamente en aplicación del presente Convenio.

Colaborar en las medidas internacionales tomadas para asegurar la publicación de mapas y cartas aeronáuticas, de conformidad con las normas que se recomienden o establezcan oportunamente, en aplicación del presente Convenio.

CAPÍTULO V
CONDICIONES QUE DEBEN CUMPLIRSE CON RESPECTO A LAS AERONAVES

Artículo 29. Documentos que deben llevar las aeronaves. Toda aeronave de un Estado contratante que se emplee en la navegación internacional llevará los siguientes documentos, de conformidad con las condiciones prescritas en el presente Convenio:

certificado de matrícula;

certificado de aeronavegabilidad;

las licencias apropiadas para cada miembro de la tripulación;

diario de a bordo;

si esta provista de aparatos de radio, la licencia de la estación de radio de la aeronave;

si lleva pasajeros, una lista de sus nombres y lugares de embarco y destino;

si transporta carga, un manifiesto y declaraciones detalladas de la carga.

Artículo 30. Equipo de radio de las aeronaves. Las aeronaves de cada Estado contratante, cuando se encuentren en o sobre el territorio de otros Estados contratantes, solamente pueden llevar a bordo radiotransmisores si las autoridades competentes del Estado en el que este matriculada la aeronave han expedido una licencia para instalar y utilizar dichos aparatos. El uso de radiotransmisores en el territorio del Estado contratante sobre el que vuele la aeronave se efectuará de acuerdo con los reglamentos prescritos por dicho Estado.

Sólo pueden usar los radiotransmisores los miembros de la tripulación de vuelo provistos de una licencia especial expedida al efecto por las autoridades competentes del Estado en el que este matriculada la aeronave.

Artículo 31. Certificados de aeronavegabilidad. Toda aeronave que se emplee en la navegación internacional estará provista de un certificado de aeronavegabilidad expedido o convalidado por el Estado en el que esté matriculada.

Artículo 32. Licencias del personal. El piloto y los demás miembros de la tripulación operativa de toda aeronave que se emplee en la navegación internacional estarán provistos de certificados de aptitud y de licencias expedidos o convalidados por el Estado en el que la aeronave este matriculada.

Cada Estado contratante se reserva el derecho de no reconocer, por lo que respecta a los vuelos sobre su propio territorio, los certificados de aptitud y licencias otorgados a cualquiera de sus súbditos por otro Estado contratante.

Artículo 33. Reconocimiento de certificados y licencias. Los certificados de aeronavegabilidad, los certificados de aptitud y las licencias expedidos o convalidados por el Estado contratante en el que este matriculada la aeronave, se reconocerán como válidos por los demás Estados contratantes, siempre que los requisitos de acuerdo con los cuales se hayan expedido o convalidado dichos certificados o licencias sean iguales o superiores a las normas mínimas que oportunamente se establezcan en aplicación del presente Convenio.

Artículo 34. Diario de a bordo. Por cada aeronave que se emplee en la navegación internacional se llevará un diario de a bordo, en el que se asentarán los datos relativos a la aeronave, a su tripulación y a cada viaje en la forma que oportunamente s prescriba en aplicación del presente Convenio.

Artículo 35. Restricciones sobre la carga. Las aeronaves que se empleen en la navegación internacional no podrán transportar municiones de guerra o material de guerra en o sobre el territorio de un Estado, excepto con el consentimiento de tal Estado. Cada Estado determinará, mediante reglamentaciones, lo que constituye municiones de guerra 0 material de guerra a los fines del presente Artículo, teniendo debidamente en cuenta, a los efectos de uniformidad, las recomendaciones que la Organización de Aviación Civil Internacional haga oportunamente.

Cada Estado contratante se reserva el derecho, por razones de orden publico y de seguridad, de reglamentar o prohibir el transporte en o sobre su territorio de otros artículos que no sean los especificados en el párrafo a), siempre que no haga ninguna distinción a este respecto entre sus aeronaves nacionales que se empleen en la navegación internacional y las aeronaves de otros Estados que se empleen para los mismos fines y siempre que, además, no imponga restricción alguna que pueda obstaculizar el transporte y uso en las aeronaves de los aparatos necesarios para la operación, o navegación de estas o para la seguridad del personal o de los pasajeros.

Artículo 36. Aparatos fotográficos. Cada Estado contratante puede prohibir o reglamentar el uso de aparatos fotográficos en las aeronaves que vuelen sobre su territorio.

CAPÍTULO VI
NORMAS Y MÉTODOS RECOMENDADOS INTERNACIONALES

Artículo 37. Adopción de normas y procedimientos internacionales. Cada Estado contratante se compromete a colaborar, a fin de lograr el mas alto grado de uniformidad posible en las reglamentaciones, normas, procedimientos y organización relativos a las aeronaves, personal, aerovías y servicios auxiliares, en todas las cuestiones en que tal uniformidad facilite y mejore la navegación aérea.

A este fin, la Organización de Aviación Civil Internacional adoptará y enmendará, en su oportunidad, según sea necesario, las normas, métodos recomendados y procedimientos internacionales que traten de:

sistemas de comunicaciones y ayudas para la navegación aérea, incluida la señalización terrestre;

características de los aeropuertos y áreas de aterrizaje;

reglas del aire y métodos de control del tránsito aéreo;

otorgamiento de licencias del personal operativo y mecánico; aeronavegabilidad de las aeronaves;

matrícula e identificación de las aeronaves;

compilación e intercambio de información meteorológica;

diarios de a bordo;

mapas y cartas aeronáuticos;

formalidades de aduana e inmigración;

aeronaves en peligro e investigación de accidentes;

y de otras cuestiones relacionadas con la seguridad, regularidad y eficiencia de la navegación aérea que en su oportunidad puedan considerarse apropiadas.

Artículo 38. Desviaciones respecto de las normas y procedimientos internacionales. Cualquier Estado que considere impracticable cumplir, en todos sus aspectos, con cualesquiera de tales normas o procedimientos internacionales, o concordar totalmente sus reglamentaciones o métodos con alguna norma o procedimiento internacionales, después de enmendados estos últimos, o que considere necesario adoptar reglamentaciones o métodos que difieran en cualquier aspecto particular de lo establecido por una norma internacional, notificará inmediatamente a la Organización de Aviación Civil Internacional las diferencias entre sus propios métodos y lo establecido por la norma internacional. En el caso de enmiendas a las normas internacionales, todo Estado que no haga las enmiendas adecuadas en sus reglamentaciones o métodos lo comunicará al Consejo dentro de sesenta días a partir de la adopción de la enmienda a la norma internacional o indicará las medidas que se proponga adoptar. En tales casos, el Consejo notificará inmediatamente a todos los demás Estados las diferencias que existan entre uno o varios puntos de una norma internacional y el método nacional correspondiente del Estado en cuestión.

Artículo 39. Anotaciones en los certificados y licencias. Toda aeronave o pieza de esta, respecto a la cual exista una norma internacional de aeronavegabilidad o de comportamiento de vuelo y que deje de satisfacer en algún aspecto dicha norma en el momento de su certificación, debe llevar anotada en el certificado de aeronavegabilidad, o agregada a éste, una enumeración completa de los detalles respecto a los cuales deje de satisfacer dicha norma.

Todo titular de una licencia que no reúna por completo las condiciones prescritas por la norma internacional relativa a la clase de licencia o certificado que posea, debe llevar anotada en su licencia o agregada a esta una enumeración completa de los aspectos en que deje de cumplir con dichas condiciones.

Artículo 40. Validez de los certificados y licencias con anotaciones. Ninguna aeronave ni personal cuyos certificados o licencias estén así anotados podrán participar en la navegación internacional, sin permiso del Estado o Estados en cuyo territorio entren. La matriculación o empleo de tales aeronaves, o de cualquier pieza certificada de aeronave, en un Estado que no sea aquél en el que se certificaron originariamente, quedará a discreción del Estado en el que se importen las aeronaves o la pieza.

Artículo 41. Reconocimiento de las normas de aeronavegabilidad existentes. Las disposiciones del presente Capítulo no se aplicarán a las aeronaves ni al equipo de aeronaves de los tipos cuyo prototipo se someta a las autoridades nacionales competentes para su certificación antes de expirar los tres años siguientes a la fecha de adopción de una norma internacional de aeronavegabilidad para tal equipo.

Artículo 42. Reconocimiento de las normas existentes sobre competencia del personal. Las disposiciones de] presente Capítulo no se aplicarán al personal cuyas licencias se expidan originariamente antes de cumplirse un año a partir de la fecha de adopción inicial de una norma internacional de calificación de tal personal; pero, en cualquier caso, se aplicarán a todo el personal cuyas licencias sigan siendo válidas cinco años después de la fecha de adopción de dicha norma.

SEGUNDA PARTE
LA ORGANIZACIÓN DE AVIACIÓN CIVIL INTERNACIONAL

CAPÍTULO VII
LA ORGANIZACIÓN

Artículo 43. Nombre y composición. Por el presente Convenio se crea un organismo que se denominara Organización de Aviación Civil Internacional. Se compone de una Asamblea, un Consejo y demás órganos que se estimen necesarios.

Artículo 44. Objetivos. Los fines y objetivos de la Organización son desarrollar los principios y técnicas de la navegación aérea internacional y fomentar la organización y el desenvolvimiento del transporte aéreo internacional, para:

lograr el desarrollo seguro y ordenado de la aviación civil internacional en todo el mundo;

fomentar las técnicas de diseño y manejo de aeronaves para fines pacíficos;

estimular el desarrollo de aerovías aeropuertos e instalaciones y servicios de navegación aérea para la aviación civil internacional;

satisfacer las necesidades de los pueblos del mundo respecto a un transporte aéreo seguro, regular, eficaz y económico;

evitar el despilfarro económico producido por una competencia excesiva;

asegurar que se respeten plenamente los derechos de los Estados contratantes y que cada Estado contratante tenga oportunidad equitativa de explotar empresas de transporte aéreo internacional;

evitar discriminación entre Estados contratantes;

promover la seguridad de vuelo en la navegación aérea internacional;

promover, en general, el desarrollo de la aeronáutica civil internacional en todos sus aspectos.

Artículo 45. Sede permanente. La Organización tendrá su sede permanente en el lugar que determine en su reunión final la Asamblea Interina de la Organización Provisional de Aviación Civil Internacional, creada por el Convenio Provisional de Aviación Civil Internacional, firmado en Chicago el 7 de diciembre de 1944. La sede podrá trasladarse temporalmente a otro lugar por decisión del Consejo, y no siendo con carácter provisional por decisión de la Asamblea. Para tomar tal decisión será necesario el número de votos que determine la Asamblea. El número de votos así determinado no podrá ser inferior a las tres quintas partes del total de los Estados contratantes.

Artículo 46. Primera reunión de la Asamblea. La primera reunión de la Asamblea será convocada por el Consejo Interino de la Organización Provisional precitada, tan pronto como entre en vigor el presente Convenio, para celebrarse en la fecha y lugar que designe el Consejo Interino.

Artículo 47. Capacidad jurídica. La Organización gozara en el territorio de todo Estado contratante de la capacidad jurídica necesaria para el ejercicio de sus funciones. Se le concederá plena personalidad jurídica en cualquier lugar en que ello sea compatible con la constitución y las leyes del Estado de que se trate.

CAPÍTULO VIII
LA ASAMBLEA

Artículo 48. Reuniones de la Asamblea y votaciones. La Asamblea se reunirá por lo menos una vez cada tres años y será convocada por el Consejo en la fecha y lugar apropiados. La Asamblea podrá celebrar reuniones extraordinarias en todo momento por convocatoria del Consejo o a petición de no menos de la quinta parte del número total de Estados contratantes dirigida al Secretario General.

Todos los Estados contratantes tendrán igual derecho a estar representados en las reuniones de la Asamblea y cada Estado contratante tendrá derecho a un voto. Los delegados que representen a los Estados contratantes podrán ser asistidos por asesores técnicos, quienes podrán participar en las reuniones, pero sin derecho a voto.

En las reuniones de la Asamblea, será necesaria la mayoría de los Estados contratantes para constituir quórurm. Salvo disposición en contrario del presente Convenio, las decisiones de la Asamblea se tornarán por mayoría de votos emitidos.

Artículo 49. Facultades y deberes de la Asamblea. Serán facultades y deberes de la Asamblea:

elegir en cada reunión a su Presidente y otros dignatarios;

elegir los Estados contratantes que estarán representados en el Consejo, de acuerdo con las disposiciones del Capítulo IX;

examinar los informes del Consejo y actuar según convenga y decidir en cualquier asunto que este someta a su consideración;

establecer su propio reglamento interno y crear las comisiones auxiliares que juzgue necesario y conveniente;

aprobar presupuestos anuales y determinar el régimen financiero de la Organización de acuerdo con lo dispuesto en el Capítulo XII; 4

examinar los gastos y aprobar las cuentas de la Organización;

a su discreción referir al Consejo, a las comisiones auxiliares o a cualquier otro órgano toda cuestión que este dentro de su esfera de acción;

delegar en el Consejo las facultades y autoridad necesarias o convenientes para el desempeño de las funciones de la Organización y revocar o modificar en cualquier momento tal delegación de autoridad;

llevar a efecto las disposiciones apropiadas del Capítulo XIII;

considerar las propuestas de modificación o enmienda de las disposiciones del presente Convenio y, si las aprueba, recomendarlas a los Estados contratantes de acuerdo con las disposiciones del Capítulo XXI;

entender en toda cuestión que este dentro de la esfera de acción de la Organización, no asignada expresamente al Consejo.

CAPÍTULO IX
EL CONSEJO

Artículo 50. Composición y elección del Consejo. El Consejo será un órgano permanente, responsable ante la Asamblea. Se compondrá de treinta y tres Estados contratantes, elegidos por la Asamblea. Se efectuará una elección en la primera reunión de la Asamblea y, después, cada tres años. Los miembros del Consejo así elegidos permanecerán en funciones hasta la elección siguiente.

b) AI elegir los miembros del Consejo, la Asamblea dará representación adecuada: I) a los Estados de mayor importancia en el transporte aéreo; 2) a los Estados, no incluidos de otra manera, que contribuyan en mayor medida al suministro de instalaciones y servicios para la navegación aérea civil internacional; y 3) a los Estados, no incluidos de otra manera, cuya designación asegure la representación en el Consejo de todas las principales regiones geográficas del mundo. Toda vacante en el Consejo será cubierta por la Asamblea lo antes posible; el Estado contratante así elegido para el Consejo permanecerá en funciones hasta la expiración del mandato de su predecesor.

Ningún representante de un Estado contratante en el Consejo podrá estar activamente vinculado con la explotación de un servicio aéreo internacional, o estar financieramente interesado en tal servicio.

Artículo 51. Presidente del Consejo. El Consejo elegirá su Presidente por un período de tres años. Puede ser reelegido. No tendrá derecho a voto.

El Consejo elegirá entre sus miembros uno a mas vicepresidentes, quienes conservarán su derecho a voto cuando actúen como Presidente. No se requiere que el Presidente sea elegido entre los representantes de los miembros del Consejo pero si se elige a un representante su puesto se considerará vacante y será cubierto por el Estado que representaba. Las funciones del Presidente serán:

convocar las reuniones del Consejo, del Comité de Transporte Aéreo y de la Comisión de Aeronavegación;

actuar como representante del Consejo; y

desempeñar en nombre del Consejo las funciones que éste le asigne.

Artículo 52. Votaciones en el Consejo. Las decisiones del Consejo deberán ser aprobadas por mayoría de sus miembros. El Consejo podrá delegar su autoridad, respecto a determinada cuestión, en un comité elegido entre sus miembros. Todo Estado contratante interesado podrá apelar ante el Consejo de las decisiones tomadas por cualquiera de los comités del Consejo.

Artículo 53. Participación sin derecho a voto. Todo Estado contratante puede participar, sin derecho a voto, en la consideración por el Consejo y por sus comités y comisiones de toda cuestión que afecte especialmente a sus intereses. Ningún miembro del Consejo podrá votar en la consideración por el Consejo de una controversia en la que aquel sea parte.

Artículo 54. Funciones obligatorias del Consejo. El Consejo debe:

someter informes anuales a la Asamblea;

ejecutar las instrucciones de la Asamblea y cumplir con los deberes y obligaciones que le asigna el presente Convenio;

determinar su organización y reglamento interno;

nombrar y definir las funciones de un Comité de Transporte Aéreo, que será elegido entre los representantes de los miembros del Consejo y ante el cuál será responsable el Comité;

establecer una Comisión de Aeronavegación, de acuerdo con las disposiciones del Capítulo X; administrar los fondos de la Organización, de acuerdo con las disposiciones de los Capítulos XII y XV; fijar los emolumentos del Presidente del Consejo;

nombrar un funcionario ejecutivo principal, que se denominará Secretario General, y adoptar medidas para el nombramiento del personal necesario, de acuerdo con las disposiciones del Capítulo XI;

solicitar, compilar, examinar y publicar información relativa al progreso de la navegación aérea y a la operación de los servicios aéreos internacionales, incluyendo información sobre los costos de explotación y datos sobre subvenciones pagadas por el erario público a las líneas aéreas;

comunicar a los Estados contratantes toda infracción del presente Convenio, así como toda inobservancia de las recomendaciones o decisiones del Consejo;

comunicar a la Asamblea toda infracción del presente Convenio, cuando un Estado contratante no haya tornado las medidas pertinentes en un lapso razonable, después de notificada la infracción;

adoptar, normas y métodos recomendados internacionales, de acuerdo con las disposiciones del Capítulo VI del presente Convenio, designándolos, por razones de conveniencia, como Anexos al presente Convenio, y notificar a todos los Estados contratantes las medidas adoptadas;

considerar las recomendaciones de la Comisión de Aeronavegación para enmendar los Anexos y tomar medidas de acuerdo con las disposiciones del Capítulo XX;

examinar todo asunto relativo al Convenio que le someta a su consideración un Estado contratante.

Artículo 55. Funciones facultativas del Consejo. El Consejo puede:

cuando sea conveniente y lo aconseje la experiencia, crear comisiones subordinadas de transporte aéreo sobre base regional o de otro modo y designar grupos de Estados o líneas aéreas con los cuales, o por su conducto, pueda tratar para facilitar la realización de los fines del presente Convenio;

delegar en la Comisión de Aeronavegación otras funciones, además de las previstas en el presente Convenio, y revocar o modificar en cualquier momento tal delegación;

realizar investigaciones en todos los aspectos del transporte aéreo y de la navegación aérea que sean de importancia internacional, comunicar los resultados de sus investigaciones a los Estados contratantes y facilitar entre estos el intercambio de información sobre asuntos de transporte aéreo y navegación aérea;

estudiar todos los asuntos relacionados con la organización y explotación del transporte aéreo internacional, incluso la propiedad y explotación internacionales de servicios aéreos internacionales en las rutas troncales, y presentar a la Asamblea proyectos sobre tales cuestiones;

investigar, a petición de cualquier Estado contratante, toda situación que pueda presentar obstáculos evitables al desarrollo de la navegación aérea internacional y, después de tal investigación, emitir los informes que considere convenientes.

CAPÍTULO X
LA COMISIÓN DE AERONAVEGACIÓN

Artículo 56. Nombramiento de la Comisión. La Comisión de Aeronavegación se compondrá de quince miembros, nombrados por el Consejo entre las personas propuestas por los Estados contratantes. Dichas personas deberán poseer las calificaciones y experiencia apropiadas en la ciencia y practica aeronáuticas. El Consejo invitará a todos los Estados contratantes a que presenten candidaturas. El Presidente de la Comisión de Aeronavegación será nombrado por el Consejo.

Artículo 57. Obligaciones de la Comisión. La Comisión de Aeronavegación debe:

considerar y recomendar al Consejo, a efectos de adopción, modificaciones a los Anexos del presente Convenio;

establecer subcomisiones técnicas en las que podrá estar representado todo Estado contratante, si así lo desea;

asesorar al Consejo sobre la compilación y comunicación a los Estados contratantes de toda información que considere necesaria y útil para el progreso de la navegación aérea.

CAPÍTULO XI
PERSONAL

Artículo 58. Nombramiento del personal. Con sujeción a los reglamentos establecidos por la Asamblea y a las disposiciones del presente Convenio, el Consejo determinara el método de nombramiento y cese en el servicio, la formación profesional, los sueldos, bonificaciones y condiciones de empleo del Secretario General y demás personal de la Organización, pudiendo emplear o utilizar los servicios de súbditos de cualquier Estado contratante.

Artículo 59. Carácter internacional del personal. En el desempeño de sus funciones, el Presidente del Consejo. el Secretario General y demás personal no deberán solicitar ni recibir instrucciones de ninguna autoridad externa a la Organización. Cada Estado contratante se compromete plenamente a respetar el carácter internacional de las funciones del personal y a no tratar de ejercer influencia sobre sus súbditos en el desempeño de sus funciones.

Artículo 60. Inmunidades y privilegios del personal. Cada Estado contratante se compromete en la medida que lo permita su sistema constitucional a conceder al Presidente del Consejo, al Secretario General y demás personal de la Organización las inmunidades y privilegios que se concedan al personal correspondiente de otros organismos internacionales públicos. Si se llegase a un acuerdo internacional general sobre las inmunidades y privilegios de los funcionarios civiles internacionales, las inmunidades y privilegios concedidos al Presidente, al Secretario General y demás personal de la Organización, será n los otorgados de conformidad con dicho acuerdo internacional general.

CAPÍTULO XII
FINANZAS

Artículo 61. Presupuesto y distribución de gastos. El Consejo someterá a la Asamblea presupuestos, estados de cuentas y cálculos de todos los ingresos y egresos por periodos anuales. La Asamblea aprobará los presupuestos con las modificaciones que considere conveniente

Artículo 62. Suspensión del derecho de voto. La Asamblea puede suspender el derecho de voto en la Asamblea y en el Consejo a todo Estado contratante que, en un período razonable, no cumpla sus obligaciones financieras para con la Organización.

Este es el texto del Artículo modificado en el 8º periodo de sesiones de la Asamblea, el 14 de junio de 1954; entró en vigor el 12 de diciembre de 1956. De acuerdo con el Artículo 94 a) del Convenio, el texto modificado está en vigor por lo que se refiere a los Estados que hayan ratificado la enmienda. Por lo que se refiere a los Estados que no la hayan ratificado, continua en vigor el texto original y, por consiguiente, este se reproduce a continuación.

Artículo 63. Gastos de las delegaciones y otros representantes. Cada Estado contratante sufragará los gastos de su propia delegación en la Asamblea y la remuneración, gastos de viaje y otros de toda persona que nombre para actuar en el Consejo, así corno de las que representen o actúen por designación de tal Estado en cualquier comité o comisión subsidiaria de la Organización.

CAPÍTULO XIII
OTROS ARREGLOS INTERNACIONALES

Artículo 64. Arreglos sobre seguridad. La Organización puede, por voto de la Asamblea, en lo que respecta a cuestiones aéreas de su competencia que afecten directamente a la seguridad mundial, concluir arreglos apropiados con toda organización general que establezcan las naciones del mundo para preservar la paz.

Artículo 65. Arreglos con otros organismos internacionales. El Consejo, en nombre de la Organización, podrá concluir acuerdos con otros organismos internacionales para el mantenimiento de servicios comunes y para arreglos comunes concernientes al personal y, con la aprobación de la Asamblea, podrá participar en todos aquellos arreglos susceptibles de facilitar la labor de la Organización.

Artículo 66. Funciones relativas a otros acuerdos. La Organización, asimismo, desempeñará las funciones, asignadas por el Acuerdo de Transito de los Servicios Aéreos Internacionales y por el Acuerdo de Transporte Aéreo Internacional, redactados en Chicago el 7 de diciembre de 1944, según los términos y condiciones establecidos en ellos.

Los miembros de la Asamblea y del Consejo, que no hayan aceptado el Acuerdo de Tránsito de los Servicios Aéreos Internacionales o el Acuerdo de

Transporte Aéreo Internacional, redactados en Chicago el 7 de diciembre de 1944, no tendrán derecho a votar sobre ninguna cuestión referida a la Asamblea o al Consejo de conformidad con las disposiciones del Acuerdo de que se trate.

TERCERA PARTE
TRANSPORTE AÉREO INTERNACIONAL

CAPÍTULO XIV
DATOS E INFORMES

Artículo 67. Transmisión de informes al Consejo. Cada Estado contratante se compromete a que sus líneas aéreas internacionales comuniquen al Consejo, según las prescripciones establecidas por el mismo, informes sobre trafico, estadísticas de costos y estados financieros que muestren, entre otras cosas, todos los ingresos y las fuentes de su procedencia.

CAPÍTULO XV
AEROPUERTOS Y OTRAS INSTALACIONES Y SERVICIOS PARA LA NAVEGACIÓN AÉREA

Artículo 68. Designación de rutas y aeropuertos. Cada Estado contratante puede, con sujeción a las disposiciones del presente Convenio, designar la ruta que deberá seguir en su territorio cualquier servicio aéreo internacional así como los aeropuertos que podrá utilizar.

Artículo 69. Mejora de las instalaciones y servicios para la navegación aérea. Si el Consejo estima que los aeropuertos u otras instalaciones y servicios para la navegación aérea de un Estado contratante, incluso los servicios de radio y meteorológicos, no son razonablemente adecuados para el funcionamiento seguro, regular, eficaz y económico de los servicios aéreos internacionales, existentes o en proyecto, el Consejo consultara con el Estado en cuestión y con otros Estados afectados, con miras a encontrar los medios por los cuales la situación pueda remediarse y podrá hacer recomendaciones a tal efecto. Ningún Estado contratante será culpable de infracción del presente Convenio si no pone en practica tales recomendaciones.

Artículo 70. Financiación de las instalaciones y servicios para la navegación aérea. Un Estado contratante, en las circunstancias resultantes de las disposiciones del Artículo 69, puede concluir un arreglo con el Consejo para dar efecto a tales recomendaciones. El Estado podrá optar por hacerse cargo de todos los gastos que implique tal arreglo; en caso contrario el Consejo puede convenir, a petición del Estado, en sufragar la totalidad o parte de los gastos.

Artículo 71. Provisión y mantenimiento de instalaciones y servicios por el Consejo. Si un Estado contratante así lo solicita, el Consejo puede convenir en proveer, dotar de personal, mantener y administrar en su totalidad o en parte los aeropuertos y otras instalaciones y servicios para la navegación aérea, incluso los servicios de radio y meteorológicos requeridos en su territorio para el funcionamiento seguro, regular, eficaz y económico de los servicios aéreos internacionales de los demás Estados contratantes y podrá fijar derechos justos y razonables por el uso de las instalaciones y servicios proporcionados.

Artículo 72. Adquisición o uso de terrenos. Cuando se necesiten terrenos para instalaciones y servicios financiadas en su totalidad o en parte por el Consejo a petición de un Estado contratante, tal Estado deberá proveerlos, conservando su título si lo desea, o bien facilitar al Consejo su uso en condiciones justas y razonables y de acuerdo con las leyes de dicho Estado.

Artículo 73. Gastos y prorrateo de fondos. El Consejo, dentro del limite de los fondos que ponga a su disposición la Asamblea de acuerdo con el Capítulo XII, puede efectuar los gastos ordinarios para los fines del presente Capítulo, con los fondos generales de la Organización. A los fines del presente Capítulo, el Consejo fijará, en la proporción previamente acordada y por un plazo razonable, las aportaciones al capital necesario entre los Estados contratantes que consienta en ello y cuyas líneas aéreas utilicen las instalaciones y servicios. El Consejo puede también prorratear, entre los Estados que lo consientan, cualquier capital circulante requerido.

Artículo 74. Ayuda técnica y destino de los ingresos. Cuando, a petición de un Estado Contratante, el Consejo adelante fondos, o proporcione aeropuertos u otras instalaciones y servicios en su totalidad o en parte, el acuerdo puede prever, si tal Estado consiente en ello, asistencia técnica en la supervisión y funcionamiento de tales aeropuertos y otras instalaciones y servicios y el pago, por medio de los ingresos derivados de la explotación de los aeropuertos y de las instalaciones y servicios, de los gastos de funcionamiento de dichos aeropuertos e instalaciones y servicios, así como de los intereses y de la amortización.

Artículo 75. Adquisición de las instalaciones y servicios suministrados por el Consejo. Un Estado contratante puede en cualquier momento liberarse de toda obligación contraída en virtud del Artículo 70 y hacerse cargo de los aeropuertos y otras instalaciones y servicios provistos por el Consejo en su territorio según las disposiciones de los Artículos 71 y 72, mediante pago al Consejo de una suma que, en opinión de este, sea razonable en tales circunstancias. Si el Estado considera que la suma fijada por el Consejo es irrazonable, puede apelar de la decisión del Consejo ante la Asamblea, la que podrá confirmar o enmendar tal decisión.

Artículo 76. Restitución de fondos. Los fondos obtenidos por el Consejo, por reembolsos en virtud del Artículo 75 y por ingresos de intereses y amortizaciones según el Artículo 74 serán, en el caso de adelantos financiados originariamente por los Estados de acuerdo con el Artículo 73, restituidos a los Estados entre los cuales se prorratearon originariamente en proporción a sus contribuciones, según lo determinado por el Consejo.

CAPÍTULO XVI
ORGANIZACIONES DE EXPLOTACIÓN CONJUNTA Y SERVICIOS MANCOMUNADOS

Artículo 77. Organizaciones de explotación conjunta autorizadas. Ninguna disposición del presente Convenio impide que dos o más Estados contratantes constituyan organizaciones de explotación conjunta del transporte aéreo ni organismos internacionales de explotación, ni que mancomunen sus servicios aéreos en cualquier ruta o región, pero tales organizaciones u organismos y tales servicios mancomunados estarán sujetos a todas las disposiciones del presente Convenio, incluso las relativas al registro de acuerdos en el Consejo. Este determinará la forma en que las disposiciones del presente Convenio sobre nacionalidad de aeronaves se aplicaran a las utilizadas por organismos internacionales de explotación.

Artículo 78. Función del Consejo. El Consejo podrá sugerir a los Estados contratantes interesados la formación de organizaciones conjuntas para efectuar servicios aéreos en cualesquiera rutas o regiones.

Artículo 79. Participación en organizaciones de explotación. Un Estado podrá participar en organizaciones de explotación conjunta o en arreglos de mancomún por conducto de su gobierno o de una o varias compañías de transporte aéreo designadas por este. Las compañías, a discreción exclusiva del Estado interesado, podrán ser estatales, parcialmente estatales o de propiedad privada.

CUARTA PARTE
DISPOSICIONES FINALES

CAPÍTULO XVII
OTROS ACUERDOS Y ARREGLOS AERONÁUTICOS

Artículo 80. Convenciones de París y de La Habana. Cada Estado contratante se compromete, tan pronto como entre en vigor el presente Convenio, a notifica r la denuncia de la Convención sobre la Reglamentación de la Navegación Aérea, suscrita en París el 13 de octubre de una u otra. El presente Convenio reemplaza, entre los Estados contratantes, las Convenciones de París y de La Habana anteriormente mencionadas.

Artículo 81. Registro de acuerdos existentes. Todos los acuerdos aeronáuticos que existan al entrar en vigor el presente Convenio, entre un Estado contratante y cualquier otro Estado o entre una línea aérea de un Estado contratante y cualquier otro Estado o línea aérea de otro Estado, se registrarán inmediatamente en el Consejo.

Artículo 82. Abrogación de arreglos incompatibles. Los Estados contratantes acuerdan que el presente Convenio abroga todas las obligaciones y entendimientos mutuos que sean incompatibles con sus disposiciones y se comprometen a no contraer tales obligaciones o entendimientos. Un Estado contratante que antes de ser miembro de la Organización haya contraído con un Estado no contratante o un súbdito de un Estado contratante o no, obligaciones incompatibles con las disposiciones del presente Convenio, tomará medidas inmediatas para liberarse de dichas obligaciones. Si una línea aérea de un Estado contratante ha contraído tales obligaciones incompatibles, el Estado del cual sea nacional hará cuanto pueda para conseguir su rescisión inmediata y, en todo caso, hará que se rescindan tan pronto como sea legalmente posible después de la entrada en vigor del presente Convenio.

Artículo 83. Registro de nuevos arreglos. Con sujeción a lo dispuesto en el Artículo precedente, todo Estado contratante puede concertar arreglos que no sean incompatibles con las disposiciones del presente Convenio. Todo arreglo de esta naturaleza se registrará inmediatamente en el Consejo, el cual lo hará publico a la mayor brevedad posible.

Artículo 83 bis. Transferencia de ciertas funciones y obligaciones. No obstante lo dispuesto en los Artículos 12, 30, 31 y 32 a), cuando una aeronave matriculada en un Estado contratante sea explotada de conformidad con un contrato de arrendamiento, fletamento o intercambio de aeronaves, o cualquier arreglo similar, por un explotador que tenga su oficina principal o, de no tener tal oficina, su residencia permanente en otro Estado contratante, el Estado de matrícula, mediante acuerdo con ese otro, Estado, podrá transferirle todas o parte de sus funciones y obligaciones como Estado de matrícula con respecto a dicha aeronave, según los Artículos 12, 30, 31 y 32 a). El Estado de matrícula quedara relevado de su responsabilidad con respecto a las funciones y obligaciones transferidas.

La transferencia no producirá efectos con respecto a los demás Estados contratantes antes de que el acuerdo entre Estados sobre la transferencia se haya registrado ante el Consejo y hecho público de conformidad con el Artículo 83 o de que un Estado parte en dicho acuerdo haya comunicado directamente la existencia y alcance del acuerdo a los demás Estados contratantes interesados.

Las disposiciones de los párrafos a) y b) anteriores también serán aplicables en los casos previstos por el Artículo 77.

CAPÍTULO XVIII
CONTROVERSIAS E INCUMPLIMIENTO

Artículo 84. Solución de controversias. Si surge un desacuerdo entre dos o más Estados contratantes sobre la interpretación o la aplicación del presente Convenio y de sus Anexos que no pueda ser solucionado mediante negociaciones, será decidido por el Consejo, a petición de cualquier Estado interesado en el desacuerdo. Ningún miembro del Consejo votará cuando este trate de una controversia en la que dicho miembro sea parte. Todo Estado contratante podrá, con sujeción al Artículo 85, apelar de la decisión del Consejo ante un tribunal de arbitraje ad hoc aceptado por las otras partes en la controversia, o ante la Corte Permanente Internacional de Justicia. Tal apelación se notificará al Consejo dentro de los sesenta días de recibida la notificación de la decisión del Consejo.

Artículo 85. Procedimiento de arbitraje. Si un Estado contratante, parte en una controversia en que se ha apelado de la decisión del Consejo, no ha aceptado el Estatuto de la Corte Permanente Internacional de Justicia y si los Estados contratantes partes en la controversia no pueden concordar en la elección del tribunal de arbitraje, cada uno de los Estados contratantes partes en la controversia designará un árbitro y estos nombrarán un tercero. Si cualquier Estado contratante parte en la controversia no nombra un árbitro dentro de tres meses desde la fecha de apelación, el Presidente del Consejo designará por tal Estado un árbitro, de una lista de personas calificadas y disponibles que lleve el Consejo. Si dentro de treinta días los árbitros no pueden convenir en el tercero, el Presidente del Consejo lo designará de la lista antedicha. Los árbitros y el tercero se constituirán entonces en tribunal de arbitraje. Todo tribunal de arbitraje establecido según el presente Artículo o el anterior adoptará su propio procedimiento y pronunciará sus decisiones por mayoría de votos, entendiéndose que el Consejo podrá decidir cuestiones de procedimiento en caso de dilaciones que, en su opinión fuesen excesivas.

Artículo 86. Apelaciones. Salvo que el Consejo decida otra cosa, toda decisión de éste sobre si una línea aérea internacional funciona de acuerdo con las disposiciones del presente Convenio continuará en vigor a menos que sea revocada en apelación. Sobre toda otra cuestión, las decisiones del Consejo, si se apelan, se suspenderán hasta que se falle la apelación. Las decisiones de la Corte Permanente Internacional de Justicia o de un tribunal de arbitraje serán firmes y obligatorias.

Artículo 87. Sanciones en caso de incumplimiento por las líneas aéreas. Todo Estado contratante se compromete a no permitir los vuelos de una línea aérea de un Estado contratante en el espacio aéreo situado sobre su territorio si el Consejo ha decidido que la línea aérea en cuestión no cumple con una decisión firme pronunciada según el artículo precedente.

Artículo 88. Sanciones a los Estados en caso de incumplimiento. La Asamblea suspenderá el derecho de voto en la Asamblea y en el Consejo a todo Estado contratante que se encuentre en falta con respecto a las disposiciones del presente Capítulo.

CAPÍTULO XIX
GUERRA

Artículo 89. Estado de guerra y situaciones de emergencia. En caso de guerra, las disposiciones del presente Convenio no afectarán la libertad de acción de los Estados contratantes afectados, ya sean beligerantes o neutrales. El mismo principio se aplicará cuando un Estado contratante declare estado de emergencia nacional y lo comunique al Consejo.

CAPÍTULO XX
ANEXOS

Artículo 90. Adopción y enmienda de los Anexos. La adopción por el Consejo de los Anexos previstos en el párrafo *l*) del Artículo 54, requerirá el voto de dos tercios del Consejo en sesión convocada a ese fin; luego serán sometidos por el Consejo a cada Estado contratante. Todo Anexo o enmienda a uno de ellos, surtirá efecto a los tres meses de ser transmitido a los Estados contratantes o a la expiración de un periodo mayor que prescriba el Consejo, a menos que en el ínterin la mayoría de los Estados contratantes registren en el Consejo su desaprobación.

El Consejo notificará inmediatamente a todos los Estados contratantes la entrada en vigor de todo Anexo o enmienda a este.

CAPÍTULO XXI
RATIFICACIONES, ADHESIONES, ENMIENDAS Y DENUNCIAS

Artículo 91. Ratificación del Convenio. El presente Convenio deberá ser ratificado por los Estados signatarios. Los instrumentos de ratificación se depositarán en los archivos del Gobierno de los Estados Unidos de América, el cual notificará la fecha de depósito a cada uno de los Estados signatarios y adherentes.

Tan pronto como veintiséis Estados hayan ratificado o se hayan adherido al presente Convenio, este entrará en vigor entre ellos al trigésimo día después del depósito del vigésimo sexto instrumento. Entrará en vigor para cada Estado que lo ratifique posteriormente, al trigésimo día después del depósito del correspondiente instrumento de ratificación.

Será obligación del Gobierno de los Estados Unidos de América notificar al Gobierno de cada uno de los Estados signatarios y adherentes la fecha de entrada en vigor del presente Convenio.

Artículo 92. Adhesión al Convenio. El presente Convenio quedará abierto a la adhesión de los miembros de las Naciones Unidas, de los Estados asociados a ellos y de los Estados que permanecieron neutrales durante el presente conflicto mundial.

La adhesión se efectuará por notificación dirigida al Gobierno de los Estados Unidos de América y surtirá efecto al trigésimo día de la fecha de recibo de la notificación por el Gobierno de los Estados Unidos de América, el cual notificará a todos los Estados contratantes.

Artículo 93. Admisión de otros Estados. Los Estados no previstos en los Artículos 91 y 92 a), con el voto de los cuatro quintos de la Asamblea y en las condiciones que esta fije, podrán participar en el presente Convenio, previo consentimiento del organismo internacional general que para preservar la paz establezcan las naciones del mundo; entendiéndose que en cada caso será necesario el asentimiento de todo Estado invadido o atacado durante la guerra actual por el Estado que solicite su ingreso.

Artículo 93 bis. A pesar de las disposiciones de los artículos 91, 92 y 93, que anteceden, un Estado cuyo gobierno la Asamblea General de las Naciones Unidas ha recomendado que sea excluido de los organismos internacionales, establecidos por las Naciones Unidas o vinculados con ellas, dejará automáticamente de ser miembro de la Organización de Aviación Civil Internacional;

un Estado que haya sido expulsado de las Naciones Unidas dejara automáticamente de ser miembro de la Organización de Aviación Civil Internacional, a no ser que la Asamblea General de las Naciones Unidas incluya en su acta de expulsión una recomendación en sentido contrario.

Un Estado que deje de ser miembro de la Organización de Aviación Civil Internacional como resultado de lo dispuesto en el párrafo a) que antecede, puede, previa aprobación de la Asamblea General de las Naciones Unidas, ser readmitido en la Organización de Aviación Civil Internacional mediante solicitud y con la aprobación de la mayoría del Consejo.

Los miembros de la Organización que sean suspendidos en el ejercicio de sus derechos y privilegios como miembros de las Naciones Unidas, serán, si lo piden las Naciones Unidas, suspendidos en sus derechos y privilegios como miembros de esta Organización.

Artículo 94. Enmiendas del Convenio. Toda enmienda que se proponga al presente Convenio deberá ser aprobada por voto de dos tercios de la Asamblea y entrará en vigor con respecto a los Estados que la hayan ratificado, cuando la ratifique el número de Estados contratantes fijado por la Asamblea. Este número no será inferior a los dos tercios del total de Estados contratantes.

Si la Asamblea opina que la enmienda es de naturaleza tal que justifique esta medida, puede disponer, en la resolución que recomiende su adopción, que todo Estado que no la haya ratificado dentro de determinado período después de que esta entre en vigor, cese ipso facto de ser miembro de la Organización y parte en el Convenio.

Artículo 95. Denuncia del Convenio. Todo Estado contratante puede comunicar la denuncia del presente Convenio tres años después de su entrada en vigor, por notificación dirigida al Gobierno de los Estados Unidos de América, quien inmediatamente lo informará a cada uno de los Estados contratantes.

La denuncia surtirá efecto un año después de la fecha de recibo de la notificación y sólo se aplicará al Estado que haya hecho tal denuncia.

CAPÍTULO XXII
DEFINICIONES

Artículo 96. A los fines del presente Convenio se entiende por:

«Servicio aéreo», todo servicio aéreo regular realizado por aeronaves de transporte público de pasajeros, correo o carga.

«Servicio aéreo internacional», el servicio aéreo que pasa por el espacio aéreo sobre el territorio de más de un Estado.

«Línea aérea», toda empresa de transporte aéreo que ofrezca o explote un servicio aéreo internacional.

«Escala para fines no comerciales», el aterrizaje para fines ajenos al embarque o desembarque de pasajeros, carga o correo.

FIRMA DEL CONVENIO

EN FE DE LO CUAL, los plenipotenciarios que suscriben, debidamente autorizados, firman el presente Convenio en nombre de sus Gobiernos respectivos en las fechas que aparecen frente a sus firmas.

HECHO en Chicago, el día siete de diciembre de mil novecientos cuarenta y cuatro, en el idioma inglés. Un texto redactado en los idiomas español, francés e inglés, cada uno de los cuales tendrá igual autenticidad, quedará abierto para la firma en Washington, D.C. Ambos textos serán depositados en los archivos del Gobierno de los Estados Unidos de América, el cual transmitirá copias certificadas a los Gobiernos de todos los Estados que firmen o se adhieran al presente Convenio.

CONVENCIÓN DE LAS NACIONES UNIDAS SOBRE EL DERECHO DEL MAR

TEXTO ORIGINAL

Convenio publicado en la Segunda Sección del Diario Oficial de la Federación, el miércoles 1 de junio de 1983.

Al margen un sello con el Escudo Nacional, que dice: Estados Unidos Mexicanos.– Presidencia de la República.

MIGUEL DE LA MADRID HURTADO, Presidente de los Estados Unidos Mexicanos, a sus habitantes, sabed:

El día diez del mes de diciembre del año de mil novecientos ochenta y dos, el Plenipotenciario de los Estados Unidos Mexicanos, debidamente autorizado al efecto, firmó, ad referéndum, la Convención de las Naciones Unidas sobre el Derecho del Mar, concluida en esa misma fecha, en Montego Bay, Jamaica, cuyo texto y forma en español consta en la copia certificada adjunta.

La citada Convención fue aprobada por la Cámara de Senadores del H. Congreso de la Unión, el día veintinueve del mes de diciembre del año de mil novecientos ochenta y dos, según Decreto publicado en el Diario Oficial de la Federación del día dieciocho del mes de febrero del año de mil novecientos ochenta y tres.

El instrumento de ratificación, firmado por mí el día veintiuno del mes de febrero del año de mil novecientos ochenta y tres, fue depositado, ante la Secretaría General de la Organización de las Naciones Unidas, el día dieciocho del mes de marzo del propio año.

Por lo tanto, para su debida observancia, en cumplimiento de lo dispuesto en la Fracción Primera del Artículo Ochenta y Nueve de la Constitución Política de los Estados Unidos Mexicanos, promulgo el presente Decreto, en la residencia del Poder Ejecutivo Federal, a los dieciocho días del mes de mayo del año de mil novecientos ochenta y tres.– Miguel de la Madrid Hurtado.– Rúbrica.– El Secretario de Relaciones Exteriores, Bernardo Sepúlveda Amor.– Rúbrica.

El C. Licenciado Alfonso de Rosenzweig-Díaz, Subsecretario de Relaciones Exteriores, certifica:

Que en los archivos de esta Secretaría obra copia certificada de la Convención de las Naciones Unidas sobre el Derecho del Mar, concluida, en Montego

Bay, Jamaica, el día diez del mes de diciembre del año de mil novecientos ochenta y dos, cuyo texto en español es el siguiente:

CONVENCIÓN DE LAS NACIONES UNIDAS SOBRE EL DERECHO DEL MAR

Los Estados Partes en esta Convención.

Inspirados por el deseo de solucionar con espíritu de comprensión y cooperación mutuas todas las cuestiones relativas al derecho del mar y conscientes del significado histórico de esta Convención como contribución importante al mantenimiento de la paz y la justicia y al progreso para todos los pueblos del mundo,

Observando que los acontecimientos ocurridos desde las conferencias de las Naciones Unidas sobre el derecho del mar celebradas en Ginebra en 1958 y 1960 han acentuado la necesidad de una nueva convención sobre el derecho del mar que sea generalmente aceptable,

Conscientes de que los problemas de los espacios marinos están estrechamente relacionados entre sí y han de considerarse en su conjunto,

Reconociendo la conveniencia de establecer por medio de esta Convención, con el debido respeto de la soberanía de todos los Estados, un orden jurídico para los mares y océanos que facilite la comunicación internacional y promueva los usos con fines pacíficos de los mares y océanos, la utilización equitativa y eficiente de sus recursos, el estudio, la protección y la preservación del medio marino y la conservación de sus recursos vivos,

Teniendo presente que el logro de esos objetivos contribuirá a la realización de un orden económico internacional justo y equitativo que tenga en cuenta los intereses y necesidades de toda la humanidad y, en particular, los intereses y necesidades especiales de los países en desarrollo, sean ribereños o sin litoral,

Deseando desarrollar mediante esta Convención los principios incorporados en la resolución 2749 (XXV), de 17 de diciembre de 1970, en la cual la Asamblea General de las Naciones Unidas declaró solemnemente, entre otras cosas, que la zona de los fondos marinos y oceánicos y su subsuelo fuera de los límites de la jurisdicción nacional, así como sus recursos, son patrimonio común de la humanidad, cuya exploración y explotación se realizará en beneficio de toda la humanidad, independientemente de la situación geográfica de los Estados,

Convencidos de que el desarrollo progresivo y la codificación del derecho del mar logrados en esta Convención contribuirán al fortalecimiento de la paz, la seguridad, la cooperación y las relaciones de amistad entre todas las naciones, de conformidad con los principios de la justicia y la igualdad de derechos, y promoverán el progreso económico y social de todos los pueblos del mundo, de conformidad con los propósitos y principios de las Naciones Unidas, enunciados en su Carta.

Afirmando que las normas y principios de derecho internacional general seguirán rigiendo las materias no reguladas por esta Convención,

Han convenido en lo siguiente:

PARTE I
INTRODUCCIÓN

Artículo 1. Términos empleados y alcance. 1. Para los efectos de esta Convención:

1) Por «Zona» se entiende los fondos marinos y oceánicos y su subsuelo fuera de los límites de la jurisdicción nacional;

2) Por «Autoridad» se entiende la Autoridad Internacional de los Fondos Marinos;

3) Por «actividades en la Zona» se entiende todas las actividades de exploración y explotación de los recursos de la Zona;

4) Por «contaminación del medio marino» se entiende la introducción por el hombre, directa o indirectamente, de sustancias o de energía en el medio marino incluidos los estuarios, que produzca o pueda producir efectos nocivos tales como daños a los recursos vivos y a la vida marina, peligros para la salud humana, obstaculización de las actividades marítimas, incluidos la pesca y otros usos legítimos del mar, deterioro de la calidad del agua del mar para su utilización y menoscabo de los lugares de esparcimiento;

5) a) Por «vertimiento» se entiende:

i) La evacuación deliberada de desechos u otras materias desde buques, aeronaves, plataformas u otras construcciones en el mar;

ii) El hundimiento deliberado de buques, aeronaves, plataformas u otras construcciones en el mar;

b) El término «vertimiento» no comprende:

i) La evacuación de desechos u otras materias resultante, directa o indirectamente, de las operaciones normales de buques, aeronaves, plataformas u otras construcciones en el mar y de su equipo, salvo los desechos u otras materias que se transporten en buques, aeronaves, plataformas u otras construcciones en el mar destinados a la evacuación de tales materias, o se transborden a ellos, o que resulten del tratamiento de tales desechos u otras materias en esos buques, aeronaves, plataformas o construcciones.

ii) El depósito de materias para fines distintos de su mera evacuación, siempre que ese depósito no sea contrario a los objetivos de esta Convención.

iii) Por «Estados Partes» se entiende los Estados que hayan consentido en obligarse por esta Convención y respecto de los cuales la Convención esté en vigor.

iv) Esta Convención se aplicará mutatis mutandis a las entidades mencionadas en los apartados b), c), d), e) y f) del párrafo 1 del artículo 305 que lleguen a sus partes en la Convención de conformidad con los requisitos pertinentes a cada una de ellas; en esa medida, el término «Estados Partes» se refiere a esas entidades.

PARTE II
EL MAR TERRITORIAL Y LA ZONA CONTIGUA

Sección 1. Disposiciones generales

Artículo 2. Régimen jurídico del mar territorial, del espacio aéreo situado sobre el mar territorial y de su lecho y subsuelo. 1. La soberanía del Estado ribereño se extiende más allá de su territorio de sus aguas interiores y, en el caso del Estado archipelágico, de sus aguas archipelágicas, a la franja de mar adyacente designada con el nombre de mar territorial.

2. Esta soberanía se extiende al espacio aéreo sobre el mar territorial, como al lecho y al subsuelo de ese mar.

3. La soberanía sobre el mar territorial se ejerce con arreglo a esta Convención y otras normas de derecho internacional.

Sección 2. Límites del mar territorial

Artículo 3. Anchura del mar territorial. Todo Estado tiene derecho a establecer la anchura de su mar territorial hasta un límite que no exceda de 12 millas marinas medidas a partir de líneas de base determinadas de conformidad con esta Convención.

Artículo 4. Límite exterior del mar territorial. El límite exterior del mar territorial es la línea cada uno de cuyos puntos está, del punto más próximo de la línea de base, a una distancia igual a la anchura del mar territorial.

Artículo 5. Línea de base normal. Salvo disposición en contrario de esta Convención, la línea de base normal para medir la anchura del mar territorial es la línea de bajamar a lo largo de la costa, tal como aparece marcada mediante el signo apropiado en cartas a gran escala reconocidas oficialmente por el Estado ribereño.

Artículo 6. Arrecifes. En el caso de islas situadas en atolones o de islas bordeadas por arrecifes, la línea de base para medir la anchura del mar territorial es la línea de bajamar del lado del arrecife que da al mar, tal como aparece marcada mediante el signo apropiado en cartas reconocidas oficialmente por el Estado ribereño.

Artículo 7. Líneas de base rectas. 1. En los lugares en que la costa tenga profundas aberturas y escotaduras o en los que haya una franja de islas a lo largo de la costa situada en su proximidad inmediata, puede adoptarse, como método para trazar la línea de base desde la que ha de medirse el mar territorial, el de líneas de base rectas que unan los puntos apropiados.

2. En los casos en que, por la existencia de un delta y de otros accidentes naturales, la línea de la costa sea muy inestable, los puntos apropiados pueden elegirse a lo largo de la línea de bajamar más alejada mar afuera y, aunque la línea de bajamar retroceda ulteriormente, las líneas de base rectas seguirán en vigor hasta que las modifique el Estado ribereño de conformidad con esta Convención.

3. El trazado de las líneas de base rectas no debe apartarse de una manera apreciable de la dirección general de la costa, y las zonas de mar situadas del lado de tierra de esas líneas han de estar suficientemente vinculadas al dominio terrestre para estar sometidas al régimen de las aguas interiores.

4. Las líneas de base recta no se trazarán hacia ni desde elevaciones que emerjan en bajamar, a menos que se hayan construido sobre ellas faros o instalaciones análogas que se encuentren constantemente sobre el nivel del agua, o que el trazado de líneas de base hacia o desde elevaciones que emerjan en bajamar haya sido objeto de un reconocimiento internacional general.

5. Cuando el método de líneas de base rectas sea aplicable según el párrafo 1, al trazar determinadas líneas de base podrán tenerse en cuenta los intereses

económicos propios de la región de que se trate cuya realidad e importancia estén claramente demostradas por un uso prolongado.

6. El sistema de líneas de base rectas no puede ser aplicado por un Estado de forma que aísle el mar territorial de otro Estado de la alta mar o de una zona económica exclusiva.

Artículo 8. Aguas interiores. 1. Salvo lo dispuesto en la Parte IV, las aguas situadas en el interior de la línea de base del mar territorial forman parte de las aguas interiores del Estado.

2. Cuando el trazado de una línea de base recta, de conformidad con el método establecido en el artículo 7, produzca el efecto de encerrar como aguas interiores aguas que anteriormente no se consideraban como tales, existirá en esas aguas un derecho de paso inocente, tal como se establece en esta Convención.

Artículo 9. Desembocadura de los ríos. Si un río desemboca directamente en el mar, la línea de base será una línea recta trazada a través de la desembocadura entre los puntos de la línea de bajamar de sus orillas.

Artículo 10. Bahías. 1. Este artículo se refiere únicamente a las bahías cuyas costas pertenecen a un solo Estado.

2. Para los efectos de esta Convención, una bahía es toda escotadura bien determinada cuya penetración tierra adentro, en relación con la anchura de su boca es tal que contiene aguas cercadas por la costa y constituye algo más que una simple inflexión de ésta. Sin embargo, la escotadura no se considerará una bahía si su superficie no es igual o superior a la de un semicírculo que tenga por diámetro la boca de dicha escotadura.

3. Para los efectos de su medición, la superficie de una escotadura es la comprendida entre la línea de bajamar que sigue la costa de la escotadura y una línea que una las líneas de bajamar de sus puntos naturales de entrada. Cuando, debido a la existencia de islas, una escotadura tenga más de una entrada, el semicírculo se trazará tomando como diámetro la suma de las longitudes de las líneas que cierran todas las entradas. La superficie de las islas situadas dentro de una escotadura se considerará comprendida en la superficie total de ésta.

4. Si la distancia entre las líneas de baja mar de los puntos naturales de entrada de una bahía no excede de 24 millas marinas, se podrá trazar una línea

de demarcación entre las dos líneas de bajamar y las aguas que queden así encerradas serán consideradas aguas interiores.

5. Cuando la distancia entre las líneas de bajamar de los puntos naturales de entrada de una bahía exceda de 24 millas marinas, se trazará dentro de la bahía una línea de base recta de 24 millas marinas de manera que encierre la mayor superficie de agua que sea posible con una línea de esa longitud.

6. Las disposiciones anteriores no se aplican a las bahías llamadas «históricas», ni tampoco en los casos en que se aplique el sistema de las líneas base rectas previsto en el artículo 7.

Artículo 11. Puertos. Para los efectos de la delimitación del mar territorial, las construcciones portuarias permanentes más alejadas de la costa que formen parte integrante del sistema portuario se consideran parte de ésta. Las instalaciones costa afuera y las islas artificiales no se considerarán construcciones portuarias permanentes.

Artículo 12. Radas. Las radas utilizadas normalmente para la carga, descarga y fondeo de buques, que de otro modo estarían situadas en todo o en parte fuera del trazado general del límite exterior del mar territorial, están comprendidas en el mar territorial.

Artículo 13. Elevaciones en bajamar. 1. Una elevación que emerge en bajamar es una extensión natural de tierra rodeada de agua que se encuentra sobre el nivel de ésta en la bajamar, pero queda sumergida en la pleamar. Cuando una elevación que emerge en bajamar esté total o parcialmente a una distancia del continente o de una isla que no exceda de la anchura del mar territorial, la línea de bajamar de esta elevación podrá ser utilizada como línea de base para medir la anchura del mar territorial.

2. Cuando una elevación que emerge en bajamar esté situada en su totalidad a una distancia del continente o de una isla que exceda de la anchura del mar territorial, no tendrá mar territorial propio.

Artículo 14. Combinación de métodos para determinar las líneas de base. El Estado ribereño podrá determinar las líneas de base combinando cualesquiera de los métodos establecidos en los artículos precedentes, según las circunstancias.

Artículo 15. Delimitación del mar territorial entre Estados con costas adyacentes o situadas frente a frente. Cuando las costas de dos Estados sean adyacentes o se hallen situadas frente a frente, ninguno de dichos Estados tendrá derecho, salvo acuerdo en contrario, a extender su mar territorial más allá de una línea media cuyos puntos sean equidistantes de los puntos más próximos de las líneas de base a partir de las cuales se mida la anchura del mar territorial de cada uno de esos Estados. No obstante, esta disposición no será aplicable cuando, por la existencia de derechos históricos o por otras circunstancias especiales, sea necesario delimitar el mar territorial de ambos Estados en otra forma.

Artículo 16. Cartas y listas de coordenadas geográficas. 1. Las líneas de base para medir la anchura del mar territorial, determinadas de conformidad con los artículos 7, 9 y 10, o los límites que de ellas se desprendan, y las líneas de delimitación trazadas de conformidad con los artículos 12 y 15 figurarán en cartas a escala o escalas adecuadas para precisar su ubicación. Esas cartas podrán ser sustituidas por listas de coordenadas geográficas de puntos en cada una de las cuales se indique específicamente el datum geodésico.

2. El Estado ribereño dará la debida publicidad a tales cartas o listas de coordenadas geográficas y depositará un ejemplar de cada una de ellas en poder del Secretario General de las Naciones Unidas.

Sección 3. Paso inocente por el mar territorial

Subsección A. Normas aplicables a todos los buques

Artículo 17. Derecho de paso inocente. Con sujeción a esta Convención, los buques de todos los Estados, sean ribereños o sin litoral, gozan del derecho de paso inocente a través del mar territorial.

Artículo 18. Significado de paso. 1. Se entiende por paso el hecho de navegar por el mar territorial con el fin de:

a) Atravesar dicho mar sin penetrar en las aguas interiores ni hacer escala en una rada o una instalación portuaria fuera de las aguas interiores; o

b) Dirigirse hacia las aguas interiores o salir de ellas, o hacer escala en una de esas radas o instalaciones portuarias o salir de ella.

2. El paso será rápido e ininterrumpido. No obstante, el paso comprende la detención y el fondeo, pero sólo en la medida en que constituyan inciden-

tes normales de la navegación o sean impuestos al buque por fuerza mayor o dificultad grave o se realicen con el fin de prestar auxilio a personas, buques o aeronaves en peligro o en dificultad grave.

Artículo 19. Significado de paso inocente. 1. El paso es inocente mientras no sea perjudicial para la paz, el buen orden o la seguridad del Estado ribereño. Ese paso se efectuará con arreglo a esta Convención y otras normas de derecho internacional.

2. Se considerará que el paso de un buque extranjero es perjudicial para la paz, el buen orden o la seguridad del Estado ribereño si ese buque realiza, en el mar territorial, alguna de las actividades que se indican a continuación:

a) Cualquier amenaza o uso de la fuerza contra la soberanía, la integridad territorial o la independencia política del Estado ribereño o que de cualquier otra forma viole los principios de derecho internacional incorporados en la Carta de las Naciones Unidas;

b) Cualquier ejercicio o práctica con armas de cualquier clase;

c) Cualquier acto destinado a obtener información en perjuicio de la defensa o la seguridad del Estado ribereño;

d) Cualquier acto de propaganda destinado a atentar contra la defensa o la seguridad del Estado ribereño;

e) El lanzamiento, recepción o embarque de aeronaves;

f) El lanzamiento, recepción o embarque de dispositivos militares;

g) El embarco o desembarco de cualquier producto, moneda o persona, en contravención de las leyes y reglamentos aduaneros, fiscales, de inmigración o sanitarios del Estado ribereño;

h) Cualquier acto de contaminación intencional y grave contrario a esta Convención;

i) Cualesquiera actividades de pesca;

j) La realización de actividades de investigación o levantamientos hidrográficos;

k) Cualquier acto dirigido a perturbar los sistemas de comunicaciones o cualesquiera otros servicios o instalaciones del Estado ribereño;

l) Cualesquiera otras actividades que no estén directamente relacionadas con el paso.

Artículo 20. Submarinos y otros vehículos sumergibles. En el mar territorial, los submarinos y cualesquiera otros vehículos sumergibles deberán navegar en la superficie y enarbolar su pabellón.

Artículo 21. Leyes y reglamentos del Estado ribereño relativos al paso inocente. 1. El Estado ribereño podrá dictar, de conformidad con las disposiciones de esta convención y otras formas de derecho internacional, leyes y reglamentos relativos al paso inocente por el mar territorial, sobre todas o algunas de las siguientes materias;

a) La seguridad de la navegación y la reglamentación del tráfico marítimo;

b) La protección de las ayudas a la navegación y de otros servicios e instalaciones;

c) La protección de cables y tuberías;

d) La conservación de los recursos vivos del mar;

e) La prevención de infracciones de sus leyes y reglamentos de pesca;

f) La preservación de su medio ambiente y la prevención, reducción y control de la contaminación de éste;

g) La investigación científica, marina y los levantamientos hidrográficos;

h) La prevención de las infracciones de sus leyes y reglamentos aduaneros fiscales, de inmigración y sanitarios.

2. Tales leyes y reglamentos no se aplicarán al diseño, construcción dotación o equipo de buques extranjeros, a menos que pongan en efecto reglas o normas internacionales generalmente aceptadas.

3. El Estado ribereño dará la debida publicidad a todas esas leyes y reglamentos.

4. Los buques extranjeros que ejerzan el derecho de paso inocente por el mar territorial deberán observar tales leyes y reglamentos, así como todas las normas internacionales generalmente aceptadas relativas a la prevención de abordajes en el mar.

Artículo 22. Vías marítimas y dispositivos de separación del tráfico en el mar territorial. 1. El Estado ribereño podrá, cuando sea necesario habida cuenta de la seguridad de la navegación, exigir que los buques extranjeros que ejerzan el derecho de paso inocente a través de su mar territorial utilicen las vías marítimas y los dispositivos de separación del tráfico que ese Estado haya designado o prescrito para la regulación del paso de los buques.

2. En particular, el Estado ribereño podrá exigir que los buques cisterna, los de propulsión nuclear y los que transporten sustancias o materiales nucleares u otros intrínsecamente peligrosos o nocivos que limiten su paso a esas vías marítimas.

3. Al designar vías marítimas y al prescribir dispositivos de separación del tráfico con arreglo a este artículo, el Estado ribereño tendrá en cuenta:

a) Las recomendaciones de la organización internacional competente;

b) Cualesquiera canales que se utilicen habitualmente para la navegación internacional;

c) Las características especiales de determinados buques y canales; y

d) La densidad del tráfico.

4. El Estado ribereño indicará claramente tales vías marítimas y dispositivos de separación del tráfico en cartas a las que dará la debida publicidad.

Artículo 23. Buques extranjeros de propulsión nuclear y buques que transporten sustancias nucleares u otras sustancias intrínsecamente peligrosas o nocivas. Al ejercer el derecho de paso inocente por el mar territorial, los buques extranjeros de propulsión nuclear y los buques que transporten sustancias nucleares u otras sustancias intrínsecamente peligrosas o nocivas deberán tener a bordo los documentos y observar las medidas especiales de precaución que para tales buques se hayan establecido en acuerdos internacionales.

Artículo 24. Deberes del Estado ribereño. 1. El Estado ribereño no pondrá dificultades al paso inocente de buques extranjeros por el mar territorial salvo de conformidad con esta Convención. En especial, en lo que atañe a la aplicación de esta Convención o de cualesquiera leyes o reglamentos dictados de conformidad con ella, el Estado ribereño se abstendrá de:

a) Imponer a los buques extranjeros requisitos que produzcan el efecto práctico de denegar u obstaculizar el derecho de paso inocente; o

b) Discriminar de hecho o de derecho contra los buques de un Estado determinado o contra los buques que transporten mercancías hacia o desde un Estado determinado o por cuenta de éste.

2. El Estado ribereño dará a conocer de manera apropiada todos los peligros que, según su conocimiento, amenacen a la navegación en su mar territorial.

Artículo 25. Derechos de protección del Estado ribereño. 1. El Estado ribereño podrá tomar en su mar territorial las medidas necesarias para impedir todo paso que no sea inocente.

2. En el caso de los buques que se dirijan hacia las aguas interiores o a recalar en una instalación portuaria situada fuera de esas aguas, el Estado ribereño tendrá también derecho a tomar las medidas necesarias para impedir

cualquier incumplimiento de las condiciones a que esté sujeta la admisión de dichos buques en esas aguas o en esa instalación portuaria.

3. El Estado ribereño podrá, sin discriminar de hecho o de derecho entre buques extranjeros, suspender temporalmente, en determinadas áreas de su mar territorial, el paso inocente de buques extranjeros si dicha suspensión es indispensable para la protección de su seguridad, incluidos los ejercicios con armas. Tal suspensión sólo tendrá efecto después de publicada en debida forma.

Artículo 26. Gravámenes que pueden imponerse a los buques extranjeros. 1. No podrá imponerse gravamen alguno a los buques extranjeros por el solo hecho de su paso por el mar territorial.

2. Sólo podrán imponerse gravámenes a un buque extranjero que pase por el mar territorial como remuneración de servicios determinados prestados a dicho buque. Estos gravámenes se impondrán sin discriminación.

Subsección B. Normas aplicables a los buques mercantes y a los buques de estado destinados a fines comerciales

Artículo 27. Jurisdicción penal a bordo de un buque extranjero. 1. La jurisdicción penal del Estado ribereño no debería ejercerse a bordo de un buque extranjero que pase por el mar territorial para detener a ninguna persona o realizar ninguna investigación en relación con un delito cometido a bordo de dicho buque durante su paso, salvo en los casos siguientes:

a) Cuando el delito tenga consecuencias en el Estado ribereño;

b) Cuando el delito sea de tal naturaleza que pueda perturbar la paz del país o el buen orden en el mar territorial;

c) Cuando el capitán del buque o un agente diplomático o funcionario consular del Estado del pabellón hayan solicitado la asistencia de las autoridades locales; o

d) Cuando tales medidas sean necesarias para la represión del tráfico ilícito de estupefacientes o de sustancias sicotrópicas.

2. Las disposiciones precedentes no afectan al derecho del Estado ribereño a tomar cualesquiera medidas autorizadas por sus leyes para proceder a detenciones e investigaciones a bordo de un buque extranjero que pase por el mar territorial procedente de aguas interiores.

3. En los casos previstos en los párrafos 1 y 2, el Estado ribereño, a solicitud del capitán y antes de tomar cualquier medida, la notificará a un

agente diplomático o funcionario consular del Estado del pabellón y facilitará el contacto entre tal agente o funcionario y la tripulación del buque. En caso de urgencia, la notificación podrá hacerse mientras se tomen las medidas.

4. Las autoridades locales deberán tener debidamente en cuenta los intereses de la navegación para decidir si han de proceder a la detención o de qué manera han de llevarla a cabo.

5. Salvo lo dispuesto en la Parte XII o en caso de violación de leyes y reglamentos dictados de conformidad con la Parte V, el Estado ribereño no podrá tomar medida alguna, a bordo de un buque extranjero que pase por su mar territorial, para detener a ninguna persona ni para practicar diligencias con motivo de un delito cometido antes de que el buque haya entrado en su mar territorial, si tal buque procede de un puerto extranjero y se encuentra únicamente de paso por el mar territorial, sin entrar en las aguas interiores.

Artículo 28. Jurisdicción civil en relación con buques extranjeros. 1. El Estado ribereño no debería detener ni desviar buques extranjeros que pasen por el mar territorial, para ejercer su jurisdicción civil sobre personas que se encuentren a bordo.

2. El Estado ribereño no podrá tomar contra esos buques medidas de ejecución ni medidas cautelares en materia civil, salvo como consecuencia de obligaciones contraídas por dichos buques o de responsabilidades en que éstos hayan incurrido durante su paso por las aguas del Estado ribereño o con motivo de ese paso.

3. El párrafo precedente no menoscabará el derecho del Estado ribereño a tomar, de conformidad con sus leyes, medidas de ejecución y medidas cautelares en materia civil en relación con un buque extranjero que se detenga en su mar territorial o pase por él procedente de sus aguas interiores.

Subsección C. Normas aplicables a los buques de guerra y a otros buques de estado destinados a fines no comerciales

Artículo 29. Definición de buques de guerra. Para los efectos de esta Convención, se entiende por «buques de guerra» todo buque perteneciente a las fuerzas armadas de un Estado que lleve los signos exteriores distintivos de los buques de guerra de su nacionalidad, que se encuentren bajo el mando de un oficial debidamente designado por el Gobierno de ese Estado cuyo nombre aparezca en el correspondiente escalafón de oficiales o su equivalente, y cuya dotación esté sometida a la disciplina de las fuerzas armadas regulares.

Artículo 30. Incumplimiento por buques de guerra de las leyes y reglamentos del Estado ribereño. Cuando un buque de guerra no cumpla las leyes y reglamentos del Estado ribereño relativos al paso por el mar territorial y no acate la invitación que se le haga para que los cumpla, el Estado ribereño podrá exigirle que salga inmediatamente del mar territorial.

Artículo 31. Responsabilidad del Estado del pabellón por daños causados por un buque de guerra u otro buque de Estado destinado a fines no comerciales. El Estado del pabellón incurrirá en responsabilidad internacional por cualquier pérdida o daño que sufra el Estado ribereño como resultado del incumplimiento, por un buque de guerra u otro buque de Estado destinado a fines no comerciales, de las leyes y reglamentos del Estado ribereño relativos al paso por el mar territorial o de las disposiciones de esta convención u otras normas de derecho internacional.

Artículo 32. Inmunidades de los buques de guerra y otros buques de Estado destinados a fines no comerciales. Con las excepciones previstas en la subsección A y en los artículos 30 y 31, ninguna disposición de esta Convención afectará a las inmunidades de los buques de guerra y otros buques de Estado destinados a fines no comerciales.

Sección 4. Zona contigua

Artículo 33. Zona contigua. 1. En una zona contigua a su mar territorial, designada con el nombre de zona contigua, el Estado ribereño podrá tomar las medidas de fiscalización necesarias para:

a) Prevenir las infracciones de sus leyes y reglamentos aduaneros, fiscales, de inmigración o sanitarios que se cometan en su territorio o en su mar territorial;

b) Sancionar las infracciones de esas leyes y reglamentos cometidas en su territorio o en su mar territorial.

2. La zona contigua no podrá extenderse más allá de 24 millas marinas contadas desde las líneas de base a partir de las cuales se mide la anchura del mar territorial.

PARTE III
ESTRECHOS UTILIZADOS PARA LA NAVEGACIÓN INTERNACIONAL

Sección 1. Disposiciones generales

Artículo 34. Condición jurídica de las aguas que forman estrechos utilizados para la navegación internacional. 1. El régimen de paso por los estrechos utilizados para la navegación internacional establecido en esta Parte no afectará en otros aspectos a la condición jurídica de las aguas que forman tales estrechos ni al ejercicio por los Estados ribereños del estrecho de su soberanía o jurisdicción sobre tales aguas, su lecho y su subsuelo y el espacio aéreo situado sobre ellas.

2. La soberanía o jurisdicción de los Estados ribereños del estrecho se ejercerá con arreglo a esta Parte y a otras normas de derecho internacional.

Artículo 35. Ámbito de aplicación de esta Parte. Ninguna de las disposiciones de esta Parte afectará a:

a) Área alguna de las aguas interiores situadas dentro de un estrecho, excepto cuando el trazado de una línea de base recta de conformidad con el método establecido en el artículo 7 produzca el efecto de encerrar como aguas interiores aguas que anteriormente no se consideraban tales;

b) La condición jurídica de zona económica exclusiva o de alta mar de las aguas situadas más allá del mar territorial de los Estados ribereños de un estrecho; o

c) El régimen jurídico de los estrechos en los cuales el paso esté regulado total o parcialmente por convenciones internacionales de larga data y aún vigentes que se refieran específicamente a tales estrechos.

Artículo 36. Rutas de alta mar o rutas que atraviesen una zona económica exclusiva que pasen a través de un estrecho utilizado para la navegación internacional. Esta Parte no se aplicará a un estrecho utilizado para la navegación internacional si por ese estrecho pasa una ruta de alta mar o que atraviese una zona económica exclusiva, igualmente en lo que respecta a características hidrográficas y de navegación; en tales rutas se aplicarán las otras partes pertinentes de la Convención, incluidas las disposiciones relativas a la libertad de navegación y sobrevuelo.

Sección 2. Paso en tránsito

Artículo 37. Alcance de esta sección. Esta sección se aplica a los estrechos utilizados para la navegación internacional entre una parte de la alta mar o de una zona económica exclusiva y otra parte de la alta mar o de una zona económica exclusiva.

Artículo 38. Derecho de paso en tránsito. 1. En los estrechos a que se refiere el artículo 37, todos los buques y aeronaves gozarán del derecho de paso en tránsito, que no será obstaculizado; no obstante, no regirá ese derecho cuando el estrecho esté formado por una isla de un Estado ribereño de ese estrecho y su territorio continental, y del otro lado de la isla exista una ruta de alta mar o que atraviese una zona económica exclusiva, igualmente conveniente en lo que respecta a sus características hidrográficas y de navegación.

2. Se entenderá por paso en tránsito el ejercicio, de conformidad con esta parte, de la libertad de navegación y sobrevuelo exclusivamente para los fines del tránsito rápido e ininterrumpido por el estrecho entre una parte de la alta mar o de una zona económica exclusiva y otra parte de la alta mar o de una zona económica exclusiva. Sin embargo, el requisito de tránsito rápido e ininterrumpido no impedirá el paso por el estrecho para entrar en un Estado ribereño del estrecho, para salir de dicho Estado o para regresar de él, con sujeción a las condiciones que regulen la entrada a ese Estado.

3. Toda actividad que no constituya un ejercicio del derecho de paso en tránsito por un estrecho quedará sujeta a las demás disposiciones aplicables de esta Convención.

Artículo 39. Obligaciones de los buques y aeronaves durante el paso en tránsito. 1. Al ejercer el derecho de paso en tránsito, los buques y aeronaves:

a) Avanzarán sin demora por o sobre el estrecho;

b) Se abstendrán de toda amenaza o uso de la fuerza contra la soberanía, la integridad territorial o la independencia política de los Estados ribereños del estrecho o que en cualquier otra forma viole los principios de derecho internacional incorporados en la Carta de las Naciones Unidas;

c) Se abstendrán de toda actividad que no esté relacionada con sus modalidades normales de tránsito rápido e ininterrumpido, salvo que resulte necesaria por fuerza mayor o por dificultad grave;

d) Cumplirán las demás disposiciones pertinentes de esta Parte.

2. Durante su paso en tránsito, los buques cumplirán:

a) Los reglamentos, procedimientos y prácticas internacionales de seguridad en el mar generalmente aceptados, incluido el Reglamento Internacional para prevenir los abordajes;

b) Los reglamentos, procedimientos y prácticas internacionales generalmente aceptados para la prevención, reducción y control de la contaminación causada por buques.

3. Durante su paso en tránsito, las aeronaves:

a) Observarán el Reglamento del Aire establecido por la Organización de Aviación Civil Internacional aplicable a las aeronaves civiles; las aeronaves del Estado cumplirán normalmente tales medidas de seguridad y en todo momento opera teniendo debidamente en cuenta la seguridad de la navegación:

b) Mantendrán sintonizada en todo momento la radiofrecuencia asignada por autoridad competente de control del tráfico aéreo designada internacionalmente, la correspondiente radiofrecuencia de socorro internacional.

Artículo 40. Actividades de investigación y levantamientos hidrográficos. Durante el paso en tránsito, los buques extranjeros, incluso los destinados a la investigación científica marina y a levantamientos hidrográficos, no podrán realizar ninguna actividad de investigación o levantamiento sin la autorización previa de los Estados ribereños de esos estrechos.

Artículo 41. Vías marítimas y dispositivos de separación del tráfico en estrechos utilizados para la navegación internacional. 1. De conformidad con esta parte, los Estados ribereños de estrechos podrán designar vías marítimas y establecer dispositivos de separación del tráfico para navegación por los estrechos, cuando sea necesario para el paso seguro de los buques.

2. Dichos Estados podrán, cuando las circunstancias lo requieran y después de dar la publicidad debida a su decisión, sustituir por otras vías marítimas o dispositivos de separación del tráfico cualquiera de los designados o establecidos anteriormente por ellos.

3. Tales vías marítimas y dispositivos de separación del tráfico se ajustarán a las reglamentaciones internacionales generalmente aceptadas.

4. Antes de designar o sustituir vías marítimas o de establecer o sustituir dispositivos de separación del tráfico, los Estados ribereños de estrechos someterán propuestas a la organización internacional competente para su adopción. La organización sólo podrá adoptar las vías marítimas y los dispositivos de

separación del tráfico convenidos con los Estados ribereños de los estrechos, después de lo cual éstos podrán designarlos, establecerlos o sustituirlos.

5. En un estrecho respecto del cual se propongan vías marítimas o dispositivos de separación del tráfico que atraviesen las aguas de dos o más Estados ribereños del estrecho, los Estados interesados cooperarán para formular propuestas en consulta con la organización internacional competente.

6. Los Estados ribereños de estrechos indicarán claramente todas las vías marítimas y dispositivos de separación del tráfico designados o establecidos por ellos en cartas a las que se dará la debida publicidad.

7. Durante su paso en tránsito, los buques respetarán las vías marítimas y los dispositivos de separación del tráfico aplicables, establecidos de conformidad con este artículo.

Artículo 42. Leyes y reglamentos de los Estados ribereños de estrechos relativos al paso en tránsito. 1. Con sujeción a las disposiciones de esta sección, los Estados ribereños de estrechos podrán dictar leyes y reglamentos relativos al paso en tránsito por los estrechos, respecto de todos o algunos de los siguientes puntos:

a) La seguridad de la navegación y la reglamentación del tráfico marítimo de conformidad con el artículo 41;

b) La prevención, reducción y control de la contaminación, llevando a efecto las reglamentaciones internacionales aplicables relativas a la descarga en el estrecho de hidrocarburos, residuos de petróleo y otras sustancias nocivas;

c) En el caso de los buques pesqueros, la prohibición de la pesca, incluida la reglamentación del arrumaje de los aparejos de pesca;

d) El embarco o desembarco de cualquier producto, moneda o persona en contravención de las leyes y reglamentos aduaneros, fiscales, de inmigración o sanitarios de los Estados ribereños de estrechos.

2. Tales leyes y reglamentos no harán discriminaciones de hecho o de derecho entre los buques extranjeros, ni se aplicarán de manera que en la práctica surtan el efecto de negar, obstaculizar o menoscabar el derecho de paso en tránsito definido en esta sección.

3. Los Estados ribereños de estrechos darán la publicidad debida a todas esas leyes y reglamentos.

4. Los buques extranjeros que ejerzan derecho de paso en tránsito cumplirán dichas leyes y reglamentos.

5. El Estado del pabellón de un buque o el Estado de registro de una aeronave que goce de inmunidad soberana y actúe en forma contraria a dichas leyes, reglamentos o a otras disposiciones de esta Parte incurrirá en responsabilidad internacional por cualquier daño o perjuicio causado a los Estados ribereños de estrechos.

Artículo 43. Ayudas para la navegación y la seguridad y otras mejoras, y prevención, reducción y control de la contaminación. Los Estados usuarios y los Estados ribereños de un estrecho deberían cooperar mediante acuerdo:

a) Para el establecimiento y mantenimiento en el estrecho de las ayudas necesarias para navegación y la seguridad u otras mejoras que faciliten la navegación internacional; y

b) Para la prevención, la reducción y el control de la contaminación causada por buques.

Artículo 44. Deberes de los Estados ribereños de estrechos. Los Estados ribereños de un estrecho no obstaculizarán el paso en tránsito y darán a conocer de manera apropiada cualquier peligro que según su conocimiento amenace a la navegación en el estrecho o al sobrevuelo del estrecho. No habrá suspensión alguna del paso en tránsito.

Sección 3. Paso inocente

Artículo 45. Paso inocente. 1. El régimen de paso inocente, de conformidad con la sección 3 de la Parte II, se aplicará en los estrechos utilizados para la navegación internacional.

a) Excluidos de la aplicación del régimen de paso en tránsito en virtud del párrafo 1 del artículo 38; o

b) Situados entre una parte de la alta mar o de una zona económica exclusiva y el mar territorial de otro Estado.

2. No habrá suspensión alguna del paso inocente a través de tales estrechos.

PARTE IV
ESTADOS ARCHIPELÁGICOS

Artículo 46. Términos empleados. Para los efectos de esta Convención:

a) Por «Estado archipelágico» se entiende un Estado constituido totalmente por uno o varios archipiélagos y que podrá incluir otras islas;

b) Por «archipiélago» se entiende un grupo de islas, incluidas partes de islas, las aguas que las conectan y otros elementos naturales, que estén tan estrechamente relacionados entre sí que tales islas, aguas y elementos naturales formen una entidad geográfica, económica y política intrínseca o que históricamente hayan sido considerados como tal.

Artículo 47. Líneas de base archipelágicas. 1. Los Estados archipelágicos podrán trazar líneas de base archipelágicas rectas que unan los puntos extremos de las islas y los arrecifes emergentes más alejados del archipiélago, a condición de que dentro de tales líneas de base queden comprendidas las principales islas y un área en la que la relación entre la superficie marítima y la superficie terrestre, incluidos los atolones, sea entre 1 a 1 y 9 a 1.

2. La longitud de tales líneas de base no excederá de 100 millas marinas; no obstante, hasta un 3% del número total de líneas de base que encierren un archipiélago podrá exceder de esa longitud, hasta un máximo de 125 millas marinas.

3. El trazado de tales líneas de base no se desviará apreciablemente de la configuración general del archipiélago.

4. Tales líneas de base no se trazarán hacia elevaciones que emerjan en bajamar, ni a partir de éstas, a menos que se hayan construido en ellas faros o instalaciones análogas que estén permanentemente sobre el nivel del mar, o que la elevación que emerja en bajamar esté situada total o parcialmente a una distancia de la isla más próxima que no exceda de la anchura del mar territorial.

5. Los Estados archipelágicos no aplicarán el sistema de tales líneas de base de forma que aísle de la alta mar o de la zona económica exclusiva el mar territorial de otro Estado.

6. Si una parte de las aguas archipelágicas de un Estado archipelágico estuviere situada entre dos partes de un Estado vecino inmediatamente adyacente, se mantendrán y respetarán los derechos existentes y cualesquiera otros intereses legítimos que este último Estado haya ejercido tradicionalmente en tales aguas y todos los derechos estipulados en acuerdos entre ambos Estados.

7. A los efectos de calcular la relación entre agua y tierra a que se refiere el párrafo 1, las superficies terrestres podrán incluir aguas situadas en el interior de las cadenas de arrecifes de islas y atolones, incluida la parte acantilada de una plataforma oceánica que esté encerrada o casi encerrada por una cadena

de islas calcáreas y de arrecifes emergentes situados en el perímetro de la plataforma.

8. Las líneas de base trazadas de conformidad con este artículo figurarán en cartas a escala o escalas adecuadas para precisar su ubicación. Esas cartas podrán ser sustituidas por listas de coordenadas geográficas de puntos en cada una de las cuales se indique específicamente el datum geodésico.

9. Los Estados archipelágicos darán la debida publicidad a tales cartas o listas de coordenadas geográficas y depositarán un ejemplar de cada una de ellas en poder del Secretario General de las Naciones Unidas.

Artículo 48. Medición de la anchura del mar territorial, de la zona contigua, de la zona económica exclusiva y de la plataforma continental. La anchura del mar territorial, de la zona contigua, de la zona económica exclusiva y de la plataforma continental se medirá a partir de las líneas de base archipelágicas trazadas de conformidad con el artículo 47.

Artículo 49. Condición jurídica de las aguas archipelágicas, del espacio aéreo sobre las aguas archipelágicas y de su lecho y subsuelo. 1. La soberanía de un Estado archipelágico se extiende a las aguas encerradas por las líneas de base archipelágicas trazadas de conformidad con el artículo 47, denominadas aguas archipelágicas, independientemente de su profundidad o su distancia de la costa.

2. Esa soberanía se extiende al espacio aéreo situado sobre las aguas archipelágicas, así como al lecho y subsuelo de esas aguas y a los recursos contenidos en ellos.

3. Esa soberanía se ejerce con sujeción a las disposiciones de esta Parte.

4. El régimen de paso por las vías marítimas archipelágicas establecido en esta Parte no afectará en otros aspectos a la condición jurídica de las aguas archipelágicas, incluidas las vías marítimas, ni al ejercicio por el Estado archipelágico de su soberanía sobre esas aguas, su lecho y subsuelo, el espacio aéreo situado sobre esas aguas y los recursos contenidos en ellos.

Artículo 50. Delimitación de las aguas interiores. Dentro de sus aguas archipelágicas, el Estado archipelágico podrá trazar líneas de cierre para la delimitación de las aguas interiores de conformidad con los artículos 9, 10 y 11.

Artículo 51. Acuerdos existentes, derechos de pesca tradicionales y cables submarinos existentes. 1. Sin perjuicio de lo dispuesto en el artículo

49, los Estados archipelágicos, respetarán los acuerdos existentes con otros Estados y reconocerán los derechos de pesca tradicionales y otras actividades legítimas de los Estados vecinos inmediatamente adyacentes en ciertas áreas situadas en las aguas archipelágicas. Las modalidades y condiciones para el ejercicio de tales derechos y actividades, incluidos su naturaleza, su alcance y las áreas en que se apliquen, serán reguladas por acuerdos bilaterales entre los Estados interesados, a petición de cualesquiera de ellos. Tales derechos no podrán ser transferidos a terceros Estados o a sus nacionales, ni compartidos con ellos.

2. Los Estados archipelágicos, respetarán los cables submarinos existentes que hayan sido tendidos por otros Estados y que pasen por sus aguas sin aterrar. Los Estados archipelágicos, permitirán el mantenimiento y el reemplazo de dichos cables, una vez recibida la debida notificación de su ubicación y de la intención de repararlos o reemplazarlos.

Artículo 52. Derecho de paso inocente. 1. Con sujeción a lo dispuesto en el artículo 53, y sin perjuicio de lo dispuesto en el artículo 50, los buques de todos los Estados gozan del derecho de paso inocente a través de las aguas archipelágicas, de conformidad con la sección 3 de la Parte II.

2. Los Estados archipelágicos podrán, sin discriminar de hecho o de derecho entre buques extranjeros, suspender temporalmente en determinadas áreas de sus aguas archipelágicas el paso inocente de buques extranjeros, si dicha suspensión fuere indispensable para la protección de su seguridad. Tal suspensión sólo tendrá efecto después de publicada en debida forma.

Artículo 53. Derecho de paso por las vías marítimas archipelágicas. 1. Los Estados archipelágicos podrán designar vías marítimas y rutas aéreas sobre ellas, adecuadas para el paso ininterrumpido y rápido de buques y aeronaves extranjeros por o sobre sus aguas archipelágicas y el mar territorial adyacente.

2. Todos los buques y aeronaves gozan del derecho de paso por las vías marítimas archipelágicas, en tales vías marítimas y rutas aéreas.

3. Por «paso por las vías marítimas archipelágicas» se entiende el ejercicio, de conformidad con esta Convención, de los derechos de navegación y de sobrevuelo en el modo normal, exclusivamente para los fines de tránsito ininterrumpido, rápido y sin trabas entre una parte de la altamar o de una zona económica exclusiva y otra parte de la altamar o de una zona económica exclusiva.

4. Tales vías marítimas y rutas aéreas atravesarán las aguas archipelágicas y el mar territorial adyacente e incluirán todas las rutas normales de paso utilizadas como tales en la navegación o sobrevuelo internacionales a través de las aguas archipelágicas o sobre ellas y dentro de tales rutas, en lo que se refiere a los buques, todos los canales normales de navegación, con la salvedad de que no será necesaria la duplicación de rutas de conveniencia similar entre los mismos puntos de entrada y salida.

5. Tales vías marítimas y rutas aéreas serán definidas mediante una serie de líneas axiales continuas desde los puntos de entrada de las rutas de paso hasta los puntos de salida. En su paso por las vías marítimas archipelágicas, los buques y las aeronaves no se apartarán más de 25 millas marinas hacia uno u otro lado de tales líneas axiales, con la salvedad de que dichos buques y aeronaves no navegarán a una distancia de la costa inferior al 10% de la distancia entre los puntos más cercanos situados en islas que bordeen la vía marítima.

6. Los Estados archipelágicos que designen vías marítimas con arreglo a este artículo podrán también establecer dispositivos de separación del tráfico para el paso seguro de buques por canales estrechos en tales vías marítimas.

7. Los Estados archipelágicos podrán cuando lo requieran las circunstancias y después de haber dado la debida publicidad, sustituir por otras vías marítimas o dispositivos de separación del tráfico que hayan designado o establecido previamente.

8. Tales vías marítimas y dispositivos de separación del tráfico se ajustarán a las reglamentaciones internacionales generalmente aceptadas.

9. Al designar o sustituir vías marítimas o establecer o sustituir dispositivos de separación del tráfico, el Estado archipelágico someterá las propuestas a la organización internacional competente para su adopción. La organización sólo podrá adoptar las vías marítimas y los dispositivos de separación del tráfico convenidos con el Estado archipelágico, después de lo cual el Estado archipelágico podrá designarlos, establecerlos o sustituirlos.

10. Los Estados archipelágicos indicarán claramente los ejes de las vías marítimas y los dispositivos de separación del tráfico designados o establecidos por ellos en cartas a las que se dará la debida publicidad.

11. Durante el paso por las vías marítimas archipelágicas, los buques respetarán las vías marítimas y los dispositivos de separación del tráfico aplicables, establecidos de conformidad con este artículo.

12. Si un Estado archipelágico no designare vías marítimas o rutas aéreas, el derecho de paso por vías marítimas archipelágicas podrá ser ejercido a través de las rutas utilizadas normalmente para la navegación internacional.

Artículo 54. Deberes de los buques y aeronaves durante su paso, actividades de investigación y estudio, deberes del Estado archipelágico y leyes y reglamentos del Estado archipelágico relativos al paso por las vías marítimas archipelágicas.

Los artículos 39, 40, 42 y 44 se aplican, mutatis mutandis, al paso por las vías marítimas archipelágicas.

PARTE V
ZONA ECONÓMICA EXCLUSIVA

Artículo 55. Régimen jurídico específico de la zona económica exclusiva. La zona económica exclusiva es un área situada más allá del mar territorial adyacente a éste, sujeta al régimen jurídico específico establecido en esta parte de acuerdo con el cual los derechos y la jurisdicción del Estado ribereño y los derechos y libertades de los demás Estados se rigen por las disposiciones pertinentes de esta Convención.

Artículo 56. Derechos, jurisdicción y deberes del Estado ribereño en la zona económica exclusiva. 1. En la zona económica exclusiva, el Estado ribereño tiene:

a) Derechos de soberanía para los fines de exploración y explotación, conservación y administración de los recursos naturales, tanto vivos como no vivos de las aguas suprayacentes al lecho y del lecho y el subsuelo del mar, y con respecto a otras actividades con miras a la exploración y explotación económica de la zona, tal como la producción de energía derivada del agua de las corrientes y de los vientos;

b) Jurisdicción, con arreglo a las disposiciones pertinentes de esta Convención, con respecto a:

i) El establecimiento y la utilización de islas artificiales, instalaciones y estructuras;

ii) La investigación científica marina;

iii) La protección y preservación del medio marino;

c) Otros derechos y deberes previstos en esta Convención.

2. En el ejercicio de sus derechos y en el cumplimiento de sus deberes en la zona económica exclusiva en virtud de esta Convención, el estado ribereño tendrá debidamente en cuenta los derechos y deberes de los demás estados y actuará de manera compatible con las disposiciones de esta Convención.

3. Los derechos enunciados en este artículo con respecto al lecho del mar, y su subsuelo se ejercerán de conformidad con la parte VI.

Artículo 57. Anchura de la zona económica exclusiva. La zona económica exclusiva no se extenderá más allá de 200 millas marinas contadas desde las líneas de base a partir de las cuales se mide la anchura del mar territorial.

Artículo 58. Derechos y deberes de otros Estados en la zona económica exclusiva. 1. En la zona económica exclusiva, todos los Estados, sean ribereños o sin litoral, gozan, con sujeción a las disposiciones pertinentes de esta Convención, de las libertades de navegación y sobrevuelo y de tendido de cables y tuberías submarinos a que se refiere el artículo 87, y de otros usos del mar internacionalmente legítimos relacionados con dichas libertades, tales como los vinculados a la operación de buques, aeronaves y cables y tuberías submarinos, y que sean compatibles con las demás disposiciones de esta Convención.

2. Los artículos 88 a 115 y otras normas pertinentes de derecho internacional se aplicarán a la zona económica exclusiva en la medida en que no sean incompatibles con esta Parte.

3. En el ejercicio de sus derechos y en el cumplimiento de sus deberes en la zona económica exclusiva en virtud de esta Convención, los Estados tendrán debidamente en cuenta los derechos y deberes del Estado ribereño y cumplirán las leyes y reglamentos dictados por el Estado ribereño de conformidad con las disposiciones de esta Convención y otras normas de derecho internacional en la medida en que no sean incompatibles con esta Parte.

Artículo 59. Base para la solución de conflictos relativos a la atribución de derechos y jurisdicción en la zona económica exclusiva. En los casos en que esta Convención no atribuya derechos o jurisdicción al Estado ribereño o a otros Estados en la zona económica exclusiva, y surja un conflicto entre los intereses del Estado ribereño y los de cualquier otro Estado o Estados, el conflicto debería ser resuelto sobre una base de equidad y a la luz de todas las circunstancias pertinentes, teniendo en cuenta la importancia respectiva que revistan los intereses de que se trate para las partes, así como para la comunidad internacional en su conjunto.

Artículo 60. Islas artificiales, instalaciones y estructuras en la zona económica exclusiva. 1. En la zona económica exclusiva, el Estado ribereño tendrá el derecho exclusivo de construir, así como el de autorizar y reglamentar la construcción, operación y utilización de:

a) Islas artificiales;

b) Instalaciones y estructuras para los fines previstos en el artículo 56 y para otras finalidades económicas;

c) Instalaciones y estructuras que puedan interferir el ejercicio de los derechos del Estado ribereño en la zona.

2. El Estado ribereño tendrá jurisdicción exclusiva sobre dichas islas artificiales, instalaciones y estructuras, incluida la jurisdicción en materia de leyes y reglamentos aduaneros, fiscales, sanitarios, de seguridad y de inmigración.

3. La construcción de dichas islas artificiales, instalaciones o estructuras deberá ser debidamente notificada, y deberán mantenerse medios permanentes para advertir su presencia. Las instalaciones o estructuras abandonadas o en desuso serán retiradas para garantizar la seguridad de la navegación, teniendo en cuenta las normas internacionales generalmente aceptadas que haya establecido a este respecto la organización internacional competente. A los efectos de la remoción, se tendrán también en cuenta la pesca, la protección del medio marino y los derechos y obligaciones de otros Estados. Se dará aviso apropiado de la profundidad, posición y dimensiones de las instalaciones y estructuras que no se hayan retirado completamente.

4. Cuando sea necesario, el Estado ribereño podrá establecer, alrededor de dichas islas artificiales, instalaciones y estructuras, zonas de seguridad razonables en las cuales podrá tomar medidas apropiadas para garantizar tanto la seguridad de la navegación como de las islas artificiales, instalaciones y estructuras.

5. El Estado ribereño determinará la anchura de las zonas de seguridad, teniendo en cuenta las normas internacionales aplicables. Dichas zonas guardarán una relación razonable con la naturaleza y funciones de las islas artificiales, instalaciones o estructuras, y no se extenderán a una distancia mayor de 500 metros alrededor de éstas, medida a partir de cada punto de su borde exterior, salvo excepción autorizada por normas internacionales generalmente aceptadas o salvo recomendación de la organización internacional competente. La extensión de las zonas de seguridad será debidamente notificada.

6. Todos los buques deberán respetar dichas zonas de seguridad y observarán las normas internacionales generalmente aceptadas con respecto a la

navegación en la vecindad de las islas artificiales, instalaciones, estructuras y zonas de seguridad.

7. No podrán establecerse islas artificiales, instalaciones y estructuras, ni zonas de seguridad alrededor de ellas, cuando puedan interferir la utilización de las vías marítimas reconocidas que sean esenciales para la navegación internacional.

8. Las islas artificiales, instalaciones y estructuras no poseen la condición jurídica de islas. No tienen mar territorial propio y su presencia no afecta a la delimitación del mar territorial, de la zona económica exclusiva o de la plataforma continental.

Artículo 61. Conservación de los recursos vivos. 1. El Estado ribereño determinará la captura permisible de los recursos vivos en su zona económica exclusiva.

2. El Estado ribereño, teniendo en cuenta los datos científicos más fidedignos de que disponga, asegurará, mediante medidas adecuadas de conservación y administración, que la preservación de los recursos vivos de su zona económica exclusiva no se vea amenazada por un exceso de explotación. El Estado ribereño y las organizaciones internacionales competentes, sean subregionales, regionales o mundiales, cooperarán, según proceda, con este fin.

3. Tales medidas tendrán asimismo la finalidad de preservar o restablecer las poblaciones de las especies capturadas a niveles que puedan producir el máximo rendimiento sostenible con arreglo a los factores ambientales y económicos pertinentes, incluidas las necesidades económicas de las comunidades pesqueras ribereñas y las necesidades especiales de los Estados en desarrollo, y teniendo en cuenta las modalidades de la pesca, la interdependencia de las poblaciones y cualesquiera otros estándares mínimos internacionales generalmente recomendados, sean subregionales, regionales o mundiales.

4. Al tomar tales medidas, el Estado ribereño tendrá en cuenta sus efectos sobre las especies asociadas con las especies capturadas o dependientes de ellas, con miras a preservar o restablecer las poblaciones de tales especies asociadas o dependientes por encima de los niveles en que su reproducción pueda verse gravemente amenazada.

5. Periódicamente se aportarán o intercambiarán la información científica disponible, las estadísticas sobre captura y esfuerzos de pesca y otros datos pertinentes para la conservación de las poblaciones de peces, por conducto de las organizaciones internacionales competentes, sean subregionales, regiona-

les o mundiales, según proceda, y con la participación de todos los Estados interesados, incluidos aquellos cuyos nacionales estén autorizados a pescar en la zona económica exclusiva.

Artículo 62. Utilización de los recursos vivos. 1. El Estado ribereño promoverá el objetivo de la utilización óptima de los recursos vivos en la zona económica exclusiva, sin perjuicio del artículo 61.

2. El Estado ribereño determinará su capacidad de capturar los recursos vivos de la zona económica exclusiva. Cuando el Estado ribereño no tenga capacidad para explotar toda la captura permisible, dará acceso a otros Estados al excedente de la captura permisible, mediante acuerdos u otros arreglos y de conformidad con las modalidades, condiciones y leyes y reglamentos a que se refiere el párrafo 4, teniendo especialmente en cuenta los artículos 69 y 70, sobre todo en relación con los Estados en desarrollo que en ellos se mencionan.

3. Al dar a otros Estados acceso a su zona económica exclusiva en virtud de este artículo, el Estado ribereño tendrá en cuenta todos los factores pertinentes, incluidos, entre otros, la importancia de los recursos vivos de la zona para la economía del Estado ribereño interesado y para sus demás intereses nacionales, las disposiciones de los artículos 69 y 70, las necesidades de los Estados en desarrollo de la subregión o región con respecto a las capturas de parte de los excedentes, y la necesidad de reducir al mínimo la perturbación económica de los Estados cuyos nacionales hayan pescado habitualmente en la zona o hayan hecho esfuerzos sustanciales de investigación e identificación de las poblaciones.

4. Los nacionales de otros Estados que pesquen en la zona económica exclusiva observarán las medidas de conservación y las demás modalidades y condiciones establecidas en las leyes y reglamentos del Estado ribereño. Estas leyes y reglamentos estarán en consonancia con esta Convención y podrán referirse, entre otras, a las siguientes cuestiones:

a) La concesión de licencias a pescadores, buques y equipo de pesca, incluidos el pago de derechos y otras formas de remuneración que, en el caso de los Estados ribereños en desarrollo, podrán consistir en una compensación adecuada con respecto a la financiación, el equipo y la tecnología de la industria pesquera;

b) La determinación de las especies que puedan capturarse y la fijación de las cuotas de captura, ya sea en relación con determinadas poblaciones o grupos de poblaciones, con la captura por buques durante un cierto período o con la captura por nacionales de cualquier Estado durante un período determinado;

c) La reglamentación de las temporadas y áreas de pesca, el tipo, tamaño y cantidad de aparejos y los tipos, tamaño y número de buques pesqueros que puedan utilizarse;

d) La fijación de la edad y el tamaño de los peces y de otras especies que puedan capturarse;

e) La determinación de la información que deban proporcionar los buques pesqueros, incluidas estadísticas sobre capturas y esfuerzos de pesca o informes sobre la posición de los buques;

f) La exigencia de que, bajo la autorización y control del Estado ribereño, se realicen determinados programas de investigación pesquera y la reglamentación de la realización de tales investigaciones, incluidos el muestreo de las capturas, el destino de las muestras y la comunicación de los datos científicos conexos;

g) El embarque, por el Estado ribereño, de observadores o personal en formación en tales buques;

h) La descarga por tales buques de toda la captura, o parte de ella, en los puertos del Estado ribereño;

i) Las modalidades y condiciones relativas a las empresas conjuntas o a otros arreglos de cooperación;

j) Los requisitos en cuanto a la formación de personal y la transmisión de tecnología pesquera, incluido el aumento de la capacidad del Estado ribereño para emprender investigaciones pesqueras;

k) Los procedimientos de ejecución.

5. Los Estados ribereños darán a conocer debidamente las leyes y reglamentos en materia de conservación y administración.

Artículo 63. Poblaciones que se encuentren dentro de las zonas económicas exclusivas de dos o más Estados ribereños, o tanto dentro de la zona económica exclusiva como en un área más allá de ésta y adyacente a ella. 1. Cuando en las zonas económicas exclusivas de dos o más Estados ribereños se encuentren la misma población o poblaciones de especies asociadas, estos Estados procurarán, directamente o por conducto de las organizaciones subregionales o regionales apropiadas, acordar las medidas necesarias para coordinar y asegurar la conservación y el desarrollo de dichas poblaciones, sin perjuicio de las demás disposiciones de esta Parte.

2. Cuando tanto en la zona económica exclusiva como en un área más allá de ésta y adyacente a ella se encuentren la misma población o poblaciones de especies asociadas, el Estado ribereño y los Estados que pesquen esas poblaciones en el área adyacente procurarán, directamente o por conducto de las organizaciones subregionales o regionales apropiadas, acordar las medidas necesarias para la conservación de esas poblaciones en el área adyacente.

Artículo 64. Especies altamente migratorias. 1. El Estado ribereño y los otros Estados cuyos nacionales pesquen en la región las especies altamente migratorias enumeradas en el Anexo I cooperarán, directamente o por conducto de las organizaciones internacionales apropiadas, con miras a asegurar la conservación y promover el objetivo de la utilización óptima dichas especies en toda la región, tanto dentro como fuera de la zona económica exclusiva. En las regiones en que no exista una organización internacional apropiada, el Estado ribereño y los otros Estados cuyos nacionales capturen esas especies en la región cooperarán para establecer una organización de este tipo y participar en sus trabajos.

2. Lo dispuesto en el párrafo 1 se aplicará conjuntamente con las demás disposiciones de esta Parte.

Artículo 65. Mamíferos Marinos. Nada de lo dispuesto en esta Parte menoscabará el derecho de un Estado ribereño a prohibir, limitar o reglamentar la explotación de los mamíferos marinos en forma más estricta que la establecida en esta Parte o, cuando proceda, la competencia de una organización internacional para hacer lo propio. Los Estados cooperarán con miras a la conservación de los mamíferos marinos y, en el caso especial de los cetáceos, realizarán, por conducto de las organizaciones internacionales apropiadas, actividades encaminadas a su conservación, administración y estudio.

Artículo 66. Poblaciones anádromas. 1. Los Estados en cuyos ríos se originen poblaciones anádromas tendrán el interés y la responsabilidad primordiales por tales poblaciones.

2. El Estado de origen de las poblaciones anádromas asegurará su conservación mediante la adopción de medidas regulatorias apropiadas tanto para la pesca en todas las aguas en dirección a tierra a partir del límite exterior de la zona económica exclusiva como para la pesca a que se refiere el apartado b) del párrafo 3. El Estado de origen podrá, previa consulta con los otros Estados

mencionados en los párrafos 3 y 4 que pesquen esas poblaciones, fijar las capturas totales permisibles de las poblaciones originarias de sus ríos.

3. a) La pesca de especies anádromas se realizará únicamente en las aguas en dirección a tierra a partir del límite exterior de las zonas económicas exclusivas, excepto en los casos en que esta disposición pueda acarrear una perturbación económica a un Estado distinto del Estado de origen. Con respecto a dicha pesca más allá del límite exterior de la zona económica exclusiva, los Estados interesados celebrarán consultas con miras a llegar a un acuerdo acerca de las modalidades y condiciones de dicha pesca, teniendo debidamente en cuenta las exigencias de la conservación de estas poblaciones y las necesidades del Estado origen con relación a estas especies;

b) El Estado de origen cooperará para reducir al mínimo la perturbación económica causada en aquellos otros Estados que pesquen esas poblaciones, teniendo en cuenta la captura normal, la forma en que realicen sus actividades esos Estados y todas las áreas en que se haya llevado a cabo esa pesca;

c) Los Estados a que se refiere el apartado b) que, por acuerdo con el Estado de origen, participen en las medidas para renovar poblaciones anádromas, en particular mediante desembolsos hechos con ese fin, recibirán especial consideración del Estado de origen en relación con la captura de poblaciones originarias de sus ríos;

d) La ejecución de los reglamentos relativos a las poblaciones anádromas más allá de la zona económica exclusiva se llevará a cabo por acuerdo entre el Estado de origen y los demás Estados interesados.

4. Cuando las poblaciones anádromas migren hacia aguas situadas en dirección a tierra a partir del límite exterior de la zona económica exclusiva de un Estado distinto del Estado de origen, o a través de ellas, dicho Estado cooperará con el Estado de origen en lo que se refiera a la conservación y administración de tales poblaciones.

5. El Estado de origen de las poblaciones anádromas y los otros Estados que pesquen esas poblaciones harán arreglos para la aplicación de las disposiciones de este artículo, cuando corresponda, por conducto de organizaciones regionales.

Artículo 67. Especies catádromas. 1. El Estado ribereño en cuyas aguas especies catádromas pasen la mayor parte de su ciclo vital será responsable de la administración de esas especies y asegurará la entrada y la salida de los peces migratorios.

2. La captura de las especies catádromas se realizará únicamente en las aguas situadas en dirección a tierra a partir del límite exterior de las zonas económicas exclusivas. Cuando dicha captura se realice en zonas económicas exclusivas, estará sujeta a lo dispuesto en este artículo y en otras disposiciones de esta Convención relativas a la pesca en esas zonas.

3. Cuando los peces catádromos migren, bien en la fase juvenil o bien en la de maduración, a través de la zona económica exclusiva de otro Estado, la administración de dichos peces, incluida la captura, se reglamentará por acuerdo entre el Estado mencionado en el párrafo 1 y el otro Estado interesado. Tal acuerdo asegurará la administración racional de las especies y tendrá en cuenta las responsabilidades del Estado mencionado en el párrafo 1 en cuanto a la conservación de esas especies.

Artículo 68. Especies sedentarias. Esta Parte no se aplica a las especies sedentarias definidas en el párrafo 4 del artículo 77.

Artículo 69. Derecho de los Estados sin litoral. 1. Los Estados sin litoral tendrán derecho a participar, sobre una base equitativa, en la explotación de una parte apropiada del excedente de recursos vivos de las zonas económicas exclusivas de los Estados ribereños de la misma subregión o región, teniendo en cuenta las características económicas y geográficas pertinentes de todos los Estados interesados y de conformidad con lo dispuesto en este artículo y en los artículos 61 y 62.

2. Los Estados interesados establecerán las modalidades y condiciones de esa participación mediante acuerdos bilaterales, subregionales o regionales, teniendo en cuenta, entre otras cosas:

a) La necesidad de evitar efectos perjudiciales para las comunidades pesqueras o las industrias pesqueras del Estado ribereño;

b) La medida en que el Estado sin litoral, de conformidad con lo dispuesto en ese artículo, esté participando o tenga derecho a participar, en virtud de los acuerdos bilaterales, subregionales o regionales existentes, en la explotación de los recursos vivos de las zonas económicas exclusivas de otros Estados ribereños;

c) La medida en que otros Estados sin litoral y Estados en situación geográfica desventajosa estén participando en la explotación de los recursos vivos de la zona económica exclusiva del Estado ribereño y la consiguiente necesidad de evitar una carga especial para cualquier Estado ribereño o parte de éste;

d) Las necesidades en materia de nutrición de las poblaciones de los respectivos Estados.

3. Cuando la capacidad de captura de un Estado ribereño se aproxime a un punto en que pueda efectuar toda la captura permisible de los recursos vivos en su zona económica exclusiva, el Estado ribereño y otros Estados interesados cooperarán en el establecimiento de arreglos equitativos sobre una base bilateral, subregional o regional, para permitir la participación de los Estados en desarrollo sin litoral de la misma subregión o región en la explotación de los recursos vivos de las zonas económicas exclusivas de los Estados ribereños de la subregión o región, en forma adecuada a las circunstancias y en condiciones satisfactorias para todas las partes. Al aplicar esta disposición, se tendrán también en cuenta los factores mencionados en el párrafo 2.

4. Los Estados desarrollados sin litoral tendrán derecho, en virtud de lo dispuesto en este artículo, a participar en la explotación de recursos vivos sólo en las zonas económicas exclusivas de los Estados ribereños desarrollados de la misma subregión o región, tomando en consideración la medida en que el Estado ribereño, al facilitar el acceso de otros Estados a los recursos vivos de su zona económica exclusiva, haya tenido en cuenta la necesidad de reducir al mínimo las consecuencias perjudiciales para las comunidades pesqueras y las perturbaciones económicas en los Estados cuyos nacionales hayan pescado habitualmente en la zona.

5. Las disposiciones que anteceden no afectarán a los arreglos concertados en subregiones o regiones donde los Estados ribereños puedan conceder a Estados sin litoral de la misma subregión o región derechos iguales o preferenciales para la explotación de los recursos vivos en las zonas económicas exclusivas.

Artículo 70. Derecho de los Estados en situación geográfica desventajosa. 1. Los Estados en situación geográfica desventajosa tendrán derecho a participar, sobre una base equitativa, en la explotación de una parte apropiada del excedente de recursos vivos de las zonas económicas exclusivas de los Estados ribereños de la misma subregión o región, teniendo en cuenta las características económicas y geográficas pertinentes de todos los Estados interesados y de conformidad con lo dispuesto en este artículo y en los artículos 61 y 62.

2. Para los efectos de esta Parte, por «Estados en situación geográfica desventajosa» se entiende los Estados ribereños, incluidos los Estados ribereños de mares cerrados o semicerrados, cuya situación geográfica les haga depender de la explotación de los recursos vivos de las zonas económicas exclusivas de

otros Estados de la subregión o región para el adecuado abastecimiento de pescado a fin de satisfacer las necesidades en materia de nutrición de su población o de partes de ella, así como los Estados ribereños que no puedan reivindicar zonas económicas exclusivas propias.

3. Los Estados interesados establecerán las modalidades y condiciones de esa participación mediante acuerdos bilaterales, subregionales o regionales, teniendo en cuenta, entre otras cosas:

a) La necesidad de evitar efectos perjudiciales para las comunidades pesqueras o las industrias pesqueras del Estado ribereño;

b) La medida en que el Estado en situación geográfica desventajosa, de conformidad con lo dispuesto en este artículo, esté participando o tenga derecho a participar, en virtud de acuerdos bilaterales, subregionales o regionales existentes, en la explotación de los recursos vivos de las zonas económicas exclusivas de otros Estados ribereños;

c) La medida en que otros Estados en situación geográfica desventajosa y Estados sin litoral estén participando en la explotación de los recursos vivos de la zona económica exclusiva del Estado ribereño y la consiguiente necesidad de evitar una carga especial para cualquier Estado ribereño o parte de éste;

d) Las necesidades en materia de nutrición de las poblaciones de los respectivos Estados.

4. Cuando la capacidad de captura de un Estado ribereño se aproxime a un punto en que pueda efectuar toda la captura permisible de los recursos vivos en su zona económica exclusiva, el Estado ribereño y otros Estados interesados cooperarán en el establecimiento de arreglos equitativos sobre una base bilateral, subregional o regional, para permitir la participación de los Estados en desarrollo en situación geográfica desventajosa de la misma subregión o región en la explotación de los recursos vivos de las zonas económicas exclusivas de los Estados ribereños de la subregión o región en forma adecuada a las circunstancias y en condiciones satisfactorias para todas las partes. Al aplicar esta disposición, se tendrán también en cuenta los factores mencionados en el párrafo 3.

5. Los Estados desarrollados en situación geográfica desventajosa tendrán derecho, en virtud de lo dispuesto en este artículo, a participar en la explotación de recursos vivos sólo en las zonas económicas exclusivas de los Estados ribereños desarrollados de la misma subregión o región, tomando en consideración la medida en que el Estado ribereño, al facilitar el acceso de otros Estados a los recursos vivos de su zona económica exclusiva, haya tenido en

cuenta la necesidad de reducir al mínimo las consecuencias perjudiciales para las comunidades pesqueras y las perturbaciones económicas en los Estados cuyos nacionales hayan pescado habitualmente en la zona.

6. Las disposiciones que anteceden no afectarán a los arreglos concertados en subregiones o regiones donde los Estados ribereños puedan conceder a Estados en situación geográfica desventajosa de la misma subregión o región derechos iguales o preferenciales para la explotación de los recursos vivos en las zonas económicas exclusivas.

Artículo 71. Inaplicabilidad de los artículos 69 y 70. Las disposiciones de los artículos 69 y 70 no se aplicarán en el caso de un Estado ribereño cuya economía dependa abrumadoramente de la explotación de los recursos vivos de su zona económica exclusiva.

Artículo 72. Restricciones en la transferencia de derechos. 1. Los derechos previstos en virtud de los artículos 69 y 70 para explotar los recursos vivos no se transferirán directa o indirectamente a terceros Estados o a los nacionales de éstos por cesión o licencia, por el establecimiento de empresas conjuntas ni de cualquier otro modo que tenga el efecto de tal transferencia, a menos que los Estados interesados acuerden otra cosa.

2. La disposición anterior no impedirá a los Estados interesados obtener asistencia técnica o financiera de terceros Estados o de organizaciones internacionales a fin de facilitar el ejercicio de los derechos de conformidad con los artículos 69 y 70, siempre que ello no tenga el efecto a que se hace referencia en el párrafo 1.

Artículo 73. Ejecución de leyes y reglamentos del Estado ribereño. 1. El Estado ribereño, en el ejercicio de sus derechos de soberanía para la exploración, explotación, conservación y administración de los recursos vivos de la zona económica exclusiva, podrá tomar las medidas que sean necesarias para garantizar el cumplimiento de las leyes y reglamentos dictados de conformidad con esta Convención, incluidas la visita, la inspección el apresamiento y la iniciación de procedimientos judiciales.

2. Los buques apresados y sus tripulaciones serán liberados con prontitud, previa constitución de una fianza razonable u otra garantía.

3. Las sanciones establecidas por el Estado ribereño por violaciones de las leyes y los reglamentos de pesca en la zona económica exclusiva no podrán in-

cluir penas privativas de libertad, salvo acuerdo en contrario entre los Estados interesados, ni ninguna otra forma de castigo corporal.

4. En los casos de apresamiento o retención de buques extranjeros, el Estado ribereño notificará con prontitud al Estado del pabellón, por los conductos apropiados, las medidas tomadas y cualesquiera sanciones impuestas subsiguientemente.

Artículo 74. Delimitación de la zona económica exclusiva entre Estados con costas adyacentes o situadas frente a frente. 1. La delimitación de la zona económica exclusiva entre Estados con costas adyacentes o situadas frente a frente se efectuará por acuerdo entre ellos sobre la base del derecho internacional, a que se hace referencia en el artículo 38 del Estatuto de la Corte Internacional de Justicia, a fin de llegar a una solución equitativa.

2. Si no se llegare a un acuerdo dentro de un plazo razonable, los Estados interesados recurrirán a los procedimientos previstos en la Parte XV.

3. En tanto que no se haya llegado a un acuerdo conforme a lo previsto en el párrafo 1, los Estados interesados, con espíritu de comprensión y cooperación, harán todo lo posible por concertar arreglos provisionales de carácter práctico y, durante ese período de transición, no harán nada que pueda poner en peligro u obstaculizar la conclusión del acuerdo definitivo. Tales arreglos no prejuzgarán la delimitación definitiva.

4. Cuando exista un acuerdo en vigor entre los Estados interesados, las cuestiones relativas a la delimitación de la zona económica exclusiva se resolverán de conformidad con las disposiciones de ese acuerdo.

Artículo 75. Cartas y listas de coordenadas geográficas. 1. Con arreglo a lo dispuesto en esta Parte, las líneas del límite exterior de la zona económica exclusiva y las líneas de delimitación trazadas de conformidad con el artículo 74 se indicarán en cartas a escala o escalas adecuadas para precisar su ubicación. Cuando proceda, las líneas del límite exterior o las líneas de delimitación podrán ser sustituidas por listas de coordenadas geográficas de puntos en cada una de las cuales se indique específicamente el datum geodésico.

2. El Estado ribereño dará la debida publicidad a dichas cartas o listas de coordenadas geográficas y depositará un ejemplar de cada una de ellas en poder del Secretario General de las Naciones Unidas.

PARTE VI
PLATAFORMA CONTINENTAL

Artículo 76. Definición de la plataforma continental. 1. La plataforma continental de un Estado ribereño comprende el lecho y el subsuelo de las áreas submarinas que se extienden más allá de su mar territorial y a todo lo largo de la prolongación natural de su territorio hasta el borde exterior del margen continental, o bien hasta una distancia de 200 millas marinas contadas desde las líneas de base a partir de las cuales se mide la anchura del mar territorial, en los casos en que el borde exterior del margen continental no llegue a esa distancia.

2. La plataforma continental de un Estado ribereño no se extenderá más allá de los límites previstos en los párrafos 4 a 6.

3. El margen continental comprende la prolongación sumergida de la masa continental del Estado ribereño y está constituido por el lecho y el subsuelo de la plataforma, el talud y la emersión continental. No comprende el fondo oceánico profundo con sus crestas oceánicas ni su subsuelo.

4. a) Para los efectos de esta Convención, el Estado ribereño establecerá el borde exterior del margen continental, dondequiera que el margen se extienda más allá de 200 millas marinas contadas desde las líneas de base a partir de las cuales se mide la anchura del mar territorial, mediante:

i) Una línea trazada, de conformidad con el párrafo 7, en relación con los puntos fijos más alejados en cada uno de los cuales el espesor de las rocas sedimentarias sea por lo menos el 1% de la distancia más corta entre ese punto y el pie del talud continental; o

ii) Una línea trazada, de conformidad con el párrafo 7, en relación con puntos fijos situados a no más de 60 millas marinas del pie del talud continental;

b) Salvo prueba en contrario, el pie del talud continental se determinará como el punto de máximo cambio de gradiente en su base.

5. Los puntos fijos que constituyen la línea del límite exterior de la plataforma continental en el lecho del mar, trazada de conformidad con los incisos i) y ii) del apartado a) del párrafo 4, deberán estar situados a una distancia que no exceda de 350 millas marinas contadas desde las líneas de base a partir de las cuales se mide la anchura del mar territorial o de 100 millas marinas contadas desde la isóbata de 2.500 metros, que es una línea que une profundidades de 2.500 metros.

6. No obstante lo dispuesto en el párrafo 5, en las crestas submarinas el límite exterior de la plataforma continental no excederá de 350 millas marinas contadas desde las líneas de base a partir de las cuales se mide la anchura del mar territorial. Este párrafo no se aplica a elevaciones submarinas que sean componentes naturales del margen continental, tales como las mesetas, emersiones, cimas, bancos y espolones de dicho margen.

7. El Estado ribereño trazará el límite exterior de su plataforma continental, cuando esa plataforma se extienda más allá de 200 millas marinas contadas desde las líneas de base a partir de las cuales se mide la anchura del mar territorial, mediante líneas rectas, cuya longitud no exceda de 60 millas marinas, que unan puntos fijos definidos por medio de coordenadas de latitud y longitud.

8. El Estado ribereño presentará información sobre los límites de la plataforma continental más allá de las 200 millas marinas contadas desde las líneas de base a partir de las cuales se mide la anchura del mar territorial a la Comisión de Límites de la Plataforma Continental, establecida de conformidad con el Anexo II sobre la base de una representación geográfica equitativa. La Comisión hará recomendaciones a los Estados ribereños sobre las cuestiones relacionadas con la determinación de los límites exteriores de su plataforma continental. Los límites de la plataforma que determine un Estado ribereño tomando como base tales recomendaciones serán definitivos y obligatorios.

9. El Estado ribereño depositará en poder del Secretario General de las Naciones Unidas cartas e información pertinente, incluidos datos geodésicos, que describan de modo permanente el límite exterior de su plataforma continental. El Secretario General les dará la debida publicidad.

10. Las disposiciones de este artículo no prejuzgan la cuestión de la delimitación de la plataforma continental entre Estados con costas adyacentes o situadas frente a frente.

Artículo 77. Derechos del Estado ribereño sobre la plataforma continental. 1. El Estado ribereño ejerce derechos de soberanía sobre la plataforma continental a los efectos de su exploración y de la explotación de sus recursos naturales.

2. Los derechos a que se refiere el párrafo 1 son exclusivos en el sentido de que, si el Estado ribereño no explora la plataforma continental o no explota los recursos naturales de ésta, nadie podrá emprender estas actividades sin expreso consentimiento de dicho Estado.

3. Los derechos del Estado ribereño sobre la plataforma continental son independientes de su ocupación real o ficticia, así como de toda declaración expresa.

4. Los recursos naturales mencionados en esta Parte son los recursos minerales y otros recursos no vivos del lecho del mar y su subsuelo, así como los organismos vivos pertenecientes a especies sedentarias, es decir, aquellos que en el período de explotación están inmóviles en el lecho del mar o en su subsuelo o sólo pueden moverse en constante contacto físico con el lecho o el subsuelo.

Artículo 78. Condición jurídica de las aguas y del espacio aéreo suprayacentes y derechos y libertades de otros Estados. 1. Los derechos del Estado ribereño sobre la plataforma continental no afectan a la condición jurídica de las aguas suprayacentes ni a la del espacio aéreo situada sobre tales aguas.

2. El ejercicio de los derechos del Estado ribereño sobre la plataforma continental no deberá afectar a la navegación ni a otros derechos y libertades de los demás Estados, previstos en esta Convención, ni tener como resultado una injerencia injustificada en ellos.

Artículo 79. Cables y tuberías submarinos en la plataforma continental. 1. Todos los Estados tienen derecho a tender en la plataforma continental cables y tuberías submarinos, de conformidad con las disposiciones de este artículo.

2. El Estado ribereño, a reserva de su derecho a tomar medidas razonables para la exploración de la plataforma continental, la explotación de sus recursos naturales y la prevención, reducción y control de la contaminación causada por tuberías, no podrá impedir el tendido o la conservación de tales cables o tuberías.

3. El trazado de la línea para el tendido de tales tuberías en la plataforma continental estará sujeto al consentimiento del Estado ribereño.

4. Ninguna de las disposiciones de esta Parte afectará al derecho del Estado ribereño a establecer condiciones para la entrada de cables o tuberías en su territorio o en su mar territorial, ni a su jurisdicción sobre los cables y tuberías construidas o utilizados en relación con la exploración de su plataforma continental, la explotación de los recursos de ésta o las operaciones de islas artificiales, instalaciones y estructuras bajo su jurisdicción.

5. Cuando tiendan cables o tuberías submarinos, los Estados tendrán debidamente en cuenta los cables o tuberías ya instalados. En particular, no se entorpecerá la posibilidad de reparar los cables o tuberías existentes.

Artículo 80. Islas artificiales, instalaciones y estructuras sobre la plataforma continental. El artículo 60 se aplica, mutatis mutandis, a las islas artificiales, instalaciones y estructuras sobre la plataforma continental.

Artículo 81. Perforaciones en la plataforma continental. El Estado ribereño tendrá el derecho exclusivo a autorizar y regular las perforaciones que con cualquier fin se realicen en la plataforma continental.

Artículo 82. Pagos y contribuciones respecto de la explotación de la plataforma continental más allá de las 200 millas marinas. 1. El Estado ribereño efectuará pagos o contribuciones en especie respecto de la explotación de los recursos no vivos de la plataforma continental más allá de las 200 millas marinas contadas a partir de las líneas de base desde las cuales se mide la anchura del mar territorial.

2. Los pagos y contribuciones se efectuarán anualmente respecto de toda la producción de un sitio minero después de los primeros cinco años de producción en ese sitio. En el sexto año, la tasa de pagos o contribuciones será del 1% del valor o volumen de la producción en el sitio minero. La tasa aumentará el 1% cada año subsiguiente hasta el duodécimo año y se mantendrá en el 7% en lo sucesivo. La producción no incluirá los recursos utilizados en relación con la explotación.

3. Un Estado en desarrollo que sea importador neto de un recurso mineral producido en su plataforma continental estará exento de tales pagos o contribuciones respecto de ese recurso mineral.

4. Los pagos o contribuciones se efectuarán por conducto de la Autoridad, la cual los distribuirá entre los Estados Partes en esta Convención sobre la base de criterios de distribución equitativa, teniendo en cuenta los intereses y necesidades de los Estados en desarrollo, entre ellos especialmente los menos adelantados y los que no tienen litoral.

Artículo 83. Delimitación de la plataforma continental entre Estados con costas adyacentes o situadas frente a frente. 1. La delimitación de la plataforma continental entre Estados con costas adyacentes o situadas frente a frente se efectuará por acuerdo entre ellos sobre la base del derecho internacional, a que se hace referencia en el artículo 38 del Estatuto de la Corte Internacional de Justicia, a fin de llegar a una solución equitativa.

2. Si no se llegare a un acuerdo dentro de un plazo razonable, los Estados interesados recurrirán a los procedimientos previstos en la Parte XV.

3. En tanto que no se haya llegado al acuerdo previsto en el párrafo 1, los Estados interesados, con espíritu de comprensión y cooperación, harán todo lo posible por concertar arreglos provisionales de carácter práctico y, durante este período de transición, no harán nada que pueda poner en peligro u obstaculizar la conclusión del acuerdo definitivo. Tales arreglos no prejuzgarán la delimitación definitiva.

4. Cuando exista un acuerdo en vigor entre los Estados interesados, las cuestiones relativas a la delimitación de la plataforma continental se determinarán de conformidad con las disposiciones de ese acuerdo.

Artículo 84. Cartas y listas de coordenadas geográficas. 1. Con sujeción a lo dispuesto en esta Parte, las líneas del límite exterior de la plataforma continental y las líneas de delimitación trazadas de conformidad con el artículo 83 se indicarán en cartas a escala o escalas adecuadas para precisar su ubicación. Cuando proceda, las líneas del límite exterior o las líneas de delimitación podrán ser sustituidas por listas de coordenadas geográficas de puntos en cada una de las cuales se indique específicamente el datum geodésico.

2. El Estado ribereño dará la debida publicidad a dichas cartas o listas de coordenadas geográficas y depositará un ejemplar de cada una de ellas en poder del Secretario General de las Naciones Unidas y, en el caso de aquellas que indiquen las líneas del límite exterior de la plataforma continental, también en poder del Secretario General de la Autoridad.

Artículo 85. Excavación de túneles. Lo dispuesto en esta Parte no menoscabará el derecho del Estado ribereño a explotar el subsuelo mediante la excavación de túneles, cualquiera que sea la profundidad de las aguas en el lugar de que se trate.

PARTE VII
ALTA MAR

Sección 1. Disposiciones generales

Artículo 86. Aplicación de las disposiciones de esta Parte. Las disposiciones de esta Parte se aplican a todas las partes del mar no incluidas en la zona económica exclusiva, en el mar territorial o en las aguas interiores de un Estado, ni en las aguas archipelágicas de un Estado archipelágico. Este artículo no implica limitación alguna de las libertades de que gozan todos los Estados en la zona económica exclusiva de conformidad con el artículo 58.

Artículo 87. Libertad de la alta mar. 1. La alta mar está abierta a todos los Estados, sean ribereños o sin litoral. La libertad de la alta mar se ejercerá en las condiciones fijadas por esta Convención y por las otras normas de derecho internacional. Comprenderá, entre otras; para los Estados ribereños y los Estados sin litoral:

a) La libertad de navegación;

b) La libertad de sobrevuelo;

c) La libertad de tender cables y tuberías submarinos, con sujeción a las disposiciones de la Parte VI;

d) La libertad de construir islas artificiales y otras instalaciones permitidas por el derecho internacional, con sujeción a las disposiciones de la Parte VI;

e) La libertad de pesca, con sujeción a las condiciones establecidas en la sección 2;

f) La libertad de investigación científica, con sujeción a las disposiciones de las Partes VI y XIII.

2. Estas libertades serán ejercidas por todos los Estados teniendo debidamente en cuenta los intereses de otros Estados en su ejercicio de la libertad de la alta mar, así como los derechos previstos en esta Convención con respecto a las actividades en la zona.

Artículo 88. Utilización exclusiva de la alta mar con fines pacíficos. La alta mar será utilizada exclusivamente con fines pacíficos.

Artículo 89. Ilegitimidad de las reivindicaciones de soberanía sobre la alta mar. Ningún Estado podrá pretender legítimamente someter cualquier parte de la alta mar a su soberanía.

Artículo 90. Derecho de navegación. Todos los Estados, sean ribereños o sin litoral, tienen el derecho de que los buques que enarbolan su pabellón naveguen en alta mar.

Artículo 91. Nacionalidad de los buques. 1. Cada Estado establecerá los requisitos necesarios para conceder su nacionalidad a los buques, para su inscripción en un registro en su territorio y para que tengan el derecho de enarbolar su pabellón. Los buques poseerán la nacionalidad del Estado cuyo pabellón estén autorizados a enarbolar. Ha de existir una relación auténtica entre el Estado y el buque.

2. Cada Estado expedirá los documentos pertinentes a los buques a que haya concedido el derecho a enarbolar su pabellón.

Artículo 92. Condición jurídica de los buques. 1. Los buques navegarán bajo el pabellón de un solo Estado y, salvo en los casos excepcionales previstos de modo expreso en los tratados internacionales o en esta Convención, estarán sometidos, en alta mar, a la jurisdicción exclusiva de dicho Estado. Un buque no podrá cambiar de pabellón durante un viaje ni en una escala, salvo en caso de transferencia efectiva de la propiedad o de cambio de registro.

2. El buque que navegue bajo los pabellones de dos o más Estados, utilizándolos a su conveniencia, no podrá ampararse en ninguna de esas nacionalidades frente a un tercer Estado y podrá ser considerado buque sin nacionalidad.

Artículo 93. Buques que enarbolen el pabellón de las Naciones Unidas, sus organismos especializados y el Organismo Internacional de Energía Atómica. Los artículos precedentes no prejuzgan la cuestión de los buques que estén al servicio oficial de las Naciones Unidas, de sus organismos especializados o del Organismo Internacional de Energía Atómica y que enarbolen el pabellón de la Organización.

Artículo 94. Deberes del Estado del pabellón. 1. Todo Estado ejercerá de manera efectiva su jurisdicción y control en cuestiones administrativas, técnicas y sociales sobre los buques que enarbolen su pabellón.

2. En particular, todo Estado:

a) Mantendrá un registro de buques en el que figuren los nombres y características de los que enarbolen su pabellón, con excepción de aquellos buques que, por sus reducidas dimensiones, estén excluidos de las reglamentaciones internacionales generalmente aceptadas; y

b) Ejercerá su jurisdicción de conformidad con su derecho interno sobre todo buque que enarbole su pabellón y sobre el capitán, oficiales y tripulación, respecto de las cuestiones administrativas, técnicas y sociales relativas al buque.

3. Todo Estado tomará, en relación con los buques que enarbolen su pabellón, las medidas necesarias para garantizar la seguridad en el mar en lo que respecta, entre otras cuestiones, a:

a) La construcción, el equipo y las condiciones de navegabilidad de los buques;

b) La dotación de los buques, las condiciones de trabajo y la capacitación de las tripulaciones, teniendo en cuenta los instrumentos internacionales aplicables;

c) La utilización de señales, el mantenimiento de comunicaciones y la prevención de abordajes.

4. Tales medidas incluirán las que sean necesarias para asegurar:

a) Que cada buque, antes de su matriculación en el registro y con posterioridad a ella en intervalos apropiados, sea examinado por un inspector de buques calificado y lleve a bordo las cartas, las publicaciones náuticas y el equipo e instrumentos de navegación que sean apropiados para la seguridad de su navegación;

b) Que cada buque esté a cargo de un capitán y de oficiales debidamente calificados, en particular en lo que se refiere a experiencia marinera, navegación, comunicaciones y maquinaria naval, y que la competencia y el número de los tripulantes sean los apropiados para el tipo, el tamaño, las máquinas y el equipo del buque;

c) Que el Capitán, los oficiales y, en lo que proceda, la tripulación conozcan plenamente y cumplan los reglamentos internacionales aplicables que se refieran a la seguridad de la vida en el mar, la prevención de abordajes, la prevención, reducción y control de la contaminación marina y el mantenimiento de comunicaciones por radio.

5. Al tomar las medidas a que se refieren los párrafos 3 y 4, todo Estado deberá actuar de conformidad con los reglamentos, procedimientos y prácticas internacionales generalmente aceptados, y hará lo necesario para asegurar su observancia.

6. Todo Estado que tenga motivos fundados para estimar que no se han ejercido la jurisdicción y el control apropiados en relación con un buque podrá comunicar los hechos al Estado del pabellón. Al recibir dicha comunicación, el Estado del pabellón investigará el caso y, de ser procedente, tomará todas las medidas necesarias para corregir la situación.

7. Todo Estado hará que se efectúe una investigación por o ante una persona o personas debidamente calificadas en relación con cualquier accidente marítimo o cualquier incidente de navegación en alta mar en el que se haya visto implicado un buque que enarbole su pabellón y en el que hayan perdido la vida o sufrido heridas graves nacionales de otro Estado o se hayan ocasio-

nado graves daños a los buques o a las instalaciones de otro Estado o al medio marino. El Estado del pabellón y el otro Estado cooperarán en la realización de cualquier investigación que éste efectúe en relación con dicho accidente marítimo o incidente de navegación.

Artículo 95. Inmunidad de los buques de guerra en alta mar. Los buques de guerra en alta mar gozan de completa inmunidad de jurisdicción respecto de cualquier Estado que no sea el de su pabellón.

Artículo 96. Inmunidad de los buques utilizados únicamente para un servicio oficial no comercial. Los buques pertenecientes a un Estado o explotados por él y utilizados únicamente para un servicio oficial no comercial tendrán, cuando estén en alta mar, completa inmunidad de jurisdicción respecto de cualquier Estado que no sea el de su pabellón.

Artículo 97. Jurisdicción penal en caso de abordaje o cualquier otro incidente de navegación. 1. En caso de abordaje o cualquier otro incidente de navegación ocurrido a un buque en alta mar que implique una responsabilidad penal o disciplinaria para el capitán o para cualquier otra persona al servicio del buque, sólo podrán incoarse procedimientos penales o disciplinarios contra tales personas ante las autoridades judiciales o administrativas del Estado del pabellón o ante las del Estado de que dichas personas sean nacionales.

2. En materia disciplinaria, sólo el Estado que haya expedido un certificado de capitán o un certificado de competencia o una licencia podrá, siguiendo el procedimiento legal correspondiente, decretar el retiro de esos títulos, incluso si el titular no es nacional del Estado que los expidió.

3. No podrá ser ordenado el apresamiento ni la retención del buque, ni siquiera como medida de instrucción, por otras autoridades que las del Estado del pabellón.

Artículo 98. Deber de prestar auxilio. 1. Todo Estado exigirá al capitán de un buque que enarbole su pabellón que, siempre que pueda hacerlo sin grave peligro para el buque, su tripulación o sus pasajeros:

a) Preste auxilio a toda persona que se encuentre en peligro de desaparecer en el mar;

b) Se dirija a toda la velocidad posible a prestar auxilio a las personas que estén en peligro, en cuanto sepa que necesitan socorro y siempre que tenga una posibilidad razonable de hacerlo;

c) En caso de abordaje, preste auxilio al otro buque, a su tripulación y a sus pasajeros y, cuando sea posible, comunique al otro buque el nombre del suyo, su puerto de registro y el puerto más próximo en que hará escala.

2. Todo Estado ribereño fomentará la creación, el funcionamiento y el mantenimiento de un servicio de búsqueda y salvamento adecuado y eficaz para garantizar la seguridad marítima y área y, cuando las circunstancias lo exijan, cooperará para ello con los Estados vecinos mediante acuerdos mutuos regionales.

Artículo 99. Prohibición del transporte de esclavos. Todo Estado tomará medidas eficaces para impedir y castigar el transporte de esclavos en buques autorizados para enarbolar su pabellón y para impedir que con ese propósito se use ilegalmente su pabellón. Todo esclavo que se refugie en un buque, sea cual fuere su pabellón, quedará libre ipso facto.

Artículo 100. Deber de cooperar en la represión de la piratería. Todos los Estados cooperarán en toda la medida de lo posible en la represión de la piratería en la alta mar o en cualquier otro lugar que no se halle bajo la jurisdicción de ningún Estado.

Artículo 101. Definición de la piratería. Constituye piratería cualquiera de los actos siguientes:

a) Todo acto ilegal de violencia o de detención o todo acto de depredación cometidos con un propósito personal por la tripulación o los pasajeros de un buque privado o de una aeronave privada y dirigidos:

i) Contra un buque o una aeronave en alta mar o contra personas o bienes a bordo de ellos;

ii) Contra un buque o una aeronave, personas o bienes que se encuentren en un lugar no sometido a la jurisdicción de ningún Estado;

b) Todo acto de participación voluntaria en la utilización de un buque o de una aeronave, cuando el que lo realice tenga conocimiento de hechos que den a dicho buque o aeronave el carácter de buque o aeronave pirata;

c) Todo acto que tenga por objeto incitar a los actos definidos en el apartado a) o el apartado b) o facilitarlos intencionalmente.

Artículo 102. Piratería perpetrada por un buque de guerra, un buque de Estado o una aeronave de Estado cuya tripulación se haya amotinado. Se asimilarán a los actos cometidos por un buque o aeronave privados los actos de piratería definidos en el artículo 101 perpetrados por un buque de guerra, un buque de Estado o una aeronave de Estado cuya tripulación se haya amotinado y apoderado del buque o de la aeronave.

Artículo 103. Definición de buque o aeronave pirata. Se consideran buque o aeronave pirata los destinados por las personas bajo cuyo mando efectivo se encuentran a cometer cualquiera de los actos a que se refiere el artículo 101. Se consideran también piratas los buques o aeronaves que hayan servido para cometer dichos actos mientras se encuentren bajo el mando de las personas culpables de esos actos.

Artículo 104. Conservación o pérdida de la nacionalidad de un buque o aeronave pirata. Un buque o una aeronave podrá conservar su nacionalidad no obstante haberse convertido en buque o aeronave pirata. La conservación o la pérdida de la nacionalidad se rigen por el derecho interno del Estado que la haya concedido.

Artículo 105. Apresamiento de un buque o aeronave pirata. Todo Estado puede apresar, en alta mar o en cualquier lugar no sometido a la jurisdicción de ningún Estado, un buque o aeronave pirata o un buque o aeronave capturado como consecuencia de actos de piratería que esté en poder de piratas, y detener a las personas e incautarse de los bienes que se encuentren a bordo. Los tribunales del Estado que haya efectuado el apresamiento podrán decidir las penas que deban imponerse y las medidas que deban tomarse respecto de los buques, las aeronaves o los bienes, sin perjuicios de los derechos de los terceros de buena fe.

Artículo 106. Responsabilidad por apresamiento sin motivo suficiente. Cuando un buque o una aeronave sea apresado por sospechas de piratería sin motivos suficientes, el Estado que lo haya apresado será responsable ante el Estado de la nacionalidad del buque o de la aeronave de todo perjuicio o daño causado por la captura.

Artículo 107. Buques y aeronaves autorizados para realizar apresamientos por causa de piratería. Sólo los buques de guerra o las aeronaves militares, u otros buques o aeronaves que lleven signos claros y sean identificables como buques o aeronaves al servicio de un gobierno y estén autorizados a tal fin, podrán llevar a cabo apresamientos por causa de piratería.

Artículo 108. Tráfico ilícito de estupefacientes y sustancias sicotrópicas. 1. Todos los Estados cooperarán para reprimir el tráfico ilícito de estupefacientes y sustancias sicotrópicas realizado por buques en la alta mar en violación de las convenciones internacionales.

2. Todo Estado que tenga motivos razonables para creer que un buque que enarbola su pabellón se dedica al tráfico ilícito de estupefacientes o sustancias sicotrópicas podrá solicitar la cooperación de otro Estado para poner fin a tal tráfico.

Artículo 109. Transmisiones no autorizadas desde la alta mar. 1. Todos los Estados cooperarán en la represión de las transmisiones no autorizadas efectuadas desde la alta mar.

2. Para los efectos de esta Convención, por «transmisiones no autorizadas» se entiende las transmisiones de radio o televisión difundidas desde un buque o instalación en alta mar y dirigidas al público en general en violación de los reglamentos internacionales, con exclusión de la transmisión de llamadas de socorro.

3. Toda persona que efectúe transmisiones no autorizadas podrá ser procesada ante los tribunales de:

a) El Estado del pabellón del buque;

b) El Estado en que esté registrada la instalación;

c) El Estado del cual la persona sea nacional;

d) Cualquier Estado en que puedan recibirse las transmisiones; o

e) Cualquier Estado cuyos servicios autorizados de radiocomunicación sufran interferencias.

4. En la alta mar, el Estado que tenga jurisdicción de conformidad con el párrafo 3 podrá, con arreglo al artículo 110, apresar a toda persona o buque que efectúe transmisiones no autorizadas y confiscar el equipo emisor.

Artículo 110. Derecho de visita. 1. Salvo cuando los actos de injerencia se ejecuten en ejercicio de facultades conferidas por un tratado, un buque de guerra que encuentre en alta mar un buque extranjero que no goce de completa inmunidad de conformidad con los artículos 95 y 96 no tendrá derecho de visita, a menos que haya motivo razonable para sospechar que el buque:

a) Se dedica a la piratería;

b) Se dedica a la trata de esclavos;

c) Se utiliza para efectuar transmisiones no autorizadas, siempre que el Estado del pabellón del buque de guerra tenga jurisdicción con arreglo al artículo 109;

d) No tiene nacionalidad; o

e) Tiene en realidad la misma nacionalidad que el buque de guerra, aunque enarbole un pabellón extranjero o se niegue a izar su pabellón.

2. En los casos previstos en el párrafo 1, el buque de guerra podrá proceder a verificar el derecho del buque a enarbolar su pabellón. Para ello podrá enviar una lancha, al mando de un oficial, al buque sospechoso. Si aún después de examinar los documentos persisten las sospechas, podrá proseguir el examen a bordo del buque, que deberá llevarse a efecto con todas las consideraciones posibles.

3. Si las sospechas no resultan fundadas, y siempre que el buque visitado no haya cometido ningún acto que las justifique, dicho buque será indemnizado por todo perjuicio o daño sufrido.

4. Estas disposiciones se aplicarán, mutatis-mutandis, a las aeronaves militares.

5. Estas disposiciones se aplicarán también a cualesquiera otros buques o aeronaves debidamente autorizados, que lleven signos claros y sean identificables como buques o aeronaves al servicio de un gobierno.

Artículo 111. Derecho de persecución. 1. Se podrá emprender la persecución de un buque extranjero cuando las autoridades competentes del Estado ribereño tengan motivos fundados para creer que el buque ha cometido una infracción de las leyes y reglamentos de ese Estado. La persecución habrá de empezar mientras el buque extranjero o una de sus lanchas se encuentre en las aguas interiores, en las aguas archipelágicas, en el mar territorial o en la zona contigua del Estado perseguidor, y sólo podrá continuar fuera del mar territorial o de la zona contigua a condición de no haberse interrumpido. No es necesario que el buque que dé la orden de detenerse a un buque extranjero que navegue por el mar territorial o en la zona contigua se encuentre también en el mar territorial o la zona contigua en el momento en que el buque interesado reciba dicha orden. Si el buque extranjero se encuentra en la zona contigua definida en el artículo 33, la persecución no podrá emprenderse más que por violación de los derechos para cuya protección fue creada dicha zona.

2. El derecho de persecución se aplicará, mutatis mutandis, a las infracciones que se cometan en la zona económica exclusiva o sobre la plataforma

continental, incluidas las zonas de seguridad en torno a las instalaciones de la plataforma continental, respecto de las leyes y reglamentos del Estado ribereño que sean aplicables de conformidad con esta Convención a la zona económica exclusiva o a la plataforma continental, incluidas tales zonas de seguridad.

3. El derecho de persecución cesará en el momento en que el buque perseguido entre en el mar territorial del Estado de su pabellón o en el de un tercer Estado.

4. La persecución no se considerará comenzada hasta que el buque perseguidor haya comprobado, por los medios prácticos de que disponga, que el buque perseguido o una de sus lanchas u otras embarcaciones que trabajen en equipo utilizando el buque perseguido como buque nodriza se encuentran dentro de los límites del mar territorial o, en su caso, en la zona contigua, en la zona económica exclusiva o sobre la plataforma continental. No podrá darse comienzo a la persecución mientras no se haya emitido una señal visual o auditiva de detenerse desde una distancia que permita al buque extranjero verla u oírla.

5. El derecho de persecución sólo podrá ser ejercido por buques de guerra o aeronaves militares, o por otros buques o aeronaves que lleven signos claros y sean identificables como buques o aeronaves al servicio del gobierno y autorizados a tal fin.

6. Cuando la persecución sea efectuada por una aeronave:

a) Se aplicarán, mutatis mutandis, las disposiciones de los párrafos 1 a 4;

b) La aeronave que haya dado la orden de detenerse habrá de continuar activamente la persecución del buque hasta que un buque u otra aeronave del Estado ribereño, llamado por ella, llegue y la continué, salvo si la aeronave puede por sí sola apresar al buque. Para justificar el apresamiento de un buque fuera del mar territorial no basta que la aeronave lo haya descubierto cometiendo una infracción, o que tenga sospechas de que la ha cometido, si no le ha dado la orden de detenerse y no ha emprendido la persecución o no lo han hecho otras aeronaves o buques que continúen la persecución sin interrupción.

7. Cuando un buque sea apresado en un lugar sometido a la jurisdicción de un Estado y escoltado hacia un puerto de ese Estado a los efectos de una investigación por las autoridades competentes, no se podrá exigir que sea puesto en libertad por el solo hecho de que el buque y su escolta hayan atravesado una parte de la zona económica exclusiva o de la alta mar, si las circunstancias han impuesto dicha travesía.

8. Cuando un buque sea detenido o apresado fuera del mar territorial en circunstancias que no justifiquen el ejercicio del derecho de persecución, se le resarcirá de todo perjuicio o daño que haya sufrido por dicha detención o apresamiento.

Artículo 112. Derecho a tender cables y tuberías submarinos. 1. Todos los Estados tienen derecho a tender cables y tuberías submarinos en el lecho de la alta mar más allá de la plataforma continental.

2. El párrafo 5 del artículo 79 se aplicará a tales cables y tuberías.

Artículo 113. Ruptura o deterioro de cables o tuberías submarinos. Todo Estado dictará las leyes y reglamentos necesarios para que constituyan infracciones punibles la ruptura o el deterioro de un cable submarino en la alta mar, causados voluntariamente o por negligencia culpable por un buque que enarbole su pabellón o por una persona sometida a su jurisdicción, que puedan interrumpir u obstruir las comunicaciones telegráficas o telefónicas, así como la ruptura o el deterioro, en las mismas condiciones, de una tubería o de un cable de alta tensión submarinos. Esta disposición se aplicará también en el caso de actos que tengan por objeto causar tales rupturas o deterioros o que puedan tener ese efecto. Sin embargo, esta disposición no se aplicará a las rupturas ni a los deterioros cuyos autores sólo hayan tenido el propósito legítimo de proteger sus vidas o la seguridad de sus buques, después de haber tomado todas las precauciones necesarias para evitar la ruptura o el deterioro.

Artículo 114. Ruptura o deterioro de cables o tuberías submarinos causados por los propietarios de otros cables o tuberías submarinos. Todo Estado dictará las leyes y reglamentos necesarios para que las personas sometidas a su jurisdicción que sean propietarias de cables o tuberías en la alta mar y que, al tender o reparar los cables o tuberías, causen la ruptura o el deterioro de otro cable o de otra tubería respondan del costo de su reparación.

Artículo 115. Indemnización por pérdidas causadas al tratar de prevenir daños a cables y tuberías submarinos. Todo Estado dictará las leyes y reglamentos necesarios para que los propietarios de buques que puedan probar que han sacrificado un ancla, una red o cualquier otro aparejo de pesca para no causar daños a un cable o a una tubería submarinos sean indemnizados por el propietario del cable o de la tubería, a condición de que hayan tomado previamente todas las medidas de precaución razonables.

Sección 2. Conservación y administración de los recursos vivos en la alta mar

Artículo 116. Derecho de pesca en la alta mar. Todos los Estados tienen derecho a que sus nacionales se dediquen a la pesca en la alta mar con sujeción a:

a) Sus obligaciones convencionales;

b) Los derechos y deberes así como los intereses de los Estados ribereños que se estipulan, entre otras disposiciones, en el párrafo 2 del artículo 63 y en los artículos 64 a 67; y

c) Las disposiciones de esta sección.

Artículo 117. Deber de los Estados de adoptar medidas para la conservación de los recursos vivos de la alta mar en relación con sus nacionales. Todos los Estados tienen el deber de adoptar las medidas que, en relación con sus respectivos nacionales, puedan ser necesarias para la conservación de los recursos vivos de la alta mar, o de cooperar con otros Estados en su adopción.

Artículo 118. Cooperación de los Estados en la conservación y administración de los recursos vivos. Los Estados cooperarán entre sí en la conservación y administración de los recursos vivos en las zonas de la alta mar. Los Estados cuyos nacionales exploten idénticos recursos vivos, o diferentes recursos vivos situados en la misma zona, celebrarán negociaciones con miras a tomar las medidas necesarias para la conservación de tales recursos vivos. Con esta finalidad cooperarán, según proceda, para establecer organizaciones subregionales o regionales de pesca.

Artículo 119. Conservación de los recursos vivos de la alta mar. 1. Al determinar la captura permisible y establecer otras medidas de conservación para los recursos vivos en la alta mar, los Estados:

a) Tomarán, sobre la base de los datos científicos más fidedignos de que dispongan los Estados interesados, medidas con miras a mantener o restablecer las poblaciones de las especies capturadas a niveles que puedan producir el máximo rendimiento sostenible con arreglo a los factores ambientales y económicos pertinentes, incluidas las necesidades especiales de los Estados en desarrollo, y teniendo en cuenta las modalidades de la pesca, la interdependencia de las poblaciones y cualesquiera normas mínimas internacionales, sean subregionales, regionales o mundiales, generalmente recomendadas;

b) Tendrán en cuenta los efectos sobre las especies asociadas con las especies capturadas o dependientes de ellas, con miras a mantener o restablecer las poblaciones de tales especies asociadas o dependientes por encima de los niveles en los que su reproducción pueda verse gravemente amenazada.

2. La información científica disponible, las estadísticas sobre capturas y esfuerzos de pesca y otros datos pertinentes para la conservación de las poblaciones de peces se aportarán e intercambiarán periódicamente por conducto de las organizaciones internacionales competentes, sean subregionales, regionales o mundiales, cuando proceda, y con la participación de todos los Estados interesados.

3. Los Estados interesados garantizarán que las medidas de conservación y su aplicación no entrañen discriminación de hecho o de derecho contra los pescadores de ningún Estado.

Artículo 120. Mamíferos marinos. El artículo 65 se aplicará asimismo a la conservación y administración de los mamíferos marinos en la alta mar.

PARTE VIII
RÉGIMEN DE LAS ISLAS

Artículo 121. Régimen de las islas. 1. Una isla es una extensión natural de tierra, rodeada de agua, que se encuentra sobre el nivel de ésta en pleamar.

2. Salvo lo dispuesto en el párrafo 3, el mar territorial, la zona contigua, la zona económica exclusiva y la plataforma continental de una isla serán determinados de conformidad con las disposiciones de esta Convención aplicables a otras extensiones terrestres.

3. Las rocas no aptas para mantener habitación humana o vida económica propia no tendrán zona económica exclusiva ni plataforma continental.

PARTE IX
MARES CERRADOS O SEMICERRADOS

Artículo 122. Definición. Para los efectos de esta Convención, por «mar cerrado o semicerrado» se entiende un golfo, cuenca marítima o mar rodeado por dos o más Estados y comunicado con otro mar o el océano por una salida estrecha, o compuesto entera o fundamentalmente de los mares territoriales y las zonas económicas exclusivas de dos o más Estados ribereños.

Artículo 123. Cooperación entre los Estados ribereños de mares cerrados o semicerrados. Los estados ribereños de un mar cerrado o semicerrado deberían cooperar entre sí en el ejercicio de sus derechos y en el cumplimiento de sus deberes con arreglo a esta Convención. A ese fin, directamente o por conducto de una organización regional apropiada, procurarán:

a) Coordinar la administración, conservación, exploración y explotación de los recursos vivos del mar;

b) Coordinar el ejercicio de sus derechos y el cumplimiento de sus deberes con respecto a la protección y la preservación del medio marino;

c) Coordinar sus políticas de investigación científica y emprender, cuando proceda, programas conjuntos de investigación científica en el área;

d) Invitar, según proceda, a otros Estados interesados o a organizaciones internacionales a cooperar con ellos en el desarrollo de las disposiciones de este artículo.

PARTE X
DERECHO DE ACCESO AL MAR Y DESDE EL MAR DE LOS ESTADOS SIN LITORAL Y LIBERTAD DE TRÁNSITO

Artículo 124. Términos empleados. 1. Para los efectos de esta Convención, se entiende por:

a) «Estado sin litoral» un Estado que no tiene costa marítima;

b) «Estado de tránsito» un Estado con o sin costa marítima, situado entre un Estado sin litoral y el mar, a través de cuyo territorio pase el tráfico en tránsito;

c) «Tráfico en tránsito» el tránsito de personas, equipaje, mercancías y medios de transporte a través del territorio de uno o varios Estados de tránsito, cuando el paso a través de dicho territorio, con o sin transbordo, almacenamiento, ruptura de carga o cambio de modo de transporte, sea sólo una parte de un viaje completo que empiece o termine dentro del territorio del Estado sin litoral;

d) «Medios de transporte»:

i) El material rodante ferroviario, las embarcaciones marítimas, lacustres y fluviales y los vehículos de carretera;

ii) Los porteadores y los animales de carga, cuando las condiciones locales requieran su uso.

2. Los Estados sin litoral y los Estados de tránsito podrán, por mutuo acuerdo, incluir como medios de transporte las tuberías y gasoductos y otros medios de transporte distintos de los incluidos en el párrafo 1.

Artículo 125. Derecho de acceso al mar y desde el mar y libertad de tránsito. 1. Los Estados sin litoral tendrán el derecho de acceso al mar y desde el mar para ejercer los derechos que se estipulan en esta Convención, incluidos los relacionados con la libertad de la alta mar y con el patrimonio común de la humanidad. Para este fin, los estados sin litoral gozarán de libertad de tránsito a través del territorio de los Estados de tránsito por todos los medios de transporte.

2. Las condiciones y modalidades para el ejercicio de la libertad de tránsito serán convenidas entre los Estados sin litoral y los Estados de tránsito interesados mediante acuerdos bilaterales, subregionales o regionales.

3. Los Estados en tránsito, en el ejercicio de su plena soberanía sobre su territorio, tendrán derecho a tomar todas las medidas necesarias para asegurar que los derechos y facilidades estipulados en esta parte para los Estados sin litoral no lesionen en forma alguna sus intereses legítimos.

Artículo 126. Exclusión de la aplicación de la cláusula de la nación más favorecida. Las disposiciones de esta Convención, así como los acuerdos especiales relativos al ejercicio del derecho de acceso al mar y desde el mar, que establezcan derechos y concedan facilidades por razón de la situación geográfica especial de los Estados sin litoral excluidos de la aplicación de la cláusula de la nación más favorecida.

Artículo 127. Derechos de aduana, impuestos u otros gravámenes. 1. El tráfico en tránsito no estará sujeto a derechos de aduana, impuestos u otros gravámenes, con excepción de las tasas impuestas por servicios específicos prestado en relación con dicho tráfico.

2. Los medios de transporte en tránsito y otros servicios proporcionados a los Estados sin litoral y utilizados por ellos no estarán sujetos a impuestos o gravámenes más elevados que los fijados para el uso de los medios de transporte del Estado de tránsito.

Artículo 128. Zonas francas y otras facilidades aduaneras. Para facilitar el tráfico en tránsito, podrán establecerse zonas francas u otras facilidades aduaneras en los puertos de entrada y salida de los Estados de tránsito, mediante acuerdo entre estos Estados y los Estados sin litoral.

Artículo 129. Cooperación en la construcción y mejoramiento de los medios de transporte. Cuando en los Estados de tránsito no existan medios de transporte para dar efecto a la libertad de tránsito o cuando los medios existentes, incluidas las instalaciones y equipos portuarios, sean deficientes en cualquier aspecto, los Estados de tránsito y los Estados sin litoral interesados podrán cooperar en su construcción o mejoramiento.

Artículo 130. Medidas para evitar o eliminar retrasos u otras dificultades de carácter técnico en el tráfico en tránsito. 1. Los Estados de tránsito adoptarán las medidas apropiadas a fin de evitar retrasos u otras dificultades de carácter técnico en el tráfico en tránsito.

2. En caso de que se produzcan tales retrasos o dificultades, las autoridades competentes de los Estados de tránsito y de los Estados sin litoral interesados cooperarán para ponerles fin con prontitud.

Artículo 131. Igualdad de trato en los puertos marítimos. Los buques que enarbolen el pabellón de Estados sin litoral gozarán en los puertos marítimos del mismo trato que el concedido a otros buques extranjeros.

Artículo 132. Concesión de mayores facilidades de tránsito. Esta Convención no entraña de ninguna manera la suspensión de las facilidades de tránsito que sean mayores que las previstas en la Convención y que hayan sido acordadas entre los Estados Partes en ella o concedidas por un Estado Parte. Esta convención tampoco impedirá la concesión de mayores facilidades en el futuro.

PARTE XI
LA ZONA

Sección 1. Disposiciones generales

Artículo 133. Términos empleados. Para los efectos de esta Parte:

a) Por «recursos» se entiende todos los recursos minerales sólidos, líquidos o gaseosos in situ en la Zona, situados en los fondos marinos o en su subsuelo, incluidos los nódulos polimetálicos;

b) Los recursos, una vez extraídos de la Zona, se denominarán «minerales».

Artículo 134. Ámbito de aplicación de esta Parte. 1. Esta Parte se aplicará a la Zona.

2. Las actividades en la Zona se regirán por las disposiciones de esta Parte.

3. El depósito y publicidad de las cartas o listas de coordenadas geográficas que indiquen los límites a que se hace referencia en el párrafo 1 del artículo 1 se regirán por la Parte VI.

4. Ninguna de las disposiciones de este artículo afectará al establecimiento del límite exterior de la plataforma continental de conformidad con la Parte VI ni a la validez de los acuerdos relativos a delimitación celebrados entre Estados con costas adyacentes o situados frente a frente.

Artículo 135. Condición jurídica de las aguas y del espacio aéreo suprayacentes. Ni las disposiciones de esta Parte, ni ningún derecho concedido o ejercido en virtud de ellas afectarán a la condición jurídica de las aguas suprayacentes de la Zona ni a la del espacio aéreo situado sobre ellas.

Sección 2. Principios que rigen la zona

Artículo 136. Patrimonio común de la humanidad. La Zona y sus recursos son patrimonio común de la humanidad.

Artículo 137. Condición Jurídica de la Zona y sus recursos. 1. Ningún Estado podrá reivindicar o ejercer soberanía o derechos soberanos sobre parte alguna de la Zona o sus recursos, y ningún Estado o persona natural o jurídica podrá apropiarse de parte alguna de la Zona o sus recursos. No se reconocerán tal reivindicación o ejercicio de soberanía o de derechos soberanos ni tal apropiación.

2. Todos los derechos sobre los recursos de la Zona pertenecen a toda la humanidad, en cuyo nombre actuará la Autoridad. Estos recursos son inalienables. No obstante, los minerales extraídos de la Zona sólo podrán enajenarse con arreglo a esta Parte y a las normas, reglamentos y procedimientos de la Autoridad.

3. Ningún Estado o persona natural o jurídica reivindicará, adquirirá o ejercerá derechos respecto de los minerales extraídos de la Zona, salvo de conformidad con esta Parte. De otro modo, no se reconocerá tal reivindicación, adquisición o ejercicio de derechos.

Artículo 138. Comportamiento general de los Estados en relación con la Zona. El comportamiento general de los Estados en relación con la Zona se ajustará a lo dispuesto en esta Parte, a los principios incorporados en la Carta de las Naciones Unidas y a otras normas de derecho internacional, en interés del mantenimiento de la paz y la seguridad y del fomento de la cooperación internacional y la comprensión mutua.

Artículo 139. Obligación de garantizar el cumplimiento de las disposiciones de la Convención y responsabilidad por daños. 1. Los Estados Partes estarán obligados a velar porque las actividades en la Zona, ya sean realizadas por ellos mismos, por empresas estatales o por personas naturales o jurídicas que posean su nacionalidad o estén bajo su control efectivo o el de sus nacionales, se efectúen de conformidad con esta Parte. La misma obligación incumbirá a las organizaciones internacionales respecto de sus actividades en la Zona.

2. Sin perjuicio de las normas de derecho internacional y del artículo 22 del Anexo III, los daños causados por el incumplimiento por un Estado Parte o una organización internacional de sus obligaciones con arreglo a esta Parte entrañarán responsabilidad; los Estados Partes u organizaciones internacionales que actúen en común serán conjunta y solidariamente responsables. Sin embargo, el Estado Parte no será responsable de los daños causados en caso de incumplimiento de esta Parte por una persona a la que haya patrocinado con arreglo al apartado b) del párrafo 2 del artículo 153 si ha tomado todas las medidas necesarias y apropiadas para lograr el cumplimiento efectivo de conformidad con el párrafo 4 del artículo 153 y el párrafo 4 del artículo 4 del Anexo III.

3. Los Estados Partes que sean miembros de organizaciones internacionales adoptarán medidas apropiadas para velar por la aplicación de este artículo respecto de esas organizaciones.

Artículo 140. Beneficio de la Humanidad. 1. Las actividades en la Zona se realizarán, según se dispone expresamente en esta Parte, en beneficio de toda la humanidad, independientemente de la ubicación geográfica de los Estados, ya sean ribereños o sin litoral, y prestando consideración especial a los intereses y necesidades de los Estados en desarrollo y de los pueblos que no hayan logrado la plena independencia u otro régimen de autonomía reconocido por las Naciones Unidas de conformidad con la resolución 1514 (XV) y otras resoluciones pertinentes de la Asamblea General.

2. La Autoridad dispondrá la distribución equitativa de los beneficios financieros y otros beneficios económicos derivados de las actividades en la Zona mediante un mecanismo apropiado, sobre una base no discriminatoria, de conformidad con el inciso i) del apartado f) del párrafo 2 del artículo 160.

Artículo 141. Utilización de la Zona exclusivamente con fines pacíficos. La Zona estará abierta a la utilización exclusivamente con fines pacíficos por todos los Estados, ya sean ribereños o sin litoral, sin discriminación y sin perjuicio de las demás disposiciones de esta Parte.

Artículo 142. Derechos e intereses legítimos de los Estados ribereños. 1. Las actividades en la Zona relativas a los recursos cuyos yacimientos se extiendan más allá de los límites de ella se realizarán teniendo debidamente en cuenta los derechos e intereses legítimos del Estado ribereño dentro de cuya jurisdicción se extiendan esos yacimientos.

2. Se celebrarán consultas con el Estado interesado, incluido un sistema de notificación previa, con miras a evitar la lesión de sus derechos e intereses legítimos. En los casos en que las actividades en la Zona puedan dar lugar a la explotación de recursos situados dentro de la jurisdicción nacional de un Estado ribereño, se requerirá su previo consentimiento.

3. Ni las disposiciones de esta Parte ni ningún derecho conferido o ejercicio en virtud de ellas afectarán al derecho de los Estados ribereños a adoptar las medidas acordes con las disposiciones pertinentes de la Parte XII que sean necesarias para prevenir, mitigar o eliminar un peligro grave e inminente para sus costas o intereses conexos originado por contaminación real o potencial u otros accidentes resultantes de cualesquiera actividades en la Zona o causados por ellas.

Artículo 143. Investigación científica marina. 1. La investigación científica marina en la Zona se realizará exclusivamente con fines pacíficos y en beneficio de toda la humanidad, de conformidad con la Parte XII.

2. La Autoridad podrá realizar investigaciones científicas marinas relativas a la Zona y sus recursos, y podrá celebrar contratos a ese efecto. La Autoridad promoverá e impulsará la realización de investigaciones científicas marinas en la Zona, y coordinará y difundirá los resultados de tales investigaciones y análisis cuando estén disponibles.

3. Los Estados Partes podrán realizar investigaciones científicas marinas en la Zona. Los Estados Partes promoverán la cooperación internacional en la investigación científica marina en la Zona:

a) Participando en programas internacionales e impulsando la cooperación en materia de investigación científica marina de personal de diferentes países y de la Autoridad;

b) Velando por que se elaboren programas por conducto de la Autoridad o de otras organizaciones internacionales, según corresponda, en beneficio de los Estados en desarrollo y de los Estados tecnológicamente menos avanzados con miras a:

i) Fortalecer la capacidad de esos Estados en materia de investigación;

ii) Capacitar a personal de esos Estados y de la Autoridad en las técnicas y aplicaciones de la investigación;

iii) Promover el empleo de personal calificado de esos Estados en la investigación en la Zona;

c) Difundiendo efectivamente los resultados de las investigaciones y los análisis, cuando estén disponibles, a través de la Autoridad o de otros conductos internacionales cuando corresponda.

Artículo 144. Transmisión de tecnología. 1. La Autoridad adoptará medidas de conformidad con esta Convención para:

a) Adquirir tecnología y conocimientos científicos relacionados con las actividades en la Zona; y

b) Promover e impulsar la transmisión de tal tecnología y conocimientos científicos a los Estados en desarrollo de manera que todos los Estados Partes se beneficien de ellos.

2. Con tal fin, la Autoridad y los Estados Partes cooperarán para promover la transmisión de tecnología y conocimientos científicos relacionados con las actividades en la Zona de manera que la Empresa y todos los Estados Partes puedan beneficiarse de ellos. En particular, iniciarán y promoverán:

a) Programas para la transmisión de tecnología a la Empresa y a los Estados en desarrollo respecto de las actividades en la Zona, incluida, entre otras cosas, la facilitación del acceso de la Empresa y de los Estados en desarrollo a la tecnología pertinente, según modalidades y condiciones equitativas y razonables;

b) Medidas encaminadas al progreso de la tecnología de la Empresa y de la tecnología nacional de los Estados en desarrollo, en especial mediante la creación de oportunidades para la capacitación del personal de la Empresa y de los Estados en desarrollo en ciencia y tecnología marinas y su plena participación en las actividades en la Zona.

Artículo 145. Protección del medio marino. Se adoptarán con respecto a las actividades en la Zona las medidas necesarias de conformidad con esta Convención para asegurar la eficaz protección del medio marino contra los efectos nocivos que puedan resultar de esas actividades. Con ese objeto, la Autoridad establecerá las normas, reglamentos y procedimientos apropiados para, entre otras cosas:

a) Prevenir, reducir y controlar la contaminación del medio marino y otros riesgos para éste, incluidas las costas, y la perturbación del equilibrio ecológico del medio marino, prestando especial atención a la necesidad de protección contra las consecuencias nocivas de actividades tales como la perforación, el dragado, la excavación, la evacuación de desechos, la construcción y el funcionamiento o mantenimiento de instalaciones, tuberías y otros dispositivos relacionados con tales actividades;

b) Proteger y conservar los recursos naturales de la Zona y prevenir daños a la flora y fauna marinas.

Artículo 146. Protección de la vida humana. Con respecto a las actividades en la Zona, se adoptarán las medidas necesarias para asegurar la eficaz protección de la vida humana. Con ese objeto, la Autoridad establecerá las normas, reglamentos y procedimientos apropiados que complementen el derecho internacional existente, tal como está contenido en los tratados en la materia.

Artículo 147. Armonización de las actividades en la Zona y en el medio marino. 1. Las actividades en la Zona se realizarán teniendo razonablemente en cuenta otras actividades en el medio marino.

2. Las instalaciones utilizadas para la realización de actividades en la Zona estarán sujetas a las condiciones siguientes:

a) Serán construidas, emplazadas y retiradas exclusivamente de conformidad con lo dispuesto en esta Parte y con sujeción a las normas, reglamentos y procedimientos de la Autoridad. Se notificarán debidamente la construcción, el emplazamiento y el retiro de tales instalaciones y se mantendrán medios permanentes para señalar su presencia;

b) No serán establecidas donde puedan interferir la utilización de vías marítimas esenciales para la navegación internacional o en áreas de intensa actividad pesquera;

c) En torno a ellas se establecerán zonas de seguridad, con las señales apropiadas, a fin de preservar la seguridad de la navegación y de las instalaciones. La configuración y ubicación de las zonas de seguridad serán tales que no formen un cordón que impida el acceso legítimo de los buques a determinadas zonas marítimas o la navegación por vías marítimas internacionales;

d) Se utilizarán exclusivamente con fines pacíficos;

e) No poseen la condición jurídica de islas. No tienen mar territorial propio y su presencia no afecta a la delimitación del mar territorial, de la zona económica exclusiva o de la plataforma continental.

3. Las demás actividades en el medio marino se realizarán teniendo razonablemente en cuenta las actividades en la Zona.

Artículo 148. Participación de los Estados en desarrollo en las actividades en la Zona. Se promoverá la participación efectiva de los Estados en desarrollo en las actividades en la Zona, según se dispone expresamente en esta parte, teniendo debidamente en cuenta sus intereses y necesidades especiales y, en particular, la especial necesidad de los Estados en desarrollo sin litoral o en situación geográfica desventajosa de superar los obstáculos derivados de su ubicación desfavorable, incluidos la lejanía de la Zona y la dificultad de acceso a la Zona desde ella.

Artículo 149. Objetos arqueológicos e históricos. Todos los objetos de carácter arqueológico e histórico hallados en la Zona serán conservados o se dispondrá de ellos en beneficio de toda la humanidad, teniendo particularmente en cuenta los derechos preferentes del Estado o país de origen, del Estado de origen cultural o del Estado de origen histórico y arqueológico.

Sección 3. Aprovechamiento de los recursos de la zona

Artículo 150. Política general relacionada con las actividades en la Zona. Las actividades en la Zona se realizarán, según se dispone expresamente en esta Parte, de manera que fomenten el desarrollo saludable de la economía mundial y el crecimiento equilibrado del comercio internacional y promuevan la cooperación internacional en pro del desarrollo general de todos los países, especialmente de los Estados en desarrollo, y con miras a asegurar:

a) El aprovechamiento de los recursos de la Zona;

b) La administración ordenada, segura y racional de los recursos de la Zona, incluidas la realización eficiente de las actividades en la zona y, de conformidad con sólidos principios de conservación, la evitación de desperdicios innecesarios;

c) La ampliación de las oportunidades de participación en tales actividades en forma compatible particularmente con los artículos 144 y 148;

d) La participación de la Autoridad en los ingresos y la transmisión de tecnología a la Empresa y a los Estados en desarrollo según lo dispuesto en esta Convención;

e) El aumento de la disponibilidad de los minerales procedentes de la Zona en la medida necesaria, junto con los procedentes de otras fuentes, para asegurar el abastecimiento a los consumidores de tales minerales;

f) La promoción de precios justos y estables, remunerativos para los productores y equitativos para los consumidores, respecto de los minerales procedentes tanto de la Zona como de otras fuentes, y la promoción del equilibrio a largo plazo entre la oferta y la demanda;

g) Mayores oportunidades de que todos los Estados Partes, cualquiera que sea su sistema social y económico o su ubicación geográfica, participen en el aprovechamiento de los recursos de la Zona, así como la prevención de la monopolización de las actividades en la Zona;

h) La protección de los Estados en desarrollo respecto de los efectos adversos en sus economías o en sus ingresos de exportación resultantes de una reducción del precio o del volumen de exportación de un mineral, en la medida en que tal reducción sea ocasionada por actividades en la Zona, con arreglo al artículo 151;

i) El aprovechamiento del patrimonio común en beneficio de toda la humanidad;

j) Que las condiciones de acceso a los mercados de importación de los minerales procedentes de los recursos de la Zona y de los productos básicos obtenidos de tales minerales no sean más ventajosas que las de carácter más favorable que se apliquen a las importaciones procedentes de otras fuentes.

Artículo 151. Políticas de producción. 1. a) Sin perjuicio de los objetivos previstos en el artículo 150, y con el propósito de aplicar el apartado h) de dicho artículo, la Autoridad, actuando por conducto de los foros existentes o por medio de nuevos acuerdos o convenios, según proceda, en los que participen todas las partes interesadas, incluidos productores y consumidores, adoptará las medidas necesarias para promover el crecimiento, la eficiencia y la estabilidad de los mercados de los productos básicos obtenidos de los minerales extraídos de la Zona, a precios remunerativos para los productores y equitativos para los consumidores. Todos los Estados Partes cooperarán a tal fin;

b) La Autoridad tendrá derecho a participar en cualquier conferencia sobre productos básicos que se ocupe de aquellos productos y en la que participen todas las partes interesadas, incluidos productores y consumidores. La Autoridad tendrá derecho a ser parte en cualquier acuerdo o convenio que sea resultado de las conferencias mencionadas previamente. La participación de la Autoridad en cualquier órgano establecido en virtud de esos acuerdos o convenios estará relacionada con la producción en la Zona y se efectuará conforme a las normas pertinentes de ese órgano;

c) La Autoridad cumplirá las obligaciones que haya contraído en virtud de los acuerdos o convenios a que se hace referencia en este párrafo de manera que asegure una aplicación uniforme y no discriminatoria respecto de la totalidad de la producción de los minerales respectivos en la Zona. Al hacerlo, la Autoridad actuará de manera compatible con las estipulaciones de los contratos vigentes y los planes de trabajo aprobados de la Empresa.

2. a) Durante el período provisional especificado en el párrafo 3 no se emprenderá la producción comercial de conformidad con un plan de trabajo aprobado hasta que el operador haya solicitado y obtenido de la Autoridad una autorización de producción. Esa autorización de producción no podrá solicitarse ni expedirse con más de cinco años de antelación al comienzo previsto de la producción comercial con arreglo al plan de trabajo, a menos que la Autoridad prescriba otro período en sus normas, reglamentos y procedimientos, teniendo presentes la índole y el calendario de ejecución de los proyectos;

b) En la solicitud de autorización de producción, el operador especificará la cantidad anual de níquel que prevea extraer con arreglo al plan de trabajo aprobado. La solicitud incluirá un plan de los gastos que el operador realizará con posterioridad a la recepción de la autorización, calculados razonablemente para que pueda iniciar la producción comercial en la fecha prevista;

c) A los efectos de los apartados a) y b), la Autoridad dictará normas de cumplimiento apropiadas, de conformidad con el artículo 17 del Anexo III;

d) La Autoridad expedirá una autorización de producción para el volumen de producción solicitado, a menos que la suma de ese volumen y de los volúmenes ya autorizados exceda del límite máximo de producción de níquel, calculado de conformidad con el párrafo 4 en el año de expedición de la autorización, durante cualquier año de producción planificada comprendido en el período provisional;

e) Una vez expedida la autorización de producción, ésta y la solicitud aprobada formarán parte del plan de trabajo aprobado;

f) Si, en virtud del apartado d), se rechazare la solicitud de autorización presentada por un operador, éste podrá volver a presentar una solicitud a la Autoridad en cualquier momento.

3. El período provisional comenzará cinco años antes del 1o. de enero del año en que se prevea iniciar la primera producción comercial con arreglo a un plan de trabajo aprobado. Si el inicio de esa producción comercial se retrasare más allá del año proyectado originalmente, se modificarán en la forma correspondiente el comienzo del período provisional y el límite máximo de producción calculado originalmente. El período provisional durará 25 años o hasta que concluya la Conferencia de Revisión mencionada en el artículo 155 o hasta el día en que entren en vigor los nuevos acuerdos o convenios mencionados en el párrafo 1, rigiendo el plazo que venza antes. La Autoridad reasumirá las facultades previstas en este artículo por el resto del período provisional en caso de que los mencionados acuerdos o convenios expiren o queden sin efecto por cualquier motivo.

4. a) El límite máximo de producción para cualquier año del período provisional será la suma de:

i) La diferencia entre los valores de la línea de tendencia del consumo de níquel, calculados con arreglo al apartado b), para el año inmediatamente anterior al de la primera producción comercial y para el año inmediatamente anterior al comienzo del período provisional; y

ii) El 60% de la diferencia entre los valores de la línea de tendencia del consumo de níquel, calculados con arreglo al apartado b), para el año para el que se solicite la autorización de producción y para el año inmediatamente anterior al de la primera producción comercial;

b) A los efectos del apartado a):

i) Los valores de la línea de tendencia que se utilicen para calcular el límite máximo de producción de níquel serán los valores del consumo anual de níquel según una línea de tendencia calculada durante el año en el que se expida una autorización de producción. La línea de tendencia se calculará mediante la regresión lineal de los logaritmos del consumo real de níquel correspondiente al período de 15 años más reciente del que se disponga de datos, siendo el tiempo la variable independiente. Esta línea de tendencia se denominará línea de tendencia inicial;

ii) Si la tasa anual de aumento de la línea de tendencia inicial es inferior al 3%, la línea de tendencia que se utilizará para determinar las cantidades mencionadas en el apartado a) será una línea que corte la línea de tendencia inicial en un punto que represente el valor correspondiente al primer año del período, de 15 años pertinente y que aumente a razón del 3% por año; sin embargo, el límite de producción que se establezca para cualquier año del período provisional no podrá exceder en ningún caso de la diferencia entre el valor de la línea de tendencia inicial para ese año y el de la línea de tendencia inicial correspondiente al año inmediatamente anterior al comienzo del período provisional.

El máximo de producción permisible calculado con arreglo al párrafo 4, la cantidad de 38,000 toneladas métricas de níquel para la producción inicial de la Empresa.

a) Un operador podrá en cualquier año no alcanzar el volumen de producción anual de minerales procedentes de nódulos polimetálicos especificado en su autorización de producción o superarlo hasta el 8%, siempre que el volumen global de la producción no exceda del especificado en la autorización. Todo exceso comprendido entre el 8 y el 20% en cualquier año o todo exceso en el año o años posteriores tras dos años consecutivos en que se produzcan excesos se negociará con la Autoridad, la cual podrá exigir que el operador obtenga una autorización de producción suplementaria para esa producción adicional;

b) Las solicitudes de autorización de producción suplementaria solamente serán estudiadas por la Autoridad después de haber resuelto todas las solicitudes pendientes de operadores que aún no hayan recibido autorizaciones de producción y después de haber tenido debidamente en cuenta a otros probables solicitantes. La Autoridad se guiará por el principio de no rebasar en ningún año del período provisional la producción total autorizada con arreglo al límite máximo de producción y no autorizará, en el marco de ningún plan de trabajo, la producción de una cantidad que exceda de 46,500 toneladas métricas de níquel por año.

7. Los volúmenes de producción de otros metales, como cobre, cobalto y manganeso, obtenidos de los nódulos polimetálicos que se extraigan con arreglo a una autorización de producción no serán superiores a los que se habrían obtenido si el operador hubiese producido el volumen máximo del níquel de esos nódulos de conformidad con este artículo. La Autoridad establecerá, con

arreglo al artículo 17 del Anexo III, normas, reglamentos y procedimientos para aplicar este párrafo.

8. Los derechos y obligaciones en materia de prácticas económicas desleales previstos en los acuerdos comerciales multilaterales pertinentes serán aplicables a la exploración y explotación de minerales de la zona. A los efectos de la solución de las controversias que surjan respecto de la aplicación de esta disposición, los Estados Partes que sean partes en esos acuerdos comerciales multilaterales podrán valerse de los procedimientos de solución previstos en ellos.

9. La Autoridad estará facultada para limitar el volumen de producción de los minerales de la Zona, distintos de los minerales procedentes de nódulos polimetálicos, en las condiciones y según los métodos que sean apropiados mediante la adopción de reglamentos de conformidad con el párrafo 8 del artículo 161.

10. Por recomendación del Consejo fundada en el asesoramiento de la Comisión de Planificación Económica, la Asamblea establecerá un sistema de compensación o adoptará otras medidas de asistencia para el reajuste económico, incluida la cooperación con los organismos especializados y otras organizaciones internacionales, en favor de los países en desarrollo cuyos ingresos de exportación o cuya economía sufran serios perjuicios como consecuencia de una disminución del precio o del volumen exportado de un mineral, en la medida en que tal disminución se deba a actividades en la Zona. Previa solicitud, la Asamblea iniciará estudios de los problemas de los Estados que puedan verse más gravemente afectados, a fin de minimizar sus dificultades y prestarles ayuda para su reajuste económico.

Artículo 152. Ejercicio de las facultades y funciones de la Autoridad. 1. La Autoridad evitará toda discriminación en el ejercicio de sus facultades y funciones, incluso al conceder oportunidades de realizar actividades en la Zona.

2. Sin embargo, podrá prestar atención especial a los Estados en desarrollo, en particular a aquéllos sin litoral o en situación geográfica desventajosa, según se prevé expresamente en esta Parte.

Artículo 153. Sistema de exploración y explotación. 1. Las actividades en la Zona serán organizadas, realizadas y controladas por la Autoridad en nombre de toda la humanidad de conformidad con el presente artículo, así como con otras disposiciones pertinentes de esta Parte y los anexos pertinentes, y las normas, reglamentos y procedimientos de la Autoridad.

2. Las actividades en la Zona serán realizadas tal como se dispone en el párrafo 3:

a) Por la Empresa, y

b) En asociación con la Autoridad, por Estados Partes o empresas estatales o por personas naturales o jurídicas que posean la nacionalidad de Estados Partes o que sean efectivamente controladas por ellos o por sus nacionales, cuando las patrocinen dichos Estados, o por cualquier agrupación de los anteriores que reúna los requisitos previstos en esta Parte y en el Anexo III.

3. Las actividades en la Zona se realizarán con arreglo a un plan de trabajo oficial escrito, preparado con arreglo al Anexo III y aprobado por el Consejo tras su examen por la Comisión Jurídica y Técnica. En el caso de las actividades en la Zona realizadas en la forma autorizada por la Autoridad por las entidades o personas especificadas en el apartado b) del párrafo 2, el plan de trabajo, de conformidad con el artículo 3 del Anexo III, tendrá la forma de un contrato. En tales contratos podrán estipularse arreglos conjuntos de conformidad con el artículo 11 del Anexo III.

4. La autoridad ejercerá sobre las actividades en la Zona el control que sea necesario para lograr que se cumplan las disposiciones pertinentes de esta Parte y de los correspondientes anexos, las normas, reglamentos y procedimientos de la Autoridad y los planes de trabajo aprobados de conformidad con el párrafo 3. Los Estados Partes prestarán asistencia a la Autoridad adoptando todas las medidas necesarias para lograr dicho cumplimiento, de conformidad con el artículo 139.

5. La Autoridad tendrá derecho a adoptar en todo momento cualquiera de las medidas previstas en esta Parte para asegurar el cumplimiento de sus disposiciones y el desempeño de las funciones de control y reglamentación que se le asignen en virtud de esta Parte o con arreglo a cualquier contrato. La Autoridad tendrá derecho a inspeccionar todas las instalaciones utilizadas en relación con las actividades en la Zona y situadas en ella.

6. El contrato celebrado con arreglo al párrafo 3 garantizará los derechos del contratista. Por consiguiente, no será modificado, suspendido ni rescindido excepto de conformidad con los artículos 18 y 19 del Anexo III.

Artículo 154. Examen periódico. Cada cinco años a partir de la entrada en vigor de esta Convención, la Asamblea procederá a un examen general y sistemático de la forma en que el régimen internacional de la Zona establecido en esta Convención haya funcionado en la práctica. A la luz de ese examen, la Asamblea podrá adoptar o recomendar que otros órganos adopten medidas, de conformidad con las disposiciones y procedimientos de esta Parte y de los anexos correspondientes, que permitan mejorar el funcionamiento del régimen.

Artículo 155. Conferencia de Revisión. 1. Quince años después del 1o. de enero del año en que comience la primera producción comercial con arreglo a un plan de trabajo aprobado, la Asamblea convocará a una conferencia de revisión de las disposiciones de esta Parte y de los anexos pertinentes que regulan el sistema de exploración y explotación de los recursos de la Zona. A la luz de la experiencia adquirida en ese lapso, la Conferencia de Revisión examinará en detalle;

a) Si las disposiciones de esta Parte que regulan el sistema de exploración y explotación de los recursos de la Zona han cumplido sus finalidades en todos sus aspectos, en particular, si han beneficiado a toda la humanidad;

b) Si durante el período de 15 años las áreas reservadas se han explotado de modo eficaz y equilibrado en comparación con las áreas no reservadas;

c) Si el desarrollo y la utilización de la Zona y sus recursos se han llevado a cabo de manera que fomenten el desarrollo saludable de la economía mundial y el crecimiento equilibrado del comercio internacional;

d) Si se ha impedido la monopolización de las actividades en la Zona;

e) Si se han cumplido las políticas establecidas en los artículos 150 y 151; y

f) Si el sistema ha dado lugar a una distribución equitativa de los beneficios derivados de las actividades en la Zona, considerando en particular los intereses y las necesidades de los Estados en desarrollo.

2. La Conferencia de Revisión velará porque se mantengan el principio del patrimonio común de la humanidad, el régimen internacional para la explotación equitativa de los recursos de la Zona en beneficio de todos los países, especialmente de los Estados en desarrollo, y la existencia de una Autoridad que organice, realice y controle las actividades en la Zona. También velará por que se mantengan los principios establecidos en esta Parte, relativos a la exclusión de toda reivindicación y de todo ejercicio de soberanía sobre parte alguna de la Zona, los derechos de los Estados y su comportamiento general en relación con la Zona, y su participación en las actividades de la Zona de conformidad con esta Convención, la prevención de la monopolización de las actividades

en la Zona, la utilización de la Zona exclusivamente con fines pacíficos, los aspectos económicos de las actividades en la Zona, la investigación científica marina, la transmisión de tecnología, la protección del medio marino y de la vida humana, los derechos de los Estados ribereños, el régimen jurídico de las aguas suprayacentes a la Zona y del espacio aéreo sobre ellas y la armonización de las actividades en la Zona y de otras actividades en el medio marino.

3. El procedimiento aplicable para la adopción de decisiones en la Conferencia de Revisión será el mismo aplicable en la tercera Conferencia de las Naciones Unidas sobre el derecho del Mar. La Conferencia hará todo lo posible para que los acuerdos sobre enmiendas se tomen por consenso y dichos asuntos no deberían someterse a votación hasta que no se hayan agotado todos los esfuerzos por llegar a un consenso.

4. Si la Conferencia de Revisión, cinco años después de su apertura, no hubiere llegado a un acuerdo sobre el sistema de exploración y explotación de los recursos de la Zona, podrá decidir durante los doce meses siguientes, por mayoría de tres cuartos de los estados Partes, adoptar y presentar a los Estados Partes, para su ratificación o adhesión, las enmiendas por las que se cambie o modifique el sistema que considere necesarias y apropiadas. Tales enmiendas entrarán en vigor para todos los Estados Partes doce meses después del depósito de los instrumentos de ratificación o adhesión de tres cuartos de los Estados Partes.

5. Las enmiendas que adopte la Conferencia de Revisión de conformidad con este artículo no afectarán a los derechos adquiridos en virtud de contratos existentes.

Sección 4. La autoridad

Subsección A. Disposiciones generales

Artículo 156. Establecimiento de la Autoridad. 1. Por esta convención se establece la Autoridad Internacional de los Fondos Marinos, que actuará de conformidad con esta Parte.

2. Todos los Estados partes son ipso facto miembros de la Autoridad.

3. Los observadores en la Tercera Conferencia de las Naciones Unidas sobre el Derecho del Mar que hayan firmado el Acta Final y no figuren en los apartados c), d), e) o f) del párrafo 1 del artículo 305 tendrán derecho a participar como observadores en la Autoridad, de conformidad con sus normas, reglamentos y procedimientos.

4. La Autoridad tendrá su sede en Jamaica.

5. La Autoridad podrá establecer los centros u oficinas regionales que considere necesarios para el desempeño de sus funciones.

Artículo 157. Naturaleza y principios fundamentales de la Autoridad. 1. La Autoridad es la organización por conducto de la cual los Estados partes organizarán y controlarán las actividades en la Zona de conformidad con esta Parte, particularmente con miras a la administración de los recursos de la zona.

2. La Autoridad tendrá las facultades y funciones que expresamente se le confieren en esta Convención. Tendrá también las facultades accesorias, compatibles con esta Convención, que resulten implícitas y necesarias para el ejercicio de aquellas facultades y funciones con respecto a las actividades en la Zona.

3. La Autoridad se basa en el principio de la igualdad soberana de todos sus miembros.

4. Todos los miembros de la Autoridad cumplirán de buena fe las obligaciones contraídas de conformidad con esta Parte, a fin de asegurar a cada uno de ellos los derechos y beneficios dimanados de su calidad de tales.

Artículo 158. Órganos de la Autoridad. 1. Por esta Convención se establecen, como órganos principales de la Autoridad, una Asamblea, un Consejo y una Secretaría.

2. Se establece también la Empresa, órgano mediante el cual la Autoridad ejercerá las funciones mencionadas en el párrafo I del artículo 170.

3. Podrán establecer, de conformidad con esta Parte, los órganos subsidiarios que se consideren necesarios.

4. A cada uno de los órganos principales de la Autoridad y a la Empresa les corresponderá ejercer las facultades y funciones que se les confieran. En el ejercicio de dichas facultades y funciones, cada uno de los órganos se abstendrá de tomar medida alguna que pueda menoscabar o impedir el ejercicio de facultades y funciones específicas conferidas a otro órgano.

Subsección B. La asamblea

Artículo 159. Composición, procedimiento y votaciones. 1. La Asamblea estará integrada por todos los miembros de la Autoridad. Cada miembro tendrá un representante en la Asamblea, al que podrán acompañar suplentes y asesores.

2. La Asamblea celebrará un período ordinario de sesiones cada año y períodos extraordinarios de sesiones cuando ella misma lo decida o cuando sea convocada por el Secretario General a petición del Consejo o de la mayoría de los miembros de la Autoridad.

3. Los períodos de sesiones se celebrarán en la sede de la Autoridad, a menos que la Asamblea decida otra cosa.

4. La Asamblea aprobará su reglamento. Al comienzo de cada período ordinario de sesiones, elegirá a su Presidente y a los demás miembros de la Mesa que considere necesarios. Estos ocuparán su cargo hasta que sean elegidos el nuevo Presidente y los demás miembros de la mesa en el siguiente período ordinario de sesiones.

5. La mayoría de los miembros de la Asamblea constituirá quórum.

6. Cada miembro de la Asamblea tendrá un voto.

7. Las decisiones sobre cuestiones de procedimiento, incluidas las de convocar períodos extraordinarios de sesiones de la Asamblea, se adoptarán por mayoría de los miembros presentes y votantes.

8. Las decisiones sobre cuestiones de fondo se adoptarán por mayoría de dos tercios de los miembros presentes y votantes, siempre que comprenda la mayoría de los miembros que participen en el período de sesiones. En caso de duda sobre si una cuestión es o no de fondo, esa cuestión será tratada como cuestión de fondo a menos que la Asamblea decida otra cosa por la mayoría requerida para las decisiones sobre cuestiones de fondo.

9. Cuando una cuestión de fondo vaya a ser sometida a votación por primera vez, el Presidente podrá aplazar la decisión de someterla a votación por un período no superior a cinco días civiles, y deberá hacerlo cuando lo solicite al menos una quinta parte de los miembros de la Asamblea. Esta disposición sólo podrá aplicarse una vez respecto de la misma cuestión, y su aplicación no entrañará el aplazamiento de la cuestión hasta una fecha posterior a la de clausura del período de sesiones.

10. Previa solicitud, dirigida por escrito al Presidente y apoyada como mínimo por una cuarta parte de los miembros de la Autoridad, de que se emita una opinión consultiva acerca de la conformidad con esta Convención de una propuesta a la Asamblea respecto de cualquier asunto, la Asamblea pedirá a la Sala de Controversias de los Fondos Marinos del Tribunal Internacional del Derecho del Mar que emita una opinión consultiva al respecto y aplazará la votación sobre dicha propuesta hasta que la Sala emita su opinión consultiva. Si ésta no se recibiere antes de la última semana del período de sesiones en

que solicite, la Asamblea decidirá cuándo habrá de reunirse para proceder a la votación aplazada.

Artículo 160. Facultades y funciones. 1. La Asamblea, en su carácter de único órgano integrado por todos los miembros de la Autoridad, será considerada el órgano supremo de ésta, ante el cual responderán los demás órganos principales tal como se dispone expresamente en esta Convención. La Asamblea estará facultada para establecer, de conformidad con esta Convención, la política general de la Autoridad respecto de todas las cuestiones de la competencia de ésta.

2. Además, la Asamblea tendrá las siguientes facultades y funciones:

a) Elegir a los miembros del Consejo de conformidad con el artículo 161;

b) Elegir al Secretario General entre los candidatos propuestos por el Consejo;

c) Elegir, por recomendación del Consejo, a los miembros de la Junta Directiva y al Director General de la Empresa;

d) Establecer los órganos subsidiarios que sean necesarios para el desempeño de sus funciones, de conformidad con esta Parte. En la composición de tales órganos se tendrán debidamente en cuenta el principio de la distribución geográfica equitativa y los intereses especiales y la necesidad de asegurar el concurso de miembros calificados y competentes en las diferentes cuestiones técnicas de que se ocupen esos órganos;

e) Determinar las cuotas de los miembros en el presupuesto administrativo de la Autoridad con arreglo a una escala convenida, basada en la que se utiliza para el presupuesto ordinario de las Naciones Unidas, hasta que la Autoridad tenga suficientes ingresos de otras fuentes para sufragar sus gastos administrativos;

f) i) Examinar y aprobar, por recomendación del Consejo, las normas, reglamentos y procedimientos sobre la distribución equitativa de los beneficios financieros y otros beneficios económicos obtenidos de las actividades en la Zona y los pagos y contribuciones hechos en aplicación de lo dispuesto en el artículo 82, teniendo especialmente en cuenta los intereses y necesidades de los Estados en desarrollo y de los pueblos que no hayan alcanzado la plena independencia u otro régimen de autonomía. La Asamblea, si no aprueba las recomendaciones del Consejo, las devolverá para que éste las reexamine atendiendo a las opiniones expuestas por ella;

ii) Examinar y aprobar las normas, reglamentos y procedimientos de la Autoridad y cualesquiera enmiendas a ellos, aprobados provisionalmente por el Consejo en aplicación de lo dispuesto en el inciso ii) del apartado o) del párrafo 2 del artículo 162. Estas normas, reglamentos y procedimientos se referirán a la prospección, exploración y explotación en la Zona, a la gestión financiera y a la administración interna de la Autoridad y, por recomendación de la Junta Directiva de la Empresa, a la transferencia de fondos de la Empresa a la Autoridad;

g) Decidir sobre la distribución equitativa de los beneficios financieros y otros beneficios económicos obtenidos de las actividades en la Zona, en forma compatible con esta Convención y las normas, reglamentos y procedimientos de la Autoridad;

h) Examinar y aprobar el proyecto de presupuesto anual de la Autoridad presentado por el Consejo;

i) Examinar los informes periódicos del Consejo y de la Empresa, así como los informes especiales solicitados al Consejo o a cualquier otro órgano de la Autoridad;

j) Iniciar estudios y hacer recomendaciones para promover la cooperación internacional en lo que atañe a las actividades en la Zona y fomentar el desarrollo progresivo del derecho internacional sobre la materia y su codificación;

k) Examinar los problemas de carácter general que se planteen en relación con las actividades en la Zona, particularmente a los Estados en desarrollo, así como los que se planteen a los Estados en relación con esas actividades y se deban a su situación geográfica, en particular en el caso de los Estados sin litoral o en situación geográfica desventajosa;

l) Establecer un sistema de compensación o adoptar otras medidas de asistencia para el reajuste económico, de conformidad con el párrafo 4 del artículo 151, previa recomendación del Consejo basada en el asesoramiento de la Comisión de Planificación Económica;

m) Suspender el ejercicio de los derechos y privilegios inherentes a la calidad de miembro, de conformidad con el artículo 185;

n) Examinar cualesquiera cuestiones o asuntos comprendidos en el ámbito de competencia de la Autoridad y decidir, en forma compatible con la distribución de facultades y funciones entre los órganos de la Autoridad, cuál de ellos se ocupará de las cuestiones o asuntos no encomendados expresamente a un órgano determinado.

Subsección C. El consejo

Artículo 161. Composición, procedimiento y votaciones. 1. El Consejo estará integrado por 36 miembros de la Autoridad elegidos por la Asamblea en el orden siguiente:

a) Cuatro miembros escogidos entre los Estados partes que, durante los últimos cinco años respecto de los cuales se disponga de estadísticas, hayan absorbido más del 2% del consumo mundial total o hayan efectuado importaciones netas de más del 2% de las importaciones mundiales totales de los productos básicos obtenidos a partir de las categorías de minerales que hayan de extraerse de la Zona y, en todo caso, un Estado de la región de Europa oriental (socialista), así como el mayor consumidor;

b) Cuatro miembros escogidos entre los ocho Estados Partes que, directamente o por medio de sus nacionales, hayan hecho las mayores inversiones en la preparación y en la realización de actividades en la Zona, incluido por lo menos un Estado de la región de Europa oriental (socialista);

c) Cuatro miembros escogidos entre los Estados Partes que, sobre la base de la producción de las áreas que se encuentran bajo su jurisdicción, sean grandes exportadores netos de las categorías de minerales que han de extraerse de la Zona, incluidos por lo menos dos estados en desarrollo cuyas exportaciones de esos minerales tengan una importancia considerable para su economía.

d) Seis miembros escogidos entre los Estados Partes en desarrollo, que representen intereses especiales. Los intereses especiales que han de estar representados incluirán los de los Estados con gran población, los Estados sin litoral o en situación geográfica desventajosa, los Estados que sean grandes importadores de las categorías de minerales que han de extraerse de la Zona, los Estados que sean productores potenciales de tales minerales y los Estados en desarrollo menos adelantados;

e) Dieciocho miembros escogidos de conformidad con el principio de asegurar una distribución geográfica equitativa de los puestos del Consejo en su totalidad, a condición de que cada región geográfica cuente por lo menos con un miembro elegido en virtud de este apartado. A tal efecto, se considerarán regiones geográficas África, América Latina, Asia, Europa occidental y otros Estados, y Europa oriental (socialista);

2. Al elegir a los miembros del Consejo de conformidad con el párrafo 1, la Asamblea velará porque:

a) Los Estados sin litoral o en situación geográfica desventajosa tengan una representación razonablemente proporcional a su representación en la Asamblea;

b) Los Estados ribereños, especialmente los Estados en desarrollo, en que no concurran las condiciones señaladas en los apartados a), b), c) o d) del párrafo 1 tengan una representación razonablemente proporcional a su representación en la Asamblea;

c) Cada grupo de Estados Partes que deba estar representado en el Consejo esté representado por los miembros que, en su caso, sean propuestos por ese grupo.

3. Las elecciones se celebrarán en los períodos ordinarios de sesiones de la Asamblea. El mandato de cada miembro del Consejo durará cuatro años. No obstante, en la primera elección el mandato de la mitad de los miembros de cada uno de los grupos previstos en el párrafo 1 durará dos años.

4. Los miembros del Consejo podrán ser reelegidos, pero habrá de tenerse presente la conveniencia de la rotación en la composición del Consejo.

5. El Consejo funcionará en la sede de la Autoridad y se reunirá con la frecuencia que los asuntos de la Autoridad requieran, pero al menos tres veces por año.

6. La mayoría de los miembros del Consejo constituirá quórum.

7. Cada miembro del Consejo tendrá un voto.

8. a) Las decisiones sobre cuestiones de procedimiento se adoptarán por mayoría de los miembros presentes y votantes;

b) Las decisiones sobre las cuestiones de fondo que surjan en relación con los apartados f), g), h), i), n), p) y u) del párrafo 2 del artículo 162 y con el artículo 191 se adoptarán por mayoría de dos tercios de los miembros presentes y votantes, siempre que comprenda la mayoría de los miembros del Consejo;

c) Las decisiones sobre las cuestiones de fondo que surjan en relación con las disposiciones que se enumeran a continuación se adoptarán por mayoría de tres cuartos de los miembros presentes y votantes, siempre que comprenda la mayoría de los miembros del Consejo: párrafo 1 del artículo 162; apartados a), b), c), d), e), l), q), r), s) y t) del párrafo 2 del artículo 162, apartado u) del párrafo 2 del artículo 162, en los casos de incumplimiento de un contratista o de un patrocinador; apartado w) del párrafo 2 del artículo 162, con la salvedad de que la obligatoriedad de las órdenes expedidas con arreglo a ese apartado no podrá exceder de 30 días a menos que sean confirmadas por una decisión adoptada de conformidad con el apartado d); apartados x), y) y z) del párrafo 2 del artículo 162; párrafo 2 del artículo 163; párrafo 3 del artículo 174, artículo 11 del Anexo IV;

d) Las decisiones sobre las cuestiones de fondo que surjan en relación con los apartados m) y o) del párrafo 2 del artículo 162 y con la aprobación de enmiendas a la Parte XI se adoptarán por consenso;

e) Para los efectos de los apartados d), f) y g), por «consenso» se entiende la ausencia de toda objeción formal. Dentro de los 14 días siguientes a la presentación de una propuesta al Consejo, el Presidente averiguará si se formularía alguna objeción formal a su aprobación. Cuando el Presidente constate que se formularía tal objeción, establecerá y convocará, dentro de los tres días siguientes a la fecha de esa constatación, un comité de conciliación, integrado por nueve miembros del Consejo como máximo, cuya presidencia asumirá, con objeto de conciliar las divergencias y preparar una propuesta que pueda ser aprobada por consenso. El comité trabajará con diligencia e informará al Consejo en un plazo de 14 días a partir de su establecimiento. Cuando el comité no pueda recomendar ninguna propuesta susceptible de ser aprobada por consenso, indicará en su informe las razones de la oposición a la propuesta;

f) Las decisiones sobre las cuestiones que no estén enumeradas en los apartados precedentes y que el Consejo esté autorizado a adoptar en virtud de las normas, reglamentos y procedimientos de la Autoridad, o por cualquier otro concepto, se adoptarán de conformidad con los apartados de este párrafo especificados en las normas, reglamentos y procedimientos de la Autoridad o, si no se especifica en ningún apartado, por decisión del Consejo adoptada, de ser posible con antelación, por consenso;

g) En caso de duda acerca de si una cuestión está comprendida en los apartados a), b), c) o d), la cuestión se decidirá como si estuviese comprendida en el apartado en que se exija una mayoría más alta o el consenso, según el caso, a menos que el Consejo decida otra cosa por tal mayoría o por consenso.

9. El Consejo establecerá un procedimiento conforme al cual un miembro de la Autoridad que no esté representado en el Consejo pueda enviar un representante para asistir a una sesión de éste cuando ese miembro lo solicite o cuando el Consejo examine una cuestión que le concierna particularmente. Ese representante podrá participar en las deliberaciones, pero no tendrá voto.

Artículo 162. Facultades y funciones. 1. El Consejo es el órgano ejecutivo de la Autoridad y estará facultado para establecer, de conformidad con esta Convención y con la política general establecida por la Asamblea, la política concreta que seguirá la Autoridad en relación con toda cuestión o asunto de su competencia.

2. Además, el Consejo:

a) Supervisará y coordinará la aplicación de las disposiciones de esta Parte respecto de todas las cuestiones y asuntos de la competencia de la Autoridad y señalará a la atención de la Asamblea los casos de incumplimiento;

b) Presentará a la Asamblea una lista de candidatos para el cargo de Secretario General;

c) Recomendará a la Asamblea candidatos para la elección de los miembros de la Junta Directiva y del Director General de la Empresa;

d) Constituirá cuando proceda y prestando la debida atención a las consideraciones de economía y eficiencia, los órganos subsidiarios que sean necesarios para el desempeño de sus funciones de conformidad con esta Parte. En la composición de los órganos subsidiarios se hará hincapié en la necesidad de contar con miembros calificados y competentes en las materias técnicas de que se ocupen esos órganos, teniendo debidamente en cuenta el principio de la distribución geográfica equitativa y los intereses especiales;

e) Aprobará su reglamento, que incluirá el procedimiento para la designación de su Presidente;

f) Concertará, en nombre de la Autoridad y en el ámbito de su competencia, acuerdos con las Naciones Unidas u otras organizaciones internacionales, con sujeción a la aprobación de la Asamblea;

g) Examinará los informes de la Empresa y los transmitirá a la Asamblea con sus recomendaciones;

h) Presentará a la Asamblea informes anuales y los especiales que ésta le pida;

i) Impartirá directrices a la Empresa de conformidad con el artículo 170;

j) Aprobará los planes de trabajo de conformidad con el artículo 6 del Anexo III. Su decisión sobre cada plan de trabajo será adoptada dentro de los 60 días siguientes a la presentación del plan por la Comisión Jurídica y Técnica en un período de sesiones del Consejo, de conformidad con los procedimientos siguientes:

i) Cuando la Comisión recomiende que se apruebe un plan de trabajo, se considerará que éste ha sido aprobado por el Consejo si ninguno de sus miembros presenta al Presidente, en un plazo de 14 días, una objeción por escrito en la que expresamente se afirme que no se han cumplido los requisitos del artículo 6 del Anexo III. De haber objeción, se aplicará el procedimiento de conciliación del apartado e) del párrafo 8 del artículo 161. Si una vez concluido ese procedimiento se mantiene la objeción a que se apruebe dicho plan de trabajo, se considerará que el plan de trabajo ha sido aprobado, a menos que el Consejo lo rechace por consenso de sus miembros, excluidos el Estado o los Estados que hayan presentado la solicitud o hayan patrocinado al solicitante;

ii) Cuando la Comisión recomiende que se rechace un plan de trabajo, o se abstenga de hacer una recomendación al respecto, el Consejo podrá aprobarlo por mayoría de tres cuartos de los miembros presentes y votantes, siempre que comprenda la mayoría de los miembros participantes en el período de sesiones;

k) Aprobará los planes de trabajo que presente la Empresa de conformidad con el artículo 12 del Anexo IV, aplicando, mutatis mutandis, los procedimientos establecidos en el apartado j);

l) Ejercerá control sobre las actividades en la Zona, de conformidad con el párrafo 4 del artículo 153 y las normas, reglamentos y procedimientos de la Autoridad;

m) Adoptará por recomendación de la Comisión de Planificación Económica, las medidas necesarias y apropiadas para la protección de los Estados en desarrollo, con arreglo al apartado h) del artículo 150, respecto de los efectos económicos adversos a que se refiere ese apartado;

n) Formulará recomendaciones a la Asamblea, basándose en el asesoramiento de la Comisión de Planificación Económica, respecto del sistema de compensación u otras medidas de asistencia para el reajuste económico previstos en el párrafo 10 del artículo 151;

o) i) Recomendará a la Asamblea normas, reglamentos y procedimientos sobre la distribución equitativa de los beneficios financieros y otros beneficios económicos derivados de las actividades en la Zona y sobre los pagos y contribuciones que deban efectuarse en virtud del artículo 82, teniendo especialmente en cuenta los intereses y necesidades de los Estados en desarrollo y de los pueblos que no hayan alcanzado la plena independencia u otro régimen de autonomía;

ii) Dictará y aplicará provisionalmente hasta que los apruebe la Asamblea, las normas, reglamentos y procedimientos de la Autoridad, y cualesquiera enmiendas a ellos, teniendo en cuenta las recomendaciones de la Comisión Jurídica y Técnica o de otro órgano subordinado pertinente. Estas normas, reglamentos y procedimientos se referirán a la prospección, exploración y explotación en la Zona y a la gestión financiera y la administración interna de la Autoridad. Se dará prioridad a la adopción de normas, reglamentos y procedimientos para la exploración y explotación de nódulos polimetálicos. Las normas, reglamentos y procedimientos para la exploración y explotación de recursos que no sean nódulos polimetálicos se adoptarán dentro de los tres años siguientes a la fecha en que un miembro de la Autoridad pida a ésta que las adopte. Las normas, reglamentos y procedimientos permanecerán en vigor en forma provisional hasta que sean aprobados por la Asamblea o enmendados por el Consejo teniendo en cuenta las opiniones expresadas por la Asamblea;

p) Fiscalizará todos los pagos y cobros de la Autoridad relativos a las actividades que se realicen en virtud de esta Parte;

q) Efectuará la selección entre los solicitantes de autorizaciones de producción de conformidad con el artículo 7 del Anexo III cuando esa selección sea necesaria en virtud de dicha disposición;

r) Presentará a la Asamblea, para su aprobación, el proyecto de presupuesto anual de la Autoridad;

s) Formulará a la Asamblea recomendaciones sobre la política general relativa a cualesquiera cuestiones o asuntos de la competencia de la Autoridad;

t) Formulará a la Asamblea recomendaciones respecto de la suspensión del ejercicio de los derechos y privilegios inherentes a la calidad de miembro de conformidad con el artículo 185;

u) Incoará, en nombre de la Autoridad, procedimientos ante la Sala de Controversias de los Fondos Marinos en casos de incumplimiento;

v) Notificará a la Asamblea los fallos que la Sala de Controversias de los Fondos Marinos dicte en los procedimientos incoados en virtud del apartado t), y formulará las recomendaciones que considere apropiadas con respecto a las medidas que hayan de adoptarse;

w) En casos de urgencia, expedirá órdenes, que podrán incluir la suspensión o el reajuste de operaciones, a fin de impedir daños graves al medio marino como consecuencia de actividades en la Zona;

x) Excluirá de la explotación por contratistas o por la Empresa ciertas áreas cuando pruebas fundadas indiquen que existe el riesgo de causar daños graves al medio marino;

y) Establecerá un órgano subsidiario para la elaboración de proyectos de normas, reglamentos y procedimientos financieros relativos a:

i) La gestión financiera de conformidad con los artículos 171 a 175; y

ii) Los asuntos financieros de conformidad con el artículo 13 y el apartado c) del párrafo 1 del artículo 17 del Anexo III;

z) Establecerá mecanismos apropiados para dirigir y supervisar un cuerpo de inspectores que examinen las actividades que se realicen en la Zona para determinar si se cumplen las disposiciones de esta Parte, las normas, reglamentos y procedimientos de la Autoridad y las modalidades y condiciones de cualquier contrato celebrado con ella.

Artículo 163. Órganos del Consejo. 1. Se establecen como órganos del Consejo:

a) Una Comisión de Planificación Económica;

b) Una Comisión Jurídica y Técnica.

2. Cada comisión estará constituida por 15 miembros elegidos por el Consejo entre los candidatos propuestos por los Estados Partes. No obstante, si es necesario, el Consejo podrá decidir aumentar el número de miembros de cualquiera de ellas teniendo debidamente en cuenta las exigencias de economía y eficiencia.

3. Los miembros de cada comisión tendrán las calificaciones adecuadas en la esfera de competencia de esa comisión. Los Estados Partes propondrán candidatos de la máxima competencia e integridad que posean calificaciones en las materias pertinentes, de modo que quede garantizado el funcionamiento eficaz de las Comisiones.

4. En la elección, se tendrá debidamente en cuenta la necesidad de una distribución geográfica equitativa y de la representación de los intereses especiales.

5. Ningún Estado Parte podrá proponer a más de un candidato a miembro de una comisión. Ninguna persona podrá ser elegida miembro de más de una comisión.

6. Los miembros de las comisiones desempeñarán su cargo durante cinco años y podrán ser reelegidos para un nuevo mandato.

7. En caso de fallecimiento, incapacidad o renuncia de un miembro de las comisiones antes de la expiración de su mandato, el Consejo elegirá a una persona de la misma región geográfica o esfera de intereses, quien ejercerá el cargo durante el resto de ese mandato.

8. Los miembros de las comisiones no tendrán interés financiero en ninguna actividad relacionada con la exploración y explotación de la Zona. Con sujeción a sus responsabilidades ante la comisión a que pertenezcan, no revelarán, ni siquiera después de la terminación de sus funciones, ningún secreto industrial, ningún dato que sea objeto de derechos de propiedad industrial y se

transmita a la Autoridad con arreglo al artículo 14 del Anexo III, ni cualquier otra información confidencial que llegue a su conocimiento como consecuencia del desempeño de sus funciones.

9. Cada comisión desempeñará sus funciones de conformidad con las orientaciones y directrices que establezca el Consejo.

10. Cada comisión elaborará las normas y reglamentos necesarias para el desempeño eficaz de sus funciones y los someterá a la aprobación del Consejo.

11. Los procedimientos para la adopción de decisiones en las comisiones serán los establecidos en las normas, reglamentos y procedimientos de la Autoridad. Las recomendaciones al Consejo irán acompañadas, cuando sea necesario, de un resumen de las divergencias de opinión que haya habido en las comisiones.

12. Las comisiones desempeñarán normalmente sus funciones en la sede de la Autoridad y se reunirán con la frecuencia que requiera el desempeño eficaz de ellas.

13. En el desempeño de sus funciones, cada comisión podrá consultar, cuando proceda, a otra comisión, a cualquier órgano competente de las Naciones Unidas y sus organismos especializados o a cualquier organización internacional que tenga competencia en la materia objeto de la consulta.

Artículo 164. Comisión de Planificación Económica. 1. Los miembros de la Comisión de Planificación Económica poseerán las calificaciones apropiadas en materia de explotación minera, administración de actividades relacionadas con los recursos minerales, comercio internacional o economía internacional, entre otras. El Consejo procurará que la composición de la Comisión incluya todas las calificaciones pertinentes. En la Comisión se incluirán por lo menos dos miembros procedentes de Estados en desarrollo cuyas exportaciones de las categorías de minerales que hayan de extraerse de la Zona tengan consecuencias importantes en sus economías.

2. La Comisión:

a) Propondrá, a solicitud del Consejo, medidas para aplicar las decisiones relativas a las actividades en la Zona adoptadas de conformidad con esta Convención;

b) Examinará las tendencias de la oferta, la demanda y los precios de los minerales que puedan extraerse de la Zona, así como los factores que influyan en esas magnitudes, teniendo en cuenta los intereses de los países importadores y de los países exportadores, en particular de los que sean Estados en desarrollo;

c) Examinará cualquier situación de la que puedan resultar los efectos adversos mencionados en el apartado h) del artículo 150 que el Estado o los Estados Partes interesados señalen a su atención, y hará las recomendaciones apropiadas al Consejo;

d) Propondrá el Consejo para su presentación a la Asamblea, según lo dispuesto en el párrafo 10 del artículo 151, un sistema de compensación u otras medidas de asistencia para el reajuste económico en favor de los Estados en desarrollo que sufran efectos adversos como consecuencia de las actividades en la Zona, y hará al Consejo las recomendaciones necesarias para la aplicación del sistema o las medidas que la Asamblea haya aprobado en cada caso.

Artículo 165. Comisión Jurídica y Técnica. 1. Los miembros de la Comisión Jurídica y Técnica poseerán las calificaciones apropiadas en materia de exploración, explotación y tratamiento de minerales, oceanología, protección del medio marino, o asuntos económicos o jurídicos relativos a la minería marina y otras esferas conexas. El Consejo procurará que la composición de la Comisión incluya todas las calificaciones pertinentes.

2. La Comisión:

a) Hará recomendaciones, a solicitud del Consejo, acerca del desempeño de las funciones de la Autoridad;

b) Examinará, de conformidad con el párrafo 3 del artículo 153, los planes de trabajo oficiales, presentados por escrito, relativos a las actividades en la Zona y hará las recomendaciones apropiadas al Consejo. La Comisión fundará sus recomendaciones únicamente en las disposiciones del Anexo III e informará plenamente al Consejo al respecto;

c) Supervisará, a solicitud del Consejo, las actividades en la Zona, en consulta y colaboración, cuando proceda, con las entidades o personas que realicen esas actividades, o con el Estado o Estados interesados, y presentará un informe al Consejo;

d) Preparará evaluaciones de las consecuencias ecológicas de las actividades en la Zona;

e) Hará recomendaciones al Consejo acerca de la protección del medio marino teniendo en cuenta las opiniones de expertos reconocidos;

f) Elaborará y someterá al Consejo las normas, reglamentos y procedimientos mencionados en el apartado o) del párrafo 2 del artículo 162, teniendo en cuenta todos los factores pertinentes, inclusive la evaluación de las consecuencias ecológicas de las actividades en la Zona;

g) Mantendrá en examen esas normas, reglamentos y procedimientos, y periódicamente recomendará al Consejo las enmiendas a esos textos que estime necesarias o convenientes;

h) Hará recomendaciones al Consejo con respecto al establecimiento de un programa de vigilancia para observar, medir, evaluar y analizar en forma periódica, mediante métodos científicos reconocidos, los riesgos o las consecuencias de las actividades en la Zona en lo relativo a la contaminación del medio marino, se asegurará de que la reglamentación vigente sea adecuada y se cumpla, y coordinará la ejecución del programa de vigilancia una vez aprobado por el Consejo;

i) Recomendará al Consejo que incoe procedimientos en nombre de la Autoridad ante la Sala de Controversias de los Fondos Marinos, de conformidad con esta Parte y los anexos pertinentes, teniendo especialmente en cuenta el artículo 187;

j) Hará recomendaciones al Consejo con respecto a las medidas que hayan de adoptarse tras el fallo de la Sala de controversias de los Fondos Marinos en los procedimientos incoados en virtud del apartado i);

k) Hará recomendaciones al Consejo para que, en casos de urgencia, expida órdenes, que podrán incluir la suspensión o el reajuste de las operaciones, a fin de impedir daños graves al medio marino como consecuencia de las actividades en la Zona. Esas recomendaciones serán examinadas por el Consejo con carácter prioritario;

l) Hará recomendaciones al Consejo para que excluya de la explotación por contratistas o por la Empresa ciertas áreas cuando pruebas fundadas indiquen que existe el riesgo de causar daños graves al medio marino;

m) Hará recomendaciones al Consejo sobre la dirección y supervisión de un cuerpo de inspectores que examinen las actividades en la Zona para determinar si se cumplen las disposiciones de esta Parte, las normas, reglamentos y procedimientos de la Autoridad y las modalidades y condiciones de cualquier contrato celebrado con ella;

n) Calculará el límite máximo de producción y expedirá autorizaciones de producción en nombre de la Autoridad en cumplimiento de los párrafos 2 a 7 del artículo 151, previa la necesaria selección por el Consejo, de conformidad con lo dispuesto en el artículo 7 del Anexo III, entre los solicitantes.

3. Al desempeñar sus funciones de supervisión e inspección, los miembros de la Comisión serán acompañados, a solicitud de cualquier Estado Parte u otra parte interesada, por un representante de dicho Estado o parte interesada.

Subsección D. La secretaria

Artículo 166. La Secretaría. 1. La Secretaría de la Autoridad se compondrá de un Secretario General y del personal que requiera la Autoridad.

2. El Secretario General será elegido por la Asamblea para un mandato de cuatro años entre los candidatos propuestos por el Consejo y podrá ser reelegido.

3. El Secretario General será el más alto funcionario administrativo de la Autoridad, actuará como tal en todas las sesiones de la Asamblea, del Consejo y de cualquier órgano subsidiario, y desempeñará las demás funciones administrativas que esos órganos le encomienden.

4. El Secretario General presentará a la Asamblea un informe anual sobre las actividades de la Autoridad.

Artículo 167. El personal de la Autoridad. 1. El personal de la Autoridad estará constituido por los funcionarios científicos, técnicos y de otro tipo calificados que se requieran para el desempeño de las funciones administrativas de la Autoridad.

2. La consideración primordial al contratar y nombrar al personal y al determinar sus condiciones de servicio será la necesidad de asegurar el más alto grado de eficiencia, competencia e integridad. Con sujeción a esta consideración, se tendrá debidamente en cuenta la importancia de contratar al personal de manera que haya la más amplia representación geográfica posible.

3. El personal será nombrado por el Secretario General. Las modalidades y condiciones de nombramiento, remuneración y destitución del personal se ajustarán a las normas, reglamentos y procedimientos de la Autoridad.

Artículo 168. Carácter internacional de la Secretaría. 1. En el desempeño de sus funciones, el Secretario General y el personal de la Autoridad no solicitarán ni recibirán instrucciones de ningún gobierno ni de ninguna otra fuente ajena a la Autoridad. Se abstendrán de actuar en forma alguna que sea incompatible con su condición de funcionarios internacionales, responsables únicamente ante la Autoridad. Todo Estado Parte se compromete a respetar el carácter exclusivamente internacional de las funciones del Secretario General y del personal, y a no tratar de influir sobre ellos en el desempeño de sus funciones. Todo incumplimiento de sus obligaciones por un funcionario se someterá a un tribunal administrativo apropiado con arreglo a las normas, reglamentos y procedimientos de la Autoridad.

2. Ni el Secretario General ni el personal podrán tener interés financiero alguno en ninguna actividad relacionada con la exploración y explotación de la Zona. Con sujeción a sus obligaciones para con la Autoridad, no revelarán, ni siquiera después de cesar en su cargo, ningún secreto industrial, ningún dato que sea objeto de derechos de propiedad industrial y se transmita a la Autoridad con arreglo al artículo 14 del Anexo III, ni cualquier otra información confidencial que lleguen a su conocimiento como consecuencia del desempeño de su cargo.

3. A petición de un Estado Parte, o de una persona natural o jurídica patrocinada por un Estado Parte con arreglo al apartado b) del párrafo 2 del artículo 153, perjudicado por un incumplimiento de las obligaciones enunciadas en el párrafo 2 por un funcionario de la Autoridad, ésta denunciará por tal incumplimiento al funcionario de que se trate ante un tribunal designado con arreglo a las normas, reglamentos y procedimientos de la Autoridad. La parte perjudicada tendrá derecho a participar en las actuaciones. Si el tribunal lo recomienda, el Secretario General destituirá a ese funcionario.

4. Las normas, reglamentos y procedimientos de la Autoridad incluirán las disposiciones necesarias para la aplicación de este artículo.

Artículo 169. Consulta y cooperación con organizaciones internacionales y no gubernamentales. 1. El Secretario General adoptará, con la aprobación del Consejo, en los asuntos de competencia de la Autoridad, disposiciones apropiadas para la celebración de consultas y la cooperación con las organizaciones internacionales y con las organizaciones no gubernamentales reconocidas por el Consejo Económico y Social de las Naciones Unidas.

2. Cualquier organización con la cual el Secretario General haya concertado un arreglo en virtud del párrafo 1 podrá designar representantes para que asistan como observadores a las reuniones de cualquier órgano de la Autoridad, de conformidad con el reglamento de ese órgano. Se establecerán procedimientos para que esas organizaciones den a conocer sus opiniones en los casos apropiados.

3. El Secretario General podrá distribuir a los Estados Partes los informes escritos presentados por las organizaciones no gubernamentales a que se re-

fiere el párrafo 1 sobre los asuntos que sean de su competencia especial y se relacionen con la labor de la Autoridad.

Subsección E. La empresa

Artículo 170. La Empresa. 1. La Empresa será el órgano de la Autoridad que realizará actividades en la Zona directamente en cumplimiento del apartado a) del párrafo 2 del artículo 153, así como actividades de transporte, tratamiento y comercialización de minerales extraídos de la Zona.

2. En el marco de la personalidad jurídica internacional de la Autoridad, la Empresa tendrá la capacidad jurídica prevista en el Estatuto que figura en el Anexo IV. La Empresa actuará de conformidad con esta Convención y las normas, reglamentos y procedimientos de la Autoridad, así como con la política general establecida por la Asamblea, y estará sujeta a las directrices y al control del Consejo.

3. La Empresa tendrá su oficina principal en la sede de la Autoridad.

4. De conformidad con el párrafo 2 del Artículo 173 y el artículo 11 del Anexo IV, se proporcionarán a la Empresa los fondos que necesite para el desempeño de sus funciones; asimismo, se le transferirá tecnología con arreglo al artículo 144 y las demás disposiciones pertinentes de esta Convención.

Subsección F. Disposiciones financieras relativas a la autoridad

Artículo 171. Recursos financieros de la Autoridad. Los recursos financieros de la Autoridad corresponderán:

a) Las cuotas de los miembros de la Autoridad determinadas de conformidad con el apartado e) del párrafo 2 del artículo 160;

b) Los ingresos que perciba la Autoridad, de conformidad con el artículo 13 del Anexo III, como resultado de las actividades en la Zona;

c) Las cantidades recibidas de la Empresa de conformidad con el artículo 10 del Anexo IV;

d) Los préstamos obtenidos en virtud del artículo 174;

e) Las contribuciones voluntarias de los miembros u otras entidades; y

f) Los pagos que se hagan a un fondo de compensación, con arreglo a lo dispuesto en el párrafo 10 del artículo 151, cuyas fuentes ha de recomendar la Comisión de Planificación Económica.

Artículo 172. Presupuesto anual de la Autoridad. El Secretario General preparará el proyecto de presupuesto anual de la Autoridad y lo presentará al Consejo. Este lo examinará y lo presentará, con sus recomendaciones, a la aprobación de la Asamblea, según se prevé en el apartado h) del párrafo 2 del artículo 160.

Artículo 173. Gastos de la Autoridad. 1. Las cuotas a que se hace referencia en el apartado a) del artículo 171 se ingresarán en una cuenta especial para sufragar los gastos administrativos de la Autoridad hasta que ésta obtenga de otras fuentes fondos suficientes para ello.

2. Los fondos de la Autoridad se destinarán en primer lugar a sufragar sus gastos administrativos. Con excepción de las cuotas a que se hace referencia en el apartado a) del artículo 171, los fondos remanentes, una vez sufragados esos gastos, podrán, entre otras cosas:

a) Ser distribuidos de conformidad con el artículo 140 y el apartado g) del párrafo 2 del artículo 160;

b) Ser utilizados para proporcionar fondos a la Empresa de conformidad con el párrafo 4 del artículo 170;

c) Ser utilizados para compensar a los Estados en desarrollo de conformidad con el párrafo 10 del artículo 151 y el apartado 1) del párrafo 2 del artículo 160.

Artículo 174. Facultad de la Autoridad para contraer préstamos. 1. La Autoridad estará facultada para contraer préstamos.

2. La Asamblea determinará los límites de esa facultad en el reglamento financiero que apruebe en virtud del apartado f) del párrafo 2 del artículo 160.

3. El ejercicio de esa facultad corresponderá al Consejo.

4. Los Estados Partes no responderán de las deudas de la Autoridad.

Artículo 175. Verificación anual de cuentas. Los registros, libros y cuentas de la Autoridad, inclusive sus estados financieros anuales, serán verificados todos los años por un auditor independiente designado por la Asamblea.

Subsección G. Condición jurídica, privilegios e inmunidades

Artículo 176. Condición jurídica. La Autoridad tendrá personalidad jurídica internacional y la capacidad jurídica necesaria para el desempeño de sus funciones y el logro de sus fines.

Artículo 177. Privilegios e inmunidades. La Autoridad, a fin de poder desempeñar sus funciones, gozará en el territorio de cada Estado Parte de los privilegios e inmunidades establecidos en esta subsección. Los privilegios e inmunidades correspondientes a la Empresa serán los establecidos en el artículo 13 del Anexo IV.

Artículo 178. Inmunidad de jurisdicción y de ejecución. La Autoridad, sus bienes y haberes gozarán de inmunidad de jurisdicción y de ejecución, salvo en la medida en que la Autoridad renuncie expresamente a la inmunidad en un caso determinado.

Artículo 179. Inmunidad de registro y de cualquier forma de incautación. Los bienes y haberes de la Autoridad, dondequiera y en poder de quienquiera que se hallen, gozarán de inmunidad de registro, requisa, confiscación, expropiación o cualquier otra forma de incautación por decisión ejecutiva o legislativa.

Artículo 180. Exención de restricciones, reglamentaciones, controles y moratorias. Los bienes y haberes de la Autoridad estarán exentos de todo tipo de restricciones, reglamentaciones, controles y moratorias.

Artículo 181. Archivos y comunicaciones oficiales de la Autoridad. 1. Los archivos de la Autoridad serán inviolables, dondequiera que se hallen.

2. No se incluirán en archivos abiertos al público informaciones que sean objeto de derechos de propiedad industrial, secretos industriales o informaciones análogas, ni tampoco expedientes relativos al personal.

3. Los Estados Partes concederán a la Autoridad, respecto de sus comunicaciones oficiales, un trato no menos favorable que el otorgado a otras organizaciones internacionales.

Artículo 182. Privilegios e inmunidades de personas relacionadas con la Autoridad. Los representantes de los Estados Partes que asistan a sesiones de la Asamblea, del Consejo o de los órganos de la Asamblea o del Consejo, así como el Secretario General y el personal de la Autoridad, gozarán en el territorio de cada Estado Parte:

a) De inmunidad de jurisdicción con respecto a los actos realizados en el ejercicio de sus funciones, salvo en la medida en que el Estado que representen o la Autoridad, según proceda, renuncie expresamente a ella en un caso determinado;

b) Cuando no sean nacionales de ese Estado Parte, de las mismas exenciones con respecto a las restricciones de inmigración, los requisitos de inscripción de extranjeros y las obligaciones del servicio nacional, de las mismas facilidades en materia de restricciones cambiarias y del mismo trato en materia de facilidades de viaje que ese Estado conceda a los representantes, funcionarios y empleados de rango equivalente acreditados por otros Estados Partes.

Artículo 183. Exención de impuestos y derechos aduaneros. 1. En el ámbito de sus actividades oficiales, la Autoridad, sus haberes, bienes e ingresos, así como sus operaciones y transacciones autorizadas por esta Convención, estarán exentos de todo impuesto directo, y los bienes importados o exportados por la Autoridad para su uso oficial estarán exentos de todo derecho aduanero. La Autoridad no pretenderá la exención del pago de los gravámenes que constituyan la remuneración de servicios prestados.

2. Los Estados Partes adoptarán en lo posible las medidas apropiadas para otorgar la exención o el reembolso de los impuestos o derechos que graven el precio de los bienes comprados o los servicios contratados por la Autoridad o en su nombre que sean de valor considerable y necesarios para sus actividades oficiales. Los bienes importados o comprados con el beneficio de las exenciones previstas en este artículo no serán enajenados en el territorio del Estado Parte que haya concedido la exención, salvo en las condiciones convenidas con él.

3. Ningún Estado Parte gravará directa o indirectamente con impuesto alguno los sueldos, emolumentos o retribuciones por cualquier otro concepto que pague la Autoridad al Secretario General y al personal de la Autoridad, así como a los expertos que realicen misiones para ella, que no sean nacionales de ese Estado.

Subsección H. Suspensión del ejercicio de los derechos y privilegios de los miembros

Artículo 184. Suspensión del ejercicio de derecho de voto. El Estado Parte que esté en mora en el pago de sus cuotas a la Autoridad no tendrá voto cuando la suma adeudada sea igual o superior al total de las cuotas exigibles por los dos años anteriores completos. Sin embargo, la Asamblea podrá permitir que ese miembro vote si llega a la conclusión de que la mora se debe a circunstancias ajenas a su voluntad.

Artículo 185. Suspensión del ejercicio de los derechos y privilegios inherentes a la calidad de miembro. 1. Todo Estado Parte que haya violado grave y persistentemente las disposiciones de esta Parte podrá ser suspendido por la Asamblea, por recomendación del Consejo, en el ejercicio de los derechos y privilegios inherentes a su calidad de miembro.

2. No podrá tomarse ninguna medida en virtud del párrafo 1 hasta que la Sala de Controversias de los Fondos Marinos haya determinado que un Estado Parte ha violado grave y persistentemente las disposiciones de esta Parte.

Sección 5. Solución de controversias y opiniones consultivas

Artículo 186. Sala de Controversias de los Fondos Marinos del Tribunal Internacional del Derecho del Mar. La Sala de Controversias de los Fondos Marinos se constituirá y ejercerá su competencia con arreglo a las disposiciones de esta sección, de la Parte XV y del Anexo VI.

Artículo 187. Competencia de la Sala de Controversias de los Fondos Marinos. La Sala de Controversias de los Fondos Marinos tendrá competencia, en virtud de esta Parte y de los anexos que a ella se refieren, para conocer de las siguientes categorías de controversias con respecto a actividades en la Zona:

a) Las controversias entre Estados Partes relativas a la interpretación o aplicación de esta Parte y de los anexos que a ella se refieren;

b) Las controversias entre un Estado Parte y la Autoridad relativas a:

i) Actos u omisiones de la Autoridad o de un Estado Parte que se alegue que constituyen una violación de esta Parte o de los anexos que a ella se refieren, o de las normas, reglamentos y procedimientos de la Autoridad adoptados con arreglo a ellos; o

ii) Actos de la Autoridad que se alegue que constituyen una extralimitación en el ejercicio de su competencia o una desviación de poder;

c) Las controversias entre partes contratantes, cuando éstas sean Estados Partes, la Autoridad o la Empresa, las empresas estatales y las personas naturales o jurídicas mencionadas en el apartado b) del párrafo 2 del artículo 153, que se refieran a:

i) La interpretación o aplicación del contrato pertinente o de un plan de trabajo; o

ii) Los actos u omisiones de una parte contratante relacionados con las actividades en la Zona que afecten a la otra parte o menoscaben directamente sus intereses legítimos;

d) Las controversias entre la Autoridad y un probable contratista que haya sido patrocinado por un Estado con arreglo a lo dispuesto en el apartado b) del párrafo 2 del artículo 153 y que haya cumplido las condiciones mencionadas en el párrafo 6 del artículo 4 y en el párrafo 2 del artículo 13 del Anexo III, en relación con la denegación de un contrato o con una cuestión jurídica que se suscite en la negociación del contrato;

e) Las controversias entre la Autoridad y un Estado Parte, una empresa estatal o una persona natural o jurídica patrocinada por un Estado Parte con arreglo a lo dispuesto en el apartado b) del párrafo 2 del artículo 153, cuando se alegue que la Autoridad ha incurrido en responsabilidad de conformidad con el artículo 22 del Anexo III;

f) Las demás controversias para las que la competencia de la Sala se establezca expresamente en esta Convención.

Artículo 188. Sometimiento de controversias a una sala especial del Tribunal Internacional del Derecho del Mar, a una sala ad hoc de la Sala de Controversias de los Fondos Marinos o a arbitraje comercial obligatorio.
1. Las controversias entre Estados Partes a que se refiere el apartado a) del artículo 187 podrán someterse:

a) Cuando lo soliciten las partes en la controversia, a una sala especial del Tribunal Internacional del Derecho del Mar, que se constituirá de conformidad con los artículos 15 y 17 del Anexo VI; o

b) Cuando lo solicite cualquiera de las partes en la controversia, a una sala ad hoc de la Sala de Controversias de los Fondos Marinos, que se constituirá de conformidad con el artículo 37 del Anexo VI.

2. a) Las controversias relativas a la interpretación o aplicación de un contrato mencionadas en el inciso i) del apartado c) del artículo 187 se someterán a petición de cualquiera de las partes en la controversia, a arbitraje comercial obligatorio, a menos que las partes convengan en otra cosa. El tribunal arbitral comercial al que se someta la controversia no tendrá competencia para decidir ninguna cuestión relativa a la interpretación de la Convención. Cuando la controversia entrañe también una cuestión de interpretación de la Parte XI y de los anexos referentes a ella, con respecto a las actividades en la Zona, dicha

cuestión se remitirá a la Sala de Controversias de los Fondos Marinos para que decida al respecto;

b) Cuando, al comienzo o en el curso de un arbitraje de esa índole, el tribunal arbitral comercial determine, a petición de una parte en la controversia o por propia iniciativa, que su laudo depende de la decisión de la Sala de Controversias de los Fondos Marinos, el tribunal arbitral remitirá dicha cuestión a esa Sala para que decida al respecto. El tribunal arbitral procederá entonces a dictar su laudo de conformidad con la decisión de la Sala;

c) A falta de una disposición en el contrato sobre el procedimiento de arbitraje aplicable a la controversia, el arbitraje se llevará a cabo de conformidad con el Reglamento de Arbitraje de la CNUDMI u otro reglamento sobre la materia que se establezca en las normas, reglamentos y procedimientos de la Autoridad, a menos que las partes en la controversia convengan otra cosa.

Artículo 189. Limitación de la competencia respecto de decisiones de la Autoridad. La Sala de Controversias de los Fondos Marinos no tendrá competencia respecto del ejercicio por la Autoridad de sus facultades discrecionales de conformidad con esta Parte; en ningún caso sustituirá por la propia la facultad discrecional de la Autoridad. Sin perjuicio de lo dispuesto en el artículo 191, la Sala, al ejercer su competencia con arreglo al artículo 187, no se pronunciará respecto de la cuestión de la conformidad de cualesquiera normas, reglamentos o procedimientos de la Autoridad con las disposiciones de esta Convención, ni declarará la nulidad de tales normas, reglamentos o procedimientos. Su competencia se limitará a determinar si la aplicación de cualesquiera normas, reglamentos o procedimientos de la Autoridad a casos particulares estaría en conflicto con las obligaciones contractuales de las partes en la controversia o con las derivadas de esta Convención, y a conocer de las reclamaciones relativas a extralimitación en el ejercicio de la competencia o desviación de poder, así como de las reclamaciones por daños y perjuicios u otras reparaciones que hayan de concederse a la parte interesada en caso de incumplimiento por la otra parte de sus obligaciones contractuales o derivadas de esta Convención.

Artículo 190. Participación y comparecencia de los Estados Partes patrocinantes. 1. Cuando una persona natural o jurídica sea parte en cualquiera de las controversias a que se refiere el artículo 187, se notificará este hecho al

Estado Parte patrocinante, el cual tendrá derecho a participar en las actuaciones mediante declaraciones orales o escritas.

2. Cuando una persona natural o jurídica patrocinada por un Estado Parte entable contra otro Estado Parte una acción en una controversia de las mencionadas en el apartado c) del artículo 187, el Estado Parte demandado podrá solicitar que el Estado Parte que patrocine a esa persona comparezca en las actuaciones en nombre de ella. De no hacerlo, el Estado demandado podrá hacerse representar por una persona jurídica de su nacionalidad.

Artículo 191. Opiniones consultivas. Cuando lo soliciten la Asamblea o el Consejo, la Sala de Controversias de los Fondos Marinos emitirá opiniones consultivas sobre las cuestiones jurídicas que se planteen dentro del ámbito de actividades de esos órganos. Esas opiniones se emitirán con carácter urgente.

PARTE XII
PROTECCIÓN Y PRESERVACIÓN DEL MEDIO MARINO

Sección 1. Disposiciones generales

Artículo 192. Obligación general. Los Estados tienen la obligación de proteger y preservar el medio marino.

Artículo 193. Derecho soberano de los Estados de explotar sus recursos naturales. Los Estados tienen el derecho soberano de explotar sus recursos naturales con arreglo a su política en materia de medio ambiente y de conformidad con su obligación de proteger y preservar el medio marino.

Artículo 194. Medidas para prevenir, reducir y controlar la contaminación del medio marino. 1. Los Estados tomarán, individual o conjuntamente según proceda, todas las medidas compatibles con esta Convención que sean necesarias para prevenir, reducir y controlar la contaminación del medio marino procedente de cualquier fuente utilizando a estos efectos los medios más viables de que dispongan y en la medida de sus posibilidades, y se esforzarán por armonizar sus políticas al respecto.

2. Los Estados tomarán todas las medidas necesarias para garantizar que las actividades bajo su jurisdicción o control se realicen de forma tal que no causen perjuicios por contaminación a otros Estados y su medio ambiente, y que la contaminación causada por incidentes o actividades bajo su jurisdicción

o control no se extienda más allá de las zonas donde ejercen derechos de soberanía de conformidad con esta Convención.

3. Las medidas que se tomen con arreglo a esta Parte se referirán a todas las fuentes de contaminación del medio marino. Estas medidas incluirán, entre otras, las destinadas a reducir en el mayor grado posible:

a) La evacuación de sustancias tóxicas, perjudiciales o nocivas, especialmente las de carácter persistente, desde fuentes terrestres, desde la atmósfera o a través de ella, o por vertimiento;

b) La contaminación causada por buques, incluyendo en particular medidas para prevenir accidentes y hacer frente a casos de emergencia, garantizar la seguridad de las operaciones en el mar, prevenir la evacuación intencional o no y reglamentar el diseño, la construcción, el equipo, la operación y la dotación de los buques;

c) La contaminación procedente de instalaciones y dispositivos utilizados en la exploración o explotación de los recursos naturales de los fondos marinos y su subsuelo, incluyendo en particular medidas para prevenir accidentes y hacer frente a casos de emergencia, garantizar la seguridad de las operaciones en el mar y reglamentar el diseño, la construcción, el equipo, el funcionamiento y la dotación de tales instalaciones o dispositivos;

d) La contaminación procedente de otras instalaciones y dispositivos que funcionen en el medio marino incluyendo en particular medidas para prevenir accidentes y hacer frente a casos de emergencia, garantizar la seguridad de las operaciones en el mar y reglamentar el diseño, la construcción, el equipo, el funcionamiento y la dotación de tales instalaciones o dispositivos.

4. Al tomar medidas para prevenir, reducir o controlar la contaminación del medio marino, los Estados se abstendrán de toda injerencia injustificable en las actividades realizadas por otros Estados en ejercicio de sus derechos y en cumplimiento de sus obligaciones de conformidad con esta Convención.

5. Entre las medidas que se tomen de conformidad con esta Parte figurarán las necesarias para proteger y preservar los ecosistemas raros o vulnerables, así como el hábitat de las especies y otras formas de vida marina diezmadas, amenazadas o en peligro.

Artículo 195. Deber de no transferir daños o peligros ni transformar un tipo de contaminación en otro. Al tomar medidas para prevenir, reducir y controlar la contaminación del medio marino, los Estados actuarán de manera que, ni directa ni indirectamente, transfieran daños o peligros de un área a otra o transformen un tipo de contaminación en otro.

Artículo 196. Utilización de tecnologías o introducción de especies extrañas o nuevas. 1. Los Estados tomarán todas las medidas necesarias para prevenir, reducir y controlar la contaminación del medio marino causada por la utilización de tecnologías bajo su jurisdicción o control, o la introducción intencional o accidental en un sector determinado del medio marino de especies extrañas o nuevas que puedan causar en él cambios considerables y perjudiciales.

2. Este artículo no afectará a la aplicación de las disposiciones de esta Convención relativas a la prevención, reducción y control de la contaminación del medio marino.

Sección 2. Cooperación mundial y regional

Artículo 197. Cooperación en el plano mundial o regional. Los Estados cooperarán en el plano mundial y, cuando proceda, en el plano regional, directamente o por conducto de las organizaciones internacionales competentes, en la formulación y elaboración de reglas y estándares, así como de prácticas y procedimientos recomendados, de carácter internacional, que sean compatibles con esta Convención, para la protección y preservación del medio marino, teniendo en cuenta las características propias de cada región.

Artículo 198. Notificación de daños inminentes o reales. Cuando un Estado tenga conocimiento de casos en que el medio marino se halle en peligro inminente de sufrir daños por contaminación o los haya sufrido ya, lo notificará inmediatamente a otros Estados que a su juicio puedan resultar afectados por esos daños, así como a las organizaciones internacionales competentes.

Artículo 199. Planes de emergencia contra la contaminación. En los casos mencionados en el artículo 198, los Estados del área afectada, en la medida de sus posibilidades, y las organizaciones internacionales competentes cooperarán en todo lo posible para eliminar los efectos de la contaminación y prevenir o reducir al mínimo los daños. Con ese fin, los Estados elaborarán y promoverán en común planes de emergencia para hacer frente a incidentes de contaminación en el medio marino.

Artículo 200. Estudios, programas de investigación e intercambio de información y datos. Los Estados cooperarán, directamente o por conducto de las organizaciones internacionales competentes, para promover estudios, realizar programas de investigación científica y fomentar el intercambio de la información y los datos obtenidos acerca de la contaminación del medio marino. Procurarán participar activamente en los programas regionales y mundiales encaminados a obtener los conocimientos necesarios para evaluar la naturaleza y el alcance de la contaminación, la exposición a ella, su trayectoria y sus riesgos y remedios.

Artículo 201. Criterios científicos para la reglamentación. A la luz de la información y los datos obtenidos con arreglo al artículo 200, los Estados cooperarán, directamente o por conducto de las organizaciones internacionales competentes, en el establecimiento de criterios científicos apropiados para formular y elaborar reglas y estándares, así como prácticas y procedimientos recomendados, destinados a prevenir, reducir y controlar la contaminación del medio marino.

Sección 3. Asistencia técnica

Artículo 202. Asistencia científica y técnica a los Estados en desarrollo. Los Estados, actuando directamente o por conducto de las organizaciones internacionales competentes:

a) Promoverán programas de asistencia científica, educativa, técnica y de otra índole a los Estados en desarrollo para la protección y preservación del medio marino y la prevención, reducción y control de la contaminación marina. Esa asistencia incluirá, entre otros aspectos:

i) Formar al personal científico y técnico de esos Estados;

ii) Facilitar su participación en los programas internacionales pertinentes;

iii) Proporcionarles el equipo y los servicios necesarios;

iv) Aumentar su capacidad para fabricar tal equipo;

v) Desarrollar medios y servicios de asesoramiento para los programas de investigación, vigilancia, educación y de otro tipo;

b) Prestarán la asistencia apropiada, especialmente a los Estados en desarrollo, para reducir lo más posible los efectos de los incidentes importantes que pueden causar una grave contaminación del medio marino;

c) Prestarán la asistencia apropiada, especialmente a los Estados en desarrollo, con miras a la preparación de evaluaciones ecológicas.

Artículo 203. Trato preferencial a los Estados en desarrollo. A fin de prevenir, reducir y controlar la contaminación del medio marino o de reducir lo más posible sus efectos, los Estados en desarrollo recibirán de las organizaciones internacionales un trato preferencial con respecto a:

a) La asignación de fondos y asistencia técnica apropiados; y

b) La utilización de sus servicios especializados.

Sección 4. Vigilancia y evaluación ambiental

Artículo 204. Vigilancia de los riesgos de contaminación o de sus efectos. 1. Los Estados, directamente o por conducto de las organizaciones internacionales competentes, procurarán, en la medida de lo posible y de modo compatible con los derechos de otros Estados, observar, medir, evaluar y analizar, mediante métodos científicos reconocidos, los riesgos de contaminación del medio marino o sus efectos.

2. En particular, los Estados mantendrán bajo vigilancia los efectos de cualesquiera actividades que autoricen o realicen, a fin de determinar si dichas actividades pueden contaminar el medio marino.

Artículo 205. Publicación de informes. Los Estados publicarán informes acerca de los resultados obtenidos con arreglo al artículo 204 o presentarán dichos informes con la periodicidad apropiada a las organizaciones internacionales competentes, las cuales deberán ponerlos a disposición de todos los Estados.

Artículo 206. Evaluación de los efectos potenciales de las actividades. Los Estados que tengan motivos razonables para creer que las actividades proyectadas bajo su jurisdicción o control pueden causar una contaminación considerable del medio marino u ocasionar cambios importantes y perjudiciales en él evaluarán, en la medida de lo posible, los efectos potenciales de esas actividades para el medio marino e informarán de los resultados de tales evaluaciones en la forma prevista en el artículo 205.

Sección 5. Reglas internacionales y legislación nacional para prevenir, reducir y controlar la contaminación del medio marino

Artículo 207. Contaminación procedente de fuentes terrestres. 1. Los Estados dictarán leyes y reglamentos para prevenir, reducir y controlar la contaminación del medio marino procedente de fuentes terrestres, incluidos los ríos, estuarios, tuberías y estructuras de desagüe, teniendo en cuenta las reglas y estándares, así como las prácticas y procedimientos recomendados, que se hayan convenido internacionalmente.

2. Los Estados tomarán otras medidas que puedan ser necesarias para prevenir, reducir y controlar esa contaminación.

3. Los Estados procurarán armonizar sus políticas al respecto en el plano regional apropiado.

4. Los Estados, actuando especialmente por conducto de las organizaciones internacionales competentes o de una conferencia diplomática, procurarán establecer reglas y estándares, así como prácticas y procedimientos recomendados, de carácter mundial y regional, para prevenir, reducir y controlar esa contaminación, teniendo en cuenta las características propias de cada región, la capacidad económica de los Estados en desarrollo y su necesidad de desarrollo económico. Tales reglas, estándares y prácticas y procedimientos recomendados serán reexaminados con la periodicidad necesaria.

5. Las leyes, reglamentos, medidas, reglas, estándares y prácticas y procedimientos recomendados a que se hace referencia en los párrafos 1, 2 y 4 incluirán disposiciones destinadas a reducir lo más posible la evacuación en el medio marino de sustancias tóxicas, perjudiciales o nocivas, en especial las de carácter persistente.

Artículo 208. Contaminación resultante de actividades relativas a los fondos marinos sujetos a la jurisdicción nacional. 1. Los Estados ribereños dictarán leyes y reglamentos para prevenir, reducir y controlar la contaminación del medio marino resultante directa o indirectamente de las actividades relativas a los fondos marinos sujetas a su jurisdicción y de las islas artificiales, instalaciones y estructuras bajo su jurisdicción, de conformidad con los artículos 60 y 80.

2. Los Estados tomarán otras medidas que puedan ser necesarias para prevenir, reducir y controlar esa contaminación.

3. Tales leyes, reglamentos y medidas no serán menos eficaces que las reglas, estándares y prácticas y procedimientos recomendados, de carácter internacional.

4. Los Estados procurarán armonizar sus políticas al respecto en el plano regional apropiado.

5. Los Estados, actuando especialmente por conducto de las organizaciones internacionales competentes o de una conferencia diplomática, establecerán reglas y estándares, así como prácticas y procedimientos recomendados, de carácter mundial y regional, para prevenir, reducir y controlar la contaminación del medio marino a que se hace referencia en el párrafo 1. Tales reglas, estándares y prácticas y procedimientos recomendados se reexaminarán con la periodicidad necesaria.

Artículo 209. Contaminación resultante de actividades en la Zona. 1. De conformidad con la Parte XI, se establecerán normas, reglamentos y procedimientos internacionales para prevenir, reducir y controlar la contaminación del medio marino resultante de actividades en la Zona. Tales normas, reglamentos y procedimientos se reexaminarán con la periodicidad necesaria.

2. Con sujeción a las disposiciones pertinentes de esta sección, los Estados dictarán leyes y reglamentos para prevenir, reducir y controlar la contaminación del medio marino resultante de las actividades en la Zona que se realicen por buques o desde instalaciones, estructuras y otros dispositivos que enarbolen su pabellón, estén inscritos en su registro u operen bajo su autoridad, según sea el caso. Tales leyes y reglamentos no serán menos eficaces que las normas, reglamentos y procedimientos internacionales mencionados en el párrafo 1.

Artículo 210. Contaminación por vertimiento. 1. Los Estados dictarán leyes y reglamentos para prevenir, reducir y controlar la contaminación del medio marino por vertimiento.

2. Los Estados tomarán otras medidas que puedan ser necesarias para prevenir, reducir y controlar esa contaminación.

3. Tales leyes, reglamentos y medidas garantizarán que el vertimiento no se realice sin autorización de las autoridades competentes de los Estados.

4. Los Estados, actuando especialmente por conducto de las organizaciones internacionales competentes o de una conferencia diplomática, procurarán establecer reglas y estándares, así como prácticas y procedimientos recomendados, de carácter mundial y regional, para prevenir, reducir y controlar esa contaminación. Tales reglas, estándares y prácticas y procedimientos recomendados serán reexaminados con la periodicidad necesaria.

5. El vertimiento en el mar territorial, en la zona económica exclusiva o sobre la plataforma continental no se realizará sin el previo consentimiento expreso del Estado ribereño, el cual tiene derecho a autorizar, regular y con-

trolar ese vertimiento tras haber examinado debidamente la cuestión con otros Estados que, por razón de su situación geográfica, puedan ser adversamente afectados por él.

6. Las leyes, reglamentos y medidas nacionales no serán menos eficaces para prevenir, reducir y controlar esa contaminación que las reglas y estándares de carácter mundial.

Artículo 211. Contaminación causada por buques. 1. Los Estados, actuando por conducto de las organizaciones internacionales competentes o de una conferencia diplomática general, establecerán reglas y estándares de carácter internacional para prevenir, reducir y controlar la contaminación del medio marino causada por buques y promoverán la adopción, del mismo modo y siempre que sea apropiado, de sistemas de ordenación del tráfico destinados a reducir al mínimo el riesgo de accidentes que puedan provocar la contaminación del medio marino, incluido el litoral, o afectar adversamente por efecto de la contaminación a los intereses conexos de los Estados ribereños. Tales reglas y estándares serán reexaminados del mismo modo con la periodicidad necesaria.

2. Los Estados dictarán leyes y reglamentos para prevenir, reducir y controlar la contaminación del medio marino causada por buques que enarbolen su pabellón o estén matriculados en su territorio. Tales leyes y reglamentos tendrán por lo menos el mismo efecto que las reglas y estándares internacionales generalmente aceptados que se hayan establecido por conducto de la organización internacional competente o de una conferencia diplomática general.

3. Los Estados que establezcan requisitos especiales para prevenir, reducir y controlar la contaminación del medio marino, como condición para que los buques extranjeros entren en sus puertos o aguas interiores o hagan escala en sus instalaciones terminales costa afuera, darán la debida publicidad a esos requisitos y los comunicarán a la organización internacional competente. Cuando dos o más Estados ribereños establezcan esos requisitos de manera idéntica en un esfuerzo por armonizar su política en esta materia, la comunicación indicará cuáles son los Estados que participan en esos acuerdos de cooperación. Todo Estado exigirá al capitán de un buque que enarbole su pabellón o esté matriculado en su territorio que, cuando navegue por el mar territorial de un Estado participante en esos acuerdos de cooperación, comunique, a petición de ese Estado, si se dirige a un Estado de la misma región que participe en esos acuerdos de cooperación y, en caso afirmativo, que indique si el buque reúne

los requisitos de entrada a puerto establecidos por ese Estado. Este artículo se entenderá sin perjuicio del ejercicio continuado por el buque de su derecho de paso inocente, ni de la aplicación del párrafo 2 del artículo 25.

4. Los Estados ribereños podrán, en el ejercicio de su soberanía en el mar territorial, dictar leyes y reglamentos para prevenir, reducir y controlar la contaminación del medio marino causada por buques extranjeros, incluidos los buques que ejerzan el derecho de paso inocente. De conformidad con la sección 3 de la Parte II, tales leyes y reglamentos no deberán obstaculizar el paso inocente de buques extranjeros.

5. Para prevenir, reducir y controlar la contaminación causada por buques, a los efectos de la ejecución prevista en la sección 6, los Estados ribereños podrán dictar, respecto de sus zonas económicas exclusivas, leyes y reglamentos que sean conformes y den efecto a las reglas y estándares internacionales generalmente aceptados y establecidos por conducto de la organización internacional competente o de una conferencia diplomática general.

6. a) Cuando las reglas y estándares internacionales mencionados en el párrafo 1 sean inadecuados para hacer frente a circunstancias especiales y los Estados ribereños tengan motivos razonables para creer que un área particular y claramente definida de sus respectivas zonas económicas exclusivas requiere la adopción de medidas obligatorias especiales para prevenir la contaminación causada por buques, por reconocidas razones técnicas relacionadas con sus condiciones oceanográficas y ecológicas, así como por su utilización o la protección de sus recursos y el carácter particular de su tráfico, los Estados ribereños, tras celebrar consultas apropiadas por conducto de la organización internacional competente con cualquier otro Estado interesado, podrán dirigir una comunicación a dicha organización, en relación con esa área, presentando pruebas científicas y técnicas en su apoyo en información sobre las instalaciones de recepción necesarias. Dentro de los doce meses siguientes al recibo de tal comunicación, la organización determinará si las condiciones en esa área corresponden a los requisitos anteriormente enunciados. Si la organización así lo determina, los Estados ribereños podrán dictar para esa área leyes y reglamentos destinados a prevenir, reducir y controlar la contaminación causada por buques, aplicando las reglas y estándares o prácticas de navegación internacionales que, por conducto de la organización, se hayan hecho aplicables a las áreas especiales. Esas leyes y reglamentos no entrarán en vigor para los buques extranjeros hasta quince meses después de haberse presentado la comunicación a la organización;

b) Los Estados ribereños publicarán los límites de tal área particular y claramente definida;

c) Los Estados ribereños, al presentar dicha comunicación, notificarán al mismo tiempo a la organización si tienen intención de dictar para esa área leyes y reglamentos adicionales destinados a prevenir, reducir y controlar la contaminación causada por buques. Tales leyes y reglamentos adicionales podrán referirse a las descargas o a las prácticas de navegación, pero no podrán obligar a los buques extranjeros a cumplir estándares de diseño, construcción, dotación o equipo distinto de las reglas y estándares internacionales generalmente aceptados; serán aplicables a los buques extranjeros quince meses después de haberse presentado la comunicación a la organización, a condición de que ésta dé su conformidad dentro de los doce meses siguientes a la presentación de la comunicación.

7. Las reglas y estándares internacionales mencionados en este artículo deberían comprender, en particular, los relativos a la pronta notificación a los Estados ribereños cuyo litoral o intereses conexos puedan resultar afectados por incidentes, incluidos accidentes marítimos, que ocasionen o puedan ocasionar descargas.

Artículo 212. Contaminación desde la atmósfera o a través de ella. 1. Para prevenir, reducir y controlar la contaminación del medio marino desde la atmósfera o a través de ella, los Estados dictarán leyes y reglamentos aplicables al espacio aéreo bajo su soberanía y a los buques que enarbolen su pabellón o estén matriculados en su territorio y a las aeronaves matriculadas en su territorio, teniendo en cuenta las reglas y estándares así como las prácticas y procedimientos recomendados, convenidos internacionalmente, y la seguridad de la navegación aérea.

2. Los Estados tomarán otras medidas que sean necesarias para prevenir, reducir y controlar esa contaminación.

3. Los Estados, actuando especialmente por conducto de las organizaciones internacionales competentes o de una conferencia diplomática, procurarán establecer en los planos mundial y regional reglas y estándares, así como prácticas y procedimientos recomendados, para prevenir, reducir y controlar esa contaminación.

Sección 6. Ejecución

Artículo 213. Ejecución respecto de la contaminación procedente de fuentes terrestres. Los Estados velarán por la ejecución de las leyes y reglamentos que hayan dictado de conformidad con el artículo 207 y dictarán leyes y reglamentos y tomarán otras medidas necesarias para poner en práctica las reglas y estándares internacionales aplicables establecidos por conducto de las organizaciones internacionales competentes o de una conferencia diplomática para prevenir, reducir y controlar la contaminación del medio marino procedente de fuentes terrestres.

Artículo 214. Ejecución respecto de la contaminación resultante de actividades relativas a los fondos marinos. Los Estados velarán por la ejecución de las leyes y reglamentos que hayan dictado de conformidad con el artículo 208 y dictarán leyes y reglamentos y tomarán otras medidas necesarias para poner en práctica las reglas y estándares internacionales aplicables establecidos por conducto de las organizaciones internacionales competentes o de una conferencia diplomática para prevenir, reducir y controlar la contaminación del medio marino resultante directa o indirectamente de actividades relativas a los fondos marinos sujetas a su jurisdicción y la procedente de islas artificiales, instalaciones y estructuras bajo su jurisdicción, con arreglo a los artículos 60 y 80.

Artículo 215. Ejecución respecto de la contaminación resultante de actividades en la Zona. La ejecución de las normas, reglamentos y procedimientos internacionales establecidos con arreglo a la Parte XI para prevenir, reducir y controlar la contaminación del medio marino resultante de actividades en la Zona se regirá por lo dispuesto en esa Parte.

Artículo 216. Ejecución respecto de la contaminación por vertimiento. 1. Las leyes y reglamentos dictados de conformidad con esta Convención y las reglas y estándares internacionales aplicables establecidos por conducto de las organizaciones internacionales competentes o en una conferencia diplomática para prevenir, reducir y controlar la contaminación del medio marino causada por vertimientos serán ejecutados;

a) Por el Estado ribereño en cuanto se refiere a los vertimientos dentro de su mar territorial o de su zona económica exclusiva o sobre su plataforma continental;

b) Por el Estado del pabellón en cuanto se refiera a los buques que enarbolen su pabellón o estén matriculados en su territorio y las aeronaves matriculadas en su territorio;

c) Por cualquier Estado en cuanto se refiere a actos de carga de desechos u otras materias que tengan lugar dentro de su territorio o en sus instalaciones terminales costa afuera.

2. Ningún Estado estará obligado en virtud de este artículo a iniciar procedimientos cuando otro Estado los haya iniciado ya de conformidad con este artículo.

Artículo 217. Ejecución por el Estado del pabellón. 1. Los Estados velarán por que los buques que enarbolen su pabellón o estén matriculados en su territorio cumplan las reglas y estándares internacionales aplicables, establecidos por conducto de la organización internacional competente o de una conferencia diplomática general, así como las leyes y reglamentos que hayan dictado de conformidad con esta Convención, para prevenir, reducir y controlar la contaminación del medio marino por buques; asimismo, dictarán leyes y reglamentos y tomarán otras medidas necesarias para su aplicación. El Estado del pabellón velará por la ejecución efectiva de tales reglas, estándares, leyes y reglamentos dondequiera que se cometa la infracción.

2. Los Estados tomarán, en particular, las medidas apropiadas para asegurar que se impida a los buques que enarbolen su pabellón o estén matriculados en su territorio zarpar hasta que cumplan los requisitos de las reglas y estándares internacionales mencionados en el párrafo 1, incluidos los relativos al diseño, construcción, equipo y dotación de buques.

3. Los Estados cuidarán de que los buques que enarbolen su pabellón o estén matriculados en su territorio lleven a bordo los certificados requeridos por las reglas y estándares internacionales mencionados en el párrafo 1 y expedidos de conformidad con ellos. Los Estados velarán por que se inspeccionen periódicamente los buques que enarbolen su pabellón para verificar la conformidad de tales certificados con su condición real. Estos certificados serán aceptados por otros Estados como prueba de la condición del buque y se considerará que tienen la misma validez que los expedidos por ellos, salvo que existan motivos fundados para creer que la condición del buque no corresponde en lo esencial a los datos que figuran en los certificados.

4. Si un buque comete una infracción de las reglas y estándares establecidos por conducto de la organización internacional competente o de una conferencia diplomática general, el Estado del pabellón, sin perjuicio de las disposiciones de los artículos 218, 220 y 228, ordenará una investigación inmediata y, cuando corresponda, iniciará procedimientos respecto de la presun-

ta infracción independientemente del lugar donde se haya cometido ésta o se haya producido o detectado la contaminación causada por dicha infracción.

5. El Estado del pabellón que realice la investigación sobre una infracción podrá solicitar la ayuda de cualquier otro Estado cuya cooperación puede ser útil para aclarar las circunstancias del caso. Los Estados procurarán atender las solicitudes apropiadas del Estado del pabellón.

6. A solicitud escrita de cualquier Estado, el Estado del pabellón investigará toda infracción presuntamente cometida por sus buques. El Estado del pabellón iniciará sin demora un procedimiento con arreglo a su derecho interno respecto de la presunta infracción cuando estime que existen pruebas suficientes para ello.

7. El Estado del pabellón informará sin dilación al Estado solicitante y a la organización internacional competente sobre las medidas tomadas y los resultados obtenidos. Tal información se pondrá a disposición de todos los Estados.

8. Las sanciones previstas en las leyes y reglamentos de los Estados para los buques que enarbolen su pabellón serán lo suficientemente severas como para desalentar la comisión de infracciones cualquiera sea el lugar.

Artículo 218. Ejecución por el Estado del puerto. 1. Cuando un buque se encuentre voluntariamente en un puerto o en una instalación terminal costa afuera de un Estado, ese Estado podrá realizar investigaciones y, si las pruebas lo justifican, iniciar procedimientos respecto de cualquier descarga procedente de ese buque, realizada fuera de las aguas interiores, el mar territorial o la zona económica exclusiva de dicho Estado, en violación de las reglas y estándares internacionales aplicables establecidos por conducto de la organización internacional competente o de una conferencia diplomática general.

2. El Estado del puerto no iniciará procedimientos con arreglo al párrafo 1 respecto de una infracción por descarga en las aguas interiores, el mar territorial o la zona económica exclusiva de otro Estado, a menos que lo solicite este Estado, el Estado del pabellón o cualquier Estado perjudicado o amenazado por la descarga, o a menos que la violación haya causado o sea probable que cause contaminación en las aguas interiores, el mar territorial o la zona económica exclusiva del Estado del puerto.

3. Cuando un buque se encuentre voluntariamente en un puerto o en una instalación terminal costa afuera de un Estado, este Estado atenderá, en la medida en que sea factible, las solicitudes de cualquier Estado relativas a la investigación de una infracción por descarga que constituya violación de las

reglas y estándares internacionales mencionados en el párrafo 1, que se crea se ha cometido en las aguas interiores, el mar territorial o la zona económica exclusiva del Estado solicitante o que haya causado o amenace causar daños a dichos espacios. Igualmente atenderá, en la medida en que sea factible, las solicitudes del Estado del pabellón respecto de la investigación de dicha infracción, independientemente del lugar en que se haya cometido.

4. El expediente de la investigación realizada por el Estado del puerto con arreglo a este artículo se remitirá al Estado del pabellón o al Estado ribereño a petición de cualquiera de ellos. Cualquier procedimiento iniciado por el Estado del puerto sobre la base de dicha investigación podrá ser suspendido, con sujeción a lo dispuesto en la sección 7, a petición del Estado ribereño en cuyas aguas interiores, mar territorial o zona económica exclusiva se haya cometido la infracción. En tal situación, las pruebas y el expediente del caso, así como cualquier fianza u otra garantía financiera constituida ante las autoridades del Estado del puerto, serán remitidos al Estado ribereño. Esta remisión excluirá la posibilidad de que el procedimiento continúe en el Estado del puerto.

Artículo 219. Medidas relativas a la navegabilidad de los buques para evitar la contaminación. Con sujeción a lo dispuesto en la sección 7, los Estados que, a solicitud de terceros o por iniciativa propia, hayan comprobado que un buque que se encuentra en uno de sus puertos o instalaciones terminales costa afuera viola las reglas y estándares internacionales aplicables en materia de navegabilidad de los buques y a consecuencia de ello amenaza causar daños al medio marino tomarán, en la medida en que sea factible, medidas administrativas para impedir que zarpe el buque. Dichos Estados sólo permitirán que el buque prosiga hasta el astillero de reparaciones apropiado más próximo y, una vez que se hayan eliminado las causas de la infracción, permitirán que el buque prosiga inmediatamente su viaje.

Artículo 220. Ejecución por los Estados ribereños. 1. Cuando un buque se encuentre voluntariamente en un puerto o en una instalación terminal costa afuera de un Estado, ese Estado podrá, con sujeción a las disposiciones de la sección 7, iniciar un procedimiento respecto de cualquier infracción de las leyes y reglamentos que haya dictado de conformidad con esta Convención o las reglas y estándares internacionales aplicables para prevenir, reducir y controlar la contaminación causada por buques, cuando la infracción se haya cometido en el mar territorial o en la zona económica exclusiva de dicho Estado.

2. Cuando haya motivos fundados para creer que un buque que navega en el mar territorial de un Estado ha violado, durante su paso por dicho mar, las leyes y reglamentos dictados por ese Estado de conformidad con esta Convención o las reglas y estándares internacionales aplicables para prevenir, reducir y controlar la contaminación causada por buques, ese Estado, sin perjuicio de la aplicación de las disposiciones pertinentes de la sección 3 de la Parte II, podrá realizar la inspección física del buque en relación con la infracción y, cuando las pruebas lo justifiquen, podrá iniciar un procedimiento, incluida la retención del buque, de conformidad con su derecho interno y con sujeción a las disposiciones de la sección 7.

3. Cuando haya motivos fundados para creer que un buque que navega en la zona económica exclusiva o el mar territorial ha cometido, en la zona económica exclusiva, una infracción de las reglas y estándares internacionales aplicables para prevenir, reducir y controlar la contaminación causada por buques o de las leyes y reglamentos dictados por ese Estado que sean conformes y den efecto a dichas reglas y estándares, ese Estado podrá exigir al buque información sobre su identidad y su puerto de registro, sus escalas anterior y siguiente y cualquier otra información pertinente que sea necesaria para determinar si se ha cometido una infracción.

4. Los Estados dictarán leyes y reglamentos y tomarán otras medidas para que los buques que enarbolen su pabellón cumplan las solicitudes de información con arreglo al párrafo 3.

5. Cuando haya motivos fundados para creer que un buque que navega en la zona económica exclusiva o en el mar territorial de un Estado ha cometido, en la zona económica exclusiva, una infracción de las mencionadas en el párrafo 3 que haya tenido como resultado una descarga importante que cause o amenace causar una contaminación considerable del medio marino, ese Estado podrá realizar una inspección física del buque referente a cuestiones relacionadas con la infracción en caso de que el buque se haya negado a facilitar información o la información por él facilitada esté en manifiesta contradicción con la situación fáctica evidente y las circunstancias del caso justifiquen esa inspección.

6. Cuando exista una prueba objetiva y clara de que un buque que navega en la zona económica exclusiva o en el mar territorial de un Estado ha cometido, en la zona económica exclusiva una infracción de las mencionadas en el párrafo o que haya tenido como resultado una descarga que cause o amenace causar graves daños a las costas o los intereses conexos del Estado ribereño, o

a cualesquiera recursos de su mar territorial o de su zona económica exclusiva, ese Estado podrá, con sujeción a la sección 7, y si las pruebas lo justifican, iniciar un procedimiento, incluida la retención del buque, de conformidad con su derecho interno.

7. No obstante lo dispuesto en el párrafo 6, cuando se haya iniciado un procedimiento apropiado por conducto de la organización internacional competente o de otra forma convenida, y mediante ese procedimiento se haya asegurado el cumplimiento de los requisitos en materia de fianza u otras garantías financieras apropiadas, el Estado ribereño autorizará al buque proseguir su viaje, en caso de que dicho procedimiento sea vinculante para ese Estado.

8. Las disposiciones de los párrafos 3, 4, 5, 6 y 7 se aplicarán igualmente respecto de las leyes y reglamentos nacionales dictados con arreglo al párrafo 6 del artículo 211.

Artículo 221. Medidas para evitar la contaminación resultante de accidentes marítimos. 1. Ninguna de las disposiciones de esta Parte menoscabará el derecho de los Estados con arreglo al derecho internacional, tanto consuetudinario como convencional, a tomar y hacer cumplir más allá del mar territorial medidas que guarden proporción con el daño real o potencial a fin de proteger sus costas o intereses conexos, incluida la pesca, de la contaminación o la amenaza de contaminación resultante de un accidente marítimo o de actos relacionados con ese accidente, de los que quepa prever razonablemente que tendrán graves consecuencias perjudiciales.

2. Para los efectos de este artículo, por «accidente marítimo» se entiende un abordaje, una varada u otro incidente de navegación o acontecimiento a bordo de un buque o en su exterior resultante en daños materiales o en una amenaza inminente de daños materiales a un buque o su cargamento.

Artículo 222. Ejecución respecto de la contaminación desde la atmósfera o al través de ella. Los Estados harán cumplir en el espacio aéreo sometido a su soberanía o en relación con los buques que enarbolen su pabellón o estén matriculados en su territorio y las aeronaves matriculadas en su territorio las leyes y reglamentos que hayan dictado de conformidad con el párrafo 1 del artículo 212 y con otras disposiciones de esta Convención; asimismo, dictarán leyes y reglamentos y tomarán otras medidas para dar efecto a las reglas y estándares internacionales aplicables, establecidos por conducto de las organizaciones internacionales competentes o de una conferencia diplomática, para prevenir, reducir y controlar la contaminación del medio marino desde la atmósfera o a través de ella, de conformidad con todas las reglas y estándares internacionales pertinentes relativos a la seguridad de la navegación aérea.

Sección 7. Garantías

Artículo 223. Medidas para facilitar los procedimientos. En los procedimientos iniciados con arreglo a esta Parte, los Estados tomarán medidas para facilitar la audiencia de testigos y la admisión de pruebas presentadas por autoridades de otro Estado o por la organización internacional competente, y facilitarán la asistencia a esos procedimientos de representantes oficiales de la organización internacional competente, del Estado del pabellón o de cualquier Estado afectado por la contaminación producida por una infracción. Los representantes oficiales que asistan a esos procedimientos tendrán los derechos y deberes previstos en las leyes y reglamentos nacionales o el derecho internacional.

Artículo 224. Ejercicio de las facultades de ejecución. Las facultades de ejecución contra buques extranjeros previstas en esta Parte sólo podrán ser ejercidas por funcionarios o por buques de guerra, aeronaves militares u otros buques o aeronaves que lleven signos claros y sean identificables como buques o aeronaves al servicio de un gobierno y autorizados a tal fin.

Artículo 225. Deber de evitar consecuencias adversas en el ejercicio de las facultades de ejecución. En el ejercicio de las facultades de ejecución contra buques extranjeros previstas en esta Convención, los Estados no pondrán en peligro la seguridad de la navegación ni ocasionarán riesgo alguno a los buques, no los conducirán a un puerto o fondeadero inseguro, ni expondrán el medio marino a un riesgo injustificado.

Artículo 226. Investigación de buques extranjeros. 1. a) Los Estados no retendrán un buque extranjero más tiempo del que sea imprescindible para las investigaciones previstas en los artículos 216, 218 y 220. La inspección física de un buque extranjero se limitará a un examen de los certificados, registros y otros documentos que el buque esté obligado a llevar con arreglo a las reglas y estándares internacionales generalmente aceptados o de cualquier documento similar que lleve consigo; solamente podrá iniciarse una inspección física más detallada del buque después de dicho examen y sólo en el caso de que:

i) Existan motivos fundados para creer que la condición del buque o de su equipo no corresponde sustancialmente a los datos que figuran en esos documentos;

ii) El contenido de tales documentos no baste para confirmar o verificar una presunta infracción; o

iii) El buque no lleve certificados ni registros válidos;

b) Si la investigación revela que se ha cometido una infracción de las leyes y reglamentos aplicables o de las reglas y estándares internacionales para la protección y preservación del medio marino, el buque será liberado sin dilación una vez cumplidas ciertas formalidades razonables, tales como la constitución de una fianza u otra garantía financiera apropiada;

c) Sin perjuicio de las reglas y estándares internacionales aplicables relativos a la navegabilidad de los buques, se podrá denegar la liberación de un buque, o supeditarla al requisito de que se dirija al astillero de reparaciones apropiado más próximo, cuando entrañe un riesgo excesivo de daño al medio marino. En caso de que la liberación haya sido denegada o se haya supeditado a determinados requisitos, se informará sin dilación al Estado del pabellón, el cual podrá procurar la liberación del buque de conformidad con lo dispuesto en la Parte XV.

2. Los Estados cooperarán para establecer procedimientos que eviten inspecciones físicas innecesarias de buques en el mar.

Artículo 227. No discriminación respecto de buques extranjeros. Al ejercer sus derechos y al cumplir sus deberes con arreglo a esta Parte, los Estados no discriminarán, de hecho ni de derecho, contra los buques de ningún otro Estado.

Artículo 228. Suspensión de procedimientos y limitaciones a su iniciación. 1. Los procedimientos en virtud de los cuales se puedan imponer sanciones respecto de cualquier infracción de las leyes y reglamentos aplicables o de las reglas y estándares internacionales para prevenir, reducir y controlar la contaminación causada por buques, cometida por un buque extranjero fuera del mar territorial del Estado que inicie dichos procedimientos, serán suspendidos si el Estado del pabellón inicia un procedimiento en virtud del cual se puedan imponer sanciones con base en los cargos correspondientes, dentro de los seis meses siguientes a la iniciación del primer procedimiento, a menos que éste se refiera a un caso de daños graves al Estado ribereño, o que el Estado del pabellón de que se trate haya faltado reiteradamente a su obligación de hacer cumplir eficazmente las reglas y estándares internacionales aplicables respecto de las infracciones cometidas por sus buques. El Estado del pabellón pondrá oportunamente a disposición del Estado que haya iniciado el primer procedimiento un expediente completo del caso y las actas de los procedimientos, en los casos en que el Estado del pabellón haya pedido la suspensión del procedimiento de conformidad con este artículo. Cuando se haya puesto fin al procedimiento iniciado por el Estado del pabellón, el procedimiento suspendido quedará concluido. Previo pago de las costas procesales, el Estado ribereño levantará cualquier fianza o garantía financiera constituida en relación con el procedimiento suspendido.

2. No se iniciará procedimiento alguno en virtud del cual se puedan imponer sanciones contra buques extranjeros cuando hayan transcurrido tres años a partir de la fecha de la infracción, y ningún Estado incoará una acción cuando otro Estado haya iniciado un procedimiento con sujeción a las disposiciones del párrafo 1.

3. Las disposiciones de este artículo se aplicarán sin perjuicio del derecho del Estado del pabellón a tomar cualquier medida, incluida la iniciación de procedimientos en virtud de los cuales se puedan imponer sanciones, de conformidad con sus leyes, independientemente de que otro Estado haya iniciado anteriormente un procedimiento.

Artículo 229. Iniciación de procedimientos civiles. Ninguna de las disposiciones de esta Convención afectará a la iniciación de un procedimiento civil respecto de cualquier acción por daños y perjuicios resultantes de la contaminación del medio marino.

Artículo 230. Sanciones pecuniarias y respeto de los derechos reconocidos de los acusados. 1. Las infracciones de las leyes y reglamentos nacionales o de las reglas y estándares internacionales aplicables para prevenir, reducir y controlar la contaminación del medio marino, cometidas por buques extranjeros fuera del mar territorial, sólo darán lugar a la imposición de sanciones pecuniarias.

2. Las infracciones de las leyes y reglamentos nacionales o de las reglas y estándares internacionales aplicables para prevenir, reducir y controlar la contaminación del medio marino, cometidas por buques extranjeros en el mar

territorial, sólo darán lugar a la imposición de sanciones pecuniarias, salvo en el caso de un acto intencional y grave de contaminación en el mar territorial.

3. En el curso de los procedimientos por infracciones cometidas por buques extranjeros, que puedan dar lugar a la imposición de sanciones, se respetarán los derechos reconocidos de los acusados.

Artículo 231. Notificación al Estado del pabellón y a otros Estados interesados. Los Estados notificarán sin dilación al Estado del pabellón y a cualquier otro Estado interesado las medidas que hayan tomado contra buques extranjeros de conformidad con la sección 6 y enviarán al Estado del pabellón todos los informes oficiales relativos a esas medidas. Sin embargo, con respecto a las infracciones cometidas en el mar territorial, las obligaciones antedichas del Estado ribereño se referirán únicamente a las medidas que se tomen en el curso de un procedimiento. Los agentes diplomáticos o funcionarios consulares y, en lo posible, la autoridad marítima del Estado del pabellón, serán inmediatamente informados de las medidas que se tomen.

Artículo 232. Responsabilidad de los Estados derivados de las medidas de ejecución. Los Estados serán responsables de los daños y perjuicios que les sean imputables y dimanen de las medidas tomadas de conformidad con la sección 6, cuando esas medidas sean ilegales o excedan lo razonablemente necesario a la luz de la información disponible. Los Estados preverán vías procesales para que sus tribunales conozcan de acciones relativas a tales daños y perjuicios.

Artículo 233. Garantías respecto de los estrechos utilizados para la navegación internacional. Ninguna de las disposiciones de las secciones 5, 6 y 7 afectará al régimen jurídico de los estrechos utilizados para la navegación internacional. Sin embargo, si un buque extranjero distinto de los mencionados en la sección 10 comete una infracción de las leyes y reglamentos mencionados en los apartados a) y b) del párrafo 1 del artículo 42 que cause o amenace causar daños graves al medio marino de un estrecho, los Estados ribereños del estrecho podrán tomar las medidas apropiadas de ejecución y, en tal caso, respetarán, mutatis mutandis, las disposiciones de esta sección.

Sección 8. Zonas cubiertas de hielo

Artículo 234. Zonas cubiertas de hielo. Los Estados ribereños tienen derecho a dictar y hacer cumplir leyes y reglamentos no discriminatorios para prevenir, reducir y controlar la contaminación del medio marino causada por buques en las zonas cubiertas de hielo dentro de los límites de la zona económica exclusiva, donde la especial severidad de las condiciones climáticas y la presencia de hielo sobre esas zonas durante la mayor parte del año creen obstrucciones o peligros excepcionales para la navegación, y la contaminación del medio marino pueda causar daños de importancia al equilibrio ecológico o alterarlo en forma irreversible. Esas leyes y reglamentos respetarán debidamente la navegación y la protección y preservación del medio marino sobre la base de los mejores conocimientos científicos disponibles.

Sección 9. Responsabilidad

Artículo 235. Responsabilidad. 1. Los Estados son responsables del cumplimiento de sus obligaciones internacionales relativas a la protección y preservación del medio marino. Serán responsables de conformidad con el derecho internacional.

2. Los Estados asegurarán que sus sistemas jurídicos ofrezcan recursos que permitan la pronta y adecuada indemnización u otra reparación de los daños causados por la contaminación del medio marino por personas naturales o jurídicas bajo su jurisdicción.

3. A fin de asegurar una pronta y adecuada indemnización de todos los daños resultantes de la contaminación del medio marino, los Estados cooperarán en la aplicación del derecho internacional existente y en el ulterior desarrollo del derecho internacional relativo a las responsabilidades y obligaciones relacionadas con la evaluación de los daños y su indemnización y a la solución de las controversias conexas, así como, cuando proceda, a la elaboración de criterios y procedimientos para el pago de una indemnización adecuada, tales como seguros obligatorios o fondos de indemnización.

Sección 10. Inmunidad soberana

Artículo 236. Inmunidad soberana. Las disposiciones de esta Convención relativas a la protección y preservación del medio marino no se aplicarán a los buques de guerra, naves auxiliares, otros buques o aeronaves pertenecientes o utilizados por un Estado y utilizados a la sazón únicamente para un servicio público no comercial. Sin embargo, cada Estado velará, mediante la adopción de medidas apropiadas que no obstaculicen las operaciones o la capacidad de operación de tales buques o aeronaves que el pertenezca o que utilice, por que tales buques o aeronaves procedan, en cuanto sea razonable y posible, de manera compatible con las disposiciones de esta Convención.

Sección 11. Obligaciones contraídas en virtud de otras convenciones sobre protección y conservación del medio marino

Artículo 237. Obligaciones contraídas en virtud de otras convenciones sobre protección y preservación del medio marino. 1. Las disposiciones de esta Parte no afectarán a las obligaciones específicas contraídas por los Estados en virtud de convenciones y acuerdos especiales celebrados anteriormente sobre la protección y preservación del medio marino, ni a los acuerdos que puedan celebrarse para promover los principios generales de esta Convención.

2. Las obligaciones específicas contraídas por los Estados en virtud de convenciones especiales con respecto a la protección y preservación del medio marino deben cumplirse de manera compatible con los principios y objetivos generales de esta Convención.

PARTE XIII
INVESTIGACIÓN CIENTÍFICA MARINA

Sección 1. Disposiciones generales

Artículo 238. Derecho realizar investigaciones científicas marinas. Todos los Estados, cualquiera que sea su situación geográfica, y las organizaciones internacionales competentes tienen derecho a realizar investigaciones científicas marinas con sujeción a los derechos y deberes de otros Estados según lo dispuesto en esta Convención.

Artículo 239. Fomento de la investigación científica marina. Los Estados y las organizaciones internacionales competentes fomentarán y facilitarán el desarrollo y la realización de la investigación científica marina de conformidad con esta Convención.

Artículo 240. Principios generales para la realización de la investigación científica marina. En la realización de la investigación científica marina, se aplicarán los siguientes principios:

a) La investigación científica marina se realizará exclusivamente con fines pacíficos;

b) La investigación se realizará con métodos y medios científicos adecuados que sean compatibles con esta Convención;

c) La investigación no interferirá injustificadamente otros usos legítimos del mar compatibles con esta Convención y será debidamente respetada en el ejercicio de tales usos;

d) En la investigación se respetarán todos los reglamentos pertinentes dictados de conformidad con esta Convención, incluidos los destinados a la protección y preservación del medio marino.

Artículo 241. No reconocimiento de la investigación científica marina como fundamento jurídico para reivindicaciones. Las actividades de investigación científica marina no constituirán fundamento jurídico para ninguna reivindicación sobre parte alguna del medio marino o sus recursos.

Sección 2. Cooperación internacional

Artículo 242. Fomento de la cooperación internacional. 1. Los Estados y las organizaciones internacionales competentes fomentarán la cooperación internacional para la investigación científica marina con fines pacíficos, de conformidad con el principio del respeto de la soberanía y de la jurisdicción y sobre la base del beneficio mutuo.

2. En este contexto, y sin perjuicio de los derechos y deberes de los Estados en virtud de esta Convención, un Estado, al aplicar esta Parte, dará a otros Estados, según proceda, una oportunidad razonable para obtener de él, o con su cooperación, la información necesaria para prevenir y controlar los daños a la salud y la seguridad de las personas y al medio marino.

Artículo 243. Creación de condiciones favorables. Los Estados y las organizaciones internacionales competentes cooperarán, mediante la celebración de acuerdos bilaterales y multilaterales, en la creación de condiciones favorables para la realización de la investigación científica marina en el medio marino y en la integración de los esfuerzos de los científicos por estudiar la naturaleza e interrelaciones de los fenómenos y procesos que tienen lugar en el medio marino.

Artículo 244. Publicación y difusión de información y conocimientos. 1. Los Estados y las organizaciones internacionales competentes facilitarán, de conformidad con esta Convención, mediante su publicación y difusión por los conductos adecuados, información sobre los principales programas propuestos y sus objetivos, al igual que sobre los conocimientos resultantes de la investigación científica marina.

2. Con tal fin, los Estados tanto individualmente como en cooperación con otros Estados y con las organizaciones internacionales competentes, promoverán activamente la difusión de datos e información científicos y la transmisión de los conocimientos resultantes de la investigación científica marina, especialmente a los Estados en desarrollo, así como el fortalecimiento de la capacidad autónoma de investigación científica marina de los Estados en desarrollo, en particular por medio de programas para proporcionar enseñanza y capacitación adecuadas a su personal técnico y científico.

Sección 3. Realización y fomento de la investigación científica marina

Artículo 245. Investigación científica marina en el mar territorial. Los Estados ribereños, en el ejercicio de su soberanía, tienen el derecho exclusivo de regular, autorizar y realizar actividades de investigación científica marina en su mar territorial. La investigación científica marina en el mar territorial se realizará solamente con el consentimiento expreso del Estado ribereño y en las condiciones establecidas por él.

Artículo 246. Investigación científica marina en la zona económica exclusiva y en la plataforma continental. 1. Los Estados ribereños, en el ejercicio de su jurisdicción, tienen derecho a regular, autorizar y realizar actividades de investigación científica marina en su zona económica exclusiva y en su plataforma continental de conformidad con las disposiciones pertinentes de esta Convención.

2. La investigación científica marina en la zona económica exclusiva y en la plataforma continental se realizará con el consentimiento del Estado ribereño.

3. En circunstancias normales, los Estados ribereños otorgarán su consentimiento para que otros Estados u organizaciones internacionales competentes realicen, de conformidad con esta Convención, proyectos de investigación científica marina en su zona económica exclusiva o en su plataforma continental, exclusivamente con fines pacíficos y con objeto de aumentar el conocimiento científico del medio marino en beneficio de toda la humanidad. Con este fin, los Estados ribereños establecerán reglas y procedimientos para garantizar que no se demore o deniegue sin razón ese consentimiento.

4. Para los fines de aplicación del párrafo 3, podrá considerarse que las circunstancias son normales aun cuando no existan relaciones diplomáticas entre el Estado ribereño y el Estado investigador.

5. Sin embargo, los Estados ribereños podrán rehusar discrecionalmente su consentimiento a la realización en su zona económica exclusiva o en su plataforma continental de un proyecto de investigación científica marina de otro Estado u organización internacional competente cuando ese proyecto:

a) Tenga importancia directa para la exploración y explotación de los recursos naturales vivos o no vivos;

b) Entrañe perforaciones en la plataforma continental, la utilización de explosivos o la introducción de sustancias perjudiciales en el medio marino;

c) Entrañe la construcción, el funcionamiento o la utilización de las islas artificiales, instalaciones y estructuras mencionadas en los artículos 60 y 80;

d) Contenga información proporcionada en cumplimiento del artículo 248 sobre la índole y objetivos del proyecto que sea inexacta, o cuando el Estado o la organización internacional competente que haya de realizar la investigación tenga obligaciones pendientes con el Estado ribereño resultantes de un proyecto de investigación anterior.

6. No obstante lo dispuesto en el párrafo 5, los Estados ribereños no podrán ejercer la facultad discrecional de rehusar su consentimiento en virtud del apartado a) del citado párrafo en relación con los proyectos de investigación científica marina que se vayan a realizar, de conformidad con lo dispuesto en esta Parte, en la plataforma continental más allá de las 200 millas marinas contadas desde las líneas de base a partir de las cuales se mide la anchura del mar territorial, fuera de aquellas áreas específicas que los Estados ribereños puedan designar públicamente, en cualquier momento, como áreas en las que se están realizando, o se van a realizar en un plazo razonable, actividades de explotación u operaciones exploratorias detalladas centradas en dichas áreas. Los Estados ribereños darán aviso razonable de la designación de tales áreas, así como de cualquier modificación de éstas, pero no estarán obligados a dar detalles de las operaciones correspondientes.

7. Las disposiciones del párrafo 6 no afectarán a los derechos de los Estados ribereños sobre su plataforma continental, de conformidad con lo establecido en el artículo 77.

8. Las actividades de investigación científica marina mencionadas en este artículo no obstaculizarán indebidamente las actividades que realicen los Esta-

dos ribereños en el ejercicio de sus derechos de soberanía y de su jurisdicción previstos en esta Convención.

Artículo 247. Proyectos de investigación científica marina realizados por organizaciones internacionales o bajo sus auspicios. Se considerará que un Estado ribereño que sea miembro de una organización internacional o tenga un acuerdo bilateral con tal organización, y en cuya zona económica exclusiva o plataforma continental la organización desee realizar, directamente o bajo sus auspicios, un proyecto de investigación científica marina, ha autorizado la realización del proyecto de conformidad con las especificaciones convenidas, si dicho Estado aprobó el proyecto detallado cuando la organización adoptó la decisión de realizarlo o está dispuesto a participar en él y no ha formulado objeción alguna dentro de los cuatro meses siguientes a la fecha en que la organización haya notificado el proyecto al Estado ribereño.

Artículo 248. Deber de proporcionar información al Estado ribereño. Los Estados y las organizaciones internacionales competentes que se propongan efectuar investigaciones científicas marinas en la zona económica exclusiva o en la plataforma continental de un Estado ribereño proporcionarán a dicho Estado, seis meses antes, como mínimo, de la fecha prevista para la iniciación del proyecto de investigación científica marina, una descripción completa de:

a) La índole y objetivos del proyecto;

b) El método y los medios que vayan a emplearse, incluidos el nombre, tonelaje, tipo y clase de los buques y una descripción del equipo científico;

c) Las áreas geográficas precisas en que vaya a realizarse el proyecto;

d) Las fechas previstas de la llegada inicial y la partida definitiva de los buques de investigación, o del emplazamiento y la remoción del equipo, según corresponda;

e) El nombre de la institución patrocinadora, el de su director y el de la persona encargada del proyecto; y

f) La medida en que se considere que el Estado ribereño podría participar o estar representado en el proyecto.

Artículo 249. Deber de cumplir ciertas condiciones. 1. Al realizar investigaciones científicas marinas en la zona económica exclusiva o en la plataforma continental de un Estado ribereño, los Estados y las organizaciones internacionales competentes cumplirán las condiciones siguientes:

a) Garantizar el derecho del Estado ribereño a participar o estar representado en el proyecto de investigación científica marina, si así lo desea, especialmente a bordo de los buques y otras embarcaciones que realicen la investigación o en las instalaciones de investigación científica, cuando sea factible, sin pagar remuneración alguna al personal científico del Estado ribereño y sin que éste tenga obligación de contribuir a sufragar los gastos del proyecto;

b) Proporcionar al Estado ribereño, si así lo solicita, informes preliminares tan pronto como sea factible, así como los resultados y conclusiones finales una vez terminada la investigación;

c) Comprometerse a dar acceso al Estado ribereño, si así lo solicita, a todos los datos y muestras obtenidos del proyecto de investigación científica marina, así como a facilitarle los datos que puedan copiarse y las muestras que puedan dividirse sin menoscabo de su valor científico.

d) Proporcionar al Estado ribereño, si así lo solicita, una evaluación de esos datos, muestras y resultados de la investigación o asistencia en su evaluación o interpretación;

e) Garantizar que, con sujeción a lo dispuesto en el párrafo 2, se disponga a escala internacional de los resultados de la investigación, por los conductos nacionales o internacionales apropiados, tan pronto como sea factible;

f) Informar inmediatamente al Estado ribereño de cualquier cambio importante en el programa de investigación;

g) Retirar las instalaciones o el equipo de investigación científica una vez terminada la investigación, a menos que se haya convenido otra cosa.

2. Este artículo no afectará a las condiciones establecidas por las leyes y reglamentos del Estado ribereño para el ejercicio de la facultad discrecional de dar o rehusar su consentimiento, con arreglo al párrafo 5 del artículo 246, incluida la exigencia del previo acuerdo para la difusión internacional de resultados de un proyecto de investigación de importancia directa para la exploración y explotación de los recursos naturales.

Artículo 250. Comunicaciones relativas a los proyectos de investigación científica marina. Las comunicaciones relativas a los proyectos de investigación científica marina se harán por los conductos oficiales apropiados, a menos que se haya convenido otra cosa.

Artículo 251. Criterios y directrices generales. Los Estados procurarán fomentar, por conducto de las organizaciones internacionales competentes, el establecimiento de criterios y directrices generales para ayudar a los Estados a determinar la índole y las consecuencias de la investigación científica marina.

Artículo 252. Consentimiento tácito. Los Estados o las organizaciones internacionales competentes podrán emprender un proyecto de investigación científica marina seis meses después de la fecha en que se haya proporcionado al Estado ribereño la información requerida con arreglo al artículo 248, a menos que, dentro de los cuatro meses siguientes a la recepción de la comunicación de dicha información, el Estado ribereño haya hecho saber al Estado u organización que realiza la investigación que:

a) Rehúsa su consentimiento en virtud de lo dispuesto en el artículo 246;

b) La información suministrada por el Estado o por la organización internacional competente sobre la índole o los objetivos del proyecto no corresponde a los hechos manifiestamente evidentes;

c) Solicita información complementaria sobre las condiciones y la información previstas en los artículos 248 y 249; o

d) Existen obligaciones pendientes respecto de un proyecto de investigación científica marina realizado anteriormente por ese Estado u organización, en relación con las condiciones establecidas en el artículo 249.

Artículo 253. Suspensión o cesación de las actividades de investigación científica marina. 1. El Estado ribereño tendrá derecho a exigir la suspensión de cualesquiera actividades de investigación científica marina que se estén realizando en su zona económica exclusiva o en su plataforma continental cuando:

a) Las actividades de investigación no se realicen de conformidad con la información transmitida en cumplimiento del artículo 248 en la que se basó el consentimiento del Estado ribereño; o

b) El Estado o la organización internacional competente que realice las actividades de investigación no cumpla lo dispuesto en el artículo 249 en relación con los derechos del Estado ribereño con respecto al proyecto de investigación científica marina.

2. El Estado ribereño tendrá derecho a exigir la cesación de toda actividad de investigación científica marina en caso de cualquier incumplimiento de lo dispuesto en el artículo 248 que implique un cambio importante en el proyecto o en las actividades de investigación.

3. El Estado ribereño podrá asimismo exigir la cesación de las actividades de investigación científica marina si, en un plazo razonable, no se corrige cualquiera de las situaciones previstas en el párrafo 1.

4. Una vez notificada por el Estado ribereño su decisión de ordenar la suspensión o la cesación de las actividades de investigación científica marina, los Estados o las organizaciones internacionales competentes autorizados a realizarlas pondrán término a aquellas a que se refiera la notificación.

5. El Estado ribereño revocará la orden de suspensión prevista en el párrafo 1 y permitirá la continuación de las actividades de investigación científica marina una vez que el Estado o la organización internacional competente que realice la investigación haya cumplido las condiciones exigidas en los artículos 248 y 249.

Artículo 254. Derechos de los Estados vecinos sin litoral o en situación geográfica desventajosa. 1. Los Estados y las organizaciones internacionales competentes que hayan presentado a un Estado ribereño un proyecto para realizar la investigación científica marina mencionada en el párrafo 3 del artículo 246 darán aviso de él a los Estados vecinos sin litoral o en situación geográfica desventajosa, y notificarán al Estado ribereño que han dado ese aviso.

2. Una vez que el Estado ribereño interesado haya dado su consentimiento al proyecto, de conformidad con el artículo 246 y otras disposiciones pertinentes de esta Convención, los Estados y las organizaciones internacionales competentes que realicen ese proyecto proporcionarán a los Estados vecinos sin litoral o en situación geográfica desventajosa, si así lo solicitan y cuando proceda, la información pertinente prevista en el artículo 248 y en el apartado f) del párrafo 1 del artículo 249.

3. Se dará a los mencionados Estados vecinos sin litoral o en situación geográfica desventajosa, si así lo solicitan, la oportunidad de participar, cuando sea factible, en el proyecto de investigación científica marina propuesto, mediante expertos calificados nombrados por ellos que no hayan sido impugnados por el Estado ribereño, de acuerdo con las condiciones convenidas para el proyecto, de conformidad con las disposiciones de esta Convención, entre el Estado ribereño interesado y el Estado o las organizaciones internacionales competentes que realicen la investigación científica marina.

4. Los Estados y las organizaciones internacionales competentes a que se refiere el párrafo 1 proporcionarán a los mencionados Estados sin litoral o en situación geográfica desventajosa, si así lo solicitan, la información y la asis-

tencia previstas en el apartado d) del párrafo 1 del artículo 249, con sujeción a lo dispuesto en el párrafo 2 de ese artículo.

Artículo 255. Medidas para facilitar la investigación científica marina y prestar asistencia a los buques de investigación. Los Estados procurarán establecer reglas, reglamentos y procedimientos razonables para fomentar y facilitar la investigación científica marina realizada, de conformidad con esta Convención, más allá de su mar territorial y, según proceda y con sujeción a lo dispuesto en sus leyes y reglamentos, facilitar el acceso a sus puertos y promover la asistencia a los buques de investigación científica marina que cumplan las disposiciones pertinentes de esta Parte.

Artículo 256. Investigación científica marina en la zona. Todos los Estados, cualquiera que sea su situación geográfica, así como las organizaciones internacionales competentes, tienen derecho, de conformidad con las disposiciones de la Parte XI, a realizar actividades de investigación científica marina en la Zona.

Artículo 257. Investigación científica marina en la columna de agua más allá de los límites de la zona económica exclusiva. Todos los Estados, cualquiera que sea su situación geográfica, así como las organizaciones internacionales competentes, tienen derecho de conformidad con esta Convención, a realizar actividades de investigación científica marina en la columna de agua más allá de los límites de la zona económica exclusiva.

Sección 4. Instalaciones o equipo de investigación científica en el medio marino

Artículo 258. Emplazamiento y utilización. El emplazamiento y la utilización de todo tipo de instalación o equipo de investigación científica en cualquier área del medio marino estarán sujetos a las mismas condiciones que se establecen en esta Convención para la realización de actividades de investigación científica marina en cualquiera de esas áreas.

Artículo 259. Condición jurídica. Las instalaciones o el equipo a que se hace referencia en esta sección no poseen la condición jurídica de islas. No tienen mar territorial propio y su presencia no afecta a la delimitación del mar territorial, de la zona económica exclusiva o de la plataforma continental.

Artículo 260. Zonas de seguridad. En torno a las instalaciones de investigación científica podrán establecerse zonas de seguridad de una anchura razonable que no exceda de 500 metros, de conformidad con las disposiciones pertinentes de esta Convención. Todos los Estados velarán por que sus buques respeten esas zonas de seguridad.

Artículo 261. No obstaculización de las rutas de navegación internacional. El emplazamiento y la utilización de cualquier tipo de instalaciones o equipo de investigación científica no constituirán un obstáculo en las rutas de navegación internacional establecidas.

Artículo 262. Signos de identificación y señales de advertencia. Las instalaciones o el equipo mencionados en esta sección tendrán signos de identificación que indiquen el Estado en que están registrados o la organización internacional a la que pertenecen, así como las señales de advertencia adecuadas convenidas internacionalmente para garantizar la seguridad marítima y la seguridad de la navegación aérea, teniendo en cuenta las reglas y estándares establecidos por las organizaciones internacionales competentes.

Sección 5. Responsabilidad

Artículo 263. Responsabilidad. 1. Los Estados y las organizaciones internacionales competentes tendrán la obligación de asegurar que la investigación científica marina efectuada por ellos o en su nombre, se realice de conformidad con esta Convención.

2. Los Estados y las organizaciones internacionales competentes serán responsables por las medidas que tomen en contravención de esta Convención respecto de las actividades de investigación científica marina realizadas por otros Estados, por sus personas naturales o jurídicas o por las organizaciones internacionales competentes, e indemnizarán los daños resultantes de tales medidas.

3. Los Estados y las organizaciones internacionales competentes serán responsables, con arreglo al artículo 235, de los daños causados por la contaminación del medio marino resultante de la investigación científica marina realizada por ellos o en su nombre.

Sección 6. Solución de controversias y medidas provisionales

Artículo 264. Solución de controversias. Las controversias sobre la interpretación o la aplicación de las disposiciones de esta Convención relativas a la investigación científica marina serán solucionadas de conformidad con las secciones 2 y 3 de la Parte XV.

Artículo 265. Medidas provisionales. Mientras no se resuelva una controversia de conformidad con las secciones 2 y 3 de la Parte XV, el Estado o la organización internacional competente a quien se haya autorizado a realizar un proyecto de investigación científica marina no permitirá que se inicien o continúen las actividades de investigación sin el consentimiento expreso del Estado ribereño interesado.

PARTE XIV
DESARROLLO Y TRANSMISIÓN DE TECNOLOGÍA MARINA

Sección 1. Disposiciones generales

Artículo 266. Fomento del desarrollo y de la transmisión de tecnología marina. 1. Los Estados, directamente o por conducto de las organizaciones internacionales competentes, cooperarán en la medida de sus posibilidades para fomentar activamente el desarrollo y la transmisión de la ciencia y la tecnología marinas según modalidades y condiciones equitativas y razonables.

2. Los Estados fomentarán, en la esfera de la ciencia y tecnología marinas, el desarrollo de la capacidad de los Estados que necesiten y soliciten asistencia técnica en esa esfera, particularmente de los Estados en desarrollo, incluidos los Estados sin litoral y los Estados en situación geográfica desventajosa, en lo referente a la exploración, explotación, conservación y administración de los recursos marinos, la protección y preservación del medio marino, la investigación científica marina y otras actividades en el medio marino compatibles con esta Convención, con miras a acelerar el desarrollo económico y social de los Estados en desarrollo.

3. Los Estados procurarán promover condiciones económicas y jurídicas favorables para la transmisión de tecnología marina, sobre una base equitativa, en beneficio de todas las partes interesadas.

Artículo 267. Protección de los intereses legítimos. Al promover la cooperación con arreglo al artículo 266, los Estados tendrán debidamente en cuenta todos los intereses legítimos, incluidos, entre otros, los derechos y deberes de los poseedores, los proveedores y los receptores de tecnología marina.

Artículo 268. Objetivos básicos. Los Estados, directamente o por conducto de las organizaciones internacionales competentes, fomentarán:

a) La adquisición, evaluación y difusión de conocimientos de tecnología marina y facilitarán el acceso a esos datos e informaciones;

b) El desarrollo de tecnología marina apropiada;

c) El desarrollo de la infraestructura tecnológica necesaria para facilitar la transmisión de tecnología marina;

d) El desarrollo de los recursos humanos mediante la capacitación y la enseñanza de nacionales de los Estados y países en desarrollo y especialmente de los menos adelantados entre ellos;

e) La cooperación internacional en todos los planos, especialmente en los planos regional, subregional y bilateral.

Artículo 269. Medidas para lograr los objetivos básicos. Para lograr los objetivos mencionados en el artículo 268, los Estados, directamente o por conducto de las organizaciones internacionales competentes, procurarán, entre otras cosas:

a) Establecer programas de cooperación técnica para la efectiva transmisión de todo tipo de tecnología marina a los Estados que necesiten y soliciten asistencia técnica en esta materia, especialmente a los Estados en desarrollo sin litoral y a los Estados en desarrollo en situación geográfica desventajosa, así como a otros Estados en desarrollo que no hayan podido crear o desarrollar su propia capacidad tecnológica en ciencias marinas y en la exploración y explotación de recursos marinos, ni desarrollar la infraestructura de tal tecnología;

b) Fomentar condiciones favorables para la celebración de acuerdos, contratos y otros arreglos similares en condiciones equitativas y razonables;

c) Celebrar conferencias, seminarios y simposios sobre temas científicos y tecnológicos, en particular sobre políticas y métodos para la transmisión de tecnología marina;

d) Fomentar el intercambio de científicos y expertos en tecnología y otras materias;

e) Emprender proyectos y fomentar empresas conjuntas y otras formas de cooperación bilateral y multilateral.

Sección 2. Cooperación internacional

Artículo 270. Formas de cooperación internacional. La cooperación internacional para el desarrollo y la transmisión de tecnología marina se llevará a cabo, cuando sea factible y adecuado, mediante los programas bilaterales, regionales o multilaterales existentes, así como mediante programas amplios o nuevos para facilitar la investigación científica marina, la transmisión de tecnología marina, especialmente en nuevos campos, y la financiación internacional apropiada de la investigación y el aprovechamiento de los océanos.

Artículo 271. Directrices, criterios y estándares. Los Estados, directamente o por conducto de las organizaciones internacionales competentes, fomentarán el establecimiento de directrices, criterios y estándares generalmente aceptados para la trasmisión de tecnología marina sobre una base bilateral o en el marco de organizaciones internacionales y otros foros, teniendo en cuenta en particular los intereses y necesidades de los Estados en desarrollo.

Artículo 272. Coordinación de programas internacionales. En materia de transmisión de tecnología marina, los Estados tratarán de lograr que las organizaciones internacionales competentes coordinen sus actividades, incluidos cualesquiera programas regionales o mundiales, teniendo en cuenta los intereses y necesidades de los Estados en desarrollo, en particular de aquellos sin litoral o en situación geográfica desventajosa.

Artículo 273. Cooperación con organizaciones internacionales y con la Autoridad. Los Estados cooperarán activamente con las organizaciones internacionales competentes y con la Autoridad para impulsar y facilitar la transmisión de conocimientos prácticos y tecnología marina con respecto a las actividades en la Zona a los Estados en desarrollo, a sus nacionales y a la Empresa.

Artículo 274. Objetivos de la Autoridad. Sin perjuicio de todos los intereses legítimos —incluidos, entre otros, los derechos y deberes de los poseedores, los proveedores y los receptores de tecnología— la Autoridad garantizará con respecto a las actividades en la Zona, que:

a) Sobre la base del principio de la distribución geográfica equitativa, y con fines de capacitación, se emplee como miembros del personal ejecutivo, investigador y técnico establecido para esas tareas a nacionales de los Estados en desarrollo, sean ribereños, sin litoral o en situación geográfica desventajosa;

b) Se ponga a disposición de todos los Estados, y en particular de los Estados en desarrollo que necesiten y soliciten asistencia técnica en esa materia, documentación técnica sobre los equipos, maquinaria, dispositivos y procedimientos pertinentes;

c) Sean adoptadas por la Autoridad las disposiciones apropiadas para facilitar la adquisición de asistencia técnica en materia de tecnología marina por los Estados que la necesiten y soliciten, en particular los Estados en desarrollo, así como la adquisición por sus nacionales de los conocimientos prácticos y especializados necesarios, incluida la formación profesional;

d) Se ayude a los Estados que necesiten y soliciten asistencia técnica en esa materia, en particular a los Estados en desarrollo, en la adquisición de equipos, instalaciones, procedimientos y otros conocimientos técnicos necesarios, por medio de cualquier arreglo financiero previsto en esta Convención.

Sección 3. Centros nacionales y regionales de investigación científica y tecnológica marina

Artículo 275. Establecimiento de centros nacionales. 1. Los Estados, directamente o por conducto de las organizaciones internacionales competentes y de la Autoridad, fomentarán el establecimiento, especialmente en los Estados ribereños en desarrollo, de centros nacionales de investigación científica y tecnológica marina y el fortalecimiento de los centros nacionales existentes, con objeto de estimular e impulsar la realización de investigación científica marina por los Estados ribereños en desarrollo y de aumentar su capacidad nacional para utilizar y preservar sus recursos marinos en su propio beneficio económico.

2. Los Estados, por conducto de las organizaciones internacionales competentes y de la Autoridad, darán el apoyo apropiado para facilitar el establecimiento y el fortalecimiento de los centros nacionales mencionados en el párrafo 1 a fin de proporcionar servicios de capacitación avanzada, el equipo y los conocimientos prácticos y especializados necesarios, así como expertos técnicos, a los Estados que lo necesiten y soliciten.

Artículo 276. Establecimiento de centros regionales. 1. Los Estados, en coordinación con las organizaciones internacionales competentes, con la Autoridad y con instituciones nacionales de investigación científica y tecnológica marina, fomentarán el establecimiento de centros regionales de investigación científica y tecnológica marina, especialmente en los Estados en desarrollo, a fin de estimular e impulsar la realización de investigación científica marina por los Estados en desarrollo y de promover la transmisión de tecnología marina.

2. Todos los Estados de una región cooperarán con los respectivos centros regionales a fin de asegurar el logro más efectivo de sus objetivos.

Artículo 277. Funciones de los centros regionales. Las funciones de los centros regionales comprenderán, entre otras:

a) Programas de capacitación y enseñanza, en todos los niveles, sobre diversos aspectos de la investigación científica y tecnológica marina, especialmente la biología marina, incluidas la conservación y administración de los recursos vivos, la oceanografía, la hidrografía, la ingeniería, la exploración geológica de los fondos marinos, la minería y la tecnología de desalación;

b) Estudios de gestión administrativa;

c) Programas de estudios relacionados con la protección y preservación del medio marino y la prevención, reducción y control de la contaminación;

d) Organización de conferencias, seminarios y simposios regionales;

e) Adquisición y elaboración de datos e información sobre ciencia y tecnología marinas;

f) Difusión rápida de los resultados de la investigación científica y tecnológica marina en publicaciones fácilmente asequibles;

g) Difusión de las políticas nacionales sobre transmisión de tecnología marina y estudio comparado sistemático de esas políticas;

h) Compilación y sistematización de información sobre comercialización de tecnología y sobre los contratos y otros arreglos relativos a patentes;

g) Cooperación técnica con otros Estados de la región.

Sección 4. Cooperación entre organizaciones internacionales

Artículo 278. Cooperación entre organizaciones internacionales. Las organizaciones internacionales competentes mencionadas en esta Parte y en la Parte XIII tomarán todas las medidas apropiadas para garantizar, directamente o en estrecha cooperación entre sí, el cumplimiento efectivo de sus funciones y responsabilidades con arreglo a esta Parte.

PARTE XV
SOLUCIÓN DE CONTROVERSIAS

Sección 1. Disposiciones generales

Artículo 279. Obligación de resolver las controversias por medios pacíficos. Los Estados Partes resolverán sus controversias relativas a la interpretación o la aplicación de esta Convención por medios pacíficos de conformidad con el párrafo 3 del Artículo 2 de la Carta de las Naciones Unidas y, con ese fin, procurarán su solución por los medios indicados en el párrafo 1 del Artículo 33 de la Carta.

Artículo 280. Solución de controversias por medios pacíficos elegidos por las partes. Ninguna de las disposiciones de esta Parte menoscabará el derecho de los Estados Partes a convenir, en cualquier momento, en solucionar sus controversias relativas a la interpretación o la aplicación de esta Convención por cualquier medio pacífico de su elección.

Artículo 281. Procedimiento aplicable cuando las partes no hayan resuelto la controversia. 1. Si los Estados Partes que sean partes en una controversia relativa a la interpretación o la aplicación de esta Convención han convenido en tratar de resolverla por un medio pacífico de su elección, los procedimientos establecidos en esta Parte se aplicarán sólo cuando no se haya llegado a una solución por ese medio y el acuerdo entre las partes no excluya la posibilidad de aplicar otro procedimiento.

2. Cuando las partes hayan convenido también en un plazo, lo dispuesto en el párrafo 1 sólo se aplicará una vez expirado ese plazo.

Artículo 282. Obligaciones resultantes de acuerdos generales, regionales o bilaterales. Cuando los Estados Partes que sean partes en una controversia relativa a la interpretación o la aplicación de esta Convención hayan convenido, en virtud de un acuerdo general, regional o bilateral o de alguna otra manera, en que esa controversia se someta, a petición de cualquiera de las partes en ella, a un procedimiento conducente a una decisión obligatoria, dicho procedimiento se aplicará en lugar de los previstos en esta Parte, a menos que las partes en la controversia convengan en otra cosa.

Artículo 283. Obligación de intercambiar opiniones. 1. Cuando surja una controversia entre Estados Partes relativa a la interpretación o la aplicación de esta Convención, las partes en la controversia procederán sin demora a intercambiar opiniones con miras a resolverla mediante negociación o por otros medios pacíficos.

2. Asimismo, las partes procederán sin demora a intercambiar opiniones cuando se haya puesto fin a un procedimiento para la solución de una controversia sin que ésta haya sido resuelta o cuando se haya llegado a una solución y las circunstancias requieran consultas sobre la forma de llevarla a la práctica.

Artículo 284. Conciliación. 1. El Estado Parte que sea parte en una controversia relativa a la interpretación o la aplicación de esta Convención podrá invitar a la otra u otras partes a someterla a conciliación de conformidad con el procedimiento establecido en la sección 1 del Anexo V o con otro procedimiento de conciliación.

2. Si la invitación es aceptada y las partes convienen en el procedimiento que ha de aplicarse, cualquiera de ellas podrá someter la controversia a ese procedimiento.

3. Si la invitación no es aceptada o las partes no convienen en el procedimiento, se dará por terminada la conciliación.

4. Cuando una controversia haya sido sometida a conciliación, sólo podrá ponerse fin a ésta de conformidad con el procedimiento de conciliación acordado, salvo que las partes convengan en otra cosa.

Artículo 285. Aplicación de esta sección a las controversias sometidas de conformidad con la Parte XI. Las disposiciones de esta sección se aplicarán a cualquier controversia que, en virtud de la sección 5 de la Parte XI, haya de resolverse de conformidad con los procedimientos establecidos en esta Parte. Si una entidad que no sea un Estado Parte fuere parte en tal controversia, esta sección se aplicará mutatis mutandis.

Sección 2. Procedimientos obligatorios conducentes a decisiones obligatorias

Artículo 286. Aplicación de los procedimientos establecidos en esta sección. Con sujeción a lo dispuesto en la sección 3, toda controversia relativa a la interpretación o la aplicación de esta Convención, cuando no haya sido resuelta por aplicación de la sección 1, se someterá, a petición de cualquiera de las partes en la controversia, a la corte o tribunal que sea competente conforme a lo dispuesto en esta sección.

Artículo 287. Elección del procedimiento. 1. Al firmar o ratificar esta Convención o al adherirse a ella, o en cualquier momento ulterior, los Estados podrán elegir libremente, mediante una declaración escrita, uno o varios de los medios siguientes para la solución de las controversias relativas a la interpretación o la aplicación de la Convención:

a) El Tribunal Internacional del Derecho del Mar constituido de conformidad con el Anexo VI;

b) La Corte Internacional de Justicia;

c) Un tribunal arbitral constituido de conformidad con el Anexo VII;

d) Un tribunal arbitral especial, constituido de conformidad con el Anexo VIII, para una o varias de las categorías de controversias que en él se especifican.

2. Ninguna declaración hecha conforme al párrafo 1 afectará a la obligación del Estado Parte de aceptar la competencia de la Sala de Controversia de los Fondos Marinos del Tribunal Internacional del Derecho del Mar en la medida y en la forma establecidas en la sección 5 de la parte XI, ni resultará afectada por esa obligación.

3. Se presumirá que el Estado Parte que sea parte en una controversia no comprendida en una declaración en vigor ha aceptado el procedimiento de arbitraje previsto en el Anexo VII.

4. Si las partes en una controversia han aceptado el mismo procedimiento para la solución de la controversia, ésta sólo podrá ser sometida a ese procedimiento, a menos que las partes convengan en otra cosa.

5. Si las partes en una controversia no han aceptado el mismo procedimiento para la solución de la controversia, ésta sólo podrá ser sometida al procedimiento de arbitraje previsto en el Anexo VII, a menos que las partes convengan en otra cosa.

6. Las declaraciones hechas conforme al párrafo 1 permanecerán en vigor hasta tres meses después de que la notificación de revocación haya sido depositada en poder del Secretario General de las Naciones Unidas.

7. Ninguna nueva declaración, notificación de revocación o expiración de una declaración afectará en modo alguno al procedimiento en curso ante una corte o tribunal que sea competente conforme a este artículo, a menos que las partes convengan en otra cosa.

8. Las declaraciones y notificaciones a que se refiere este artículo se depositarán en poder del Secretario General de las Naciones Unidas, quien transmitirá copia de ellas a los Estados Partes.

Artículo 288. Competencia. 1. Cualquiera de las cortes o tribunales mencionados en el artículo 287 será competente para conocer de las controversias relativas a la interpretación o la aplicación de esta Convención que se le sometan conforme a lo dispuesto en esta Parte.

2. Cualquiera de las cortes o tribunales mencionados en el artículo 287 será competente también para conocer de las controversias relativas a la interpretación o la aplicación de un acuerdo internacional concerniente a los fines de esta Convención que se le sometan conforme a ese acuerdo.

3. La Sala de Controversias de los Fondos Marinos del Tribunal Internacional del Derecho del Mar establecida de conformidad con el Anexo VI o cualquiera otra sala o tribunal arbitral a que se hace referencia en la sección 5 de la Parte XI será competente para conocer de cualquiera de las cuestiones que se le sometan conforme a lo dispuesto en esa sección.

4. En caso de controversia en cuanto a la competencia de una corte o tribunal, la cuestión será dirimida por esa corte o tribunal.

Artículo 289. Expertos. En toda controversia en que se planteen cuestiones científicas o técnicas, la corte o tribunal que ejerza su competencia conforme a esta sección podrá, a petición de una de las partes o por iniciativa propia, seleccionar en consulta con las partes por lo menos dos expertos en cuestiones científicas o técnicas elegidos preferentemente de la lista correspondiente, preparada de conformidad con el artículo 2 del Anexo VIII, para que participen sin derecho a voto en las deliberaciones de esa corte o tribunal.

Artículo 290. Medidas provisionales. 1. Si una controversia se ha sometido en la forma debida a una corte o tribunal que, en principio, se estime competente conforme a esta Parte o a la sección 5 de la Parte XI, esa corte o tribunal podrá decretar las medidas provisionales que estime apropiadas con arreglo a las circunstancias para preservar los derechos respectivos de las partes en la controversia o para impedir que se causen daños graves al medio marino, en espera de que se adopte la decisión definitiva.

2. Las medidas provisionales podrán ser modificadas o revocadas tan pronto como las circunstancias que las justifiquen cambien o dejen de existir.

3. Las medidas provisionales a que se refiere este artículo sólo podrán ser decretadas, modificadas o revocadas a petición de una de las partes en la controversia y después de dar a las partes la posibilidad de ser oídas.

4. La corte o tribunal notificará inmediatamente la adopción, modificación o revocación de las medidas provisionales a las partes en la controversia y a los demás Estados Partes que estime procedente.

5. Hasta que se constituya el tribunal arbitral al que se someta una controversia con arreglo a esta sección, cualquier corte o tribunal designado de común acuerdo por las partes o, a falta de tal acuerdo en el plazo de dos semanas contado desde la fecha de la solicitud de medidas provisionales, el Tribunal Internacional del Derecho del Mar o, con respecto a las actividades en la Zona, la Sala de Controversias de los Fondos Marinos podrá decretar, modificar o revocar medidas provisionales conforme a lo dispuesto en este artículo si estima, en principio, que el tribunal que haya de constituirse sería competente y que la urgencia de la situación así lo requiere.

Una vez constituido, el tribunal al que se haya sometido la controversia podrá, actuando conforme a los párrafos 1 a 4, modificar, revocar o confirmar esas medidas provisionales.

6. Las partes en la controversia aplicarán sin demora todas las medidas provisionales decretadas conforme a este artículo.

Artículo 291. Acceso. 1. Todos los procedimientos de solución de controversia indicados en esta Parte estarán abiertos a los Estados Partes.

2. Los procedimientos de solución de controversias previstos en esta Parte estarán abiertos a entidades distintas de los Estados Partes sólo en los casos en que ello se disponga expresamente en esta Convención.

Artículo 292. Pronta liberación de buques y de sus tripulaciones. 1. Cuando las autoridades de un Estado Parte hayan retenido un buque que enarbole el pabellón de otro Estado Parte y se alegue que el Estado que procedió a la retención no ha observado las disposiciones de esta Convención con respecto a la pronta liberación del buque o de su tripulación una vez constituida fianza razonable u otra garantía financiera, la cuestión de la liberación del buque o de su tripulación podrá ser sometida a la corte o tribunal que las partes designen de común acuerdo o, a falta de acuerdo en un plazo de 10 días contado desde el momento de la retención, a la corte o tribunal que el Estado que haya procedido a la retención haya aceptado conforme al artículo 287 o al

Tribunal Internacional del Derecho del Mar, a menos que las partes convengan en otra cosa.

2. La solicitud de liberación del buque o de su tripulación sólo podrá ser formulada por el Estado del pabellón o en su nombre.

3. La corte o tribunal decidirá sin demora acerca de la solicitud de liberación y sólo conocerá de esa cuestión, sin prejuzgar el fondo de cualquier demanda interpuesta ante el tribunal nacional apropiado contra el buque, su propietario o su tripulación. Las autoridades del Estado que haya procedido a la retención seguirán siendo competentes para liberar en cualquier momento al buque o a su tripulación.

4. Una vez constituida la fianza u otra garantía financiera determinada por la corte o tribunal, las autoridades del Estado que haya procedido a la retención cumplirán sin demora la decisión de la corte o tribunal relativa a la liberación del buque o de su tripulación.

Artículo 293. Derecho aplicable. 1. La corte o tribunal competente en virtud de esta sección aplicará esta Convención y las demás normas de derecho internacional que no sean incompatibles con ella.

2. El párrafo 1 se entenderá sin perjuicio de la facultad de la corte o tribunal competente en virtud de esta sección para dirimir un litigio ex aequo et bono, si las partes convienen en ello.

Artículo 294. Procedimiento preliminar. 1. Cualquier corte o tribunal mencionado en el artículo 287 ante el que se entable una demanda en relación con una de las controversias a que se refiere el artículo 297 resolverá a petición de cualquiera de las partes, o podrá resolver por iniciativa propia, si la acción intentada constituye una utilización abusiva de los medios procesales o si, en principio, está suficientemente fundada. Cuando la corte o tribunal resuelva que la acción intentada constituye una utilización abusiva de los medios procesales o carece en principio de fundamento, cesará sus actuaciones.

2. Al recibir la demanda, la corte o tribunal la notificará inmediatamente a la otra u otras partes y señalará un plazo razonable en el cual la otra u otras, partes podrán pedirle que resuelva la cuestión a que se refiere el párrafo 1.

3. Nada de lo dispuesto en este artículo afectará al derecho de las partes en una controversia a formular excepciones preliminares conforme a las normas procesales aplicables.

Artículo 295. Agotamiento de los recursos internos. Las controversias que surjan entre Estados Partes con respecto a la interpretación o la aplicación de esta Convención podrán someterse a los procedimientos establecidos en esta sección sólo después de que se hayan agotado los recursos internos, de conformidad con el derecho internacional.

Artículo 296. Carácter definitivo y fuerza obligatoria de las decisiones. 1. Toda decisión dictada por una corte o tribunal que sea competente en virtud de esta sección será definitiva y deberá ser cumplida por todas las partes en la controversia.

2. Tal decisión no tendrá fuerza obligatoria salvo para las partes y respecto de la controversia de que se trate.

Sección 3. Limitaciones y excepciones a la aplicabilidad de la sección 2

Artículo 297. Limitaciones a la aplicabilidad de la sección 2. 1. Las controversias relativas a la interpretación o la aplicación de esta Convención con respecto al ejercicio por parte de un Estado ribereño de sus derechos soberanos o su jurisdicción previstos en esta Convención se someterán a los procedimientos establecidos en la sección 2 en los casos siguientes:

a) Cuando se alegue que un Estado ribereño ha actuado en contravención de lo dispuesto en esta Convención respecto de las libertades y los derechos de navegación, sobrevuelo o tendido de cables y tuberías submarinos o respecto de cualquiera otros usos del mar internacionalmente legítimos especificados en el artículo 58;

b) Cuando se alegue que un Estado, al ejercer las libertades, derechos o usos antes mencionados, ha actuado en contravención de las disposiciones de esta Convención o de las leyes o reglamentos dictados por el Estado ribereño de conformidad con esta Convención o de otras normas de derecho internacional que no sean incompatibles con ella; o

c) Cuando se alegue que un Estado ribereño ha actuado en contravención de reglas y estándares internacionales específicos relativos a la protección y preservación del medio marino que sean aplicables al Estado ribereño y que hayan sido establecidos por esta Convención o por conducto de una organización internacional competente o en una conferencia diplomática de conformidad con esta Convención;

2. a) Las controversias relativas a la interpretación o la aplicación de las disposiciones de esta Convención con respecto a las actividades de investiga-

ción científica marina se resolverán de conformidad con la sección 2, con la salvedad de que el Estado ribereño no estará obligado a aceptar que se someta a los procedimientos de solución establecidos en dicha sección ninguna controversia que se suscite con motivo:

i) Del ejercicio por el Estado ribereño de un derecho o facultad discrecional de conformidad con el artículo 246; o

ii) De la decisión del Estado ribereño de ordenar la suspensión o la cesación de un proyecto de investigación de conformidad con el artículo 253;

b) Las controversias que se susciten cuando el Estado que realiza las investigaciones alegue que, en relación con un determinado proyecto, el Estado ribereño no ejerce los derechos que le corresponden en virtud de los artículos 246 y 253 de manera compatible con lo dispuesto en esta Convención serán sometidas, a petición de cualquiera de las partes, al procedimiento de conciliación previsto en la sección 2 del Anexo V, con la salvedad de que la comisión de conciliación no cuestionará el ejercicio por el Estado ribereño de su facultad discrecional de designar las áreas específicas a que se refiere el párrafo 6 del artículo 246, o de rehusar su consentimiento de conformidad con el párrafo 5 de dicho artículo.

3. a) Las controversias relativas a la interpretación o la aplicación de las disposiciones de la presente Convención en relación con las pesquerías se resolverán de conformidad con la sección 2, con la salvedad de que el Estado ribereño no estará obligado a aceptar que se someta a los procedimientos de solución establecidos en dicha sección ninguna controversia relativa a sus derechos soberanos con respecto a los recursos vivos en la zona económica exclusiva o al ejercicio de esos derechos, incluidas sus facultades discrecionales para determinar la captura permisible, su capacidad de explotación, la asignación de excedentes a otros Estados y las modalidades y condiciones establecidas en sus leyes y reglamentos de conservación y administración;

b) Cuando no se haya llegado a un acuerdo mediante la aplicación de las disposiciones de la sección 1, la controversia será sometida al procedimiento de conciliación previsto en la sección 2 del Anexo V, si así lo solicita cualquiera de las partes en la controversia, cuando se alegue que:

i) Un Estado ribereño ha incumplido de manera manifiesta su obligación de velar, con medidas adecuadas de conservación y administración, porque la preservación de los recursos vivos de la zona económica exclusiva no resulte gravemente amenazada;

ii) Un Estado ribereño se ha negado arbitrariamente a determinar, a petición de otro Estado, la captura permisible y su capacidad para explotar los recursos vivos con respecto a las poblaciones que ese otro Estado esté interesado en pescar;

iii) Un Estado ribereño se ha negado arbitrariamente a asignar a un Estado, conforme a lo dispuesto en los artículos 62, 69 y 70 y en las modalidades y condiciones establecidas por el Estado ribereño que sean compatibles con la presente Convención, la totalidad o una parte del excedente cuya existencia haya declarado;

c) La comisión de conciliación no sustituirá en ningún caso al Estado ribereño en sus facultades discrecionales;

f) El informe de la comisión de conciliación será comunicado a las organizaciones internacionales competentes;

e) Al negociar un acuerdo con arreglo a lo dispuesto en los artículos 69 y 70, los Estados Partes, a menos que convengan otra cosa, incluirán una cláusula sobre las medidas que tomarán para reducir al mínimo la posibilidad de que surja una diferencia con respecto a la interpretación o aplicación del acuerdo y sobre el procedimiento que deberán seguir si, no obstante, surgiere una diferencia.

Artículo 298. Excepciones facultativas a la aplicabilidad de la sección 2. 1. Al firmar o ratificar esta Convención o adherirse a ella, o en cualquier otro momento posterior, los Estados podrán, sin perjuicio de las obligaciones que resultan de la sección 1, declarar por escrito que no aceptan uno o varios de los procedimientos previstos en la sección 2 con respecto a una o varias de las siguientes categorías de controversias:

a) i) Las controversias relativas a la interpretación o la aplicación de los artículos 15, 74 y 83 concernientes a la delimitación de las zonas marítimas, o las relativas a bahías o títulos históricos, a condición de que el Estado que haya hecho una declaración de esa índole, cuando una controversia de ese tipo surja después de la entrada en vigor de esta Convención y no se llegue a un acuerdo dentro de un período razonable en negociaciones entre las partes, acepte, a petición de cualquier parte en la controversia, que la cuestión sea sometida al procedimiento de conciliación previsto en la sección 2 del Anexo V; además, quedará excluida de tal sumisión toda controversia que entrañe necesariamente el examen concurrente de una controversia no resuelta respecto de la soberanía u otros derechos sobre un territorio continental o insular;

ii) Una vez que la comisión de conciliación haya presentado su informe, en el que expondrá las razones en que se funda, las partes negociarán un acuerdo sobre la base de ese informe; si estas negociaciones no conducen a un acuerdo, las partes, a menos que acuerden otra cosa, someterán la cuestión, por consentimiento mutuo, a los procedimientos previstos en la sección 2;

iii) Las disposiciones de este apartado no serán aplicables a ninguna controversia relativa a la delimitación de zonas marítimas que ya se haya resuelto mediante acuerdo entre las partes, ni a ninguna controversia de esa índole que haya de resolverse de conformidad con un acuerdo bilateral o multilateral obligatorio para las partes;

b) Las controversias relativas a actividades militares, incluidas las actividades militares de buques y aeronaves de Estado dedicados a servicios no comerciales, y las controversias relativas a actividades encaminadas a hacer cumplir las normas legales respecto, del ejercicio de los derechos soberanos o de la jurisdicción excluidas de la competencia de una corte o un tribunal con arreglo a los párrafos 2 ó 3 del artículo 297;

c) Las controversias respecto de las cuales el Consejo de Seguridad de las Naciones Unidas ejerza las funciones que le confiere la Carta de las Naciones Unidas, a menos que el Consejo de Seguridad decida retirar el asunto de su orden del día o pida a las partes que lo solucionen por los medios previstos en esta Convención.

2. El Estado Parte que haya hecho una declaración de conformidad con el párrafo 1 podrá retirarla en cualquier momento o convenir en someter una controversia que haya quedado excluida en virtud de esa declaración a cualquiera de los procedimientos especificados en esta Convención.

3. Ningún Estado Parte que haya hecho una declaración en virtud del párrafo 1 tendrá derecho a someter una controversia perteneciente a la categoría de controversias exceptuadas a ninguno de los procedimientos previstos en esta Convención respecto de cualquier otro Estado Parte sin el consentimiento de éste.

4. Si uno de los Estados Partes ha hecho una declaración en virtud del apartado a) del párrafo 1, cualquier otro Estado Parte podrá acudir al procedimiento especificado en esa declaración respecto de la parte que la haya formulado en relación con cualquier controversia comprendida en una de las categorías exceptuadas.

5. La formulación de una nueva declaración o el retiro de una declaración no afectará en modo alguno al procedimiento en curso ante una corte o tri-

bunal de conformidad con este artículo, a menos que las partes convengan en otra cosa.

6. Las declaraciones y las notificaciones de retiro hechas con arreglo a este artículo se depositarán en poder del Secretario General de las Naciones Unidas, quien transmitirá copia de ellas a los Estados Partes.

Artículo 299. Derecho de las partes a convenir en el procedimiento. 1. Las controversias excluidas de los procedimientos de solución de controversias previstos en la sección 2 en virtud del artículo 297 o por una declaración hecha con arreglo al artículo 298 sólo podrán someterse a dichos procedimientos por acuerdo de las partes en la controversia.

2. Ninguna de las disposiciones de esta sección menoscabará el derecho de las partes en controversia a convenir cualquier otro procedimiento para solucionar la controversia o a llegar a una solución amistosa.

PARTE XVI
DISPOSICIONES GENERALES

Artículo 300. Buena fe y abuso de derecho. Los Estados Partes cumplirán de buena fe las obligaciones contraídas de conformidad con esta Convención y ejercerán los derechos, competencias y libertades reconocidos en ella de manera que no constituya un abuso de derecho.

Artículo 301. Utilización del mar con fines pacíficos. Al ejercer sus derechos y cumplir sus obligaciones de conformidad con esta Convención, los Estados Partes se abstendrán de recurrir a la amenaza o al uso de la fuerza contra la integridad territorial o la independencia política de cualquier Estado o en cualquier otra forma incompatible con los principios de derecho internacional incorporados en la Carta de las Naciones Unidas.

Artículo 302. Revelación de información. Sin perjuicio del derecho de los Estados Partes a recurrir a los procedimientos de solución de controversias establecidos en esta Convención, nada de lo dispuesto en ella se interpretará en el sentido de exigir que un Estado Parte, en el cumplimiento de las obligaciones que le incumban en virtud de la Convención, proporcione información cuya revelación sea contraria a los intereses esenciales de su seguridad.

Artículo 303. Objetos arqueológicos e históricos hallados en el mar. 1. Los Estados tienen la obligación de proteger los objetos de carácter arqueológico e histórico hallados en el mar y cooperarán a tal efecto.

2. A fin de fiscalizar el tráfico de tales objetos, el Estado ribereño, al aplicar el artículo 33, podrá presumir que la remoción de aquéllos de los fondos marinos de la zona a que se refiere ese artículo sin su autorización constituye una infracción, cometida en su territorio o en su mar territorial, de las leyes y reglamentos mencionados en dicho artículo.

3. Nada de lo dispuesto en este artículo afectará a los derechos de los propietarios identificables, a las normas sobre salvamento u otras normas del derecho marítimo o a las leyes y prácticas en materia de intercambios culturales.

4. Este artículo se entenderá sin perjuicio de otros acuerdos internacionales y demás normas de derecho internacional relativos a la protección de los objetos de carácter arqueológico e histórico.

Artículo 304. Responsabilidad por daños. Las disposiciones de esta Convención relativas a la responsabilidad por daños se entenderán sin perjuicio de la aplicación de las normas vigentes y del desarrollo de nuevas normas relativas a la responsabilidad en derecho internacional.

PARTE XVII
DISPOSICIONES FINALES

Artículo 305. Firma. 1. Esta Convención estará abierta a la firma de:

a) Todos los Estados;

b) Namibia, representada por el Consejo de las Naciones Unidas para Namibia;

c) Todos los Estados asociados autónomos que hayan optado por esa condición en un acto de libre determinación supervisado y aprobado por las Naciones Unidas de conformidad con la resolución 1514 (XV) de la Asamblea General y tengan competencia sobre las materias regidas por esta Convención, incluida la de celebrar tratados en relación con ellas;

d) Todos los Estados asociados autónomos que, de conformidad con sus respectivos instrumentos de asociación, tengan competencia sobre las materias regidas por esta Convención, incluida la de celebrar tratados en relación con ellas;

e) Todos los territorios que gocen de plena autonomía interna reconocida como tal por las Naciones Unidas, pero no hayan alcanzado la plena independencia de conformidad con la resolución 1514 (XV) de la Asamblea General, y que tengan competencia sobre las materias regidas por esta Convención, incluida la de celebrar tratados en relación con ellas;

f) Las organizaciones internacionales, con arreglo al Anexo IX.

2. Esta Convención estará abierta a la firma hasta el 10 de diciembre de 1984 en el Ministerio de Relaciones Exteriores de Jamaica y, asimismo, desde el 10 de junio de 1983 hasta el 10 de diciembre de 1984 en la Sede de las Naciones Unidas en Nueva York.

Artículo 306. Ratificación y confirmación formal. Esta Convención estará sujeta a ratificación por los Estados y las demás entidades mencionadas en los apartados b), c), d) y e) del párrafo 1 del artículo 305, así como a confirmación formal, con arreglo al Anexo IX, por las entidades mencionadas en el apartado f) del párrafo 1 de ese artículo. Los instrumentos de ratificación y de confirmación formal se depositarán en poder del Secretario General de las Naciones Unidas.

Artículo 307. Adhesión. Esta Convención quedará abierta a la adhesión de los Estados y las demás entidades mencionadas en el artículo 305. La adhesión de las entidades mencionadas en el apartado f) del párrafo 1 del artículo 305 se efectuará de conformidad con el Anexo IX. Los instrumentos de adhesión se depositarán en poder del Secretario General de las Naciones Unidas.

Artículo 308. Entrada en vigor. 1. Esta Convención entrará en vigor 12 meses después de la fecha en que haya sido depositado el sexagésimo instrumento de ratificación o de adhesión.

2. Respecto de cada Estado que ratifique esta Convención o se adhiera a ella después de haber sido depositado el sexagésimo instrumento de ratificación o de adhesión, la Convención entrará en vigor el trigésimo día siguiente a la fecha en que tal Estado haya depositado su instrumento de ratificación o de adhesión, con sujeción a lo dispuesto en el párrafo 1.

3. La Asamblea de la Autoridad se reunirá en la fecha de entrada en vigor de la Convención y elegirá el Consejo de la Autoridad. Si no se pudieren aplicar estrictamente las disposiciones del artículo 161, el primer Consejo se constituirá en forma compatible con el propósito de ese artículo.

4. Las normas, reglamentos y procedimientos elaborados por la Comisión Preparatoria se aplicarán provisionalmente hasta que la Autoridad los apruebe oficialmente de conformidad con la Parte XI.

5. La Autoridad y sus órganos actuarán de conformidad con la resolución II de la Tercera Conferencia de las Naciones Unidas sobre el Derecho del Mar, relativa a las inversiones preparatorias en primeras actividades relacionadas con los nódulos polimetálicos, y con las decisiones adoptadas por la Comisión Preparatoria en cumplimiento de esa resolución.

Artículo 309. Reservas y excepciones. No se podrán formular reservas ni excepciones a esta Convención, salvo las expresamente autorizadas por otros artículos de la Convención.

Artículo 310. Declaraciones y manifestaciones. El artículo 309 no impedirá que un Estado, al firmar o ratificar esta convención o adherirse a ella, haga declaraciones o manifestaciones, cualquiera que sea su enunciado o denominación, a fin de, entre otras cosas, armonizar su derecho interno con las disposiciones de la Convención, siempre que tales declaraciones o manifestaciones no tengan por objeto excluir o modificar los efectos jurídicos de las disposiciones de la Convención en su aplicación a ese Estado.

Artículo 311. Relación con otras convenciones y acuerdos internacionales. 1. Esta Convención prevalecerá, en las relaciones entre los Estados Partes, sobre las Convenciones de Ginebra sobre el Derecho del Mar, de 29 de abril de 1958.

2. Esta Convención no modificará los derechos ni las obligaciones de los Estados Partes dimanantes de otros acuerdos compatibles con ella y que no afecten al disfrute de los derechos ni al cumplimiento de las obligaciones que a los demás Estados Partes correspondan en virtud de la Convención.

3. Dos o más Estados Partes podrán celebrar acuerdos, aplicables únicamente en sus relaciones mutuas, por los que se modifiquen disposiciones de esta Convención o se suspenda su aplicación, siempre que tales acuerdos no se refieran a ninguna disposición cuya modificación sea incompatible con la consecución efectiva de su objeto y de su fin, y siempre que tales acuerdos no afecten a la aplicación de los principios básicos enunciados en la Convención y que las disposiciones de tales acuerdos no afecten al disfrute de los derechos ni al cumplimiento de las obligaciones que a los demás Estados Partes correspondan en virtud de la Convención.

4. Los Estados Partes que se propongan celebrar un acuerdo de los mencionados en el párrafo 3 notificarán a los demás Estados Partes, por medio del

depositario de la Convención, su intención de celebrar el acuerdo y la modificación o suspensión que en él se disponga.

5. Este artículo no afectará a los acuerdos internacionales expresamente autorizados o salvaguardados por otros artículos de esta Convención.

6. Los Estados Partes convienen en que no podrán hacerse enmiendas al principio básico relativo al patrimonio común de la humanidad establecido en el artículo 136 y en que no serán partes en ningún acuerdo contrario a ese principio.

Artículo 312. Enmienda. 1. Al vencimiento de un plazo de 10 años contado desde la fecha de entrada en vigor de esta Convención, cualquier Estado Parte podrá proponer, mediante comunicación escrita al Secretario General de las Naciones Unidas, enmiendas concretas a esta Convención, salvo las que se refieran a las actividades en la Zona y solicitar la convocatoria de una conferencia para que examine las enmiendas, propuestas. El Secretario General transmitirá esa comunicación a todos los Estados Partes. Si dentro de los 12 meses siguientes a la fecha de transmisión de esa comunicación, la mitad por lo menos de los Estados Partes respondieren favorablemente a esa solicitud, el Secretario General convocará la conferencia.

2. El procedimiento de adopción de decisiones aplicable en la conferencia de enmienda será el que era aplicable en la Tercera Conferencia de las Naciones Unidas sobre el Derecho del Mar, a menos que la conferencia decida otra cosa. La conferencia hará todo lo posible por lograr un acuerdo por consenso respecto de cualquier enmienda, y no se procederá a votación sobre ella hasta que se hayan agotado todos los medios de llegar a un consenso.

Artículo 313. Enmienda por procedimiento simplificado. 1. Cualquier Estado Parte podrá proponer, mediante comunicación escrita al Secretario General de las Naciones Unidas, una enmienda a esta Convención que no se refiera a las actividades en la Zona, para que sea adoptada por el procedimiento simplificado establecido en este artículo sin convocar una conferencia. El Secretario General transmitirá la comunicación a todos los Estados Partes.

2. Si, dentro de los 12 meses siguientes a la fecha de transmisión de la comunicación, un Estado Parte formula una objeción a la enmienda propuesta o a que sea adoptada por el procedimiento simplificado, la enmienda se considerará rechazada. El Secretario General notificará inmediatamente la objeción a todos los Estados Partes.

3. Si, al vencimiento del plazo de 12 meses contado desde la fecha en que se haya transmitido la comunicación, ningún Estado Parte ha formulado objeción alguna a la enmienda propuesta ni a que sea adoptada por el procedimiento simplificado, la enmienda propuesta se considerará adoptada. El Secretario General notificará a todos los Estados Partes que la enmienda propuesta ha sido adoptada.

Artículo 314. Enmiendas a las disposiciones de esta Convención relativas exclusivamente a las actividades en la Zona. 1. Todo Estado Parte podrá proponer, mediante comunicación escrita al Secretario General de la Autoridad, una enmienda a las disposiciones de esta Convención relativas exclusivamente a las actividades en la Zona, incluida la sección 4 del Anexo VI. El Secretario General transmitirá esta comunicación a todos los Estados Partes. La enmienda propuesta estará sujeta a la aprobación de la Asamblea después de su aprobación por el Consejo. Los representantes de los Estados Partes en esos órganos tendrán plenos poderes para examinar y aprobar la enmienda propuesta. La enmienda quedará adoptada tal como haya sido aprobada por el Consejo y la Asamblea.

2. Antes de aprobar una enmienda conforme al párrafo 1, el Consejo y la Asamblea se asegurarán de que no afecte al sistema de exploración y explotación de los recursos de la Zona hasta que se celebre la Conferencia de Revisión de conformidad con el artículo 155.

Artículo 315. Firma, ratificación y adhesión y textos auténticos de las enmiendas. 1. Una vez adoptadas, las enmiendas a esta Convención estarán abiertas a la firma de los Estados Partes en la Convención durante 12 meses contados desde la fecha de su adopción, en la Sede de las Naciones Unidas en Nueva York, a menos que se disponga otra cosa en la propia enmienda.

2. Las disposiciones de los artículos 306, 307 y 320 se aplicarán a todas las enmiendas a esta Convención.

Artículo 316. Entrada en vigor de las enmiendas. Las enmiendas a esta Convención, salvo las mencionadas en el párrafo 5, entrarán en vigor respecto de los Estados Partes que las ratifiquen o se adhieran a ellas el trigésimo día siguiente a la fecha en que dos tercios de los Estados Partes o 60 Estados Partes, si este número fuere mayor, hayan depositado sus instrumentos de ratificación o de adhesión. Tales enmiendas no afectarán al disfrute de los derechos ni al cumplimiento de las obligaciones que a los demás Estados Partes correspondan en virtud de la Convención.

2. Toda enmienda podrá prever para su entrada en vigor un número de ratificaciones o de adhesiones mayor que el requerido por este artículo.

3. Respecto de cada Estado Parte que ratifique las enmiendas a que se refiere el párrafo 1 o se adhiera a ellas después de haber sido depositado el número requerido de instrumentos de ratificación o de adhesión, las enmiendas entrarán en vigor el trigésimo día siguiente a la fecha en que haya depositado su instrumento de ratificación o de adhesión.

4. Todo Estado que llegue a ser Parte en esta Convención después de la entrada en vigor de enmiendas conforme al párrafo 1 será considerado, de no haber manifestado una intención diferente:

a) Parte en la Convención así enmendada; y

b) Parte en la Convención no enmendada con respecto a todo Estado Parte que no esté obligado por las enmiendas.

5. Las enmiendas relativas exclusivamente a actividades en la Zona y las enmiendas al Anexo VI entrarán en vigor respecto de todos los Estados Partes un año después de que tres cuartos de los Estados Partes hayan depositado sus instrumentos de ratificación o de adhesión.

6. Todo Estado que llegue a ser Parte en esta Convención después de la entrada en vigor de enmiendas conforme al párrafo 5 será considerado Parte en la Convención así enmendada.

Artículo 317. Denuncia. 1. Todo Estado Parte podrá denunciar esta Convención, mediante notificación escrita al Secretario General de las Naciones Unidas, e indicar las razones en que funde la denuncia. La omisión de esas razones no afectará a la validez de la denuncia. La denuncia surtirá efecto un año después de la fecha en que haya sido recibida la notificación, a menos que en ésta se señale una fecha ulterior.

2. La denuncia no dispensará a ningún Estado de las obligaciones financieras y contractuales contraídas mientras era Parte en esta Convención, ni afectará a ningún derecho, obligación o situación jurídica de ese Estado creados por la ejecución de la Convención antes de su terminación respecto de él.

3. La denuncia no afectará en nada al deber del Estado Parte de cumplir toda obligación enunciada en esta Convención a la que esté sometido en virtud del derecho internacional independientemente de la Convención.

Artículo 318. Condición de los anexos. Los anexos son parte integrante de esta Convención y, salvo que se disponga expresamente otra cosa, toda referencia a la Convención o a una de sus partes constituye asimismo una referencia a los anexos correspondientes.

Artículo 319. Depositario. 1. El Secretario General de las Naciones Unidas será el depositario de esta Convención y de las enmiendas a ella.

2. Además de desempeñar las funciones de depositario, el Secretario General:

a) Informará a los Estados Partes, a la Autoridad y a las organizaciones internacionales competentes de las cuestiones de carácter general que hayan surgido con respecto a esta Convención;

b) Notificará a la Autoridad las ratificaciones, confirmaciones formales y adhesiones de que sea objeto esta Convención y las enmiendas a ella, así como las denuncias de la Convención;

c) Notificará a los Estados Partes los Acuerdos celebrados conforme al párrafo 4 del artículo 311;

d) Transmitirá a los Estados Partes, para su ratificación o adhesión, las enmiendas adoptadas de conformidad con esta Convención;

e) Convocará las reuniones necesarias de los Estados Partes de conformidad con esta Convención.

3. a) El Secretario General transmitirá también a los observadores a que se hace referencia en el artículo 156:

i) Los informes mencionados en el apartado a) del párrafo 2;

ii) Las notificaciones mencionadas en los apartados b) y c) del párrafo 2; y

iii) Para su información, el texto de las enmiendas mencionadas en el apartado d) del párrafo 2;

b) El Secretario General invitará también a dichos observadores a participar con carácter de tales en las reuniones de Estados Partes a que se hace referencia en el apartado e) del párrafo 2.

Artículo 320. Textos auténticos. El original de esta Convención, cuyos textos en árabe, chino, español, francés, inglés y ruso son igualmente auténticos, será depositado, teniendo en cuenta lo dispuesto en el párrafo 2 del artículo 305, en poder del Secretario General de las Naciones Unidas.

EN TESTIMONIO DE LO CUAL los plenipotenciarios infrascritos, debidamente autorizados para ello, han firmado esta Convención.

HECHA EN MONTEGO BAY, el día diez de diciembre de mil novecientos ochenta y dos.

ANEXO I. ESPECIES ALTAMENTE MIGRATORIAS

1. Atún blanco: Thunnus alalunga.
2. Atún Rojo: Thunnus thynnus.
3. Patudo: Thunnus obesus.
4. Listado: Katsuwonus pelamis.
5. Rabil: Thunnus albacares.
6. Atún de aleta negra: Thunnus atlanticus.
7. Bonito del Pacífico: Euthynnus Alletteratus; Euthynnus affinis.
8. Atún de aleta azul del sur: Thunnus maccoyii.
9. Melva: Auxis thazard; Auxis rochei.
10. Japuta: Familia Bramidae.
11. Marlin: Tetrapturus angustirostris; Tetrapturus belone; Tetrapturus pfluegeri; Tetrapturus albidus; Tetrapturus audax; Tetrapturus georgei; Makaira mazara; Makaira indica; Makaira nigricans.
12. Velero: Instiophorus platypterus; Istiophorus álbicans.
13. Pez espada: Xiphlas gladius.
14. Paparda: Scomberesox saurus; Cololabis saira; Cololabis adocetus; Scomberesox saurus scombroides.
15. Dorado: Coryphaena hippurus; Coryphaena equiselis.
16. Tiburón oceánico: Hexanchus griseus; Cetorhinus máximus; Familia Alopiidae; Rhincodon typus; Familia Carcharhinidae; Familia Sphyrnidae; Familia Isuridae.
17. Cetáceos (ballena y focena): Familia Physeteridae; Familia Balaenopteridae; Familia Balaenidae; Familia Eschrichtiidae; Familia Monodontidae; Familia Ziphiidae; Familia Delphinidae.

ANEXO II. COMISIÓN DE LÍMITES DE LA PLATAFORMA CONTINENTAL

Artículo 1. Con arreglo a las disposiciones del artículo 76, se establecerá una Comisión de límites de la plataforma continental más allá de 200 millas marinas, de conformidad con los siguientes artículos.

Artículo 2. 1. La Comisión estará compuesta de 21 miembros, expertos en geología, geofísica o hidrografía, elegidos por los Estados Partes en esa Convención entre sus nacionales, teniendo debidamente en cuenta la necesidad de asegurar una representación geográfica equitativa, quienes prestarán sus servicios a título personal.

2. La elección inicial se realizará lo más pronto posible, y en todo caso dentro de un plazo de 18 meses contado a partir de la fecha entrada en vigor de esta Convención. Por lo menos tres meses antes de la fecha de cada elección, el Secretario General de las Naciones Unidas dirigirá una carta a los Estados Partes invitándolos a presentar candidaturas dentro de un plazo de tres meses, tras celebrar las consultas regionales pertinentes. El Secretario General preparará una lista de orden alfabético de todas las personas así designadas y la presentará a todos los Estados Partes.

3. Las elecciones de los miembros de la Comisión se realizarán en una reunión de los Estados Partes convocada por el Secretario General en la Sede de las Naciones Unidas. En esa reunión, para la cual constituirán quórum los dos tercios de los Estados Partes, serán elegidos miembros de la Comisión los candidatos que obtengan una mayoría de dos tercios de los votos de los representantes de los Estados Partes presentes y votantes. Se elegirán por lo menos tres miembros de cada región geográfica.

4. Los miembros de la Comisión desempeñarán su cargo por cinco años y podrán ser reelegidos.

5. El Estado Parte que haya presentado la candidatura de un miembro de la Comisión sufragará los gastos de dicho miembro mientras preste servicios en la Comisión. El Estado ribereño interesado sufragará los gastos efectuados con motivo de asesoramiento previsto en el apartado b) del párrafo 1 del artículo 3 de este Anexo. El Secretario General de las Naciones Unidas proveerá los servicios de la secretaría de la Comisión.

Artículo 3. 1. Las funciones de la Comisión serán las siguientes:

a) Examinar los datos y otros elementos de información presentados por los Estados ribereños respecto de los límites exteriores de la plataforma continental cuando ésta se extienda más allá de 200 millas marinas y hacer recomendaciones de conformidad con el artículo 76 de la Declaración de Entendimiento aprobada el 29 de agosto de 1980 por la Tercera Conferencia de las Naciones Unidas sobre el Derecho del Mar;

b) Prestar asesoramiento científico y técnico, si lo solicita el Estado ribereño interesado, durante la preparación de los datos mencionados en el apartado a).

2. La Comisión podrá cooperar, en la medida que se considere útil y necesario, con la Comisión Oceanográfica Intergubernamental de la UNESCO, la Organización Hidrográfica Internacional y otras organizaciones internacionales competentes a fin de intercambiar información científica y técnica que pueda ser útil para el desempeño de las funciones de la Comisión.

Artículo 4. El Estado ribereño que se proponga establecer, de conformidad con el artículo 76, el límite exterior de su plataforma continental más allá de 200 millas marinas presentará a la Comisión las características de ese límite junto con información científica y técnica de apoyo lo antes posible, y en todo caso dentro de los 10 años siguientes a la entrada en vigor de esta Convención respecto de ese Estado, El Estado ribereño comunicará al mismo tiempo los nombres de los miembros de la Comisión que le hayan prestado asesoramiento científico y técnico.

Artículo 5. A menos que decida otra cosa, la Comisión funcionará mediante subcomisiones integradas por siete miembros, designados de forma equilibrada teniendo en cuenta los elementos específicos de cada presentación hecha por un Estado ribereño. Los miembros de la Comisión nacionales del Estado ribereño que haya hecho la presentación o los que hayan asistido a ese Estado presentado asesoramiento científico y técnico con respecto al trazado de las líneas no podrán ser miembros de la subcomisión que se ocupe de esa presentación, pero tendrán derecho a participar en calidad de miembros en las actuaciones de la Comisión relativas a dicha presentación.

Artículo 6. 1. La subcomisión presentará sus recomendaciones a la Comisión.

2. La Comisión aprobará las recomendaciones de la subcomisión por mayoría de dos tercios de los miembros presentes y votantes.

3. Las recomendaciones de la Comisión se presentarán por escrito al Estado ribereño que haya hecho la presentación y al Secretario General de las Naciones Unidas.

Artículo 7. Los Estados ribereños establecerán el límite exterior de su plataforma continental de conformidad con las disposiciones del párrafo 8 del artículo 76 y con arreglo a los procedimientos nacionales pertinentes.

Artículo 8. En caso de desacuerdo del Estado ribereño con las recomendaciones de la Comisión, el Estado ribereño hará a la Comisión, dentro de un plazo razonable, una presentación revisada o una nueva presentación.

Artículo 9. Las actuaciones de la Comisión no afectarán a los asuntos relativos a la fijación de los límites entre Estados con costas adyacentes o situadas frente a frente.

ANEXO III. DISPOSICIONES BÁSICAS RELATIVAS A LA PROSPECCIÓN, LA EXPLORACIÓN Y LA EXPLOTACIÓN

Artículo 1. Derechos sobre los minerales. Los derechos sobre los minerales se transmitirán en el momento de su extracción de conformidad con esta Convención.

Artículo 2. Prospección. 1. a) La Autoridad fomentará la realización de prospecciones en la zona;

b) Las prospecciones sólo se realizarán una vez que la Autoridad haya recibido un compromiso satisfactorio por escrito de que el futuro prospector cumplirá esta Convención, así como las normas, reglamentos y procedimientos de la Autoridad concernientes a la cooperación en los programas de capacitación previstos en los Artículos 143 y 144 y a la protección del medio marino, y aceptará que la Autoridad verifique el cumplimiento. Junto con el compromiso, el futuro prospector notificará a la Autoridad los límites aproximados del área o las áreas en que vaya a realizar la prospección;

c) La prospección podrá ser realizada simultáneamente por más de un prospector en la misma área o las mismas áreas.

2. La prospección no conferirá al prospector derecho alguno sobre los recursos. No obstante, el prospector podrá extraer una cantidad razonable de minerales con fines de ensayo.

Artículo 3. Exploración y explotación. 1. La Empresa, los Estados Partes y las demás entidades o personas mencionadas en el apartado b) del párrafo 2 del artículo 153 podrán solicitar de la Autoridad la aprobación de planes de trabajo relativos a actividades en la Zona.

2. La Empresa podrá hacer esa solicitud respecto de cualquier parte de la Zona, pero las solicitudes de otras entidades o personas que se refieren a áreas reservadas estarán sujetas además a los requisitos del artículo 9 de este Anexo.

3. La exploración y la explotación se realizarán sólo en las áreas especificadas en los planes de trabajo mencionados en el párrafo 3 del artículo 153 y aprobados por la Autoridad de conformidad con esa Convención y con las normas, reglamentos y procedimientos pertinentes de la Autoridad.

4. Todo plan de trabajo aprobado:

a) Se ajustará a esta Convención y a las normas, reglamentos y procedimientos de la Autoridad;

b) Preverá el control por la Autoridad de las actividades en la Zona de conformidad con el párrafo 4 del artículo 153;

c) Conferir al operador, de conformidad con las normas, reglamentos y procedimientos de la Autoridad, derechos exclusivos de exploración y explotación, en el área abarcada por el plan de trabajo, de las categorías de recursos especificadas en él. Cuando el solicitante presente un plan de trabajo que abarque solamente la etapa de exploración o la etapa de explotación, el plan aprobado conferirá derechos exclusivos sólo respecto de esa etapa.

5. Una vez aprobado por la Autoridad, todo plan de trabajo, salvo los propuestos por la Empresa, tendrá la forma de un contrato entre la Autoridad y el solicitante o los solicitantes.

Artículo 4. Requisitos que habrán de reunir los solicitantes. 1. Con excepción de la Empresa, serán solicitantes calificados los que reúnan los requisitos de nacionalidad o control y patrocinio previstos en el apartado b) del párrafo 2 del artículo 153 y se atengan a los procedimientos y satisfagan los criterios de aptitud establecidos en las normas, reglamentos y procedimientos de la Autoridad.

2. Salvo lo dispuesto en el párrafo 6, esos criterios de aptitud se referirán a la capacidad financiera y técnica del solicitante y a la forma en que haya cumplido contratos anteriores con la Autoridad.

3. Cada solicitante será patrocinado por el Estado Parte del que sea nacional, a menos que tenga más de una nacionalidad, como las asociaciones o consorcios de entidades o personas nacionales de varios Estados, en cuyo caso todos los Estados Partes de que se trate patrocinarán la solicitud, o que esté efectivamente controlado por otro Estado Parte o sus nacionales, en cuyo caso ambos Estados Partes patrocinarán la solicitud. Los criterios y procedimientos de aplicación de los requisitos de patrocinio se establecerán en las normas, reglamentos y procedimientos de la Autoridad.

4. El Estado o los Estados patrocinantes estarán obligados, con arreglo al artículo 139, a procurar, en el marco de sus ordenamientos jurídicos, que los contratistas patrocinados por ellos realicen sus actividades en la Zona de conformidad con las cláusulas de sus contratos y con las obligaciones que les incumban en virtud de esta Convención. Sin embargo, un Estado patrocinante no responderá de los daños causados por el incumplimiento de sus obligaciones por un contratista a quien haya patrocinado si ha dictado leyes y reglamentos y adoptado medidas administrativas que, en el marco de su ordenamiento jurídico, sean razonablemente adecuados para asegurar el cumplimiento por las personas bajo su jurisdicción.

5. El procedimiento para evaluar las solicitudes de los Estados Partes tendrá en cuenta su carácter de Estados.

6. En los criterios de aptitud se requerirá que los solicitantes, sin excepción, se comprometan en su solicitud a:

a) Cumplir las obligaciones aplicables que dimanen de las disposiciones de la Parte XI, las normas, reglamentos y procedimientos de la Autoridad, las decisiones de sus órganos y las cláusulas de los contratos celebrados con ella, y aceptar su carácter ejecutorio;

b) Aceptar el control de la Autoridad sobre las actividades en la Zona en la forma autorizada por esta Convención;

c) Dar a la Autoridad por escrito la seguridad de que cumplirá de buena fe las obligaciones estipuladas en el contrato;

d) Cumplir las disposiciones sobre transmisión de tecnología enunciadas en el artículo 5.

Artículo 5. Transmisión de tecnología. 1. Al presentar un plan de trabajo, el solicitante pondrá a disposición de la Autoridad una descripción general del equipo y los métodos que utilizará al realizar actividades en la Zona, así como la información pertinente, que no sea objeto de derechos de propiedad industrial, acerca de las características de esa tecnología y la información sobre dónde puede obtenerse tal tecnología.

2. Todo operador informará a la Autoridad de los cambios en la descripción e información que se pongan a su disposición en virtud del párrafo I, cuando se introduzca una modificación o innovación tecnológica importante.

3. Los contratos para realizar actividades en la Zona incluirán las siguientes obligaciones para el contratista:

a) Poner a disposición de la Empresa, según modalidades y condiciones comerciales equitativas y razonables, cuando la Autoridad lo solicite, la tecnología que utilice al realizar actividades en la Zona en virtud del contrato y que esté legalmente facultado para transmitir. La transmisión se hará por medio de licencias u otros arreglos apropiados que el contratista negociará con la Empresa y que se especificarán en un acuerdo especial complementario del contrato. Sólo se podrá hacer valer esta obligación si la Empresa determina que no puede obtener en el mercado libre, según modalidades y condiciones comerciales equitativas y razonables, la misma tecnología u otra igualmente útil y eficiente;

b) Obtener del propietario de toda tecnología utilizada para realizar actividades en la Zona en virtud del contrato, que no esté generalmente disponible en el mercado libre ni sea la prevista en el apartado a), la garantía escrita de que, cuando la Autoridad lo solicite, pondrá esa tecnología a disposición de la Empresa en la misma media en que esté a disposición del contratista, por medio de licencias y otros arreglos apropiados y según modalidades y condiciones comerciales equitativas y razonables. Si no se obtuviera esa garantía, el contratista no, utilizará dicha tecnología para realizar actividades en la Zona;

c) Adquirir del propietario mediante un contrato ejecutorio, a solicitud de la Empresa y siempre que le resulte posible hacerlo sin gasto sustancial, el derecho de transmitir a la Empresa la tecnología que utilice al realizar actividades en la Zona en virtud del contrato que no esté legalmente facultado para transmitir ni esté generalmente disponible en el mercado libre. En los casos en que las empresas del contratista y del propietario de la tecnología estén sustancialmente vinculadas, el nivel de dicha vinculación y el grado de control o influencia se tendrán en cuenta para decidir si se han tomado todas las medidas posibles para la adquisición de ese derecho. En los casos en que el contratista ejerza un control efectivo sobre el propietario, la falta de adquisición de ese derecho se tendrá en cuenta al examinar los criterios de aptitud del contratista cuando solicite posteriormente la aprobación de un plan de trabajo;

d) Facilitar, a solicitud de la Empresa, la adquisición por ella de la tecnología a que se refiere el apartado b), mediante licencias u otros arreglos apropiados y según modalidades y condiciones comerciales equitativas y razonables, si la Empresa decide negociar directamente con el propietario de esa tecnología;

e) Tomar, en beneficio de un Estado en desarrollo o de un grupo de Estados en desarrollo que hayan solicitado un contrato en virtud del artículo 9 de este Anexo, las medidas establecidas en los apartados a), b), c) y d) a condición de que esas medidas se limiten a la explotación de la parte del área propuesta por el contratista que se haya reservado en virtud del artículo 8 de este Anexo y siempre que las actividades que se realicen en virtud del contrato solicitado por el Estado en desarrollo o el grupo de Estados en desarrollo no entrañen transmisión de tecnología a un tercer Estado o a los nacionales de un tercer Estado. La obligación establecida en esta disposición no se aplicará cuando se haya solicitado del contratista que transmita tecnología a la Empresa o él ya la haya transmitido.

4. Las controversias sobre las obligaciones establecidas en el párrafo 3, al igual que las relativas a otras cláusulas de los contratos, estarán sujetas al procedimiento de solución obligatoria previsto en la Parte XI y, en caso de inobservancia de tales obligaciones, podrán imponerse sanciones monetarias o la suspensión o rescisión del contrato de conformidad con el artículo 18 de este Anexo. Las controversias acerca de si las ofertas del contratista se hacen según modalidades y condiciones comerciales equitativas y razonables podrán ser sometidas por cualesquiera de las partes a arbitraje que determinen las normas, reglamentos y procedimientos de la Autoridad. Cuando el laudo sea negativo, se concederá al contratista un plazo de 45 días para revisar su oferta a fin de ajustarla a tales modalidades y condiciones, antes de que la Autoridad adopte una decisión con arreglo al artículo 18 de este Anexo.

5. En el caso de que la Empresa no pueda obtener, según modalidades y condiciones comerciales equitativas y razonables, una tecnología apropiada que le permita iniciar oportunamente la extracción y el tratamiento de minerales de la Zona, el Consejo o la Asamblea podrán convocar a un grupo de Estados Partes integrado por los que realicen actividades en la Zona, lo que patrocinen a entidades o personas que realicen actividades en la Zona y otros que tengan acceso a esa tecnología. Dicho grupo celebrará consultas y tomará medidas eficaces para que se ponga esa tecnología a disposición de la Empresa según modalidades y condiciones equitativas y razonables. Cada uno de esos Estados Partes adoptará, en el marco de su ordenamiento jurídico, todas las medidas factibles para lograr dicho objetivo.

6. En el caso de empresas conjuntas con la Empresa, la transmisión de tecnología se efectuará con arreglo a las cláusulas de los acuerdos por los que se rijan.

7. Las obligaciones establecidas en el párrafo 3 se incluirán en todos los contratos para la realización de actividades en la Zona hasta diez años después

de la iniciación de la producción comercial por la Empresa, y podrán ser invocadas durante ese período.

8. A los efectos de este artículo, por «tecnología» se entenderá el equipo especializado y los conocimientos técnicos, los manuales, los diseños, las instrucciones de funcionamiento, la capacitación y la asistencia y el asesoramiento técnicos necesarios para montar, mantener y operar un sistema viable, y el derecho a usar esos elementos con tal objeto en forma no exclusiva.

Artículo 6. Aprobación de los planes de trabajo. 1. Seis meses después de la entrada en vigor de esta Convención, y posteriormente cada cuatro meses, la Autoridad examinará las propuestas de planes de trabajo.

2. Al examinar una solicitud de aprobación de un plan de trabajo en forma de contrato, la Autoridad determinará en primer lugar:

a) Si el solicitante ha cumplido los procedimientos establecidos para las solicitudes de conformidad con el artículo 4 de este Anexo y ha asumido los compromisos y garantías requeridos por ese artículo. Si no se observan esos procedimientos o si falta cualquiera de esos compromisos y garantías, se concederá al solicitante un plazo de 45 días para que subsane los defectos;

b) Si el solicitante reúne los requisitos previstos en el artículo 4 de este Anexo.

3. Las propuestas de planes de trabajo se tramitarán en el orden en que hayan sido recibidas. Tales propuestas cumplirán las disposiciones pertinentes de esta Convención y las normas, reglamentos y procedimientos de la Autoridad, incluidos los requisitos relativos a las operaciones, las contribuciones financieras y las obligaciones referentes a la transmisión de tecnología, y se regirán por ellos. Cuando las propuestas de planes de trabajo cumplan esos requisitos, la Autoridad aprobará los planes de trabajo, siempre que se ajusten a los requisitos uniformes y no discriminatorios establecidos en las normas, reglamentos y procedimientos de la Autoridad, a menos que:

a) Una parte o la totalidad del área abarcada por el plan de trabajo propuesto esté incluida en un plan de trabajo ya aprobado o en una propuesta de plan de trabajo presentada anteriormente sobre la cual la Autoridad no haya adoptado todavía una decisión definitiva;

b) La Autoridad haya excluido una parte o la totalidad del área abarcada por el plan de trabajo propuesto en virtud del apartado x) del párrafo 2 del artículo 162; o

c) La propuesta de plan de trabajo haya sido presentada o patrocinada por un Estado Parte que ya tenga:

i) Planes de trabajo para la exploración y explotación de nódulos polimetálicos en áreas no reservadas que, conjuntamente con cualquiera de las dos partes del área abarcada por el plan de trabajo propuesto, tengan una superficie superior al 30% de un área circular de 400,000 km^2 cuyo centro sea el de cualquiera de las dos partes del área abarcada por el plan de trabajo propuesto;

ii) Planes de trabajo para la exploración y explotación de nódulos polimetálicos en áreas no reservadas que en conjunto representen un 2% del área total de los fondos marinos que no esté reservada ni haya sido excluida de la explotación en cumplimiento del apartado x) del párrafo 2 del artículo 162.

4. A los efectos de la aplicación del criterio establecido en el apartado c) del párrafo 3, todo plan de trabajo presentado por una asociación o consorcio se computará a prorrata entre los Estados Partes patrocinadores de conformidad con el párrafo 3 del artículo 4 de este Anexo. La Autoridad podrá aprobar los planes de trabajo a que se refiere el apartado c) del párrafo 3 si determina que esa aprobación no permitirá que un Estado Parte o entidades o personas por él patrocinadas monopolicen la realización de actividades en la Zona o impidan que otros Estados Partes las realicen.

5. No obstante lo dispuesto en el apartado a) del párrafo 3, después de terminado el período provisional previsto en el párrafo 3 del artículo 151, la Autoridad podrá adoptar, por medio de normas, reglamentos y procedimientos, otros procedimientos y criterios compatibles con esta Convención para decidir qué planes de trabajo se aprobarán en los casos en que deba hacer una selección entre los solicitantes para un área propuesta. Estos procedimientos y criterios asegurarán que la aprobación de planes de trabajo se haga sobre una base equitativa y no discriminatoria.

Artículo 7. Selección de solicitantes de autorizaciones de producción. 1. Seis meses después de la entrada en vigor de esta Convención, y posteriormente cada cuatro meses, la Autoridad examinará las solicitudes de autorizaciones de producción presentadas durante el período inmediatamente anterior. Cuando se puedan aprobar todas esas solicitudes sin exceder los límites de producción o sin contravenir las obligaciones contraídas por la Autoridad en virtud de un convenio o acuerdo sobre productos básicos en el que sea parte según lo dispuesto en el artículo 151, la Autoridad expedirá las autorizaciones solicitadas.

2. Cuando deba procederse a una selección entre los solicitantes de autorizaciones de producción en razón de los límites de producción establecidos en los párrafos 2 a 7 del artículo 151 o de las obligaciones contraídas por la Autoridad en virtud de un convenio o acuerdo sobre productos básicos en el que sea parte según lo dispuesto en el párrafo 1 del artículo 151, la Autoridad efectuará la selección fundándose en los criterios objetivos y no discriminatorios enunciados en sus normas, reglamentos y procedimientos.

3. Al aplicar el párrafo 2, la Autoridad dará prioridad a los solicitantes que:

a) Ofrezcan mayores garantías de cumplimiento, teniendo en cuenta su capacidad financiera y técnica y, en su caso, la forma en que hayan ejecutado planes de trabajo aprobados anteriormente;

b) Ofrezcan a la Autoridad la posibilidad de obtener beneficios financieros en menos tiempo, teniendo en cuenta el momento en que esté previsto que comience la producción comercial;

c) Ya hayan invertido más recursos y hecho mayores esfuerzos en prospecciones o exploraciones.

4. Los solicitantes que no sean seleccionados en algún período tendrán prioridad en períodos subsiguientes hasta que reciban una autorización de producción.

5. La selección se hará teniendo en cuenta la necesidad de ofrecer a todos los Estados Partes, independientemente de sus sistemas sociales y económicos o de su situación geográfica y a fin de evitar toda discriminación contra cualquier Estado o sistema, mayores posibilidades de participar en las actividades en la zona y de impedir la monopolización de esas actividades.

6. Cuando se estén explotando menos áreas reservadas que áreas no reservadas, tendrán prioridad las solicitudes de autorizaciones de producción relativas a áreas reservadas.

7. Las decisiones a que se refiere este artículo se adoptarán tan pronto como sea posible después de la terminación de cada período.

Artículo 8. Reserva de áreas. Cada solicitud, con excepción de las presentadas por la Empresa o por cualesquiera otras entidades o personas respecto de áreas reservadas, abarcará en total un área, no necesariamente continua, lo bastante extensa y de suficiente valor comercial estimado para permitir dos explotaciones mineras. El solicitante indicará las coordenadas que dividan el área en dos partes de igual valor comercial estimado y presentará todos los datos que haya obtenido con respecto a ambas partes del área. Sin perjuicio de las facultades que confiere a la Autoridad el artículo 17, los datos que se presenten en relación con los nódulos polimetálicos se referirán al levantamiento cartográfico, el muestreo, la concentración de nódulos y su composición metálica. Dentro de los 45 días siguientes a la recepción de esos datos, la Autoridad designará la parte que se reservará exclusivamente para la realización de actividades por ella mediante la Empresa o en asociación con Estados en desarrollo. Esta designación podrá aplazarse por un período adicional de 45 días si la Autoridad solicita que un experto independiente determine si se han presentado todos los datos requeridos por este artículo. El área designada pasará a ser área reservada tan pronto como se apruebe el plan de trabajo para el área no reservada y se firme el contrato.

Artículo 9. Actividades en áreas reservadas. 1. La Empresa podrá decidir si se propone realizar actividades en cada área reservada. Esta decisión podrá adoptarse en cualquier momento, a menos que la Autoridad reciba la notificación prevista en el párrafo 4 de este artículo, en cuyo caso la Empresa adoptará una decisión dentro de un plazo razonable. La Empresa podrá decidir la explotación de esas áreas mediante empresas conjuntas constituidas con el Estado o la entidad o persona interesados.

2. La Empresa podrá celebrar contratos para la realización de una parte de sus actividades de conformidad con el artículo 12 del Anexo IV. También podrá constituir empresas conjuntas para la realización de esas actividades con cualesquiera entidades o personas que puedan realizar actividades en la Zona en virtud del apartado b) del párrafo 2 del artículo 153. Cuando prevea la constitución de tales empresas conjuntas, la Empresa ofrecerá a los Estados Partes que sean Estados en desarrollo y a sus nacionales la oportunidad de una participación efectiva.

3. La Autoridad podrá prescribir, en sus normas, reglamentos y procedimientos, requisitos de fondo y de procedimiento con respecto a tales contratos y empresas conjuntas.

4. Todo Estado Parte que sea Estado en desarrollo o toda persona natural o jurídica patrocinada por él que esté bajo su control efectivo o bajo el de otro Estado en desarrollo, y sea un solicitante calificado, o toda agrupación de los anteriores, podrá notificar a la Autoridad su intención de presentar un plan de trabajo con arreglo al artículo 6 de este Anexo respecto de un área reservada. El plan de trabajo será considerado si la Empresa decide, en virtud del párrafo 1 de este artículo, no realizar actividades en esa área.

Artículo 10. Preferencia y prioridad de ciertos solicitantes. Un operador a quien se haya aprobado un plan de trabajo para realizar actividades de exploración solamente, de conformidad con el apartado c) del párrafo 4 del artículo 3 de este Anexo, tendrá preferencia y prioridad sobre los demás solicitantes que hayan presentado un plan de trabajo para la explotación de la misma área y los mismos recursos. No obstante, se le podrá retirar la preferencia o la prioridad si no ha cumplido su plan de trabajo de modo satisfactorio.

Artículo 11. Arreglos conjuntos. 1. En los contratos se podrán prever arreglos conjuntos entre el contratista y la Autoridad por conducto de la Empresa, en forma de empresas conjuntas o de reparto de la producción, así como cualquier otra forma de arreglo conjunto, que gozarán de la misma protección, en cuanto a su revisión, suspensión o rescisión, que los contratos celebrados con la Autoridad.

2. Los contratistas que concierten con la Empresa esos arreglos conjuntos podrán recibir los incentivos financieros previstos en el artículo 13 de este Anexo.

3. Los participantes en una empresa conjunta con la Empresa estarán obligados a efectuar los pagos requeridos por el artículo 13 de este Anexo en proporción a su participación en ella, con sujeción a los incentivos financieros previstos en ese artículo.

Artículo 12. Actividades realizadas por la Empresa. 1. Las actividades en la Zona que realice la Empresa en virtud del apartado a) del párrafo 2 del artículo 153 se regirán por la Parte XI, por las normas, reglamentos y procedimientos de la Autoridad y por las decisiones pertinentes de ésta.

2. Los planes de trabajo presentados por la Empresa irán acompañados de pruebas de su capacidad financiera y tecnológica.

Artículo 13. Disposiciones financieras de los contratos. 1. Al adoptar normas, reglamentos y procedimientos relativos a las disposiciones financieras de los contratos entre la Autoridad y las entidades o personas mencionadas en el apartado b) del párrafo 2 del artículo 153 y al negociar las disposiciones financieras de un contrato de conformidad con la Parte XI y con esas normas, reglamentos y procedimientos, la Autoridad se guiará por los objetivos siguientes:

a) Asegurar a la Autoridad ingresos óptimos derivados de los ingresos de la producción comercial;

b) Atraer inversiones y tecnología para la exploración y explotación de la Zona;

c) Asegurar la igualdad de trato financiero y obligaciones financieras comparables respecto a todos los contratantes;

d) Ofrecer incentivos de carácter uniforme y no discriminatorio a los contratistas para que concierten arreglos conjuntos con la Empresa y con los Estados en desarrollo o sus nacionales, para estimular la transmisión de tecnología a la Empresa y a los Estados en desarrollo y sus nacionales y para capacitar al personal de la Autoridad y de los Estados en desarrollo;

e) Permitir a la Empresa dedicarse a la extracción de recursos de los fondos marinos de manera efectiva al mismo tiempo que las entidades o personas mencionadas en el apartado b) del párrafo 2 del artículo 153; y

f) Asegurar que, como resultado de los incentivos financieros ofrecidos a contratistas en virtud del párrafo 14, de los contratos revisados de conformidad con el artículo 19 de este Anexo o de las disposiciones del artículo 11 de ese Anexo relativas a las empresas conjuntas, no se subvencione a los contratistas dándoles artificialmente una ventaja competitiva respecto de los productores terrestres.

2. Se impondrá un derecho de 500,000 dólares EE. UU. por concepto de gastos administrativos de tramitación de cada solicitud de contrato de exploración y explotación. El Consejo revisará periódicamente el importe de ese derecho para asegurarse de que cubra los gastos administrativos de tramitación. Cuando los gastos efectuados por la Autoridad en la tramitación de una solicitud sean inferiores al importe fijado, la Autoridad reembolsará la diferencia al solicitante.

3. Cada contratista pagará un canon anual fijo de un millón de dólares EE. UU. a partir de la fecha en que entre en vigor el contrato. Si se aplaza la fecha aprobada para el comienzo de la producción comercial a causa de una demora en la expedición de la autorización de producción, de conformidad con el artículo 151, se eximirá al contratista del pago del canon anual fijo mientras dure el aplazamiento. Desde el comienzo de la producción comercial, el contratista pagará el gravamen por concepto de producción o el canon anual fijo, si éste fuere mayor.

4. Dentro del plazo de un año contado desde comienzo de la producción comercial, de conformidad con el párrafo 3, el contratista optará, a los efectos de su contribución financiera a la Autoridad, entre:

a) Pagar sólo un gravamen por concepto de producción; o

b) Pagar un gravamen por concepto de producción más una parte de los ingresos netos.

5. a) Cuando el contratista opte por pagar sólo un gravamen por concepto de producción a fin de satisfacer su contribución financiera a la Autoridad, el gravamen se fijará en un porcentaje del valor de mercado de los metales tratados que se hayan obtenido de los nódulos polimetálicos extraídos del área objeto del contrato, con arreglo al baremo siguiente:

i) Años primero a décimo de producción comercial 5%

ii) Años undécimo hasta el fin de la producción comercial 12%

b) El valor de mercado antes mencionado se calculará multiplicando la cantidad de metales tratados que se hayan obtenido de los nódulos polimetálicos extraídos del área objeto del contrato por el precio medio de esos metales durante el correspondiente ejercicio contable, según las definiciones de los párrafos 7 y 8.

6. Cuando el contratista opte por pagar un gravamen por concepto de producción más una parte de los ingresos netos a fin de satisfacer su contribución financiera a la Autoridad, el monto se determinará de la siguiente manera:

a) El gravamen por concepto de producción se fijará en un porcentaje del valor de mercado, determinado con arreglo al apartado b), de los metales tratados que se hayan obtenido de los nódulos polimetálicos extraídos del área objeto del contrato, con arreglo al baremo siguiente:

i) Primer periodo de producción comercial 2%

ii) Segundo período de producción comercial 4%

Si en el segundo período de producción comercial, definido en el apartado d), el rendimiento de la inversión en cualquier ejercicio contable, definido en el apartado m), fuese inferior al 15% como resultado del pago del gravamen por concepto de producción del 4%, en dicho ejercicio contable el gravamen por concepto de producción será del 2% en lugar del 4%;

b) El valor de mercado antes mencionado se calculará multiplicando la cantidad de metales tratados que se hayan obtenido de los nódulos polimetálicos extraídos del área objeto del contrato por el precio medio de esos metales durante el correspondiente ejercicio contable, según las definiciones de los párrafos 7 y 8;

c) i) La participación de la Autoridad en los ingresos netos procederá de la parte de los ingresos netos del contratista que sea imputable a la extracción de los recursos del área objeto del contrato, parte que se denominará en adelante ingresos netos imputables;

ii) La participación de la Autoridad en los ingresos netos imputables se determinará con arreglo al siguiente baremo progresivo:

Porción de ingresos netos imputables	Participación de la Autoridad	
	Primer período de producción comercial	Segundo período de producción comercial
La porción que represente un rendimiento de la inversión superior al 0% e inferior al 10%	35%	40%
La porción que represente un rendimiento de la inversión igual o superior al 10% e inferior al 20%	42,5%	50%
La porción que represente un rendimiento de la inversión igual o superior al 20%	50%	70%

d) i) El primer período de producción comercial mencionado en los apartados a) y c) comenzará con el primer ejercicio contable de producción comercial y terminará con el ejercicio contable en que los gastos de inversión del contratista, más los intereses sobre la parte no amortizada de esos gastos, queden amortizados en su totalidad por el superávit de caja, según se indica a continuación. En el primer ejercicio contable durante el cual se efectúen gastos de inversión, los gastos de inversión no amortizados equivaldrán a los gastos de inversión menos el superávit de caja en ese ejercicio. En cada uno de los ejercicios contables siguientes, los gastos de inversión no amortizados equivaldrán a los gastos de inversión no amortizados al final del ejercicio contable anterior más los intereses sobre esos gastos al tipo del 10% anual, más los gastos de inversión efectuados en el ejercicio contable corriente y menos el superávit de caja del contratista en dicho ejercicio. El ejercicio contable en que los gastos de inversión no amortizados equivalgan por primera vez a cero será aquel en que los gastos de inversión del contratista, más los intereses sobre la parte no amortizada de esos gastos, queden amortizados en su totalidad por el superávit de caja. El superávit de caja del contratista en un ejercicio contable equivaldrá a sus ingresos brutos menos sus gastos de explotación y menos sus pagos a la Autoridad con arreglo al apartado c);

ii) El segundo período de producción comercial comenzará con el ejercicio contable siguiente a la terminación del primer período de producción comercial y continuará hasta el fin del contrato:

e) Por «ingresos netos imputables» se entenderá los ingresos netos del contratista multiplicados por el cociente entre los gastos de inversión correspondientes a la extracción y la totalidad de los gastos de inversión del contratista. En caso de que el contratista se dedique a la extracción, al transporte de nódulos polimetálicos y a la producción de, básicamente, tres metales tratados, cobalto, cobre y níquel, los ingresos netos imputables no serán inferiores al 25% de los ingresos netos del contratista. Con sujeción al apartado n), en todos los demás casos, incluidos aquellos en que el contratista se dedique a la extracción, al transporte de nódulos polimetálicos y a la producción de, básicamente, cuatro metales tratados, cobalto, cobre, manganeso y níquel, la Autoridad podrá prescribir, en sus normas, reglamentos y procedimientos, porcentajes mínimos adecuados que tengan con cada caso la misma relación que el porcentaje mínimo del 25% con el caso de tres metales;

f) Por «ingresos netos del contratista» se entenderá los ingresos brutos del contratista menos sus gastos de explotación y menos la amortización de sus gastos de inversión con arreglo al apartado j);

g) i) En caso de que el contratista se dedique a la extracción, al transporte de nódulos polimetálicos y a la producción de metales tratados, «por ingresos brutos del contratista» se entenderá los ingresos brutos procedentes de la venta de los metales tratados y cualquier otro ingreso que se considere razonablemente imputable a operaciones realizadas en virtud del contrato, de conformidad con las normas, reglamentos y procedimientos financieros de la Autoridad;

ii) En todos los casos que no sean los especificados en el inciso precedente y en el inciso iii) del apartado n), por «ingresos brutos del contratista» se entenderá los ingresos brutos procedentes de la venta de los metales semitratados obtenidos de los nódulos polimetálicos extraídos del área objeto del contrato y cualquier otro ingreso que se considere razonablemente imputable a operaciones realizadas en virtud del contrato, de conformidad con las normas, reglamentos y procedimientos financieros de la Autoridad;

h) Por «gastos de inversión del contratista» se entenderá:

i) Los gastos efectuados antes del comienzo de la producción comercial que se relacionen directamente con el desarrollo de la capacidad de producción del área objeto del contrato y con actividades conexas con las operaciones realizadas en virtud del contrato en los casos que no sean los especificados en el apartado n), de conformidad con principios contables generalmente reconocidos, incluidos, entre otros, los gastos por concepto de maquinaria, equipo, buques, instalaciones de tratamiento, construcción, edificios, terrenos, caminos, prospección y exploración del área objeto del contrato, investigación y desarrollo, intereses, arrendamiento, licencias y derechos; y

ii) Los gastos similares a los enunciados en el inciso i), efectuados con posterioridad al comienzo de la producción comercial, que sean necesarios para ejecutar el plan de trabajo, con la excepción de los imputables a gastos de explotación;

i) Los ingresos derivados de la enajenación de bienes de capital y el valor de mercado de los bienes de capital que no sean ya necesarios para las operaciones en virtud del contrato y que no se vendan se deducirán de los gastos de inversión del contratista en el ejercicio contable pertinente. Cuando el valor de estas deducciones sea superior a los gastos de inversión del contratista, la diferencia se añadirá a los ingresos brutos del contratista;

j) Los gastos de inversión del contratista efectuados antes del comienzo de la producción comercial, mencionados en el inciso i) del apartado h) y en el inciso iv) del apartado n), se amortizarán en 10 anualidades iguales a partir de la fecha del comienzo de la producción comercial. Los gastos de inversión del contratista efectuados después de comenzada la producción comercial, mencionados en el inciso ii) del apartado h) y en el inciso iv) del apartado n), se amortizarán en 10 o menos anualidades iguales de modo que se hayan amortizado completamente al fin del contrato;

k) Por «gastos de explotación del contratista» se entenderá los gastos efectuados tras el comienzo de la producción comercial para utilizar la capacidad de producción del área objeto del contrato y para actividades conexas con las operaciones realizadas en virtud del contrato, de conformidad con principios contables generalmente reconocidos, incluidos, entre otros, el canon anual fijo o el gravamen por concepto de producción, si éste fuese mayor, los gastos por concepto de salarios, sueldos, prestaciones a los empleados, materiales, servicios, transporte, gastos de tratamiento y comercialización, intereses, agua, electricidad, etc., preservación del medio marino, gastos generales y administrativos relacionados específicamente con operaciones realizadas en virtud del contrato y cualesquiera pérdidas netas de la explotación arrastradas de ejercicios contables anteriores o imputadas a ejercicios anteriores, según se especifica a continuación. Las pérdidas netas de la explotación podrán arrastrarse durante dos años consecutivos, excepto en los dos últimos años del contrato, en cuyo caso podrán imputarse a los dos ejercicios precedentes.

l) En caso de que el contratista se dedique a la extracción, al transporte de nódulos polimetálicos y a la producción de metales tratados y semitratados, por «gastos de inversión correspondientes a la extracción» se entenderá la parte de los gastos de inversión del contratista directamente relacionada con la extracción de los recursos del área objeto del contrato, de conformidad con principios contables generalmente reconocidos y con las normas, reglamentos y procedimientos financieros de la Autoridad, incluidos, entre otros, el derecho por concepto de tramitación de la solicitud, el canon anual fijo y, cuando proceda, los gastos de prospección y exploración del área objeto del contrato y una parte de los gastos de investigación y desarrollo;

m) Por «rendimiento de la inversión» en un ejercicio contable se entenderá el cociente entre los ingresos netos imputables de dicho ejercicio y los gastos de inversión correspondientes a la extracción. Para el cálculo de ese cociente, los gastos de inversión correspondientes a la extracción incluirán los gastos de adquisición de equipo nuevo o de reposición de equipo utilizado en la extracción, menos el costo original del equipo repuesto;

n) En caso de que el contratista sólo se dedique a la extracción:

i) Por «ingresos netos imputables» se entenderá la totalidad de los ingresos netos del contratista;

ii) Los «ingresos netos del contratista» serán los definidos en el apartado f);

iii) Por «ingresos brutos del contratista» se entenderá los ingresos brutos derivados de la venta de nódulos polimetálicos y cualquier otro ingreso que se considere razonablemente imputable a operaciones realizadas en virtud del contrato de conformidad con las normas, reglamentos y procedimientos financieros de la Autoridad;

iv) Por «gastos de inversión del contratista» se entenderá los gastos efectuados antes del comienzo de la producción comercial, según se indica en el inciso i) del apartado h), y los gastos efectuados después del comienzo de la producción comercial, según se indica en el inciso ii) del mismo apartado, que se relacionen directamente con la extracción de los recursos del área objeto del contrato, de conformidad con principios contables generalmente reconocidos;

v) Por «gastos de explotación del contratista» se entenderá los gastos de explotación del contratista, indicados en el apartado k), que se relacionen directamente con la extracción de los recursos del área objeto del contrato, de conformidad con principios contables generalmente reconocidos;

vi) Por «rendimiento de la inversión» en un ejercicio contable se entenderá el cociente entre los ingresos netos del contratista en ese ejercicio y los gastos de inversión del contratista. Para el cálculo de este cociente, los gastos de inversión del contratista incluirán los gastos de adquisición de equipo nuevo o de reposición de equipo, menos el costo original del equipo repuesto;

o) Los gastos mencionados en los apartados h), k), l) y n), en la parte correspondiente a los intereses pagados por el contratista, se tendrán en cuenta en la medida en que, en todas las circunstancias la Autoridad, en virtud del párrafo 1 del artículo 4 de este Anexo, considere que la relación deuda-capital social y los tipos de interés son razonables, teniendo presente la práctica comercial vigente;

p) No se considerará que los gastos mencionados en este párrafo incluyen el pago de los impuestos sobre la renta de las sociedades o gravámenes análogos percibidos por los Estados respecto de las operaciones del contratista.

7. a) Por «metales tratados», mencionados en los párrafos 5 y 6, se entenderá los metales en la forma más básica en que suelan comerciarse en los mercados internacionales de destino final. Para este fin, la Autoridad especificará en sus normas, reglamentos y procedimientos financieros el mercado internacional de destino final pertinente. En el caso de los metales que no se comercien en dichos mercados, por «metales tratados» se entenderá los metales en la forma más básica en que suelan comerciarse en transacciones representativas con arreglo a la norma de la independencia;

b) Cuando la Autoridad no disponga de algún otro método para determinar la cantidad de metales tratados que se hayan obtenido de los nódulos polimetálicos extraídos del área objeto del contrato a que se refieren el apartado b) del párrafo 5 y el apartado b) del párrafo 6, esa cantidad se determinará en función de la composición metálica de los nódulos, la tasa de recuperación después del tratamiento y otros factores pertinentes, de conformidad con las normas, reglamentos y procedimientos de la Autoridad y con principios contables generalmente reconocidos.

8. Cuando el mercado internacional de destino final tenga un mecanismo representativo de fijación de precios para los metales tratados, los nódulos polimetálicos y los metales semitratados que se hayan obtenido de nódulos, se utilizará el precio medio de ese mercado. En todos los demás casos, la Autori-

dad, previa consulta con el contratista, determinará un justo precio para esos productos de conformidad con el párrafo 9.

9. a) Los costos, gastos e ingresos y las determinaciones de precios valores a que se hace referencia en este artículo serán el resultado de transacciones efectuadas en el mercado libre o con arreglo a la norma de la independencia. A falta de tales transacciones, serán determinados por la Autoridad, previa consulta con el contratista, como si hubiesen resultado de transacciones efectuadas en el mercado libre o con arreglo a la norma de la independencia, teniendo en cuenta las transacciones pertinentes de otros mercados;

b) A fin de asegurar el cumplimiento y la ejecución de las disposiciones de este párrafo, la Autoridad se guiará por los principios adoptados y las interpretaciones respecto de las transacciones efectuadas con arreglo a la norma de la independencia dadas por la Comisión de Empresas Transnacionales de las Naciones Unidas, por el Grupo de Expertos en acuerdos fiscales entre países desarrollados y países en desarrollo y por otras organizaciones internacionales, y adoptará normas, reglamentos y procedimientos que fijen normas y procedimientos contables uniformes e internacionalmente aceptables, así como los criterios que el contratista habrá de emplear para seleccionar contadores titulados independientes que sean aceptables para ella a los efectos de la verificación de cuentas en cumplimiento de dichas normas, reglamentos y procedimientos.

10. El contratista suministrará a los contadores, de conformidad con las normas, reglamentos y procedimientos financieros de la Autoridad, los datos financieros necesarios para verificar el cumplimiento de este artículo.

11. Los costos, gastos e ingresos y los precios y valores mencionados en este artículo se determinarán de conformidad con principios contables generalmente reconocidos y con las normas, reglamentos y procedimientos financieros de la Autoridad.

12. Los pagos que deban hacerse a la Autoridad en virtud de los párrafos 5 y 6 se harán en monedas de libre uso o en monedas que se puedan obtener libremente y utilizar efectivamente en los principales mercados de divisas o, a elección del contratista, en su equivalente en metales tratados al valor de mercado. El valor de mercado se determinará de conformidad con el apartado b) del párrafo 5. Las monedas de libre uso y las monedas que se pueden obtener libremente y utilizar efectivamente en los principales mercados de divisas se definirán en las normas, reglamentos y procedimientos de la Autoridad de conformidad con la práctica monetaria internacional vigente.

13. Las obligaciones financieras del contratista respecto de la Autoridad, así como los derechos, cánones, costos, gastos e ingresos a que se refiere este artículo serán ajustados expresándolos en valores constantes referidos a un año base.

14. A fin de promover los objetivos enunciados en el párrafo 1, la Autoridad podrá adoptar, teniendo en cuenta las recomendaciones de la Comisión de Planificación Económica y de la Comisión Jurídica y Técnica, normas, reglamentos y procedimientos que establezcan, con carácter uniforme y no discriminatorio, incentivos para los contratistas.

15. Las controversias entre la Autoridad y el contratista relativas a la interpretación o aplicación de las disposiciones financieras del contrato podrán ser sometidas por cualquiera de las parles a arbitraje comercial obligatorio, a menos que ambas partes convengan en solucionarlas por otros medios, de conformidad con el párrafo 2 del artículo 188.

Artículo 14. Transmisión de datos. 1. El operador transmitirá a la Autoridad, de conformidad con las normas, reglamentos y procedimientos que ésta adopte y con las modalidades y condiciones del plan de trabajo, a intervalos determinados por ella, todos los datos necesarios y pertinentes para el eficaz desempeño de las facultades y funciones de los órganos principales de la autoridad con respecto al área abarcada por el plan de trabajo.

2. Los datos transmitidos respecto del área abarcada por el plan de trabajo que se consideren objeto de derechos de propiedad industrial solo podrán ser utilizados para los fines establecidos en este artículo. Los datos que sean necesarios para la elaboración por la autoridad de normas, reglamentos y procedimientos sobre protección del medio marino y sobre seguridad, excepto los que se refieran a diseño de equipos, no se considerarán objeto de derechos de propiedad industrial.

3. Con excepción de los datos sobre áreas reservadas, que podrán ser revelados a la Empresa, la Autoridad no revelará a la Empresa ni a nadie, ajeno a la Autoridad los datos que se consideren objeto de derechos de propiedad industrial y que le transmitan prospectores, solicitantes de contratos o contratistas. La Empresa no revelará a la Autoridad ni a nadie ajeno a la Autoridad los datos de esa índole que le hayan transmitido tales personas.

Artículo 15. Programa de capacitación. El contratista preparará programas prácticos para la capacitación del personal de la Autoridad y de los Estados en desarrollo, incluida su participación en todas las actividades en la Zona previstas en el contrato, de conformidad con el párrafo 2 del artículo 144.

Artículo 16. Derecho exclusivo de exploración y explotación. La Autoridad otorgará al operador, de conformidad con la Parte XI y con sus normas, reglamentos y procedimientos, el derecho exclusivo a explorar y explotar el área abarcada por el plan de trabajo respecto de una categoría especificada de recursos y velará porque no se realicen en la misma área actividades relacionadas con una categoría diferente de recursos en forma tal que puedan dificultar las operaciones del operador. Los derechos del operador quedarán garantizados de conformidad con el párrafo 6 del artículo 153.

Artículo 17. Normas, reglamentos y procedimientos de la Autoridad. 1. La Autoridad adoptará y aplicará de manera uniforme, en virtud del inciso ii) del apartado f) del párrafo 2 del artículo 160 y del inciso ii) del apartado o) del artículo 162, normas, reglamentos y procedimientos para el desempeño de sus funciones enunciadas en la parte XI respecto de, entre otras, las cuestiones siguientes:

a) Procedimientos administrativos relativos a la prospección, la exploración y la explotación en la Zona;

b) Operaciones:

i) Dimensión de las áreas;

ii) Duración de las operaciones;

iii) Normas de cumplimiento, incluso las seguridades previstas en el apartado c) del párrafo 6 del artículo 4 de este Anexo;

iv) Categorías de recursos;

v) Renuncia de áreas;

vi) Informes sobre la marcha de los trabajos;

vii) Presentación de datos;

viii) Inspección y supervisión de las operaciones;

ix) Prevención de interferencias con otras actividades en el medio marino;

x) Transferencia de derechos y obligaciones por el contratista;

xi) Procedimiento para la transmisión de tecnología a los Estados en desarrollo, de conformidad con el artículo 144, y para la participación directa de esos Estados;

xii) Normas y prácticas de extracción de minerales, incluidas las referentes a la seguridad de las operaciones, la conservación de los recursos y la protección del medio marino;

xiii) Definición de producción comercial;

xiv) Criterios de aptitud aplicables a los solicitantes;

c) Cuestiones financieras:

i) Establecimiento de normas uniformes y no discriminatorias en materia de determinación de costos y de contabilidad, así como del método de selección de los auditores;

ii) Distribución de los ingresos de las operaciones;

iii) Los incentivos mencionados en el artículo 13 de este Anexo;

d) Aplicación de las decisiones adoptadas en cumplimiento del párrafo 10 del artículo 151 y del apartado d) del párrafo 2 del artículo 164.

2. Las normas, reglamentos y procedimientos sobre las siguientes cuestiones reflejarán plenamente los criterios objetivos establecidos a continuación:

a) Dimensión de las áreas:

La Autoridad determinará la dimensión apropiada de las áreas asignadas para la exploración, que podrá ser hasta el doble de la de las asignadas para la explotación, a fin de permitir operaciones intensivas de exploración. Se calculará la dimensión de las áreas de manera que satisfaga los requisitos del artículo 8 de este Anexo sobre la reserva de áreas, así como las necesidades de producción expresadas que sean compatibles con el artículo 151 de conformidad con las disposiciones del contrato, teniendo en cuenta el grado de adelanto de la tecnología disponible en ese momento para la extracción de minerales de los fondos marinos y las características físicas pertinentes del área. Las áreas no serán menores ni mayores de lo necesario para satisfacer este objetivo;

b) Duración de las operaciones:

i) La prospección no estará sujeta a plazo;

ii) La duración de la exploración debería ser suficiente para permitir un estudio detenido del área determinada, el diseño y la construcción de equipo de extracción de minerales para el área, y el diseño y la construcción de instalaciones de tratamiento de pequeño y mediano tamaño destinadas a ensayar sistemas de extracción y tratamiento de minerales;

iii) La duración de la explotación debería guardar relación con la vida económica del proyecto minero, teniendo en cuenta factores como el agotamiento del yacimiento, la vida útil del equipo de extracción y de las instalaciones de tratamiento y la viabilidad comercial. La duración de la explotación debería ser suficiente para permitir la extracción comercial de los minerales del área e incluir un plazo razonable para construir sistemas de extracción y tratamiento de minerales en escala comercial, plazo durante el cual no debería exigirse la producción comercial. No obstante, la duración total de la explotación debería ser suficientemente breve para dar a la Autoridad la posibilidad de modificar las modalidades y condiciones del plan de trabajo cuando considere su renovación, de conformidad con las normas, reglamentos y procedimientos que haya adoptado con posterioridad a la aprobación del plan de trabajo.

c) Normas de cumplimiento:

La Autoridad exigirá que, durante la etapa de exploración, el operador efectúe gastos periódicos que guarden una relación razonable con la dimensión del área abarcada por el plan de trabajo y con los gastos que cabría esperar de un operador de buena fe que se propusiera iniciar la producción comercial en el área dentro del plazo fijado por la Autoridad. Esos gastos no deberían fijarse en un nivel que desalentase a los posibles operadores que dispusiesen de una tecnología menos costosa que la utilizada más comúnmente. La Autoridad fijará un intervalo máximo entre la terminación de la etapa de exploración y el comienzo de la producción comercial. Para fijar este intervalo, la Autoridad debería tener en cuenta que la construcción de sistemas de extracción y tratamiento de minerales en gran escala no puede iniciarse hasta que termine la etapa de exploración y comience la de explotación. En consecuencia, el intervalo para poner el área en producción comercial debería tomar en consideración el tiempo necesario para la construcción de esos sistemas después de completada la etapa de exploración y el que sea razonable para tener en cuenta retrasos inevitables en el calendario de construcción. Una vez iniciada la producción comercial, la Autoridad, dentro de límites razonables y teniendo en cuenta todos los factores pertinentes, exigirá al operador que mantenga la producción comercial durante la vigencia del plan de trabajo.

d) Categoría de recursos:

Al determinar las categorías de recursos respecto de las cuales pueda aprobarse un plan de trabajo, la Autoridad considerará especialmente, entre otras, las características siguientes:

i) Que recursos diferentes requieran métodos semejantes de extracción; y

ii) Que recursos diferentes puedan ser aprovechados simultáneamente por distintos operadores en la misma área sin interferencia indebida.

Nada de lo dispuesto en este apartado impedirá que la Autoridad apruebe un plan de trabajo respecto de más de una categoría de recursos en la misma área al mismo solicitante.

e) Renuncia de áreas:

El operador tendrá derecho a renunciar en todo momento, sin sanción, a la totalidad o a una parte de sus derechos en el área abarcada por un plan de trabajo.

f) Protección del medio marino:

Se establecerán normas, reglamentos y procedimientos para asegurar la protección eficaz del medio marino contra los efectos nocivos directamente resultantes de actividades en la Zona o del tratamiento de minerales procedentes de un sitio minero a bordo de un buque que se encuentre inmediatamente encima de tal sitio, teniendo en cuenta la medida en que tales efectos nocivos puedan ser resultado directo de la perforación, el dragado, la extracción de muestras, y la excavación, así como de la evacuación, el vertimiento y la descarga en el medio marino de sedimentos, desechos u otros efluentes.

g) Producción comercial:

Se considerará comenzada la producción comercial cuando un operador realice la extracción continua en gran escala que produzca una cantidad de material suficiente para indicar claramente que el objetivo principal es la producción en gran escala y no la producción destinada a la reunión de información, el análisis o el ensayo del equipo o de la planta.

Artículo 18. Sanciones. 1. Los derechos del contratista en virtud del contrato solamente se podrán suspender o rescindir en los siguientes casos:

a) Si, a pesar de las advertencias de la Autoridad, la forma en que el contratista ha realizado sus actividades constituye un incumplimiento grave, persistente y doloso de las disposiciones fundamentales del contrato, de la Parte XI de esta Convención y de las normas, reglamentos y procedimientos de la Autoridad; o

b) Si el contratista no ha cumplido una decisión definitiva y obligatoria de un órgano de solución de controversias que le sea aplicable.

2. En los casos de incumplimiento de las disposiciones del contrato no previstas en el apartado a) del párrafo 1, o en lugar de la suspensión o rescisión en los casos previstos en el apartado a) del párrafo 1, la Autoridad podrá imponer al contratista sanciones monetarias proporcionadas a la gravedad del incumplimiento.

3. Con excepción de las órdenes de emergencia previstas en el apartado w) del párrafo 2 del artículo 162, la Autoridad no podrá ejecutar ninguna decisión que implique sanciones monetarias o la suspensión o rescisión del contrato hasta que se haya dado al contratista una oportunidad razonable de agotar los recursos judiciales de que dispone de conformidad con la sección 5 de la Parte XI.

Artículo 19. Revisión del contrato. 1. Cuando hayan surgido o puedan surgir circunstancias que, a juicio de cualquiera de las partes, hagan inequitativo el contrato o hagan impracticable o imposible el logro de los objetivos previstos en él o en la Parte XI, las partes entablarán negociaciones para revisar el contrato en la forma que corresponda.

2. Los contratos celebrados de conformidad con el párrafo 3 del artículo 153 sólo podrán revisarse con el consentimiento de las partes.

Artículo 20. Transferencia de derechos y obligaciones. Los derechos y obligaciones derivados de un contrato sólo podrán transferirse con el consentimiento de la Autoridad y de conformidad con sus normas, reglamentos y procedimientos. La Autoridad no negará sin causa bastante su consentimiento a la transferencia si el cesionario propuesto reúne todas las condiciones requeridas de un solicitante y asume todas las obligaciones del cedente y si la transferencia no confiere al cesionario un plan de trabajo cuya aprobación estaría prohibida por el apartado c) del párrafo 3 del artículo 6 de este Anexo.

Artículo 21. Derecho aplicable. 1. El contrato se regirá por sus disposiciones, por las normas, reglamentos y procedimientos de la Autoridad, por la Parte XI y por otras normas de derecho internacional que no sean incompatibles con la Convención.

2. Las decisiones definitivas de una corte o tribunal que tenga competencia en virtud de esta Convención respecto de los derechos y obligaciones de la Autoridad y del contratista serán ejecutables en el territorio de cada Estado Parte.

3. Ningún Estado Parte podrá imponer a un contratista condiciones incompatibles con la Parte XI. Sin embargo, no se considerará incompatible con la Parte XI la aplicación por un Estado Parte a los contratistas que patrocine o a los buques que enarbolen su pabellón de leyes y reglamentos para la protección del medio marino o de otra índole más estrictos que las normas, reglamentos

y procedimientos de la Autoridad establecidos en virtud del apartado f) del párrafo 2 del artículo 17 de este Anexo.

Artículo 22. Responsabilidad. El contratista responderá de los daños causados por los actos ilícitos cometidos en la realización de sus operaciones, teniendo en cuenta la parte de responsabilidad por acción u omisión imputable a la Autoridad. Análogamente, la Autoridad responderá de los daños causados por los actos ilícitos cometidos en el ejercicio de sus facultades y funciones, incluido el incumplimiento del párrafo 2 del artículo 168, teniendo en cuenta la parte de responsabilidad por acción u omisión imputable al contratista. En todo caso, la reparación equivaldrá al daño efectivo.

ANEXO IV. ESTATUTO DE LA EMPRESA

Artículo 1. Objetivos. 1. La Empresa será el órgano de la Autoridad que realizará actividades en la Zona directamente, en cumplimiento del apartado a) del párrafo 2 del artículo 153, así como actividades de transporte, tratamiento y comercialización de minerales extraídos de la Zona.

2. En el cumplimiento de sus objetivos y en el desempeño de sus funciones, la Empresa actuará de conformidad con esta Convención y con las normas, reglamentos y procedimientos de la Autoridad.

3. En el aprovechamiento de los recursos de la Zona conforme al párrafo 1, la Empresa actuará según principios comerciales sólidos, con sujeción a esta Convención.

Artículo 2. Relación con la Autoridad. 1. Con arreglo al artículo 170, la empresa actuará de conformidad con la política general de la Asamblea y las directrices del Consejo.

2. Con sujeción a lo dispuesto en el párrafo 1, la empresa gozará de autonomía en la realización de sus operaciones.

3. Nada de lo dispuesto en esta Convención se interpretará en el sentido de que la empresa responderá de los actos u obligaciones de la Autoridad ni la Autoridad de los actos u obligaciones de la Empresa.

Artículo 3. Limitación de responsabilidad. Sin perjuicio del párrafo 3 del artículo 11 de este Anexo, ningún miembro de la Autoridad responderá, por el mero hecho de serlo, de los Actos u obligaciones de la empresa.

Artículo 4. Estructura. La Empresa tendrá una Junta Directiva, un Director General y el personal necesario para el desempeño de sus funciones.

Artículo 5. Junta Directiva. 1. La Junta Directiva estará integrada por 15 miembros elegidos por la Asamblea de conformidad con el apartado c) del párrafo 2 del artículo 160. En la elección de los miembros de la Junta se tendrá debidamente en cuenta el principio de la distribución geográfica equitativa. Al presentar candidaturas para la Junta, los miembros de la Autoridad tendrán presente la necesidad de que los candidatos que propongan tengan el máximo nivel de competencia y las calificaciones necesarias en las esferas pertinentes, a fin de asegurar la viabilidad y el éxito de la Empresa.

2. Los miembros de la Junta serán elegidos por cuatro años y podrán ser reelegidos. En su elección y reelección se tendrá debidamente en cuenta el principio de la rotación.

3. Los miembros de la Junta desempeñarán sus cargos hasta que sean elegidos sus sucesores. Si el cargo de un miembro de la Junta queda vacante, la Asamblea elegirá, de conformidad con el apartado c) del párrafo 2 del artículo 160, un nuevo miembro para el resto del mandato de su predecesor.

4. Los miembros de la Junta actuarán a título personal. En el desempeño de sus funciones, no solicitarán ni aceptarán instrucciones de ningún gobierno o ninguna otra fuente. Los miembros de la Autoridad respetarán el carácter independiente de los miembros de la Junta y se abstendrán de todo intento de influir sobre cualquiera de ellos en el desempeño de sus funciones.

5. Los miembros de la Junta percibirán una remuneración con cargo a los fondos de la Empresa. La cuantía de la remuneración será fijada por la Asamblea por recomendación del Consejo.

6. La Junta celebrará normalmente sus sesiones en la oficina principal de la Empresa y se reunirá con la frecuencia que los asuntos de la empresa requieran.

7. Dos tercios de los miembros de la Junta constituirán quórum.

8. Cada miembro de la Junta tendrá un voto. Las decisiones de la Junta serán adoptadas por mayoría de sus miembros. Si un miembro tuviere un conflicto de intereses respecto de una de esas cuestiones, no participará en la votación correspondiente.

9. Cualquier miembro de la Autoridad podrá pedir a la Junta información relativa a las operaciones de la Empresa que le afecten particularmente. La Junta procurará proporcionar tal información.

Artículo 6. Facultades y funciones de la Junta Directiva. La Junta Directiva dirigirá las operaciones de la empresa. Con sujeción a esta Convención, la Junta directiva ejercerá las facultades necesarias para cumplir los objetivos de la Empresa, incluidas las de;

a) Elegir entre sus miembros un Presidente;

b) Adoptar su reglamento;

c) Elaborar y presentar por escrito al Consejo planes de trabajo oficiales, de conformidad con el párrafo 3 del artículo 153 y el apartado j) del párrafo 2 del artículo 162;

d) Elaborar planes de trabajo y programas para la realización de las actividades previstas en el artículo 170;

e) Preparar solicitudes de autorización de producción y presentarlas al Consejo de conformidad con los párrafos 2 a 7 del artículo 151;

f) Autorizar negociaciones sobre la adquisición de tecnología, incluidas las previstas en los apartados a), c) y d) del párrafo 3 del artículo 5 del Anexo III, y aprobar los resultados de tales negociaciones;

g) Fijar modalidades y condiciones y autorizar negociaciones sobre empresas conjuntas y otras formas de arreglos conjuntos, según se prevé en los artículos 9 y 11 del Anexo III, y aprobar los resultados de tales negociaciones.

h) Recomendar a la Asamblea qué parte de los beneficios netos de la Empresa deberá retenerse como reservas de conformidad con el apartado f) del párrafo 2 del artículo 160 y con el artículo 10 de este Anexo;

i) Aprobar el presupuesto anual de la Empresa;

j) Autorizar la adquisición de bienes y servicios, de conformidad con el párrafo 3 del artículo 12 de este Anexo;

k) Presentar un informe anual al Consejo, de conformidad con el artículo 9 de este Anexo;

l) Presentar al Consejo, para su aprobación por la Asamblea, proyectos de normas respecto de la organización, la administración, el nombramiento y la destitución del personal de la Empresa, y adoptar reglamentos para aplicar dichas normas;

m) Contraer préstamos y dar las garantías o cauciones que determine de conformidad con el párrafo 2 del artículo 11 de este Anexo;

n) Incoar acciones judiciales, concertar acuerdos y transacciones y adoptar cualquier otra medida conforme al artículo 13 de este Anexo;

o) Delegar, con sujeción a la aprobación del Consejo, cualquiera de sus facultades no discrecionales en sus comités o en el Director General.

Artículo 7. Director General y personal. 1. La Asamblea elegirá por recomendación del Consejo, previa propuesta de la Junta Directiva, un Director General que no será miembro de la Junta. El Director General desempeñará su cargo por un período determinado, que no excederá de cinco años, y podrá ser reelegido por nuevos períodos.

2. El Director General será el representante legal de la Empresa y su jefe ejecutivo y responderá directamente ante la Junta Directiva de la gestión de los asuntos de la Empresa. Tendrá a su cargo la organización, la administración, el nombramiento y la destitución del personal, de conformidad con las normas y reglamentos mencionados en el apartado 1) del artículo 6 de este Anexo. Participará sin voto, en las reuniones de la Junta y podrá participar, sin voto en las reuniones de la Asamblea y del Consejo cuando estos órganos examinen cuestiones relativas a la Empresa.

3. La consideración primordial al contratar y nombrar al personal y al determinar sus condiciones de servicio será la necesidad de asegurar el más alto grado de eficiencia y competencia técnica. Con sujeción a esta consideración, se tendrá debidamente en cuenta la importancia de contratar al personal sobre una base geográfica equitativa.

4. En el desempeño de sus funciones, el Director General y el personal no solicitarán ni recibirán instrucciones de ningún gobierno ni de ninguna otra fuente ajena a la Empresa. Se abstendrán de actuar en forma alguna que sea incompatible con su condición de funcionarios internacionales, responsables únicamente ante la Empresa. Todo Estado Parte se compromete a respetar el carácter exclusivamente internacional de las funciones del Director General y del personal, y a no tratar de influir sobre ellos en el desempeño de sus funciones.

5. Las obligaciones establecidas en el párrafo 2 del artículo 168 se aplicarán igualmente al personal de la Empresa.

Artículo 8. Ubicación. La Empresa tendrá su oficina principal en la sede de la Autoridad. Podrá establecer otras oficinas e instalaciones en el territorio de cualquier Estado Parte, con el consentimiento de éste.

Artículo 9. Informes y estados financieros. 1. En los tres meses siguientes a la terminación de cada ejercicio económico, la Empresa someterá al examen del consejo un informe anual que contenga un estado de cuentas certificado por auditores, y enviará al Consejo a intervalos apropiados un estado resumido de la situación financiera y un estado de pérdidas y ganancias que muestre el resultado de sus operaciones.

2. La Empresa publicará su informe anual y los demás informes que estime apropiado.

3. Se transmitirán a los miembros de la Autoridad todos los informes y estados financieros mencionados en este artículo.

Artículo 10. Distribución de los beneficios netos. 1. Con sujeción a lo dispuesto en el párrafo 3, la Empresa hará pagos a la Autoridad con arreglo al artículo 13 del Anexo III, o su equivalente.

2. La Asamblea, por recomendación de la Junta Directiva, decidirá qué parte de los beneficios netos de la Empresa se retendrá como reservas de ésta. El resto de los beneficios netos se transferirá a la Autoridad.

3. Durante el período inicial necesario para que la Empresa llegue a autofinanciarse, que no excederá de diez años contados a partir del comienzo de su producción comercial, la Asamblea eximirá a la Empresa de los pagos mencionados en el párrafo 1 y dejará la totalidad de los beneficios netos de la Empresa en las reservas de ésta.

Artículo 11. Finanzas. 1. Los fondos de la Empresa comprenderán:

a) Las cantidades recibidas de la Autoridad de conformidad con el apartado b) del párrafo 2 del artículo 173;

b) Las contribuciones voluntarias que aporten los Estados Partes con objeto de financiar actividades de la Empresa;

c) Los préstamos obtenidos por la Empresa de conformidad con los párrafos 2 y 3;

d) Los ingresos procedentes de las operaciones de la Empresa;

e) Otros fondos puestos a disposición de la Empresa para permitirle comenzar las operaciones lo antes posible y desempeñar sus funciones.

2. a) La Empresa estará autorizada para obtener fondos en préstamo y para dar las garantías o cauciones que determine. Antes de proceder a una venta pública de sus obligaciones en los mercados financieros o en la moneda de un Estado Parte, la Empresa obtendrá la aprobación de ese Estado. El monto total de los préstamos será aprobado por el Consejo previa recomendación de la Junta Directiva;

b) Los Estados Partes harán cuanto sea razonable por apoyar a la Empresa en sus solicitudes de préstamos en los mercados de capital y a instituciones financieras internacionales.

3. a) Se proporcionarán a la Empresa los fondos necesarios para explorar y explotar un sitio minero y para transportar, tratar y comercializar los minerales extraídos de él y el níquel, el cobre, el cobalto y el manganeso obtenidos, así como para cubrir sus gastos administrativos iniciales. La Comisión Preparatoria consignará el monto de esos fondos, así como los criterios y, factores para su reajuste, en los proyectos de normas, reglamentos y procedimientos de la Autoridad;

b) Todos los Estados Partes pondrán a disposición de la Empresa una cantidad equivalente a la mitad de los fondos mencionados en el apartado a), en forma de préstamos a largo plazo y sin interés, con arreglo a la escala de cuotas para el presupuesto ordinario de las Naciones Unidas en vigor en la fecha de aportación de las contribuciones, ajustada para tener en cuenta a los Estados que no sean miembros de las Naciones Unidas. La otra mitad de los fondos se recaudará mediante préstamos garantizados por los Estados Partes con arreglo a dicha escala;

c) Si la suma de las contribuciones financieras de los Estados Partes fuere menor que los fondos que deban proporcionarse a la Empresa con arreglo al apartado a), la Asamblea, en su primer período de sesiones, considerará la cuantía del déficit y, teniendo en cuenta la obligación de los Estados Partes en virtud de lo dispuesto en los apartados a) y b) y las recomendaciones de la Comisión Preparatoria, adoptará por consenso medidas para hacer frente a dicho déficit;

d) i) Cada Estado Parte deberá, dentro de los sesenta días siguientes a la entrada en vigor de esta Convención o dentro de los 30 días siguientes al depósito de su instrumento de ratificación o adhesión, si esta fecha fuere posterior, depositar en la Empresa pagarés sin interés, no negociables e irrevocables por un monto igual a la parte que corresponda a dicho Estado de los préstamos previos en el apartado b);

ii) Tan pronto como sea posible después de la entrada en vigor de esta Convención, y en lo sucesivo anualmente o con otra periodicidad adecuada, la Junta Directiva preparará un programa que indique el monto de los fondos que precisará para sufragar los gastos administrativos de la Empresa y para la realización de actividades conforme al artículo 170 y al artículo 12 de este Anexo y las fechas en que necesitará esos fondos;

iii) Una vez preparado ese programa, la Empresa notificará a cada Estado Parte, por conducto de la Autoridad, la parte que le corresponda de tales gastos con arreglo al apartado b). La empresa cobrará las sumas de los pagarés que sean necesarias para hacer frente a los gastos indicados en el programa antes mencionado con respecto a los préstamos sin interés;

iv) Cada Estado Parte, al recibir la notificación, pondrá a disposición de la Empresa la parte que le corresponda de las garantías de deuda de la Empresa mencionadas en el apartado b);

e) i) Previa solicitud de la Empresa, un Estado Parte podrá garantizar deudas adicionales a las que haya garantizado con arreglo a la escala mencionada en el apartado b);

ii) En lugar de una garantía de deuda, un Estado Parte podrá aportar a la Empresa una contribución voluntaria de cuantía equivalente a la parte de las deudas que de otro modo estaría obligado a garantizar;

f) El reembolso de los préstamos con interés tendrá prioridad sobre el de los préstamos sin interés. El reembolso de los préstamos sin interés se hará con arreglo a un programa aprobado por la Asamblea por recomendación del Consejo y con el asesoramiento de la Junta Directiva. La Junta Directiva desempeñará esta función de conformidad con las disposiciones pertinentes de las normas, reglamentos y procedimientos de la Autoridad, en las que se tendrá en cuenta la importancia primordial de asegurar el funcionamiento eficaz de la Empresa y, en particular, su independencia financiera;

g) Los fondos se pondrán a disposición de la Empresa en monedas de libre uso o en monedas que puedan obtenerse libremente y utilizarse efectivamente en los principales mercados de divisas. Estas monedas se definirán en las normas, reglamentos y procedimientos de la Autoridad, de conformidad con la práctica monetaria internacional vigente. Salvo lo dispuesto en el párrafo 2, ningún Estado Parte mantendrá ni impondrá restricciones a la tenencia, uso o cambio de esos fondos por la Empresa;

h) Por «garantía de deuda» se entenderá la promesa de un Estado Parte a los acreedores de la Empresa de pagar proporcionalmente, según la escala adecuada, las obligaciones financieras de la Empresa cubiertas por la garantía una vez que los acreedores hayan notificado al Estado Parte la falta de pago. Los procedimientos para el pago de esas obligaciones se ajustarán a las normas, reglamentos y procedimientos de la Autoridad.

4. Los fondos, haberes y gastos de la Empresa se mantendrán separados de los de la Autoridad. No obstante, la Empresa podrá concertar acuerdos con

la Autoridad en materia de instalaciones, personal y servicios, así como para el reembolso de los gastos administrativos que haya pagado una por cuenta de la otra.

5. Los documentos, libros y cuentas de la Empresa, incluidos sus estados financieros anuales, serán certificados anualmente por un auditor independiente designado por el Consejo.

Artículo 12. Operaciones. 1. La Empresa presentará al Consejo proyectos para realizar actividades de conformidad con el artículo 170. Tales proyectos contendrán un plan de trabajo oficial escrito de las actividades que hayan de realizarse en la Zona, conforme al párrafo 3 del artículo 153, y los demás datos e informaciones que sean necesarios para su evaluación por la Comisión Jurídica y Técnica y su aprobación por el Consejo.

2. Una vez aprobado el proyecto por el Consejo, la Empresa lo ejecutará sobre la base del plan de trabajo oficial escrito mencionado en el párrafo 1.

3. a) Cuando la Empresa no disponga de los bienes y servicios necesarios para sus operaciones, podrá adquirirlos. Con tal objeto, solicitará licitaciones y adjudicará contratos a los licitantes que ofrezcan la mejor combinación de calidad, precio y fecha de entrega;

b) Cuando haya más de un licitante que cumpla esas condiciones, el contrato se adjudicará de conformidad con:

i) El principio de la no discriminación por consideraciones políticas u otras consideraciones no relacionadas con la diligencia y eficacia debidas en las operaciones;

ii) Las directrices que apruebe el Consejo en relación con la preferencia que haya de darse a los bienes y servicios procedentes de Estados en desarrollo, incluidos aquellos sin litoral o en situación geográfica desventajosa;

c) La Junta Directiva podrá adoptar normas que determinen las circunstancias especiales en que, atendiendo a los intereses de la Empresa, podrá omitirse el requisito de solicitar licitaciones.

4. La Empresa será propietaria de los minerales y las sustancias tratadas que obtenga.

5. La Empresa venderá sus productos en forma no discriminatoria. No concederá descuentos no comerciales.

6. Sin perjuicio de las facultades generales o especiales que le confieran otras disposiciones de esta Convención, la Empresa ejercerá todas las necesarias para el desempeño de su cometido.

7. La Empresa no intervendrá en los asuntos políticos de ningún Estado Parte y la orientación política de los Estados de que se trate no influirá en sus decisiones, cuya adopción sólo se basará en consideraciones de orden comercial, evaluadas imparcialmente a los efectos de lograr los objetivos indicados en el artículo 1 de este Anexo.

Artículo 13. Condición jurídica, privilegios e inmunidades. 1. A fin de que la Empresa pueda desempeñar sus funciones, se le concederán en el territorio de los Estados Partes la condición jurídica, los privilegios y las inmunidades establecidos en este artículo. Con ese propósito, la Empresa y los Estados Partes podrán concertar los acuerdos especiales que consideren necesarios.

2. La Empresa tendrá la capacidad jurídica necesaria para el desempeño de sus funciones y el logro de sus fines y, en particular, para:

a) Celebrar contratos y arreglos conjuntos o de otra índole, inclusive acuerdos con Estados y organizaciones internacionales;

b) Adquirir, arrendar, poseer y enajenar bienes muebles o inmuebles;

c) Ser parte en procedimientos judiciales.

3. a) La Empresa sólo podrá ser demandada ante los tribunales competentes de un Estado Parte en cuyo territorio:

i) Tenga una oficina o instalación;

ii) Haya designado un apoderado para aceptar emplazamientos o notificaciones de demandas judiciales;

iii) Haya celebrado un contrato respecto de bienes o servicios;

iv) Haya emitido obligaciones; o

v) Realice otras actividades comerciales;

b) Los bienes y haberes de la Empresa dondequiera y en poder de quienquiera que se hallen, gozarán de inmunidad contra cualquier forma de incautación, embargo o ejecución mientras no se dicte sentencia firme contra la Empresa.

4. a) Los bienes y haberes de la Empresa, dondequiera y en poder de quienquiera que se hallen, gozarán de inmunidad de requisa, confiscación, expropiación o cualquier otra forma de incautación por decisión ejecutiva o legislativa;

b) Los bienes y haberes de la Empresa, dondequiera y en poder de quienquiera que se hallen, estarán exentos de todo tipo de restricciones, reglamentaciones, controles y moratorias de carácter discriminatorio;

c) La Empresa y su personal respetarán las leyes y reglamentos de cualquier Estado o territorio en que realicen actividades comerciales o de otra índole;

d) Los Estados Partes velarán porque la Empresa goce de todos los derechos, privilegios e inmunidades que ellos reconozcan a entidades que realicen actividades comerciales en sus territorios. Los derechos, privilegios e inmunidades reconocidos a la Empresa no serán menos favorables que los reconocidos a entidades comerciales que realicen actividades similares. Cuando los Estados Partes otorguen privilegios especiales a Estados en desarrollo o a sus entidades comerciales, la Empresa gozará de esos privilegios en forma igualmente preferencial;

e) Los Estados Partes podrán otorgar incentivos, derechos, privilegios e inmunidades especiales a la Empresa sin quedar obligados a otorgarlos a otras entidades comerciales.

5. La Empresa negociará con los países en que estén ubicadas sus oficinas e instalaciones la exención de impuestos directos e indirectos.

6. Cada Estado Parte tomará las medidas necesarias para incorporar a su legislación los principios enunciados en este Anexo e informará a la Empresa de las medidas concretas que haya tomado.

7. La Empresa podrá renunciar, en la medida y condiciones que determine, a cualquiera de los privilegios e inmunidades concedidos por este artículo o por los acuerdos especiales mencionados en el párrafo 1.

ANEXO V. CONCILIACIÓN

Sección 1. Procedimiento de conciliación de conformidad con la Sección 1 de la Parte XV

Artículo 1. Incoación del procedimiento. Si las partes en una controversia han convenido, de conformidad con el artículo 284, en someterla al procedimiento de conciliación previsto en esta sección, cualesquiera de ellas podrá incoar el procedimiento mediante notificación escrita dirigida a la otra u otras partes en la controversia.

Artículo 2. Lista de conciliadores. El Secretario General de las Naciones Unidas establecerá y mantendrá una lista de conciliadores. Cada Estado Parte tendrá derecho a designar cuatro conciliadores, quienes serán personas que gocen de la más alta reputación de imparcialidad, competencia e integridad. La lista se compondrá de los nombres de las personas así designadas. Si en cualquier momento los conciliadores designados por uno de los Estados Partes para integrar la lista fueren menos de cuatro, ese Estado Parte podrá hacer las nuevas designaciones a que tenga derecho. El nombre de un conciliador permanecerá en la lista hasta que sea retirado por el Estado Parte que lo haya designado; no obstante, seguirá formando parte de cualquier comisión de conciliación para la cual se le haya nombrado hasta que termine el procedimiento ante esa comisión.

Artículo 3. Constitución de la comisión de conciliación. Salvo que las partes acuerden otra cosa, la comisión de conciliación se constituirá de la forma siguiente:

a) A reserva de lo dispuesto en el apartado g) la comisión de conciliación estará integrada por cinco miembros;

b) La parte que incoe el procedimiento nombrará dos conciliadores, de preferencia elegidos de la lista mencionada en el artículo 2 de este Anexo, uno de los cuales podrá ser nacional suyo, salvo que las partes convengan otra cosa. Esos nombramientos se incluirán en la notificación prevista en el artículo 1 de este Anexo;

c) La otra parte en la controversia nombrará, en la forma prevista en el apartado b), dos conciliadores dentro de los 21 días siguientes a la recepción de la notificación prevista en el artículo 1 de este Anexo. Si no se efectúan los nombramientos en ese plazo, la parte que haya incoado el procedimiento podrá, dentro de la semana siguiente a la expiración del plazo, poner término al procedimiento mediante notificación dirigida a la otra parte o pedir al Secretario General de las Naciones Unidas que haga los nombramientos de conformidad con el apartado e);

d) Dentro de los 30 días siguientes a la fecha en que se haya efectuado el último nombramiento, los cuatro conciliadores nombrarán un quinto conciliador, elegido de la lista mencionada en el artículo 2, que será el presidente. Si el nombramiento no se realiza en ese plazo, cualesquiera de las partes podrá pedir al Secretario General de las Naciones Unidas, dentro de la semana siguiente a la expiración del plazo, que haga el nombramiento de conformidad con el apartado e);

e) Dentro de los 30 días siguientes a la recepción de una solicitud hecha con arreglo a los apartados c) o d), el Secretario General de las Naciones Unidas hará los nombramientos necesarios escogiendo de la lista mencionada en el artículo 2 de este Anexo en consulta con las partes en la controversia;

f) Las vacantes se cubrirán en la forma prescrita para los nombramientos iniciales;

g) Dos o más partes que determinen de común acuerdo que tienen un mismo interés nombrarán conjuntamente dos conciliadores. Cuando dos o más partes tengan intereses distintos, o no haya acuerdo acerca de si tienen un mismo interés, las partes nombrarán conciliadores separadamente;

h) En las controversias en que existan más de dos partes que tengan intereses distintos, o cuando no haya acuerdo acerca de si tienen un mismo interés, las partes aplicarán en la medida posible los apartados a) a f).

Artículo 4. Procedimiento. Salvo que las partes acuerden otra cosa, la comisión de conciliación determinará su propio procedimiento. La comisión, con el consentimiento de las partes en la controversia, podrá invitar a cualesquiera de los Estados Partes a que le presente sus opiniones verbalmente o por escrito. Las decisiones relativas a cuestiones de procedimientos, las recomendaciones y el informe de la comisión se adoptarán por mayoría de votos de sus miembros.

Artículo 5. Solución amistosa. La comisión podrá señalar a la atención de las partes cualesquiera medidas que puedan facilitar una solución amistosa de la controversia.

Artículo 6. Funciones de la comisión. La comisión oirá a las partes, examinará sus pretensiones y objeciones, y les formulará propuestas para que lleguen a una solución amistosa.

Artículo 7. Informe. 1. La comisión presentará un informe dentro de los 12 meses siguientes a su constitución. En su informe dejará constancia de los acuerdos a que se haya llegado y, si no ha habido acuerdo, de sus conclusiones sobre todas las cuestiones de hecho o de derecho relativas a la cuestión en litigio e incluirá las recomendaciones que estime adecuadas para una solución amistosa. El informe será depositado en poder del Secretario General de las Naciones Unidas, quien lo transmitirá inmediatamente a las partes en la controversia.

2. El informe de la comisión, incluidas sus conclusiones y recomendaciones, no será obligatorio para las partes.

Artículo 8. Terminación del procedimiento. El procedimiento de conciliación terminará cuando se haya llegado a una solución, cuando las partes hayan aceptado o una de ellas haya rechazado las recomendaciones del informe mediante notificación escrita dirigida al Secretario General de las Naciones

Unidas o cuando haya transcurrido un plazo de tres meses desde la fecha en que se transmitió el informe a las partes.

Artículo 9. Honorarios y gastos. Los honorarios y gastos de la Comisión correrán a cargo de las partes en la controversia.

Artículo 10. Derecho de las partes a modificar el procedimiento. Las partes en la controversia podrán modificar, mediante acuerdos aplicables únicamente a esa controversia, cualquiera disposición de este Anexo.

Sección 2. Sumisión obligatoria al procedimiento de conciliación de conformidad con la Sección 3 de la Parte XV

Artículo 11. Incoación del procedimiento. 1. Toda parte en una controversia que, de conformidad con la sección 3 de la Parte XV, pueda ser sometida al procedimiento de conciliación previsto en esta sección, podrá incoar el procedimiento mediante notificación escrita dirigida a la otra u otras partes en la controversia.

2. Toda parte en la controversia que haya sido notificada con arreglo al párrafo 1 estará obligada a someterse a ese procedimiento.

Artículo 12. Falta de respuesta o de sumisión al procedimiento de conciliación. El hecho de que una o varias partes en la controversia no respondan a la notificación relativa a la incoación del procedimiento, o no se sometan a ese procedimiento, no será obstáculo para la sustanciación de éste.

Artículo 13. Competencia. Todo desacuerdo en cuanto a la competencia de una comisión de conciliación establecida en virtud de esta sección será dirimido por esa comisión.

Artículo 14. Aplicación de la sección 1. Los artículos 2 a 10 de la sección 1 se aplicarán con sujeción a las disposiciones de esta sección.

ANEXO VI. ESTATUTO DEL TRIBUNAL INTERNACIONAL DEL DERECHO DEL MAR

Artículo 1. Disposiciones generales. 1. El Tribunal Internacional del Derecho del Mar se constituirá y funcionará conforme a las disposiciones de esta Convención y de este Estatuto.

2. El Tribunal tendrá su sede en la Ciudad Libre y Hanseática de Hamburgo, en la República Federal de Alemania.

3. El Tribunal podrá reunirse y ejercer sus funciones en cualquier otro lugar cuando lo considere conveniente.

4. La sumisión de controversias al Tribunal se regirá por las disposiciones de las Partes XI y XV.

Sección 1. Organización del Tribunal

Artículo 2. Composición. 1. El Tribunal se compondrá de 21 miembros independientes, elegidos entre personas que, gocen de la más alta reputación por su imparcialidad e integridad y sean de reconocida competencia en materia de derecho del mar.

2. En la composición del Tribunal se garantizarán la representación de los principales sistemas jurídicos del mundo y una distribución geográfica equitativa.

Artículo 3. Miembros. 1. El Tribunal no podrá tener dos miembros que sean nacionales del mismo Estado. A estos efectos, toda persona que pueda ser tenida por nacional de más de un Estado será considerada nacional del Estado en que habitualmente ejerza sus derechos civiles y políticos.

2. No habrá menos de tres miembros por cada uno de los grupos geográficos establecidos por la Asamblea General de las Naciones Unidas.

Artículo 4. Candidaturas y elección. 1. Cada Estado Parte podrá proponer como máximo dos personas que reúnan las calificaciones prescritas en el artículo 2 de este Anexo. Los miembros del Tribunal serán elegidos de la lista de personas así propuestas.

2. Por lo menos tres meses antes de la fecha de la elección, el Secretario General de las Naciones Unidas, en el caso de la primera elección, o el Secretario del Tribunal, en el de las elecciones siguientes, invitará por escrito a los Estados Partes a que presenten sus candidatos en un plazo de dos meses. Asimismo, preparará una lista por orden alfabético de todos los candidatos, con indicación de los Estados Partes que los hayan propuesto, y la comunicará a los Estados Partes antes del séptimo día del mes que preceda a la fecha de la elección.

3. La primera elección se celebrará dentro de los seis meses siguientes a la fecha de entrada en vigor de esta Convención.

4. Los miembros del Tribunal serán elegidos por votación secreta. Las elecciones se celebrarán en una reunión de los Estados Partes, convocada por el Secretario General de las Naciones Unidas, en el caso de la primera elección y según el procedimiento que convengan los Estados Partes en el de las elecciones siguientes. Dos tercios de los Estados Partes constituirán el quórum en esa reunión. Resultarán elegidos miembros del Tribunal los candidatos que obtengan el mayor número de votos y la mayoría de dos tercios de los votos de los Estados Partes presentes y votantes, a condición de que esa mayoría comprenda la mayoría de los Estados Partes.

Artículo 5. Duración del mandato. 1. Los miembros del Tribunal desempeñarán sus cargos por nueve años y podrán ser reelegidos; no obstante, el mandato de siete de los miembros elegidos en la primera elección expirará a los tres años y el de otros siete miembros a los seis años.

2. Los miembros del Tribunal cuyo mandato haya de expirar al cumplirse los mencionados plazos iniciales de tres y seis años serán designados por sorteo que efectuará el Secretario General de las Naciones Unidas inmediatamente después de la primera elección.

3. Los miembros del Tribunal continuarán desempeñando las funciones de su cargo hasta que tomen posesión sus sucesores. Después de reemplazados, continuarán conociendo, hasta su terminación, de las actuaciones iniciadas antes de la fecha de su reemplazo.

4. En caso de renuncia de un miembro del Tribunal, ésta se presentará por escrito al Presidente del Tribunal. El cargo quedará vacante en el momento en que se reciba la carta de dimisión.

Artículo 6. Vacantes. 1. Las vacantes se cubrirán por el mismo procedimiento seguido en la primera elección, con sujeción a la disposición siguiente; dentro del plazo de un mes contado a partir de la fecha de la vacante el Secretario extenderá las invitaciones que dispone el artículo 4 de este Anexo, y el Presidente del Tribunal, previa consulta con los Estados Partes, fijará la fecha de la elección.

2. Todo miembro del Tribunal elegido para reemplazar a otro que no haya terminado su mandato desempeñará el cargo por el resto del período de su predecesor.

Artículo 7. Incompatibilidades. 1. Los miembros del Tribunal no podrán ejercer función política o administrativa alguna, ni tener una vinculación activa con ninguna empresa que intervenga en la exploración o la explotación de los recursos del mar o de los fondos marinos o en otra forma de aprovechamiento comercial del mar o de los fondos marinos, ni tener un interés financiero en dichas empresas.

2. Los miembros del Tribunal no podrán ejercer funciones de agente, consejero ni abogado en ningún asunto.

3. En caso de duda sobre estas cuestiones, el Tribunal decidirá por mayoría de los demás miembros presentes.

Artículo 8. Condiciones relativas a la participación de los miembros en ciertos asuntos. 1. Los miembros del Tribunal no podrán conocer de ningún asunto en que hayan intervenido anteriormente como agentes, consejeros o abogados de cualesquiera de las partes, como miembros de un tribunal nacional o internacional o en cualquier otra calidad.

2. Si, por alguna razón especial, un miembro del Tribunal considera que no debe conocer de un asunto determinado, lo hará saber al Presidente del Tribunal.

3. Si el Presidente considera que, por alguna razón especial, un miembro del Tribunal no debe conocer de un asunto determinado, se lo hará saber.

4. En caso de duda sobre estas cuestiones, el Tribunal decidirá por mayoría de los demás miembros presentes.

Artículo 9. Consecuencia de la pérdida de las condiciones requeridas. Cuando un miembro del Tribunal, en opinión unánime de los demás, haya dejado de reunir las condiciones requeridas, el Presidente declarará vacante el cargo.

Artículo 10. Privilegios e inmunidades. En el ejercicio de las funciones del cargo, los miembros del Tribunal gozarán de privilegios e inmunidades diplomáticos.

Artículo 11. Declaración solemne. Antes de asumir el cargo, los miembros del Tribunal declararán solemnemente, en sesión pública, que ejercerán sus atribuciones con imparcialidad y en conciencia.

Artículo 12. Presidente, Vicepresidente y Secretario. 1. El Tribunal elegirá por tres años a su Presidente y su Vicepresidente, que podrán ser reelegidos.

2. El Tribunal nombrará su Secretario y podrá disponer el nombramiento de los demás funcionarios que sean menester.

3. El Presidente y el Secretario residirán en la sede del Tribunal.

Artículo 13. Quórum. 1. Todos los miembros disponibles participarán en las actuaciones del Tribunal, pero se requerirá un quórum de once miembros elegidos para constituirlo.

2. El Tribunal determinará qué miembros están disponibles para conocer de una controversia determinada, teniendo en cuenta el artículo 17 de este Anexo y la necesidad de asegurar el funcionamiento eficaz de las salas previstas en los artículos 14 y 15 de este Anexo.

3. El Tribunal oirá y decidirá todas las controversias y solicitudes que se le sometan, a menos que sea aplicable el artículo 14 de este Anexo o que las partes soliciten que se tramiten de conformidad con el artículo 15 de este Anexo.

Artículo 14. Sala de Controversias de los Fondos Marinos. Se constituirá una Sala de Controversias de los Fondos Marinos conforme a lo dispuesto en la sección 4 de este Anexo. Su competencia, facultades y funciones serán las establecidas en la sección 5 de la Parte XI.

Artículo 15. Salas especiales. 1. El Tribunal podrá constituir las salas, compuestas de tres o más de sus miembros elegidos, que considere necesarias para conocer de determinadas categorías de controversias.

2. Cuando las partes lo soliciten, el Tribunal constituirá una sala para conocer de una controversia que se le haya sometido. El Tribunal determinará, con la aprobación de las partes, la composición de esa sala.

3. Para facilitar el pronto despacho de los asuntos, el Tribunal constituirá anualmente una sala de cinco de sus miembros elegidos que podrá oír y fallar controversias en procedimiento sumario. Se designarán dos miembros suplentes para reemplazar a los que no pudieren actuar en un asunto determinado.

4. Las salas de que trata este artículo oirán y fallarán las controversias si las partes lo solicitan.

5. El fallo que dicte cualquiera de las salas previstas en ese artículo y en el artículo 14 de este Anexo se considerará dictado por el Tribunal.

Artículo 16. Reglamento del Tribunal. El Tribunal dictará normas para el ejercicio de sus funciones. Elaborará, en particular, su reglamento.

Artículo 17. Nacionalidad de los miembros. 1. Los miembros del Tribunal que sean nacionales de cualquiera de las partes en una controversia conservarán su derecho a actuar como miembros del Tribunal.

2. Si el Tribunal, al conocer de una controversia, incluyere algún miembro que sea nacional de una de las partes, cualquier otra parte podrá designar una persona de su elección para que actúe en calidad de miembro del Tribunal.

3. Si el Tribunal, al conocer de una controversia, no incluyere ningún miembro que sea nacional de las partes, cada una de éstas podrá designar una persona de su elección para que participe en calidad de miembro del Tribunal.

4. Lo dispuesto en este artículo se aplicará a las salas a que se refieren los artículos 14 y 15 de este Anexo. En esos casos, el Presidente, previa consulta con las partes, pedirá a tantos integrantes de la sala como sea necesario que cedan sus puestos a los miembros del Tribunal nacionales de las partes interesadas y, si no los hubiere o no pudieren estar presentes, a los miembros especialmente designados por las partes.

5. Si varias partes tuvieren un mismo interés, se considerarán una sola parte a los efectos de las disposiciones precedentes. En caso de duda, el Tribunal decidirá.

6. Los miembros designados conforme a lo dispuesto en los párrafos 2, 3 y 4 deberán reunir las condiciones establecidas en los artículos 2, 8 y 11 de este Anexo, y participarán en las decisiones del Tribunal en pie de absoluta igualdad con sus colegas.

Artículo 18. Remuneración. 1. Cada miembro elegido del Tribunal percibirá un sueldo anual, así como un estipendio especial por cada día en que desempeñe sus funciones. La suma total de su estipendio especial en un año determinado no excederá del monto del sueldo anual.

2. El Presidente percibirá un estipendio anual especial.

3. El Vicepresidente percibirá un estipendio especial por cada día en que desempeñe las funciones de Presidente.

4. Los miembros designados con arreglo al artículo 17 del presente Anexo que no sean miembros elegidos del Tribunal percibirán una remuneración por cada día en que desempeñen las funciones del cargo.

5. Los sueldos, estipendios y remuneraciones serán fijados periódicamente en reuniones de los Estados Partes, habida cuenta del volumen de trabajo del Tribunal, y no podrán ser disminuidos mientras dure el mandato.

6. El sueldo del Secretario será fijado en reuniones de los Estados Partes a propuesta del Tribunal.

7. En reglamentos adoptados en reuniones de los Estados Partes se fijarán las condiciones para conceder pensiones de jubilación a los miembros del Tribunal y al Secretario, así como las que rijan el reembolso de gastos de viaje a los miembros del Tribunal y al Secretario.

8. Los sueldos, estipendios y remuneraciones estarán exentos de toda clase de impuestos.

Artículo 19. Gastos del Tribunal. 1. Los gastos del Tribunal serán sufragados por los Estados Partes y por la Autoridad en la forma y condiciones que se determinen en reuniones de los Estados Partes.

2. Cuando una entidad distinta de un Estado Parte o de la Autoridad sea parte en una controversia que se haya sometido al Tribunal, éste fijará la suma con que dicha parte habrá de contribuir para sufragar los gastos del Tribunal.

Sección 2. Competencia

Artículo 20. Acceso al Tribunal. 1. Los Estados Partes tendrán acceso al Tribunal.

2. Las entidades distintas de los Estados Partes tendrán acceso al Tribunal en cualquiera de los supuestos expresamente previstos en la Parte XI o en relación con toda controversia que sea sometida al Tribunal de conformidad con cualquier otro acuerdo que le confiera una competencia aceptada por todas las partes en la controversia.

Artículo 21. Competencia. La competencia del Tribunal se extenderá a todas las controversias y demandas que le sean sometidas de conformidad con esta Convención y a todas las cuestiones expresamente previstas en cualquier otro acuerdo que confiera competencia al Tribunal.

Artículo 22. Sumisión de controversias regidas por otros acuerdos. Si todas las partes en un tratado ya en vigor que verse sobre las materias objeto de esta Convención así lo acuerdan, las controversias relativas a la interpretación o aplicación de ese tratado podrán ser sometidas al Tribunal de conformidad con dicho acuerdo.

Artículo 23. Derecho aplicable. El Tribunal decidirá todas las controversias y demandas de conformidad con el artículo 293.

Sección 3. Procedimiento

Artículo 24. Iniciación de las actuaciones. 1. Las controversias serán sometidas al Tribunal mediante notificación de un compromiso entre las partes o mediante solicitud escrita dirigida al Secretario. En ambos casos, se indicarán el objeto de la controversia y las partes.

2. El Secretario notificará inmediatamente el compromiso o la solicitud a todos los interesados.

3. El Secretario notificará también el compromiso o la solicitud a todos los Estados Partes.

Artículo 25. Medidas provisionales. 1. Con arreglo al artículo 290, el Tribunal y su Sala de Controversias de los Fondos Marinos estarán facultados para decretar medidas provisionales.

2. Si el Tribunal no se encuentra reunido o si el número de miembros disponibles no es suficiente para que haya quórum, las medidas provisionales serán decretadas por la sala que se establezca en virtud del párrafo 3 del artículo 15 de este Anexo. No obstante lo dispuesto en el párrafo 4 del artículo 15 de este Anexo, las medidas provisionales podrán ser adoptadas a solicitud de cualquiera de las partes en la controversia. Dichas medidas estarán sujetas a examen y revisión por el Tribunal.

Artículo 26. Vistas. 1. El Presidente o, en su ausencia, el Vicepresidente dirigirá las vistas; si ninguno de ellos pudiere hacerlo, presidirá el más antiguo de los miembros del Tribunal presentes.

2. Las vistas serán públicas, salvo que el Tribunal decida o las partes soliciten otra cosa.

Artículo 27. Dirección del proceso. El Tribunal dictará las providencias necesarias para la dirección del proceso, decidirá la forma y plazos en que cada parte deberá presentar sus alegatos y adoptará las medidas necesarias para la práctica de pruebas.

Artículo 28. Incomparecencia. Cuando una de las partes no comparezca ante el Tribunal o se abstenga de defender su caso, la otra parte podrá pedir al

Tribunal que prosiga las actuaciones y dicte su fallo. La ausencia de una parte o la abstención de defender su caso no constituirá un impedimento para las actuaciones. Antes de dictar el fallo, el Tribunal deberá asegurarse no sólo de que tiene competencia en la controversia, sino también de que la demanda está bien fundada en cuanto a los hechos y al derecho.

Artículo 29. Mayoría requerida para las decisiones. 1. Todas las decisiones del tribunal se adoptarán por mayoría de votos de los miembros presentes.

2. En caso de empate, decidirá el voto del Presidente o del miembro del Tribunal que lo sustituya.

Artículo 30. Fallo. 1. El fallo será motivado.

2. El fallo mencionará los nombres de los miembros del Tribunal que hayan participado en su adopción.

3. Si el fallo no expresa en todo o en parte la opinión unánime de los miembros del Tribunal, cualquiera de éstos tendrá derecho a que se agregue al fallo su opinión separada o disidente.

4. El fallo será firmado por el Presidente y el Secretario. Será leído en sesión pública previamente notificada a las partes en la controversia.

Artículo 31. Solicitud de intervención. 1. Si un Estado Parte considera que tiene un interés de orden jurídico que pueda ser afectado por la decisión del Tribunal, podrá solicitar del Tribunal que le permita intervenir en el proceso.

2. El Tribunal decidirá con respecto a dicha solicitud.

3. Si la solicitud fuere aceptada, el fallo del Tribunal respecto de la controversia será obligatorio para el Estado solicitante en lo que se refiera a las cuestiones en las que haya intervenido.

Artículo 32. Derecho de intervención en casos de interpretación o aplicación. 1. Cuando se planteen cuestiones de interpretación o de aplicación de la Convención, el Secretario lo notificará inmediatamente a todos los Estados Partes.

2. Cuando, con arreglo a los artículos 21 y 22 de este Anexo, se planteen cuestiones relativas a la interpretación o la aplicación de un acuerdo internacional, el Secretario lo notificará a todas las partes en él.

3. Las partes a que se refieren los párrafos 1 y 2 tendrán derecho a intervenir en las actuaciones y, si ejercen ese derecho, la interpretación contenida en el fallo será igualmente obligatoria para ellas.

Artículo 33. Carácter definitivo y fuerza obligatoria de los fallos. 1. El fallo del Tribunal será definitivo y obligatorio para las partes en la controversia.

2. El fallo sólo tendrá fuerza obligatoria para las partes y respecto de la controversia que haya sido decidida.

3. En caso de desacuerdo sobre el sentido o el alcance del fallo, el Tribunal lo interpretará a solicitud de cualquiera de las partes.

Artículo 34. Costas. Salvo que el Tribunal determine otra cosa, cada parte sufragará sus propias costas.

Sección 4. Sala de controversias de los fondos marinos

Artículo 35. Composición. 1. La Sala de Controversias de los Fondos Marinos mencionada en el artículo 14 de este Anexo estará integrada por once miembros designados por la mayoría de los miembros elegidos del Tribunal de entre ellos.

2. En la designación de los miembros de la Sala, se asegurará la representación de los principales sistemas jurídicos del mundo, así como una distribución geográfica equitativa. La Asamblea de la Autoridad podrá adoptar recomendaciones de carácter general respecto de la representación y distribución mencionadas.

3. Los miembros de la Sala serán designados por tres años y su mandato sólo podrá ser renovado una vez.

4. La Sala elegirá entre sus miembros a su Presidente, quien desempeñará el cargo mientras dure el mandato de los miembros de la Sala.

5. Si al concluir un período de tres años para el cual haya sido seleccionada la Sala quedaren aún actuaciones pendientes, la Sala las terminará con su composición inicial.

6. Si se produjere una vacante en la Sala, el Tribunal designará de entre sus miembros elegidos un sucesor por el resto del mandato.

7. Se requerirá un quórum de siete miembros designados por el Tribunal para constituir la Sala.

Artículo 36. Salas ad hoc. 1. La Sala de Controversias de los Fondos Marinos constituirá una sala ad hoc, integrada por tres de sus miembros, para conocer de cada controversia que le sea sometida de conformidad con el apartado b) del párrafo 1 del artículo 188. La composición de dicha sala será determinada por la Sala de Controversias de los Fondos Marinos, con la aprobación de las partes.

2. Si las partes no llegaren a un acuerdo sobre la composición de una sala ad hoc, cada una de las partes en la controversia designará un miembro y el tercer miembro será designado por ambas de común acuerdo. Si no se pusieren de acuerdo o si cualquiera de las partes no efectuare un nombramiento, el Presidente de la Sala de Controversias de los Fondos Marinos nombrará sin demora los miembros que falten, eligiéndolos de entre los miembros de esa Sala previa consulta con las partes.

3. Los miembros de una sala ad hoc no podrán estar al servicio de ninguna de las partes en la controversia, ni ser nacionales de éstas.

Artículo 37. Acceso. Tendrán acceso a la Sala los Estados Partes, la Autoridad y las demás entidades o personas a que se refiere la sección 5 de la Parte XI.

Artículo 38. Derecho aplicable. Además del artículo 293, la Sala aplicará:

a) Las normas, reglamentos y procedimientos de la Autoridad adoptados de conformidad con esta Convención; y

b) Las cláusulas de los contratos concernientes a las actividades en la Zona, en cualquier asunto vinculado con esos contratos.

Artículo 39. Ejecución de las decisiones de la Sala. Las decisiones serán ejecutables en los territorios de los Estados Partes de la misma manera que las sentencias o providencias del tribunal supremo del Estado Parte en cuyo territorio se solicite la ejecución.

Artículo 40. Aplicación de las demás secciones de este Anexo. 1. Se aplicarán a la Sala las disposiciones de las demás secciones de este Anexo que no sean incompatibles con esta sección.

2. En el ejercicio de sus funciones consultivas, la Sala se guiará por las disposiciones de este Anexo relativas al procedimiento ante el Tribunal, en la medida en que las considere aplicables.

Sección 5. Enmiendas

Artículo 41. Enmiendas. 1. Las enmiendas a este Anexo, con excepción de las relativas a su sección 4, serán adoptadas solamente de conformidad con el artículo 313 o por consenso en una conferencia convocada con arreglo a lo dispuesto en esta Convención.

2. Las enmiendas relativas a la sección 4 de este Anexo serán adoptadas solamente con arreglo al artículo 314.

3. El Tribunal podrá proponer las enmiendas a este Anexo que juzgue necesarias por medio de comunicación escrita dirigida a los Estados Partes para que éstos las examinen de conformidad con los párrafos 1 y 2.

ANEXO VII. ARBITRAJE

Artículo 1. Incoación del procedimiento. Con sujeción a lo dispuesto en la Parte XV, cualquier parte en una controversia podrá someterla al procedimiento de arbitraje previsto en este Anexo mediante notificación escrita dirigida a la otra u otras partes en la controversia. La notificación irá acompañada de una exposición de las pretensiones y de los motivos en que éstas se funden.

Artículo 2. Lista de árbitros. 1. El Secretario General de las Naciones Unidas establecerá y mantendrá una lista de árbitros. Cada Estado Parte tendrá derecho a designar cuatro árbitros, quienes serán personas con experiencia en asuntos marítimos que gocen de la más alta reputación por su imparcialidad, competencia e integridad. La lista se compondrá de los nombres de las personas así designadas.

2. Si en cualquier momento los árbitros designados por un Estado Parte para integrar la lista fueren menos de cuatro, ese Estado Parte tendrá derecho a hacer las nuevas designaciones necesarias.

3. El nombre de un árbitro permanecerá en la lista hasta que sea retirado por el Estado Parte que lo haya designado; no obstante, seguirá formando parte de cualquier tribunal de arbitraje para el cual haya sido nombrado hasta que termine el procedimiento ante ese tribunal.

Artículo 3. Constitución del tribunal arbitral. Para los efectos del procedimiento previsto en este Anexo, el tribunal arbitral se constituirá, a menos que las partes acuerden otra cosa, de la forma siguiente:

a) A reserva de lo dispuesto en el apartado g), el tribunal arbitral estará integrado por cinco miembros;

b) La parte que incoe el procedimiento nombrará un miembro, de preferencia elegido de la lista mencionada en el artículo 2 de este Anexo, el cual podrá ser nacional suyo. El nombramiento se incluirá en la notificación prevista en el artículo 1 de este Anexo;

c) La otra parte en la controversia nombrará, dentro de los 30 días siguientes a la recepción de la notificación mencionada en el artículo 1 de este Anexo, un miembro, de preferencia elegido de la lista, que podrá ser nacional suyo. Si no se efectuare el nombramiento en ese plazo, la parte que haya incoado el procedimiento podrá pedir dentro de las dos semanas siguientes al vencimiento del plazo, que el nombramiento se haga de conformidad con el apartado e);

d) Los otros tres miembros serán nombrados por acuerdo entre las partes. Serán elegidos preferentemente de la lista y serán nacionales de terceros Estados, a menos que las partes acuerden otra cosa. Las partes en la controversia nombrarán al presidente del tribunal arbitral de entre esos tres miembros. Si en un plazo de 60 días contado desde la fecha de recepción de la notificación mencionada en el artículo 1 de este Anexo las partes no pudieren llegar a un acuerdo sobre el nombramiento de uno o varios de los miembros del tribunal que deban ser nombrados de común acuerdo, o sobre el nombramiento del presidente, el nombramiento o los nombramientos pendientes se harán de conformidad con lo dispuesto en el apartado e), a solicitud de una de las partes en la controversia. Esa solicitud se presentará dentro de las dos semanas siguientes al vencimiento del mencionado plazo de 60 días;

e) Salvo que las partes acuerden encomendar a una persona o a un tercer Estado elegido por ellas cualquiera de los nombramientos previstos en los apartados c) y d), el Presidente del Tribunal Internacional del Derecho del Mar efectuará los nombramientos necesarios. Si el Presidente no pudiere actuar con arreglo a lo previsto en este apartado o fuere nacional de una de las partes en la controversia, el nombramiento será efectuado por el miembro más antiguo del Tribunal Internacional del Derecho del Mar que esté disponible y que no sea nacional de ninguna de las partes. Los nombramientos previstos en este apartado se harán eligiendo de la lista mencionada en el artículo 2 de este Anexo en un plazo de 30 días contado desde la fecha de recepción de la solicitud y en consulta con las partes. Los miembros así nombrados serán de nacionalidades diferentes y no estarán al servicio de ninguna de las partes en la controversia, no residirán habitualmente en el territorio de una de esas partes ni serán nacionales de ninguna de ellas;

f) Las vacantes serán cubiertas en la forma establecida para los nombramientos iniciales;

g) Las partes que hagan causa común nombrarán conjuntamente un miembro del tribunal de común acuerdo. En caso de que haya varias partes que tengan intereses distintos, o de que haya desacuerdo acerca de si hacen o no causa común, cada una de ellas nombrará un miembro del tribunal. El número de miembros del tribunal nombrados separadamente por las partes será siempre inferior en uno al número de miembros del tribunal nombrados conjuntamente por las partes;

h) Los apartados a) a f) se aplicarán, en toda la medida de lo posible, a las controversias en que intervengan más de dos partes.

Artículo 4. Funcionamiento del tribunal arbitral. Todo tribunal arbitral constituido en virtud del artículo 3 de este Anexo funcionará de conformidad con este Anexo y las demás disposiciones de esta Convención.

Artículo 5. Procedimiento. Salvo que las partes en la controversia acuerden otra cosa, el tribunal arbitral fijará su propio procedimiento, garantizando a cada una de las partes plena oportunidad de ser oída y de hacer la defensa de su caso.

Artículo 6. Obligaciones de las partes en la controversia. Las partes en la controversia facilitarán la labor del tribunal arbitral y, en especial, con arreglo a sus leyes y utilizando todos los medios a su disposición:

a) Le proporcionarán todos los documentos, facilidades e información pertinentes;

b) Le permitirán, cuando sea necesario, citar a testigos o peritos y recibir sus declaraciones, así como visitar los lugares relacionados con el caso

Artículo 7. Gastos. A menos que el tribunal arbitral decida otra cosa en razón de las circunstancias particulares del caso, las partes en la controversia sufragarán por igual los gastos del tribunal, incluida la remuneración de sus miembros.

Artículo 8. Mayoría necesaria para adoptar decisiones. Las decisiones del tribunal arbitral se adoptarán por mayoría de sus miembros. La ausencia o abstención de menos de la mitad de sus miembros no será impedimento para que el tribunal llegue a una decisión. En caso de empate, decidirá el voto del Presidente.

Artículo 9. Incomparecencia. Cuando una de las partes en la controversia no comparezca ante el tribunal o se abstenga de hacer la defensa de su caso, la otra parte podrá pedir al tribunal que prosiga las actuaciones y dicte su laudo. La ausencia o incomparecencia de una parte no será obstáculo para llevar adelante las actuaciones. Antes de dictar su laudo, el tribunal arbitral deberá asegurarse no sólo de que es competente en la controversia, sino también de que la pretensión está bien fundada en cuanto a los hechos y al derecho.

Artículo 10. Laudo. El laudo del tribunal arbitral se limitará al objeto de la controversia y será motivado. Mencionará los nombres de los miembros del tribunal arbitral que hayan participado en su adopción y la fecha en que se haya dictado. Todo miembro del tribunal tendrá derecho a que se agregue al laudo su opinión separada o disidente.

Artículo 11. Carácter definitivo del laudo. El laudo será definitivo e inapelable, a menos que las partes en la controversia hayan convenido previamente en un procedimiento de apelación. El laudo deberá ser cumplido por las partes en la controversia.

Artículo 12. Interpretación o ejecución del laudo. 1. Los desacuerdos que surjan entre las partes en la controversia acerca de la interpretación o el modo de ejecución del laudo podrán ser sometidas por cualquiera de las partes a la decisión del tribunal arbitral que haya dictado el laudo. A tal efecto, toda vacante ocurrida en el tribunal será cubierta en la forma establecida para los nombramientos iniciales de los miembros del tribunal.

2. Cualquier desacuerdo de esa naturaleza podrá ser sometido a otro tribunal o corte de conformidad con el artículo 287 mediante acuerdo de todas las partes en la controversia.

Artículo 13. Aplicación a entidades distintas de los Estados Partes. Las disposiciones de este Anexo se aplicarán, mutatis mutandis, a toda controversia en que intervengan entidades distintas de los Estados Partes.

ANEXO VIII. ARBITRAJE ESPECIAL

Artículo 1. Incoación del procedimiento. Con sujeción a lo dispuesto en la Parte XV, toda parte en una controversia sobre la interpretación o la aplicación de los artículos de esta Convención relativos a 1) pesquerías, 2) protección y preservación del medio marino, 3) investigación científica marina y 4) navegación, incluida la contaminación causada por buques y por vertimiento, podrá someter la controversia al procedimiento de arbitraje especial previsto en este Anexo mediante notificación escrita dirigida a la otra u otras partes en la controversia. La notificación irá acompañada de una exposición de las pretensiones y de los motivos en que éstas se funden.

Artículo 2. Listas de expertos. 1. Se establecerá y mantendrá una lista de expertos en cada una de las siguientes materias: 1) pesquerías, 2) protección y preservación del medio marino, 3) investigación científica marina y 4) navegación, incluida la contaminación causada por buques y por vertimiento.

2. El establecimiento y el mantenimiento de cada lista de expertos corresponderá: en materia de pesquerías, a la Organización de las Naciones Unidas para la Agricultura y la Alimentación; en materia de protección y preservación del medio marino, al Programa de las Naciones Unidas para el Medio Ambiente; en materia de investigación científica marina, a la Comisión Oceanográfica Intergubernamental; en materia de navegación, incluida la contaminación causada por buques y por vertimiento, a la Organización Marítima Internacional, o, en cada caso, al órgano subsidiario pertinente en que la organización, el programa o la comisión haya delegado estas funciones.

3. Cada Estado Parte tendrá derecho a designar dos expertos en cada una de estas materias, de competencia probada y generalmente reconocida en los aspectos jurídico, científico o técnico de la materia correspondiente y que gocen de las más alta reputación por su imparcialidad e integridad. En cada materia, la lista se compondrá de los nombres de las personas así designadas.

4. Si en cualquier momento los expertos designados por un Estado Parte para integrar una lista fueren menos de dos, ese Estado Parte tendrá derecho a hacer las nuevas designaciones que sean necesarias.

5. El nombre de un experto permanecerá en la lista hasta que sea retirado por el Estado Parte que lo haya designado; no obstante, ese experto seguirá formando parte de todo tribunal arbitral especial para el cual haya sido nombrado hasta que termine el procedimiento ante ese tribunal.

Artículo 3. Constitución del tribunal arbitral especial. Para los efectos del procedimiento previsto en este Anexo, el tribunal arbitral especial se constituirá, a menos que las partes acuerden otra cosa, de la forma siguiente:

a) A reserva de lo dispuesto en el apartado g), el tribunal arbitral especial estará integrado por cinco miembros;

b) La parte que incoe el procedimiento nombrará dos miembros, de preferencia elegidos de la lista o listas mencionadas en el artículo 2 de este Anexo relativas a las materias objeto de la controversia, los cuales podrán ser nacionales suyos. Los nombramientos se incluirán en la notificación prevista en el artículo 1 de este Anexo;

c) La otra parte en la controversia, nombrará, dentro de los 30 días siguientes a la recepción de la notificación mencionada en el artículo 1 de este Anexo, dos miembros, de preferencia elegidos de la lista o listas relativas a las materias objeto de la controversia, que podrán ser nacionales suyos. Si no se efectuaren los nombramientos en ese plazo, la parte que haya incoado el procedimiento podrá pedir, dentro de las dos semanas siguientes al vencimiento del plazo, que los nombramientos se hagan de conformidad con el apartado e);

d) Las partes en la controversia nombrarán de común acuerdo al presidente del tribunal arbitral especial, quien será elegido preferentemente de la lista pertinente y será nacional de un tercer Estado, a menos que las partes acuerden otra cosa. Si en un plazo de 30 días contado desde la fecha de recepción de la notificación mencionada en el artículo 1 de este Anexo las partes no pudieren llegar a un acuerdo sobre el nombramiento del presidente, el nombramiento se hará de conformidad con lo dispuesto en el apartado e), a solicitud de una de las partes en la controversia. Esa solicitud se presentará dentro de las dos semanas siguientes al vencimiento del mencionado plazo de 30 días;

e) Salvo que las partes acuerden encomendar a una persona o a un tercer Estado elegido por ellas cualquiera de los nombramientos previstos en los apartados c) y d), el Secretario General de las Naciones Unidas efectuará los nombramientos necesarios. Los nombramientos previstos en este apartado se harán eligiendo de la lista o listas pertinentes de expertos mencionadas en el artículo 2 de este Anexo en un plazo de 30 días contado desde la fecha de recepción de la solicitud y en consulta con las partes en la controversia y con la organización internacional pertinente. Los miembros así nombrados serán de nacionalidades diferentes y no estarán al servicio de ninguna de las partes en la controversia, no residirán habitualmente en el territorio de una de esas partes ni serán nacionales de ninguna de ellas;

f) Las vacantes serán cubiertas en la forma establecida para los nombramientos iniciales;

g) Las partes que hagan causa común nombrarán conjuntamente dos miembros del tribunal de común acuerdo. En caso de que varias partes tengan intereses distintos, o de que haya desacuerdo acerca de si hacen o no causa común, cada una de ellas nombrará un miembro del tribunal;

h) Los apartados a) a f) se aplicarán, en toda la medida de lo posible, a las controversias en que intervengan más de dos partes.

Artículo 4. Disposiciones generales. Las disposiciones de los artículos 4 a 13 del Anexo VII se aplicarán, mutatis mutandis, al procedimiento de arbitraje especial previsto en este Anexo.

Artículo 5. Determinación de los hechos. 1. Las partes en una controversia respecto de la interpretación o la aplicación de las disposiciones de esta Convención relativas a 1) pesquerías, 2) protección y preservación del medio marino, 3) investigación científica marina o 4) navegación, incluida la contaminación causada por buques y por vertimiento, podrán convenir, en cualquier momento, en solicitar que un tribunal arbitral especial constituido de conformidad con el artículo 3 de este Anexo realice una investigación y determine los hechos que hayan originado la controversia.

2. Salvo que las partes acuerden otra cosa, los hechos establecidos por el tribunal arbitral especial en virtud del párrafo 1 se considerarán establecidos entre las partes.

3. Cuando todas las partes en la controversia lo soliciten, el tribunal arbitral especial podrá formular recomendaciones que, sin tener fuerza decisoria, sólo sirvan de base para que las partes examinen las cuestiones que hayan dado origen a la controversia.

4. Con sujeción a lo dispuesto en el párrafo 2, el tribunal arbitral especial actuará de conformidad con las disposiciones de este Anexo, a menos que las partes acuerden otra cosa.

ANEXO IX. PARTICIPACIÓN DE ORGANIZACIONES INTERNACIONALES

Artículo 1. Empleo del término «organizaciones internacionales». A los efectos del artículo 305 y de este Anexo, por «organizaciones internacionales» se entenderá las organizaciones intergubernamentales constituidas por

Estados que les hayan transferido competencias en materias regidas por esta Convención, incluida la de celebrar tratados en relación con ellas.

Artículo 2. Firma. Las organizaciones internacionales podrán firmar esta Convención cuando la mayoría de sus Estados miembros sean signatarios de ella. En el momento de la firma, la organización internacional hará una declaración en que especificará las materias regidas por la Convención respecto de las cuales sus Estados miembros que sean signatarios le hayan transferido competencias, así como la índole y el alcance de ellas.

Artículo 3. Confirmación formal y adhesión. 1. Las organizaciones internacionales podrán depositar sus instrumentos de confirmación formal o de adhesión cuando la mayoría de sus Estados miembros depositen o hayan depositado sus instrumentos de ratificación o de adhesión.

2. Los instrumentos que depositen las organizaciones internacionales contendrán los compromisos y declaraciones previstos en los artículos 4 y 5 de este Anexo.

Artículo 4. Alcance de la participación y derechos y obligaciones. 1. Los instrumentos de confirmación formal o de adhesión que depositen las organizaciones internacionales contendrán el compromiso de aceptar los derechos y obligaciones establecidos en esta Convención para los Estados respecto de las materias en relación con las cuales sus Estados miembros que sean Partes en la Convención les hayan transferido competencias.

2. Las organizaciones internacionales serán Partes en esta Convención en la medida en que tengan competencia de conformidad con las declaraciones, comunicaciones o notificaciones a que se hace referencia en el artículo 5 de este Anexo.

3. Esas organizaciones internacionales ejercerán los derechos y cumplirán las obligaciones que, de conformidad con esta Convención, corresponderían a sus Estados miembros que sean Partes en ella en relación con materias respecto de las cuales esos Estados miembros les hayan transferido competencias. Los Estados miembros de esas organizaciones internacionales no ejercerán las competencias que les hayan transferido.

4. La participación de esas organizaciones internacionales no entrañará en caso alguno un aumento de la representación que correspondería a sus Estados miembros que sean Partes en la Convención, incluidos los derechos en materia de adopción de decisiones.

5. La participación de esas organizaciones internacionales no conferirá en caso alguno a sus Estados miembros que no sean Partes en la Convención ninguno de los derechos establecidos en ella.

6. En caso de conflicto entre las obligaciones de una organización internacional con arreglo a esta Convención y las derivadas de su instrumento constitutivo o de cualesquiera actos relacionados con él, prevalecerán las previstas en la Convención.

Artículo 5. Declaraciones, notificaciones y comunicaciones. 1. El instrumento de confirmación formal o de adhesión de una organización internacional contendrá una declaración en la que se especificarán las materias regidas por esta Convención respecto de las cuales sus Estados miembros que sean Partes en la Convención le hayan transferido competencias.

2. Los Estados miembros de una organización internacional harán, en el momento en que la organización deposite su instrumento de confirmación formal o de adhesión o en el momento en que ratifiquen la Convención o se adhieran a ella, si éste fuere posterior, una declaración en la cual especificarán las materias regidas por esta Convención respecto de las cuales hayan transferido competencias a la organización.

3. Se presumirá que los Estados Partes que sean miembros de una organización que sea Parte en la Convención tienen competencia sobre todas las materias regidas por esta Convención respecto de las cuales no hayan declarado, notificado o comunicado específicamente, con arreglo al presente artículo, transferencias de competencia a la organización.

4. Las organizaciones internacionales y sus Estados miembros que sean Partes en la Convención notificarán sin demora al depositario cualesquiera modificaciones en la distribución de competencias indicada en las declaraciones previstas, en los párrafos 1 y 2, incluidas nuevas transferencias de competencia.

5. Cualquier Estado Parte podrá pedir a una organización internacional y a sus Estados miembros que sean Partes en la Convención que informen acerca de quién tiene competencia respecto de una cuestión concreta que haya surgido. La organización y los Estados miembros de que se trate comunicarán esa información en un plazo razonable. La organización internacional y los Estados miembros podrán también comunicar esa información por iniciativa propia.

6. Las declaraciones, notificaciones y comunicaciones que se hagan con arreglo a este artículo especificarán la índole y el alcance de las competencias transferidas.

Artículo 6. Responsabilidad. 1. La responsabilidad por el incumplimiento de obligaciones establecidas en la Convención o por cualquier otra transgresión de ésta incumbirá a las Partes que tengan competencia con arreglo al artículo 5 de este Anexo.

2. Cualquier Estado Parte podrá pedir a una organización internacional o a sus Estados miembros que sean Partes en la Convención que informen acerca de a quién incumbe la responsabilidad respecto de una determinada cuestión. La organización y los Estados miembros de que se trate darán esa información. El hecho de no dar esa información en un plazo razonable o de dar información contradictoria entrañará responsabilidad conjunta y solidaria.

Artículo 7. Solución de controversias. 1. En el momento de depositar su instrumento de confirmación formal o de adhesión, o en cualquier momento ulterior, las organizaciones internacionales podrán elegir libremente, mediante una declaración escrita, uno o varios de los medios de solución de controversias relativas a la interpretación o la aplicación de esta Convención previstos en los apartados a), c) o d) del párrafo 1 del artículo 287.

2. La Parte XV se aplicará, mutatis mutandis, a las controversias entre Partes en esta Convención cuando una o varias sean organizaciones internacionales.

3. Cuando una organización internacional y uno o varios de sus Estados miembros sean partes conjuntas en una controversia, o partes con un mismo interés, se considerará que la organización ha aceptado los mismos procedimientos de solución de controversias que los Estados miembros; sin embargo, cuando un Estado, miembro sólo haya elegido la Corte Internacional de Justicia de conformidad con el artículo 287, se considerará que la organización y el Estado miembro de que se trate han aceptado el arbitraje de conformidad con el Anexo VII, salvo que las partes en la controversia convengan en otra cosa.

Artículo 8. Aplicación de la Parte XVII. La Parte XVII será aplicable, mutatis mutandis, a las organizaciones internacionales, con las siguientes excepciones:

a) Los instrumentos de confirmación formal o de adhesión de organizaciones internacionales no se tendrán en cuenta a los efectos del párrafo 1 del artículo 308;

b) i) Las organizaciones internacionales tendrán capacidad exclusiva a los efectos de la aplicación de los artículos 312 a 315 en la medida en que, con arreglo al artículo 5 de este Anexo, tengan competencia sobre la totalidad de la cuestión a que se refiera la enmienda;

ii) A los efectos de la aplicación de los párrafos 1, 2 y 3 del artículo 316, se considerará que el instrumento de confirmación formal o de adhesión de una organización internacional respecto de una enmienda constituye el instrumento de ratificación o de adhesión de cada uno de sus Estados miembros que sean Partes en la Convención cuando la organización tenga competencia sobre la totalidad de la cuestión a que se refiera la enmienda;

iii) Con respecto a las demás enmiendas, los instrumentos de confirmación formal o de adhesión de organizaciones internacionales no se tendrán en cuenta a los efectos de los párrafos 1 y 2 del artículo 316;

c) i) Ninguna organización internacional podrá denunciar esta Convención con arreglo al artículo 317 si uno de sus Estados miembros es Parte en la Convención y ella sigue reuniendo los requisitos indicados en el artículo 1 de este Anexo.

ii) Las organizaciones internacionales denunciarán a la Convención cuando ninguno de sus Estados miembros sea Parte en la Convención o cuando ellas hayan dejado de reunir los requisitos indicados en el artículo 1 de este Anexo. Esa denuncia surtirá efecto de inmediato.

La presente es copia fiel y completa en español de la Convención de las Naciones Unidas sobre el Derecho del Mar, concluida, en Montego Bay, Jamaica, el día diez del mes de diciembre de mil novecientos ochenta y dos.

Extiendo la presente, en doscientas veinte páginas útiles, en Tlaltelolco, Distrito Federal, a los dieciocho días del mes de mayo del año de mil novecientos ochenta y tres, a fin de incorporarla al Decreto de Promulgación respectivo.- Alfonso de Rosenzweig Díaz.- Rúbrica.

CONVENCIÓN MARCO DE LAS NACIONES UNIDAS SOBRE EL CAMBIO CLIMÁTICO

TEXTO ORIGINAL

Convención publicada en el Diario Oficial de la Federación, el viernes 7 de mayo de 1993.

Al margen un sello con el Escudo Nacional, que dice: Estados Unidos Mexicanos.- Presidencia de la República.

CARLOS SALINAS DE GORTARI, PRESIDENTE DE LOS ESTADOS UNIDOS MEXICANOS, a sus habitantes sabed: El día trece del mes de junio del año de mil novecientos noventa y dos, el Gobierno de los Estados Unidos Mexicanos firmó, ad referéndum, la Convención Marco de las Naciones Unidas sobre el Cambio Climático, adoptada en la ciudad de Nueva York, N.Y., el día nueve del mes de mayo del propio año, cuyo texto y forma en español constan en la copia certificada adjunta.

La citada Convención fue aprobada por la Cámara de Senadores del H. Congreso de la Unión, el día tres del mes de diciembre del año de mil novecientos noventa y dos, según Decreto publicado en el Diario Oficial de la Federación el día trece del mes de enero del año de mil novecientos noventa y tres.

El instrumento de ratificación, firmado por mí, el día veinticuatro del mes de febrero del año de mil novecientos noventa y tres, fue depositado ante el Secretario General de la Organización de las Naciones Unidas, el día once del mes de marzo del propio año.

Por lo tanto, para su debida observancia, en cumplimiento de lo dispuesto en la Fracción Primera del Artículo Ochenta y Nueve de la Constitución Política de los Estados Unidos Mexicanos, promulgo el presente Decreto, en la residencia del Poder Ejecutivo Federal, a los tres días del mes de mayo de mil novecientos noventa y tres.- Carlos Salinas de Gortari.- Rúbrica.- El Secretario de Relaciones Exteriores, Fernando Solana.- Rúbrica.

El Embajador Andrés Rozental, Subsecretario «A» de Relaciones Exteriores,

CERTIFICA

Que en los archivos de esta Secretaría, obra copia certificada de la Convención Marco de las Naciones Unidas sobre el Cambio Climático, adoptada en la Ciudad de Nueva York, N.Y., a los nueve días del mes de mayo del año de mil novecientos noventa y dos, cuyo texto y forma en español son los siguientes:

CONVENCIÓN MARCO DE LAS NACIONES UNIDAS SOBRE EL CAMBIO CLIMÁTICO

Las Partes en la presente Convención,

Reconociendo que los cambios del clima de la Tierra y sus efectos adversos son una preocupación común de toda la humanidad,

Preocupadas porque las actividades humanas han ido aumentando sustancialmente las concentraciones de gases de efecto invernadero en la atmósfera, y porque ese aumento intensifica el efecto invernadero natural, lo cual dará como resultado, en promedio, un calentamiento adicional de la superficie y la atmósfera de la Tierra y puede afectar adversamente a los ecosistemas naturales y a la humanidad,

Tomando nota de que, tanto históricamente como en la actualidad, la mayor parte de las emisiones de gases de efecto invernadero del mundo, han tenido su origen en los países desarrollados, que las emisiones per cápita en los países en desarrollo son todavía relativamente reducidas y que la proporción del total de emisiones originada en esos países aumentará para permitirles satisfacer a sus necesidades sociales y de desarrollo,

Conscientes de la función y la importancia de los sumideros y los depósitos naturales de gases de efecto invernadero para los ecosistemas terrestres y marinos,

Tomando nota de que hay muchos elementos de incertidumbre en las predicciones del cambio climático, particularmente en lo que respecta a su distribución cronológica, su magnitud y sus características regionales,

Reconociendo que la naturaleza mundial del cambio climático requiere la cooperación más amplia posible de todos los países y su participación en una respuesta internacional efectiva y apropiada, de conformidad con sus responsabilidades comunes pero diferenciadas, sus capacidades respectivas y sus condiciones sociales y económicas,

Recordando las disposiciones pertinentes de la Declaración de la Conferencia de las Naciones Unidas sobre el Medio Humano, aprobada en Estocolmo el 16 de junio de 1972,

Recordando también que los Estados, de conformidad con la Carta de las Naciones Unidas y los principios del derecho internacional, tienen el derecho soberano de explotar sus propios recursos conforme a sus propias políticas ambientales y de desarrollo, y la responsabilidad de velar por que las actividades que se realicen dentro de su jurisdicción o bajo su control no causen daño al medio ambiente de otros Estados ni de zonas que estén fuera de los límites de la jurisdicción nacional,

Reafirmando el principio de la soberanía de los Estados en la cooperación internacional para hacer frente al cambio climático,

Reconociendo que los Estados deberían promulgar leyes ambientales eficaces, que las normas, los objetivos de gestión y las prioridades ambientales deberían reflejar el contexto ambiental y de desarrollo al que se aplican, y que las normas aplicadas por algunos países pueden ser inadecuadas y representar un costo económico y social injustificado para otros países, en particular los países en desarrollo,

Recordando las disposiciones de la resolución 44/228 de la Asamblea General, de 22 de diciembre de 1989, relativa a la Conferencia de las Naciones Unidas sobre el Medio Ambiente y el Desarrollo, y las resoluciones 43/53, de 6 de diciembre de 1988, 44/207, de 22 de diciembre de 1989, 45/212, de 21 de diciembre de 1990, y 46/169, de 19 de diciembre de 1991, relativas a la protección del clima mundial para las generaciones presentes y futuras,

Recordando también las disposiciones de la resolución 44/206 de la Asamblea General, de 22 de diciembre de 1989, relativa a los posibles efectos adversos del ascenso del nivel del mar sobre las islas y las zonas costeras, especialmente las zonas costeras bajas, y las disposiciones pertinentes de la resolución 44/172 de la Asamblea General, de 19 de diciembre de 1989, relativa a la ejecución del Plan de Acción para combatir la desertificación,

Recordando además la Convención de Viena para la Protección de la Capa de Ozono, de 1985, y el Protocolo de Montreal relativo a las sustancias que agotan la capa de ozono, de 1987, ajustado y enmendado el 29 de junio de 1990,

Tomando nota de la Declaración Ministerial de la Segunda Conferencia Mundial sobre el Clima, aprobada el 7 de noviembre de 1990,

Conscientes de la valiosa labor analítica que sobre el cambio climático llevan a cabo muchos Estados y de la importante contribución de la Organización Meteorológica Mundial, el Programa de las Naciones Unidas para el Medio Ambiente y otros órganos, organizaciones y organismos del sistema de las Naciones Unidas, así como de otros organismos internacionales e intergubernamentales, al intercambio de los resultados de la investigación científica y a la coordinación de esa investigación,

Reconociendo que las medidas necesarias para entender el cambio climático y hacerle frente alcanzarán su máxima eficacia en los planos ambiental, social y económico si se basan en las consideraciones pertinentes de orden científico, técnico y económico y se reevalúan continuamente a la luz de los nuevos descubrimientos en la materia,

Reconociendo también que diversas medidas para hacer frente al cambio climático pueden justificarse económicamente por sí mismas y pueden ayudar también a resolver otros problemas ambientales,

Reconociendo también la necesidad de que los países desarrollados actúen de inmediato de manera flexible sobre la base de prioridades claras, como primer paso hacia estrategias de respuesta integral en los planos mundial, nacional y, cuando así se convenga, regional, que tomen en cuenta todos los gases de efecto invernadero, con la debida consideración a sus contribuciones relativas a la intensificación del efecto de invernadero,

Reconociendo además que los países de baja altitud y otros países insulares pequeños, los países con zonas costeras bajas, zonas áridas y semiáridas, o zonas expuestas a inundaciones, sequía y desertificación, y los países en desarrollo con ecosistemas montañosos frágiles, son particularmente vulnerables a los efectos adversos del cambio climático,

Reconociendo las dificultades especiales de aquellos países, especialmente países en desarrollo, cuyas economías dependen particularmente de la producción, el uso y la exportación de combustibles fósiles, como consecuencia de las medidas adoptadas para limitar las emisiones de gases de efecto invernadero,

Afirmando que las respuestas al cambio climático deberían coordinarse de manera integrada con el desarrollo social y económico con miras a evitar efectos adversos sobre este último, teniendo plenamente en cuenta las necesidades prioritarias legítimas de los países en desarrollo para el logro de un crecimiento económico sostenido y la erradicación de la pobreza,

Reconociendo que todos los países, especialmente los países en desarrollo, necesitan tener acceso a los recursos necesarios para lograr un desarrollo económico y social sostenible, y que los países en desarrollo, para avanzar hacia esa meta, necesitarán aumentar su consumo de energía, tomando en cuenta las posibilidades de lograr una mayor eficiencia energética y de controlar las emisiones de gases de efecto invernadero en general, entre otras cosas mediante la aplicación de nuevas tecnologías en condiciones que hagan que esa aplicación sea económica y socialmente beneficiosa,

Decididas a proteger el sistema climático para las generaciones presentes y futuras,

Han convenido en lo siguiente:

Artículo 1. Definiciones. Para los efectos de la presente Convención:

1. Por «efectos adversos del cambio climático» se entiende los cambios en el medio ambiente físico o en la biota resultantes del cambio climático que tienen efectos nocivos significativos en la composición, la capacidad de recuperación o la productividad de los ecosistemas naturales o sujetos a ordenación, o en el funcionamiento de los sistemas socioeconómicos, o en la salud y el bienestar humanos.

2. Por «cambio climático» se entiende un cambio de clima atribuido directa o indirectamente a la actividad humana que altera la composición de la atmósfera mundial y que se suma a la variabilidad natural del clima observada durante periodos de tiempo comparables.

3. Por «sistema climático» se entiende la totalidad de la atmósfera, la hidrosfera, la biosfera y la geosfera, y sus interacciones.

4. Por «emisiones» se entiende la liberación de gases de efecto invernadero o sus precursores en la atmósfera en un área y un periodo de tiempo especificados.

5. Por «gases de efecto invernadero» se entiende aquellos componentes gaseosos de la atmósfera, tanto naturales como antropógenos, que absorben y reemiten radiación infrarroja.

6. Por «organización regional de integración económica» se entiende una organización constituida por los Estados soberanos de una región determinada que tiene competencia respecto de los asuntos que se rigen por la presente Convención o sus protocolos y que ha sido debidamente autorizada, de conformidad con sus procedimientos internos, para firmar, ratificar, aceptar y aprobar los instrumentos correspondientes, o adherirse a ellos.

7. Por «depósito» se entiende uno o más componentes del sistema climático en que está almacenado un gas de efecto invernadero o un precursor de un gas de efecto invernadero.

8. Por «sumidero» se entiende cualquier proceso, actividad o mecanismo que absorbe un gas de efecto invernadero, un aerosol o un precursor de un gas de efecto invernadero de la atmósfera.

9. Por «fuente» se entiende cualquier proceso o actividad que libera un gas de invernadero, un aerosol o un precursor de un gas de invernadero en la atmósfera.

Artículo 2. Objetivo. El objetivo último de la presente Convención y de todo instrumento jurídico conexo que adopte la Conferencia de las Partes, es lograr, de conformidad con las disposiciones pertinentes de la Convención, la estabilización de las concentraciones de gases de efecto invernadero en la atmósfera a un nivel que impida interferencias antropógenas peligrosas en el sistema climático. Ese nivel debería lograrse en un plazo suficiente para permitir que los ecosistemas se adapten naturalmente al cambio climático, asegurar que la producción de alimentos no se vea amenazada y permitir que el desarrollo económico prosiga de manera sostenible.

Artículo 3. Principios. Las Partes, en las medidas que adopten para lograr el objetivo de la Convención y aplicar sus disposiciones, se guiarán, entre otras cosas, por lo siguiente:

1. Las Partes deberían proteger el sistema climático en beneficio de las generaciones presentes y futuras, sobre la base de la equidad y de conformidad con sus responsabilidades comunes pero diferenciadas y sus respectivas capacidades. En consecuencia, las Partes que son países desarrollados deberían tomar la iniciativa en lo que respecta a combatir el cambio climático y sus efectos adversos.

2. Deberían tomarse plenamente en cuenta las necesidades específicas y las circunstancias especiales de las Partes que son países en desarrollo, especialmente aquellas que son particularmente vulnerables a los efectos adversos del cambio climático, y las de aquellas Partes, especialmente las Partes que son países en desarrollo, que tendrían que soportar una carga anormal o desproporcionada en virtud de la Convención.

3. Las Partes deberían tomar medidas de precaución para prever, prevenir o reducir al mínimo las causas del cambio climático y mitigar sus efectos adversos. Cuando haya amenaza de daño grave o irreversible, no debería utilizarse la falta de total certidumbre científica como razón para posponer tales medidas, tomando en cuenta que las políticas y medidas para hacer frente al cambio climático deberían ser eficaces en función de los costos a fin de asegurar beneficios mundiales al menor costo posible. A tal fin, esas políticas y medidas deberían tener en cuenta los distintos contextos socioeconómicos, ser integra-

les, incluir todas las fuentes, sumideros y depósitos pertinentes de gases de efecto invernadero y abarcar todos los sectores económicos. Los esfuerzos para hacer frente al cambio climático pueden llevarse a cabo en cooperación entre las Partes interesadas.

4. Las Partes tienen derecho al desarrollo sostenible y deberían promoverlo. Las políticas y medidas para proteger el sistema climático contra el cambio inducido por el ser humano deberían ser apropiadas para las condiciones específicas de cada una de las Partes y estar integradas en los programas nacionales de desarrollo, tomando en cuenta que el crecimiento económico es esencial para la adopción de medidas encaminadas a hacer frente al cambio climático.

5. Las Partes deberían cooperar en la promoción de un sistema económico internacional abierto y propicio que condujera al crecimiento económico y desarrollo sostenibles de todas las Partes, particularmente de las Partes que son países en desarrollo, permitiéndoles de ese modo hacer frente en mejor forma a los problemas del cambio climático. Las medidas adoptadas para combatir el cambio climático, incluidas las unilaterales, no deberían constituir un medio de discriminación arbitraria o injustificable ni una restricción encubierta al comercio internacional.

Artículo 4. Compromisos. 1. Todas las Partes, teniendo en cuenta sus responsabilidades comunes pero diferenciadas y el carácter específico de sus prioridades nacionales y regionales de desarrollo, de sus objetivos y de sus circunstancias, deberán:

a) Elaborar, actualizar periódicamente, publicar y facilitar a la Conferencia de las Partes, de conformidad con el artículo 12 inventarios nacionales de las emisiones antropógenas por las fuentes y de la absorción por los sumideros de todos los gases de efecto invernadero no controlados por el Protocolo de Montreal, utilizando metodologías comparables que habrán de ser acordadas por la Conferencia de las Partes;

b) Formular, aplicar, publicar y actualizar regularmente programas nacionales y, según proceda, regionales, que contengan medidas orientadas a mitigar el cambio climático, tomando en cuenta las emisiones antropógenas por las fuentes y la absorción por los sumideros de todos los gases de efecto invernadero no controlados por el Protocolo de Montreal, y medidas para facilitar la adaptación adecuada al cambio climático;

c) Promover y apoyar con su cooperación el desarrollo, la aplicación y la difusión, incluida la transferencia, de tecnologías, prácticas y procesos que controlen, reduzcan o prevengan las emisiones antropógenas de gases de efecto invernadero no controlados por el Protocolo de Montreal en todos los sectores pertinentes, entre ellos la energía, el transporte, la industria, la agricultura, la silvicultura y la gestión de desechos;

d) Promover la gestión sostenible y promover y apoyar con su cooperación la conservación y el reforzamiento, según proceda, de los sumideros y depósitos de todos los gases de efecto invernadero no controlados por el Protocolo de Montreal, inclusive la biomasa, los bosques y los océanos, así como otros ecosistemas terrestres, costeros y marinos;

e) Cooperar en los preparativos para la adaptación a los impactos del cambio climático; desarrollar y elaborar planes apropiados e integrados para la ordenación de las zonas costeras, los recursos hídricos y la agricultura, y para la protección y rehabilitación de las zonas, particularmente de África, afectadas por la sequía y la desertificación, así como por las inundaciones;

f) Tener en cuenta, en la medida de lo posible, las consideraciones relativas al cambio climático en sus políticas y medidas sociales, económicas y ambientales pertinentes y emplear métodos apropiados, por ejemplo evaluaciones del impacto, formulados y determinados a nivel nacional, con miras a reducir al mínimo los efectos adversos en la economía, la salud pública y la calidad del medio ambiente, de los proyectos o medidas emprendidos por las Partes para mitigar el cambio climático o adaptarse a él;

g) Promover y apoyar con su cooperación la investigación científica, tecnológica, técnica, socioeconómica y de otra índole, la observación sistemática y el establecimiento de archivos de datos relativos al sistema climático, con el propósito de facilitar la comprensión de las causas, los efectos, la magnitud y la distribución cronológica del cambio climático, y de las consecuencias económicas y sociales de las distintas estrategias de respuesta y de reducir o eliminar los elementos de incertidumbre que aún subsisten al respecto;

h) Promover y apoyar con su cooperación el intercambio pleno, abierto y oportuno de la información pertinente de orden científico, tecnológico, técnico, socioeconómico y jurídico sobre el sistema climático y el cambio climático, y sobre las consecuencias económicas y sociales de las distintas estrategias de respuesta;

i) Promover y apoyar con su cooperación la educación, la capacitación y la sensibilización del público respecto del cambio climático y estimular la participación más amplia posible en ese proceso, incluida la de las organizaciones no gubernamentales;

j) Comunicar a la Conferencia de las Partes la información relativa a la aplicación, de conformidad con el artículo 12.

2. Las Partes que son países desarrollados y las demás Partes incluidas en el anexo I se comprometen específicamente a lo que se estipula a continuación:

a) Cada una de esas Partes adoptará políticas nacionales 1/ y tomará las medidas correspondientes de mitigación del cambio climático, limitando sus emisiones antropógenas de gases de efecto invernadero y protegiendo y mejorando sus sumideros y depósitos de gases de efecto invernadero. Esas políticas y medidas demostrarán que los países desarrollados están tomando la iniciativa en lo que respecta a modificar las tendencias a más largo plazo de las emisiones antropógenas de manera acorde con el objetivo de la presente Convención, reconociendo que el regreso antes de fines del decenio actual a los niveles anteriores de emisiones antropógenas de dióxido de carbono y otros gases de efecto invernadero no controlados por el Protocolo de Montreal contribuiría a tal modificación, y tomando en cuenta las diferencias de puntos de partida y enfoques, estructuras económicas y bases de recursos de esas Partes, la necesidad de mantener un crecimiento económico fuerte y sostenible, las tecnologías disponibles y otras circunstancias individuales, así como la necesidad de que cada una de esas Partes contribuya de manera equitativa y apropiada a la acción mundial para el logro de ese objetivo. Esas Partes podrán aplicar tales políticas y medidas conjuntamente con otras Partes y podrán ayudar a otras Partes a contribuir al objetivo de la Convención y, en particular, al objetivo de este inciso;

1/ Ello incluye las políticas y medidas adoptadas por las organizaciones regionales de integración económica.

b) A fin de promover el avance hacia ese fin, cada una de esas Partes presentará, con arreglo al artículo 12, dentro de los seis meses siguientes a la entrada en vigor de la Convención para esa Parte y periódicamente de allí en adelante, información detallada acerca de las políticas y medidas a que se hace referencia en el inciso a) así como acerca de las proyecciones resultantes con respecto a las emisiones antropógenas por las fuentes y la absorción por los sumideros de gases de efecto invernadero no controlados por el Protocolo de Montreal para el periodo a que se hace referencia en el inciso a), con el fin de volver individual o conjuntamente a los niveles de 1990 esas emisiones antropógenas de dióxido de carbono y otros gases de efecto invernadero no controlados por el Protocolo de Montreal. La Conferencia de las Partes examinará esa información en su primer periodo de sesiones y de allí en adelante en forma periódica, de conformidad con el artículo 7;

c) Para calcular las emisiones por las fuentes y la absorción por los sumideros de gases de efecto invernadero a los fines del inciso b), se tomarán en cuenta los conocimientos científicos más exactos de que se disponga, entre ellos, los relativos a la capacidad efectiva de los sumideros y a la respectiva contribución de esos gases al cambio climático. La Conferencia de las Partes examinará y acordará las metodologías que se habrán de utilizar para esos cálculos en su primer periodo de sesiones y regularmente de allí en adelante;

d) La Conferencia de las Partes examinará, en su primer periodo de sesiones, los incisos a) y b) para determinar si son adecuados. Ese examen se llevará a cabo a la luz de las informaciones y evaluaciones científicas más exactas de que se disponga sobre el cambio climático y sus repercusiones, así como de la información técnica, social y económica pertinente. Sobre la base de ese examen, la Conferencia de las Partes adoptará medidas apropiadas, que podrán consistir en la aprobación de enmiendas a los compromisos estipulados en los incisos a) y b). La Conferencia de las Partes, en su primer periodo de sesiones, también adoptará decisiones sobre criterios para la aplicación conjunta indicada en el inciso a). Se realizará un segundo examen de los incisos a) y b) a más tardar el 31 de diciembre de 1998, y luego otros intervalos regulares determinados por la Conferencia de las Partes, hasta que se alcance el objetivo de la presente Convención;

e) Cada una de esas Partes:

i) Coordinará con las demás Partes indicadas, según proceda, los correspondientes instrumentos económicos y administrativos elaborados para conseguir el objetivo de la Convención; e

ii) Identificará y revisará periódicamente aquellas políticas y prácticas propias que alienten a realizar actividades que produzcan niveles de emisiones antropógenas de gases de efecto invernadero, no controlados por el Protocolo de Montreal, mayores de los que normalmente se producirían;

f) La Conferencia de las Partes examinará, a más tardar el 31 de diciembre de 1998, la información disponible con miras a adoptar decisiones respecto de las enmiendas que corresponda introducir en la lista de los anexos I y II, con aprobación de la Parte interesada;

g) Cualquiera de las Partes no incluidas en el anexo I podrá, en su instrumento de ratificación, aceptación, aprobación o adhesión, o en cualquier momento de allí en adelante, notificar al Depositario su intención de obligarse en virtud de los incisos a) y b) supra.

El Depositario informará de la notificación a los demás signatarios y Partes.

3. Las Partes que son países desarrollados y las demás Partes desarrolladas que figuran en el anexo II, proporcionarán recursos financieros nuevos y adicionales para cubrir la totalidad de los gastos convenidos que efectúen las Partes que son países en desarrollo para cumplir sus obligaciones en virtud del párrafo 1 del artículo 12.

También proporcionarán los recursos financieros, entre ellos, recursos para la transferencia de tecnología, que las Partes que son países en desarrollo necesiten para satisfacer la totalidad de los gastos adicionales convenidos resultantes de la aplicación de las medidas establecidas en el párrafo 1 de este artículo y que se hayan acordado entre una Parte que es país en desarrollo y la entidad internacional o las entidades internacionales a que se refiere el artículo 11, de conformidad con ese artículo. Al llevar a la práctica esos compromisos, se tomará en cuenta la necesidad de que la corriente de fondos sea adecuada y previsible, y la importancia de que la carga se distribuya adecuadamente entre las Partes que son países desarrollados.

4. Las Partes que son países desarrollados, y las demás Partes desarrolladas que figuran en el anexo II, también ayudarán a las Partes que son países en desarrollo particularmente vulnerables a los efectos adversos del cambio climático a hacer frente a los costos que entrañe su adaptación a esos efectos adversos.

5. Las Partes que son países en desarrollo y las demás Partes desarrolladas que figuran en el anexo II tomarán todas las medidas posibles para promover, facilitar y financiar, según proceda, la transferencia de tecnologías y conocimientos prácticos ambientalmente sanos, o el acceso a ellos, a otras Partes, especialmente las Partes que son países en desarrollo, a fin de que puedan aplicar las disposiciones de la Convención. En este proceso, las Partes que son países desarrollados apoyarán el desarrollo y el mejoramiento de las capacidades y tecnologías endógenas de las Partes que son países en desarrollo. Otras Partes y organizaciones que estén en condiciones de hacerlo podrán también contribuir a facilitar la transferencia de dichas tecnologías.

6. En el cumplimiento de los compromisos contraídos en virtud del párrafo 2 la Conferencia de las Partes otorgará cierto grado de flexibilidad a las Partes incluidas en el anexo I que están en proceso de transición a una economía de mercado, a fin de aumentar la capacidad de esas Partes de hacer frente

al cambio climático, incluso en relación con el nivel histórico de emisiones antropógenas de gases de efecto invernadero no controlados por el Protocolo de Montreal tomado como referencia.

7. La medida en que las Partes que son países en desarrollo lleven a la práctica efectivamente sus compromisos en virtud de la Convención dependerá de la manera en que las Partes que son países desarrollados lleven a la práctica efectivamente sus compromisos relativos a los recursos financieros y la transferencia de tecnología, y se tendrá plenamente en cuenta que el desarrollo económico y social y la erradicación de la pobreza son las prioridades primeras y esenciales de las Partes que son países en desarrollo.

8. Al llevar a la práctica los compromisos a que se refiere este artículo, las Partes estudiarán a fondo las medidas que sea necesario tomar en virtud de la Convención, inclusive medidas relacionadas con la financiación, los seguros y la transferencia de tecnología, para atender a las necesidades y preocupaciones específicas de las Partes que son países en desarrollo derivadas de los efectos adversos del cambio climático o del impacto de la aplicación de medidas de respuesta, en especial de los países siguientes:

a) Los países insulares pequeños;

b) Los países con zonas costeras bajas;

c) Los países con zonas áridas y semiáridas, zonas con cobertura forestal y zonas expuestas al deterioro forestal;

d) Los países con zonas propensas a los desastres naturales;

e) Los países con zonas expuestas a la sequía y a la desertificación;

f) Los países con zonas de alta contaminación atmosférica urbana;

g) Los países con zonas de ecosistemas frágiles, incluidos los ecosistemas montañosos;

h) Los países cuyas economías dependen en gran medida de los ingresos generados por la producción, el procesamiento y la exportación de combustibles fósiles y productos asociados de energía intensiva, o de su consumo;

i) Los países sin litoral y los países de tránsito.

Además, la Conferencia de las Partes puede tomar las medidas que proceda en relación con este párrafo.

9. Las Partes tomarán plenamente en cuenta las necesidades específicas y las situaciones especiales de los países menos adelantados al adoptar medidas con respecto a la financiación y a la transferencia de tecnología.

10. Al llevar a la práctica los compromisos dimanantes de la Convención, las Partes tomarán en cuenta, de conformidad con el artículo 10, la situación

de las Partes, en especial las Partes que son países en desarrollo, cuyas economías sean vulnerables a los efectos adversos de las medidas de respuesta a los cambios climáticos. Ello se aplica en especial a las Partes cuyas economías dependan en gran medida de los ingresos generados por la producción, el procesamiento y la exportación de combustibles fósiles y productos asociados de energía intensiva, o de su consumo, o del uso de combustibles fósiles cuya sustitución les ocasione serias dificultades.

Artículo 5. Investigación y observación sistemática. Al llevar a la práctica los compromisos a que se refiere el inciso g) del párrafo 1 del artículo 4 las Partes:

a) Apoyarán y desarrollarán aún más, según proceda, los programas y redes u organizaciones internacionales e intergubernamentales, que tengan por objeto definir, realizar, evaluar o financiar actividades de investigación, recopilación de datos y observación sistemática, tomando en cuenta la necesidad de minimizar la duplicación de esfuerzos;

b) Apoyarán los esfuerzos internacionales e intergubernamentales para reforzar la observación sistemática y la capacidad y los medios nacionales de investigación científica y técnica, particularmente en los países en desarrollo, y para promover el acceso a los datos obtenidos de zonas situadas fuera de la jurisdicción nacional, así como el intercambio y el análisis de esos datos; y

c) Tomarán en cuenta las necesidades y preocupaciones particulares de los países en desarrollo y cooperarán con el fin de mejorar sus medios y capacidades endógenas para participar en los esfuerzos a que se hace referencia en los apartados a) y b).

Artículo 6. Educación, formación y sensibilización del público. Al llevar a la práctica los compromisos a que se refiere el inciso i) del párrafo 1 del artículo 4 las Partes:

a) Promoverán y facilitarán, en el plano nacional y, según proceda, en los planos subregional y regional, de conformidad con las leyes y reglamentos nacionales y según su capacidad respectiva:

i) La elaboración y aplicación de programas de educación y sensibilización del público sobre el cambio climático y sus efectos;

ii) El acceso del público a la información sobre el cambio climático y sus efectos;

iii) La participación del público en el estudio del cambio climático y sus efectos y en la elaboración de las respuestas adecuadas; y

iv) La formación de personal científico, técnico y directivo;

b) Cooperarán, en el plano internacional, y, según proceda, por intermedio de organismos existentes, en las actividades siguientes, y las promoverán:

i) La preparación y el intercambio de material educativo y material destinado a sensibilizar al público sobre el cambio climático y sus efectos; y

ii) La elaboración y aplicación de programas de educación y formación, incluido el fortalecimiento de las instituciones nacionales y el intercambio o la adscripción de personal encargado de formar expertos en esta esfera, en particular para países en desarrollo.

Artículo 7. Conferencia de las partes. 1. Se establece por la presente una Conferencia de las Partes.

2. La Conferencia de las Partes, en su calidad de órgano supremo de la presente Convención, examinará regularmente la aplicación de la Convención y de todo instrumento jurídico conexo que adopte la Conferencia de las Partes y, conforme a su mandato, tomará las decisiones necesarias para promover la aplicación eficaz de la Convención. Con ese fin:

a) Examinará periódicamente las obligaciones de las Partes y los arreglos institucionales establecidos en virtud de la presente Convención, a la luz del objetivo de la Convención, de la experiencia obtenida de su aplicación y de la evolución de los conocimientos científicos y técnicos;

b) Promoverá y facilitará el intercambio de información sobre las medidas adoptadas por las Partes para hacer frente al cambio climático y sus efectos, teniendo en cuenta las circunstancias, responsabilidades y capacidades diferentes de las Partes y sus respectivos compromisos en virtud de la Convención;

c) Facilitará, a petición de dos o más Partes, la coordinación de las medidas adoptadas por ellas para hacer frente al cambio climático y sus efectos, tomando en cuenta las circunstancias, responsabilidades y capacidades de las Partes y sus respectivos compromisos en virtud de la Convención;

d) Promoverá y dirigirá, de conformidad con el objetivo y las disposiciones de la Convención, el desarrollo y el perfeccionamiento periódico de metodologías comparables que acordará la Conferencia de las Partes, entre otras cosas, con el objeto de preparar inventarios de las emisiones de gases de efecto invernadero por las fuentes y su absorción por los sumideros, y de evaluar la eficacia de las medidas adoptadas para limitar las emisiones y fomentar la absorción de esos gases;

e) Evaluará, sobre la base de toda la información que se le proporcione de conformidad con las disposiciones de la Convención, la aplicación de la Convención por las Partes, los efectos generales de las medidas adoptadas en virtud de la Convención, en particular los efectos ambientales, económicos y sociales, así como su efecto acumulativo y la medida en que se avanza hacia el logro del objetivo de la Convención;

f) Examinará y aprobará informes periódicos sobre la aplicación de la Convención y dispondrá su publicación;

g) Hará recomendaciones sobre toda cuestión necesaria para la aplicación de la Convención;

h) Procurará movilizar recursos financieros de conformidad con los párrafos 3, 4 y 5 del artículo 4, y con el artículo 11;

i) Establecerá los órganos subsidiarios que considere necesarios para la aplicación de la Convención;

j) Examinará los informes presentados por sus órganos subsidiarios y proporcionará directrices a esos órganos;

k) Acordará y aprobará, por consenso, su reglamento y reglamento financiero, así como los de los órganos subsidiarios;

l) Solicitará, cuando corresponda, los servicios y la cooperación de las organizaciones internacionales y de los órganos intergubernamentales y no gubernamentales competentes y utilizará la información que éstos le proporcionen; y

m) Desempeñará las demás funciones que sean necesarias para alcanzar el objetivo de la Convención, así como todas las otras funciones que se le encomiendan en la Convención.

3. La Conferencia de las Partes, en su primer periodo de sesiones, aprobará su propio reglamento y los de los órganos subsidiarios establecidos en virtud de la Convención, que incluirán procedimientos para la adopción de decisiones sobre asuntos a los que no se apliquen los procedimientos de adopción de decisiones estipulados en la Convención. Esos procedimientos podrán especificar la mayoría necesaria para la adopción de ciertas decisiones.

4. El primer periodo de sesiones de la Conferencia de las Partes será convocado por la secretaría provisional mencionada en el artículo 21 y tendrá lugar a más tardar un año después de la entrada en vigor de la Convención.

Posteriormente, los periodos ordinarios de sesiones de la Conferencia de las Partes se celebrarán anualmente, a menos que la Conferencia decida otra cosa.

5. Los periodos extraordinarios de sesiones de la Conferencia de las Partes se celebrarán cada vez que la Conferencia lo considere necesario, o cuando una de las Partes lo solicite por escrito, siempre que dentro de los seis meses siguientes a la fecha en que la secretaría haya transmitido a las Partes la solicitud, ésta reciba el apoyo de al menos un tercio de las Partes.

6. Las Naciones Unidas, sus organismos especializados y el Organismo Internacional de Energía Atómica, así como todo Estado miembro o todo observador de esas organizaciones que no sean Partes en la Convención, podrán estar representados en los períodos de sesiones de la Conferencia de las Partes como observadores. Todo otro organismo u órgano, sea nacional o internacional, gubernamental o no gubernamental, competente en los asuntos abarcados por la Convención y que haya informado a la secretaría de su deseo de estar representado en un periodo de sesiones de la Conferencia de las Partes como observador, podrá ser admitido en esa calidad, a menos que se oponga un tercio de las Partes presentes. La admisión y participación de los observadores se regirá por el reglamento aprobado por la Conferencia de las Partes.

Artículo 8. Secretaría. 1. Se establece por la presente una secretaría.

2. Las funciones de la secretaría serán las siguientes:

a) Organizar los periodos de sesiones de la Conferencia de las Partes y de los órganos subsidiarios establecidos en virtud de la Convención y prestarles los servicios necesarios;

b) Reunir y transmitir los informes que se le presenten;

c) Prestar asistencia a las Partes, en particular a las Partes que son países en desarrollo, a solicitud de ellas, en la reunión y transmisión de la información necesaria de conformidad con las disposiciones de la Convención;

d) Preparar informes sobre sus actividades y presentarlos a la Conferencia de las Partes;

e) Asegurar la coordinación necesaria con las secretarías de los demás órganos internacionales pertinentes;

f) Hacer los arreglos administrativos y contractuales que sean necesarios para el cumplimiento eficaz de sus funciones, bajo la dirección general de la Conferencia de las Partes; y

g) Desempeñar las demás funciones de secretaría especificadas en la Convención y en cualquiera de sus protocolos, y todas las demás funciones que determine la Conferencia de las Partes.

3. La Conferencia de las Partes, en su primer periodo de sesiones, designará una secretaría permanente y adoptará las medidas necesarias para su funcionamiento.

Artículo 9. Órgano subsidiario de asesoramiento científico y tecnológico. 1. Por la presente se establece un órgano subsidiario de asesoramiento científico y tecnológico encargado de proporcionar a la Conferencia de las Partes, y, según proceda, a sus demás órganos subsidiarios, información y asesoramiento oportunos sobre los aspectos científicos y tecnológicos relacionados con la Convención. Este órgano estará abierto a la participación de todas las Partes y será multidisciplinario. Estará integrado por representantes de los gobiernos con competencia en la esfera de especialización pertinente. Presentará regularmente informes a la Conferencia de las Partes sobre todos los aspectos de su labor.

2. Bajo la dirección de la Conferencia de las Partes y apoyándose en los órganos internacionales competentes existentes, este órgano:

a) Proporcionará evaluaciones del estado de los conocimientos científicos relacionados con el cambio climático y sus efectos;

b) Preparará evaluaciones científicas sobre los efectos de las medidas adoptadas para la aplicación de la Convención;

c) Identificará las tecnologías y los conocimientos especializados que sean innovadores, eficientes y más avanzados y prestará asesoramiento sobre las formas de promover el desarrollo o de transferir dichas tecnologías;

d) Prestará asesoramiento sobre programas científicos, sobre cooperación internacional relativa a la investigación y la evolución del cambio climático, así como sobre medios de apoyar el desarrollo de las capacidades endógenas de los países en desarrollo; y

e) Responderá a las preguntas de carácter científico, técnico y metodológico que la Conferencia de las Partes y sus órganos subsidiarios le planteen.

3. La Conferencia de las Partes podrá ampliar ulteriormente las funciones y el mandato de este órgano.

Artículo 10. Órgano subsidiario de ejecución. 1. Por la presente se establece un órgano subsidiario de ejecución encargado de ayudar a la Conferencia de las Partes en la evaluación y el examen del cumplimiento efectivo de la Convención. Este órgano estará abierto a la participación de todas las Partes y estará integrado por representantes gubernamentales que sean expertos en cuestiones relacionadas con el cambio climático. Presentará regularmente informes a la Conferencia de las Partes sobre todos los aspectos de su labor.

2. Bajo la dirección de la Conferencia de las Partes, este órgano:

a) Examinará la información transmitida de conformidad con el párrafo 1 del artículo 12, a fin de evaluar en su conjunto los efectos agregados de las medidas adoptadas por las Partes a la luz de las evaluaciones científicas más recientes relativas al cambio climático;

b) Examinará la información transmitida de conformidad con el párrafo 2 del artículo 12, a fin de ayudar a la Conferencia de las Partes en la realización de los exámenes estipulados en el inciso d) del párrafo 2 del artículo 4; y

c) Ayudará a la conferencia de las Partes, según proceda, en la preparación y aplicación de sus decisiones.

Artículo 11. Mecanismo de financiación. 1. Por la presente se define un mecanismo para el suministro de recursos financieros a título de subvención o en condiciones de favor para, entre otras cosas, la transferencia de tecnología. Ese mecanismo funcionará bajo la dirección de la Conferencia de las Partes y rendirá cuentas a esa Conferencia, la cual decidirá sus políticas, las prioridades de sus programas y los criterios de aceptabilidad en relación con la presente Convención. Su funcionamiento será encomendado a una o más entidades internacionales existentes.

2. El mecanismo financiero tendrá una representación equitativa y equilibrada de todas las partes en el marco de un sistema de dirección transparente.

3. La Conferencia de las Partes y la entidad o entidades a que se encomiende el funcionamiento del mecanismo financiero convendrán en los arreglos destinados a dar efecto a los párrafos precedentes, entre los que se incluirán los siguientes:

a) Modalidades para asegurar que los proyectos financiados para hacer frente al cambio climático estén de acuerdo con las políticas, las prioridades de los programas y los criterios de aceptabilidad establecidos por la Conferencia de las Partes;

b) Modalidades mediante las cuales una determinada decisión de financiación puede ser reconsiderada a la luz de esas políticas, prioridades de los programas y criterios de aceptabilidad;

c) La presentación por la entidad o entidades de informes periódicos a la Conferencia de las Partes sobre sus operaciones de financiación, en forma compatible con el requisito de rendición de cuentas enunciado en el párrafo 1; y

d) La determinación en forma previsible e identificable del monto de la financiación necesaria y disponible para la aplicación de la presente Convención y las condiciones con arreglo a las cuales se revisará periódicamente ese monto.

4. La Conferencia de las Partes hará en su primer periodo de sesiones arreglos para aplicar las disposiciones precedentes, examinando y tomando en cuenta los arreglos provisionales a que se hace referencia en el párrafo 3 del artículo 21, y decidirá si se han de mantener esos arreglos provisionales. Dentro de los cuatro años siguientes, la Conferencia de las Partes examinará el mecanismo financiero y adoptará las medidas apropiadas.

5. Las Partes que son países desarrollados podrán también proporcionar, y las Partes que sean países en desarrollo podrán utilizar, recursos financieros relacionados con la aplicación de la presente Convención por conductos bilaterales, regionales y otros conductos multilaterales.

Artículo 12. Transmisión de información relacionada con la aplicación. 1. De conformidad con el párrafo 1 del artículo 4, cada una de las Partes transmitirá a la Conferencia de las Partes, por conducto de la secretaría, los siguientes elementos de información:

a) Un inventario nacional, en la medida que lo permitan sus posibilidades, de las emisiones antropógenas por las fuentes y la absorción por los sumideros de todos los gases de efecto invernadero no controlados por el Protocolo de Montreal, utilizando metodologías comparables que promoverá y aprobará la Conferencia de las Partes;

b) Una descripción general de las medidas que ha adoptado o prevé adoptar para aplicar la Convención; y

c) Cualquier otra información que la Parte considere pertinente para el logro del objetivo de la Convención y apta para ser incluida en su comunicación, con inclusión de, si fuese factible, datos pertinentes para el cálculo de las tendencias de las emisiones mundiales.

2. Cada una de las Partes que son países desarrollados y cada una de las demás Partes comprendidas en el anexo I incluirá en su comunicación los siguientes elementos de información:

a) Una descripción detallada de las políticas y medidas que haya adoptado para llevar a la práctica su compromiso con arreglo a los incisos a) y b) del párrafo 2 del artículo 4;

b) Una estimación concreta de los efectos que tendrán las políticas y medidas a que se hace referencia en el apartado a) sobre las emisiones antropógenas por sus fuentes y la absorción por sus sumideros de gases de efecto invernadero durante el periodo a que se hace referencia en el inciso a) del párrafo 2 del artículo 4.

3. Además, cada una de las Partes que sea un país desarrollado y cada una de las demás Partes desarrolladas comprendidas en el anexo II incluirán detalles de las medidas adoptadas de conformidad con los párrafos 3, 4 y 5 del artículo 4.

4. Las Partes que son países en desarrollo podrán proponer voluntariamente proyectos para financiación, precisando las tecnologías, los materiales, el equipo, las técnicas o las prácticas que se necesitarían para ejecutar esos proyectos, e incluyendo, de ser posible, una estimación de todos los costos adicionales, de las reducciones de las emisiones y del incremento de la absorción de gases de efecto invernadero, así como una estimación de los beneficios consiguientes.

5. Cada una de las Partes que sea un país en desarrollo y cada una de las demás Partes incluidas en el anexo I presentarán una comunicación inicial dentro de los seis meses siguientes a la entrada en vigor de la Convención respecto de esa Parte. Cada una de las demás Partes que no figure en esa lista presentará una comunicación inicial dentro del plazo de tres años contados desde que entre en vigor la Convención respecto de esa Parte o que se disponga de recursos financieros de conformidad con el párrafo 3 del artículo 4. Las Partes que pertenezcan al grupo de los países menos adelantados podrán presentar la comunicación inicial a su discreción. La Conferencia de las Partes determinará la frecuencia de las comunicaciones posteriores de todas las Partes, teniendo en cuenta los distintos plazos fijados en este párrafo.

6. La información presentada por las Partes con arreglo a este artículo será transmitida por la secretaría, lo antes posible, a la Conferencia de las Partes y a los órganos subsidiarios correspondientes. De ser necesario, la Conferencia de las Partes podrá examinar nuevamente los procedimientos de comunicación de la información.

7. A partir de su primer período de sesiones, la Conferencia de las Partes tomará disposiciones para facilitar asistencia técnica y financiera a las Partes

que son países en desarrollo, a petición de ellas, a efectos de recopilar y presentar información con arreglo a este artículo, así como de determinar las necesidades técnicas y financieras asociadas con los proyectos propuestos y las medidas de respuesta en virtud del artículo 4. Esa asistencia podrá ser proporcionada por otras Partes, por organizaciones internacionales competentes y por la secretaría, según proceda.

8. Cualquier grupo de Partes podrá, con sujeción a las directrices que adopte la Conferencia de las Partes y a la notificación previa a la Conferencia de las Partes, presentar una comunicación conjunta en cumplimiento de las obligaciones que le incumben en virtud de este artículo, siempre que esa comunicación incluya información sobre el cumplimiento por cada una de esas Partes de sus obligaciones individuales con arreglo a la presente Convención.

9. La información que reciba la secretaría y que esté catalogada como confidencial por la Parte que la presenta, de conformidad con criterios que establecerá la Conferencia de las Partes, será compilada por la secretaría de manera que se proteja su carácter confidencial antes de ponerla a disposición de alguno de los órganos que participen en la transmisión y el examen de la información.

10. Con sujeción al párrafo 9, y sin perjuicio de la facultad de cualquiera de las Partes de hacer pública su comunicación en cualquier momento, la secretaría hará públicas las comunicaciones de las Partes con arreglo a este artículo en el momento en que sean presentadas a la Conferencia de las Partes.

Artículo 13. Resolución de cuestiones relacionadas con la aplicación de la convención. En su primer periodo de sesiones, la Conferencia de las Partes considerará el establecimiento de un mecanismo consultivo multilateral, al que podrán recurrir las Partes, si así lo solicitan, para la resolución de cuestiones relacionadas con la aplicación de la Convención.

Artículo 14. Arreglo de controversias. 1. En caso de controversia entre dos o más Partes sobre la interpretación o la aplicación de la Convención, las Partes interesadas tratarán de solucionarla mediante la negociación o cualquier otro medio pacífico de su elección.

2. Al ratificar, aceptar o aprobar la Convención o al adherirse a ella, o en cualquier momento a partir de entonces, cualquier Parte que no sea una organización regional de integración económica podrá declarar en un instrumento escrito presentado al Depositario que reconoce como obligatorio ipso facto y

sin acuerdo especial, con respecto a cualquier controversia relativa a la interpretación o la aplicación de la Convención, y en relación con cualquier Parte que acepte la misma obligación:

a) El sometimiento de la controversia a la Corte Internacional de Justicia; o

b) El arbitraje de conformidad con los procedimientos que la Conferencia de las Partes establecerá, en cuanto resulte factible, en un anexo sobre el arbitraje.

Una parte que sea una organización regional de integración económica podrá hacer una declaración con efecto similar en relación con el arbitraje de conformidad con los procedimientos mencionados en el inciso b)

3. Toda declaración formulada en virtud del párrafo 2 de este artículo seguirá en vigor hasta su expiración de conformidad con lo previsto en ella o hasta que hayan transcurrido tres meses desde que se entregó al Depositario la notificación por escrito de su revocación.

4. Toda nueva declaración, toda notificación de revocación o la expiración de la declaración no afectará de modo alguno los procedimientos pendientes ante la Corte Internacional de Justicia o ante el Tribunal de Arbitraje, a menos que las Partes en la controversia convengan en otra cosa.

5. Con sujeción a la aplicación del párrafo 2, si, transcurridos 12 meses desde la notificación por una Parte a otra de la existencia de una controversia entre ellas, las Partes interesadas no han podido solucionar su controversia por los medios mencionados en el párrafo 1, la controversia se someterá, a petición de cualquiera de las partes en ella, a conciliación.

6. A petición de una de las Partes en la controversia, se creará una comisión de conciliación, que estará compuesta por un número igual de miembros nombrados por cada Parte interesada y un presidente elegido conjuntamente por los miembros nombrados por cada Parte. La Comisión formulará una recomendación que las Partes considerarán de buena fe.

7. En cuanto resulte factible, la Conferencia de las Partes establecerá procedimientos adicionales relativos a la conciliación en un anexo sobre la conciliación.

8. Las disposiciones del presente artículo se aplicarán a todo instrumento jurídico conexo que adopte la Conferencia de las Partes, a menos que se disponga otra cosa en el instrumento.

Artículo 15. Enmiendas a la convención. 1. Cualquiera de las Partes podrá proponer enmiendas a la Convención.

2. Las enmiendas a la Convención deberán aprobarse en un periodo ordinario de sesiones de la Conferencia de las Partes. La secretaría deberá comunicar a las Partes el texto del proyecto de enmienda al menos seis meses antes de la reunión en la que se proponga la aprobación. La secretaría comunicará asimismo los proyectos de enmienda a los signatarios de la Convención y, a título informativo, al Depositario.

3. Las Partes pondrán el máximo empeño en llegar a un acuerdo por consenso sobre cualquier proyecto de enmienda a la Convención. Si se agotan todas las posibilidades de obtener el consenso, sin llegar a un acuerdo, la enmienda será aprobada, como último recurso, por mayoría de tres cuartos de las Partes presentes y votantes en la reunión. La secretaría comunicará la enmienda aprobada al Depositario, el cual la hará llegar a todas las partes para su aceptación.

4. Los instrumentos de aceptación de las enmiendas se entregarán al Depositario. Las enmiendas aprobadas de conformidad con el párrafo 3 de este artículo entrarán en vigor, para las Partes que las hayan aceptado, al nonagésimo día contado desde la fecha en que el Depositario haya recibido instrumentos de aceptación de por lo menos tres cuartos de las Partes en la Convención.

5. Las enmiendas entrarán en vigor para las demás Partes al nonagésimo día contado desde la fecha en que hayan entregado al Depositario el instrumento de aceptación de las enmiendas.

6. Para los fines de este artículo, por «Partes presentes y votantes» se entiende las Partes presentes que emitan un voto afirmativo o negativo

Artículo 16. Aprobación y enmienda de los anexos de la convención. 1. Los anexos de la Convención formarán parte integrante de ésta y, salvo que se disponga expresamente otra cosa, toda referencia a la Convención constituirá al mismo tiempo una referencia a cualquiera de sus anexos. Sin perjuicio de lo dispuesto en el inciso b) del párrafo 2 y el párrafo 7 del artículo 14, en los anexos sólo se podrán incluir listas, formularios y cualquier otro material descriptivo que trate de asuntos científicos, técnicos, de procedimiento o administrativos.

2. Los anexos de la Convención se propondrán y aprobarán de conformidad con el procedimiento establecido en los párrafos 2, 3 y 4 del artículo 15.

3. Todo anexo que haya sido aprobado de conformidad con lo dispuesto en el párrafo anterior entrará en vigor para todas las Partes en la Convención seis meses después de la fecha en que el Depositario haya comunicado a las Partes su aprobación, con excepción de las Partes que hubieran notificado por escrito al Depositario, dentro de ese periodo, su no aceptación del anexo. El anexo entrará en vigor para las Partes que hayan retirado su notificación de no aceptación, al nonagésimo día contado desde la fecha en que el Depositario haya recibido el retiro de la notificación.

4. La propuesta, aprobación y entrada en vigor de enmiendas a los anexos de la Convención se regirán por el mismo procedimiento aplicable a la propuesta, aprobación y entrada en vigor de los anexos de la Convención, de conformidad con los párrafos 2 y 3 de este artículo.

5. Si para aprobar un anexo, o una enmienda a un anexo, fuera necesario enmendar la Convención, el anexo o la enmienda a un anexo no entrarán en vigor hasta que la enmienda a la Convención entre en vigor.

Artículo 17. Protocolos. 1. La Conferencia de las Partes, podrá en cualquier periodo ordinario de sesiones, aprobar protocolos de la Convención.

2. La secretaría comunicará a las Partes del texto de todo proyecto de protocolo por lo menos seis meses antes de la celebración de este periodo de sesiones.

3. Las condiciones para la entrada en vigor del protocolo serán establecidas por ese instrumento.

4. Sólo las Partes en la Convención podrán ser Partes en un protocolo.

5. Sólo las Partes en un protocolo podrán adoptar decisiones de conformidad con ese protocolo.

Artículo 18. Derecho de voto. 1. Salvo lo dispuesto en el párrafo 2 de este artículo, cada Parte en la Convención tendrá un voto.

2. Las organizaciones regionales de integración económica, en los asuntos de su competencia, ejercerán su derecho de voto con un número de votos igual al número de sus Estados miembros que sean Partes en la Convención. Esas organizaciones no ejercerán su derecho de voto si cualquiera de sus Estados miembros ejerce el suyo, y viceversa.

Artículo 19. Depositario. El Secretario General de las Naciones Unidas será el Depositario de la Convención y de los protocolos aprobados de conformidad con el artículo 17.

Artículo 20. Firma. La presente Convención estará abierta a la firma de los Estados Miembros de las Naciones Unidas o de un organismo especializado o que sean partes en el Estatuto de la Corte Internacional de Justicia y de las organizaciones regionales de integración económica en Río de Janeiro, durante la Conferencia de las Naciones Unidas sobre el Medio Ambiente y el Desarrollo, y posteriormente en la Sede de las Naciones Unidas en Nueva York del 20 de junio de 1992 al 19 de junio de 1993.

Artículo 21. Disposiciones provisionales. 1. Las funciones de secretaría a que se hace referencia en el artículo 8 serán desempeñadas a título provisional, hasta que la Conferencia de las Partes termine su primer periodo de sesiones, por la secretaría establecida por la Asamblea General de las Naciones Unidas en su resolución 45/212, de 21 de diciembre de 1990.

2. El jefe de la secretaría provisional a que se hace referencia en el párrafo 1 cooperará estrechamente con el Grupo intergubernamental sobre cambios climáticos a fin de asegurar que el Grupo pueda satisfacer la necesidad de asesoramiento científico y técnico objetivo. Podrá consultarse también a otros organismos científicos competentes.

3. El Fondo para el Medio Ambiente Mundial, del Programa de las Naciones Unidas para el Desarrollo, el Programa de las Naciones Unidas para el Medio Ambiente y el Banco Internacional de Reconstrucción y Fomento, será la entidad internacional encargada a título provisional del funcionamiento del mecanismo financiero a que se hace referencia en el artículo 11. A este respecto, debería reestructurarse adecuadamente el Fondo para el Medio Ambiente Mundial, y dar carácter universal a su composición, para permitirle cumplir los requisitos del artículo 11.

Artículo 22. Ratificación, aceptación, aprobación o adhesión. 1. La Convención estará sujeta a ratificación, aceptación, aprobación o adhesión de los Estados y de las organizaciones regionales de integración económica. Quedará abierta a la adhesión a partir del día siguiente a aquél en que la Convención quede cerrada a la firma. Los instrumentos de ratificación, aceptación, aprobación o adhesión se depositarán en poder del Depositario.

2. Las organizaciones regionales de integración económica que pasen a ser Partes en la Convención sin que ninguno de sus Estados miembros lo sea quedarán sujetas a todas las obligaciones que les incumban en virtud de la Convención. En el caso de las organizaciones que tengan uno o más Estados

miembros que sean partes en la Convención, la organización y sus Estados miembros determinarán su respectiva responsabilidad por el cumplimiento de las obligaciones que les incumban en virtud de la Convención. En esos casos, la organización y los Estados miembros no podrán ejercer simultáneamente derechos conferidos por la Convención.

3. Las organizaciones regionales de integración económica expresarán en sus instrumentos de ratificación, aceptación, aprobación o adhesión el alcance de su competencia con respecto a cuestiones regidas por la Convención. Esas organizaciones comunicarán asimismo cualquier modificación sustancial en el alcance de su competencia al Depositario, el cual a su vez la comunicará a las Partes.

Artículo 23. Entrada en vigor. 1. La Convención entrará en vigor al nonagésimo día contado desde la fecha en que se haya depositado el quincuagésimo instrumento de ratificación, aceptación, aprobación o adhesión.

2. Respecto de cada Estado u organización regional de integración económica que ratifique, acepte o apruebe la Convención o se adhiera a ella una vez depositado el quincuagésimo instrumento de ratificación, aceptación, aprobación o adhesión, la Convención entrada en vigor al nonagésimo día contado desde la fecha en que el Estado o la organización haya depositado su instrumento de ratificación, aceptación, aprobación o adhesión.

3. Para los efectos de los párrafos 1 y 2 de este artículo, el instrumento que deposite una organización regional de integración económica no contará además de los que hayan depositado los Estados miembros de la organización.

Artículo 24. Reserva. No se podrán formular reservas a la Convención.

Artículo 25. Denuncia. 1. Cualquiera de las Partes podrá denunciar la Convención, previa notificación por escrito al Depositario, en cualquier momento después de que hayan transcurrido tres años a partir de la fecha en que la Convención haya entrado en vigor respecto de esa Parte.

2. La denuncia surtirá efecto al cabo de un año contado desde la fecha en que el Depositario haya recibido la notificación correspondiente o, posteriormente, en la fecha que se indique en la notificación.

3. Se considerará que la Parte que denuncia la Convención denuncia asimismo los protocolos en que sea Parte.

Artículo 26. Textos auténticos. El original de esta Convención, cuyos textos en árabe, chino, español, francés, inglés y ruso son igualmente auténticos, se depositará en poder del Secretario General de las Naciones Unidas.

EN TESTIMONIO DE LO CUAL los infrascritos, debidamente autorizados a esos efectos, han firmado la presente Convención.

Hecha en Nueva York el nueve de mayo de mil novecientos noventa y dos.

La presente es copia fiel y completa en español de la Convención Marco de las Naciones Unidas sobre el Cambio Climático, adoptada en la ciudad de Nueva York, N.Y., a los nueve días del mes de mayo del año de mil novecientos noventa y dos.

Extiendo la presente, en treinta y dos páginas útiles, en la Ciudad de México, Distrito Federal, a los quince días del mes de marzo del año de mil novecientos noventa y tres, a fin de incorporarla al Decreto de Promulgación respectivo.– El Embajador y Subsecretario «A», Andrés Rozental.– Rúbrica.

PROTOCOLO DE KYOTO DE LA CONVENCIÓN MARCO DE LAS NACIONES UNIDAS SOBRE EL CAMBIO CLIMÁTICO

TEXTO ORIGINAL

Protocolo publicado en el Diario Oficial de la Federación, el viernes 24 de noviembre de 2000.

Al margen un sello con el Escudo Nacional, que dice: Estados Unidos Mexicanos.- Presidencia de la República.

ERNESTO ZEDILLO PONCE DE LEÓN, PRESIDENTE DE LOS ESTADOS UNIDOS MEXICANOS, a sus habitantes, sabed:

El nueve de junio de mil novecientos noventa y ocho, el Plenipotenciario de los Estados Unidos Mexicanos, debidamente autorizado para tal efecto firmó ad referéndum el Protocolo de Kyoto de la Convención Marco de las Naciones Unidas sobre el Cambio Climático, adoptado en la ciudad de Kyoto, el once de diciembre de mil novecientos noventa y siete.

El citado Protocolo fue aprobado por la Cámara de Senadores del Honorable Congreso de la Unión, el veintinueve de abril de dos mil, según decreto publicado en el Diario Oficial de la Federación del primero de septiembre del propio año.

El instrumento de ratificación, firmado por mí el cuatro de septiembre de dos mil, fue depositado ante el Secretario General de las Naciones Unidas, el siete del propio mes y año, de conformidad con lo dispuesto en el artículo 23 del Protocolo de Kyoto de la Convención Marco de las Naciones Unidas sobre el Cambio Climático.

Por lo tanto, para su debida observancia, en cumplimiento de lo dispuesto en la fracción I del artículo 89 de la Constitución Política de los Estados Unidos Mexicanos, promulgo el presente Decreto, en la residencia del Poder Ejecutivo Federal, en la Ciudad de México, Distrito Federal, el veintitrés de octubre de dos mil.- Ernesto Zedillo Ponce de León.- Rúbrica.- La Secretaria del Despacho de Relaciones Exteriores, Rosario Green.- Rúbrica.

CARMEN MORENO TOSCANO, SUBSECRETARIA DE RELACIONES EXTERIORES PARA NACIONES UNIDAS, ÁFRICA Y MEDIO ORIENTE,

CERTIFICA:

Que en los archivos de esta Secretaría obra copia certificada del Protocolo de Kyoto de la Convención Marco de las Naciones Unidas sobre el Cambio Climático, firmado en Kyoto, el once de diciembre de mil novecientos noventa y siete, cuyo texto en español es el siguiente:

PROTOCOLO DE KYOTO DE LA CONVENCIÓN MARCO DE LAS NACIONES UNIDAS SOBRE EL CAMBIO CLIMÁTICO

Las Partes en el presente Protocolo,

Siendo Partes en la Convención Marco de las Naciones Unidas sobre el Cambio Climático, en adelante «la Convención»,

Persiguiendo el objetivo último de la Convención enunciado en su artículo 2,

Recordando las disposiciones de la Convención,

Guiadas por el artículo 3 de la Convención,

En cumplimiento del Mandato de Berlín, aprobado mediante la decisión 1/CP.1 de la Conferencia de las Partes en la Convención en su primer periodo de sesiones,

Han convenido en lo siguiente:

Artículo 1. A los efectos del presente Protocolo se aplicarán las definiciones contenidas en el artículo 1 de la Convención. Además:

1. Por «Conferencia de las Partes» se entiende la Conferencia de las Partes en la Convención.

2. Por «Convención» se entiende la Convención Marco de las Naciones Unidas sobre el Cambio Climático, aprobada en Nueva York el 9 de mayo de 1992.

3. Por «Grupo Intergubernamental de Expertos sobre el Cambio Climático» se entiende el grupo intergubernamental de expertos sobre el cambio climático establecido conjuntamente por la Organización Meteorológica Mundial y el Programa de las Naciones Unidas para el Medio Ambiente en 1988.

4. Por «Protocolo de Montreal» se entiende el Protocolo de Montreal relativo a las sustancias que agotan la capa de ozono aprobado en Montreal el 16 de septiembre de 1987 y en su forma posteriormente ajustada y enmendada.

5. Por «Partes presentes y votantes» se entiende las Partes presentes que emiten un voto afirmativo o negativo.

6. Por «Parte» se entiende, a menos que del contexto se desprenda otra cosa, una Parte en el presente Protocolo.

7. Por «Parte incluida en el anexo I» se entiende una Parte que figura en el anexo I de la Convención, con las enmiendas de que pueda ser objeto, o una Parte que ha hecho la notificación prevista en el inciso g) del párrafo 2 del artículo 4 de la Convención.

Artículo 2. 1. Con el fin de promover el desarrollo sostenible, cada una de las Partes incluidas en el anexo I, al cumplir los compromisos cuantificados de limitación y reducción de las emisiones contraídos en virtud del artículo 3:

a) Aplicará y/o seguirá elaborando políticas y medidas de conformidad con sus circunstancias nacionales, por ejemplo las siguientes:

i) fomento de la eficiencia energética en los sectores pertinentes de la economía nacional;

ii) protección y mejora de los sumideros y depósitos de los gases de efecto invernadero no controlados por el Protocolo de Montreal, teniendo en cuenta sus compromisos en virtud de los acuerdos internacionales pertinentes sobre el medio ambiente; promoción de prácticas sostenibles de gestión forestal, la forestación y la reforestación;

iii) promoción de modalidades agrícolas sostenibles a la luz de las consideraciones del cambio climático;

iv) investigación, promoción, desarrollo y aumento del uso de formas nuevas y renovables de energía, de tecnologías de secuestro del dióxido de carbono y de tecnologías avanzadas y novedosas que sean ecológicamente racionales;

v) reducción progresiva o eliminación gradual de las deficiencias del mercado, los incentivos fiscales, las exenciones tributarias y arancelarias y las subvenciones que sean contrarios al objetivo de la Convención en todos los sectores emisores de gases de efecto invernadero y aplicación de instrumentos de mercado;

vi) fomento de reformas apropiadas en los sectores pertinentes con el fin de promover unas políticas y medidas que limiten o reduzcan las emisiones de los gases de efecto invernadero no controlados por el Protocolo de Montreal;

vii) medidas para limitar y/o reducir las emisiones de los gases de efecto invernadero no controlados por el Protocolo de Montreal en el sector del transporte;

viii) limitación y/o reducción de las emisiones de metano mediante su recuperación y utilización en la gestión de los desechos así como en la producción, el transporte y la distribución de energía;

b) Cooperará con otras Partes del anexo I para fomentar la eficacia individual y global de las políticas y medidas que se adopten en virtud del presente artículo, de conformidad con el apartado i) del inciso e) del párrafo 2 del artículo 4 de la Convención. Con este fin, estas Partes procurarán intercambiar experiencia e información sobre tales políticas y medidas, en particular concibiendo las formas de mejorar su comparabilidad, transparencia y eficacia. La Conferencia de las Partes en calidad de reunión de las Partes en el presente Protocolo, en su primer periodo de sesiones o tan pronto como sea posible después de éste, examinará los medios de facilitar dicha cooperación, teniendo en cuenta toda la información pertinente.

2. Las Partes incluidas en el anexo I procurarán limitar o reducir las emisiones de gases de efecto invernadero no controlados por el Protocolo de Montreal generadas por los combustibles del transporte aéreo y marítimo internacional trabajando por conducto de la Organización de Aviación Civil Internacional y la Organización Marítima Internacional, respectivamente.

3. Las Partes incluidas en el anexo I se empeñarán en aplicar las políticas y medidas a que se refiere el presente artículo de tal manera que se reduzcan al mínimo los efectos adversos, comprendidos los efectos adversos del cambio climático, efectos en el comercio internacional y repercusiones sociales, ambientales y económicas, para otras Partes, especialmente las Partes que son países en desarrollo y en particular las mencionadas en los párrafos 8 y 9 del artículo 4 de la Convención, teniendo en cuenta lo dispuesto en el artículo 3 de la Convención. La Conferencia de las Partes en calidad de reunión de las Partes en el presente Protocolo podrá adoptar otras medidas, según corresponda, para promover el cumplimiento de lo dispuesto en este párrafo.

4. Si considera que convendría coordinar cualesquiera de las políticas y medidas señaladas en el inciso a) del párrafo 1 supra, la Conferencia de las Partes en calidad de reunión de las Partes en el presente Protocolo, teniendo en cuenta las diferentes circunstancias nacionales y los posibles efectos, examinará las formas y medios de organizar la coordinación de dichas políticas y medidas.

Artículo 3. 1. Las Partes incluidas en el anexo I se asegurarán, individual o conjuntamente, de que sus emisiones antropógenas agregadas, expresadas en dióxido de carbono equivalente, de los gases de efecto invernadero enumerados en el anexo A no excedan de las cantidades atribuidas a ellas, calculadas en función de los compromisos cuantificados de limitación y reducción de las emisiones consignados para ellas en el anexo B y de conformidad con lo dispuesto en el presente artículo, con miras a reducir el total de sus emisiones de esos gases a un nivel inferior en no menos de 5% al de 1990 en el periodo de compromiso comprendido entre el año 2008 y el 2012.

2. Cada una de las Partes incluidas en el anexo I deberá poder demostrar para el año 2005 un avance concreto en el cumplimiento de sus compromisos contraídos en virtud del presente Protocolo.

3. Las variaciones netas de las emisiones por las fuentes y la absorción por los sumideros de gases de efecto invernadero que se deban a la actividad humana directamente relacionada con el cambio del uso de la tierra y la silvicultura, limitada a la forestación, reforestación y deforestación desde 1990, calculadas como variaciones verificables del carbono almacenado en cada periodo de compromiso, serán utilizadas a los efectos de cumplir los compromisos de cada Parte incluida en el anexo I dimanantes del presente artículo. Se informará de las emisiones por las fuentes y la absorción por los sumideros de gases de efecto invernadero que guarden relación con esas actividades de una manera transparente y verificable y se las examinará de conformidad con lo dispuesto en los artículos 7 y 8.

4. Antes del primer periodo de sesiones de la Conferencia de las Partes en calidad de reunión de las Partes en el presente Protocolo, cada una de las Partes incluidas en el anexo I presentará al Órgano Subsidiario de Asesoramiento Científico y Tecnológico, para su examen, datos que permitan establecer el nivel del carbono almacenado correspondiente a 1990 y hacer una estimación de las variaciones de ese nivel en los años siguientes. En su primer periodo de sesiones o lo antes posible después de éste, la Conferencia de las Partes en calidad de reunión de las Partes en el presente Protocolo determinará las modalidades, normas y directrices sobre la forma de sumar o restar a las cantidades atribuidas a las Partes del anexo I actividades humanas adicionales relacionadas con las variaciones de las emisiones por las fuentes y la absorción por los sumideros de gases de efecto invernadero en las categorías de suelos agrícolas y de cambio del uso de la tierra y silvicultura y sobre las actividades que se hayan de sumar o restar, teniendo en cuenta las incertidumbres, la transparencia de la presentación de informes, la verificabilidad, la labor metodológica del Grupo Intergubernamental de Expertos sobre el Cambio Climático, el ase-

soramiento prestado por el Órgano Subsidiario de Asesoramiento Científico y Tecnológico de conformidad con el artículo 5 y las decisiones de la Conferencia de las Partes. Tal decisión se aplicará en los periodos de compromiso segundo y siguientes. Una Parte podrá optar por aplicar tal decisión sobre estas actividades humanas adicionales para su primer periodo de compromiso, siempre que estas actividades se hayan realizado desde 1990.

5. Las Partes incluidas en el anexo I que están en vías de transición a una economía de mercado y que hayan determinado su año o periodo de base con arreglo a la decisión 9/CP.2, adoptada por la Conferencia de las Partes en su segundo periodo de sesiones, utilizarán ese año o periodo de base para cumplir sus compromisos dimanantes del presente artículo. Toda otra Parte del anexo I que esté en transición a una economía de mercado y no haya presentado aún su primera comunicación nacional con arreglo al artículo 12 de la Convención podrá también notificar a la Conferencia de las Partes en calidad de reunión de las Partes en el presente Protocolo que tiene la intención de utilizar un año o periodo histórico de base distinto del año 1990 para cumplir sus compromisos dimanantes del presente artículo. La Conferencia de las Partes en calidad de reunión de las Partes en el presente Protocolo se pronunciará sobre la aceptación de dicha notificación.

6. Teniendo en cuenta lo dispuesto en el párrafo 6 del artículo 4 de la Convención, la Conferencia de las Partes en calidad de reunión de las Partes en el presente Protocolo concederá un cierto grado de flexibilidad a las Partes del anexo I que están en transición a una economía de mercado para el cumplimiento de sus compromisos dimanantes del presente Protocolo, que no sean los previstos en este artículo.

7. En el primer periodo de compromiso cuantificado de limitación y reducción de las emisiones, del año 2008 al 2012, la cantidad atribuida a cada Parte incluida en el anexo I será igual al porcentaje consignado para ella en el anexo B de sus emisiones antropógenas agregadas, expresadas en dióxido de carbono equivalente, de los gases de efecto invernadero enumerados en el anexo A correspondientes a 1990, o al año o periodo de base determinado con arreglo al párrafo 5 supra, multiplicado por cinco. Para calcular la cantidad que se les ha de atribuir, las Partes del anexo I para las cuales el cambio del uso de la tierra y la silvicultura constituían una fuente neta de emisiones de gases de efecto invernadero en 1990 incluirán en su año de base 1990 o periodo de base las emisiones antropógenas agregadas por las fuentes, expresadas en dióxido

de carbono equivalente, menos la absorción por los sumideros en 1990 debida al cambio del uso de la tierra.

8. Toda Parte incluida en el anexo I podrá utilizar el año 1995 como su año de base para los hidrofluorocarbonos, los perfluorocarbonos y el hexafluoruro de azufre para hacer los cálculos a que se refiere el párrafo 7 supra.

9. Los compromisos de las Partes incluidas en el anexo I para los periodos siguientes se establecerán en enmiendas al anexo B del presente Protocolo que se adoptarán de conformidad con lo dispuesto en el párrafo 7 del artículo 21. La Conferencia de las Partes en calidad de reunión de las Partes en el presente Protocolo comenzará a considerar esos compromisos al menos siete años antes del término del primer periodo de compromiso a que se refiere el párrafo 1 supra.

10. Toda unidad de reducción de emisiones, o toda fracción de una cantidad atribuida, que adquiera una Parte de otra Parte con arreglo a lo dispuesto en el artículo 6 o el artículo 17 se sumará a la cantidad atribuida a la Parte que la adquiera.

11. Toda unidad de reducción de emisiones, o toda fracción de una cantidad atribuida, que transfiera una Parte a otra Parte con arreglo a lo dispuesto en el artículo 6 o el artículo 17 se deducirá de la cantidad atribuida a la Parte que la transfiera.

12. Toda unidad de reducción certificada de emisiones que adquiera una Parte de otra Parte con arreglo a lo dispuesto en el artículo 12 se agregará a la cantidad atribuida a la Parte que la adquiera.

13. Si en un periodo de compromiso las emisiones de una Parte incluida en el anexo I son inferiores a la cantidad atribuida a ella en virtud del presente artículo, la diferencia se agregará, a petición de esa Parte, a la cantidad que se atribuya a esa Parte para futuros periodos de compromiso.

14. Cada Parte incluida en el anexo I se empeñará en cumplir los compromisos señalados en el párrafo 1 supra de manera que se reduzcan al mínimo las repercusiones sociales, ambientales y económicas adversas para las Partes que son países en desarrollo, en particular las mencionadas en los párrafos 8 y 9 del artículo 4 de la Convención. En consonancia con las decisiones pertinentes de la Conferencia de las Partes sobre la aplicación de esos párrafos, la Conferencia de las Partes en calidad de reunión de las Partes en el presente Protocolo estudiará en su primer periodo de sesiones las medidas que sea necesario tomar para reducir al mínimo los efectos adversos del cambio climático y/o el impacto de la aplicación de medidas de respuesta para las Partes mencionadas

en esos párrafos. Entre otras, se estudiarán cuestiones como la financiación, los seguros y la transferencia de tecnología.

Artículo 4. 1. Se considerará que las Partes incluidas en el anexo I que hayan llegado a un acuerdo para cumplir conjuntamente sus compromisos dimanantes del artículo 3 han dado cumplimiento a esos compromisos si la suma total de sus emisiones antropógenas agregadas, expresadas en dióxido de carbono equivalente, de los gases de efecto invernadero enumerados en el anexo A no excede de las cantidades atribuidas a ellas, calculadas en función de los compromisos cuantificados de limitación y reducción de las emisiones consignados para ellas en el anexo B y de conformidad con lo dispuesto en el artículo 3. En el acuerdo se consignará el nivel de emisión respectivo asignado a cada una de las Partes en el acuerdo.

2. Las Partes en todo acuerdo de este tipo notificarán a la secretaría el contenido del acuerdo en la fecha de depósito de sus instrumentos de ratificación, aceptación o aprobación del presente Protocolo o de adhesión a éste. La secretaría informará a su vez a las Partes y signatarios de la Convención el contenido del acuerdo.

3. Todo acuerdo de este tipo se mantendrá en vigor mientras dure el periodo de compromiso especificado en el párrafo 7 del artículo 3.

4. Si las Partes que actúan conjuntamente lo hacen en el marco de una organización regional de integración económica y junto con ella, toda modificación de la composición de la organización tras la aprobación del presente Protocolo no incidirá en los compromisos ya vigentes en virtud del presente Protocolo. Todo cambio en la composición de la organización se tendrá en cuenta únicamente a los efectos de los compromisos que en virtud del artículo 3 se contraigan después de esa modificación.

5. En caso de que las Partes en semejante acuerdo no logren el nivel total combinado de reducción de las emisiones fijado para ellas, cada una de las Partes en ese acuerdo será responsable del nivel de sus propias emisiones establecido en el acuerdo.

6. Si las Partes que actúan conjuntamente lo hacen en el marco de una organización regional de integración económica que es Parte en el presente Protocolo y junto con ella, cada Estado miembro de esa organización regional de integración económica, en forma individual y conjuntamente con la organización regional de integración económica, de acuerdo con lo dispuesto en el artículo 24, será responsable, en caso de que no se logre el nivel total

combinado de reducción de las emisiones, del nivel de sus propias emisiones notificado con arreglo al presente artículo.

Artículo 5. 1. Cada Parte incluida en el anexo I establecerá, a más tardar un año antes del comienzo del primer periodo de compromiso, un sistema nacional que permita la estimación de las emisiones antropógenas por las fuentes y de la absorción por los sumideros de todos los gases de efecto invernadero no controlados por el Protocolo de Montreal. La Conferencia de las Partes en calidad de reunión de las Partes en el presente Protocolo impartirá en su primer periodo de sesiones las directrices en relación con tal sistema nacional, que incluirán las metodologías especificadas en el párrafo 2 infra.

2. Las metodologías para calcular las emisiones antropógenas por las fuentes y la absorción por los sumideros de todos los gases de efecto invernadero no controlados por el Protocolo de Montreal serán las aceptadas por el Grupo Intergubernamental de Expertos sobre el Cambio Climático y acordadas por la Conferencia de las Partes en su tercer periodo de sesiones. En los casos en que no se utilicen tales metodologías, se introducirán los ajustes necesarios conforme a las metodologías acordadas por la Conferencia de las Partes en calidad de reunión de las Partes en el presente Protocolo en su primer periodo de sesiones. Basándose en la labor del Grupo Intergubernamental de Expertos sobre el Cambio Climático, en particular, y en el asesoramiento prestado por el Órgano Subsidiario de Asesoramiento Científico y Tecnológico, la Conferencia de las Partes en calidad de reunión de las Partes en el presente Protocolo examinará periódicamente y, según corresponda, revisará esas metodologías y ajustes, teniendo plenamente en cuenta las decisiones que pueda adoptar al respecto la Conferencia de las Partes. Toda revisión de metodologías o ajustes se aplicará exclusivamente a los efectos de determinar si se cumplen los compromisos que en virtud del artículo 3 se establezcan para un periodo de compromiso posterior a esa revisión.

3. Los potenciales de calentamiento atmosférico que se utilicen para calcular la equivalencia en dióxido de carbono de las emisiones antropógenas por las fuentes y de la absorción por los sumideros de los gases de efecto invernadero enumerados en el anexo A serán los aceptados por el Grupo Intergubernamental de Expertos sobre el Cambio Climático y acordados por la Conferencia de las Partes en su tercer periodo de sesiones. Basándose en la labor del Grupo Intergubernamental de Expertos en el Cambio Climático, en particular, y en el asesoramiento prestado por el Órgano Subsidiario de Asesoramiento Científico

y Tecnológico, la Conferencia de las Partes en calidad de reunión de las Partes en el presente Protocolo examinará periódicamente y, según corresponda, revisará el potencial de calentamiento atmosférico de cada uno de esos gases de efecto invernadero, teniendo plenamente en cuenta las decisiones que pueda adoptar al respecto la Conferencia de las Partes. Toda revisión de un potencial de calentamiento atmosférico será aplicable únicamente a los compromisos que en virtud del artículo 3 se establezcan para un periodo de compromiso posterior a esa revisión.

Artículo 6. 1. A los efectos de cumplir los compromisos contraídos en virtud del artículo 3, toda Parte incluida en el anexo I podrá transferir a cualquiera otra de esas Partes, o adquirir de ellas, las unidades de reducción de emisiones resultantes de proyectos encaminados a reducir las emisiones antropógenas por las fuentes o incrementar la absorción antropógena por los sumideros de los gases de efecto invernadero en cualquier sector de la economía, con sujeción a lo siguiente:

a) Todo proyecto de ese tipo deberá ser aprobado por las Partes participantes;

b) Todo proyecto de ese tipo permitirá una reducción de las emisiones por las fuentes, o un incremento de la absorción por los sumideros, que sea adicional a cualquier otra reducción u otro incremento que se produciría de no realizarse el proyecto;

c) La Parte interesada no podrá adquirir ninguna unidad de reducción de emisiones si no ha dado cumplimiento a sus obligaciones dimanantes de los artículos 5 y 7; y

d) La adquisición de unidades de reducción de emisiones será suplementaria a las medidas nacionales adoptadas a los efectos de cumplir los compromisos contraídos en virtud del artículo 3.

2. La Conferencia de las Partes en calidad de reunión de las Partes en el presente Protocolo podrá, en su primer periodo de sesiones o tan pronto como sea posible después de éste, establecer otras directrices para la aplicación del presente artículo, en particular a los efectos de la verificación y presentación de informes.

3. Una Parte incluida en el anexo I podrá autorizar a personas jurídicas a que participen, bajo la responsabilidad de esa Parte, en acciones conducentes a la generación, transferencia o adquisición en virtud de este artículo de unidades de reducción de emisiones.

4. Si, de conformidad con las disposiciones pertinentes del artículo 8, se plantea alguna cuestión sobre el cumplimiento por una Parte incluida en el anexo I de las exigencias a que se refiere el presente artículo, la transferencia y adquisición de unidades de reducción de emisiones podrán continuar después de planteada esa cuestión, pero ninguna Parte podrá utilizar esas unidades a los efectos de cumplir sus compromisos contraídos en virtud del artículo 3 mientras no se resuelva la cuestión del cumplimiento.

Artículo 7. 1. Cada una de las Partes incluidas en el anexo I incorporará en su inventario anual de las emisiones antropógenas por las fuentes y de la absorción por los sumideros de los gases de efecto invernadero no controlados por el Protocolo de Montreal, presentado de conformidad con las decisiones pertinentes de la Conferencia de las Partes, la información suplementaria necesaria a los efectos de asegurar el cumplimiento del artículo 3, que se determinará de conformidad con el párrafo 4 infra.

2. Cada una de las Partes incluidas en el anexo I incorporará en la comunicación nacional que presente de conformidad con el artículo 12 de la Convención la información suplementaria necesaria para demostrar el cumplimiento de los compromisos contraídos en virtud del presente Protocolo, que se determinará de conformidad con el párrafo 4 infra.

3. Cada una de las Partes incluidas en el anexo I presentará la información solicitada en el párrafo 1 supra anualmente, comenzando por el primer inventario que deba presentar de conformidad con la Convención para el primer año del periodo de compromiso después de la entrada en vigor del presente Protocolo para esa Parte. Cada una de esas Partes presentará la información solicitada en el párrafo 2 supra como parte de la primera comunicación nacional que deba presentar de conformidad con la Convención una vez que el presente Protocolo haya entrado en vigor para esa Parte y que se hayan adoptado las directrices a que se refiere el párrafo 4 infra. La frecuencia de la presentación ulterior de la información solicitada en el presente artículo será determinada por la Conferencia de las Partes en calidad de reunión de las Partes en el presente Protocolo, teniendo en cuenta todo calendario para la presentación de las comunicaciones nacionales que determine la Conferencia de las Partes.

4. La Conferencia de las Partes en calidad de reunión de las Partes en el presente Protocolo adoptará en su primer periodo de sesiones y revisará periódicamente en lo sucesivo directrices para la preparación de la información solicitada en el presente artículo, teniendo en cuenta las directrices para la

preparación de las comunicaciones nacionales de las Partes incluidas en el anexo I adoptadas por la Conferencia de las Partes. La Conferencia de las Partes en calidad de reunión de las Partes en el presente Protocolo decidirá también antes del primer periodo de compromiso las modalidades de contabilidad en relación con las cantidades atribuidas.

Artículo 8. 1. La información presentada en virtud del artículo 7 por cada una de las Partes incluidas en el anexo I será examinada por equipos de expertos en cumplimiento de las decisiones pertinentes de la Conferencia de las Partes y de conformidad con las directrices que adopte a esos efectos la Conferencia de las Partes en calidad de reunión de las Partes en el presente Protocolo con arreglo al párrafo 4 infra. La información presentada en virtud del párrafo 1 del artículo 7 por cada una de las Partes incluidas en el anexo I será examinada en el marco de la recopilación anual de los inventarios y las cantidades atribuidas de emisiones y la contabilidad conexa. Además, la información presentada en virtud del párrafo 2 del artículo 7 por cada una de las Partes incluidas en el anexo I será estudiada en el marco del examen de las comunicaciones.

2. Esos equipos examinadores serán coordinados por la secretaría y estarán integrados por expertos escogidos entre los candidatos propuestos por las Partes en la Convención y, según corresponda, por organizaciones intergubernamentales, de conformidad con la orientación impartida a esos efectos por la Conferencia de las Partes.

3. El proceso de examen permitirá una evaluación técnica exhaustiva e integral de todos los aspectos de la aplicación del presente Protocolo por una Parte. Los equipos de expertos elaborarán un informe a la Conferencia de las Partes en calidad de reunión de las Partes en el presente Protocolo, en el que evaluarán el cumplimiento de los compromisos de la Parte y determinarán los posibles problemas con que se tropiece y los factores que incidan en el cumplimiento de los compromisos.

La secretaría distribuirá ese informe a todas las Partes en la Convención. La secretaría enumerará para su ulterior consideración por la Conferencia de las Partes en calidad de reunión de las Partes en el presente Protocolo las cuestiones relacionadas con la aplicación que se hayan señalado en esos informes.

4. La Conferencia de las Partes en calidad de reunión de las Partes en el presente Protocolo adoptará en su primer periodo de sesiones y revisará periódicamente en lo sucesivo directrices para el examen de la aplicación del pre-

sente Protocolo por los equipos de expertos, teniendo en cuenta las decisiones pertinentes de la Conferencia de las Partes.

5. La Conferencia de las Partes en calidad de reunión de las Partes en el presente Protocolo, con la asistencia del Órgano Subsidiario de Ejecución y, según corresponda, del Órgano Subsidiario de Asesoramiento Científico y Tecnológico, examinará:

a) La información presentada por las Partes en virtud del artículo 7 y los informes de los exámenes que hayan realizado de ella los expertos de conformidad con el presente artículo; y

b) Las cuestiones relacionadas con la aplicación que haya enumerado la secretaría de conformidad con el párrafo 3 supra, así como toda cuestión que haya planteado las Partes.

6. Habiendo examinado la información a que se hace referencia en el párrafo 5 supra, la Conferencia de las Partes en calidad de reunión de las Partes en el presente Protocolo adoptará sobre cualquier asunto las decisiones que sean necesarias para la aplicación del presente Protocolo.

Artículo 9. 1. La Conferencia de las Partes en calidad de reunión de las Partes en el presente Protocolo examinará periódicamente el presente Protocolo a la luz de las informaciones y estudios científicos más exactos de que se disponga sobre el cambio climático y sus repercusiones y de la información técnica, social y económica pertinente. Este examen se hará en coordinación con otros exámenes pertinentes en el ámbito de la Convención, en particular los que exigen el inciso d) del párrafo 2 del artículo 4 y el inciso a) del párrafo 2 del artículo 7 de la Convención. Basándose en este examen, la Conferencia de las Partes en calidad de reunión de las Partes en el presente Protocolo adoptará las medidas que correspondan.

2. El primer examen tendrá lugar en el segundo periodo de sesiones de la Conferencia de las Partes en calidad de reunión de las Partes en el presente Protocolo. Los siguientes se realizarán de manera periódica y oportuna.

Artículo 10. Todas las Partes, teniendo en cuenta sus responsabilidades comunes pero diferenciadas y las prioridades, objetivos y circunstancias concretos de su desarrollo nacional y regional, sin introducir ningún nuevo compromiso para las Partes no incluidas en el anexo I aunque reafirmando los compromisos ya estipulados en el párrafo 1 del artículo 4 de la Convención y llevando adelante el cumplimiento de estos compromisos con miras a lograr el desarrollo sostenible, teniendo en cuenta lo dispuesto en los párrafos 3, 5 y 7 del artículo 4 de la Convención:

a) Formularán, donde corresponda y en la medida de lo posible, unos programas nacionales y, en su caso, regionales para mejorar la calidad de los factores de emisión, datos de actividad y/o modelos locales que sean eficaces en relación con el costo y que reflejen las condiciones socioeconómicas de cada Parte para la realización y la actualización periódica de los inventarios nacionales de las emisiones antropógenas por las fuentes y la absorción por los sumideros de todos los gases de efecto invernadero no controlados por el Protocolo de Montreal, utilizando las metodologías comparables en que convenga la Conferencia de las Partes y de conformidad con las directrices para la preparación de las comunicaciones nacionales adoptadas por la Conferencia de las Partes;

b) Formularán, aplicarán, publicarán y actualizarán periódicamente programas nacionales y, en su caso, regionales que contengan medidas para mitigar el cambio climático y medidas para facilitar una adaptación adecuada al cambio climático;

i) tales programas guardarían relación, entre otras cosas, con los sectores de la energía, el transporte y la industria así como con la agricultura, la silvicultura y la gestión de los desechos. Es más, mediante las tecnologías y métodos de adaptación para la mejora de la planificación espacial se fomentaría la adaptación al cambio climático; y

ii) las Partes del anexo I presentarán información sobre las medidas adoptadas en virtud del presente Protocolo, en particular los programas nacionales, de conformidad con el artículo 7, y otras Partes procurarán incluir en sus comunicaciones nacionales, según corresponda, información sobre programas que contengan medidas que a juicio de la Parte contribuyen a hacer frente al cambio climático y a sus repercusiones adversas, entre ellas medidas para limitar el aumento de las emisiones de gases de efecto invernadero e incrementar la absorción por los sumideros, medidas de fomento de la capacidad y medidas de adaptación;

c) Cooperarán en la promoción de modalidades eficaces para el desarrollo, la aplicación y la difusión de tecnologías, conocimientos especializados, prácticas y procesos ecológicamente racionales en lo relativo al cambio climático, y adoptarán todas las medidas viables para promover, facilitar y financiar, según corresponda, la transferencia de esos recursos o el acceso a ellos, en particular en beneficio de los países en desarrollo, incluidas la formulación de políticas y programas para la transferencia efectiva de tecnologías ecológicamente racionales que sean de propiedad pública o de dominio público y la creación en el sector privado de un clima propicio que permita promover la transferencia de tecnologías ecológicamente racionales y el acceso a éstas;

d) Cooperarán en investigaciones científicas y técnicas y promoverán el mantenimiento y el desarrollo de procedimientos de observación sistemática y la creación de archivos de datos para reducir las incertidumbres relacionadas con el sistema climático, las repercusiones adversas del cambio climático y las consecuencias económicas y sociales de las diversas estrategias de respuesta, y promoverán el desarrollo y el fortalecimiento de la capacidad y de los medios nacionales para participar en actividades, programas y redes internacionales e intergubernamentales de investigación y observación sistemática, teniendo en cuenta lo dispuesto en el artículo 5 de la Convención;

e) Cooperarán en el plano internacional, recurriendo, según proceda, a órganos existentes, en la elaboración y la ejecución de programas de educación y capacitación que prevean el fomento de la creación de capacidad nacional, en particular capacidad humana e institucional, y el intercambio o la adscripción de personal encargado de formar especialistas en esta esfera, en particular para los países en desarrollo, y promoverán tales actividades, y facilitarán en el plano nacional el conocimiento público de la información sobre el cambio climático y el acceso del público a ésta. Se deberán establecer las modalidades apropiadas para poner en ejecución estas actividades por conducto de los órganos pertinentes de la Convención, teniendo en cuenta lo dispuesto en el artículo 6 de la Convención;

f) Incluirán en sus comunicaciones nacionales información sobre los programas y actividades emprendidos en cumplimiento del presente artículo de conformidad con las decisiones pertinentes de la Conferencia de las Partes; y

g) Al dar cumplimiento a los compromisos dimanantes del presente artículo tomarán plenamente en consideración el párrafo 8 del artículo 4 de la Convención.

Artículo 11. 1. Al aplicar el artículo 10 las Partes tendrán en cuenta lo dispuesto en los párrafos 4, 5, 7, 8 y 9 del artículo 4 de la Convención.

2. En el contexto de la aplicación del párrafo 1 del artículo 4 de la Convención, de conformidad con lo dispuesto en el párrafo 3 del artículo 4 y en el artículo 11 de la Convención y por conducto de la entidad o las entidades encargadas del funcionamiento del mecanismo financiero de la Convención, las

Partes que son países desarrollados y las demás Partes desarrolladas incluidas en el anexo II de la Convención:

a) Proporcionarán recursos financieros nuevos y adicionales para cubrir la totalidad de los gastos convenidos en que incurran las Partes que son países en desarrollo al llevar adelante el cumplimiento de los compromisos ya enunciados en el inciso a) del párrafo 1 del artículo 4 de la Convención y previstos en el inciso a) del artículo 10;

b) Facilitarán también los recursos financieros, entre ellos recursos para la transferencia de tecnología, que necesiten las Partes que son países en desarrollo para sufragar la totalidad de los gastos adicionales convenidos que entrañe el llevar adelante el cumplimiento de los compromisos ya enunciados en el párrafo 1 del artículo 4 de la Convención y previstos en el artículo 10 y que se acuerden entre una Parte que es país en desarrollo y la entidad o las entidades internacionales a que se refiere el artículo 11 de la Convención, de conformidad con ese artículo.

Al dar cumplimiento a estos compromisos ya vigentes se tendrán en cuenta la necesidad de que la corriente de recursos financieros sea adecuada y previsible y la importancia de que la carga se distribuya adecuadamente entre las Partes que son países desarrollados. La dirección impartida a la entidad o las entidades encargadas del funcionamiento del mecanismo financiero de la Convención en las decisiones pertinentes de la Conferencia de las Partes, comprendidas las adoptadas antes de la aprobación del presente Protocolo, se aplicará mutatis mutandis a las disposiciones del presente párrafo.

3. Las Partes que son países desarrollados y las demás Partes desarrolladas que figuran en el anexo II de la Convención también podrán facilitar, y las Partes que son países en desarrollo podrán obtener, recursos financieros para la aplicación del artículo 10, por conductos bilaterales o regionales o por otros conductos multilaterales.

Artículo 12. 1. Por el presente se define un mecanismo para un desarrollo limpio.

2. El propósito del mecanismo para un desarrollo limpio es ayudar a las Partes no incluidas en el anexo I a lograr un desarrollo sostenible y contribuir al objetivo último de la Convención, así como ayudar a las Partes incluidas en el anexo I a dar cumplimiento a sus compromisos cuantificados de limitación y reducción de las emisiones contraídos en virtud del artículo 3.

3. En el marco del mecanismo para un desarrollo limpio:

a) Las Partes no incluidas en el anexo I se beneficiarán de las actividades de proyectos que tengan por resultado reducciones certificadas de las emisiones; y

b) Las Partes incluidas en el anexo I podrán utilizar las reducciones certificadas de emisiones resultantes de esas actividades de proyectos para contribuir al cumplimiento de una parte de sus compromisos cuantificados de limitación y reducción de las emisiones contraídos en virtud del artículo 3, conforme lo determine la Conferencia de las Partes en calidad de reunión de las Partes en el presente Protocolo.

4. El mecanismo para un desarrollo limpio estará sujeto a la autoridad y la dirección de la Conferencia de las Partes en calidad de reunión de las Partes en el presente Protocolo y a la supervisión de una junta ejecutiva del mecanismo para un desarrollo limpio.

5. La reducción de emisiones resultante de cada actividad de proyecto deberá ser certificada por las entidades operacionales que designe la Conferencia de las Partes en calidad de reunión de las Partes en el presente Protocolo sobre la base de:

a) La participación voluntaria acordada por cada Parte participante;

b) Unos beneficios reales, mensurables y a largo plazo en relación con la mitigación del cambio climático; y

c) Reducciones de las emisiones que sean adicionales a las que se producirían en ausencia de la actividad de proyecto certificada.

6. El mecanismo para un desarrollo limpio ayudará según sea necesario a organizar la financiación de actividades de proyectos certificadas.

7. La Conferencia de las Partes en calidad de reunión de las Partes en el presente Protocolo en su primer periodo de sesiones deberá establecer las modalidades y procedimientos que permitan asegurar la transparencia, la eficiencia y la rendición de cuentas por medio de una auditoría y la verificación independiente de las actividades de proyectos.

8. La Conferencia de las Partes en calidad de reunión de las Partes en el presente Protocolo se asegurará de que una parte de los fondos procedentes de las actividades de proyectos certificadas se utilice para cubrir los gastos administrativos y ayudar a las Partes que son países en desarrollo particularmente vulnerables a los efectos adversos del cambio climático a hacer frente a los costos de la adaptación.

9. Podrán participar en el mecanismo para un desarrollo limpio, en particular en las actividades mencionadas en el inciso a) del párrafo 3 supra y en

la adquisición de unidades certificadas de reducción de emisiones, entidades privadas o públicas, y esa participación quedará sujeta a las directrices que imparta la junta ejecutiva del mecanismo para un desarrollo limpio.

10. Las reducciones certificadas de emisiones que se obtengan en el periodo comprendido entre el año 2000 y el comienzo del primer periodo de compromiso podrán utilizarse para contribuir al cumplimiento en el primer periodo de compromiso.

Artículo 13. 1. La Conferencia de las Partes, que es el órgano supremo de la Convención, actuará como reunión de las Partes en el presente Protocolo.

2. Las Partes en la Convención que no sean Partes en el presente Protocolo podrán participar como observadoras en las deliberaciones de cualquier periodo de sesiones de la Conferencia de las Partes en calidad de reunión de las Partes en el presente Protocolo. Cuando la Conferencia de las Partes actúe como reunión de las Partes en el presente Protocolo, las decisiones en el ámbito del Protocolo serán adoptadas únicamente por las Partes en el presente Protocolo.

3. Cuando la Conferencia de las Partes actúe como reunión de las Partes en el presente Protocolo, todo miembro de la Mesa de la Conferencia de las Partes que represente a una Parte en la Convención que a la fecha no sea parte en el presente Protocolo será reemplazado por otro miembro que será elegido de entre las Partes en el presente Protocolo y por ellas mismas.

4. La Conferencia de las Partes en calidad de reunión de las Partes en el presente Protocolo examinará regularmente la aplicación del presente Protocolo y, conforme a su mandato, tomará las decisiones necesarias para promover su aplicación eficaz. Cumplirá las funciones que le asigne el presente Protocolo y:

a) Evaluará, basándose en toda la información que se le proporcione de conformidad con lo dispuesto en el presente Protocolo, la aplicación del Protocolo por las Partes, los efectos generales de las medidas adoptadas en virtud del Protocolo, en particular los efectos ambientales, económicos y sociales, así como su efecto acumulativo, y la medida en que se avanza hacia el logro del objetivo de la Convención;

b) Examinará periódicamente las obligaciones contraídas por las Partes en virtud del presente Protocolo, tomando debidamente en consideración todo examen solicitado en el inciso d) del párrafo 2 del artículo 4 y en el párrafo 2 del artículo 7 de la Convención a la luz del objetivo de la Convención, de la experiencia obtenida en su aplicación y de la evolución de los conocimientos científicos y técnicos, y a este respecto examinará y adoptará periódicamente informes sobre la aplicación del presente Protocolo;

c) Promoverá y facilitará el intercambio de información sobre las medidas adoptadas por las Partes para hacer frente al cambio climático y sus efectos, teniendo en cuenta las circunstancias, responsabilidades y capacidades diferentes de las Partes y sus respectivos compromisos en virtud del presente Protocolo;

d) Facilitará, a petición de dos o más Partes, la coordinación de las medidas adoptadas por ellas para hacer frente al cambio climático y sus efectos, teniendo en cuenta las circunstancias, responsabilidades y capacidades diferentes de las Partes y sus respectivos compromisos en virtud del presente Protocolo;

e) Promoverá y dirigirá, de conformidad con el objetivo de la Convención y las disposiciones del presente Protocolo y teniendo plenamente en cuenta las decisiones pertinentes de la Conferencia de las Partes, el desarrollo y el perfeccionamiento periódico de metodologías comparables para la aplicación eficaz del presente Protocolo, que serán acordadas por la Conferencia de las Partes en calidad de reunión de las Partes en el presente Protocolo;

f) Formulará sobre cualquier asunto las recomendaciones que sean necesarias para la aplicación del presente Protocolo;

g) Procurará movilizar recursos financieros adicionales de conformidad con el párrafo 2 del artículo 11;

h) Establecerá los órganos subsidiarios que considere necesarios para la aplicación del presente Protocolo;

i) Solicitará y utilizará, cuando corresponda, los servicios y la cooperación de las organizaciones internacionales y de los órganos intergubernamentales y no gubernamentales competentes y la información que éstos le proporcionen; y

j) Desempeñará las demás funciones que sean necesarias para la aplicación del presente Protocolo y considerará la realización de cualquier tarea que se derive de una decisión de la Conferencia de las Partes en la Convención.

5. El reglamento de la Conferencia de las Partes y los procedimientos financieros aplicados en relación con la Convención se aplicarán mutatis mutandis en relación con el presente Protocolo, a menos que decida otra cosa por consenso la Conferencia de las Partes en calidad de reunión de las Partes en el presente Protocolo.

6. La secretaría convocará el primer periodo de sesiones de la Conferencia de las Partes en calidad de reunión de las Partes en el presente Protocolo en

conjunto con el primer periodo de sesiones de la Conferencia de las Partes que se programe después de la fecha de entrada en vigor del presente Protocolo. Los siguientes periodos ordinarios de sesiones de la Conferencia de las Partes en calidad de reunión de las Partes en el presente Protocolo se celebrarán anualmente y en conjunto con los periodos ordinarios de sesiones de la Conferencia de las Partes, a menos que decida otra cosa la Conferencia de las Partes en calidad de reunión de las Partes en el presente Protocolo.

7. Los periodos extraordinarios de sesiones de la Conferencia de las Partes en calidad de reunión de las Partes en el presente Protocolo se celebrarán cada vez que la Conferencia de las Partes en calidad de reunión de las Partes lo considere necesario, o cuando una de las Partes lo solicite por escrito, siempre que dentro de los seis meses siguientes a la fecha en que la secretaría haya transmitido a las Partes la solicitud, ésta reciba el apoyo de al menos un tercio de las Partes.

8. Las Naciones Unidas, sus organismos especializados y el Organismo Internacional de Energía Atómica, así como todo Estado miembro de esas organizaciones u observador ante ellas que no sea parte en la Convención, podrán estar representados como observadores en los periodos de sesiones de la Conferencia de las Partes en calidad de reunión de las Partes en el presente Protocolo. Todo órgano u organismo, sea nacional o internacional, gubernamental o no gubernamental, que sea competente en los asuntos de que trata el presente Protocolo y que haya informado a la secretaría de su deseo de estar representado como observador en un periodo de sesiones de la Conferencia de las Partes en calidad de reunión de las Partes en el presente Protocolo podrá ser admitido como observador a menos que se oponga a ello un tercio de las Partes presentes. La admisión y participación de los observadores se regirán por el reglamento, según lo señalado en el párrafo 5 supra.

Artículo 14. 1. La secretaría establecida por el artículo 8 de la Convención desempeñará la función de secretaría del presente Protocolo.

2. El párrafo 2 del artículo 8 de la Convención sobre las funciones de la secretaría y el párrafo 3 del artículo 8 de la Convención sobre las disposiciones para su funcionamiento se aplicarán mutatis mutandis al presente Protocolo. La secretaría ejercerá además las funciones que se le asignen en el marco del presente Protocolo.

Artículo 15. 1. El Órgano Subsidiario de Asesoramiento Científico y Tecnológico y el Órgano Subsidiario de Ejecución establecidos por los artículos 9 y 10 de la Convención actuarán como Órgano Subsidiario de Asesoramiento Científico y Tecnológico y Órgano Subsidiario de Ejecución del presente Protocolo, respectivamente. Las disposiciones sobre el funcionamiento de estos dos órganos con respecto a la Convención se aplicarán mutatis mutandis al presente Protocolo. Los periodos de sesiones del Órgano Subsidiario de Asesoramiento Científico y Tecnológico y del Órgano Subsidiario de Ejecución del presente Protocolo se celebrarán conjuntamente con los del Órgano Subsidiario de Asesoramiento Científico y Tecnológico y el Órgano Subsidiario de Ejecución de la Convención, respectivamente.

2. Las Partes en la Convención que no sean Partes en el presente Protocolo podrán participar como observadoras en las deliberaciones de cualquier periodo de sesiones de los órganos subsidiarios. Cuando los órganos subsidiarios actúen como órganos subsidiarios del presente Protocolo las decisiones en el ámbito del Protocolo serán adoptadas únicamente por las Partes que sean Partes en el Protocolo.

3. Cuando los órganos subsidiarios establecidos por los artículos 9 y 10 de la Convención ejerzan sus funciones respecto de cuestiones de interés para el presente Protocolo, todo miembro de la Mesa de los órganos subsidiarios que represente a una Parte en la Convención que a esa fecha no sea parte en el Protocolo será reemplazado por otro miembro que será elegido de entre las Partes en el Protocolo y por ellas mismas.

Artículo 16. La Conferencia de las Partes en calidad de reunión de las Partes en el presente Protocolo examinará tan pronto como sea posible la posibilidad de aplicar al presente Protocolo, y de modificar según corresponda, el mecanismo consultivo multilateral a que se refiere el artículo 13 de la Convención a la luz de las decisiones que pueda adoptar al respecto la Conferencia de las Partes. Todo mecanismo consultivo multilateral que opere en relación con el presente Protocolo lo hará sin perjuicio de los procedimientos y mecanismos establecidos de conformidad con el artículo 18.

Artículo 17. La Conferencia de las Partes determinará los principios, modalidades, normas y directrices pertinentes, en particular para la verificación, la presentación de informes y la rendición de cuentas en relación con el comercio de los derechos de emisión. Las Partes incluidas en el anexo B podrán participar en operaciones de comercio de los derechos de emisión a los efectos de cumplir sus compromisos dimanantes del artículo 3. Toda operación de este tipo será suplementaria a las medidas nacionales que se adopten para cumplir los compromisos cuantificados de limitación y reducción de las emisiones dimanantes de ese artículo.

Artículo 18. En su primer periodo de sesiones, la Conferencia de las Partes en calidad de reunión de las Partes en el presente Protocolo aprobará unos procedimientos y mecanismos apropiados y eficaces para determinar y abordar los casos de incumplimiento de las disposiciones del presente Protocolo, incluso mediante la preparación de una lista indicativa de consecuencias, teniendo en cuenta la causa, el tipo, el grado y la frecuencia del incumplimiento. Todo procedimiento o mecanismo que se cree en virtud del presente artículo y prevea consecuencias de carácter vinculante será aprobado por medio de una enmienda al presente Protocolo.

Artículo 19. Las disposiciones del artículo 14 de la Convención se aplicarán mutatis mutandis al presente Protocolo.

Artículo 20. 1. Cualquiera de las Partes podrá proponer enmiendas al presente Protocolo.

2. Las enmiendas al presente Protocolo deberán adoptarse en un periodo ordinario de sesiones de la conferencia de las Partes en calidad de reunión de las Partes en el presente Protocolo. La secretaría deberá comunicar a las Partes el texto de toda propuesta de enmienda al Protocolo al menos seis meses antes del periodo de sesiones en que se proponga su aprobación. La secretaría comunicará asimismo el texto de toda propuesta de enmienda a las Partes y signatarios de la Convención y, a título informativo, al Depositario.

3. Las Partes pondrán el máximo empeño en llegar a un acuerdo por consenso sobre cualquier proyecto de enmienda al Protocolo. Si se agotan todas las posibilidades de obtener el consenso sin llegar a un acuerdo, la enmienda será aprobada, como último recurso, por mayoría de tres cuartos de las Partes presentes y votantes en la reunión. La secretaría comunicará la enmienda aprobada al Depositario, que la hará llegar a todas las Partes para su aceptación.

4. Los instrumentos de aceptación de una enmienda se entregarán al Depositario. La enmienda aprobada de conformidad con el párrafo 3 entrará en vigor para las Partes que la hayan aceptado al nonagésimo día contado desde

la fecha en que el Depositario haya recibido los instrumentos de aceptación de por lo menos tres cuartos de las Partes en el presente Protocolo.

5. La enmienda entrará en vigor para las demás Partes al nonagésimo día contado desde la fecha en que hayan entregado al Depositario sus instrumentos de aceptación de la enmienda.

Artículo 21. 1. Los anexos del presente Protocolo formarán parte integrante de éste y, a menos que se disponga expresamente otra cosa, toda referencia al Protocolo constituirá al mismo tiempo una referencia a cualquiera de sus anexos. Los anexos que se adopten después de la entrada en vigor del presente Protocolo sólo podrán contener listas, formularios y cualquier otro material descriptivo que trate de asuntos científicos, técnicos, de procedimiento o administrativos.

2. Cualquiera de las Partes podrá proponer un anexo del presente Protocolo y enmienda a anexos del Protocolo.

3. Los anexos del presente Protocolo y las enmiendas a anexos del Protocolo se aprobarán en un periodo ordinario de sesiones de la Conferencia de las Partes en calidad de reunión de las Partes. La secretaría comunicará a las Partes el texto de cualquier propuesta de anexo o de enmienda a un anexo al menos seis meses antes del periodo de sesiones en que se proponga su aprobación. La secretaría comunicará asimismo el texto de cualquier propuesta de anexo o de enmienda a un anexo a las Partes y signatarios de la Convención y, a título informativo, al Depositario.

4. Las Partes pondrán el máximo empeño en llegar a un acuerdo por consenso sobre cualquier proyecto de anexo o de enmienda a un anexo. Si se agotan todas las posibilidades de obtener el consenso sin llegar a un acuerdo, el anexo o la enmienda al anexo se aprobará, como último recurso, por mayoría de tres cuartos de las Partes presentes y votantes en la reunión. La secretaría comunicará el texto del anexo o de la enmienda al anexo que se haya aprobado al Depositario, que lo hará llegar a todas las Partes para su aceptación.

5. Todo anexo o enmienda a un anexo, salvo el anexo A o B, que haya sido aprobado de conformidad con lo dispuesto en los párrafos 3 y 4 supra entrará en vigor para todas las Partes en el presente Protocolo seis meses después de la fecha en que el Depositario haya comunicado a las Partes la aprobación del anexo o de la enmienda al anexo, con excepción de las Partes que hayan notificado por escrito al Depositario dentro de ese periodo que no aceptan el anexo o la enmienda al anexo. El anexo o la enmienda al anexo entrará en vigor para

las Partes que hayan retirado su notificación de no aceptación a nonagésimo día contado desde la fecha en que el Depositario haya recibido el retiro de la notificación.

6. Si la aprobación de un anexo o de una enmienda a un anexo supone una enmienda al presente Protocolo, el anexo o la enmienda al anexo no entrará en vigor hasta el momento en que entre en vigor la enmienda al presente Protocolo.

7. Las enmiendas a los anexos A y B del presente Protocolo se aprobarán y entrarán en vigor de conformidad con el procedimiento establecido en el artículo 20, a reserva de que una enmienda al anexo B sólo podrá aprobarse con el consentimiento escrito de la Parte interesada.

Artículo 22. 1. Con excepción de lo dispuesto en el párrafo 2 infra, cada Parte tendrá un voto.

2. Las organizaciones regionales de integración económica, en los asuntos de su competencia, ejercerán su derecho de voto con un número de votos igual al número de sus Estados miembros que sean Partes en el presente Protocolo. Esas organizaciones no ejercerán su derecho de voto si cualquiera de sus Estados miembros ejerce el suyo y viceversa.

Artículo 23. El Secretario General de las Naciones Unidas será el Depositario del presente Protocolo.

Artículo 24. 1. El presente Protocolo estará abierto a la firma y sujeto a la ratificación, aceptación o aprobación de los Estados y de las organizaciones regionales de integración económica que sean Partes en la Convención. Quedará abierto a la firma en la Sede de las Naciones Unidas en Nueva York del 16 de marzo de 1998 al 15 de marzo de 1999, y a la adhesión a partir del día siguiente a aquél en que quede cerrado a la firma. Los instrumentos de ratificación, aceptación, aprobación o adhesión se depositarán en poder del Depositario.

2. Las organizaciones regionales de integración económica que pasen a ser Partes en el presente Protocolo sin que ninguno de sus Estados miembros lo sea quedarán sujetas a todas las obligaciones dimanantes del Protocolo. En el caso de una organización que tenga uno o más Estados miembros que sean Partes en el presente Protocolo, la organización y sus Estados miembros determinarán su respectiva responsabilidad por el cumplimiento de las obligaciones que les incumban en virtud del presente Protocolo. En tales casos, la organi-

zación y los Estados miembros no podrán ejercer simultáneamente derechos conferidos por el Protocolo.

3. Las organizaciones regionales de integración económica indicarán en sus instrumentos de ratificación, aceptación, aprobación o adhesión su grado de competencia con respecto a las cuestiones regidas por el Protocolo. Esas organizaciones comunicarán asimismo cualquier modificación sustancial de su ámbito de competencia al Depositario, que a su vez la comunicará a las Partes.

Artículo 25. 1. El presente Protocolo entrará en vigor al nonagésimo día contado desde la fecha en que hayan depositado sus instrumentos de ratificación, aceptación, aprobación o adhesión no menos de 55 Partes en la Convención, entre las que se cuenten Partes del anexo I cuyas emisiones totales representen por lo menos el 55% del total de las emisiones de dióxido de carbono de las Partes del anexo I correspondiente a 1990.

2. A los efectos del presente artículo, por «total de las emisiones de dióxido de carbono de las Partes del anexo I correspondiente a 1990» se entiende la cantidad notificada, en la fecha o antes de la fecha de aprobación del Protocolo, por las Partes incluidas en el anexo I en su primera comunicación nacional presentada con arreglo al artículo 12 de la Convención.

3. Para cada Estado u organización regional de integración económica que ratifique, acepte o apruebe el presente Protocolo o se adhiera a él una vez reunidas las condiciones para la entrada en vigor establecidas en el párrafo 1 supra, el Protocolo entrará en vigor al nonagésimo día contado desde la fecha en que se haya depositado el respectivo instrumento de ratificación, aceptación, aprobación o adhesión.

4. A los efectos del presente artículo, el instrumento que deposite una organización regional de integración económica no contará además de los que hayan depositado los Estados miembros de la organización.

Artículo 26. No se podrán formular reservas al presente Protocolo.

Artículo 27. 1. Cualquiera de las Partes podrá denunciar el presente Protocolo notificándolo por escrito al Depositario en cualquier momento después de que hayan transcurrido tres años a partir de la fecha de entrada en vigor del Protocolo para esa Parte.

2. La denuncia surtirá efectos al cabo de un año contado desde la fecha en que el Depositario haya recibido la notificación correspondiente o, posteriormente, en la fecha que se indique en la notificación.

3. Se considerará que la Parte que denuncia la Convención denuncia asimismo el presente Protocolo.

Artículo 28. El original del presente Protocolo, cuyos textos en árabe, chino, español, francés, inglés y ruso son igualmente auténticos, se depositará en poder del Secretario General de las Naciones Unidas.

HECHO en Kyoto el día once de diciembre de mil novecientos noventa y siete.

EN TESTIMONIO DE LO CUAL los infrascritos, debidamente autorizados a esos efectos, han firmado el presente Protocolo en las fechas indicadas.

ANEXO A

Gases de efecto invernadero
Dióxido de carbono (Co2)
Metano (CH4)
Óxido nitroso (N2O)
Hidrofluorocarbonos (HFC)
Perfluorocarbonos (PFC)
Hexafluoruro de azufre (SF6)
Sectores/categorías de fuentes
Energía
Quema de combustible
Industrias de energía
Industria manufacturera y construcción
Transporte
Otros sectores
Otros
Emisiones fugitivas de combustibles
Combustibles sólidos
Petróleo y gas natural
Otros
Procesos industriales
Productos minerales
Industria química
Producción de metales
Otra producción
Producción de halocarbonos y hexafluoruro de azufre

Consumo de halocarbonos y hexafluoruro de azufre
Otros
Utilización de disolventes y otros productos
Agricultura
Fermentación entérica
Aprovechamiento del estiércol
Cultivo del arroz
Suelos agrícolas
Quema prescrita de sabanas
Quema en el campo de residuos agrícolas
Otros
Desechos
Eliminación de desechos sólidos en la tierra
Tratamiento de las aguas residuales
Incineración de desechos
Otros

ANEXO B

Parte	Compromiso cuantificado de limitación o reducción de las emisiones (% del nivel del año o periodo de base)
Alemania	92
Australia	108
Austria	92
Bélgica	92
Bulgaria*	92
Canadá	94
Comunidad Europea	92
Croacia*	95
Dinamarca	92
Eslovaquia*	92
Eslovenia*	92
España	92
Estados Unidos de América	93
Estonia*	92

Federación de Rusia*	100
Finlandia	92
Francia	92
Grecia	92
Hungría*	94
Irlanda	92
Islandia	110
Italia	92
Japón	94
Letonia*	92
Liechtenstein	92
Lituania*	92
Luxemburgo	92
Mónaco	92
Noruega	101
Nueva Zelandia	100
Países Bajos	92
Polonia*	94
Portugal	2
Reino Unido de Gran Bretaña e Irlanda del Norte	92
República Checa*	92
Rumania*	92
Suecia	92
Suiza	92
Ucrania*	100

* Países que están en proceso de transición a una economía de mercado.

La presente es copia fiel y completa en español del Protocolo de Kyoto de la Convención Marco de las Naciones Unidas sobre el Cambio Climático, firmado en Kyoto, el once de diciembre de mil novecientos noventa y siete.

Extiendo la presente, en treinta y seis páginas útiles, en la Ciudad de México, Distrito Federal, el diecisiete de octubre de dos mil, a fin de incorporarla al Decreto de Promulgación respectivo.– Conste.– Rúbrica.

CONVENIO SOBRE LA CONTAMINACIÓN ATMOSFÉRICA TRANSFRONTERIZA A GRAN DISTANCIA

Hecho en Ginebra el 13 de noviembre de 1979.

Las Partes del presente Convenio,

Resueltas a fomentar las relaciones y la cooperación en materia de protección del medio ambiente;

Conscientes de la importancia de las actividades de la Comisión Económica de las Naciones Unidas para Europa en lo que respecta al fortalecimiento de dichas relaciones y cooperación, especialmente en el campo de la contaminación atmosférica, incluido el transporte a gran distancia de los elementos contaminantes atmosféricos;

Reconociendo la contribución de la Comisión Económica para Europa a la aplicación multilateral de las disposiciones pertinentes del acta final de la Conferencia sobre Seguridad y Cooperación en Europa;

Teniendo en cuenta la llamada contenida en el capítulo del acta final de la Conferencia sobre Seguridad y Cooperación en Europa relativo al medio ambiente a la cooperación con el fin de combatir la contaminación del aire y los efectos de dicha contaminación, especialmente el transporte de elementos contaminantes atmosféricos a gran distancia, y a la elaboración, mediante la cooperación internacional, de un vasto programa de seguimiento y evaluación del transporte a gran distancia de los elementos contaminantes del aire, comenzando por el dióxido de azufre, pasando después eventualmente a otros contaminantes;

Teniendo en cuenta las disposiciones correspondientes de la declaración de la Conferencia de las Naciones Unidas sobre el medio ambiente, y en especial el principio 21, que expresa la convicción común de que, conforme a la Carta de las Naciones Unidas y a los principios del Derecho internacional, los Estados tienen el derecho soberano de explotar sus propios recursos según sus propias políticas de medio ambiente y el deber de actuar de forma que las actividades ejercidas dentro de los límites de su Jurisdicción y bajo su control no causen daños al medio ambiente en otros Estados o en regiones no sometidas a ninguna jurisdicción nacional;

Reconociendo la posibilidad de que la contaminación del aire, incluida la atmosférica transfronteriza, provoque a corto o a largo plazo efectos perjudiciales;

Temiendo que el aumento previsto del nivel de emisiones de agentes contaminantes atmosféricos en la región pueda incrementar estos efectos perjudiciales;

Reconociendo la necesidad de estudiar las repercusiones del transporte de los contaminantes atmosféricos a gran distancia y de buscar soluciones a los problemas planteados;

Afirmando su voluntad de reforzar la cooperación internacional activa para elaborar las políticas nacionales necesarias y mediante intercambios de informaciones, consultas y actividades de investigación y seguimiento de coordinar las medidas tomadas por los países para combatir la contaminación del aire, incluida la atmosférica transfronteriza a gran distancia,

Convienen en lo siguiente:

Artículo 1. Definiciones. A los fines del presente Convenio:

a) Con la expresión «contaminación atmosférica» se designa la introducción en la atmósfera por el hombre, directa o indirectamente, de substancias o de energía que tengan una acción nociva de tal naturaleza que ponga en peligro la salud humana, dañe los recursos biológicos y los ecosistemas, deteriore los bienes materiales y afecte o dañe los valores recreativos y otros usos legítimos del medio ambiente, y la expresión «contaminantes atmosféricos» deberá entenderse en ese mismo sentido.

b) Con la expresión «contaminación atmosférica transfronteriza a gran distancia» se designa la contaminación atmosférica cuya fuente física esté situada totalmente o en parte en una zona sometida a la jurisdicción nacional de un Estado y que produzca efectos perjudiciales en una zona sometida a la jurisdicción de otro Estado a una distancia tal que generalmente no sea posible distinguir las aportaciones de las fuentes individuales o de grupos de fuentes de emisión.

Artículo 2. Principios fundamentales. Las Partes Contratantes, teniendo en cuenta debidamente los hechos y problemas de que se trata, están decididas a proteger al hombre y su medio ambiente contra la contaminación atmosférica y se esforzaran por limitar y, en la medida de lo posible, reducir gradualmente e impedir la contaminación atmosférica, incluida la contaminación atmosférica transfronteriza a gran distancia.

Artículo 3. En el marco del presente Convenio, las Partes Contratantes elaboraran sin demora injustificada, mediante Intercambios de información, consultas y actividades de investigación y seguimiento, las políticas y estrategias que les sirvan para combatir las descargas de contaminantes atmosféricos, teniendo en cuenta los esfuerzos ya emprendidos a nivel nacional e internacional.

Artículo 4. Las Partes Contratantes intercambiaran informaciones y procederán a exámenes generales de sus políticas, sus actividades científicas y las medidas técnicas que tengan por objeto combatir en la medida de lo posible las descargas de contaminantes atmosféricos que puedan tener efectos perjudiciales, y de esta forma reducir la contaminación atmosférica, incluida la contaminación atmosférica transfronteriza a gran distancia.

Artículo 5. Se celebrarán en plazo próximo consultas, a petición, entre, por una parte, aquella Parte o aquellas Partes Contratantes realmente afectadas por la contaminación atmosférica transfronteriza a gran distancia o que se hallen expuestas a un riesgo significativo, de dicha contaminación y, por la otra, aquella o aquellas Partes Contratantes en cuyo territorio y dentro de cuya jurisdicción se haya originado o pudiera haberse originado una aportación sustancial de contaminación atmosférica transfronteriza a gran distancia por el hecho de que se realicen o proyecten determinadas actividades en dichos territorios.

Artículo 6. Ordenación de la calidad del aire. Teniendo en cuenta los artículos 2 al 5, las investigaciones en curso, los intercambios de información y las actividades de seguimiento y sus resultados, el coste y la eficacia da las medidas correctoras tomadas a nivel local y otras medidas, y para combatir la contaminación atmosférica, especialmente la que procede de las instalaciones nuevas o transformadas, cada Parte Contratante se obliga a la elaboración de las políticas y estrategias más convenientes, incluidos los sistemas de ordenación de la calidad del aire y, en «1 marco de estos sistemas, las medidas de control que sean compatibles con un desarrollo equilibrado, recurriendo especialmente a la mejor tecnología disponible y económicamente aplicable y a las técnicas que no produzcan residuos o que lo hagan en una mínima proporción».

Artículo 7. Investigación desarrollo. Las Partea Contratantes, de acuerdo con sus necesidades, emprenderán actividades concertadas de investigación y/o de desarrollo en las siguientes materias:

a) Técnicas existentes y propuestas de reducción de las emisiones de los compuestos sulfurosos y de los demás principales contaminante atmosféricos, incluida la viabilidad técnica y la rentabilidad de dichas técnicas y sus repercusiones sobre el medio ambiente.

b) Técnicas da instrumentación y otras técnicas que permitan seguir y medir los índices de emisiones y las concentraciones ambientales de los contaminantes atmosféricos.

c) Modelos mejorados para comprender mejor el transporte de los contaminantes atmosféricos trasfronterizos de gran distancia.

d) Efectos de los compuestos sulfurosos y de los restantes contaminantes principales atmosféricos sobre la salud del hombre y el medio ambiente, incluido la agricultura, la silvicultura, los materiales, los ecosistemas acuáticos y otros y la visibilidad, con el objeto de establecer una base científica para la determinación de relaciones dosis-efecto con el fin de proteger el medio ambiente.

e) Evaluación económica, social y ecológica de otras medidas que permitan lograr los objetivos relativos al medio ambiente, incluida la reducción de la contaminación, atmosférica transfronteriza a gran distancia,

f) Elaboración de programas de enseñanza y de formación referentes a la contaminación del medio ambiente ocasionada por los compuestos sulfurosos y los restantes contaminantes atmosféricos importantes.

Artículo 8. Intercambios de Informaciones. Las Partes Contratantes, dentro del marco del órgano ejecutivo proyectado en el artículo 10 o bilateralmente, y en su interés común, intercambiarán informaciones:

a) Sobre los datos relativos a las emisiones según la periodicidad que se convenga de los contaminantes atmosféricos convenidos, comenzando por el dióxido de azufre, a partir de cuadrículas territoriales de dimensiones convenidas, o sobra los flujos de contaminantes atmosféricos convenidos, comenzando por el dióxido de azufre, que atraviesen las fronteras de los Estados, a las distancias y según la periodicidad que se convengan.

b) Sobre los principales cambios ocurridos en las políticas nacionales y en el desarrollo industrial en general, y sus posibles efectos, de tal naturaleza que pudieran producir modificaciones importantes de la contaminación atmosférica transfronteriza a gran distancia

c) Sobre las técnicas de reducción de la contaminación atmosférica que actúe sobre la contaminación atmosférica transfronteriza a gran distancia.

d) Sobre el coste previsto de la lucha a escala nacional contra las emisiones de compuestos sulfurosos y de otros contaminantes atmosféricos importantes.

e) Sobre los datos meteorológicos y físico-químicos relativos a los fenómenos que ocurran durante el transporte de contaminantes.

f) Sobre los datos físico-químicos y biológicos relativos a los efectos de la contaminación atmosférica transfronteriza a gran distancia y sobre la extensión de los daños (1) que, de acuerdo con dichos datos, puedan ser imputable a la contaminación atmosférica transfronteriza a gran distancia.

g) Sobre las políticas y estrategias nacionales, sobre regionales y regionales de lucha contra los compuestos sulfurosos y otros contaminantes atmosféricos importantes.

Realización y ulterior desarrollo del programa concertado de seguimiento continuo de evaluación del transporte a gran distancia de contaminantes atmosféricos en Europa

Artículo 9. Las Partes Contratantes subrayan la necesidad de realizar el Programa concertado de seguimiento y de evaluación del transporte a gran distancia de los contaminantes atmosféricos en Europa (denominado a continuación EMEP1 existente, y teniendo en cuenta el ulterior desarrollo del presente programa, convienen en insistir principalmente sobre:

a) El Interés de las Partes en participar y llegar a dar plena afectividad al EMEP que, en una primara etapa, está basado en el seguimiento continuo del dióxido de azufre y de substancias afines.

b) La necesidad de utilizar, siempre que sea posible, métodos de seguimiento comparables o normalizados.

c) El interés de establecer el programa da seguimiento continuo en el marco de programas tanto nacionales como internacionales. El establecimiento da estaciones de seguimiento continuo y la recogida de datos se someterán a la jurisdicción de los países en que se hallen situadas dichas estaciones.

d) El interés de establecer un marco de programa concertado de seguimiento continuo del medio ambiente que esté basado en los programas nacionales, sobre regionales y regionales y otros programas internacionales actuales y futuros y que los tenga en cuenta.

e) La necesidad de intercambiar datos sobre las emisiones, según una periodicidad que se convenga, de los contaminantes atmosféricos convenidos (comenzando por el dióxido de azufre) procedentes de cuadrículas territoriales de dimensiones convenidas, o sobre los flujos de contaminantes atmosféricos convenidos (comenzando por el dióxido de azufre), traspasen las fronteras de los Estados, a distancias y con una periodicidad convenidas. El método, comprendido el modelo, empleado para determinar los flujo. sí como el método, incluido el modelo, empleado para determinar la existencia del transporte de contaminantes atmosféricos, según las emisiones por cuadricula territorial, quedarán disponibles y se revisarán periódicamente con el fin de mejorarlos.

f) Su intención de continuar el intercambio y la actualización periódica de los datos nacionales sobre las emisiones totales de contaminantes atmosféricos convenidos, comenzando por el dióxido de azufre.

g) La necesidad de proporcionar datos meteorológicos y físico-químicos relativos a los fenómenos ocurridos durante el transporte.

h) La necesidad de asegurar un seguimiento continuo de los compuestos químicos en otros medios como el agua, el suelo y la vegetación, y de llevar a cabo un programa de seguimiento análogo para registrar los efectos sobre la salud y el medio ambiente.

i) El interés de ampliar las redes nacionales del EMEP para que resulten eficaces a los fines de seguimiento y control.

Artículo 10. Órgano ejecutivo. 1. Los representantes de las Partes Contratantes constituirán, dentro del marco de los Asesores de los Gobiernos de los países de la CEE para problemas de medio ambiente, el órgano ejecutivo del presente Convenio y se reunirán al menos una vez al año en dicha calidad.

2. El órgano ejecutivo:

a) Revisará el cumplimiento del presente Convenio.

b) Constituirá, según convenga, grupos de trabajo para el estudio de las cuestiones relacionadas con la realización y el desarrollo del presente Convenio y, con ese fin, preparar los estudios y la documentación necesarios y someter las recomendaciones oportunas a dicho órgano.

c) Ejercerá cualesquiera otras funciones que pudieran ser necesarias en virtud de las disposiciones del presente Convenio.

3. El órgano ejecutivo utilizará los servicios del órgano director del EMEP para que este último participe plenamente en las actividades del presente

Convenio, especialmente en lo que se refiere a la recogida de datos y a la cooperación científica.

4. En el ejercicio de sus funciones, el órgano ejecutivo utilizará también, cuando lo juzgue útil, la información facilitada por otras Organizaciones internacionales competentes.

Artículo 11. Secretaría. El Secretario ejecutivo de la Comisión Económica para Europa desempeñará, por cuenta del órgano ejecutivo, las funciones siguientes de Secretaría:

a) Convocatoria y preparación de las reuniones del órgano ejecutivo.

b) Transmisión a las Partes Contratantes de los informes y otras informaciones recibidas en aplicación de la disposiciones del presente Convenio.

c) Cualesquiera otras funciones que pudieran confiársele por el órgano ejecutivo.

Artículo 12. Enmiendas al Convenio. 1. Cualquier Parte Contratante estará facultada para proponer enmiendas al presente Convenio.

2. El texto de las enmiendas propuestas se someterá por escrito al Secretario ejecutivo de la Comisión Económica para Europa, el cual lo comunicará a todas las Partes Contratantes. El órgano ejecutivo examinará las enmiendas propuestas en su reunión anual siguiente, siempre y cuando las propuestas se hayan comunicado a las Partes Contratantes por el Secretario ejecutivo de la Comisión Económica para Europa al menos con noventa días de antelación.

3. Cualquier enmienda al presente Convenio deberá adoptarse por consenso de los representantes de las Partes Contratantes y entrará en vigor, para las Partes Contratantes que la haya aceptado, el día 90 a contar desde la fecha en la cual las dos terceras partes. De las Partes Contratantes hubieran depositado el instrumento de aceptación en poder del depositario. Posteriormente, la enmienda entrará en vigor, para cualquier otra Parte Contratante, el día 80 a contar desde la fecha Tía cual dicha Parte Contratante haya depositado su instrumento de aceptación de la enmienda.

Artículo 13. Solución de diferencias. Si surgiera cualquier diferencia entre dos o más Partes Contratantes del presente Convenio en torno a la interpretación a la aplicación del mismo, dichas Partes buscaran una solución por la negociación o por cualquier otro método de solución i diferencias que les resulte aceptable.

Artículo 14. Firma. 1. El presente Convenio quedará abierto a la firma de los estados miembros de la Comisión Económica para Europa, de 9 Estados que disfruten del estatuto consultivo en la Comisión económica para Europa en virtud del párrafo 8 de la resolución 36 (IV) de 28 de marzo de 1947 del Consejo Económico y Social y de las Organizaciones de integración económica regional constituidas por Estados soberanos miembros de la Comisión Económica para Europa, y que tengan competencia para negociar, concluir y aplicar acuerdos internacionales en las materias cubiertas por la presente convención. Dicha firma tendrá lugar i las oficinas de las Naciones Unidas de Ginebra del 13 al 16 y noviembre de 1879, con ocasión de la reunión a alto nivel, antro del marco de la Comisión Económica para Europa, relativa a la protección del medio ambiente.

2. Si se tratara de cuestiones que fueran de su competencia, dichas Organizaciones de integración económica regional podrán, en su propio nombre, ejercer los derechos y asumir las responsabilidades que el presente Convenio confiere a sus Estados miembros. En tales casos, los Estados miembros de dichas organizaciones no estarán facultados para ejercer dichos derechos individualmente.

Artículo 15. Ratificación, aceptación, aprobación y adhesión. 1. El presente Convenio se someterá a ratificación, aceptación aprobación.

2. El presente Convenio quedará abierto, a partir del 17 de noviembre de 1979, a la adhesión de los Estados y Organizaciones a que se refiere el párrafo 1 del artículo 14.

3. Los instrumentos de ratificación, aceptación, aprobación adhesión se depositarán en poder del Secretario general de la Organización de las Naciones Unidas, el cual desempeñará las funciones de depositario.

Artículo 16. Entrada en vigor. 1. El presente Convenio entrará en vigor el nonagésimo día a contar desde la fecha del depósito del vigésimo cuarto instrumento de ratificación, aceptación, aprobación o adhesión.

2. Para cada una de las Partes Contratantes que ratifique, acepte o apruebe el presente Convenio o se adhiera al mismo con posterioridad al depósito del vigésimo cuarto instrumento le ratificación, aceptación, aprobación o adhesión, el Convenio entrara en vigor el nonagésimo día a contar desde la fecha del depósito por la citada Parte Contratante de su instrumento de ratificación, aceptación, aprobación o adhesión.

Artículo 17. Retirada. En cualquier momento, después del transcurso de cinco años desde la fecha en que el presente Convenio haya entrado en rigor con respecto a un» Parte Contratante, la citada Parte Contratante podrá retirarse del Convenio mediante notificación escrita dirigida al depositario. Dicha retirada tendrá efecto el nonagésimo día a contar desde la fecha de recepción de la notificación por el depositario.

Artículo 18. Textos auténticos. El original del presente Convenio, cuyos textos Inglés, francés y ruso son igualmente auténticos, quedará depositado en poder del Secretario general de la Organización de las Naciones Unidas.

4. DERECHOS HUMANOS

DECLARACIÓN UNIVERSAL DE DERECHOS HUMANOS

Adoptada y proclamada por la Resolución de la Asamblea General 217 A (III) del 10 de diciembre de 1948

PREÁMBULO

Considerando que la libertad, la justicia y la paz en el mundo tienen por base el reconocimiento de la dignidad intrínseca y de los derechos iguales e inalienables de todos los miembros de la familia humana;

Considerando que el desconocimiento y el menosprecio de los derechos humanos han originado actos de barbarie ultrajantes para la conciencia de la humanidad, y que se ha proclamado, como la aspiración más elevada del hombre, el advenimiento de un mundo en que los seres humanos, liberados del temor y de la miseria, disfruten de la libertad de palabra y de la libertad de creencias;

Considerando esencial que los derechos humanos sean protegidos por un régimen de Derecho, a fin de que el hombre no se vea compelido al supremo recurso de la rebelión contra la tiranía y la opresión;

Considerando también esencial promover el desarrollo de relaciones amistosas entre las naciones;

Considerando que los pueblos de las Naciones Unidas han reafirmado en la Carta su fe en los derechos fundamentales del hombre, en la dignidad y el valor de la persona humana y en la igualdad de derechos de hombres y mujeres, y se han declarado resueltos a promover el progreso social y a elevar el nivel de vida dentro de un concepto más amplio de la libertad;

Considerando que los Estados Miembros se han comprometido a asegurar, en cooperación con la Organización de las Naciones Unidas, el respeto universal y efectivo a los derechos y libertades fundamentales del hombre, y

Considerando que una concepción común de estos derechos y libertades es de la mayor importancia para el pleno cumplimiento de dicho compromiso;

La Asamblea General proclama la presente Declaración Universal de Derechos Humanos como ideal común por el que todos los pueblos y naciones deben esforzarse, a fin de que tanto los individuos como las instituciones, inspirándose constantemente en ella, promuevan, mediante la enseñanza y la educación, el respeto a estos derechos y libertades, y aseguren, por medidas progresivas de carácter nacional e internacional, su reconocimiento y aplicación universales y efectivos, tanto entre los pueblos de los Estados Miembros como entre los de los territorios colocados bajo su jurisdicción.

Artículo 1. Todos los seres humanos nacen libres e iguales en dignidad y derechos y, dotados como están de razón y conciencia, deben comportarse fraternalmente los unos con los otros.

Artículo 2. 1. Toda persona tiene todos los derechos y libertades proclamados en esta Declaración, sin distinción alguna de raza, color, sexo, idioma, religión, opinión política o de cualquier otra índole, origen nacional o social, posición económica, nacimiento o cualquier otra condición.

2. Además, no se hará distinción alguna fundada en la condición política, jurídica o internacional del país o territorio de cuya jurisdicción dependa una persona, tanto si se trata de un país independiente, como de un territorio bajo administración fiduciaria, no autónomo o sometido a cualquier otra limitación de soberanía.

Artículo 3. Todo individuo tiene derecho a la vida, a la libertad y a la seguridad de su persona.

Artículo 4. Nadie estará sometido a esclavitud ni a servidumbre, la esclavitud y la trata de esclavos están prohibidas en todas sus formas.

Artículo 5. Nadie será sometido a torturas ni a penas o tratos crueles, inhumanos o degradantes.

Artículo 6. Todo ser humano tiene derecho, en todas partes, al reconocimiento de su personalidad jurídica.

Artículo 7. Todos son iguales ante la ley y tienen, sin distinción, derecho a igual protección de la ley. Todos tienen derecho a igual protección contra toda discriminación que infrinja esta Declaración y contra toda provocación a tal discriminación.

Artículo 8. Toda persona tiene derecho a un recurso efectivo ante los tribunales nacionales competentes, que la ampare contra actos que violen sus derechos fundamentales reconocidos por la constitución o por la ley.

Artículo 9. Nadie podrá ser arbitrariamente detenido, preso ni desterrado.

Artículo 10. Toda persona tiene derecho, en condiciones de plena igualdad, a ser oída públicamente y con justicia por un tribunal independiente e imparcial, para la determinación de sus derechos y obligaciones o para el examen de cualquier acusación contra ella en materia penal.

Artículo 11. 1. Toda persona acusada de delito tiene derecho a que se presuma su inocencia mientras no se pruebe su culpabilidad, conforme a la ley y en juicio público en el que se le hayan asegurado todas las garantías necesarias para su defensa.

2. Nadie será condenado por actos u omisiones que en el momento de cometerse no fueron delictivos según el Derecho nacional o internacional. Tampoco se impondrá pena más grave que la aplicable en el momento de la comisión del delito.

Artículo 12. Nadie será objeto de injerencias arbitrarias en su vida privada, su familia, su domicilio o su correspondencia, ni de ataques a su honra o a su reputación. Toda persona tiene derecho a la protección de la ley contra tales injerencias o ataques.

Artículo 13. 1. Toda persona tiene derecho a circular libremente y a elegir su residencia en el territorio de un Estado.

2. Toda persona tiene derecho a salir de cualquier país, incluso del propio, y a regresar a su país.

Artículo 14. 1. En caso de persecución, toda persona tiene derecho a buscar asilo, y a disfrutar de él, en cualquier país.

2. Este derecho no podrá ser invocado contra una acción judicial realmente originada por delitos comunes o por actos opuestos a los propósitos y principios de las Naciones Unidas.

Artículo 15. 1. Toda persona tiene derecho a una nacionalidad.

2. A nadie se privará arbitrariamente de su nacionalidad ni del derecho a cambiar de nacionalidad.

Artículo 16. 1. Los hombres y las mujeres, a partir de la edad núbil, tienen derecho, sin restricción alguna por motivos de raza, nacionalidad o religión, a casarse y fundar una familia, y disfrutarán de iguales derechos en cuanto al matrimonio, durante el matrimonio y en caso de disolución del matrimonio.

2. Sólo mediante libre y pleno consentimiento de los futuros esposos podrá contraerse el matrimonio.

3. La familia es el elemento natural y fundamental de la sociedad y tiene derecho a la protección de la sociedad y del Estado.

Artículo 17. 1. Toda persona tiene derecho a la propiedad, individual y colectivamente.

2. Nadie será privado arbitrariamente de su propiedad.

Artículo 18. Toda persona tiene derecho a la libertad de pensamiento, de conciencia y de religión; este derecho incluye la libertad de cambiar de religión o de creencia, así como la libertad de manifestar su religión o su creencia, individual y colectivamente, tanto en público como en privado, por la enseñanza, la práctica, el culto y la observancia.

Artículo 19. Todo individuo tiene derecho a la libertad de opinión y de expresión; este derecho incluye el de no ser molestado a causa de sus opiniones, el de investigar y recibir informaciones y opiniones, y el de difundirlas, sin limitación de fronteras, por cualquier medio de expresión.

Artículo 20. 1. Toda persona tiene derecho a la libertad de reunión y de asociación pacíficas.

2. Nadie podrá ser obligado a pertenecer a una asociación.

Artículo 21. 1. Toda persona tiene derecho a participar en el gobierno de su país, directamente o por medio de representantes libremente escogidos.

2. Toda persona tiene el derecho de acceso, en condiciones de igualdad, a las funciones públicas de su país.

3. La voluntad del pueblo es la base de la autoridad del poder público; esta voluntad se expresará mediante elecciones auténticas que habrán de celebrarse periódicamente, por sufragio universal e igual y por voto secreto u otro procedimiento equivalente que garantice la libertad del voto.

Artículo 22. Toda persona, como miembro de la sociedad, tiene derecho a la seguridad social, y a obtener, mediante el esfuerzo nacional y la cooperación internacional, habida cuenta de la organización y los recursos de cada Estado, la satisfacción de los derechos económicos, sociales y culturales, indispensables a su dignidad y al libre desarrollo de su personalidad.

Artículo 23. 1. Toda persona tiene derecho al trabajo, a la libre elección de su trabajo, a condiciones equitativas y satisfactorias de trabajo y a la protección contra el desempleo.

2. Toda persona tiene derecho, sin discriminación alguna, a igual salario por trabajo igual.

3. Toda persona que trabaja tiene derecho a una remuneración equitativa y satisfactoria, que le asegure, así como a su familia, una existencia conforme a la dignidad humana y que será completada, en caso necesario, por cualesquiera otros medios de protección social.

1. Toda persona tiene derecho a fundar sindicatos y a sindicarse para la defensa de sus intereses.

Artículo 24. Toda persona tiene derecho al descanso, al disfrute del tiempo libre, a una limitación razonable de la duración del trabajo y a vacaciones periódicas pagadas.

Artículo 25. 1. Toda persona tiene derecho a un nivel de vida adecuado que le asegure, así como a su familia, la salud y el bienestar, y en especial la alimentación, el vestido, la vivienda, la asistencia médica y los servicios sociales necesarios; tiene asimismo derecho a los seguros en caso de desempleo, enfermedad, invalidez, viudez, vejez u otros casos de pérdida de sus medios de subsistencia por circunstancias independientes de su voluntad.

2. La maternidad y la infancia tienen derecho a cuidados y asistencia especiales. Todos los niños, nacidos de matrimonio o fuera de matrimonio, tienen derecho a igual protección social.

Artículo 26. 1. Toda persona tiene derecho a la educación. La educación debe ser gratuita, al menos en lo concerniente a la instrucción elemental y fundamental. La instrucción elemental será obligatoria. La instrucción técnica y profesional habrá de ser generalizada; el acceso a los estudios superiores será igual para todos, en función de los méritos respectivos.

2. La educación tendrá por objeto el pleno desarrollo de la personalidad humana y el fortalecimiento del respeto a los derechos humanos y a las libertades fundamentales; favorecerá la comprensión, la tolerancia y la amistad entre todas las naciones y todos los grupos étnicos o religiosos, y promoverá

el desarrollo de las actividades de las Naciones Unidas para el mantenimiento de la paz.

3. Los padres tendrán derecho preferente a escoger el tipo de educación que habrá de darse a sus hijos.

Artículo 27. 1. Toda persona tiene derecho a tomar parte libremente en la vida cultural de la comunidad, a gozar de las artes y a participar en el progreso científico y en los beneficios que de él resulten.

2. Toda persona tiene derecho a la protección de los intereses morales y materiales que le correspondan por razón de las producciones científicas, literarias o artísticas de que sea autora.

Artículo 28. Toda persona tiene derecho a que se establezca un orden social e internacional en el que los derechos y libertades proclamados en esta Declaración se hagan plenamente efectivos.

Artículo 29. 1. Toda persona tiene deberes respecto a la comunidad, puesto que sólo en ella puede desarrollar libre y plenamente su personalidad.

2. En el ejercicio de sus derechos y en el disfrute de sus libertades, toda persona estará solamente sujeta a las limitaciones establecidas por la ley con el único fin de asegurar el reconocimiento y el respeto de los derechos y libertades de los demás, y de satisfacer las justas exigencias de la moral, del orden público y del bienestar general en una sociedad democrática.

3. Estos derechos y libertades no podrán, en ningún caso, ser ejercidos en oposición a los propósitos y principios de las Naciones Unidas.

Artículo 30. Nada en esta Declaración podrá interpretarse en el sentido de que confiere derecho alguno al Estado, a un grupo o a una persona, para emprender y desarrollar actividades o realizar actos tendientes a la supresión de cualquiera de los derechos y libertades proclamados en esta Declaración.

PACTO INTERNACIONAL DE DERECHOS CIVILES Y POLÍTICOS

TEXTO ORIGINAL

Pacto publicado en la Primera Sección del Diario Oficial de la Federación, el miércoles 20 de mayo de 1981.

Al margen un sello con el Escudo Nacional, que dice: Estados Unidos Mexicanos.– Presidencia de la República.

JOSÉ LÓPEZ PORTILLO, Presidente Constitucional de los Estados Unidos Mexicanos, a sus habitantes, sabed:

El día diecinueve del mes de diciembre del año de mil novecientos sesenta y seis, se abrió a firma, en la ciudad de Nueva York, E.U.A., el Pacto Internacional de Derechos Civiles y Políticos, cuyo texto y forma en español constan en la copia certificada adjunta.

El citado Pacto fue aprobado por la H. Cámara de Senadores del Congreso de la Unión, el día dieciocho del mes de diciembre del año de mil novecientos ochenta, según Decreto publicado en el «Diario Oficial» de la Federación del día nueve del mes de enero del año de mil novecientos ochenta y uno, con las siguientes Declaraciones Interpretativas y Reservas:

DECLARACIONES INTERPRETATIVAS

Artículo 9, párrafo 5. De acuerdo con la Constitución Política de los Estados Unidos Mexicanos y sus leyes reglamentarias, todo individuo goza de las garantías que en materia penal se consagran, y en consecuencia, ninguna persona podrá ser ilegalmente detenida o presa. Sin embargo, si por falsedad en la denuncia o querella, cualquier individuo sufre un menoscabo en este derecho esencial, tiene entre otras cosas, según lo dispongan las propias leyes, la facultad de obtener una reparación efectiva y justa.

Artículo 18. De acuerdo con la Constitución Política de los Estados Unidos Mexicanos todo hombre es libre de profesar la creencia religiosa que más le agrade y para practicar las ceremonias, devociones o actos del culto respectivo, con la limitación, respecto de los actos religiosos de culto público de que deberán celebrarse precisamente en los templos y, respecto de la enseñanza, de que no se reconoce validez oficial a los estudios hechos en los establecimientos destinados a la enseñanza profesional de los ministros de los cultos. El Gobierno de México considera que estas limitaciones están comprendidas dentro de las que establece el párrafo 3 de este Artículo.

RESERVAS

Artículo 13. El Gobierno de México hace reserva de este Artículo, visto el texto actual del Artículo 33 de la Constitución Política de los Estados Unidos Mexicanos.

Artículo 25. Inciso b). El Gobierno de México hace igualmente reserva de esta disposición, en virtud de que el Artículo 130 de la Constitución Política de los Estados Unidos Mexicanos dispone que los ministros de los cultos no tendrán voto activo, ni pasivo, ni derecho para asociarse con fines políticos.

El Instrumento de Adhesión, firmado por mí el día dos del mes de marzo del año de mil novecientos ochenta y uno fue depositado, ante la Secretaría General de la Organización de las Naciones Unidas, el día veinticuatro del mes de marzo del propio año, con las Declaraciones Interpretativas y Reservas antes insertas.

Por lo tanto, para su debida observancia, en cumplimiento de lo dispuesto en la Fracción Primera del Artículo Ochenta y Nueve de la Constitución Política de los Estados Unidos Mexicanos, promulgo el presente Decreto, en la residencia del Poder Ejecutivo Federal, a los treinta días del mes de marzo del año de mil novecientos ochenta y uno.- José López Portillo.- Rúbrica.- El Secretario de Relaciones Exteriores, Jorge Castañeda.- Rúbrica.

La C. Aída González Martínez, Oficial Mayor de la Secretaría de Relaciones Exteriores, Certifica:

Que en los archivos de esta Secretaría obra copia certificada del Pacto Internacional de Derecho Civiles y Políticos, abierto a firma en Nueva York, el día diecinueve del mes de diciembre del año de mil novecientos sesenta y seis, cuyo texto y forma en español son los siguientes:

PACTO INTERNACIONAL DE DERECHOS CIVILES Y POLÍTICOS

Los Estados Partes en el presente Pacto

Considerando que, conforme a los principios enunciados en la Carta de las Naciones Unidas, la libertad, la justicia y la paz en el mundo tienen por base el reconocimiento de la dignidad inherente a todos los miembros de la familia humana y de sus derechos iguales e inalienables,

Reconociendo que estos derechos se derivan de la dignidad inherente a la persona humana,

Reconociendo que, con arreglo a la Declaración Universal de Derechos Humanos, no puede realizarse el ideal del ser humano libre, en el disfrute de las libertades civiles y políticas y liberado del temor y de la miseria, a menos que se creen condiciones que permitan a cada persona gozar de sus derechos civiles y políticos, tanto como de sus derechos económicos, sociales y culturales,

Considerando que la Carta de las Naciones Unidas impone a los Estados la obligación de promover el respeto universal y efectivo de los derechos y libertades humanos,

Comprendiendo que el individuo, por tener deberes respecto de otros individuos y de la comunidad a que pertenece, tiene la obligación de esforzarse por la consecución y la observancia de los derechos reconocidos en este Pacto,

Convienen en los artículos siguientes:

PARTE I

Artículo 1. 1. Todos los pueblos tienen el derecho de libre determinación. En virtud de este derecho establecen libremente su condición política y proveen asimismo a su desarrollo económico, social y cultural.

2. Para el logro de sus fines, todos los pueblos pueden disponer libremente de sus riquezas y recursos naturales, sin perjuicio de las obligaciones que derivan de la cooperación económica internacional basada en el principio de beneficio recíproco, así como del derecho internacional. En ningún caso podría privarse a un pueblo de sus propios medios de subsistencia.

3. Los Estados Partes en el presente Pacto, incluso los que tienen la responsabilidad de administrar territorios no autónomos y territorios en fideicomiso, promoverán el ejercicio del derecho de libre determinación, y respetarán este derecho de conformidad con las disposiciones de la Carta de las Naciones Unidas.

PARTE II

Artículo 2. 1. Cada uno de los Estados Partes en el presente Pacto se compromete a respetar y a garantizar a todos los individuos que se encuentren en su territorio y estén sujetos a su jurisdicción los derechos reconocidos en el presente Pacto, sin distinción alguna de raza, color, sexo, idioma, religión, opinión política o de otra índole origen nacional o social, posición económica, nacimiento o cualquier otra condición social.

2. Cada Estado Parte se compromete a adoptar con arreglo a sus procedimientos constitucionales y a las disposiciones del presente Pacto, las medidas oportunas para dictar las disposiciones legislativas o de otro carácter que fueren necesarias para hacer efectivos los derechos reconocidos en el presente Pacto y que no estuviesen ya garantizados por disposiciones legislativas o de otro carácter.

3. Cada uno de los Estados Partes en el presente Pacto se comprometen a garantizar que:

a) Toda persona cuyos derechos o libertades reconocidos en el presente Pacto hayan sido violados podrán interponer un recurso efectivo, aun cuando tal violación hubiera sido cometida por personas que actuaban en ejercicio de sus funciones oficiales;

b) La autoridad competente, judicial, administrativa o legislativa, o cualquiera otra autoridad competente prevista por el sistema legal del Estado, decidirá sobre los derechos de toda persona que interponga tal recurso, y a desarrollar las posibilidades de recurso judicial;

c) Las autoridades competentes cumplirán toda decisión en que se hayan estimado procedente el recurso.

Artículo 3. Los Estados Partes en el presente Pacto se comprometen a garantizar a hombres y mujeres la igualdad en el goce de todos los derechos civiles y políticos enunciados en el presente Pacto.

Artículo 4. 1. En situaciones excepcionales que pongan en peligro la vida de la nación y cuya existencia haya sido proclamada oficialmente, los Estados Partes en el presente Pacto podrán adoptar disposiciones que en la medida estrictamente limitada a las exigencias de la situación, suspendan las obligaciones contraídas en virtud de este Pacto, siempre que tales disposiciones no sean incompatibles con las demás obligaciones que les impone el derecho internacional y no entrañen discriminación alguna fundada únicamente en motivos de raza, color, sexo, idioma, religión u origen social.

2. La disposición precedente no autoriza suspensión alguna de los artículos 6, 7, y 8 (párrafos 1 y 2), 11, 15, 16 y 18.

3. Todo Estado Parte en el presente Pacto que haga uso del derecho de suspensión deberá informar inmediatamente a los demás Estados Partes en el presente Pacto, por conducto del Secretario General de las Naciones Unidas, de las disposiciones cuya aplicación haya suspendido y de los motivos que hayan suscitado la suspensión. Se hará una nueva comunicación por el mismo conducto en la fecha en que haya dado por terminada tal suspensión.

Artículo 5. 1. Ninguna disposición del presente Pacto podrá ser interpretada en el sentido de conceder derecho alguno a un Estado, grupo o individuo para emprender actividades o realizar actos encaminados a la destrucción de cualquiera de los derechos y libertades reconocidos en el Pacto o a su limitación en mayor medida que la prevista en él.

2. No podrá admitirse restricción o menoscabo de ninguno de los derechos humanos fundamentales reconocidos o vigentes en un Estado Parte en virtud de leyes, convenciones, reglamentos o costumbres, so pretexto de que el presente Pacto no los reconoce o los reconoce en menor grado.

PARTE III

Artículo 6. 1. El derecho a la vida es inherente a la persona humana. Este derecho estará protegido por la ley. Nadie podrá ser privado de la vida arbitrariamente.

2. En los países que no hayan abolido la pena capital sólo podrá imponerse la pena de muerte por los más graves delitos y de conformidad con leyes que estén en vigor en el momento de cometerse el delito y que no sean contrarias a las disposiciones del presente Pacto ni a la Convención para la prevención y la sanción del delito de genocidio. Esta pena sólo podrá imponerse en cumplimiento de sentencia definitiva de un tribunal competente.

3. Cuando la privación de la vida constituya delito de genocidio se tendrá entendido que nada de lo dispuesto en este artículo excusará en modo alguno a los Estados Partes del cumplimiento de ninguna de las obligaciones asumidas en virtud de las disposiciones de la Convención para la prevención y la sanción del delito de genocidio.

4. Toda persona condenada a muerte tendrá derecho a solicitar el indulto o la conmutación de la pena. La amnistía, el indulto o la conmutación de la pena capital podrán ser concedidos en todos los casos.

5. No se impondrá la pena de muerte por delitos cometidos por personas de menos de 18 años de edad, ni se la aplicará a las mujeres en estado de gravidez.

6. Ninguna disposición de este artículo podrá ser invocada por un Estado Parte en el presente Pacto para demorar o impedir la abolición de la pena capital.

Artículo 7. Nadie será sometido a torturas ni a penas o tratos crueles, inhumanos o degradantes. En particular, nadie será sometido sin su libre consentimiento a experimentos médicos o científicos.

Artículo 8. 1. Nadie estará sometido a esclavitud. La esclavitud y la trata de esclavos estarán prohibidas en todas sus formas.

2. Nadie estará sometido a servidumbre.

3. a) Nadie será constreñido a ejecutar un trabajo forzoso u obligatorio;

b) El inciso precedente no podrá ser interpretado en el sentido de que prohíbe, en los países en los cuales ciertos delitos pueden ser castigados con la pena de prisión acompañada de trabajos forzados, el cumplimiento de una pena de trabajos forzados impuesta por un tribunal competente;

c) No se considerarán como «trabajo forzoso u obligatorio», a los efectos de este párrafo:

i) Los trabajos o servicios que, aparte de los mencionados en el inciso b), se exijan normalmente de una persona presa en virtud de una decisión judicial legalmente dictada, o de una persona que habiendo sido presa en virtud de tal decisión se encuentre en libertad condicional;

ii) El servicio de carácter militar y, en los países donde se admite la exención por razones de conciencia, el servicio nacional que deben prestar conforme a la ley quienes se opongan al servicio militar por razones de conciencia;

iii) El servicio impuesto en casos de peligro o calamidad que amenace la vida o el bienestar de la comunidad;

iv) El trabajo o servicio que forme parte de las obligaciones cívicas normales.

Artículo 9. 1. Todo individuo tiene derecho a la libertad y a la seguridad personales. Nadie podrá ser sometido a detención o prisión arbitrarias. Nadie podrá ser privado de su libertad, salvo por las causas fijadas por ley y con arreglo al procedimiento establecido en ésta.

2. Toda persona detenida será informada, en el momento de su detención, de las razones de la misma, y notificada, sin demora, de la acusación formulada contra ella.

3. Toda persona detenida o presa a causa de una infracción penal será llevada sin demora ante un juez u otro funcionario autorizado por la ley para ejercer funciones judiciales, y tendrá derecho a ser juzgada dentro de un plazo razonable o a ser puesta en libertad. La prisión preventiva de las personas que hayan de ser juzgadas no debe ser la regla general, pero su libertad podrá estar subordinada a garantías que aseguren la comparecencia del acusado en el acto del juicio, o en cualquier otro momento de las diligencias procesales y, en su caso, para la ejecución del fallo.

4. Toda persona que sea privada de libertad en virtud de detención o prisión tendrá derecho a recurrir ante un tribunal, a fin de que éste decida a la brevedad posible sobre la legalidad de su prisión y ordene su libertad si la prisión fuera ilegal.

5. Toda persona que haya sido ilegalmente detenida o presa, tendrá el derecho efectivo a obtener reparación.

Artículo 10. 1. Toda persona privada de libertad será tratada humanamente y con el respeto debido a la dignidad inherente al ser humano.

2. a) Los procesados estarán separados de los condenados, salvo en circunstancias excepcionales, y serán sometidos a un tratamiento distinto, adecuado a su condición de personas no condenadas;

b) Los menores procesados estarán separados de los adultos y deberán ser llevados ante los tribunales de justicia con la mayor celeridad posible para su enjuiciamiento.

3. El régimen penitenciario consistirá en un tratamiento cuya finalidad esencial será la reforma y la readaptación social de los penados. Los menores delincuentes estarán separados de los adultos y serán sometidos a un tratamiento adecuado a su edad y condición jurídica.

Artículo 11. Nadie será encarcelado por el sólo hecho de no poder cumplir una obligación contractual.

Artículo 12. 1. Toda persona que se halle legalmente en el territorio de un Estado tendrá derecho a circular libremente por él y a escoger libremente en él su residencia.

2. Toda persona tendrá derecho a salir libremente de cualquier país, incluso del propio.

3. Los derechos antes mencionados no podrán ser objeto de restricciones salvo cuando éstas se hallen previstas en la ley, sean necesarias para proteger la seguridad nacional, el orden público, la salud o la moral públicas o los derechos y libertades de terceros, y sean compatibles con los demás derechos reconocidos en el presente Pacto.

4. Nadie podrá ser arbitrariamente privado del derecho de entrar en su propio país.

Artículo 13. El extranjero que se halle legalmente en el territorio de un Estado Parte en el presente Pacto sólo podrá ser expulsado de él en cumplimiento de una decisión adoptada conforme a la ley; y, a menos que razones imperiosas de seguridad nacional se opongan a ello, se permitirá a tal extranjero exponer las razones que lo asistan en contra de su expulsión, así como someter su caso a revisión ante la autoridad competente o bien ante la persona o personas designadas especialmente por dicha autoridad competente, y hacerse representar con tal fin ante ellas.

Artículo 14. 1. Todas las personas son iguales ante los tribunales y cortes de justicia. Toda persona tendrá derecho a ser oída públicamente y con las debidas garantías por un tribunal competente, independiente e imparcial, establecido por la ley, en la substanciación de cualquier acusación de carácter penal formulada contra ella o para la determinación de sus derechos u obligaciones de carácter civil. La prensa y el público podrán ser excluidos de la totalidad o parte de los juicios por consideraciones de moral, orden público o seguridad nacional en una sociedad democrática, o cuando lo exija el interés de la vida privada de las partes o, en la medida estrictamente necesaria en opinión del tribunal, cuando por circunstancias especiales del asunto la publicidad pudiera perjudicar a los intereses de la justicia; pero toda sentencia en materia penal o contenciosa será pública, excepto en los casos en que el interés de menores de edad exija lo contrario, o en las actuaciones referentes a pleitos matrimoniales o a la tutela de menores.

2. Toda persona acusada de un delito tiene derecho a que se presuma su inocencia mientras no se pruebe su culpabilidad conforme a la ley.

3. Durante el proceso, toda persona acusada de un delito tendrá derecho, en plena igualdad, a las siguientes garantías mínimas:

a) A ser informada sin demora, en un idioma que comprenda y en forma detallada, de la naturaleza y causas de la acusación formulada contra ella;

b) A disponer del tiempo y de los medios adecuados para la preparación de su defensa y a comunicarse con un defensor de su elección;

c) A ser juzgada sin dilaciones indebidas;

d) A hallarse presente en el proceso y a defenderse personalmente o ser asistida por un defensor de su elección; a ser informada, si no tuviera defensor, del derecho que le asiste a tenerlo y, siempre que el interés de la justicia lo exija, a que se le nombre defensor de oficio, gratuitamente, si careciere de medios suficientes para pagarlo;

e) Interrogar o hacer interrogar a los testigos de cargo y a obtener la comparecencia de los testigos de descargo y que éstos sean interrogados en las mismas condiciones que los testigos de cargo;

f) A ser asistida gratuitamente por un intérprete, si no comprende o no habla el idioma empleado en el tribunal;

g) A no ser obligada a declarar contra sí misma ni a confesarse culpable.

4. En el procedimiento aplicable a los menores de edad a efectos penales se tendrá en cuenta esta circunstancia y la importancia de estimular su readaptación social.

5. Toda persona declarada culpable de un delito tendrá derecho a que el fallo condenatorio y la pena que se le haya impuesto sean sometidos a un tribunal superior, conforme a lo prescrito por la ley.

6. Cuando una sentencia condenatoria firme haya sido ulteriormente revocada, o el condenado haya sido indultado por haberse producido o descubierto un hecho plenamente probatorio de la comisión de un error judicial, la persona que haya sufrido una pena como resultado de tal sentencia deberá ser indemnizada, conforme a la ley, a menos que se demuestre que le es imputable en todo o en parte el no haberse revelado oportunamente el hecho desconocido.

7. Nadie podrá ser juzgado ni sancionado por un delito por el cual haya sido ya condenado o absuelto por una sentencia firme de acuerdo con la ley y el procedimiento penal de cada país.

Artículo 15. 1. Nadie será condenado por actos u omisiones que en el momento de cometerse no fueran delictivos según el derecho nacional o internacional. Tampoco se impondrá pena más grave que la aplicable en el momento de la comisión del delito. Si con posterioridad a la comisión del delito la ley dispone la imposición de una pena más leve, el delincuente se beneficiará de ello.

2. Nada de lo dispuesto en este artículo se opondrá al juicio ni a la condena de una persona por actos u omisiones que, en el momento de cometerse, fueran delictivos según los principios generales del derecho reconocidos por la comunidad internacional.

Artículo 16. Todo ser humano tiene derecho en todas partes, al reconocimiento de su personalidad jurídica.

Artículo 17. 1. Nadie será objeto de injerencias arbitrarias o ilegales en su vida privada, su familia, su domicilio o su correspondencia, ni de ataques ilegales a su honra y reputación.

2. Toda persona tiene derecho a la protección de la ley contra esas injerencias o esos ataques.

Artículo 18. 1. Toda persona tiene derecho a la libertad de pensamiento, de conciencia y de religión; este derecho incluye la libertad de tener o de adoptar la religión o las creencias de su elección, así como la libertad de manifestar su religión o sus creencias, individual o colectivamente, tanto en público como en privado, mediante el culto, la celebración de los ritos, las prácticas y la enseñanza.

2. Nadie será objeto de medidas coercitivas que puedan menoscabar su libertad de tener o de adoptar la religión o las creencias de su elección.

3. La libertad de manifestar la propia religión o las propias creencias estará sujeta únicamente a las limitaciones prescritas por la ley que sean necesarias para proteger la seguridad, el orden, la salud o la moral públicos, o los derechos y libertades fundamentales de los demás.

4. Los Estados Partes en el presente Pacto se comprometen a respetar la libertad de los padres y, en su caso, de los tutores legales, para garantizar que los hijos reciban la educación religiosa y moral que esté de acuerdo con sus propias convicciones.

Artículo 19. 1. Nadie podrá ser molestado a causa de sus opiniones.

2. Toda persona tiene derecho a la libertad de expresión; este derecho comprende la libertad de buscar, recibir y difundir informaciones e ideas de toda índole, sin consideración de fronteras, ya sea oralmente, por escrito o en forma impresa o artística, o por cualquier otro procedimiento de su elección.

3. El ejercicio del derecho previsto en el párrafo 2 de este artículo entraña deberes y responsabilidades especiales. Por consiguiente, puede estar sujeto a ciertas restricciones que deberán, sin embargo, estar expresamente fijadas por la ley y ser necesaria para:

a) Asegurar el respeto a los derechos o a la reputación de los demás;

b) La protección de la seguridad nacional, el orden público o la salud o la moral públicas.

Artículo 20. 1. Toda propaganda en favor de la guerra estará prohibida por la ley.

2. Toda apología del odio nacional, racial o religioso que constituya incitación a la discriminación, la hostilidad o la violencia estará prohibida por la ley.

Artículo 21. Se reconoce el derecho de reunión pacífica. El ejercicio de tal derecho sólo podrá estar sujeto a las restricciones previstas por la ley que sean necesarias en una sociedad democrática, en interés de la seguridad nacional, de la seguridad pública o del orden público, o para proteger la salud o la moral públicas o los derechos y libertades de los demás.

Artículo 22. 1. Toda persona tiene derecho a asociarse libremente con otras, incluso el derecho a fundar sindicatos y afiliarse a ellos para la protección de sus intereses.

2. El ejercicio de tal derecho sólo podrá estar sujeto a las restricciones previstas por la ley que sean necesarias en una sociedad democrática, en interés de la seguridad nacional, de la seguridad pública o del orden público, o para proteger la salud o la moral públicas o los derechos y libertades de los demás. El presente artículo no impedirá la imposición de restricciones legales al ejercicio de tal derecho cuando se trate de miembros de las fuerzas armadas y de la policía.

3. Ninguna disposición de este artículo autoriza a los Estados Partes en el Convenio de la Organización Internacional del Trabajo de 1948 relativo a la libertad sindical y a la protección del derecho de sindicación a adoptar medidas legislativas que puedan menoscabar las garantías previstas en él ni a aplicar la ley de tal manera que pueda menoscabar esas garantías.

Artículo 23. 1. La familia es el elemento natural y fundamental de la sociedad y tiene derecho a la protección de la sociedad y del Estado.

2. Se reconoce el derecho del hombre y de la mujer a contraer matrimonio y a fundar una familia si tiene edad para ello.

3. El matrimonio no podrá celebrarse sin el libre y pleno consentimiento de los contrayentes.

4. Los Estados Partes en el presente Pacto tomarán las medidas apropiadas para asegurar la igualdad de derechos y de responsabilidades de ambos esposos en cuanto al matrimonio, durante el matrimonio y en caso de disolución del mismo. En caso de disolución, se adoptarán disposiciones que aseguren la protección necesaria a los hijos.

Artículo 24. 1. Todo niño tiene derecho, sin discriminación alguna por motivos de raza, color, sexo, idioma, religión, origen nacional o social, posición económica o nacimiento, a las medidas de protección que su condición de menor requiere, tanto por parte de su familia como de la sociedad y del Estado.

2. Todo niño será inscrito inmediatamente después de su nacimiento y deberá tener un nombre.

3. Todo niño tiene derecho a adquirir una nacionalidad.

Artículo 25. Todos los ciudadanos gozarán, sin ninguna de las distinciones mencionadas en el artículo 2, y sin restricciones indebidas, de los siguientes derechos y oportunidades:

a) Participar en la dirección de los asuntos públicos, directamente o por medio de representantes libremente elegidos;

b) Votar y ser elegidos en elecciones periódicas, auténticas, realizadas por sufragio universal e igual y por voto secreto que garantice la libre expresión de la voluntad de los electores;

c) Tener acceso, en condiciones generales de igualdad a las funciones públicas de su país.

Artículo 26. Todas las personas son iguales ante la ley y tienen derecho sin discriminación a igual protección de la ley. A este respecto, la ley prohibirá toda discriminación y garantizará a todas las personas protección igual y efectiva contra cualquier discriminación por motivos de raza, color, sexo, idioma, religión, opiniones políticas o de cualquier índole, origen nacional o social, posición económica, nacimiento o cualquier otra condición social.

Artículo 27. En los Estados en que existan minorías étnicas, religiosas o lingüísticas, no se negará a las personas que pertenezcan a dichas minorías el derecho que les corresponde, en común con los demás miembros de su grupo, a tener su propia vida cultural, a profesar y practicar su propia religión y a emplear su propio idioma.

PARTE IV

Artículo 28. 1. Se establecerá un Comité de Derechos Humanos (en adelante denominado el Comité). Se compondrá de dieciocho miembros, y desempeñará las funciones que se señalan más adelante.

2. El Comité estará compuesto de nacionales de los Estados Partes del presente Pacto, que deberán ser personas de gran integridad moral, con reconocida competencia en materia de derechos humanos. Se tomará en consideración la utilidad de la participación de algunas personas que tengan experiencia jurídica.

3. Los miembros del Comité serán elegidos y ejercerán sus funciones a título personal.

Artículo 29. 1. Los miembros del Comité serán elegidos por votación secreta de una lista de personas que reúnan las condiciones previstas en el artículo 28 y que sean propuestas al efecto por los Estados Partes en el presente Pacto.

2. Cada Estado Parte en el presente Pacto podrá proponer hasta dos personas. Estas personas serán nacionales del Estado que las proponga.

3. La misma persona podrá ser propuesta más de una vez.

Artículo 30. 1. La elección inicial se celebrará a más tardar seis meses después de la fecha de entrada en vigor del presente Pacto.

2. Por lo menos cuatro meses antes de la fecha de la elección del Comité, siempre que no se trate de una elección para llenar una vacante declarada de conformidad con el artículo 34, el Secretario General de las Naciones Unidas invitará por escrito a los Estados Partes en el presente Pacto a presentar sus candidatos para el Comité en el término de tres meses.

3. El Secretario General de las Naciones Unidas preparará una lista por orden alfabético de los candidatos que hubieren sido presentados, con indicación de los Estados Partes que los hubieren designado, y la comunicará a los Estados Partes en el presente Pacto a más tardar un mes antes de la fecha de cada elección.

4. La elección de los miembros del Comité se celebrará en una reunión de los Estados Partes convocada por el Secretario General de las Naciones Unidas en la Sede de la Organización. En esa reunión, para la cual el quórum estará constituido por dos tercios de los Estados Partes, quedarán elegidos miembros del Comité los candidatos que obtengan el mayor número de votos y la mayoría absoluta de los votos de los representantes de los Estados Partes presentes y votantes.

Artículo 31. 1. El Comité no podrá comprender más de un nacional de un mismo Estado.

2. En la elección del Comité se tendrá en cuenta una distribución geográfica equitativa de los miembros y la representación de las diferentes formas de civilización y de los principales sistemas jurídicos.

Artículo 32. 1. Los miembros del Comité se elegirán por cuatro años. Podrán ser reelegidos si se presenta de nuevo su candidatura. Sin embargo, los mandatos de nueve de los miembros elegidos en la primera elección expirará al cabo de dos años. Inmediatamente después de la primera elección, el Presidente de la reunión mencionada en el párrafo 4 del artículo 30 designará por sorteo los nombres de estos nueve miembros.

2. Las elecciones que se celebren al expirar el mandato se harán con arreglo a los artículos precedentes de esta parte del presente Pacto.

Artículo 33. 1. Si los demás miembros estiman por unanimidad que un miembro del Comité ha dejado de desempeñar sus funciones por otra causa que la de ausencia temporal, el Presidente del Comité notificará este hecho al Secretario General de las Naciones Unidas, quien declarará vacante el puesto de dicho miembro.

2. En caso de muerte o renuncia de un miembro del Comité, el Presidente lo notificará inmediatamente al Secretario General de las Naciones Unidas, quien declarará vacante el puesto desde la fecha del fallecimiento o desde la fecha en que sea efectiva la renuncia.

Artículo 34. 1. Si se declara una vacante de conformidad con el artículo 33 y si el mandato del miembro que ha de ser sustituido no expira dentro de los seis meses que sigan a la declaración de dicha vacante, el Secretario General de las Naciones Unidas lo notificará a cada uno de los Estados Partes en el presente, Pacto, los cuales, para llenar la vacante, podrán presentar candidatos en el plazo de dos meses, de acuerdo con lo dispuesto en el párrafo 2 del artículo 29.

2. El Secretario General de las Naciones Unidas preparará una lista por orden alfabético de los candidatos así designados y la comunicará a los Estados Partes en el presente Pacto. La elección para llenar la vacante se verificará de conformidad con las disposiciones pertinentes de esta parte del presente Pacto.

3. Todo miembro del Comité que haya sido elegido para llenar una vacante declarada de conformidad con el artículo 33 ocupará el cargo por el resto del mandato del miembro que dejó vacante el puesto en el Comité conforme a lo dispuesto en ese artículo.

Artículo 35. Los miembros del Comité, previa aprobación de la Asamblea General de las Naciones Unidas, percibirán emolumentos de los fondos de las Naciones Unidas en la forma y condiciones que la Asamblea General determine, teniendo en cuenta la importancia de las funciones del Comité.

Artículo 36. El Secretario General de las Naciones Unidas proporcionará el personal y los servicios necesarios para el desempeño eficaz de las funciones del Comité en virtud del presente Pacto.

Artículo 37. 1. El Secretario General de las Naciones Unidas convocará la primera reunión del Comité en la Sede de las Naciones Unidas.

2. Después de su primera reunión, el Comité se reunirá en las ocasiones que se prevean en su reglamento.

3. El Comité se reunirá normalmente en la Sede de las Naciones Unidas o en la Oficina de las Naciones Unidas en Ginebra.

Artículo 38. Antes de entrar en funciones, los miembros del Comité declararán solemnemente en sesión pública del Comité que desempeñarán su cometido con toda imparcialidad y conciencia.

Artículo 39. 1. El Comité elegirá su Mesa por un período de dos años. Los miembros de la Mesa podrán ser reelegidos.

2. El Comité establecerá su propio reglamento, en el cual se dispondrá, entre otras cosas, que:

a) Doce miembros constituirán quórum;

b) Las decisiones del Comité se tomarán por mayoría de votos de los miembros presentes.

Artículo 40. 1. Los Estados Partes en el presente Pacto se comprometen a presentar informes sobre las disposiciones que hayan adoptado y que den efecto a los derechos reconocidos en el Pacto y sobre el progreso que hayan realizado en cuanto al goce de esos derechos:

a) En el plazo de un año a contar de la fecha de entrada en vigor del presente Pacto con respecto a los Estados Partes interesados;

b) En lo sucesivo, cada vez que el Comité lo pida.

2. Todos los informes se presentarán al Secretario General de las Naciones Unidas, quien los transmitirá al Comité para examen. Los informes señalarán los factores y las dificultades, si los hubiere, que afecten a la aplicación del presente Pacto.

3. El Secretario General de las Naciones Unidas, después de celebrar consultas con el Comité, podrá transmitir a los organismos especializados interesados copias de las partes de los informes que caigan dentro de sus esferas de competencia.

4. El Comité estudiará los informes presentados por los Estados Partes en el presente Pacto. Transmitirá sus informes, y los comentarios generales que estime oportunos, a los Estados Partes. El Comité también podrá transmitir al Consejo Económico y Social esos comentarios, junto con copia de los informes que haya recibido de los Estados Partes en el Pacto.

5. Los Estados Partes podrán presentar al Comité observaciones sobre cualquier comentario que se haga con arreglo al párrafo 4 del presente artículo.

Artículo 41. 1. Con arreglo al presente artículo, todo Estado Parte en el presente Pacto podrá declarar en cualquier momento que reconoce la competencia del Comité para recibir y examinar las comunicaciones en que un Estado Parte alegue que otro Estado Parte no cumple las obligaciones que le impone este Pacto. Las comunicaciones hechas en virtud del presente artículo sólo se podrán admitir y examinar si son presentadas por un Estado Parte que haya hecho una declaración por la cual reconozca con respecto a sí mismo la competencia del Comité. El Comité no admitirá ninguna comunicación relativa a un Estado Parte que no haya hecho tal declaración. Las comunicaciones recibidas en virtud de este artículo se tramitarán de conformidad con el procedimiento siguiente:

a) Si un Estado Parte en el presente Pacto considera que otro Estado Parte no cumple las disposiciones del presente Pacto, podrá señalar el asunto a la atención de dicho Estado mediante una comunicación escrita. Dentro de un plazo de tres meses, contado desde la fecha de recibo de la comunicación, el Estado destinatario proporcionará al Estado que haya enviado la comunicación una explicación o cualquier otra declaración por escrito que aclare el asunto, la cual hará referencia, hasta donde sea posible y pertinente, a los procedimientos nacionales y a los recursos adoptados, en trámite o que puedan utilizarse al respecto;

b) Si el asunto no se resuelve a satisfacción de los dos Estados Partes interesados en un plazo de seis meses contado desde la fecha en que el Estado destinatario haya recibido la primera comunicación, cualquiera de ambos Estados Partes interesados tendrá derecho a someterlo al Comité mediante notificación dirigida al Comité y al otro Estado;

c) El Comité conocerá del asunto que se le someta después de haberse cerciorado de que se han interpuesto y agotado en tal asunto todos los recursos de la jurisdicción interna de que se pueda disponer, de conformidad con los principios del derecho internacional generalmente admitidos. No se aplicará esta regla cuando la tramitación de los mencionados recursos se prolongue injustificadamente;

d) El Comité celebrará sus sesiones a puerta cerrada cuando examine las comunicaciones previstas en el presente artículo;

e) A reserva de las disposiciones del inciso c), el Comité pondrá sus buenos oficios a disposición de los Estados Partes interesados a fin de llegar a una solución amistosa del asunto, fundada en el respeto de los derechos humanos y de las libertades fundamentales reconocidos en el presente Pacto;

f) En todo asunto que se le someta, el Comité podrá pedir a los Estados Partes interesados a que se hace referencia en el inciso b) que faciliten cualquier información pertinente;

g) Los Estados Partes interesados a que se hace referencia en el inciso b) tendrán derecho a estar representados cuando el asunto se examine en el Comité y a presentar exposiciones verbalmente o por escrito, o de ambas maneras;

h) El Comité, dentro de los doce meses siguientes a la fecha de recibo de la notificación mencionada en el inciso b), presentará un informe en el cual:

i) Si se ha llegado a una solución con arreglo a lo dispuesto en el inciso e), se limitará a una breve exposición de los hechos y de la solución alcanzada;

ii) Si no se ha llegado a una solución con arreglo a lo dispuesto en el inciso e), se limitará a una breve exposición de los hechos, y agregará las exposiciones escritas y las actas de las exposiciones verbales que hayan hecho los Estados Partes interesados.

En cada asunto, se enviará el informe a los Estados Partes interesados.

2. Las disposiciones del presente Artículo entrarán en vigor cuando diez Estados Partes en el presente Pacto hayan hecho las declaraciones a que se hace referencia en el párrafo 1 del presente artículo. Tales declaraciones serán depositadas por los Estados Partes en poder del Secretario General de las Naciones Unidas, quien remitirá copia de las mismas a los demás Estados Partes. Toda declaración podrá retirarse en cualquier momento mediante notificación dirigida al Secretario General. Tal retiro no será obstáculo para que se examine cualquier asunto que sea objeto de una comunicación ya transmitida en virtud de este artículo; no se admitirá ninguna nueva comunicación de un Estado Parte una vez que el Secretario General de las Naciones Unidas haya recibido la notificación de retiro de la declaración, a menos que el Estado Parte interesado haya hecho una nueva declaración.

Artículo 42. 1. a) Si un asunto remitido al Comité con arreglo al artículo 41 no se resuelve a satisfacción de los Estados Partes interesados, el Comité, con el previo consentimiento de los Estados Partes interesados, podrá designar una Comisión Especial de Conciliación (denominada en adelante la Comisión). Los buenos oficios de la Comisión se pondrán a disposición de los Estados Partes interesados a fin de llegar a una solución amistosa del asunto, basada en el respeto al presente Pacto;

b) La Comisión estará integrada por cinco personas aceptables para los Estados Partes interesados. Si, transcurridos tres meses, los Estados Partes Interesados no se ponen de acuerdo sobre la composición, en todo o en parte, de la Comisión, los miembros de la Comisión sobre los que no haya habido acuerdo serán elegidos por el Comité, de entre sus propios miembros, en votación secreta y por mayoría de dos tercios.

2. Los miembros de la Comisión ejercerán sus funciones a título personal. No serán nacionales de los Estados Partes interesados, de ningún Estado que no sea Parte en el presente Pacto, ni de ningún Estado Parte que no haya hecho la declaración prevista en el artículo 40.

3. La Comisión elegirá su propio Presidente y aprobará su propio reglamento.

4. Las reuniones de la Comisión se celebrarán normalmente en la Sede de las Naciones Unidas o en la Oficina de las Naciones Unidas en Ginebra. Sin embargo, podrán celebrarse en cualquier otro lugar conveniente que la Comisión acuerde en consulta con el Secretario General de las Naciones Unidas y los Estados Partes interesados.

5. La Secretaría prevista en el artículo 36 prestará también servicios a las comisiones que se establezcan en virtud del presente artículo.

6. La información recibida y estudiada por el Comité se facilitará a la Comisión, y ésta podrá pedir a los Estados Partes interesados que faciliten cualquier otra información pertinente.

7. Cuando la Comisión haya examinado el asunto en todos sus aspectos, y en todo caso en un plazo no mayor de doce meses después de haber tomado conocimiento del mismo, presentará al Presidente del Comité un informe para su transmisión a los Estados Partes interesados:

a) Si la Comisión no puede completar su examen del asunto dentro de los doce meses, limitará su informe a una breve exposición de la situación en que se halle su examen del asunto.

b) Si se alcanza una solución amistosa del asunto basada en el respeto a los derechos humanos reconocidos en el presente Pacto, la Comisión limitará su informe a una breve exposición de los hechos y de la solución alcanzada;

c) Si no se alcanza una solución en el sentido del inciso b) el informe de la Comisión incluirá sus conclusiones sobre todas las cuestiones de hecho pertinentes al asunto planteado entre los Estados Partes interesados, y sus observaciones acerca de las posibilidades de solución amistosas del asunto; dicho informe contendrá también las exposiciones escritas y una reseña de las exposiciones orales hechas por los Estados Partes interesados;

d) Si el informe de la Comisión se presenta en virtud del inciso c), los Estados Partes interesados notificarán al Presidente del Comité, dentro de los tres meses siguientes a la recepción del informe, si aceptan o no los términos del informe de la Comisión.

8. Las disposiciones de este artículo no afectan a las funciones del Comité previstas en el artículo 41.

9. Los Estados Partes interesados compartirán por igual todos los gastos de los miembros de la Comisión, de acuerdo con el cálculo que haga el Secretario General de las Naciones Unidas.

10. El Secretario General de las Naciones Unidas podrá sufragar, en caso necesario, los gastos de los miembros de la Comisión, antes de que los Estados

Partes interesados reembolsen esos gastos conforme al párrafo 9 del presente artículo.

Artículo 43. Los miembros del Comité y los miembros de las comisiones especiales de conciliación designados conforme al artículo 42 tendrán derecho a las facilidades, privilegios e inmunidades que se conceden a los expertos que desempeñan misiones para las Naciones Unidas, con arreglo a lo dispuesto en las secciones pertinentes de la Convención sobre privilegios e inmunidades de las Naciones Unidas.

Artículo 44. Las disposiciones de aplicación del presente Pacto se aplicarán sin perjuicio de los procedimientos previstos en materia de derechos humanos por los instrumentos constitutivos y las convenciones de las Naciones Unidas y de los organismos especializados o en virtud de los mismos, y no impedirán que los Estados Partes recurran a otros procedimientos para resolver una controversia, de conformidad con convenios internacionales generales o especiales vigentes entre ellos.

Artículo 45. El Comité presentará a la Asamblea General de las Naciones Unidas, por conducto del Consejo Económico y Social, un informe anual sobre sus actividades.

PARTE V

Artículo 46. Ninguna disposición del presente Pacto deberá interpretarse en menoscabo de las disposiciones de la Carta de las Naciones Unidas o de las constituciones de los organismos especializados que definen las atribuciones de los diversos órganos de las Naciones Unidas y de los organismos especializados en cuanto a las materias a que se refiere el presente Pacto.

Artículo 47. Ninguna disposición del presente Pacto deberá interpretarse en menoscabo del derecho inherente de todos los pueblos a disfrutar y utilizar plena y libremente sus riquezas y recursos naturales.

PARTE VI

Artículo 48. 1. El presente Pacto estará abierto a la firma de todos los Estados Miembros de las Naciones Unidas o miembros de algún organismo especializado así como de todo Estado Parte en el Estatuto de la Corte Internacional de Justicia y de cualquier otro Estado invitado por la Asamblea General de las Naciones Unidas a ser parte en el presente Pacto.

2. El presente Pacto está sujeto a ratificación. Los instrumentos de ratificación se depositarán en poder del Secretario General de las Naciones Unidas.

3. El presente Pacto quedará abierto a la adhesión de cualquiera de los Estados mencionados en el párrafo 1 del presente artículo.

4. La adhesión se efectuará mediante el depósito de un instrumento de adhesión en poder del Secretario General de las Naciones Unidas.

5. El Secretario General de las Naciones Unidas informará a todos los Estados que hayan firmado el presente Pacto, o se hayan adherido a él, del depósito de cada uno de los instrumentos de ratificación o de adhesión.

Artículo 49. 1. El presente Pacto entrará en vigor transcurridos tres meses a partir de la fecha en que haya sido depositado el trigésimo quinto instrumento de ratificación o de adhesión en poder del Secretario General de las Naciones Unidas.

2. Para cada Estado que ratifique el presente Pacto o se adhiera a él después de haber sido depositado el trigésimo quinto instrumento de ratificación o de adhesión, el Pacto entrará en vigor transcurridos tres meses a partir de la fecha en que tal Estado haya depositado su instrumento de ratificación o de adhesión.

Artículo 50. Las disposiciones del presente Pacto serán aplicables a todas las partes componentes de los Estados federales, sin limitación ni excepción alguna.

Artículo 51. 1. Todo Estado Parte en el presente Pacto podrá proponer enmiendas y depositarlas en poder del Secretario General de las Naciones Unidas. El Secretario General comunicará las enmiendas propuestas a los Estados Partes en el presente Pacto, pidiéndoles que le notifiquen si desean que se convoque a una conferencia de Estados Partes con el fin de examinar las propuestas y someterlas a votación. Sin un tercio al menos de los Estados se declara en favor de tal convocatoria, el Secretario General convocará una conferencia bajo los auspicios de las Naciones Unidas. Toda enmienda adoptada por la mayoría de Estados presentes y votantes en la conferencia se someterá a la aprobación de la Asamblea General de las Naciones Unidas:

2. Tales enmiendas entrarán en vigor cuando hayan sido aprobadas por la Asamblea General de las Naciones Unidas y aceptadas por una mayoría de dos tercios de los Estados Partes en el presente Pacto, de conformidad con sus respectivos procedimientos constitucionales.

3. Cuando tales enmiendas entren en vigor, serán obligatorias para los Estados Partes que las hayan aceptado, en tanto que los demás Estados Partes seguirán obligados por las disposiciones del presente Pacto y por toda enmienda anterior que hayan aceptado.

Artículo 52. Independientemente de las notificaciones previstas en el párrafo 5 del artículo 48, el Secretario General de las Naciones Unidas comunicará a todos los Estados mencionados en el párrafo 1 del mismo artículo:

a) Las firmas, ratificaciones y adhesiones conformes con lo dispuesto en el artículo 48;

b) La fecha en que entre en vigor el presente Pacto conforme a lo dispuesto en el artículo 49, y la fecha en que entren en vigor las enmiendas a que hace referencia el artículo 51.

Artículo 53. 1. El presente Pacto, cuyos textos en chino, español, francés, inglés y ruso son igualmente auténticos, será depositado en los archivos de las Naciones Unidas.

2. El Secretario General de las Naciones Unidas enviará copias certificadas del presente Pacto a todos los Estados mencionados en el artículo 48.

EN FE DE LO CUAL, los infrascritos, debidamente autorizados para ello por sus respectivos Gobiernos, han firmado el presente Pacto, el cual ha sido abierto a la firma en Nueva York, el decimonoveno día del mes de diciembre de mil novecientos sesenta y seis.

La presente es copia fiel y completa en español del Pacto Internacional de Derechos Civiles y Políticos, abierto a firma en Nueva York, el día diecinueve del mes de diciembre del año de mil novecientos sesenta y seis.

Extiendo la presente, en veinte páginas útiles, en Tlatelolco, Distrito Federal, a los veinticuatro días del mes de marzo del año de mil novecientos ochenta y uno, a fin de incorporarla al Decreto de Promulgación respectivo.- Aída González Martínez.- Rúbrica.- Oficial Mayor de Relaciones Exteriores.

PACTO INTERNACIONAL DE DERECHOS ECONÓMICOS, SOCIALES Y CULTURALES

TEXTO ORIGINAL

Pacto publicado en el Diario Oficial de la Federación, el martes 12 de mayo de 1981.

Al margen un sello con el Escudo Nacional, que dice: Estados Unidos Mexicanos.- Presidencia de la República.

JOSÉ LÓPEZ PORTILLO, Presidente de los Estados Unidos Mexicanos, a sus habitantes, sabed:

El día diecinueve del mes de diciembre del año de mil novecientos sesenta y seis, se abrió a firma, en la ciudad de Nueva York, E.U.A., el Pacto Internacional de Derechos Económicos, Sociales y Culturales, cuyo texto y forma en español constan en la copia certificada adjunta.

El citado Pacto fue aprobado por la H. Cámara de Senadores del Congreso de la Unión, el día dieciocho del mes de diciembre del año de mil novecientos ochenta, según Decreto publicado en el «Diario Oficial» de la Federación del día nueve del mes de enero del año de mil novecientos ochenta y uno, con la siguiente Declaración Interpretativa.

«Al adherirse al Pacto Internacional de Derechos Económicos, Sociales y Culturales, el Gobierno de México lo hace en el entendimiento de que el Artículo 8 del aludido Pacto se aplicará en la República Mexicana dentro de las modalidades y conforme a los procedimientos previstos en las disposiciones aplicables de la Constitución Política de los Estados Unidos Mexicanos y de sus leyes reglamentarias».

El Instrumento de Adhesión, firmado por mí el día dos del mes de marzo del año de mil novecientos ochenta y uno fue depositado, ante la Secretaría General de la Organización de las Naciones Unidas, el día veintitrés del mes de marzo del año de mil novecientos ochenta y uno, con la Declaración Interpretativa antes inserta.

Por lo tanto, para su debida observancia, en cumplimiento de lo dispuesto en la Fracción Primera del Artículo Ochenta y Nueve de la Constitución Política de los Estados Unidos Mexicanos, promulgo el presente Decreto, en la residencia del Poder Ejecutivo Federal, a los treinta días del mes de marzo del año de mil novecientos ochenta y uno.- José López Portillo.- Rúbrica.- El Secretario de Relaciones Exteriores, Jorge Castañeda.- Rúbrica.

La C. Aída González Martínez, Oficial Mayor de la Secretaría de Relaciones Exteriores, certifica:

Que en los archivos de esta Secretaría obra copia certificada del Pacto Internacional de Derechos Económicos, Sociales y Culturales, abierto a firma en Nueva York, el día diecinueve del mes de diciembre del año de mil novecientos sesenta y seis cuyo texto y forma en español son los siguientes:

PACTO INTERNACIONAL DE DERECHOS ECONÓMICOS, SOCIALES Y CULTURALES

Los Estados Partes en el presente Pacto,

Considerando que, conforme a los principios enunciados en la Carta de las Naciones Unidas, la libertad, la justicia y la paz en el mundo tienen por base el reconocimiento de la dignidad inherente a todos los miembros de la familia humana y de sus derechos iguales e inalienables,

Reconociendo que estos derechos se desprenden de la dignidad inherente a la persona humana,

Reconociendo que, con arreglo a la Declaración Universal de Derechos Humanos, no puede realizarse el ideal del ser humano libre, liberado del temor y de la miseria, a menos que se creen condiciones que permitan a cada persona gozar de sus derechos económicos, sociales y culturales, tanto como de sus derechos civiles y políticos,

Considerando que la Carta de las Naciones Unidas impone a los Estados la obligación de promover el respeto universal y efectivo de los derechos y libertades humanos,

Comprendiendo que el individuo, por tener deberes respecto de otros individuos y de la comunidad a que pertenece, está obligado a procurar la vigencia y observancia de los derechos reconocidos en este Pacto,

Conviene en los artículos siguientes:

PARTE I

Artículo 1. 1. Todos los pueblos tienen el derecho de libre determinación. En virtud de este derecho establecen libremente su condición política y proveen, asimismo, a su desarrollo económico, social y cultural.

2. Para el logro de sus fines, todos los pueblos pueden disponer libremente de sus riquezas y recursos naturales, sin perjuicio de las obligaciones que derivan de la cooperación económica internacional basada en el principio de beneficio recíproco, así como del derecho internacional. En ningún caso podría privarse a un pueblo de sus propios medios de subsistencia.

3. Los Estados Partes en el presente Pacto, incluso los que tienen la responsabilidad de administrar territorios no autónomos y territorios en fideicomiso, promoverán el ejercicio del derecho de libre determinación, y respetarán este derecho de conformidad con las disposiciones de la Carta de las Naciones Unidas.

PARTE II

Artículo 2. 1. Cada uno de los Estados Partes en el presente Pacto se compromete a adoptar medidas, tanto por separado como mediante la asistencia y la cooperación internacionales, especialmente económicas y técnicas, hasta el máximo de los recursos de que disponga, para lograr progresivamente, por todos los medios apropiados, inclusive en particular la adopción de medidas legislativas, la plena efectividad de los derechos aquí reconocidos.

2. Los Estados Partes en el presente pacto se comprometen a garantizar el ejercicio de los derechos que en él se enuncian, sin discriminación alguna por motivos de raza, color, sexo, idioma, religión, opinión política o de otra índole, origen nacional o social, posición económica, nacimiento o cualquier otra condición social.

3. Los países en vías de desarrollo, teniendo debidamente en cuenta los derechos humanos y su economía nacional, podrán determinar en qué medida garantizarán los derechos económicos reconocidos en el presente Pacto a personas que no sean nacionales suyos.

Artículo 3. Los Estados Partes en el presente Pacto se comprometen a asegurar a los hombres y a las mujeres igual título a gozar de todos los derechos económicos, sociales y culturales enunciados en el presente Pacto.

Artículo 4. Los Estados Partes en el presente Pacto reconocen que, en el ejercicio de los derechos garantizados conforme al presente Pacto por el Estado, éste podrá someter tales derechos únicamente a limitaciones determinadas por ley, sólo en la medida compatible con la naturaleza de esos derechos y con el exclusivo objeto de promover el bienestar general en una sociedad democrática.

Artículo 5. 1. Ninguna disposición del presente Pacto podrá ser interpretada en el sentido de reconocer derecho alguno a un Estado, grupo o individuo para emprender actividades o realizar actos encaminados a la destrucción de cualquiera de los derechos o libertades reconocidos en el Pacto, o a su limitación en medida mayor que la prevista en él.

2. No podrá admitirse restricción o menoscabo de ninguno de los derechos humanos fundamentales reconocidos o vigentes en un país en virtud de leyes, convenciones, reglamentos o costumbres, a pretexto de que el presente Pacto no los reconoce o los reconoce en menor grado.

PARTE III

Artículo 6. 1. Los Estados Partes en el presente Pacto reconocen el derecho a trabajar que comprende el derecho de toda persona de tener la oportunidad de ganarse la vida mediante un trabajo libremente escogido o aceptado, y tomarán medidas adecuadas para garantizar este derecho.

2. Entre las medidas que habrá de adoptar cada uno de los Estados Partes en el presente Pacto para lograr la plena efectividad de este derecho, deberá figurar orientación y formación técnico-profesional, la preparación de programas, normas y técnicas encaminadas a conseguir un desarrollo económico, social y cultural constante y la ocupación plena y productiva, en condiciones que garanticen las libertades políticas y económicas fundamentales de la persona humana.

Artículo 7. Las Estados Partes en el presente Pacto reconocen el derecho de toda persona al goce de condiciones de trabajo equitativas y satisfactorias que le aseguren en especial:

a) Una remuneración que proporcione como mínimo a todos los trabajadores:

i) Un salario equitativo e igual por trabajo de igual valor, sin distinciones de ninguna especie; en particular, debe asegurarse a las mujeres condiciones de trabajo no inferiores a las de los hombres, con salario igual por trabajo igual;

ii) Condiciones de existencia dignas para ellos y para sus familias, conforme a las disposiciones del presente Pacto;

b) La seguridad y la higiene en el trabajo;

c) Igual oportunidad para todos de ser promovidos, dentro de su trabajo, a la categoría superior que les corresponda, sin más consideraciones que los factores de tiempo de servicio y capacidad;

d) El descanso, el disfrute del tiempo libre, la limitación razonable de las horas de trabajo y las vacaciones periódicas pagadas, así como la remuneración de los días festivos.

Artículo 8. 1. Los Estados Partes en el presente Pacto se comprometen a garantizar:

a) El derecho de toda persona a fundar sindicatos y a afiliarse al de su elección, con sujeción únicamente a los estatutos de la organización correspondiente, para promover y proteger sus intereses económicos y sociales. No podrán imponerse otras restricciones al ejercicio de este derecho que las que prescriba la ley y que sean necesarias en una sociedad democrática en interés de la seguridad nacional o del orden público, o para la protección de los derechos y libertades ajenos;

b) El derecho de los sindicatos a formar federaciones o confederaciones nacionales, y el de éstas a fundar organizaciones sindicales internacionales o a afiliarse a las mismas;

c) El derecho de los sindicatos a funcionar sin obstáculos y sin otras limitaciones que las que prescriba la ley y que sean necesarias en una sociedad democrática en interés de la seguridad nacional o del orden público o para la protección de los derechos y libertades ajenos;

d) El derecho de huelga, ejercido de conformidad con las leyes de cada país.

2. El presente artículo no impedirá someter a restricciones legales el ejercicio de tales derechos por los miembros de las fuerzas armadas, de la policía o de la administración del Estado.

3. Nada de lo dispuesto en este artículo autorizará a los Estados Partes en el Convenio de la Organización Internacional del Trabajo de 1948 relativo a la libertad sindical y a la protección del derecho de sindicación a adoptar medidas legislativas que menoscaben las garantías previstas en dicho Convenio o a aplicar la ley en forma que menoscabe dichas garantías.

Artículo 9. Los Estados Partes en el presente Pacto reconocen el derecho de toda persona a la seguridad social, incluso al seguro social.

Artículo 10. Los Estados Partes en el presente Pacto reconocen que:

1. Se debe conceder a la familia, que es el elemento natural y fundamental de la sociedad, la más amplia protección y asistencia posibles, especialmente para su constitución y mientras sea responsable del cuidado y la educación de los hijos a su cargo. El matrimonio debe contraerse con el libre consentimiento de los futuros cónyuges.

2. Se debe conceder especial protección a las madres durante un período de tiempo razonable antes y después del parto. Durante dicho período, a las madres que trabajen se les debe conceder licencia con remuneración o con prestaciones adecuadas de seguridad social.

3. Se deben adoptar medidas especiales de protección y asistencia en favor de todos los niños y adolescentes, sin discriminación alguna por razón de filiación o cualquier otra condición. Debe protegerse a los niños y adolescentes contra la explotación económica y social. Su empleo en trabajos nocivos para su moral y salud, o en los cuales peligre su vida o se corra el riesgo de perjudicar su desarrollo normal, será sancionado por la ley. Los Estados deben establecer también límites de edad por debajo de los cuales quede prohibido y sancionado por la ley el empleo a sueldo de mano de obra infantil.

Artículo 11. 1. Los Estados Partes en el presente Pacto reconocen el derecho de toda persona a un nivel de vida adecuado para sí y su familia, incluso alimentación, vestido y vivienda adecuados, y a una mejora continua de las condiciones de existencia. Los Estados Partes tomarán medidas apropiadas para asegurar la efectividad de este derecho, reconociendo a este efecto la importancia esencial de la cooperación internacional fundada en el libre consentimiento.

2. Los Estados Partes en el presente Pacto, reconociendo el derecho fundamental de toda persona a estar protegida contra el hambre, adoptarán, individualmente y mediante la cooperación internacional, las medidas, incluidos programas concretos, que se necesiten para:

a) Mejorar los métodos de producción, conservación y distribución de alimentos mediante la plena utilización de los conocimientos técnicos y científicos, la divulgación de principios sobre nutrición y el perfeccionamiento o la reforma de los regímenes agrarios, de modo que se logre la explotación y la utilización más eficaces de las riquezas naturales;

b) Asegurar una distribución equitativa de los alimentos mundiales en relación con las necesidades, teniendo en cuenta los problemas que se plantean tanto a los países que importan productos alimenticios como a los que los exportan.

Artículo 12. 1. Los Estados Partes en el presente Pacto reconocen el derecho de toda persona al disfrute del más alto nivel posible de salud física y mental.

2. Entre las medidas que deberán adoptar los Estados Partes en el Pacto a fin de asegurar la plena efectividad de este derecho, figurarán las necesarias para:

a) La reducción de la mortinatalidad y de la mortalidad infantil, y el sano desarrollo de los niños;

b) El mejoramiento en todos sus aspectos de la higiene del trabajo y del medio ambiente;

c) La prevención y el tratamiento de las enfermedades epidémicas, endémicas, profesionales y de otra índole, y la lucha contra ellas;

d) La creación de condiciones que aseguren a todos asistencia médica y servicios médicos en caso de enfermedad.

Artículo 13. 1. Los Estados Partes en el presente Pacto reconocen el derecho de toda persona a la educación. Convienen en que la educación debe orientarse hacia el pleno desarrollo de la personalidad humana y del sentido de su dignidad, y debe fortalecer el respeto por los derechos humanos y las libertades fundamentales. Conviene, asimismo, en que la educación debe capacitar a todas las personas para participar efectivamente en una sociedad libre, favorecer la comprensión, la tolerancia y la amistad entre todas las naciones y entre todos los grupos raciales étnicos o religiosos, y promover las actividades de las Naciones Unidas en pro del mantenimiento de la paz.

2. Los Estados Partes en el presente Pacto reconocen que, con objeto de lograr el pleno ejercicio de este derecho:

a) La enseñanza primaria debe ser obligatoria y asequible a todos gratuitamente;

b) La enseñanza secundaria, en sus diferentes formas, incluso la enseñanza secundaria técnica y profesional, debe ser generalizada y hacerse accesible a todos, por cuantos medios sean apropiados y, en particular, por la implantación progresiva de la enseñanza gratuita;

c) La enseñanza superior debe hacerse igualmente accesible a todos, sobre la base de la capacidad de cada uno, por cuantos medios sean apropiados, y en particular, por la implantación progresiva de la enseñanza gratuita;

d) Debe fomentarse o intensificarse, en la medida de lo posible, la educación fundamental para aquellas personas que no hayan recibido o terminado el ciclo completo de instrucción primaria;

e) Se debe proseguir activamente el desarrollo del sistema escolar en todos los ciclos de la enseñanza, implantar un sistema adecuado de becas, y mejorar continuamente las condiciones materiales del cuerpo docente.

3. Los Estados Partes en el presente Pacto se comprometen a respetar la libertad de los padres y, en su caso, de los tutores legales, de escoger para sus hijos o pupilos escuelas distintas de las creadas por las autoridades públicas, siempre que aquéllas satisfagan las normas mínimas que el Estado prescriba o apruebe en materia de enseñanza, y de hacer que sus hijos o pupilos reciban la educación religiosa o moral que esté de acuerdo con sus propias convicciones.

4. Nada de lo dispuesto en este artículo se interpretará como una restricción de la libertad de los particulares y entidades para establecer y dirigir instituciones de enseñanza, a condición de que se respeten los principios enunciados en el párrafo 1 y de que la educación dada en esas instituciones se ajuste a las normas mínimas que prescriba el Estado.

Artículo 14. Todo Estado Parte en el presente Pacto que, en el momento de hacerse parte en él, aún no haya podido instituir en su territorio metropolitano o en otros territorios sometidos a su jurisdicción la obligatoriedad y la gratuidad de la enseñanza primaria, se compromete a elaborar y adoptar, dentro de un plazo de dos años, un plan detallado de acción para la aplicación progresiva, dentro de un número razonable de años fijado en el plan, del principio de la enseñanza obligatoria y gratuita para todos.

Artículo 15. 1. Los Estados Partes en el presente Pacto reconocen el derecho de toda persona a:

a) Participar en la vida cultural;

b) Gozar de los beneficios del progreso científico de sus aplicaciones;

c) Beneficiarse de la protección de los intereses morales y materiales que le correspondan por razón de las producciones científicas, literarias o artísticas de que sea autora.

2. Entre las medidas que los Estados Partes en el presente Pacto deberán adoptar para asegurar el pleno ejercicio de este derecho, figurarán las necesarias para la conservación, el desarrollo y la difusión de la ciencia y de la cultura.

3. Los Estados Partes en el presente Pacto se comprometen a respetar la indispensable libertad para la investigación científica y para la actividad creadora.

4. Los Estados Partes en el Presente Pacto reconocen los beneficios que derivan del fomento y desarrollo de la cooperación y de las relaciones internacionales en cuestiones científicas y culturales.

PARTE IV

Artículo 16. 1. Los Estados Partes en el presente Pacto se comprometen a presentar, en conformidad con esta parte del Pacto, informes sobre las medidas que hayan adoptado, y los progresos realizados, con el fin de asegurar el respeto a los derechos reconocidos en el mismo.

2. a) Todos los informes serán presentados al Secretario General de las Naciones Unidas, quien transmitirá copias al Consejo Económico y Social para que las examine conforme a lo dispuesto en el presente Pacto.

b) El Secretario General de las Naciones Unidas transmitirá también a los organismos especializados copias de los informes, o de las partes pertinentes de éstos, enviados por los Estados Partes en el presente Pacto que además sean miembros de esos organismos especializados, en la medida en que tales informes o partes de ellos tengan relación con materias que sean de la competencia de dichos organismos conforme a sus instrumentos constitutivos.

Artículo 17. 1. Los Estados Partes en el presente Pacto presentarán sus informes por etapas, con arreglo al programa que establecerá el Consejo Económico y Social en el plazo de un año desde la entrada en vigor del presente Pacto, previa consulta con los Estados Partes y con los organismos especializados interesados.

2. Los informes podrán señalar las circunstancias y dificultades que afecten el grado de cumplimiento de las obligaciones previstas en este Pacto,

3. Cuando la información pertinente hubiera sido ya proporcionada a las Naciones Unidas o a algún organismo especializado por un Estado Parte, no será necesario repetir dicha información, sino que bastará hacer referencia concreta la misma.

Artículo 18. En virtud de las atribuciones que la Carta de las Naciones Unidas le confiere en materia de derechos humanos y libertades fundamentales, el Consejo Económico y Social podrá concluir acuerdos con los organismos especializados sobre la presentación por tales organismos de informes relativos al cumplimiento de las disposiciones de este Pacto que corresponden a su campo de actividades. Estos informes podrán contener detalles sobre las decisiones y recomendaciones que en relación con ese cumplimiento hayan aprobado los órganos competentes de dichos organismos.

Artículo 19. El Consejo Económico y Social podrá transmitir a la Comisión de Derechos Humanos, para su estudio y recomendación de carácter general, o para información, según proceda, los informes sobre derechos humanos que presenten los Estados conforme a los artículos 16 y 17, y los informes relativos a los derechos humanos que presenten los organismos especializados conforme al artículo 18.

Artículo 20. Los Estados Partes en el presente Pacto y los organismos especializados interesados podrán presentar al Consejo Económico y Social observaciones sobre toda recomendación de carácter general hecha en virtud del artículo 19 o toda referencia a tal recomendación general que conste en un informe de la Comisión de Derechos Humanos o en un documento allí mencionado.

Artículo 21. El Consejo Económico y Social podrá presentar de vez en cuando a la Asamblea General informes que contengan recomendaciones de carácter general, así como un resumen de la información recibida de los Estados Partes en el presente Pacto y de los organismos especializados acerca de las medidas adoptadas y los progresos realizados para lograr el respeto general de los derechos reconocidos en el presente Pacto.

Artículo 22. El Consejo Económico y Social podrá señalar a la atención de otros órganos de las Naciones Unidas, sus órganos subsidiarios y los organismos especializados interesados que se ocupen de prestar asistencia técnica, toda cuestión surgida de los informes a que se refiere esta parte del Pacto que pueda servir para que dichas entidades se pronuncien, cada una dentro de su esfera de competencia, sobre la conveniencia de las medidas internacionales que puedan contribuir a la aplicación efectiva y progresiva del presente Pacto.

Artículo 23. Los Estados Partes en el presente Pacto convienen en que las medidas de orden internacional destinadas a asegurar el respeto de los derechos que se reconocen en el presente Pacto, comprenden procedimientos tales como la conclusión de convenciones, la aprobación de recomendaciones, la prestación de asistencia técnica y la celebración de reuniones regionales y técnicas, para efectuar consultas y realizar estudios, organizadas en cooperación con los gobiernos interesados.

Artículo 24. Ninguna disposición del presente Pacto deberá interpretarse en menoscabo de las disposiciones de la Carta de las Naciones Unidas o de las constituciones de los organismos especializados que definen las atribuciones de los diversos órganos de las Naciones Unidas y de los organismos especializados en cuanto a las materias a que se refiere el presente Pacto.

Artículo 25. Ninguna disposición del presente Pacto deberá interpretarse en menoscabo del derecho inherente de todos los pueblos a disfrutar y utilizar plena y libremente sus riquezas y recursos naturales.

PARTE V

Artículo 26. 1. El presente Pacto estará abierto a la firma de todos los Estados Miembros de las Naciones Unidas o miembros de algún organismo especializado, así como de todo Estado Parte en el Estatuto de la Corte Internacional de Justicia y de cualquier otro Estado invitado por la Asamblea General de las Naciones Unidas a ser parte en el presente Pacto.

2. El presente Pacto está sujeto a ratificación. Los instrumentos de ratificación se depositarán en poder del Secretario General de las Naciones Unidas.

3. El presente Pacto quedará abierto a la adhesión de cualquiera de los Estados mencionados en el párrafo 1 del presente artículo.

4. La adhesión se efectuará mediante el depósito de un instrumento de adhesión en poder del Secretario General de las Naciones Unidas.

5. El Secretario General de las Naciones Unidas informará a todos los Estados que hayan firmado el presente Pacto, o se hayan adherido a él, del depósito de cada uno de los instrumentos de ratificación o de adhesión.

Artículo 27. 1. El presente Pacto entrará en vigor transcurridos tres meses a partir de la fecha en que haya sido depositado el trigésimo quinto instrumento de ratificación o de adhesión en poder del Secretario General de las Naciones Unidas.

2. Para cada Estado que ratifique el presente Pacto o se adhiera a él después de haber sido depositado el trigésimo quinto instrumento de ratificación

o de adhesión, el Pacto entrará en vigor transcurridos tres meses a partir de la fecha en que tal Estado haya depositado su instrumento de ratificación o de adhesión.

Artículo 28. Las disposiciones del presente Pacto serán aplicables a todas las partes componentes de los Estados federales, sin limitación ni excepción alguna.

Artículo 29. 1. Todo Estado Parte en el presente Pacto podrá proponer enmiendas y depositarlas en poder del Secretario General de las Naciones Unidas. El Secretario General comunicará las enmiendas propuestas a los Estados Partes en el presente Pacto, pidiéndoles que le notifiquen si desean que se convoque una conferencia de Estados Partes con el fin de examinar las propuestas y someterlas a votación. Si un tercio al menos de los Estados se declara a favor de tal convocatoria, el Secretario General convocará una conferencia bajo los auspicios de las Naciones Unidas. Toda enmienda adoptada por la mayoría de Estados presentes y votantes en la conferencia se someterá a la aprobación de la Asamblea General de las Naciones Unidas.

2. Tales enmiendas entrarán en vigor cuando hayan sido aprobadas por la Asamblea General de las Naciones Unidas y aceptadas por una mayoría de dos tercios de los Estados Partes en el presente Pacto, de conformidad con sus respectivos procedimientos constitucionales.

3. Cuando tales enmiendas entren en vigor serán obligatorias para los Estados Partes que las hayan aceptado, en tanto que los demás Estados Partes seguirán obligados por las disposiciones del presente Pacto y por toda enmienda anterior que hayan aceptado.

Artículo 30. Independientemente de las notificaciones previstas en el párrafo 5 del artículo 26, el Secretario General de las Naciones Unidas comunicará a todos los Estados mencionados en el párrafo 1 del mismo artículo:

a) Las firmas, ratificaciones y adhesiones conformes con lo dispuesto con el artículo 26;

b) La fecha en que entre en vigor el presente Pacto conforme a lo dispuesto en el artículo 27, y la fecha en que entren en vigor las enmiendas a que hace referencia el artículo 29.

Artículo 31. 1. El presente Pacto, cuyos textos en chino, español, francés, inglés y ruso son igualmente auténticos, será depositado en los archivos de las Naciones Unidas.

2. El Secretario General de las Naciones Unidas enviará copias certificadas del presente Pacto a todos los Estados mencionados en el artículo 26.

EN FE DE LO CUAL, los infrascritos, debidamente autorizados para ello por sus respectivos Gobiernos, han firmado el presente Pacto, el cual ha sido abierto a la firma en Nueva York, el decimonoveno día del mes de diciembre de mil novecientos sesenta y seis.

La presente es copia fiel y completa en español del Pacto Internacional de Derechos Económicos, Sociales y Culturales, abierto a firma en Nueva York, el día diecinueve del mes de diciembre del año de mil novecientos sesenta y seis.

Extiendo la presente, en doce páginas útiles, en Tlatelolco, Distrito Federal, a los veinticuatro días del mes de marzo del año de mil novecientos ochenta uno, a fin de incorporarla al Decreto de Promulgación respectivo.- La C. Oficial Mayor de la Secretaría de Relaciones Exteriores, Aída González Martínez.- Rúbrica.

CONVENCIÓN AMERICANA SOBRE DERECHOS HUMANOS

TEXTO ORIGINAL

Convención publicada en el Diario Oficial de la Federación, el jueves 7 de mayo de 1981.

Al margen un sello con el Escudo Nacional, que dice: Estados Unidos Mexicanos.– Presidencia de la República.

JOSÉ LÓPEZ PORTILLO, Presidente de los Estados Unidos Mexicanos, a sus habitantes, sabed:

El día veintidós del mes de noviembre del año mil novecientos sesenta y nueve, se adoptó, en la ciudad de San José de Costa Rica, la Convención Americana sobre Derechos Humanos, cuyo texto y forma en español constan en la copia certificada adjunta.

La citada Convención fue aprobada por la H. Cámara de Senadores del Congreso de la Unión, el día dieciocho del mes de diciembre del año de mil novecientos ochenta, según Decreto publicado en el «Diario Oficial» de la Federación del día nueve del mes de enero del año de mil novecientos ochenta y uno, con las siguientes Declaraciones Interpretativas y Reserva:

DECLARACIONES INTERPRETATIVAS

Con respecto al párrafo 1 del Artículo 4 considera que la expresión «en general», usada en el citado párrafo no constituye obligación de adoptar o mantener en vigor legislación que proteja la vida «a partir del momento de la concepción», ya que esta materia pertenece al dominio reservado de los Estados.

Por otra parte, en concepto del Gobierno de México la limitación que establece la Constitución Política de los Estados Unidos Mexicanos, en el sentido de que todo acto público de culto religioso deberá celebrarse precisamente dentro de los templos, es de las comprendidas en el párrafo 3 del Artículo 12.

RESERVA

El Gobierno de México hace Reserva expresa en cuanto al párrafo 2 del Artículo 23, ya que la Constitución Política de los Estados Unidos Mexicanos, en su Artículo 130, dispone que los Ministros de los cultos no tendrán voto activo, ni pasivo, ni derecho para asociarse con fines políticos.

El Instrumento de Adhesión, firmado por mí el día dos del mes de marzo del año de mil novecientos ochenta y uno fue depositado, ante la Secretaría General de la Organización de los Estados Americanos, el día veinticuatro del mes de marzo del propio año, con las Declaraciones Interpretativas y Reserva antes insertas.

Por lo tanto, para su debida observancia, en cumplimiento de lo dispuesto en la Fracción Primera del artículo Ochenta y Nueve de la Constitución Política de los Estados Unidos Mexicanos, promulgo el presente Decreto, en la residencia del Poder Ejecutivo Federal a los treinta días del mes de marzo del año de mil novecientos ochenta y uno.- José López Portillo.- Rúbrica.- El Secretario de Relaciones Exteriores, Jorge Castañeda.- Rúbrica.

La C. Aída González Martínez, Oficial Mayor de la Secretaría de Relaciones Exteriores, certifica:

Que en los archivos de esta Secretaría obra copia certificada de la Convención Americana sobre Derechos Humanos «Pacto de San José de Costa Rica», firmada en la ciudad de San José, Costa Rica, el día veintidós del mes de noviembre del año de mil novecientos sesenta y nueve, cuyo texto y forma en español son los siguientes:

CONVENCIÓN AMERICANA SOBRE DERECHOS HUMANOS

PREÁMBULO

Los Estados Americanos signatarios de la presente Convención,

Reafirmando su propósito de consolidar en este Continente, dentro del cuadro de las instituciones democráticas, un régimen de libertad personal y de justicia social, fundado en el respeto de los derechos esenciales del hombre;

Reconociendo que los derechos esenciales del hombre no nacen del hecho de ser nacional de determinado Estado, sino que tienen como fundamento los atributos de la persona humana, razón por la cual justifican una protección internacional, de naturaleza convencional coadyuvante o complementaria de la que ofrece el derecho interno de los Estados Americanos;

Considerando que estos principios han sido consagrados en la Carta de la Organización de los Estados Americanos, en la Declaración Americana de los Derechos y Deberes del Hombre y en la Declaración Universal de los Derechos

Humanos que han sido reafirmados y desarrollados en otros instrumentos internacionales, tanto de ámbito universal como regional;

Reiterando que, con arreglo a la Declaración Universal de los Derechos Humanos, sólo puede realizarse el ideal del ser humano libre, exento del temor y de la miseria, si se crean condiciones que permitan a cada persona gozar de sus derechos económicos, sociales y culturales, tanto como de sus derechos civiles y políticos, y

Considerando que la Tercera Conferencia Interamericana Extraordinaria (Buenos Aires, 1967) aprobó la incorporación a la propia Carta de la Organización de normas más amplias sobre derechos económicos, sociales y educacionales, y resolvió que una convención interamericana sobre derechos humanos determinará la estructura, competencia y procedimiento de los órganos encargados de esa materia,

Han convenido en lo siguiente:

PARTE I
DEBERES DE LOS ESTADOS Y DERECHOS PROTEGIDOS

CAPÍTULO I
ENUMERACIÓN DE DEBERES

Artículo 1. Obligación de Respetar los Derechos. 1. Los Estados Partes en esta Convención se comprometen a respetar los derechos y libertades reconocidos en ella y a garantizar su libre y pleno ejercicio a toda persona que esté sujeta a su jurisdicción, sin discriminación alguna por motivos de raza, color, sexo, idioma, religión, opiniones políticas o de cualquier otra índole, origen nacional o social, posición económica, nacimiento o cualquier otra condición social.

2. Para los efectos de esta Convención, persona es todo ser humano.

Artículo 2. Deber de Adoptar Disposiciones de Derecho Interno. Si el ejercicio de los derechos y libertades mencionados en el Artículo 1 no estuviere ya garantizado por disposiciones legislativas o de otro carácter, los Estados Partes se comprometen a adoptar, con arreglo a sus procedimientos constitucionales y a las disposiciones de esta convención, las medidas legislativas o de otro carácter que fueren necesarias para hacer efectivos tales derechos y libertades.

CAPÍTULO II
DERECHOS CIVILES Y POLÍTICOS

Artículo 3. Derecho al Reconocimiento de la Personalidad Jurídica. Toda persona tiene derecho al reconocimiento de su personalidad jurídica.

Artículo 4. Derecho a la Vida. 1. Toda persona tiene derecho a que se respete su vida. Este derecho estará protegido por la ley y, en general, a partir del momento de la concepción. Nadie puede ser privado de la vida arbitrariamente.

2. En los países que no han abolido la pena de muerte, ésta sólo podrá imponerse por los delitos más graves, en cumplimiento de sentencia ejecutoriada de tribunal competente y de conformidad con una ley que establezca tal pena, dictada con anterioridad a la comisión del delito. Tampoco se extenderá su aplicación a delitos a los cuales no se la aplique actualmente.

3. No se restablecerá la pena de muerte en los Estados que la han abolido.

4. En ningún caso se puede aplicar la pena de muerte por delitos políticos ni comunes conexos con los políticos.

5. No se impondrá la pena de muerte a personas que, en el momento de la comisión del delito, tuvieren menos de dieciocho años de edad o más de setenta, ni se le aplicará a las mujeres en estado de gravidez.

6. Toda persona condenada a muerte tiene derecho a solicitar la amnistía, el indulto o la conmutación de la pena, los cuales podrán ser concedidos en todos los casos. No se puede aplicar la pena de muerte mientras la solicitud este pendiente de decisión ante autoridad competente.

Artículo 5. Derecho a la Integridad Personal. 1. Toda persona tiene derecho a que se respete su integridad física, psíquica y moral.

2. Nadie debe ser sometido a torturas ni a penas o tratos crueles, inhumanos o degradantes. Toda persona privada de libertad será tratada con el respeto debido a la dignidad inherente al ser humano.

3. La pena no puede trascender de la persona del delincuente.

4. Los procesados deben estar separados de los condenados, salvo en circunstancias excepcionales, y serán sometidos a un tratamiento adecuado a su condición de personas no condenadas.

5. Cuando los menores puedan ser procesados, deben ser separados de los adultos y llevados ante tribunales especializados, con la mayor celeridad posible, para su tratamiento.

6. Las penas privativas de la libertad tendrán como finalidad esencial la reforma y la readaptación social de los condenados.

Artículo 6. Prohibición de la Esclavitud y Servidumbre. 1. Nadie puede ser sometido a esclavitud o servidumbre y tanto estas, como la trata de esclavos y la trata de mujeres están prohibidas en todas sus formas.

2. Nadie debe ser constreñido a ejecutar un trabajo forzoso u obligatorio. En los países donde ciertos delitos tengan señalada la pena privativa de la libertad acompañada de trabajos forzosos, esta disposición no podrá ser interpretada en el sentido de que prohíbe el cumplimiento de dicha pena impuesta por juez o tribunal competente. El trabajo forzoso no debe afectar a la dignidad ni a la capacidad física e intelectual del recluido.

3. No constituyen trabajo forzoso u obligatorio, para los efectos de este artículo:

a) los trabajos o servicios que se exijan normalmente de una persona recluida en cumplimiento de una sentencia o resolución formal dictada por la autoridad judicial competente. Tales trabajos o servicios deberán realizarse bajo la vigilancia y control de las autoridades públicas, y los individuos que los efectúen serán puestos a disposición de particulares, compañías o personas jurídicas de carácter privado;

b) el servicio militar y, en los países en donde se admite exención por razones de conciencia, el servicio nacional que la ley establezca en lugar de aquél;

c) el servicio impuesto en casos de peligro o calamidad que amenace la existencia o el bienestar de la comunidad, y

d) el trabajo o servicio que forme parte de las obligaciones cívicas normales.

Artículo 7. Derecho a la Libertad Personal. 1. Toda persona tiene derecho a la libertad y a la seguridad personales.

2. Nadie puede ser privado de su libertad física, salvo por las causas y en las condiciones fijadas de antemano por las Constituciones Políticas de los Estados Partes o por las leyes dictadas conforme a ellas.

3. Nadie puede ser sometido a detención o encarcelamiento arbitrarios.

4. Toda persona detenida o retenida debe ser informada de las razones de su detención y notificada, sin demora, del cargo o cargos formulados contra ella.

5. Toda persona detenida o retenida debe ser llevada sin demora, ante un juez u otro funcionario autorizado por la ley para ejercer funciones judiciales, y tendrá derecho a ser juzgada dentro de un plazo razonable o a ser puesta en libertad, sin perjuicio de que continúe el proceso. Su libertad podrá estar condicionada a garantías que aseguren su comparecencia en el juicio.

6. Toda persona privada de libertad tiene derecho a recurrir ante un juez o tribunal competente, a fin de que éste decida, sin demora, sobre la legalidad de su arresto o detención y ordene su libertad si el arresto o la detención fueran ilegales. En los Estados Partes cuyas leyes prevén que toda persona que se viera amenazada de ser privada de su libertad tiene derecho a recurrir a un juez o tribunal competente a fin de que éste decida sobre la legalidad de tal amenaza, dicho recurso no puede ser restringido ni abolido. Los recursos podrán interponerse por sí o por otra persona.

7. Nadie será detenido por deudas. Este principio no limita los mandatos de autoridad judicial competente dictados por incumplimientos de deberes alimentarios.

Artículo 8. Garantías Judiciales. 1. Toda persona tiene derecho a ser oída con las debidas garantías y dentro de un plazo razonable, por un juez o tribunal competente independiente e imparcial establecido con anterioridad por la ley, en la sustanciación de cualquier acusación penal formulada contra ella, o para la determinación de sus derechos y obligaciones de orden civil, laboral, fiscal o de cualquier otro carácter.

2. Toda persona inculpada de delito tiene derecho a que se presuma su inocencia mientras no se establezca legalmente su culpabilidad. Durante el proceso, toda persona tiene derecho, en plena igualdad, a las siguientes garantías mínimas:

a) derecho del inculpado de ser asistido gratuitamente por el traductor o intérprete, si no comprende o no habla el idioma del juzgado o tribunal;

b) comunicación previa y detallada al inculpado de la acusación formulada;

c) concesión al inculpado del tiempo y de los medios adecuados para la preparación de su defensa;

d) derecho del inculpado de defenderse personalmente o de ser asistido por un defensor de su elección o de comunicarse libre y privadamente con su defensor;

e) derecho irrenunciable de ser asistido por un defensor proporcionado por el Estado, remunerado o no según la legislación interna, si el inculpado no se defendiere por sí mismo ni nombrare defensor dentro del plazo establecido por la ley;

f) derecho de la defensa de interrogar a los testigos presentes en el tribunal y de obtener la comparecencia, como testigos o peritos, de otras personas que puedan arrojar luz sobre los hechos;

g) derecho a no ser obligado a declarar contra sí mismo ni a declararse culpable, y

h) derecho de recurrir del fallo ante juez o tribunal superior.

3. La confesión del inculpado solamente es válida si es hecha sin coacción de ninguna naturaleza.

4. El inculpado absuelto por una sentencia firme no podrá ser sometido a nuevo juicio por los mismos hechos.

5. El proceso penal debe ser público, salvo en lo que sea necesario para preservar los intereses de la justicia.

Artículo 9. Principio de Legalidad y de Retroactividad. Nadie puede ser condenado por acciones u omisiones que en el momento de cometerse no fueran delictivos según el derecho aplicable. Tampoco se puede imponer pena más grave que la aplicable en el momento de la comisión del delito. Si con posterioridad a la comisión del delito la ley dispone la imposición de una pena más leve, el delincuente se beneficiará de ello.

Artículo 10. Derecho a Indemnización. Toda persona tiene derecho a ser indemnizada conforme a la ley en caso de haber sido condenada en sentencia firme por error judicial.

Artículo 11. Protección de la Honra y de la Dignidad. 1. Toda persona tiene derecho al respeto de su honra y al reconocimiento de su dignidad.

2. Nadie puede ser objeto de injerencias arbitrarias o abusivas en su vida privada, en la de su familia, en su domicilio o en su correspondencia, ni de ataques ilegales a su honra o reputación.

3. Toda persona tiene derecho a la protección de la ley contra esas injerencias o esos ataques.

Artículo 12. Libertad de Conciencia y de Religión. 1. Toda persona tiene derecho a la libertad de conciencia y de religión. Este derecho implica la libertad de conservar su religión o sus creencias, o de cambiar de religión o de creencias, así como la libertad de profesar y divulgar su religión o sus creencias, individual o colectivamente, tanto en público como en privado.

2. Nadie puede ser objeto de medidas restrictivas que puedan menoscabar la libertad de conservar su religión o sus creencias o de cambiar de religión o de creencias.

3. La libertad de manifestar la propia religión y las propias creencias está sujeta únicamente a las limitaciones prescritas por la ley y que sean necesarias para proteger la seguridad, el orden, la salud o la moral públicos o los derechos o libertades de los demás.

4. Los padres, y en su caso los tutores, tienen derecho a que sus hijos o pupilos reciban la educación religiosa y moral que esté de acuerdo con sus propias convicciones.

Artículo 13. Libertad de Pensamiento y de Expresión. 1. Toda persona tiene derecho a la libertad de pensamiento y de expresión. Este derecho comprende la libertad de buscar, recibir y difundir informaciones e ideas de toda índole, sin consideración de fronteras ya sea oralmente, por escrito o en forma impresa o artística, o por cualquier otro procedimiento de su elección.

2. El ejercicio del derecho previsto en el inciso precedente no puede estar sujeto a previa censura sino a responsabilidades ulteriores, las que deben estar expresamente fijadas por la ley y ser necesarias para asegurar:

a) el respeto a los derechos o a la reputación de los demás, o

b) la protección de la seguridad nacional, el orden público o la salud o la moral públicas.

3. No se puede restringir el derecho de expresión por vías a medios indirectos, tales como el abuso de controles oficiales o particulares de papel para periódicos, de frecuencias radioeléctricas, o de enseres y aparatos usados en la difusión de información o por cualesquiera otros medios encaminados a impedir la comunicación y la circulación de ideas y opiniones.

4. Los espectáculos públicos pueden ser sometidos por la ley a censura previa con el exclusivo objeto de regular el acceso a ellos para la protección moral de la infancia y la adolescencia, sin perjuicio de lo establecido en el inciso 2.

5. Estará prohibida por la ley toda propaganda en favor de la guerra y toda apología del odio nacional, racial o religioso que constituyan incitaciones a la violencia o cualquier otra acción ilegal similar contra cualquier persona o

grupo de personas, por ningún motivo, inclusive los de raza, color, religión, idioma u origen nacional.

Artículo 14. Derecho de Rectificación o Respuesta. 1. Toda persona afectada por informaciones inexactas o agraviantes emitidas en su perjuicio a través de medios de difusión legalmente reglamentados y que se dirijan al público en general, tiene derecho a efectuar por el mismo órgano de difusión su rectificación o respuesta en las condiciones que establezca la ley.

2. En ningún caso la rectificación o la respuesta eximirán de las otras responsabilidades, legales en que se hubiese incurrido.

3. Para la efectiva protección de la honra y la reputación, toda publicación o empresa periodística, cinematográfica, de radio o televisión tendrá una persona responsable que no esté protegida por inmunidades ni disponga de fuero especial.

Artículo 15. Derecho de Reunión. Se reconoce el derecho de reunión pacífica y sin armas. El ejercicio de tal derecho sólo puede estar sujeto a las restricciones previstas por la ley, que sean necesarias en una sociedad democrática, en interés de la seguridad nacional, de la seguridad o del orden públicos, o para proteger la salud o la moral públicas o los derechos o libertades de los demás.

Artículo 16. Libertad de Asociación. 1. Todas las personas tienen derecho a asociarse libremente con fines ideológicos, religiosos, políticos, económicos, laborales, sociales, culturales, deportivos o de cualquiera otra índole.

2. El ejercicio de tal derecho sólo puede estar sujeto a las restricciones previstas por la ley que sean necesarias en una sociedad democrática, en interés de la seguridad nacional, de la seguridad o del orden públicos, o para proteger la salud o la moral públicas o los derechos y libertades de los demás.

3. Lo dispuesto en este artículo no impide la imposición de restricciones legales, y aún la privación del ejercicio del derecho de asociación, a los miembros de las fuerzas armadas y de la policía.

Artículo 17. Protección a la Familia. 1. La familia es el elemento natural y fundamental de la sociedad y debe ser protegida por la sociedad y el Estado.

2. Se reconoce el derecho del hombre y la mujer a contraer matrimonio y a fundar una familia si tienen la edad y las condiciones requeridas para ello

por las leyes internas, en la medida en que éstas no afecten al principio de no discriminación establecido en esta Convención.

3. El matrimonio no puede celebrarse sin el libre y pleno consentimiento de los contrayentes.

4. Los Estados Partes deben tomar medidas apropiadas para asegurar la igualdad de derechos y la adecuada equivalencia de responsabilidades de los cónyuges en cuanto al matrimonio, durante el matrimonio y en caso de disolución del mismo. En caso de disolución, se adoptarán disposiciones que aseguren la protección necesaria a los hijos, sobre la base única del interés y conveniencia de ellos.

5. La ley debe reconocer iguales derechos tanto a los hijos nacidos fuera del matrimonio como a los nacidos dentro del mismo.

Artículo 18. Derecho al Nombre. Toda persona tiene derecho a un nombre propio y a los apellidos de sus padres o al de uno de ellos.

La ley reglamentará la forma de asegurar este derecho para todos, mediante nombres supuestos, si fuere necesario.

Artículo 19. Derechos del Niño. Todo niño tiene derecho a las medidas de protección que su condición de menor requieren por parte de su familia, de la sociedad y del Estado.

Artículo 20. Derecho a la Nacionalidad. 1. Toda persona tiene derecho a una nacionalidad.

2. Toda persona tiene derecho a la nacionalidad del Estado en cuyo territorio nació si no tiene derecho a otra.

3. A nadie se privará arbitrariamente de su nacionalidad ni del derecho a cambiarla.

Artículo 21. Derecho a la Propiedad Privada. 1. Toda persona tiene derecho al uso y goce de sus bienes. La ley puede subordinar tal uso y goce al interés social.

2. Ninguna persona puede ser privada de sus bienes, excepto mediante el pago de indemnización justa, por razones de utilidad pública o de interés social y en los casos y según las formas establecidas por la ley.

3. Tanto la usura como cualquier otra forma de explotación del hombre por el hombre, deben ser prohibidas por la ley.

Artículo 22. Derecho de Circulación y de Residencia. 1. Toda persona que se halle legalmente en el territorio de un Estado tiene derecho a circular por el mismo y, a residir en él con sujeción a las disposiciones legales.

2. Toda persona tiene derecho a salir libremente de cualquier país, inclusive del propio.

3. El ejercicio de los derechos anteriores no puede ser restringido sino en virtud de una ley, en la medida indispensable en una sociedad democrática, para prevenir infracciones penales o para proteger la seguridad nacional, la seguridad o el orden públicos, la moral o la salud públicas o los derechos y libertades de los demás.

4. El ejercicio de los derechos reconocidos en el inciso 1 puede, asimismo, ser restringido por la ley, en zonas determinadas, por razones de interés público.

5. Nadie puede ser expulsado del territorio del Estado del cual es nacional, ni ser privado del derecho a ingresar en el mismo.

6. El extranjero que se halle legalmente en el territorio de un Estado Parte en la presente Convención, sólo podrá ser expulsado de él en cumplimiento de una decisión adoptada conforme a la ley.

7. Toda persona tiene el derecho de buscar y recibir asilo en territorio extranjero en caso de persecución por delitos políticos o comunes conexos con los políticos y de acuerdo con la legislación de cada Estado y los convenios internacionales.

8. En ningún caso el extranjero puede ser expulsado o devuelto a otro país, sea o no de origen, donde su derecho a la vida o a la libertad personal está en riesgo de violación a causa de raza, nacionalidad, religión, condición social o de sus opiniones políticas.

9. Es prohibida la expulsión colectiva de extranjeros.

Artículo 23. Derechos Políticos. 1. Todos los ciudadanos deben gozar de los siguientes derechos y oportunidades:

a) de participar en la dirección de los asuntos públicos, directamente o por medio de representantes libremente elegidos;

b) de votar y ser elegidos en elecciones periódicas auténticas, realizadas por sufragio universal e igual y por voto secreto que garantice la libre expresión de voluntad de los electores, y

c) de tener acceso, en condiciones generales de igualdad, a las funciones públicas de su país.

2. La ley puede reglamentar el ejercicio de los derechos y oportunidades a que se refiere el inciso anterior, exclusivamente por razones de edad, nacionalidad, residencia, idioma, instrucción, capacidad civil o mental, o condena, por juez competente, en proceso penal.

Artículo 24. Igualdad ante la Ley. Todas las personas son iguales ante la ley. En consecuencia, tienen derecho, sin discriminación, a igual protección de la ley.

Artículo 25. Protección Judicial. 1. Toda persona tiene derecho a un recurso sencillo y rápido o a cualquier otro recurso efectivo ante los jueces o tribunales competentes, que la ampare contra actos que violen sus derechos fundamentales reconocidos por la Constitución, la ley o la presente convención, aun cuando tal violación sea cometida por personas que actúen en ejercicio de sus funciones oficiales.

2. Los Estados partes se comprometen:

a) a garantizar que la autoridad competente prevista por el sistema legal del Estado decidirá sobre los derechos de toda persona que interponga tal recurso;

b) a desarrollar las posibilidades de recurso judicial, y

c) a garantizar el cumplimiento, por las autoridades competentes, de toda decisión en que se haya estimado procedente el recurso.

CAPÍTULO III
DERECHOS ECONÓMICOS SOCIALES Y CULTURALES

Artículo 26. Desarrollo Progresivo. Los Estados Partes se comprometen a adoptar providencias, tanto a nivel interno como mediante la cooperación internacional, especialmente económica y técnica, para lograr progresivamente la plena efectividad de los derechos que se derivan de las normas económicas, sociales y sobre educación, ciencia y cultura, contenidas en la Carta de la Organización de los Estados Americanos, reformada por el Protocolo de Buenos Aires, en la medida de los recursos disponibles, por vía legislativa u otros medios apropiados.

CAPÍTULO IV
SUSPENSIÓN DE GARANTÍAS, INTERPRETACIÓN Y APLICACIÓN

Artículo 27. Suspensión de Garantías. 1. En caso de guerra, de peligro público o de otra emergencia que amenace la independencia o seguridad del Estado Parte, éste podrá adoptar disposiciones que, en la medida y por el tiempo estrictamente limitado a las exigencias de la situación, suspendan las obligaciones contraídas en virtud de esta Convención, siempre que tales disposiciones no sean incompatibles con las demás obligaciones que les impone el derecho internacional y no entrañen discriminación alguna fundada en motivos de raza, color, sexo, idioma, religión u origen social.

2. La disposición precedente no autoriza la suspensión de los derechos determinados en los siguientes artículos: 3 (Derecho al Reconocimiento de la Personalidad Jurídica); 4 (Derecho a la Vida); 5 (Derecho a la Integridad Personal); 6 (Prohibición de la Esclavitud y Servidumbre); 9 (Principio de Legalidad y de Retroactividad); 12 (Libertad de Conciencia y de Religión); 17 (Protección a la Familia); 18 (Derecho al Nombre); 19 (Derechos del Niño); 20 (Derecho a la Nacionalidad), y 23 (Derechos Políticos), ni de las garantías judiciales indispensables para la protección de tales derechos.

3. Todo Estado Parte que haga uso del derecho da suspensión deberá informar inmediatamente a los demás Estados Partes en la presente Convención, por conducto del Secretario General de la Organización de los Estados Americanos, de las disposiciones cuya aplicación haya suspendido, de los motivos que hayan suscitado la suspensión y de la fecha en que haya dado por terminada tal suspensión.

Artículo 28. Cláusula Federal. 1. Cuando se trate de un Estado Parte constituido como Estado Federal, el gobierno nacional de dicho Estado Parte cumplirá todas las disposiciones de la presente Convención relacionadas con las materias sobre las que ejerce jurisdicción legislativa y judicial.

2. Con respecto a las disposiciones relativas a las materias que corresponden a la jurisdicción de las entidades componentes de la Federación, el gobierno nacional debe tomar de inmediato las medidas pertinentes, conforme a su constitución y sus leyes, a fin de que las autoridades competentes de dichas entidades puedan adoptar las disposiciones del caso para el cumplimiento de esta Convención.

3. Cuando dos o más Estados Partes acuerden integrar entre sí una federación u otra clase de asociación, cuidarán de que el pacto comunitario correspondiente contenga las disposiciones necesarias para que continúen haciéndose efectivas en el nuevo Estado así organizado, las normas de la presente Convención.

Artículo 29. Normas de Interpretación. Ninguna disposición de la presente Convención puede ser interpretada en el sentido de:

a) permitir a alguno de los Estados Partes, grupo o persona, suprimir el goce y ejercicio de los derechos y libertades reconocidos en la Convención o limitarlos en mayor medida que la prevista en ella;

b) limitar el goce y ejercicio de cualquier derecho o libertad que pueda estar reconocido de acuerdo con las leyes de cualquiera de los Estados Partes o de acuerdo con otra convención en que sea parte uno de dichos Estados;

c) excluir otros derechos y garantías que son inherentes al ser humano o que se derivan de la forma democrática representativa de gobierno, y

d) excluir o limitar el efecto que puedan producir la Declaración Americana de Derechos y Deberes del Hombre y otros actos internacionales de la misma naturaleza.

Artículo 30. Alcance de las Restricciones. Las restricciones permitidas, de acuerdo con esta Convención, al goce y ejercicio de los derechos y libertades reconocidas en la misma, no pueden ser aplicadas sino conforme a leyes que se dictaren por razones de interés general y con el propósito para el cual han sido establecidas.

Artículo 31. Reconocimiento de Otros Derechos. Podrán ser incluidos en el régimen de protección de esta Convención otros derechos y libertades que sean reconocidos de acuerdo con los procedimientos establecidos en los artículos 76 y 77.

CAPÍTULO V
DEBERES DE LAS PERSONAS

Artículo 32. Correlación entre Deberes y Derechos. 1. Toda persona tiene deberes para con la familia, la comunidad y la humanidad.

2. Los derechos de cada persona están limitados por los derechos de los demás, por la seguridad de todos y por las justas exigencias del bien común, en una sociedad democrática.

PARTE II
MEDIOS DE LA PROTECCIÓN

CAPÍTULO VI
DE LOS ÓRGANOS COMPETENTES

Artículo 33. Son competentes para conocer de los asuntos relacionados con el cumplimiento de los compromisos contraídos por los Estados Partes en esta Convención:

a) la Comisión Interamericana de Derechos Humanos, llamada en adelante la Comisión, y

b) la Corte Interamericana de Derechos Humanos, llamada en adelante la Corte.

CAPÍTULO VII
LA COMISIÓN INTERAMERICANA DE DERECHOS HUMANOS

Sección 1. Organización

Artículo 34. La Comisión Interamericana de Derechos Humanos se compondrá de siete miembros, que deberán ser personas de alta autoridad moral y reconocida versación en materia de derechos humanos.

Artículo 35. La Comisión representa a todos los Miembros que integran la Organización de los Estados Americanos.

Artículo 36. 1. Los Miembros de la Comisión serán elegidos a título personal por la Asamblea General de la Organización de una lista de candidatos propuestos por los gobiernos de los Estados Miembros.

2. Cada uno de dichos gobiernos puede proponer hasta tres candidatos, nacionales del Estado que los proponga o de cualquier otro Estado Miembro de la Organización de los Estados Americanos. Cuando se proponga una terna, por lo menos uno de los candidatos deberá ser nacional de un Estado distinto del proponente.

Artículo 37. 1. Los Miembros de la Comisión serán elegidos por cuatro años y sólo podrán ser reelegidos una vez, pero el mandato de tres de los Miembros designados en la primera elección expirará al cabo de dos años. Inmediatamente después de dicha elección se determinarán por sorteo en la Asamblea General los nombres de estos tres Miembros.

2. No puede formar parte de la Comisión más de un nacional de un mismo Estado.

Artículo 38. Las vacantes que ocurrieren en la Comisión, que no se deban a expiración normal del mandato, se llenarán por el Consejo Permanente de la Organización de acuerdo con lo que disponga el Estatuto de la Comisión.

Artículo 39. La Comisión preparará su estatuto, lo someterá a la aprobación de la Asamblea General, y dictará su propio Reglamento.

Artículo 40. Los servicios de secretaría de la Comisión deben ser desempeñados por la unidad funcional especializada que forma parte de la Secretaría General de la Organización y debe disponer de los recursos necesarios para cumplir las tareas que le sean encomendadas por la Comisión.

Sección 2. Funciones

Artículo 41. La Comisión tiene la función principal de promover la observancia y la defensa de los derechos humanos, y en el ejercicio de su mandato tiene las siguientes funciones y atribuciones:

a) estimular la conciencia de los derechos humanos en los pueblos de América:

b) formular recomendaciones, cuando lo estime conveniente, a los gobiernos de los Estados Miembros para que adopten medidas progresivas en favor de los derechos humanos dentro del marco de sus leyes internas y sus preceptos constitucionales, al igual que disposiciones apropiadas para fomentar el debido respeto a esos derechos;

c) preparar los estudios o informes que considere convenientes para el desempeño de sus funciones;

d) solicitar de los gobiernos de los Estados Miembros que le proporcionen informes sobre las medidas que adopten en materia de derechos humanos;

e) atender las consultas que, por medio de la Secretaría General de la Organización de los Estados Americanos, le formulen los Estados Miembros en cuestiones relacionadas con los derechos humanos y, dentro de sus posibilidades, les prestará el asesoramiento que estos le soliciten;

f) actuar respecto de las peticiones y otras comunicaciones en ejercicio de su autoridad de conformidad con lo dispuesto en los artículos 44 al 51 de esta Convención; y

g) rendir un informe anual a la Asamblea General de la Organización de los Estados Americanos.

Artículo 42. Los Estados Partes deben remitir a la Comisión copia de los informes y estudios que en sus respectivos campos someten anualmente a las Comisiones Ejecutivas del Consejo Interamericano Económico y Social y del Consejo Interamericano para la Educación, la Ciencia y la Cultura, a fin de que aquella vele porque se promuevan los derechos derivados de las normas económicas, sociales y sobre educación, ciencia y cultura contenidas en la Carta de la Organización de los Estados Americanos, reformada por el Protocolo de Buenos Aires.

Artículo 43. Los Estados Partes se obligan a proporcionar a la Comisión las informaciones que ésta les solicite sobre la manera en que su derecho interno asegura la aplicación efectiva de cualesquiera disposiciones de esta Convención.

Sección 3. Competencia

Artículo 44. Cualquier persona o grupo de personas, o entidad no gubernamental legalmente reconocida en uno o más Estados Miembros de la Organización, puede presentar a la Comisión peticiones que contengan denuncias o quejas de violación de esta Convención por un Estado Parte.

Artículo 45. 1. Todo Estado Parte puede, en el momento del depósito de su instrumento de ratificación o adhesión de esta Convención, o en cualquier momento posterior declarar que reconoce la competencia de la Comisión para recibir y examinar las comunicaciones en que un Estado Parte alegue que otro Estado Parte ha incurrido en violaciones de los derechos humanos establecidos en esta Convención.

2. Las comunicaciones hechas en virtud del presente artículo sólo se pueden admitir y examinar si son presentadas por un Estado Parte que haya hecho una declaración por la cual reconozca la referida competencia de la Comisión.

La Comisión no admitirá ninguna comunicación contra un Estado Parte que no haya hecho tal declaración.

3. Las declaraciones sobre reconocimiento de competencia pueden hacerse para que ésta rija por tiempo indefinido, por un período determinado o para casos específicos.

4. Las declaraciones se depositarán en la Secretaría General de la Organización de los Estados Americanos, la que transmitirá copia de las mismas a los Estados Miembros de dicha Organización.

Artículo 46. 1. Para que una petición o comunicación presentada conforme a los artículos 44 o 45 sea admitida por la Comisión, se requerirá:

a) que se hayan interpuesto y agotado los recursos de jurisdicción interna, conforme a los principios del Derecho Internacional generalmente reconocidos;

b) que sea presentada dentro del plazo de seis meses, a partir de la fecha en que el presunto lesionado en sus derechos haya sido notificado de la decisión definitiva;

c) que la materia de la petición o comunicación no esté pendiente de otro procedimiento de arreglo internacional; y

d) que en el caso del artículo 44 la petición contenga el nombre, la nacionalidad, la profesión, el domicilio y la firma de la persona o personas o del representante legal de la entidad que somete la petición.

2. Las disposiciones de los incisos 1.a) y 1.b) del presente artículo, no se aplicarán cuando:

a) no exista en la legislación interna del Estado de que se trata el debido proceso legal para la protección del derecho o derechos que se alega han sido violados;

b) no se haya permitido al presunto lesionado en sus derechos el acceso a los recursos de la jurisdicción interna, o haya sido impedido de agotarlos; y

c) haya retardo injustificado en la decisión sobre los mencionados recursos.

Artículo 47. La Comisión declarará inadmisible toda petición o comunicación presentada de acuerdo con los artículos 44 o 45 cuando:

a) falte alguno de los requisitos indicados en el artículo 46;

b) no exponga hechos que caractericen una violación de los derechos garantizados por esta Convención;

c) resulte de la exposición del propio peticionario o del Estado manifestante infundada la petición o comunicación o sea evidente su total improcedencia; y

d) sea sustancialmente la reproducción de petición o comunicación anterior ya examinada por la Comisión u otro organismo internacional.

Sección 4. Procedimiento

Artículo 48. 1. La Comisión, al recibir una petición o comunicación en la que se alegue la violación de cualquiera de los derechos que consagra esta Convención, procederá en los siguientes términos:

a) si reconoce la admisibilidad de la petición o comunicación solicitará informaciones al Gobierno del Estado al cual pertenezca la autoridad señalada como responsable de la violación alegada, transcribiendo las partes pertenecientes de la petición o comunicación.

Dichas informaciones deben ser enviadas dentro de un plazo razonable, fijado por la Comisión al considerar las circunstancias de cada caso.

b) recibidas las informaciones o transcurrido el plazo fijado sin que sean recibidas, verificará si existen o subsisten los motivos de la petición o comunicación. De no existir o subsistir, mandará archivar el expediente.

c) podrá también declarar la inadmisibilidad o la improcedencia de la petición o comunicación, sobre la base de una información o prueba sobrevinientes.

d) si el expediente no se ha archivado y con el fin de comprobar los hechos, la Comisión realizará, con conocimiento de las partes, un examen del asunto planteado en la petición o comunicación. Si fuere necesario y conveniente, la Comisión realizará una investigación para cuyo eficaz cumplimiento solicitará, y los Estados interesados le proporcionarán todas las facilidades necesarias.

e) podrá pedir a los Estados interesados cualquier información pertinente y recibirá, si así se le solicita, las exposiciones verbales o escritas que presenten los interesados.

f) se pondrá a disposición de las partes interesadas, a fin de llegar a una solución amistosa del asunto fundada en el respeto a los derechos humanos reconocidos en esta Convención.

2. Sin embargo, en casos graves y urgentes, puede realizarse una investigación previo consentimiento del Estado en cuyo territorio se alegue haberse cometido la violación, tan sólo con la presentación de una petición o comunicación que reúna todos los requisitos formales de admisibilidad.

Artículo 49. Si se ha llegado a una solución amistosa con arreglo a las disposiciones del inciso 1.f) del Artículo 48, la Comisión redactará un informe que será transmitido al peticionario y a los Estados Partes en esta Convención y comunicado después, para su publicación al Secretario General de la Organización de los Estados Americanos. Este informe obtendrá una breve exposición de los hechos y de la solución lograda. Sí cualquiera de las partes en el caso lo solicitan, se les suministrará la más amplia información posible.

Artículo 50. 1. De no llegarse a una solución, y dentro del plazo que fije el Estatuto de la Comisión ésta redactará un informe en el que expondrá los hechos y sus conclusiones. Si el informe no representa, en todo o en parte, la opinión unánime de los miembros de la Comisión, cualquiera de ellos podrá agregar a dicho informe su opinión por separado. También se agregarán al informe las exposiciones verbales o escritas que hayan hecho los interesados en virtud del inciso 1.e) del artículo 48.

2. El informe será transmitido a los Estados interesados, quienes no estarán facultados para publicarlo.

3. Al transmitir el informe, la Comisión puede formular las proposiciones y recomendaciones que juzgue adecuadas.

Artículo 51. 1. Si en el plazo de tres meses, a partir de la remisión a los Estados interesados del informe de la Comisión, el asunto no ha sido solucionado o sometido a la decisión de la Corte por la Comisión o por el Estado interesado, aceptando su competencia, la Comisión podrá emitir, por mayoría absoluta de votos de sus miembros, su opinión y conclusiones sobre la cuestión sometida a su consideración.

2. La Comisión hará las recomendaciones pertinentes y fijará un plazo dentro del cual el Estado debe tomar las medidas que le competan para remediar la situación examinada.

3. Transcurrido el período fijado, la Comisión decidirá, por la mayoría absoluta de votos de sus miembros, si el Estado ha tomado o no medidas adecuadas y si publica o no su informe.

CAPÍTULO VIII
LA CORTE INTERAMERICANA DE DERECHOS HUMANOS

Sección 1. Organización

Artículo 52. 1. La Corte se compondrá de siete jueces, nacionales de los Estados Miembros de la Organización, elegidos a título personal entre juristas de la más alta autoridad moral, de reconocida competencia en materia de derechos humanos, que reúnan las condiciones requeridas para el ejercicio de las más elevadas funciones judiciales conforme a la ley del país del cual sean nacionales o del Estado que los proponga como candidatos.

2. No debe haber dos jueces de la misma nacionalidad.

Artículo 53. 1. Los jueces de la Corte serán elegidos, en votación secreta y por mayoría absoluta de votos de los Estados Partes en la Convención, en la Asamblea General de la Organización, de una lista de candidatos propuestos por esos mismos Estados.

2. Cada uno de los Estados Partes puede proponer hasta tres candidatos nacionales del Estado que los propone o de cualquier otro Estado Miembro de la Organización de los Estados Americanos. Cuando se proponga una terna, por lo menos uno de los candidatos deberá ser nacional de un Estado distinto del proponente.

Artículo 54. 1. Los jueces de la Corte serán elegidos para un período de seis años y sólo podrán ser reelegidos una vez. El mandato de tres de los jueces designados en la primera elección, expirará al cabo de tres años. Inmediatamente después de dicha elección, se determinarán por sorteo en la Asamblea General los nombres de estos tres jueces.

2. El juez elegido para reemplazar a otro cuyo mandato no ha expirado, completará el período de éste.

3. Los jueces permanecerán en funciones hasta el término de su mandato. Sin embargo, seguirán conociendo de los casos a que ya se hubieran abocado y que se encuentren en estado de sentencia, a cuyos efectos no serán substituidos por los nuevos jueces elegidos.

Artículo 55. 1. El juez que sea nacional de alguno de los Estados Partes en el caso sometido a la Corte, conservará su derecho a conocer del mismo.

2. Si uno de los jueces llamados a conocer del caso fuere de la nacionalidad de uno de los Estados Partes, otro Estado Parte en el caso podrá designar a una persona de su elección para que integre la Corte en calidad de juez ad hoc.

3. Si entre los jueces llamados a conocer del caso ninguno fuere de la nacionalidad de los Estados Partes, cada uno de éstos podrá designar un juez ad hoc.

4. El juez ad hoc debe reunir las calidades señaladas en el artículo 52.

5. Si varios Estados Partes en la Convención tuvieren un mismo interés en el caso, se considerarán como una sola parte para los fines de las disposiciones precedentes. En caso de duda, la Corte decidirá.

Artículo 56. El quórum para las deliberaciones de la Corte es de cinco jueces.

Artículo 57. La Comisión comparecerá en todos los casos ante la Corte.

Artículo 58. 1. La Corte tendrá su sede en el lugar que determinen, en la Asamblea General de la Organización, los Estados Partes en la Convención, pero podrá celebrar reuniones en el territorio de cualquier Estado Miembro de la Organización de los Estados Americanos en que lo considere conveniente por mayoría de sus miembros y previa aquiescencia del Estado respectivo. Los Estados Partes en la Convención pueden, en la Asamblea General por dos tercios de sus votos, cambiar la sede de la Corte.

2. La Corte designará a su Secretario.

3. El Secretario residirá en la sede de la Corte y deberá asistir a las reuniones que ella celebre fuera de la misma.

Artículo 59. La Secretaría de la Corte será establecida por ésta y funcionará bajo la dirección del Secretario de la Corte, de acuerdo con las normas administrativas de la Secretaría General de la Organización en todo lo que no sea incompatible con la independencia de la Corte. Sus funcionarios serán nombrados por el Secretario General de la Organización, en consulta con el Secretario de la Corte.

Artículo 60. La Corte preparará su Estatuto y lo someterá a la aprobación de la Asamblea General y dictará su Reglamento.

Sección 2. Competencia y Funciones

Artículo 61. 1. Sólo los Estados Partes y la Comisión tienen derecho a someter un caso a la decisión de la Corte.

2. Para que la Corte pueda conocer de cualquier caso, es necesario que sean agotados los procedimientos previstos en los artículos 48 a 50.

Artículo 62. 1. Todo Estado Parte puede, en el momento del depósito de su instrumento de ratificación o adhesión de esta Convención, o en cualquier momento posterior, declarar que reconoce como obligatoria de pleno derecho y sin convención especial, la competencia de la Corte sobre todos los casos relativos a la interpretación o aplicación de esta Convención.

2. La declaración puede ser hecha incondicionalmente, o bajo condición de reciprocidad, por un plazo determinado o para casos específicos. Deberá ser presentada al Secretario General de la Organización, quien transmitirá copias de la misma a los otros Estados Miembros de la Organización y al Secretario de la Corte.

3. La Corte tiene competencia para conocer de cualquier caso relativo a la interpretación y aplicación de las disposiciones de esta Convención que le sea sometido, siempre que los Estados Partes en el caso hayan reconocido o reconozcan dicha competencia, ora por declaración especial, como se indica en los incisos anteriores, ora por convención especial.

Artículo 63. 1. Cuando decida que hubo violación de un derecho o libertad protegidos en esta Convención, la Corte dispondrá que se garantice al lesionado en el goce de su derecho o libertad conculcados. Dispondrá, asimismo, si ello fuera procedente, que se reparen las consecuencias de la medida o situación que ha configurado la vulneración de esos derechos y el pago de una justa indemnización a la parte lesionada.

2. En casos de extrema gravedad y urgencia, y cuando se haga necesario evitar daños irreparables a las personas, la Corte, en los asuntos que este conociendo, podrá tomar las medidas provisionales que considere pertinentes. Si se tratare de asuntos que aún no estén sometidos a su conocimiento, podrá actuar a solicitud de la Comisión.

Artículo 64. 1. Los Estados Miembros de la Organización podrán consultar a la Corte acerca de la interpretación de esta Convención o de otros tratados concernientes a la protección de los derechos humanos en los Estados Americanos. Asimismo, podrán consultarla, en lo que le compete, los órganos enumerados en el capítulo X de la Carta de la Organización de los Estados Americanos, reformada por el Protocolo de Buenos Aires.

2. La Corte, a solicitud de un Estado Miembro de la Organización, podrá darle opiniones acerca de la compatibilidad entre cualquiera de sus leyes internas y los mencionados instrumentos internacionales.

Artículo 65. La Corte someterá a la consideración de la Asamblea General de la Organización en cada período ordinario de sesiones un informe sobre su labor en el año anterior. De manera especial y con las recomendaciones pertinentes, señalará los casos en que un Estado no haya dado cumplimiento a sus fallos.

Sección 3. Procedimientos

Artículo 66. 1. El fallo de la Corte será motivado.

2. Si el fallo no expresare en todo o en parte la opinión unánime de los jueces, cualquiera de éstos tendrá derecho a que se agregue al fallo su opinión disidente o individual.

Artículo 67. El fallo de la Corte será definitivo e inapelable. En caso de desacuerdo sobre el sentido o alcance del fallo, la Corte lo interpretará a solicitud de cualquiera de las partes, siempre que dicha solicitud se presente dentro de los noventa días a partir de la fecha de la notificación del fallo.

Artículo 68. 1. Los Estados Partes en la Convención se comprometen a cumplir la decisión de la Corte en todo caso en que sean partes.

2. La parte del fallo que disponga indemnización compensatoria se podrá ejecutar en el respectivo país por el procedimiento interno vigente para la ejecución de sentencias contra el Estado.

Artículo 69. El fallo de la Corte será notificado a las partes en el caso y transmitido a los Estados Partes en la Convención.

CAPÍTULO IX
DISPOSICIONES COMUNES

Artículo 70. 1. Los Jueces de la Corte y los miembros de la Comisión gozan, desde el momento de su elección y mientras dure su mandato, de las inmunidades reconocidas a los agentes diplomáticos por el derecho internacional. Durante el ejercicio de sus cargos gozan, además, de los privilegios diplomáticos necesarios para el desempeño de sus funciones.

2. No podrá exigirse responsabilidad en ningún tiempo a los jueces de la Corte ni a los miembros de la Comisión por votos y opiniones emitidos en el ejercicio de sus funciones.

Artículo 71. Son incompatibles los cargos de juez de la Corte o miembro de la Comisión con otras actividades que pudieren afectar su independencia o imparcialidad conforme a lo que se determine en los respectivos estatutos.

Artículo 72. Los jueces de la Corte y los miembros de la Comisión percibirán emolumentos y gastos de viaje en la forma y condiciones que determinen sus estatutos, teniendo en cuenta la importancia e independencia de sus funciones. Tales emolumentos y gastos de viaje serán fijados en el programa-presupuesto de la Organización de los Estados Americanos, el que debe incluir, además, los gastos de la Corte y de su Secretaría. A estos efectos, la Corte elaborará su propio proyecto de presupuesto y lo someterá a la aprobación de la Asamblea General, por conducto de la Secretaría General. Esta última no podrá introducirle modificaciones.

Artículo 73. Solamente a solicitud de la Comisión o de la Corte, según el caso, corresponde a la Asamblea General de la Organización resolver sobre las sanciones aplicables a los miembros de la Comisión o jueces de la Corte que hubiesen incurrido en las causales previstas en los respectivos estatutos. Para dictar una resolución se requerirá una mayoría de los dos tercios de los votos de los Estados Miembros de la Organización en el caso de los miembros de la Comisión y, además, de los dos tercios de los votos de los Estados Partes en la Convención, si se tratare de jueces de la Corte.

PARTE III
DISPOSICIONES GENERALES Y TRANSITORIAS

CAPÍTULO X
FIRMA, RATIFICACIÓN, RESERVA, ENMIENDA, PROTOCOLO Y DENUNCIA

Artículo 74. 1. Esta Convención queda abierta a la firma y a la ratificación o adhesión de todo Estado Miembro de la Organización de los Estados Americanos.

2. La ratificación de esta Convención o la adhesión a la misma se efectuará mediante el depósito de un instrumento de ratificación o de adhesión en la Secretaría General de la Organización de los Estados Americanos. Tan pronto como once Estados hayan depositado sus respectivos instrumentos de ratificación o de adhesión, la Convención entrará en vigor. Respecto a todo otro

Estado que la ratifique o adhiera a ella ulteriormente, la Convención entrará en vigor en la fecha del depósito de su instrumento de ratificación o de adhesión.

3. El Secretario General informará a todos los Estados Miembros de la Organización de la entrada en vigor de la Convención.

Artículo 75. Esta Convención sólo puede ser objeto de reservas conforme a las disposiciones de la convención de Viena sobre Derecho de los Tratados, suscrita el 23 de mayo de 1969.

Artículo 76. 1. Cualquier Estado Parte directamente y la Comisión o la Corte por conducto del Secretario General, pueden someter a la Asamblea General, para lo que estime conveniente, una propuesta de enmienda a esta Convención.

2. Las enmiendas entrarán en vigor para los Estados ratificantes de las mismas en la fecha en que se haya depositado el respectivo instrumento de ratificación que corresponda al número de los dos tercios de los Estados Partes en esta Convención. En cuanto al resto de los Estados Partes, entrarán en vigor en la fecha en que depositen sus respectivos instrumentos de ratificación.

Artículo 77. 1. De acuerdo con la facultad establecida en el artículo 31, cualquier, Estado Parte y la Comisión podrán someter a la consideración de los Estados Partes reunidos con ocasión de la Asamblea General, proyectos de protocolos adicionales a esta Convención, con la finalidad de incluir progresivamente en el régimen de protección de la misma otros derechos y libertades.

2. Cada protocolo debe fijar las modalidades de su entrada en vigor, y se aplicará sólo entre los Estados Partes en el mismo.

Artículo 78. 1. Los Estados Partes podrán denunciar esta Convención después de la expiración de un plazo de cinco años a partir de la fecha de entrada en vigor de la misma y mediante un preaviso de un año, notificando al Secretario General de la Organización, quien debe informar a las otras Partes.

2. Dicha denuncia no tendrá por efecto desligar al Estado Parte interesado de las obligaciones contenidas en esta Convención en lo que concierne a todo hecho que, pudiendo constituir una violación de esas obligaciones, haya sido cumplido por él anteriormente a la fecha en la cual la denuncia produce efecto.

CAPÍTULO XI
DISPOSICIONES TRANSITORIAS

Sección 1. Comisión Interamericana de Derechos Humanos

Artículo 79. Al entrar en vigor esta Convención, el Secretario General pedirá por escrito a cada Estado Miembro de la Organización que presente, dentro de un plazo de noventa días, sus candidatos para miembros de la Comisión Interamericana de Derechos Humanos. El Secretario General preparará una lista por orden alfabético de los candidatos presentados y la comunicará a los Estados Miembros de la Organización al menos treinta días antes de la próxima Asamblea General.

Artículo 80. La elección de miembros de la Comisión se hará de entre los candidatos que figuren en la lista a que se refiere el artículo 79, por votación secreta, de la Asamblea General, y se declararán elegidos los candidatos que obtengan mayor número de votos y la mayoría absoluta de los votos de los representantes de los Estados Miembros. Si para elegir a todos los miembros de la Comisión resultare necesario efectuar varias votaciones, se eliminará sucesivamente, en la forma que determine la Asamblea General, a los candidatos que reciban menor número de votos.

Sección 2. Corte Interamericana de Derechos Humanos

Artículo 81. Al entrar en vigor esta Convención, el Secretario General pedirá por escrito a cada Estado Parte que presente, dentro de un plazo de noventa días, sus candidatos para jueces de la Corte Interamericana de Derechos Humanos. El Secretario General presentará una lista por orden alfabético de los candidatos presentados y la comunicará a los Estados Partes por lo menos treinta días antes de la próxima Asamblea General.

Artículo 82. La elección de jueces de la Corte se hará de entre los candidatos que figuren en la lista a que se refiere el artículo 81, por votación secreta de los Estados Partes en la Asamblea General, y se declararán elegidos los candidatos que obtengan mayor número de votos y la mayoría absoluta de los votos de los representantes de los Estados Partes. Si para elegir a todos los jueces de la Corte resultare necesario efectuar varias votaciones, se eliminarán sucesivamente, en la forma que determinen los Estados Partes, a los candidatos que reciban menor número de votos.

EN FE DE LO CUAL, los Plenipotenciarios infrascritos, cuyos plenos poderes fueron hallados de buena y debida forma, firman esta Convención, que se llamará «PACTO DE SAN JOSÉ DE COSTA RICA», en la ciudad de San José, Costa Rica, el veintidós de noviembre de mil novecientos sesenta y nueve.

La presente es copia fiel y completa en español de la Convención Americana sobre Derechos Humanos «Pacto de San José de Costa Rica», firmada en la ciudad de San José, Costa Rica, el día veintidós del mes de noviembre del año de mil novecientos sesenta y nueve.

Extiendo la presente, en veinticuatro páginas útiles, en Tlatelolco, Distrito Federal, a los veinticuatro días del mes de marzo del año de mil novecientos ochenta y uno, a fin de incorporarla al Decreto de Promulgación respectivo.- La Oficial Mayor de la Secretaría de Relaciones Exteriores, Aída González Martínez.- Rúbrica.

Síntesis curricular

Miguel Carbonell

- Licenciado en Derecho por la Facultad de Derecho de la UNAM.
- Doctor en Derecho por la Universidad Complutense de Madrid, España.
- Investigador del Instituto de Investigaciones Jurídicas de la UNAM.
- Coordinador del Área de Derecho Constitucional del mismo Instituto.
- Investigador Nacional nivel III del Sistema Nacional de Investigadores desde enero de 2005, siendo el más joven científico del país en alcanzar ese nivel.
- Es Director General del Despacho «Carbonell Consultoría Constitucional».
- Autor de 52 libros y coordinador o compilador de otras 51 obras. De su libro «Cartas a un estudiante de derecho» se ha vendido más de 20 mil ejemplares y es lectura sugerida para los alumnos en la mayor parte de escuelas y facultades de derecho del país.
- Ha publicado más de 520 artículos en revistas especializadas y obras colectivas de México, España, Italia, Inglaterra, Argentina, Brasil, Colombia, Ecuador, Perú, Chile, República Dominicana y Uruguay. Sus textos se han publicado en cinco diferentes idiomas.
- Ha dictado más de 950 cursos y conferencias en México y otros países.
- Ha coordinado las obras colectivas más importantes de México en materia jurídica, tales como la «Constitución Política de los Estados Unidos Mexicanos comentada y concordada» (5 tomos), la «Enciclopedia Jurídica Mexicana» (15 tomos), la «Enciclopedia Jurídica Latinoamericana» (10 tomos) y «Los derechos del pueblo mexicano. México a través de sus constituciones» (25 tomos).
- Es miembro del Consejo de la Comisión de Derechos Humanos del Distrito Federal.
- Le han otorgado varios premios entre los que cabe citar el Premio Universidad Nacional para Jóvenes Académicos.
- Es articulista en el periódico «El Universal».
- Su página de internet es www.miguelcarbonell.com